KB129012

한국의 교직과 교사 탐구

박영숙 고 전 김병찬 김이경 박남기 박상완 신현기 신현석
유형근 이윤식 이차영 임승렬 전제상 정바울 진동섭 공저
한국교원교육학회 편

학지사

머리말

금년은 한국교원교육학회가 창립된 지 50주년이 되는 해이다. 우리 학회는 다양한 학술 활동과 회원 간 교류를 통하여 한국 교원교육학의 학문적 발전을 견인함과 동시에 교원의 전문성 신장과 위상 제고를 위해 노력해 왔다. 최근 우리 학회는 4차 산업혁명 시대에 부응하여 미래 교육의 변화 모습을 전망하고 교원교육의 현황 진단과 대응 과제를 탐구하는 데 주력하고 있다. 특히 교직과 교사의 변화를 전망하면서 이슈가 되는 것은 무엇인지, 미래 교직사회는 어떠한 모습으로 변화될 것이고 교원교육에서 대응할 과제는 무엇인지에 관하여 유치원과 초등학교, 중학교, 고등학교, 특수교육을 아우르는 통합적인 관점에서 탐구하고 있다.

이 책은 한국의 교원교육학에 입문하고자 하는 후속 세대를 위해 발간된 학술 전문서적이다. 2007년 전문서적『교직과 교사』를 발간한 지 10년이 넘어 교직 환경의 변화와 교원교육에 관한 최근 연구 동향을 반영한 새로운 전문서가 필요하다는 요구가 있었고, 4차 산업혁명 시대에 대응해야 할 시대적 과제가 무엇인지 탐구해야 할 필요가 있어 이 책을 출간하게 되었다.

이 책은 교직과 교사를 주제로 하여 교직과 교사에 관한 기본 내용과 교직과 교사에 관한 현재 이슈, 그리고 교직과 교사의 미래 전망에 대해 총 3부 14장으로 구성되었다.

제1부 '교직과 교사 기초'에서는 교직관과 교사상, 교사의 역할과 자질, 교사의 법적 지위 보장과 제한, 목적형 교사양성과 개방형 교사양성을 다루고 있다. 제2부 '교직과

교사 이슈'에서는 대학원 수준에서의 교원양성, 교원 신규채용과 임용시험, 학생의 학습권과 교사의 교권, 전문적 학습공동체, 교원평가제도의 쟁점과 과제, 교사 스트레스와 소진 및 회복, 교장 승진제도와 교장 공모제도, 특수교육과 일반교육의 통합, 유아교육 공영화: 유아교육과 보육의 통합을 다루고 있다. 그리고 제3부 '교직과 교사 미래 전망'에서는 교원 역량 개발을 위한 도전과 과제, 미래 교직사회의 변화 전망과 교원정책 이슈를 다루고 있다.

4차 산업혁명에 따른 급격한 환경 변화는 미래 교육에도 많은 변화를 줄 것으로 전망된다. 앞으로 급변하는 환경에서 교육이 담당해야 할 역할은 학생들이 변화하는 세상에 보다 잘 적응해 갈 수 있도록 준비를 시키는 것이다. 이를 위해서는 교육과정의 재설계와 교원의 변화 적응력 제고를 위한 노력이 중요하다. 교원양성 교육과정의 재설계를 비롯하여 교원들의 지속 학습을 촉진하는 환경 구축과 학습 결과를 상호 간 공유할 수 있는 교원 전용 플랫폼 구축 등에도 주력할 필요가 있다.

그 어느 때보다 교원양성 기관과 학회의 역할이 중요해지고, 교원의 역량 제고를 위한 다각적인 정책 개발과 지원이 필요한 때이다. 아울러 현장 교원과 교원교육을 담당하는 교육자, 교사를 희망하는 예비교사 모두가 각자의 자리에서 변화에 대응할 수 있는 역할을 책임 있게 수행해야 할 때이다. 이 책은 교직과 교사에 관한 이슈와 교원교육에서 향후 도전해야 할 과제를 제시하고 있다. 아무쪼록 이 책을 통해 변화하는 교직 환경에서 교원교육은 무엇을 준비해야 할지 다양한 관점으로 탐구하기를 기대한다. 아울러 이 책에서 제시한 교원교육에 관한 이슈가 폭넓은 탐구 활동을 촉진시키길 바란다.

그동안 이 책의 원고 집필을 위하여 수고하여 주신 모든 집필진의 노고에 깊이 감사를 드린다. 이 책의 출판을 위하여 수고해 주신 학지사의 김진환 사장님을 비롯한 직원 여러분께도 감사드린다.

2018. 8.

집필자 대표

28대 한국교원교육학회장 박영숙

차례

제4장 목적형 교사양성과 개방형 교사양성 — 107

제2부 교직과 교사 이슈

제5장 대학원 수준에서의 교원양성 — 137

제6장 교원 신규채용과 임용시험 — 171

제9장 교원평가제도의 쟁점과 과제 — 243

제10장 교사 스트레스와 소진 및 회복 — 279

제3부 교직과 교사 미래 전망

제1부
교직과 교사 기초

제1장
교직관과 교사상

진동섭(서울대학교 명예교수)

개요

한 국가나 사회의 교직과 교사에 대해서 이해하려면 우선 그 국가·사회가 이상적으로 생각하는 교직관과 교사상을 파악해야 한다. 교직관은 교사라는 직업을 바라보는 관점이고 교사 직무의 본질과 성격에 관한 인식의 틀이다. 교사상은 교사가 가져야 할 이상적인 특성의 집약체로서 교사의 지적인 특성, 정의적 특성과 태도 및 행동으로 구성된다. 교직관과 교사상은 상호 간에 영향을 주고받는다.

교직관은 일반적으로 성직관, 전문직관, 노동직관의 세 가지로 구분하는데, 교직사회의 변화에 따라 공직관, 관리직관, 사무직관, 기술직관과 같은 새로운 유형들이 추가적으로 제시되어 왔다. 교직은 이러한 모든 교직관의 속성들을 가지고 있다. 교직관들은 서로 배타적이 아닌 상보적인 관계이다. 교직은 일반 직업과는 다른 특성을 가지고 있다. 즉, 전통적인 전문직들의 직업적 특성과 함께 가르치는 일의 본질적 특성이 반영된 특성을 가지고 있다.

교사상은 매우 다양하게 규정할 수 있다. 역사적인 위인의 특성에서 교사상을 찾을 수 있고, 교사교육과 학교경영에 관한 이론과 모델들이 상정하는 교사의 특성에서도 찾을 수 있다. 교사교육 관점이 상정하고 있는 교사상은 학자, 기술자, 장인, 사회개혁가, 학습촉진자, 지식구성 안내자 등에 비유할 수 있다. 학교경영 모델이 함의하고 있는 교사상은 관료, 전문가, 정치가, 교육 현상 해석자, 불안정한 조직 구성원, 문화 창조자, 예술가 혹은 디자이너 등으로 비유할 수 있다. 이러한 교사상은 교사의 다양한 지적 · 인성적 특성과 태도 중에서 특정 측면을 부각시킨 것으로, 어느 하나의 상으로 한 국가 · 사회의 교사 특성을 온전하게 이해하는 데에는 한계가 있다.

우리나라의 교직관과 교사상은 사회의 변화에 따라 변해 왔다. 전통적으로 성직관이 우세했지만, 현재에는 전문직관이 가장 넓게 확산되어 있다. 노동직관도 점진적으로 기반을 넓히고 있다. 교사상을 파악하는 것은 쉽지 않다. 국민들이 이상적으로 생각하는 특성과 실제로 선호하는 특성에 괴리가 있기 때문이다. 삶의 모범이 되는 교사를 이상적인 교사상으로 생각하면서 자녀는 잘 가르치는 교사에게 맡기고 싶어 한다.

전 세계에서 제4차 산업혁명이 진행되고 있고, 우리나라는 선진국의 지위를 획득한 가운데 국내외의 변화와 도전에 직면해 있다. 이에 대응하기 위해서는 교육의 패러다임을 바꿔서 새로운 인재를 양성해야 한다. 교직과 교사에 관해서도 새로운 관점으로 현실을 분석하고 발전을 위한 계획을 수립해야 한다. 새로운 교직관과 교사상의 정립이 필요한 시점이다.

Ⅰ. 서론

한 나라의 교직과 교사에 관해 이해하려면 그 국가 · 사회가 이상적으로 생각하는 교직과 교사의 특성을 먼저 파악해야 한다. 교직관과 교사상은 바로 국가 · 사회가 바람직하게 생각하는 교직과 교사의 특성을 추상한 것이다. 이 장은 이 책 『한국의 교직과 교사 탐구』의 첫 장이다. 여기에서 논의하는 교직관과 교사상은 제2장 '교사의 역할과 자질', 이어지는 여러 가지 정책과 제도 그리고 중요한 문제를 이해하고 논의하는 데 기초 자료가 될 것이다.

교육은 생활의 모든 장면에서 일어나고, 모든 사람이 교사가 될 수 있다. '길거리에 2~3인이 걸어가면 그중에는 반드시 교사가 있다.'는 말도 그러한 의미이다. 2인 이상이 모이면 길거리에서도 한 사람은 다른 사람에게 무언가를 가르치고 다른 사람은 무언가를 배우게 된다. 가르치는 사람이 따로 정해져 있는 것이 아니다. 어떤 때는 누군가를 가르치는 교사가 되기도 하고, 다른 때는 그 사람이 학생이 되기도 한다. 한 사람은 다른 사람에게 의도적 · 의식적으로 무언가를 가르칠 수도 있고, 의도하지 않은 가운데 가르친 결과가 나타날 수도 있다. 이러한 교육의 역사는 인류의 역사와 함께 시작되었고, 그렇게 다른 사람에게 교육적인 영향을 주는 사람도 인류의 역사와 함께 존재해 왔다(정범모 외, 1962: 31).

가르치는 일이 생활의 기반이고 따라서 의도적으로 다른 사람들에게 교육적인 영향을 행사하는 사람을 '교사'라고 부른다면, 이러한 사람의 출현은 기원전 10세기에서 5세기라고 알려져 있다(김종철, 문인원, 윤팔중, 진원중, 1985: 5; 이찬교, 서정화, 진동섭, 1995: 7-8). 가르치고 배우기 위한 장으로서 학교라는 공식적인 조직이 출현하고 교사라는 직업 집단이 형성된 것은 200~300년밖에 되지 않았다(김종철 외, 1985: 31). 교육은 학교만이 아니라 길거리에서도 이루어지고 사냥터와 고기 잡는 강변과 같은 다양한 삶의 장에서 이루어졌기 때문에 교사는 학교보다 훨씬 오래전부터 존재했다. 그러나 가르치는 일을 생업으로 삼는 교사직은 학교의 존재와 역사를 같이한다고 볼 수 있다.

교사상은 어떤 사람이 이상적인 교사인가에 대한 생각이다. 교직관은 교사의 직업은 어떠해야 하는가에 대한 생각이다. 교사를 양성하고 임용하는 제도적 장치라든지 실제 운영은 여러 가지 요인의 영향을 받고, 이러한 요인들은 사회의 변화에 따라 중요도가 변할 수 있다. 그중에서 가장 중요한 것은 사회에 자리 잡고 있는 이상적인 교사상일 것이다. 이상적인 교사상(教師像)은 교사에 대한 국민들의 기대가 반영된 것이고 동시에 실제로 존재하는 훌륭한 교사들의 특성에 기초해서 만들어진다. 교사상은 예비교사의 양성 과정에서부터 신규 임용, 인사와 평가의 모든 과정에 영향을 준다.

교사는 개인으로서만 학생들을 가르치지는 않는다. 가르치는 일은 같은 일을 하는 사람들, 즉 교사들의 집단적인 일이기도 하다. 직업으로서 교사의 일을 교사직 혹은 줄여서 교직이라고 부른다. 교사가 교육의 현장에서 하는 일들이 교직의 특성을 만든다. 교직의 특성은 국가 · 사회가 인식하고 기대하는 교직의 특성과 함께 교직관(教職觀)을 구성한다. 교사들이 실제로 수행하는 일의 특성과 국가 · 사회가 기대하는 그것이 반드시 일치하지 않을 수 있다. 어떻든 교직관은 교사상과 불가분의 관계이다. 교직관은 교사상에 영향을 주고 동시에 교사상은 교직관에 영향을 줄 수 있다. 따라서 어떤 교직관이 존재하는지를 이해하는 것은 교사에 대한 이해에 필수적이다.

이 장에서는 우선 국가 · 사회에 존재하는 교직관에 대해서 알아보고, 다음으로 교사상에 관해서 논의하려고 한다. 교사의 존재가 교직에 선행하지만, 우리의 관심은 직업으로서의 교사직과 그 일에 종사하는 사람으로서의 교사에 대한 이해에 있기 때문이다. 교직관은 수많은 직업 중의 하나인 교사직의 특성과 이러한 일을 수행하는 교사의 특성을 모두 담고 있다. 교직관은 교사직을 보는 인식론적 관점이기 때문에, 그것이 다르면 기대하는 교사상이 달라지는 것도 논리적으로 당연하다(김종철 외, 1994:

25). 교사직의 특성과 교사의 특성이 불가분의 관계이기 때문에, 이상적인 교사상을 교직관이라는 틀 속에서 논의하는 것이 교사의 다양한 측면, 직무와 인간적인 특성을 상호 관련성 속에서 이해하는 데 도움이 될 것이다. 따라서 우선 교직관에 대해서 살펴보고, 다음으로 교사상에 대해서 정리하려고 한다.

Ⅱ. 교직관

교직관은 무엇이고 어떠한 것들이 있는지 그리고 교직은 다른 직업과 어떤 점이 다르고 본연의 특수성은 무엇인지에 관해서 살펴본다.

1. 교직관

1) 교직관의 정의와 유형

교직(教職)은 가르치는 직업이다. 가르치는 일을 직업으로 삼는 사람이 교사이기 때문에 그것은 교사의 직업 혹은 교사라는 직업을 의미한다. 직업으로서의 교직은 학교조직의 출현과 함께 생겼으며 그 역사는 아주 오래되지는 않았다. 직업은 개인적 차원에서 보면 인간이 일상적으로 종사하는 업무이고 생계를 위한 일이다(이찬교 외, 1995: 2). 직업은 개인적으로는 생계 유지의 수단이고 자기실현을 위한 수단이다. 다양한 직업이 있음으로써 사회가 유지되고 발전한다는 점에서 직업은 사회적 기능을 수행한다. 이러한 직업에 대한 '일정한 견해나 마음가짐'을 직업관이라고 한다. 직업에 대한 이해와 해석은 사람마다 다르기 때문에 직업관도 다양할 수 있다.

교직관은 교사라는 직업을 보는 관점인데, 그 구체적 의미는 다양하게 규정된다. 정영수(2007: 20)는 교직관을 "교직을 바라보는 인식의 틀"로 정의한다. 교직관은 교사직을 파악하고 이해하는 관점이라는 것이다. 김종철 등(1994: 24)은 교직관을 교사직의 본질을 어떻게 보느냐에 관한 것으로 교사직과 교사의 직무의 기본 성격에 대한 파악과 관련된 것이라고 본다. 교직관은 교직에 대한 지각으로서 인지적 측면과 함께 교직에 대한 태도와 가치관을 수반하는 개념이다. 요컨대, 교직관은 가르치는 직업에 관한 여러 가지 측면을 포괄하는 생각의 집약체이다. 여기에는 교사의 이상적인 모습, 직무와 역할, 교사교육과 인사 등에 관한 사람들의 인식, 이해, 기대가 반영되어 있다.

교직을 어떤 관점으로 보느냐에 따라 교직에 대한 인식과 이해의 내용이 달라진다. 관점에 따라 평가와 처방의 내용도 달라진다. 나아가 직업에 대한 태도와 행동에까지 영향을 준다. 한 국가, 사회 혹은 구성원이 어떤 교직관을 갖고 있느냐가 이렇게 여러 측면에 영향을 주기 때문에 그것에 관한 이해가 중요하지 않을 수 없다.

일반적으로 교직관은 성직관, 전문직관, 노동직관으로 구분한다(고전, 2002; 김윤태, 서정화, 노종희, 1986; 김종철 외, 1994). 이러한 유형들은 분류를 위한 기준에 의하거나, 교직의 역사와 전통에 기반을 두거나, 이론적 특성에 기반을 둔 것이라기보다는 일종의 통념이며(김종철 외, 1994: 27), 논의의 편의를 위해 설정한 모형에 가깝다(고전, 2002: 80). 따라서 그 타당성에 있어 논란의 여지가 있을 수 있고, 각각의 특성이 혼합된 형태도 존재할 수 있다. 또 다른 교직관이 추가되기도 한다.[1] 이들은 교직의 특성을 보다 선명하게 부각하기 위해 조금 과장해서 이름을 붙인 것으로 보인다. 그리고 그러한 취지에 대해서 공감하는 부분이 있기 때문에 지금까지 여러 문헌에서 통용되고 있다. 여기에서도 이들 세 교직관을 중심으로 논의하려고 한다(고전, 2002: 61-80; 김종철 외, 1994: 27-31; 정영수, 2007: 20-21; 진동섭, 2002: 58).

성직관은 교직을 성직으로 보는 관점이다. 교직을 소명감에 근거한 성스러운 정신적 봉사 활동으로서 돈, 명예, 권력과는 거리가 먼 직업으로 본다. 성직관은 교사의 직업적 속성보다는 교사와 학생 간 인격적 만남을 토대로 한 도덕적인 영향에 초점을 맞춘다. 교사는 소명에 의해 교사가 되고 학생을 위해 희생 봉사하는 사람이다. 교사의 지적인 역량보다는 인성과 태도와 같은 정의적 특성을 강조한다. 성직관은 교사의 인격적 · 윤리적 측면을 부각시킨 것이다.

전문직관은 전통적인 전문직인 의사, 변호사와 같이 교직도 높은 전문성을 토대로 자율성과 책임감을 갖고 교육 서비스를 제공하는 직업이라는 관점이다. 전문직은 일반 범속직과는 다른 직업적 특성이 있다.[2] 예를 들면, 정교한 지식 · 기술체계, 장기간에 걸친 직전 훈련, 엄격한 자격 표준, 공인기구에 의한 엄격한 자격 통제, 전문직 단체의 운영을 통한 전문성 신장, 고도의 직업 윤리와 봉사성 등이다. 전문직관은 교사 직무와 행동의 성격에 초점을 맞춘 것이다.

---

1) 예를 들면, 정영수(2007: 19-20)는 교육공동체관을, 고전(2002)은 공직관을, 그리고 배천웅, 배상근, 박인종(1986)은 관리직관, 기술직관, 사무직관을 추가한다. 이들에 관해서는 38~44쪽의 '한국의 교직관과 교사상'을 참조할 것.

2) 교직의 전문직성에 관해서는 24~26쪽에서 좀 더 자세하게 논의할 것임.

노동직관은 교직은 노동직의 하나이며, 교사는 정신 노동을 제공하는 대가로 보수를 받는 사람이다. 교사는 노동자로서의 권리를 보장받고 근로 조건의 개선을 위해서 집단적으로 노력한다. 교사직은 전문직의 전형인 의사나 법률가와는 다른 신분과 지위를 갖는다. 즉, 교사는 피고용자의 신분과 노동자의 지위를 갖는다. 노동직관은 교사의 고용관계의 특성과 근무 조건에 주목한 관점이다.

2) 교직관의 성격과 교직관들 상호 간의 관계

성직관, 전문직관, 노동직관은 상호 간 배타적인 관계가 아닌 보완적 관계이다(정영수, 2007: 21). 정영수는 특히 전문직관과 노동직관이, 복합적이고 실제적인 교직의 성격을 파악하기에 적합한 상호보완적인 교직관으로 본다. 즉, 그는 교직에는 전문직성과 노동직성이 공존하는 것이 현실이기 때문에 이러한 성격을 파악하는 데에는 전문직관과 노동직관을 함께 적용하는 것이 필요하다고 주장한다. 고전(2002: 99)은 교직에는 성직성, 전문직성, 노동직성에 추가해서 공직성이 내재되어 있다고 말한다. 따라서 어느 하나의 교직관에 의해 파악 혹은 이해한 교직의 특성은 부분적이고 한계가 있다.

한편, 시대적으로 정확히 구분할 수 있는 것은 아니지만, 성직관, 전문직관, 노동직관은 각각의 출현, 확산과 쇠퇴가 순차적으로 이루어졌다. 성직관이 선행했지만 전문직관이 확산되어 주류를 이루면서 쇠퇴했다. 이러한 상황에서 노동직관이 조금씩 확산되어 온 것으로 보인다. 요즈음 가장 넓은 지지를 받고 있는 교직관은 전문직관이다.[3] 교직이 전문직적 성격을 충분하게 갖추고 있다는 점에서 지지를 받는다기보다는 전문직으로서의 특성을 좀 더 강화시켜야 한다는 의지와 기대가 반영된 것으로 보인다. 한편, 노동직관으로 교직을 보는 사람들의 규모가 아직은 전문직관 견지자들에 비해 많이 약하지만 그래도 점차로 늘고 있다. 성직관, 전문직관, 노동직관은 사회에 공존한다. 사회의 변화에 따라 특정 교직관을 가진 집단들의 규모나 구성이 변화할 뿐이다.

교직관은 '기대된' 교직관과 '실재한' 교직관이 있을 수 있다(김영화, 이인화, 임진영, 1994: 98; 박덕규, 박영숙, 1989: 37). 전자는 강조되어야 할 교직관이고, 후자는 현재 가장 강하게 존재하는 교직관이다. 개념적으로는 두 개의 교직관을 구분할 수 있을 것

3) 우리나라의 교직관에 관한 자세한 내용은 38~44쪽을 참조할 것.

같다. 그러나 실제적으로 두 교육관의 구분이 가능한지에 대해서는 논의가 더 필요하다. 현상을 보는 '관'이라는 것은 실제에 기반을 두지만 기대와 의지가 작용하는 것이기 때문이다. 특정 국가나 사회 구성원이 합의하거나 이들 전체를 대표하는 교직관은 존재하기 어렵다. 특정 교직관에 대해서 학생, 학부모, 교사, 행정가, 일반인 간에는 견해가 다를 수 있다. 학생들과 학부모들이 성직관을 선호한다면, 교사들과 행정가들은 전문직관을 선호할 수 있다. 각자의 상황과 입지가 다르기 때문이다.

2. 교직의 특성과 전문직성

1) 교직의 특성

교직은 다른 직업과 다른 특별한 점도 있다. 교직의 특징에 관한 고전적인 분석은 Lortie에 의해 이루어졌다(진동섭, 정수현, 박상완, 김병찬 역저, 2017; 진동섭 역, 1993). 그는 19세기 초부터 발달한 미국 교직의 특징을 ① 특수하지만 가려진 직업, ② 교사에 대한 행정가들의 제한된 영향력, ③ 교사들 간의 낮은 상호 영향력, ④ 직업에 대한 자기사회화 등으로 규정했다. 교사직은 그 자체로는 인간 개개인과 국가·사회적으로 특수한 기능을 수행하는 특별한 직업이다. 그러나 역사적으로 성직자, 교육행정가 그리고 대학교수(특히 교육학 교수)의 지위와 권위에 가려진 직업으로 존재해 왔다. 교육체제 내에서는 상급 교육행정기관의 행정가들에 의해 통제를 받는다. 그러나 그 정도는 다른 직업의 상급자-하급자 간 통제만큼 심하지는 않다. 교육이 교사의 전문성에 기반을 두고 자율적으로 이루어져야 하는 속성이 반영된 것이다. 직업 구성원으로서 갖추어야 할 사고방식, 행동, 태도 등을 습득하는 것을 직업 사회화라고 하는데, 교사의 사회화는 기존의 구성원들로부터 그런 것을 배우기보다는 신임 교사 자신의 시행착오 과정을 거쳐 학습하는 경향이 강하다.

Lortie와 비슷한 시기에 활동한 교육사회학자 Dreeben(1970)은 교직의 특징을 ① 고객에게 봉사하는 직업, ② 공적으로 고용된 직업, ③ 승진이 막힌 직업, ④ 관료제적 직업, ⑤ 여성의 직업, ⑥ 성과의 불가촉성과 성과 창출의 장기성 등으로 규정했다. 전문직은 고객의 이익을 위해 봉사하는 직업이다. 교직은 학생, 학부모 그리고 국가·사회를 위해 봉사하는 전문직이다. 사립학교 교사라 하더라도 교육이라는 공공재를 창출하는 일을 하므로 국가의 관리를 받는다. 교육 인구가 증가함에 따라 학교 수가 늘어나고, 이들을 관리하기 위한 조직이 발달함에 따라 교직은 관료제화되었다. 그렇지만 학교조직 안에서 구성원 간의 위계는 다른 직업의 그것만큼 복잡하지 않다. 교사직과 교장직 사이에 존재하는 단계가 거의 없기 때문에 다른 직업에 비해 승진의 기회가 제한되어 있다. 교직은 직무의 성격상 여성의 직업으로 선호되어 왔다. 교육 활동의 성과는 장기간에 걸쳐 나타나고, 그 결과물은 가시적이거나 만져지는 것이 아니다.

한편, 정영수(2007: 22-25)는 교직의 특수성을 다음과 같이 제시했다. 첫째, 교육조직의 목적인 교육의 가치가 특수하다. 교육은 본질적 가치와 도구적 가치가 있는데 교직은 본질적 가치를 추구한다는 점에서 특수하다. 둘째, 교사에게 요구되는 특정의 전문적 과업이 있다. 셋째, 교육성과의 평가가 어렵다. 넷째, 교직 관련 집단이 다양하고 규모가 크다. 정영수(2007: 24)는 여기에 교직의 본질적 특수성으로 가르치는 사람과 배우는 사람이 '동일한 일'을 한다는 점을 추가한다. 이러한 상황에서 교사와 학생은 교육의 본질적 가치의 중요성을 인식하고 그에 따라 합목적적인 행위를 해야 한다. 교사에게는 제자들에게 교육의 본질적 가치를 소중히 여기며 살아가는 삶을 일깨워 주는 교직의식 내지 사명감이 강조된다.

교직의 이러한 특징은 교사 집단의 특성에 영향을 준다. 즉, 여성이라든지 사회경제적 지위 상승이나 직업의 안정성을 중요하게 생각하는 사람들을 교직으로 유인할 수 있다. 권력이나 명예보다는 가르치는 일 자체의 보상을 소중하게 여기는 사람들 혹은 상급자의 통제가 아니라 자율적으로 직무를 수행하기를 좋아하는 사람들이 교직에 많이 종사할 수 있다. 교직이 특정 성향을 가진 사람들로 구성된다고 할 때, 그것은 교직의 사회적 지위와 경제적 지위에 영향을 준다. 직업의 사회경제적 지위는 직업들 간의 복잡한 경쟁과 협력관계 속에서 결정되기 때문이다.

2) 교직의 전문직성

사회경제적 지위가 가장 높은 직업은 전문직이다. 전통적인 전문직이라 함은 의사직, 법률직, 건축직, 종교직 그리고 대학교수직을 의미한다. 앞에서 그 특성을 살펴본 교직이 전문직인가의 문제는 대단히 중요하고 어려운 문제이다. 당사자인 교사들에게는 아주 민감한 사안이다. 교사들의 위신과 자존심의 문제이기 때문이다. 이에 대한 논의에 앞서 전문직의 요건으로 가장 잘 인용되고 있는 Lieberman의 기준을 살펴보고자 한다. 일반직 혹은 범속직과 전문직을 구분하는 절대적인 기준은 없다. 그러나 다음과 같은 기준은 전문직의 특징으로 많이 언급된다(Lieberman, 1956: 1-6).

① 독특하고 분명한 그리고 사회적으로 꼭 필요한 서비스를 가지고 있다.
② 지적인 방법으로 직무를 수행한다.
③ 입직을 위해서 장기간의 전문화된 훈련이 필요하다.
④ 직업 종사자 개개인은 물론 집단 전체에게 광범위한 자율성이 있다.
⑤ 자율성의 범위 안에서 행한 결정과 행동에 대해서 개인적인 책임을 진다.
⑥ 경제적인 보상보다는 제공하는 서비스를 강조한다.
⑦ 직업 종사자들의 포괄적인 자치기구가 있다.
⑧ 계속적으로 재해석되고 명료화되어온 윤리강령이 있다.

이러한 기준들이 전문직의 요건으로 충족적이라고 할 수는 없다. Stinnet와 Huggett는 자격증을 전문직 요건의 하나로 제시하고(Stinnet & Huggett, 1963: 57-68: 김윤태 외, 1986: 41-42에서 재인용), Hoyle은 지속적인 전문성 신장을 위한 현직 연수를 제시한다(Hoyle, 1980: 80-85: 김윤태 외, 1986: 42에서 재인용). 전문직은 종사자가 평생을 두고 헌신하는 평생직의 특성을 가지고 있다는 점도 간과되어서는 안 된다(이찬교 외, 1995: 30).

교직의 전문직성에 대해서는 다양한 논의가 이루어질 수 있다. 그러나 교직의 발전을 위해서는 기준을 설정해서 분석하고 논의하는 작업이 필요하다. 전문직의 8가지 특징을 제시한 Liberman도 1950년대 당시의 교직을 분석했다. 1950년대 미국 사회에는 교직이 전문직으로 장족의 발전을 했다는 믿음이 있었다. 그러나 Liberman(1956: 481)의 분석 결과는 그러한 믿음을 지지하지 않았다.

1962년 우리나라에서 간행된『교직과 교사』에서 정범모는 비슷한 주장을 했다(정범모 외, 1962: 27). 그는 "교직은 아직 전문직이 아니다. 그러나 교직은 전문직이라야 한다."라고 말했다. 교직은 이론적 배경이 약하고, 이론적 소양에 관한 장기간의 훈련이 부족하며, 이론적 고려보다는 경력과 경험을 존중하고, 교직단체의 기능이 취약하다는 이유를 들었다. 50~60년이 지난 지금 미국과 한국의 교직에 대한 분석은 달라질 수 있다.

교직의 전문직으로서의 위상은 다른 전통적인 전문직인 의사직, 법률직, 성직, 건축직 그리고 대학교수직과의 경쟁을 통해서 결정된다(이찬교 외, 1995: 32-33). 뿐만 아니라 지위를 높이려는, 새로 생겨나는 직업들과도 경쟁해야 한다. 과거 '준전문직' 혹은

'전문직을 지향하는 직업'으로도 기술되던 교직이 현재에는 어떤 위치에 있는지에 대해서는 보다 체계적인 분석과 논의가 필요하다. 한편, 교직 종사자들은 위세가 높은 직업들 간 경쟁에서 보다 높은 입지를 확립하려는 노력을 경주해야 할 것이다.

Ⅲ. 교사상

교직관이 교사라는 직업의 본질과 성격에 관한 것이라면 교사상은 교사가 가져야 할 이상적인 특성에 관한 것이다(김종철 외, 1994: 24). '교사상' 하면 바로 앞에 '이상적인' 혹은 '바람직한'이라는 수식어가 붙게 마련이다. '상(像)'은 모습, 모양, 형(形) 혹은 이미지(image) 등과 혼용되기도 한다. 그것은 일반적으로 있는 그대로의 현재의 모습보다는 '있어야 할' 모습을 의미한다. 교사상은 규범적 혹은 당위적 특성, 즉 이상적인 인성적 · 행동적 특성과 가치들로 규정된다. 물론 교사상을 현재의 교사가 보여 주는 특성으로 생각할 수도 있다. 그러나 그러한 특성이 국가 · 사회의 기대를 완전하게 충족시키는 것이 아닐진대, 그것을 보완하고 넘어서는 특성을 갖춘 교사에 대한 기대가 투영되는 것은 피하기 어렵다. 이 절에서 다룰 교사상에서는 이러한 속성도 유념해야 한다. 교사상에 관한 논의에 이어서 이상적인 교사의 기본적인 요건으로 일관성 있게 제시되는 전문성에 관해서 살펴보려고 한다.

한 국가나 사회가 가지고 있는 바람직한 교사의 모습, 즉 교사상을 확인하는 방법은 다음과 같이 여러 가지가 있을 수 있다. ① 역사적인 위인으로부터 교사상을 추출하는 방법, ② 교육 관련 법이라든지 국가가 규정하는 교육과정에서 확인하는 방법, ③ 교사교육 이론이나 학교경영 이론으로부터 추출하는 방법 등이 있다.

전통적으로 바람직한 교사상은 역사적 위인 중에서 교육적인 영향력이 강한 사람에게서 찾았다. 기원전 5세기경에 활동했던 인도의 석가모니, 중국의 공자, 그리스의 소크라테스 그리고 그 후에 활동했던 예수의 세계 4대 성인이 전형적인 예이다. 18세기 스위스의 페스탈로치(1746~1827)와 19세기 독일의 프뢰벨(1782~1852), 이탈리아의 몬테소리(1870~1952)도 이상적인 교사상으로 추앙된다. 이들은 종교가, 학자, 사회비평가 혹은 의사이면서 교육가로서의 영향력을 행사하던 인물들이다.

우리나라의 경우 조선시대 이황(1501~1570), 이율곡(1536~1584)과 정약용(1762~1836) 같은 유학자와 실학자가 교사의 전형으로 존경받고, 일제시대의 독립운동가 안

창호(1878~1938)도 국민들에게 교육적 영향력을 행사하던 사표(師表)로 존경을 받는다. 이들은 학문, 인품, 행동, 업적 등이 사람들의 모범이 되고 교육적인 영향력이 컸던 사람들이기 때문에 그들의 지적 · 인성적 · 행동적 특성은 이상적인 교사의 전범(典範)으로 거론된다.

한 국가의 교육 제도와 운영에 관한 기본적인 틀은 교육법으로 규정되어 있다. 교사는 교육법에 규정된 학교체제 안에서 직무와 역할을 수행한다. 법에는 교사의 양성, 자격, 임용, 인사, 평가 등에 관한 사항이 규정되어 있고, 교사들의 단체 활동에 관해서도 규정되어 있다. 법이 최소한의 상식을 규정한 것이라면, 교육법에는 교사의 직무와 역할에 관한 최소한의 상식적인 기대가 반영되어 있다고 볼 수 있다. 한 국가의 법에는 이러한 교사상이 담겨 있으므로 이들의 분석을 통해서 그 국가의 교사상을 알아볼 수 있다.

교직과 교사에 관한 현상을 과학적이고 체계적으로 탐구하는 학문적 활동의 결과는 이론으로 나타난다. 교사에 관한 제반 현상에 관한 탐구는 교사교육, 교사 인사행정이라든지 학교경영 영역에서 집중적으로 이루어진다. 교사상은 한 국가나 사회가 요구하는 교사의 양성 및 교육과 직접 관련된다. 또한 교사는 학교조직의 중추적인 구성원으로서 그 경영 활동에서 핵심적인 역할을 한다. 따라서 이 절에서는 그러한 영역에서 이루어진 연구의 관점과 모델, 즉 ① 교사교육 관점, ② 학교경영 모델이 상정하고 있는 교사상을 살펴보려고 한다.

1. 교사교육 관점이 상정한 교사상

교사를 양성하고 선발하고 현직 교사를 교육하는 과정에 관한 이론과 모델에서 이상적인 교사의 특성을 찾을 수 있다. 이것은 이론과 모델이 과학적인 탐구와 합리적인 논의의 결과라는 점에서 다른 방법보다 체계적이라 할 수 있다. 그들이 상정하고 있는 교사상은 교사 양성이라든지 현직교육에 적용하기에도 좋을 것이다.

교사교육의 관점(perspective)은 교사교육에 관한 기본적인 가정, 가치, 신념 등의 집합체이다. 관점과 유사한 용어로 패러다임(paradigm), 접근법(approach), 모형(model), 틀(frame), 지향(orientation) 등이 있다.[4] 용어는 다르지만 이들은 교사의 역할은 무엇인지, 바람직한 교사의 자질은 무엇인지, 그런 교사를 양성하기 위해서 어떤 내용을

4) 이런 용어들의 의미에 관한 자세한 논의는 박상완(2002, 2000)을 참조할 것.

왜 그리고 어떻게 가르쳐야 하는지에 관한 기본적인 생각을 담고 있다. 여기에서는 이러한 내용들을 비교적 포괄적으로 담고 있는 '관점'이라는 용어를 사용하려고 한다. Zeichner(1983)는 교사교육의 관점을 '학교교육, 교수, 교사의 역할, 교사교육의 목표 등 교사교육과 관련되어 있는 주요 문제에 대한 신념과 가정'으로 규정함으로써 학교교육에 관한 생각까지 포괄하는 것으로 본다. Feiman-Nemser(1990)는 교사교육의 관점은 '교사교육의 목표와 이를 달성하기 위한 수단'으로 규정한다.

교사교육의 관점은 교사교육의 본질과 성격에 관한 이해, 해석, 처방의 틀을 담고 있다. 따라서 어떤 관점을 가지고 있느냐에 따라 교사의 자질과 역할, 교사교육의 목표, 교사교육의 내용, 교사교육의 원리와 방법, 교사교육의 평가 등의 내용이 달라진다(진동섭, 1998: 310). 교사교육의 관점에 대해서는 학자마다 다양한 기준을 사용해서 유형을 제시한다.[5] 미국 학자들의 경우, 교사교육의 역사적 전통, 이념 혹은 이론에 기반을 두고 관점과 유형을 제시했다. 한국의 학자들은 이들의 논의를 참고해서 개념적으로 관점과 유형을 분류했다는 점이 특징이고 동시에 그 점에서 한계가 있다. 여기에서는 교사교육을 좀 더 포괄적으로 분석하고 해석하고 처방할 수 있는 Feiman-Nemser의 유형을 중심으로 삼고 일부 조정을 했다. 즉, 교사교육의 관점을 학문중심 관점, 기술중심 관점, 실천중심 관점, 비판주의/사회재건주의 관점, 개인발달 관점 그리고 구성주의 관점의 6개 관점으로 정리해서 설명하려고 한다(Feiman-Nemser, 1990: 220-228).

1) 학문중심 관점

학문중심 관점에서 보면 가르치는 일은 지식의 전달과 이해의 발달이다. 교사의 중요한 역할은 지적인 지도자, 학자, 교과 전문가이며, 따라서 교사의 학문적인 능력과 교과 지식의 중요성을 강조한다. 그렇기 때문에 교사 양성 자체의 필요성에 대해서 회의적일 수 있다. 교사에게 필요한 것은 자유교양 과목이라든지 특정 학문의 내용 지식이고, 이것은 일반 대학의 교육과정을 통해서도 습득할 수 있기 때문이다. 교사교육의 일반적인 교수 목표는 다양한 앎과 사고의 방식을 가르치고, '학문의 구조'를 가르치고, 학문적 내용을 '의미 있게' 이해하는 능력을 함양하는 데 있다. 이 관점은 전형적인

5) 교사교육의 관점의 구분이나 유형은 1970년대 중반 이래로 미국의 교사교육의 발달과 역사를 분석한 연구를 통해 발전해 왔다. 미국의 대표적인 학자로는 Joyce(1975), Zeichner(1983), Schubert(1989), Doyle(1990), Feiman-Nemser(1990), Liston과 Zeichner(1991) 등이 있다. 우리나라에는 한명희(1997), 장용희(1994), 박상완(2002, 2000), 김병찬(2000) 등이 있다.

학자로서의 교사상을 갖고 있다.

2) 기술중심 관점

기술중심 교사교육 관점은 행동주의 심리학에 이론적 기반을 두고 교수 활동에 대한 과학적인 연구를 강조한다. 교사평가, 직무 분석, 다양한 수업 기술 및 기법, 교사 행동과 학생 성과 사이의 과정-산출 분석에 대한 연구가 이 관점을 반영한 것이다. 교수 활동에 대한 과학적인 기초를 탐구하고, 우수한 교사의 특성과 활동을 세밀하게 분석하고, 학교 현장에서 교사들이 실제로 수행하는 직무를 분석하며, 이를 기초로 교사교육 프로그램을 설계하는 등의 활동을 강조한다. 기술중심 교사교육의 목표는 능숙하게 가르칠 수 있는 교사를 양성하는 것이다. 가르치는 일을 위한 학습이란 교수에 관한 과학적인 연구로부터 도출된 원칙과 실천 방식을 습득하는 것이다. 교사가 숙달해야 할 기술이나 능력과 목표 달성 여부를 평가할 수 있는 준거가 구체화되어 있다. 교사의 중요한 역할은 효과적인 교수 원리와 방법의 집행자, 의사결정자 혹은 기술자이다.

3) 실천중심 관점

이 관점은 전통적(Joyce, 1975), 기예적(Zeichner, 1983), 역사적(한명희, 1997) 관점이라고도 불린다. 숙련된 장인이 가지고 있는 기능, 기법, 기술, 기예 등을 중시한다. 실제 경험은 가르치는 일에 관한 지식의 원천과 가르치는 것을 배우는 수단으로 아주 중요하다. 교사들의 교수 상황과 과제들은 독특하고, 업무의 속성과 과정이 모호한 측면이 있기 때문에 스승이나 동료와의 직접적인 상호작용과 경험을 중시한다. 실천중심 관점의 대표적인 학습 형태는 도제제도이다. 그것은 선배 교사나 우수한 교사가 신임 교사에게 자신이 가지고 있는 교수 기술과 방법을 전수하는 데 적합한 방법이다. 신임 교사는 대가와 일정한 시간 동안 함께 일함으로써 실제 상황에서 일어나는 일과 실제적인 기술을 학습한다. 교수의 직접 체험, 직무 상황에 관한 공동의 인식과 이해 그리고 상호작용을 통해 기술의 전수는 물론 동업자로서의 의식이 함양된다.

4) 비판주의/사회재건주의 관점

교사교육에서 비판주의 전통은 진보적 사회 이념과 학교교육에 대한 급진적 비판이 혼재되어 있다. 즉, 여기에는 새로운 사회 질서를 구성하는 데 도움이 되는 교육의 힘에 대한 진보적 믿음이 존재하고, 동시에 학교가 사회의 불평등을 고착화시키는 도구라는 인식이 존재한다. 교사는 사회개혁을 위해 중요한 역할을 담당하며, 교사교육과 학교교육은 정의롭고 민주적인 사회를 만들기 위한 중요한 요소라고 생각한다. 교사교육의 주된 목표는 현 사회의 정치 · 경제 · 사회 문제를 이해하고 그것을 개선하기 위해 노력하며 사회 문제를 열심히 연구하고 비판적으로 생각하는 시민을 양성할 수 있는 능력을 함양하는 것이다. 비판주의/사회재건주의 관점에서 교사는 교육자인 동시에 정치적 실천가이다. 교사는 교실에서는 집단적 문제 해결을 통해 민주적 가치와 실천을 증진시키는 학습공동체를 구성하고, 학교에서는 교육과정 개발과 정책 결정에 참여하며, 지역공동체에서는 지역사회 활동과 정치적 노력을 통해 학교환경과 교육기회를 향상시킨다.

5) 개인발달 관점

개인발달 관점은 자아실현형(Doyle, 1990), 인간주의(한명희, 1997)라고도 불리며, 교사가 자기 자신을 이해하고 발전시키고 효과적으로 활용하는 과정을 강조한다. 즉, 교사의 개인적 발전은 교사가 되는 준비의 핵심적인 부분이다. 진보주의 철학과 아동 연구, 발달주의 심리학 등에 철학적 기반을 둔다. 기존의 교사교육은 발달주의 철학이나 아동의 성장과 발달 패턴을 이해할 수 있는 창의적이고 상상력이 풍부한 교사를 양성하지 못했다고 비판한다. 이 관점은 학생의 관심으로부터 학습이 이루어지고, 따라서 학생의 적극적 자기주도 탐색이 이루어지는 교실 상황을 중시한다. 아동중심 교육을 제공하는 학교에서 가르칠 교사교육은 교사가 아동에게 제공해야 하는 것과 같은 지원적이고 격려해 주는 환경에서 이루어져야 한다. 교사교육과정에서 예비교사는 자기 자신의 가치관을 분명히 하고, 가르치는 활동에 있어 자기 자신의 스타일을 발견해야 한다. 교사는 학습이 이루어지는 조건을 창조하는 촉진자의 역할을 수행한다.

6) 구성주의 관점

구성주의 관점은 해석학적 관점을 취하고, 교육에 대한 관찰, 분석, 해석 및 의사결정 능력을 갖춘 반성적 전문가형 교사를 상정한다. 구성주의에서 지식은 실체로 존재하는 것이 아니라[6] 개인의 경험을 통하여 주관적으로 구성해 가는 것이다. 지식 획득 과정에 대한 인식의 차이는 교사의 교수-학습 방법의 차이를 가져온다. 즉, 객관주의 세계관에서는 교수-학습을 추상적이며 보편적인 지식을 전달하는 과정으로 생각한다. 따라서 교육의 목표는 학생들이 외부 세계에 관한 내용과 구조를 모사하게 하는 것이다(Burnstein, Kretschmer, Smith, & Gudoski, 1999). 반면, 구성주의 입장에서는 구체적인 상황 속에서 지식이 구성되는 것을 강조하기 때문에(Duffy & Cunningham, 1996), 교육의 주목표는 주어진 상황 속에서 학생이 지식을 구성할 수 있는 역량을 기르는 것이다. 이에 따라 교사의 역할도 달라진다. 객관주의에서는 교사가 기존 지식의 전달자 역할을 한다. 구성주의에 의하면, 교사는 학생들이 스스로 자신의 맥락에서 지식을 구성하고 문제를 해결하도록 하는 안내자이자 조언자 혹은 학습촉진자, 공동학습자이다.

7) 요약 및 논의

교사교육의 관점들은 학교와 교사에 대한 기대가 다양하기 때문에 존재한다. 이러한 관점들은 서로 배타적이라고 보기 어렵다. 강조하는 초점이 다를 뿐이다. 학문중심 관점은 학생들이 스스로 선택하기 어려운 가치 있는 내용들을 학습하도록 하는 것이며, 교사교육의 목적은 예비교사가 이러한 목적에 맞는 생각과 성향을 발전시키도록 돕는 데 있다.

기술중심 관점과 실천중심 관점은 가르치는 일에 관한 지식의 성격과 근원 그리고 지식이 어떻게 생성되는가에 대해 서로 다른 관점을 제시한다. 기술중심 관점이 과학

---

6) 객관주의(objectivism)는 상대주의(relativism)와 대비되는 개념으로서, 실증주의, 논리실증주의, 정초주의(foundationalism)(장상호, 2000), 절대주의 등의 용어로도 사용된다. 객관주의의 기본 가정은 다음과 같다. 첫째, 외부 세계는 인간의 인지 활동보다 먼저 존재한다. 둘째, 객관적이고 절대적인 진리가 외부 세계에 존재한다. 셋째, 인간이 획득한 지식은 그 객관적 외부 세계와 일치했을 때 지식으로서의 가치를 지닌다. 넷째, 교육은 객관적 지식을 끊임없이 추구해 나가는 과정이다(장상호, 2000). 대체로 구성주의 인식론의 상대적 관점으로 '객관주의' 용어를 사용하고 있는데(강인애, 1997), 이 경우 객관주의는 합리성과 객관성을 추구하는 전통적 인식론을 총칭한다.

적 지식과 체계적인 훈련을 강조한다면, 실천중심 관점은 경험으로부터 얻을 수 있는 학습과 실천의 지혜를 강조한다.

비판주의/사회재건주의 관점은 학생이 정의와 평등에 관한 민주주의 원리를 학교에서 실천하도록 가르치는 것을 중시함으로써 학생과 사회에 대한 교사의 의무감을 강조하고, 교수, 학습, 지식, 학교교육 등에 관해 당연시하던 가정에 문제를 제기한다.

개인발달 관점은 교사교육과정이 새로운 지식과 기술의 습득에 관한 문제라기보다는 교사 개인의 관심이 변화하는 과정임을 강조한다. 왜냐하면 예비교사들은 교실 상황에 대해 이미 잘 알고 있으며, 가르치는 새로운 기술이 필요하다면 이에 대한 재사회화가 필요하다고 생각하기 때문이다.

한편, 구성주의 관점은 기존의 객관주의 인식론적 패러다임에서 상대주의 패러다임으로 변한 것이라는 점에서 기존의 관점과는 다르다. 그러나 구성주의 관점 역시 교사교육 프로그램에서 다른 관점들과 독립적으로 존재하는 것이 아니고, 개인의 능동적 지식 구성을 특히 강조한다는 점에서 차이가 있을 뿐이다.

2. 학교경영 이론이 상정하는 교사상

교사가 직무를 수행하는 주 공간은 학교이다. 교사는 학교 구성원들의 중추적 위치에서 교육과 경영에 참여한다. 이러한 교사직의 현황과 현실 그리고 교사에 대한 요구와 기대는 학교경영 연구의 중요한 주제이다. 학교경영 연구는 대단히 방대하고 잘 축적되어 왔다. 이러한 학교경영에 관한 이론의 추세, 주제 및 내용을 살펴보면 교직과 교사의 실제 모습과 이상적인 모습을 파악할 수 있다.

학교경영 이론을 유형화하고 모형으로 제시한 학자들은 많다(Bolman & Deal, 1997; Bush, 2011; Cuthbert, 1984; Morgan, 1987). Bush는 가장 최근 기존의 유형과 모형들을 종합해서 학교경영 이론들을 6개의 모델로 제시했다. 형식적 모델, 합의제 모델, 정치적 모델, 주관적 모델, 불확실성 모델 그리고 문화적 모델이 그것이다. Bush(2011: 35-36)는 학교경영 활동을 목표에 대한 합의 수준, 조직 구조의 의미와 타당성, 외부 환경과 조직의 관계 그리고 리더십 전략의 네 가지 영역의 특성을 기준으로 삼아 학교경영 이론을 구분한다. 이 절에서는 Bush의 여섯 가지 학교경영 모델과 함께 최근에 등장한 예술적 모델이 상정하고 있는 교사의 특성을 제시하려고 한다(최현진, 2014, 2015; 허소윤, 2017).

1) 형식적 모델

형식적 모델(formal models)은 학교를 합의된 교육 목표와 경영 목표를 달성하기 위하여 합리적인 수단을 활용하는 위계적 체제로 가정한다. 교사는 하급 관료의 지위를 갖는다. 교장은 교사의 상급자로서 공식적인 지위에 기반을 둔 권위를 행사한다. 학교는 상급 행정기관에 대해 책무성을 진다. 형식적 모델로 본 학교조직은 전형적인 관료제이다. 교사는 교장의 하급자로서 공식적으로 설정한 교육과 경영의 목표를 달성하기 위해 규칙과 규정에 따라 직무를 수행한다.

2) 합의제 모델

합의제 모델(collegial models)은 학교를 구성원들이 참여하여 교육과 경영에 관한 중요한 사항들을 결정하는 조직으로 본다. 이 모델은 전문가 집단을 구성원으로 하는 조직에 적합한 모델이다. 이들은 조직 목표 등에 있어 가치를 공유한다. 조직 내에서의 영향력은 모든 구성원에게 분산된다. 교사는 전문적 지식과 기술을 갖추고 학교 교육과 경영에 주체가 되어 참여하는 사람이다. 교장과의 관계에서도 수평적이고 동료적 관계를 강조한다.

3) 정치적 모델

정치적 모델(political models)은 학교 안에서의 정책과 의사결정이 협상과 교섭의 과정을 통해 이루어진다고 가정한다. 특정 목적을 달성하기 위해 구성원들은 이익집단을 형성하고, 이들 간의 갈등은 자연스러운 현상으로 간주된다. 권력은 공식적 지도자가 아닌 구성원들의 강한 연합체에 주어진다. 교사를 포함한 학교 구성원들은 사안에 따라 다양한 하위 조직으로 이합집산하며 협상과 교섭을 통해 이익을 추구한다. 이러한 상황에서 공식적인 지위라든지 전문성에 기반을 둔 권한의 행사는 제한적일 수밖에 없다. 교사의 정치적인 역량이 중요하다.

4) 주관적 모델

주관적 모델(subjective models)은 학교조직은 실재하는 것이 아니라 구성원들이 해석하고 의미를 부여한 것이라고 가정한다. 구성원들은 각자의 가치에 따라 학교의 상황을 서로 다른 방식으로 해석한다. 따라서 학교는 구성원 각자에게 의미가 다르고 각자의 경험 속에서 존재할 뿐이다. 학교조직의 목표보다는 개인적인 목표를 강조하고 조직의 공식적 구조와 권한관계도 개인의 경험, 인식과 해석에 따라서 의미가 달라진다. 따라서 개인적 자질이 중요하다. 교육과 경영에 대한 인식, 해석, 의미화의 주체로서의 교사의 위상을 강조한다.

5) 불확실성 모델

불확실성 모델(ambiguity models)은 학교조직의 불확실성과 예측 불가능성을 강조하는 관점이다. 조직의 목표가 불명확하고 경영 과정도 불투명하다. 정책이나 의사결정은 참여자의 가변성으로 인해 유동적이다. 조직은 작은 집단으로 분절되어 있고 느슨하게 결합된 체제이다. 조직이 직면한 불확실성으로 인해 지도자는 어려움을 겪는다. 불확실성 모델은 학교조직의 실제와 상황에 대한 기술(記述)에 초점을 둔다. 불확실한 학교조직 상황에서는 교사의 지위와 역할도 불안정하고 불확정적이라 볼 수 있다. 이러한 불확실성 모델은 학교경영의 방향이라든지 교사의 지위와 역할에 대해 규범적인 처방을 내리기 위한 모델로는 효용성이 떨어진다.

6) 문화적 모델

문화적 모델(cultural models)은 학교조직의 핵심이 신념, 가치, 이념이라고 본다. 조직 구성원 간 규범과 의미의 공유를 강조한다. 조직 문화는 의식과 의례를 통해 표현되고 영웅적 존재를 통해 구현된다. 조직의 목표는 조직의 비전을 구현하는 것이고 조직 구조 역시 조직 문화의 구현물이다. 이 모델에 의하면 교사는 학교조직 문화의 공유자이다. 이상적인 교사는 조직 문화의 창조, 확산, 공유와 구현에 앞장서는 사람이다.

7) 예술적 모델

예술적 모델(artistic models)은 학교경영과 수업의 예술적인 속성에 초점을 둔다. 즉, 학교와 학급 경영 그리고 수업은 구성원들의 감정을 다루는 일이고, 직관과 통찰력에 따른 즉흥적인 결정이 이루어지고, 민감성과 감식안을 활용하고, 개성과 개별성을 존중하고, 다양한 감각적 매체를 활용하는 활동이다(최현진, 2014, 2015; 한송이, 2017). 학교 · 학급 경영과 수업 활동은 고도의 창의력과 협업이 요구되는 활동으로서 그것의 계획과 실천에 예술적 역량과 디자인적인 역량을 발휘해야 한다(Jin, 2015). 이러한 예술가 혹은 디자이너로서의 교사상은 최근 새롭게 부각되는 관점이다.

8) 학교경영 모델과 교사상의 특성

학교경영 모델은 복잡하고 다양한 학교경영 현상을 이해하기 위한 렌즈와 같다. 어느 하나의 렌즈로 학교경영 현상을 온전하고 정확하게 파악하는 것은 불가능하다. 각각의 모형은 학교경영 현상을 선택적이고 부분적으로 기술하고 설명하고 해석한다. 앞에서 제시한 일곱 가지 모델은 상호 배타적인 관계가 아닌 보완적인 관계이다(Bush, 2011: 29-30).

학교경영 모델 중에는 바람직한 학교경영에 관한 신념이나 가치를 반영하고 있는 것도 있고 그렇지 못한 모델도 있다. 예를 들면, 형식적 모델과 불확실성 모델이다. 형식적 모델은 학교경영 현상의 관료제적 특성을 잘 드러내 주지만, 관료제로서의 학교조직과 경영이 바람직하다는 믿음을 가지고 있는 것은 아니다. 따라서 이 모델들은 학교경영 현상에 대한 처방을 내리는 데에는 적합하지 않다. 바람직한 학교경영의 방향이나 과제에 대해서 처방을 내리는 데에는 정치적 모델과 주관적 모델 역시 한계가 있다(Bush, 2011: 30). 문화적 모델이나 예술적 모델은 학교경영의 개선과 발전 과제를 수립한다든지 교사의 능력과 자질 함양을 위한 방안을 수립할 때 활용할 수 있는 규범적 모델의 성격이 강하다. 학교경영 모델들은 각각 상정하는 학교조직의 특성과 가정하는 교사의 특성이 다르기 때문에, 용도에 따라 적합한 것을 선택해서 활용해야 할 것이다.

어느 국가나 사회든 교사에 대한 기대는 매우 크고 높다. 국가 · 사회 발전을 위해 교육이 커다란 기여를 해 왔고 더 큰 역할을 기대하기 때문이다. 이러한 기대는 교육의 중추적인 위치에 있는 교사에 대한 기대로 발전한다. 교육은 국민 개개인의 발전을 위해 기여한다. 동시에 국가 · 사회 발전을 위해서도 기여한다. 따라서 교육에 대한 인간 개인의 기대와 국가 · 사회의 기대가 큰 만큼 교사에 대한 기대도 클 수밖에 없다. 그런데 문제는 교육 혹은 교사에 대한 인간 개개인의 기대와 국가 · 사회의 기대가 반드시 일치하기 어렵다는 데 있다. 학생 개개인이 이상적으로 생각하는 교사상과 국가 · 사회가 생각하는 교사상에 괴리가 있을 수 있다는 것이다.

한편, 학교조직의 역할과 기능에 대한 생각이 변함에 따라 구성원의 유형과 특성이 다양해지고, 교육에 관해서 이해관계를 달리하는 집단이 생겨난다. 이것은 곧 구성원들 간에 이상적인 교사상이 다를 수 있음을 의미한다. 예를 들면, 학부모가 생각하는 교사상과 교사가 생각하는 그것에 괴리가 있을 수 있다. 학부모 조직과 교사조직 간에 존재하는 갈등은 바로 각 집단이 생각하는 교사상의 차이에 기인한다. 교사상에 관한 논의에서는 이상과 같은 집단 간 생각과 견해의 차이를 간과하지 말아야 한다. 일반적으로 논의되는 교사상은 탈맥락적이기 때문에 활용 가치가 제한적일 수밖에 없다.

요컨대, 교사상은 국가 · 사회에 따라, 시간의 변화에 따라, 그리고 보는 사람의 입장에 따라 달라질 수 있다. 앞서 살펴본 여러 가지 교사상은 교사교육과 학교경영에 관한 관점과 모델 속에 내포되거나 그것이 시사하는 교사의 특성이다. 어느 하나의 관점이나 모델로는 탐구의 대상이 되는 현상을 온전하게 총체적으로 파악할 수 없다. 각각의 강점, 약점, 장점과 특징이 있다. 한 현상을 제대로 파악하기 위해서는 여러 가지 관점과 모델의 도움이 필요하다. 각 이론 간의 관계가 배타적이 아니라 상보적이라고 하는 것도 그런 이유에서이다.

3. 교사의 전문성

현상을 보는 렌즈로서의 교사상은 목적과 용도에 적합한 것을 선택해서 활용하면 된다. 학문적인 용도를 위해 선택한 교사상에 대해서는 맞고 틀리다는 판단을 할 수 있다. 그러나 일반인들이 일상적으로 거론하는 교사상은 개인의 가치, 경험 그리고 상황에 따라 달라지고, 옳고 그름을 판단하기가 어렵다. 이상적인 교사의 추상적인 모습보다 중요한 것은 그러한 교사의 구체적인 요건, 자질 혹은 능력이다. 이러한 것의 기반은 '전문성'이다. 성직자, 학자, 기술자, 노동자 혹은 공직자로서의 교사 등 어떤 교사상이든 간에 그 상을 구현하기 위해서 반드시 구비해야 할 것은 전문적인 지식, 기술, 식견, 지혜이다. 이것을 전문성이라고 한다. 성직자의 특성을 가진 교사가 되려면 그에 합당한 교육에 관한 전문적인 지식, 기술, 지혜가 필요하고, 노동자의 특성을 가진 교사가 되려면 노동직 수행에 합당한 것이 필요하다. 서로 다른 교사상은 직무와 역할이 다를 뿐, 그 기반이 되는 전문적인 지식, 기술, 식견, 지혜는 꼭 필요하다. 다른 것이 있다면 전문성의 내용이다.

교사의 전문성에 관해서는 여러 학자가 다양한 방법을 사용해서 여러 가지 개념과 유형을 제시한다(김이경 외 역, 2006; 주영주 외, 2006; 황규호, 2003). 교사 전문성에 대한 초기의 연구는 교사의 태도나 성향에 초점을 두다가 행동으로 옮겨졌다. 태도와 성향에 관한 연구에서는 교육에 대한 사명감이라든지 학생에 대한 사랑과 존중이 강조되었다. 행동에 관한 연구는 전문성이 높은 교사의 직무 수행 행동을 관찰하고 추출했다. 1980년대에는 교사의 전문적 지식체계에 연구의 중점이 있었다. 1990년대에는 교사의 자격 기준(standard)에 관심이 집중되면서 수행에 관한 연구가 활발하게 이루어졌다. 주영주 등은 이러한 선행 문헌 분석에 기반을 두고 교사 전문성의 구인을 태도, 지식 그리고 수행으로 설정했다.

최근 미국의 Hargreaves와 Fullan은 학교 하나하나를 변화시킬 수 있는 원동력으로서 교사의 전문적 자본 개념을 제시했다. 이들은 학교교육의 질을 높이기 위해서 필요한 교사의 전문성을 '전문적 자본(professional capital)'이라는 개념으로 정의하고 구성 요인들을 인적 자본, 사회적 자본, 의사결정적 자본으로 구분했다(진동섭 역, 2014; Hargreaves & Fullan, 2012). 교사 전문성의 핵심은 교사의 전문적 기술체계인데, 이것을 세 가지로 새롭게 구안한 것이다(진동섭 역, 2014: 163-184). 인적 자본은 교육과 훈련을 통해 개발할 수 있는 지식과 기술이다. 사회적 자본은 구성원 간 상호작용과 사회적 관계의 양과 질에 관한 것으로 구성원 간의 팀워크, 의사소통, 협력, 신뢰감 등을 말한다. 의사결정적 자본은 Hargreaves와 Fullan의 가장 중요한 아이디어이다. 그것은 전문가들의 오랜 기간의 경험, 실행, 반성을 통해서 습득하고 축적하는 역량으로 식견이나 지혜와 같은 것이다. 정보와 자료가 부족하거나 불확실한 상황에서 현명한 결정을 내리는 역량을 말한다. 기존의 전문성에 관한 관점이 인성과 태도라든지 행동이나 수행 기준에 머물렀다면, Hargreaves와 Fullan은 교육과 훈련으로 함양하기 어려운 직무 수행 경험과 반성에 의해 체득하고 축적되는 특성에까지 전문성의 영력을 넓혔다.

이상의 내용을 고려해서 여기에서는 교사의 전문성을 '교육에 관한 전문적인 지식과 기술 체계'와 '교직에 관한 윤리의식'으로 구분한다(진동섭, 2002: 63-64). 교육에 관한 전문적 지식과 기술 체계에는 ① 교육 현상 전반에 관한 지식, ② 교육학에 관한 지식, ③ 교과 및 교과교육에 관한 지식과 기술, ④ 학생 지도에 관한 지식과 기술, ⑤ 학급경영에 관한 지식과 기술, ⑥ 학교경영에 관한 지식과 기술, ⑦ 지식과 기술의 적용을 통해 체득한 식견과 지혜 등을 포함한다. 교직에 관한 윤리의식은 전문직으로서의 권리와 책무감을 의미하며 교사의 태도와 인성적 특성에 관한 것이다.

전문성의 모든 요건을 갖춘 교사를 양성하는 것은 가능한 일이 아닐 것이다. 교육의 여건과 교육적 요구의 내용에 따라 우선순위를 정해서 시간적 여유를 갖고 융통성 있게 필요한 특성을 함양할 수 있도록 제도를 마련하는 한편, 교사 개인과 집단의 노력을 지원해야 할 것이다.

Ⅳ. 한국의 교직관과 교사상

1. 한국의 교직관

1) 교직관의 유형

교직관은 일반적으로 성직관, 전문직관, 노동직관의 세 가지로 구분된다. 앞에서도 우리는 이 세 가지 교직관에 관해서 살펴보았다. 이렇게 세 가지로 구분하는 것은 통념에 따른 것이고 임의성을 배제하기 어려운 것도 사실이다. 세 가지 교직관의 혼합형도 있을 수 있다. 예를 들면, '성직적 전문직'이라든지 '전문직적 노동직'과 같은 유형이다(고전, 2002). 또 다른 교직관이 제시되기도 한다.

1977년 백명희는 교직을 전문직, 공무담당자, 근로자로 구분해서 응답자의 동의의 정도를 조사했다. 성직관을 빼고 공무담당자로서의 직업적 특성을 추가한 것은 당시로서는 새로운 생각이었다. 1980년부터 우리나라의 교육관과 국민들의 교육의식에 관한 조사 연구를 해 온 한국교육개발원은 성직관을 빼고 관리직관, 기술직관 그리고 사무직관을 추가했다(전경갑, 최상근, 백은순, 1987). 교사의 행정 업무가 과다해서 교직을 사무직이라고 보고, "같은 지식과 기술 수준을 보유하고 있다 하더라도, 가르치는 기술에 따라 달리 평가되는 집단"임을 빌려서 기술직이라고 하거나(최상근, 1989: 168), 학급 학생들의 행동과 성적 등의 관리 업무가 늘어남에 따라 교직을 관리직으로 인식하는 상황을 고려한 것이다(전경갑 외, 1987: 143; 최상근, 1989: 167-169). 박덕규와 박영숙(1989)은 교직의 본질을 윤리·도덕성, 전문성, 공공성, 노동성으로 구분하고 각각을 강조하는 교직관을 성직관, 전문직관, 공공직관, 노동직관으로 구분했다. 공공직관을 추가한 것이다. 김영화 등(1994)은 기존의 세 가지 교육관에 사무직관을 추가해서 교직관을 조사했다.

2002년 고전은 교육의 공공성과 공직자로서의 교사의 신분과 지위에 착안해서 공직관이라는 교직관을 구안했다. 이러한 생각은 백명희(1977)가 교직의 특징의 하나로 공무담당자를 설정한 것이라든지, 박덕규와 박영숙(1989: 77-80)이 교직의 본질의 하나로 공공성을 부각시킨 것과 관련지을 수 있다.

한편, 정영수(2007: 21-22)는 성직관, 전문직관, 노동직관에 제4의 교육공동체관을 추가해서 제시했다. 이것은 학교의 구성원이 다양해지고 공동체로서의 특성이 강조되며, 교직사회에서 이해관계 집단 간 갈등이 증가하는 현상에 주목한 것이다. 지식기반사회의 도래와 교육의 민주화 과정에서 나타나는 갈등을 이해하려면 교직을 교육공동체로 보아야 할 필요가 있다는 생각이 반영된 것으로 보인다.

교직의 성격은 고정되어 있지 않고 변한다. 국가·사회와 시간에 따라 변하고 국민들의 특성도 변한다. 교육은 이들의 기대와 요구에 부응해야 하고, 그것은 학교에서 교사들에 의해 구현된다. 따라서 학교관, 교사관, 교직관은 변하는 것이 정상이다. 새로운 교직관이 출현하는가 하면 오래된 교직관이 소멸하면서 교직관이 다양해지고 분화하는 것은 그 자체로 국가·사회와 국민들의 교직에 대한 인식과 기대가 변하고 있음을 말해 준다. 성직관이 교직관에 관한 조사에서 빠진다든지, 관리직관, 기술직관 및 사무직관이 등장한다든지, 공직관이 제시되고 교육공동체관이 제안되는 것은 국민들의 생각의 변화를 연구자들이 반영한 결과이다. 특정 교직관이 국민들의 지지를 많이 받지 못하지만, 그것은 다른 주도적인 교직관과 공존하는 것이 현실이고, 언젠가는 보다 넓은 지지층을 확보하는 교직관으로 발전할 수도 있다. 교직관의 유형이 분화되고 다양해지는 현상은 교직의 성격이 점점 더 복잡해지고 교직에 대한 국민들의 인식과 기대 역시 다양해지고 구체화되고 있음을 말해 준다.

2) 국민들의 교직관

우리나라에 어떤 교육관들이 있는지의 문제와 국민들이 어떤 교육관을 갖고 있는

지의 문제는 다른 것이다. 앞서 언급한 바와 같이 교직관 유형이 분화하고 다양해지는 현상 그리고 특정 교직관이 생겨나고 소멸하는 현상 자체가 우리나라 국민들의 교직관에 대해서 의미 있는 정보를 제공해 준다. 이러한 교직관의 구체적 유형에 관한 국민들의 인식과 생각이 어떤지를 살펴보면 다음과 같다.

1970년대의 교직관을 알아볼 수 있는 조사는 백명희에 의해 이루어졌다. 백명희는 1977년 서울의 초·중등 교원 500명을 대상으로 교직의식을 조사했다. 응답자들은 교원은 전문직이어야 한다고 기대했고, 노동직이어야 한다는 생각에는 반신반의의 반응을 보였다. 1979년 백명희가 교사에 학부모와 교육행정가를 추가해서 조사한 결과에 의하면, 응답자들은 교직은 절대적으로 전문직이어야 한다고 보았다. 공공봉사직이라는 생각도 높은 편이었으나, 근로직이라는 데에는 여전히 반신반의하는 입장이었다. 전문직관에서는 교사나 교육행정가 집단이 학부모 집단보다 높은 반응을 보였다.[7)]

1980~1990년대 초반에 이루어진 교직관에 관한 조사 연구 결과에 의하면 대체적으로 전문직관이 우세했다(김영화 외, 1994; 배종근, 이미나 편, 1988; 전경갑 외, 1987). 조사 대상을 교원, 학생, 학부모와 일반인으로 구분해서 보더라도 일관된 결과가 나타났다. 다음으로는 성직으로 보는 사람들이 많고, 노동직으로 보는 사람들은 여전히 소수였다. 전경갑 등(1987)은 교직관을 전문직, 관리직, 기술직, 사무직, 노동직의 다섯 가지로 구분해서 조사했는데, 65.3%가 전문직을 선택했다. 12.2%가 사무직을 그리고 9.2%는 노동직이라고 응답했다. 기술직, 관리직이라고 응답한 사람들이 가장 낮았다. 김영화 등(1994)은 교직의 성격을 성직, 전문직, 사무직, 노동직으로 구분해서 조사했는데, 전문직이라는 의견이 과반수를 넘고, 다음이 사무직, 노동직, 성직의 순이었다. 성직으로 보는 사람은 5%를 약간 상회하는 수준으로 가장 낮다는 점이 흥미롭다. 배종근과 이미나(1998: 86)의 연구에서는 교직의 '전문성' 차원에서만 응답자들의 동의의 정도만 조사했다. 그 결과, 71.5%가 긍정적인 반응을 보였다.

1990년대 후반부터는 교직관의 유형에 관한 조사 연구가 사라졌다. 대신 교사의 능력과 자질에 관한 신뢰 수준이라든지 교사가 가지고 있는 능력과 자질에 관한 평가나 이상적인 능력과 자질에 관한 내용이 조사되었다. 조사의 초점이 추상적인 교직관에서 교사관 혹은 교사상으로 옮겨 갔다. 어떻든 교직은 천직으로서 소명의식이 있는 사람이 교사가 되어 사명감을 갖고 희생 봉사하는 직업이라는 성직관은 오랜 기간 교직

7) 고전(2002: 99-100)이 인용한 백명희(1977, 1980)에서 재인용함.

사회에 자리 잡고 있었다. 이러한 성직관이 1980년대를 전후해서 전문직관으로 변한 것 같다. 전문직관은 현재까지 국민들 사이에 가장 넓게 자리 잡고 있는 교직관이다. 미미하게 존재해 오던 노동직관은 1980년대 말부터 교육 민주화 운동의 영향으로 교직사회에 확산되기 시작해서 자리 잡고 있다. 사무직관, 관리직관, 기술직관은 교사의 직무와 근무 조건의 현실에 기반을 둔 교직관으로 볼 수 있다. 교직의 이상적인 성격을 그렇게 규정한 것은 아니다.

2. 한국의 교사상

한국교육개발원은 1980년대에 들어와 교육에 대한 국민들의 의식에 관한 대규모 조사 연구를 실시했다.[8] 1981년 한국교육개발원의 이종재 등은『한국인의 교육관-그 유형적 특성과 갈등』연구에서 이상적인 교사상을 조사했다(이종재, 정영애, 이인효, 이영노, 1981: 106-109). 그 결과, 응답자의 32.5%는 '교육자로서 신념을 지닌 교사' 그리고 같은 비율의 응답자도 '학생에 대한 깊은 관심과 사랑을 지닌 교사'를 선택했다. 16.8%는 '인생에 대한 자세를 가르쳐 주는 교사'를 바람직한 교사상으로 보았다. '담당 교과에 뛰어난 실력을 지닌 교사'(7.6%), '예절과 질서를 중시하는 엄격한 교사'(5.5%), 마지막으로 '요령 있게 수업지도를 하는 교사'(5.1%)였다.

교육자로서의 신념, 학생에 대한 관심과 사랑, 인생에 대한 자세 지도는 교사의 정의적 특성과 태도에 관한 것이다. 예절과 질서 지도는 학생의 인성에 관한 것으로서 교사의 솔선수범을 통해서 가장 효과적으로 가르칠 수 있는 영역이다. 이것도 결국 교사의 인성적 특성과 관련된 것이다. 이 특성을 앞의 세 가지 특성에 포함하면 응답자들이 이상적으로 생각하는 교사는 인성을 위시한 정의적 특성과 태도가 훌륭한 교사이다. 담당 과목에 관한 실력이라든지 요령 있는 수업지도 능력은 12% 정도의 응답자만 이상적인 교사의 요건으로 생각할 뿐이다.

1986년도 배천웅 등의 조사 연구에서는 훌륭한 교사상에서 성직자로서의 교사의 요건과 자질 항목은 제외하고 지식과 기술에 초점을 맞추어 조사했다. 응답자들은 학생들이 이해하기 쉽게 가르쳐 주는 이해형 교사를 가장 선호했고(50.3%), 다음으로는 노력형 교사였다(45.9%). 지식형 교사의 선호도는 가장 낮았다(3.8%)(배천웅 외, 1986:

8) 1980년, 1986년, 1987년 실시했고, 그 결과는 이종재 등(1981), 전경갑 등(1987), 배천웅 등(1986)의 보고서로 출간되었다.

130-133).[9] 1987년도 전경갑 등의 조사에서는 교직에 대한 의식에 대해서는 조사했지만, 교사의 능력과 자질을 조사하는 항목은 빠졌다. 1988년도 배종근과 이미나의 연구에서도 교직의 전문성 정도는 조사했지만, 이상적인 교사의 특징에 관해서는 조사하지 않았다.

1994년도 김영화 등의 한국인의 교육의식 조사 연구에서는 다시 훌륭한 교사가 갖추어야 할 요건을 망라해서 조사했다. 그 결과, 응답자들은 '학생에 대한 사랑'을 가장 많이 선택했다. 다음으로는 '인격' '지도 열의'에 대한 반응이 높았다. 이에 반해, '담당 과목에 대한 전문지식' 그리고 '효과적인 교수 방법'에 대한 반응은 가장 낮았다. 이는 1980년대 초의 조사 결과와 유사하다. 응답자가 일반인이냐, 교원이냐, 학생이냐에 따라 약간 의견의 차이가 있었지만, 전반적으로 교사로서의 전문지식이나 기술보다는 인간적인 특성, 즉 학생에 대한 사랑, 인격, 열의와 같은 정의적 특성을 대단히 중요하게 생각하는 경향이 여전히 존재함을 알 수 있다.

한국교육개발원은 1999년부터 교육여론조사를 격년으로 시작했다(성기선, 김연, 김성은, 1999; 이강주, 양승실, 차성현, 2013). 교사의 능력과 자질에 관한 신뢰도가 조사 내용의 하나였는데, 최근 2016년까지의 조사 결과를 종합하면 대체적으로 국민들은 50% 이상의 신뢰도를 보여 왔다(김정민 외, 2014; 남궁지영, 우명숙, 2010, 2011; 임소현, 강영혜, 김홍주, 조옥경, 2015; 임소현, 김홍주, 한은정, 황은희, 정민지, 2016). 2001년 김양분 등의 여론 조사에서는 교사의 전문성에 관한 내용을 추가했다. 응답자의 32.7%는 긍정적으로 평가했고, 35.4%는 보통이라는 반응을 보였다. 60%에 가까운 응답자가 교사의 전문성에 대해서 긍정적으로 보고 있는 것이다. 이러한 조사 결과에 의하면 우리나라 국민들은 교사의 능력과 자질에 대해서 대체적으로 신뢰감이 있고 전문성을 인정하는 분위기라 볼 수 있다.

그런데 전문성의 구체적인 요건들에 관한 조사에서는 흥미로운 점이 발견된다. 교사의 태도나 인성적 특성은 조사 항목에서 제외하고 '능력'에 관해서만 질문을 한 것이다. 2014년도의 제9차 한국교육개발원 교육여론조사부터 교사들에게 가장 우선적으로 필요한 능력에 대해 조사했다. 제9차 조사에서는 초·중등학교 교사를 구분하지 않고 전체 교사에 대해서 질문을 했다(김정민 외, 2014: 39-40). 그 결과, 교사의 학습지도

9) 이러한 교사상에 관한 응답 결과는 집단 간 차이가 있었다. 학생과 학부모는 이해형 교사를, 교사와 일반인은 노력형 교사를 선호했다. 지식형 교사는 어느 집단에서건 선호되지 않았다. 교사의 현 실태에 관한 생각을 물어보는 질문에서 학생들은 가장 많은 반응이 지식형 교사이고 가장 적은 반응은 이해형 교사라 응답했다. 훌륭한 교사의 유형과 실제 교사의 유형 사이에 괴리가 있음을 보여 주는 결과이다.

능력을 가장 많이 선택했다(30.3%). 다음으로는 생활지도 능력(28.4%), 의사소통 능력(25.7%), 그리고 진로지도 능력(15.2%)이었다. 학부모 응답자도 동일한 반응을 보였다. 제10~11차 조사(2015~2016년)에서는 교사를 학교급에 따라 나누어 질문을 했다(임소현 외, 2015; 임소현 외, 2016). 그 결과, 초등학교 교사는 생활지도 능력, 중학교 교사에게는 학습지도 능력, 고등학교에게는 진로지도 능력이 가장 필요하다고 응답했다. 교사들은 학교급에 따라 차별화된 능력이 필요하다는 것이다.

요컨대, 우리나라 사람들이 이상적으로 생각하는 교사는 교육에 대한 신념이 강하고, 학생에 대해서 깊은 관심을 갖고 사랑하며, 열심히 가르치려고 노력하는 교사이다. 교과에 대한 지식이 풍부하거나, 수업지도 능력이 뛰어난 교사는 상대적으로 선호도가 떨어진다. 교과에 대한 전문성보다는 교사로서의 인격과 인성적 특성을 잘 구비한 교사를 이상적인 교사로 생각하는 경향이 강하다. 그런데 이러한 교사상에 변화가 감지된다. 1990년대 후반부터 교사의 정의적 특성과 태도에 관한 항목이 바람직한 교사의 특성에 관한 조사 항목에서 제외되었다. 그것은 성직으로서의 교직관이 더 이상 이론적 · 현실적으로 의미가 희석되고 있음을 의미한다. 성직으로서의 교직관이라든지 교사의 사명감이나 학생 사랑과 같은 특성에 대한 국민들의 생각이 바뀌고 있기 때문이다. 인격이나 인성의 모범이 되는 교사보다는 교과를 잘 가르치는 교사에 대한 선호도가 높아지고 있는 것이다.

3. 한국의 교직관과 교사상의 특징

우리나라에서는 교직을 전문직으로 보는 경향이 가장 강하다. 성직관은 쇠퇴하고 있고, 노동직관은 조금씩 증가하고 있다. 그런데 이상적인 교사의 구체적인 특성 차원에서는 교사의 지적인 능력보다 정의적 특성과 태도를 강조한다. 즉, 학생에 대한 관심과 사랑, 천직의식, 높은 인격 등과 같은 정의적 · 인격적 특성을 중시하고 지적인 특성은 상대적으로 경시된다. 성직관의 지지 기반이 점점 약해지고 있는 추세를 고려한다면 아이러니가 아닐 수 없다.

교직을 전문직으로 인식한다면 교직에 관한 전문지식과 기술 체계가 이상적인 교사가 갖추어야 할 가장 중요한 요건이 되어야 한다. 교직을 전문직으로 생각하면서 동시에 이상적인 교사상으로 정의적 특성과 태도를 강조하는 것은 모순이다. 전문지식과 함께 교수 기술을 갖춘 교사를 경사(經師)라 하고 인격과 품격이 높은 교사를 인사

(人師)라 한다면, 전자는 전문직으로서의 교직관의 교사상이고 후자는 성직관으로서의 교사상에 가깝다(진동섭, 2002: 60).

우리나라의 학교교육은 입시 위주의 교육이라고 비판받는다. 교육의 목표가 일류 학교 진학에 있고, 학교교육만으로 부족해서 사교육까지 동원해서 그 목표를 위해 달려간다. 이러한 교육 현실에서 좋은 학교는 일류 학교에 진학하는 성적이 좋은 학교요, 훌륭한 교사는 대학 입학 전형에서 높은 성적을 받게 해 주는 교사이다. 이 가능성은 훌륭한 교사상과 선호하는 교사상이 다를 수 있다는 김영화 등(1994: 106-108)의 조사 결과가 시사해 준다. 훌륭한 교사는 삶의 모범이 되는 교사라고 생각하는데, 자녀를 맡기고 싶은 교사는 잘 가르치는 교사인 것이다.

요컨대, 우리나라 사람들은 다소간 표리부동하고 자체 갈등을 보이는 교직관과 교사상을 가지고 있는 것으로 보인다(고전, 2002: 92-95). 교직을 겉으로는 전문직이라고 생각하지만 실제로는 성직관을 반영한 교사의 특성을 선호한다. 동시에 겉으로는 교사의 인성적 특성이 중요하다고 생각하면서 속으로는 지적인 역량을 더 중요시한다. 이와 같이 우리나라 국민들의 교직관과 교사상에 관해서 간과하면 안 될 것은 교직사회 구성원들 간 차이 그리고 특정 집단 내부의 갈등이다. 학생, 학부모, 교사, 행정가 그리고 일반인들의 교직관과 교사관에는 차이가 있을 수 있다. 예를 들면, 교직을 전문직이나 노동직으로 인식하는 정도에 있어서 이들 집단 간에 존재하는 차이라든지(최상근, 1989: 169), 특히 학부모의 경우 이상적인 교사상과 실제 교사의 능력과 행동에 대한 인식 간의 괴리(김영화 외, 1994: 106-108) 현상을 간과하지 말아야 한다.

교직관과 교사상이 갈등하고 이상적인 교사상과 실제적인 교사상이 갈등하는 이유에 대해서는 보다 체계적이고 심층적인 연구가 이루어져야 할 것이다. 사람들이 갖고 있는 교직관과 교사관은 그대로 교사에 대한 역할 기대로 나타나고, 교사들을 평가하는 기준으로 활용된다. 겉과 속이 다르고 생각과 실제가 다른 교직관과 교사상은 교사들에게 직무와 역할의 갈등을 야기할 수 있기 때문에 그 원인을 파악하고 개선하기 위한 조치를 강구하는 일은 매우 중요하다(진동섭, 2002: 59-61).

V. 미래의 교직관과 교사상

교직관과 교사상은 사회의 변화에 따라 변해 왔고 또한 변할 것이다. 교사와 학교의 역할과 기능은 그것의 기반인 사회와 국가의 존속, 유지와 발전을 목표로 한다. 사회와 국가는 시간이 변함에 따라 추구하는 목표와 과업이 달라질 수밖에 없다. 교사와 학교의 국가·사회적 기능도 이에 따라 변하고, 이상적인 교사상과 교직관도 변하게 되어 있다.

현재 진행되고 있는 사회의 급격한 변화를 제4차 산업혁명이라고 부른다. 이전의 정보화사회와는 질적으로 다른 엄청난 변화가 이미 진행되고 있다. 또한 우리나라는 2010년의 기점으로 세계 10대 강국의 반열에 올라섰다. 국가의 위상이 개발도상국에서 선진국으로 변한 것이다. 이러한 국내외의 변화는 곧 교육과 학교의 변화를 기대하고 그 영향은 교사상과 교직관에까지 미칠 것이다.

제4차 산업혁명이 진행되고 있는 사회의 특징은 VUCA(뷰카)로 요약된다. VUCA는 Volatility(변동성), Uncertainty(불확실성), Complexity(복잡성), Ambiguity(모호성)의 머리글자를 합성한 단어이다. 1990년대 초반 미국 육군대학원에서 처음 사용되기 시작했는데, 파악하기 어려운 상황 그리고 즉각적이고 유연한 대응 태세가 필요한 사태를 나타내는 군사 용어였지만, 점차 현대사회의 특징을 나타내는 용어로 사용되었다고 한다.[10] 이러한 사회에 필요한 인재에 관해서는 많은 논의가 있지만, 요약하면 자기주도적 학습 능력, 창의력 그리고 협력과 협업 능력이 될 것이다. 이와 같은 특성을 가진 인재 양성에 대한 기대와 책임은 직접적으로 교육기관과 교사들에게 전가될 것이다.[11]

선진국 반열에 오른 우리나라는 국제사회로부터 선진국의 지위와 위상에 알맞은 역할을 기대받고 있다. 국가의 품위와 격조를 높여야 한다. 이러한 기대는 그대로 교육이 부담하게 되고, 따라서 학교와 교사들은 새로운 과제를 수행해야 한다. 교사들은 학교공동체의 중추적인 구성원이기 때문에 새로운 사회에 적응하고 선도할 인재를 양성하면서 동시에 우리나라의 새로운 교육적 과제를 구안하고 수행해야 한다. 그런데 새로운 과제는 전통적인 교육관, 학교관, 교직관과 교사상으로는 포착하기도 어렵고 그에 의거해서 새로운 과업을 구상하는 것은 타당하지도 않다.

교직은 성직, 노동직, 전문직, 관리직, 사무직, 기술직 혹은 공직으로서의 성격을 모두 가지고 있다. 물론 특정 국가나 사회 혹은 인적 집단에 따라 교직에 대한 인식과 교

10) 네이버 지식백과 '뷰카'에서 인용함.

11) 이 절에서는 국가·사회의 급격한 변화에 따른 교사상과 교직관에 대해서 간단히 언급함으로써 제3부의 교직과 교사 미래 전망에 관한 논의의 단초를 제공하려고 한다.

직관이 다른데, 그것은 다양한 특성의 우선순위나 중요도에 대한 인식의 차이일 뿐이다. 어느 한 특성이 교직 전부의 특성이라는 의미는 아니다. 그러나 인공지능의 발달로 직업 생태계가 급격하게 바뀌는 상황이기 때문에 이들 간 관계 속에서 교직의 특성은 새롭게 형성되고 교직을 보는 관점 역시 변화가 있을 것이다.

교직관과 밀접한 관계가 있는 교사상도 변해야 한다. 교사상은 실제 교사가 가지고 있는 특성을 의미하기도 하지만, 일반적으로는 교사에게 기대되는 바람직한 특성을 의미한다. 우리가 살펴본 교사교육 모델이 함의하고 학교경영 모델에서 상정하는 교사의 지적 · 정의적 · 행동적 특성들은 교사들이 갖고 있는 것이기도 하고 교사들이 구비하기를 기대하는 특성이기도 하다. 다양한 모델이나 관점이 가지고 있는 교사의 특성들은 각각의 렌즈에 맞게 특정한 부분을 자세하게 혹은 확대해서 부각시킨 것이다. 이러한 교사상들은 서로 배타적이 아니라 상호 보완적인 관계이다. 그런데 교육과 교직사회에서 질적으로 커다란 변화가 진행되고 있다. 이런 상황에서는 기존의 교사상으로 현상을 파악하고 발전의 과제를 구안하는 데 한계가 있다. 새로운 교사상을 마련해야 할 필요가 있다는 것이다. 새로운 교직관과 교사상의 문제는 이어지는 제2장 '교사의 역할과 자질'에서부터 제15장 '미래 교직사회의 변화 전망과 교원정책 이슈'의 모든 장에 이어지는 주제가 될 것이다.

학습과제

1. 교직관 유형의 장점과 단점을 비교해서 정리하고, 새로운 교직관을 구안해 보라.
2. 이상적인 교사상의 분류 기준을 설정해서 새로운 교사상을 구안해 보라.
3. 우리나라 국민들은 겉과 속이 다른 교직관과 교사상을 갖고 있다고 한다. 이러한 생각에 동의하는지 아니면 동의하지 않는지 입장을 정하고, 근거와 이유를 제시하라.
4. 우리나라는 2010년경 개발도상국에서 선진국의 반열에 올랐다고 한다. 선진국으로서 대한민국이 국제사회의 교육 발전에 기여하기 위해서 우리의 교직과 교사는 어떻게 변해야 하는지 논의하라.

참고문헌

강인애(1997). 왜 구성주의인가? 서울: 문음사.

고전(2002). 한국교원과 교원정책-'공직관'의 오해와 '교심이반'의 이해론. 서울: 도서출판하우.

김병찬(2000). 교사교육연구의 패러다임 변화. 한국교사교육, 17(3), 113-142.

김양분, 김현진, 박호근(2001). 한국교육개발원 교육여론조사(KEDI POLL 2001). 한국교육개발원 연구보고 RR2001-8.

김영화, 이인효, 임진영(1994). 한국인의 교육의식 조사 연구. 한국교육개발원 RR-08.

김윤태, 서정화, 노종희(1986). 교사와 교직사회. 서울: 배영사.

김이경, 한만길, 박영숙, 홍영란, 백선희, 김은영 역(2006). 교사가 중요하다: OECD 국가 교원인사 정책 국제 비교. 서울: 한국교육개발원.

김정민, 양승실, 이선호, 김인혁(2014). 한국교육개발원 교육여론조사(KEDI POLL 2014). 한국교육개발원 연구보고 RR2014-24.

김종철, 김종서, 서정화, 정우현, 정재철, 김선양(1994). 최신 교사론. 서울: 교육과학사.

김종철, 문인원, 윤팔중, 진원중(1985). 교사론. 서울: 한국방송통신대학출판부.

남궁지영, 김창환, 우명숙(2012). 한국교육개발원 교육여론조사(KEDI POLL 2012). 한국교육개발원 연구보고 RR2012-24.

남궁지영, 우명숙(2010). 한국교육개발원 교육여론조사(KEDI POLL 2010). 한국교육개발원 연구보고 RR2010-03.

남궁지영, 우명숙(2011). 한국교육개발원 교육여론조사(KEDI POLL 2011). 한국교육개발원 연구보고 RR2011-23.

박덕규, 박영숙(1989). 교원의 법적 지위에 관한 연구. 서울: 한국교육개발원.

박상완(2000). 사범대학 교사교육 특성 분석: 서울대학교 사례연구. 서울대학교 대학원 박사학위논문.

박상완(2002). 교원교육에 대한 대안적 관점과 교원교육의 체제. 한국교원교육연구, 19(3), 31-54.

배종근, 이미나 편(1988). 한국교육의 실체-국민은 교육을 어떻게 생각하나. 서울: 교육과학사.

배천웅, 최상근, 박인종(1986). 한국인의 교육관 분석. 서울: 한국교육개발원 RR86-15.

백명희(1977). 한국교원의 권리 · 의무에 관한 연구. 이화여자대학교 대학원 박사학위논문.

백명희(1980). 현대한국인의 교사관-교직의 복합적 특성에 관한 접근. 교육사교육철학, 4, 5-17.

성기선, 김연, 김성은(1999). 한국교육개발원 교육여론조사(KEDI POLL 1999). 한국교육개발원 연구보고 RR99-5.

유균상, 남궁지영, 김일혁(2008). 한국교육개발원 교육여론조사(KEDI POLL 2008). 한국교육개발원 연구보고 RR2008-31.

이강주, 양승실, 차성현(2013). 한국교육개발원 교육여론조사(KEDI POLL 2013). 한국교육개발원 연구보고 RR2013-35.

이종재, 정영애, 이인효, 이영노(1981). 한국인의 교육관-그 유형적 특성과 갈등. 한국교육개발원 연구보고 RR-142.

이찬교, 서정화, 진동섭(1995). 교직과 교사. 서울: 한국방송통신대학교출판부.

임소현, 강영혜, 김홍주, 조옥경(2015). 한국교육개발원 교육여론조사(KEDI POLL 2015). 한국교육개발원 연구보고 RR-2015-14.

임소현, 김홍주, 한은정, 황은희, 정민지(2016). 한국교육개발원 교육여론조사(KEDI POLL 2016). 한국교육개발원 연구보고 RR-2016-23.

장상호 (2000). 학문과 교육(상). 서울: 서울대학교출판부.

장용희(1994). '교육연수원' 그 설치와 폐지의 경위. 교육학연구, 32(3), 77-104.

전경갑, 최상근, 백은순(1987). 교육에 관한 국민의식 조사. 서울: 한국교육개발원 연구보고 RR 87-88.

정범모, 한기언, 서명원, 황종건, 정태시, 유형진, 오천석(1962). 교직과 교사. 서울: 현대교육총서출판사.

정영수(2007). 교직과 교직전문성. 한국교원교육학회 편. 교직과 교사(pp. 17-38). 서울: 학지사.

주영주 외 14인(2006). 이화교원교육기준 개발 연구. 서울: 이화여자대학교 사범대학 이화교육총서 교육과학연구소 2006-1.

진동섭(1998). 교원교육. 교육학대백과사전(pp. 308-317). 서울: 도서출판하우.

진동섭(2002). 당당하고 자신감 있는 교사. 윤정일, 허형 엮음. 훌륭한 교사가 되는 길(pp. 44-73). 서울: 교육과학사.

진동섭(2003). 권리로서의 전문적 성장을 보장하는 교원정책. 이돈희 교수 정년기념집 발간위원회. 한국교육정책의 방향과 과제(pp. 135-152). 서울: 교육과학사.

진동섭 역(1993). 교직사회-교직과 교사의 삶. 서울: 양서원.

진동섭 역(2014). 교직과 교사의 전문적 자본-학교를 바꾸는 힘. 경기: 교육과학사.

진동섭, 정수현, 박상완, 김병찬 역저(2017). 미국과 한국의 교직사회-교직과 교사의 삶. 서울: 양서원.

최상근 편저(1989). 한국인의 교육관. 서울: 교학사.

최현진(2014). 학교경영의 예술적 모형 탐색, 서울대학교 대학원 석사학위논문.

최현진(2015). 학교경영이 갖는 예술성. 교육행정학연구, 33(4), 175-204.

한국교원교육학회 편(이윤식 외 14명) (2008). 교직과 교사. 서울: 학지사.

한명희(1997). 중등교원 양성 교육과정의 전문성 확보: 교육과정 구조의 논거를 중심으로. 한국교육학회 1997년도 연차학술대회 논문집. 1-22.

한송이(2017). 학급경영의 예술적 속성에 대한 탐색적 연구. 서울대학교 대학원 석사학위논문.

황규호(2003). 교사자격에 대한 수행능력 기준의 탐색. 서울: 이화여자대학교 사범대학 이화교육총서 교육과학연구소 2003-10.

허병기(1994). 교직성격 고찰: 교직의 전문직성에 관한 반성적 논의. 교육학연구, 32(1), 49-77.

허소윤(2017). '디자인' 속성을 반영한 학교경영 모형연구. 서울대학교 대학원 석사학위논문.

Bolman, L. G., & Deal, T. E. (1997). *Reframing organizations: Artistry, choice and leadership*. San Francisco, CA: Jossey-Bass.

Burnstein, N., Kretschmer, D., Smith, C., & Gudoski, P. (1999). Redesigning teacher education as a shared responsibility of schools and universities. *Journal of Teacher Education, 50*(2), 106-118.

Bush, T. (2011). *Theories of educational leadership and management.* L.A.: Sage Publications Inc.

Cuthbert, R. (1984). *The management process, E324 management in post-cumpulsory education* (Block 3, Part 2). Buckingham: Open University Press.

Doyle, W. (1990). Themes in teacher education research. In W. R. Houston (Ed.), *Handbook of research on teacher education* (pp. 3-24). N. Y.: Macmillan Publishing Co.

Dreeben, R. (1970). *The nature of teaching-schools and the work of teachers.* Glenview, IL: Scott, Foresman and Company.

Duffy, T. M., & Cunningham, D. J. (1996). Constructivism: implications for the design and delivery of instruction. In D. H. Jonassen (Ed.), *Handbook of research for educational communications and technology.* N.Y.: Macmillan Library Reference.

Feiman-Nemser, S. (1990). Teacher preparation: structural and conceptual alternatives. In W. R. Houston (Ed.), *Handbook of research on teacher education* (pp. 212-233). N.Y.: Macmillan Publishing Co.

Hargreaves, A., & Fullan, M. (2012). *Professional capital-transforming teaching in every school.* N.Y.: Teachers College Press.

Hoyle, E. (1980). *The Role of the teacher.* N.Y.: Routledge & Kegan Paul.

Jin, D. S. (2015). *Education design: A new approach to educational change.* Paper Presented at the International Conference on Education Research Organized by Seoul Nation of University, 1-3.

Joyce, B. (1975). Conceptions of man and their implications for teacher education. In K. Ryan (Ed.), *Teacher education* (pp. 111-145). Chicago: University of Chicago Press.

Lieberman, M. (1956). *Education as a profession.* N. Y.: Prentice-Hall, Inc.

Liston, D. P., & Zeichner, K. M. (1991). *Traditions of reforms in the U. S. teacher education.* In D. P. Liston & K. M. Zeichner (Ed.), *Teacher education and the social conditions of schooling* (pp. 1-36). N.Y.: Routledge, Chapman and Hall, Inc.

Lortie, D. (1975). *Schoolteacher-a sociological study.* Chicago: The University of Chicago Press.

Morgan, G. (1987). *Images of organization.* Newbury Park, CA: Sage Pub.

Schubert, H. (1989). Reconceptualizing and the matter of paradigm. *Journal of Teacher Education, 40*(1), 27-32.

Stinnett, T. M., & Huggett, A. J. (1963). *Professional problems of teachers.* N.Y.: The Macmillan Co.

Zeichner, K, M. (1983). Alternative paradigms of teacher education. *Journal of Teacher Education, 34*(3), 3-9.

제2장
교사의 역할과 자질

이윤식(인천대학교 교수)

개요

교직은 그 직무 수행에 있어서 엄격한 자격 기준, 장기간에 걸친 교육과 훈련, 자율성과 사회적 책임성 등을 기본 요건으로 하고 있는 직종으로서, 교직에 종사하는 교사들에 대한 사회적 기대도 높다. 유네스코와 국제노동기구(ILO)의 '교원의 지위에 관한 권고'에서는 교직을 학생들의 권익이 우선하는 사회공공적 및 윤리적 책임이 수반되는 전문직 직종으로 규정하였고, 우리나라의 「교육기본법」에서도 교원은 교육자로서 갖추어야 할 품성과 자질을 향상시키기 위해 노력하여야 한다고 규정하여 교사에 대한 높은 사회적 기대를 반영하고 있다.

교직에 대한 높은 사회적 기대를 인식하면서, 예비교사와 현직교사들의 입장에서 교사의 직무와 역할과 자질에 대하여 긍정적이고 적극적인 이해를 갖는 것이 필요하다. 이를 위하여 교사들에게 계속적인 자기계발과 자기연찬이 요구된다.

교사가 수행하는 직무가 무엇인가에 대한 규명은 법규적 접근과 실무를 중심으로 하는 과업적 접근이 있다. 법규적 접근은 「헌법」 제31조 제6항, 「교육기본법」 「초 · 중등교육법」 「초 · 중등교육법 시행령」 「교육공무원법」 「국가공무원법」 등 법률을 근거로 직무를 규명하는 것이다. 과업적 접근은 교사가 교직생활 중에 실제적으로 수행하는 과업을 근거로 직무를 규명하는 것이다.

교사의 역할이 무엇인가에 대한 규명은 교사에 대한 사회적 기대 형태로서의 역할 규정과 교사의 직무 활동을 중심으로 하는 역할 규정이 있다. 교사에게 요구되는 자질이 무엇인가에 대한 논의는 일반적으로 ① 성향적 접근, ② 유형적 접근, ③ 기능적 접근 방법 등을 중심으로 이루어져 왔다. 이러한 방법들은 상호 보완적으로 활용될 수 있다. 대체로 바람직한 교사는 전문적 영역에서 교직에 대해 바람직한 태도와 가치관, 교직 수행에 필요한 지식 및 이해, 기술 및 실기 능력, 개인적 영역에서 건전한 인성과 정신적 건강, 신체적 건강 등을 갖추어야 할 것이 요구된다.

교직환경의 변화와 미래 사회로의 발전을 전망할 때, 교사에게 ① 교육과정 재구성 역량, ② 창의성 및 고등사고 기능 측정을 위한 평가 역량, ③ 학습자 특성 및 교육내용에 적합한 구체적인 교수·학습 역량, ④ 학습자 이해 및 상담 역량, ⑤ 대인관계 능력 및 의사소통 능력, ⑥ 교사 리더십, ⑦ 네트워킹 기술, ⑧ 교육법 및 행정 업무 수행 역량, ⑨ 교직소양(교육관, 교직 윤리, 봉사 정신, 인문학적 소양), ⑩ 학급경영 역량, ⑪ 이론과 실제의 조화 역량, ⑫ 특기적성 개발과 지도 역량, ⑬ 범사회적 역량(다문화, 세계화, 생태학적 교육 역량) 등이 요구된다.

Ⅰ. 교사에 대한 기대

교육에 있어서 교사는 가장 중요한 요소이다. '교육의 질은 교사의 질을 능가할 수 없다.'라는 말은 일반적으로 널리 받아들여지고 있다. 물론 교사들만이 단독으로 교육의 질을 결정하는 것은 아니지만, 교육의 질을 결정하는 데 교사 요인이 가장 중요하다는 의미이다.

교직은 아무나 할 수 있는 직종이 아니다. 교직은 그 직무 수행에 있어서 엄격한 자격 기준, 장기간에 걸친 교육과 훈련, 자율성과 사회적 책임성 등을 기본 요건으로 하고 있는 직종이다. 교직의 중요성이 높기 때문에 그만큼 교직에 종사하는 교사들에 대한 기대도 높다.

그러나 한국교육개발원이 전국 성인 남녀 2,000명을 대상으로 실시한 교육여론조사(2016)의 결과를 보면, 교사들의 능력과 자질에 대한 전반적인 평가는 그리 높지 않다.

5단계 설문조사에서 "초·중·고등학교 교사들의 능력과 자질에 대해 어느 정도 신뢰하고 계십니까?"라는 문항의 응답 결과는 신뢰함(매우 신뢰한다+신뢰한다) 22.1%, 보통이다 50.2%, 신뢰하지 못함(신뢰하지 못한다+전혀 신뢰하지 못한다) 27.8%로 나타났

〈표 2-1〉 교사의 능력과 자질에 대한 신뢰도(2016)

교사에 대한 신뢰	응답자 전체 (2,000명)	초 · 중 · 고 학부모 (452명)
매우 신뢰한다	1.9%	1.5%
신뢰한다	20.2%	19.5%
보통이다	50.2%	50.2%
신뢰하지 못한다	22.2%	21.9%
전혀 신뢰하지 못한다	5.6%	6.9%
계(%)	100.0%	100.0%
평균(표준편차)	2.91점(0.85)	2.87점(0.86)

출처: 임소현, 김홍주, 한은정, 황은희, 정민지(2016: 82).

다. 5점 만점으로 볼 때, 평균 2.91점으로 나타났다. 이 점수는 100점 만점으로 볼 때, 58.2점으로 60점에 못미치는 낮은 점수이다.

이어서 "초 · 중 · 고등학교 교사들에게 가장 우선적으로 필요한 능력이 무엇이라고 생각하십니까? 학교급별로 한 가지씩 선택하여 주십시오."라는 문항에서 초등학교 교사들에게 우선적으로 필요한 능력에 대해서는 응답자 전체적으로 생활지도 능력(49.0%), 학생 · 학부모와 의사소통 능력(20.9%), 학습지도 능력(14.1%) 순으로 높은 응답이 나타났다.

중학교 교사들에게 우선적으로 필요한 능력에 대해서는 응답자 전체적으로 학습지도 능력(35.0%), 생활지도 능력(32.3%), 진로 · 진학지도 능력(15.1%) 순으로 높은 응답이 나타났다.

고등학교 교사들에게 우선적으로 필요한 능력에 대해서는 응답자 전체적으로 진로 · 진학지도 능력(54.2%), 학습지도 능력(20.6%), 생활지도 능력(10.3%) 순으로 높은 응답이 나타났다.

종합적으로 보면, 초등학교 교사는 생활지도 능력, 중학교 교사는 학습지도 능력, 고등학교 교사는 진로 · 진학지도 능력에 가장 많이 응답하여 학교급별로 차별화된 결과를 보이고 있다.

〈표 2-2〉 교사에게 우선적으로 필요한 능력(2016)

교사의 능력	초등학교 교사			중학교 교사			고등학교 교사		
	전체	초등학생 학부모	초중고 학부모	전체	중학생 학부모	초중고 학부모	전체	고등학생 학부모	초중고 학부모
학습지도 능력	14.1%	12.0%	14.4%	35.0%	32.6%	34.1%	20.6%	22.0%	24.8%
생활지도 능력	49.0%	45.5%	48.5%	32.3%	27.9%	32.1%	10.3%	9.5%	9.5%
진로 · 진학지도 능력	8.6%	12.4%	8.0%	15.1%	14.5%	14.8%	54.2%	54.2%	50.2%
학급경영 능력	6.3%	8.2%	7.7%	7.6%	10.5%	9.1%	6.5%	3.6%	6.4%
학생 · 학부모와 의사소통 능력	20.9%	20.6%	19.9%	9.3%	12.8%	9.1%	7.7%	10.1%	8.2%
기타	1.2%	1.3%	1.5%	0.9%	1.7%	0.9%	0.7%	0.6%	0.9%
계	2,000명 (100.0%)	233명 (100.0%)	452명 (100.0%)	2,000명 (100.0%)	172명 (100.0%)	452명 (100.0%)	2,000명 (100.0%)	168명 (100.0%)	452명 (100.0%)

출처: 임소현 외(2016: 84).

이러한 여론조사 결과를 보면 교사의 능력과 자질에 대한 우리나라 국민들의 신뢰도는 중간 점수에도 못 미치는 수준에 머무르고 있는데, 교사의 능력과 자질에 대한 신뢰도를 높이기 위해서는 우선적으로 초등학교 교사는 생활지도 능력을, 중학교 교사는 학습지도 능력을, 고등학교 교사는 진로 · 진학지도 능력을 포함하여 전문성 강화를 위한 노력이 요구됨을 시사한다.

교사의 전문성에 대한 기대는 공식적인 규정을 통하여서도 나타나고 있다. 1966년에 유네스코와 국제노동기구(ILO)는 세계 각국에서의 교원의 지위에 관하여 일련의 공통적인 기준과 척도를 설정하기 위한 목적으로 '교원의 지위에 관한 권고'를 선포하였다. 권고의 기본 원칙으로서 제6항에 "교직은 전문직으로 간주되어야 한다(Teaching should be regarded as a profession)."라고 규정하여 교직이 전문직임을 규정하고 있다.

교직이 전문직으로 이해되어야 하는 근거로서 교직은 '엄격하고도 계속적인 연구를 통하여 습득 유지되는 전문적 지식과 전문화된 기술을 필요로 하는 공공적 업무의 하나'이며, 또한 '교원들에 대하여 그들이 담당하고 있는 학생들의 교육과 복지를 위하여 개인적 · 집단적인 책임감을 요구'하기 때문인 것으로 보고 있다. 이와 같은 규정들은 교직이 전문적인 지식과 기술을 습득하기 위한 장기적이고 계속적인 교육과 연찬이 필요하고, 엄격한 자격 기준이 요구될 뿐만 아니라, 교직 종사자들의 권익보다 학생들의 권익이 우선하는 사회공공적 및 윤리적 책임이 수반되는 직종임을 강력히 시사한다.

우리나라에서도 교사의 전문성에 대한 기대는 명확하게 공식적으로 규정되어 있다. 1982년에 선포된 '사도헌장'과 '사도강령'에서뿐만 아니라, 2005년에 선포된 '교직윤리헌장'에서도 "우리는 교육자의 품성과 언행이 학생의 인격형성을 좌우할 뿐만 아니라 사회전반의 윤리적 지표가 된다는 사실을 깊이 인식하고, 윤리성과 전문성을 높이기 위해 노력한다."라고 명시되어 있다.

'교직윤리헌장'에 연결되어 있는 '우리의 다짐'에서도 "나는 수업이 교사의 최우선 본분임을 명심하고, 질 높은 수업을 위해 부단히 연구하고 노력한다." "나는 교육전문가로서 확고한 교육관과 교직에 대한 긍지를 갖고, 자기개발을 위해 노력한다."라고 명시되어 있다.

법률적으로는 「교육기본법」 제14조에 "① 학교교육에서 교원의 전문성은 존중되며, 교원의 경제적 · 사회적 지위는 우대되고 그 신분은 보장된다. ② 교원은 교육자로서 갖추어야 할 품성과 자질을 향상시키기 위하여 노력하여야 한다. ③ 교원은 교육자로서의 윤리의식을 확립하고, 이를 바탕으로 학생에게 학습윤리를 지도하고 지식을 습득하게 하며, 학생 개개인의 적성을 계발할 수 있도록 노력하여야 한다. ④ 교원은 특정한 정당이나 정파를 지지하거나 반대하기 위하여 학생을 지도하거나 선동하여서는 아니 된다."라고 규정되어 있다. 이러한 규정들은 윤리적 · 법률적 · 사회적으로 교사에 대한 높은 기대를 반영하고 있다.

Ⅱ. 교사의 직무

교사의 직무는 「초 · 중등교육법」 제20조 제4항에 "교사는 법령에서 정하는 바에 따라 학생을 교육한다."라고 포괄적으로 규정되어 있다. 교사의 직무는 학교조직 구성원으로서 교사에게 기대되는 역할, 책임 등을 포괄하여 교사가 수행해야 하는 업무, 과업으로서 구체적이고 기능적인 개념이다. 교사가 일상적으로 직접 수행하는 구체적인 업무가 무엇인가에 대한 규명은 법규적 접근과 과업적 접근이 가능하다.

1. 법규적 접근으로 본 교사의 직무

현행 교사의 직무에 관련되는 사항은 「헌법」 제31조 제6항에 의거하여 법률로 정하여져 있으며, 「교육기본법」 「초 · 중등교육법 및 시행령」 「교육공무원법」 「국가공무원법」 「학교보건법」 등에 제시되어 있다. 현행 법 규정에 제시된 내용을 종합하면 〈표 2-3〉과 같이 제시할 수 있다. 초 · 중등학교 교육과 관련하여 교사가 기본적으로 수행해야 할 역할과 업무가 무엇인지가 나타나 있다.

교사의 직무 영역은 대체로 ① 학생교육 영역, ② 전문성 신장 영역, ③ 복무 영역, ④ 대외관계 영역의 네 가지 영역으로 구분된다. 교사는 법령에 따라 학생을 교육하되, 교육과정을 운영하는 한편, 방송 프로그램과 정보통신 매체, 교외체험학습 등의 다양한 매체를 활용하여 수업지도를 하게 되어 있다. 학생 지도에서는 학업 성취도뿐만 아니라 인성 등을 종합적으로 관찰 · 평가하여 학생을 지도해야만 한다. 학생 생활지도에서도 학생의 인격을 존중하여 교육적 방법으로 훈육과 훈계 등의 방법을 활용하여 지도해야 한다고 규정되어 있으며, 학생의 자치 활동을 권장 지도하게 되어 있다.

교사 자신을 위해서도 교육자로서 갖추어야 할 품성과 자질을 향상시키는 노력을 기울임과 동시에 교육공무원으로서의 직책을 수행하는 데 필요한 연구와 수양에 노력하게 되어 있다. 또한 수업에 지장이 없는 범위 내에서 소속 기관의 장의 승인을 얻어 연수를 받을 수 있도록 되어 있다.

이 밖에 국가공무원으로서 이행해야만 하는 성실 의무, 복종 의무, 친절 · 공정 의무, 비밀 엄수 의무, 청렴 의무, 품위 유지 의무 등이 규정되어 있으며, 이행해서는 안 될 금지 사항으로 직장 이탈 금지 의무, 영리 업무 및 겸직 금지 의무, 정치 운동 금지 의무, 집단 행위 금지 의무 등이 제시되고 있다.

〈표 2-3〉 교사의 법규적 직무

영역	하위 영역	내용	관련 규정
학생 교육	교육과정 및 수업	• 교사는 법령에 정하는 바에 따라 학생을 교육한다. • 교육과정을 운영하며, 방송프로그램, 정보통신 매체, 교외체험학습 등을 활용하여 학생에게 수업할 수 있다.	• 「초 · 중등교육법」 제20조 제3항 • 「초 · 중등교육법」 제23조 제1항 및 동법 시행령 제48조
	학생평가	• 학생의 학업성취도 및 인성 등을 종합적으로 관찰 · 평가하여 학생지도 및 상급학교의 학생선발에 활용할 수 있는 자료를 작성 · 관리한다.	• 「초 · 중등교육법」 제25조
	학생생활 지도	• 학생의 인격이 존중되는 교육적 방법으로, 훈육과 훈계 등의 방법으로 지도할 수 있다.	• 「초 · 중등교육법」 제18조 및 동법 시행령 제31조
	학생자치 활동지도	• 학생의 자치활동을 권장 · 보호하기 위하여 필요한 사항을 지원해야 한다.	• 「초 · 중등교육법 시행령」 제30조
	건강증진 지도	• 학생의 신체발달 및 체력증진, 질병의 치료와 예방, 음주 · 흡연과 약물 오용 · 남용의 예방, 성교육, 정신건강 증진 등을 위하여 보건교육과 건강검사를 실시한다.	• 「학교보건법」 제7조, 제9조 • 「학교건강검사 규칙」 제3조
전문성 신장	자질 함양	• 교원은 교육자로서 갖추어야 할 품성과 자질을 향상시키기 위하여 노력해야 한다.	• 「교육기본법」 제14조 제2항
	연구 개발	• 교육공무원은 그 직책을 수행하기 위하여 연구와 수양에 노력해야 한다.	• 「교육공무원법」 제38조 제1항
	연수	• 교원은 수업에 지장이 없는 한 소속기관장의 승인을 얻어 연수기관 또는 근무장소 이외의 시설/장소에서 연수할 수 있다.	• 「교육공무원법」 제41조 제1항
복무	이행 의무	• 공무원은 성실, 복종, 친절 공정, 비밀엄수, 청렴, 품위유지의 의무 등을 수행해야 한다.	• 「국가공무원법」 제56~61조, 제63~66조
	금지 의무	• 직장이탈 금지, 정치운동 금지, 영리업무 및 겸직 금지, 집단행위 금지의 의무 등을 수행해야 한다.	• 「국가공무원법」 제56~61조, 제63~66조
	근무성적 평정	• 근무실적 · 근무수행능력 및 근무수행태도에 관하여 자기실적평가와 다면평가를 실시한다.	• 「교육공무원 승진 규정」 제28조의2

대외 관계	전문/ 교원단체 참여	• 교원은 상호 협동하여 교육의 진흥과 문화의 창달에 노력하며, 교원의 경제적 · 사회적 지위를 향상시키기 위하여 각 지방자치단체 및 중앙에 교원단체를 조직할 수 있다.	•「교육기본법」 제15조 제1항

출처: 김이경, 한만길, 박영숙, 홍영란, 백선희(2005: 22).

2. 과업적 접근으로 본 교사의 직무

법에 규정된 교사의 직무는 교사가 교직생활 중에 실제적으로 수행하는 과업의 근거가 된다. 법적 근거를 바탕으로 하여, 학교에서 교사는 구체적으로 직무를 수행하게 된다. 교사의 실제적 직무 활동 내용은 〈표 2-4〉와 같이 상세하게 제시할 수 있다.

〈표 2-4〉 교사의 실제적 직무

직무 영역	직무 내용
교과지도	국가수준의 교육과정을 이해하고, 교육목표 달성을 위해 적합하게 구성한다.
	교과 특성 및 학생 특성에 적합한 교수 · 학습을 설계한다.
	교수 · 학습 활동에 적합한 교육기자재를 활용한다.
	다양한 교수 전략을 활용하여 수업을 실시한다.
	학습과제물을 제시하고 검사한다.
	이원목적분류표에 의거 문항 유형을 결정하여 출제하고, 채점한다.
	수행 평가를 한다.
	학생에게 평가 결과에 따른 적절한 피드백을 제공한다.
	평가 결과를 다양하게 활용한다.
	성적을 산출한다.
	평가 결과를 전산 입력한다.
교과 외 활동지도	특별활동을 지도한다.
	창의적 재량활동을 지도한다.
	방과 후 프로그램 지도에 참여한다.
	기타 활동(동아리 활동 및 각종 대회 등)을 지도한다.
	학생들의 교과외 교육활동을 누가기록하며, 그 결과를 평가 · 활용한다.

생활지도	학교 내 기본 생활습관을 지도한다.
	급식 생활지도를 한다.
	교우관계를 지도한다.
	건강 및 보건교육을 한다.
	학생이 처한 문제, 진로에 대한 상담을 하고, 적절한 지원을 한다.
	안전사고 예방 및 학교폭력 예방 교육 등을 실시한다.
	안전사고 및 학교폭력 사안에 대한 문제를 해결한다.
학급경영 및 학교경영 지원	자기주도 학습을 지도한다.
	독서지도를 한다.
	학급 사무관리를 한다.
	학급회 조직 및 학생 업무 분장표를 작성한다.
	학급 홈페이지를 관리 · 운영한다.
	각종 학교행사에 참여한다.
	담당 교무분장 업무를 수행한다.
	특수교육 대상 학생(영재학생, 다문화학생, 학습부진학생)을 지도한다.
학부모 및 대외관계	학부모 협의회를 운영한다.
	학부모와 상담한다.
	학생의 학습 및 복지를 위해 학교 밖 인적 · 물적 자원을 활용한다.
전문성 신장	각종 연수를 받는다.
	각종 교 · 내외 연구회에 참여한다.

출처: 정미경 외(2010: 145-146).

교사가 일상적으로 수행하는 직무는 ① 교과지도(교육과정 이해 및 구성, 교수 · 학습 설계, 교육 기자재 활용, 교수전략 활용, 학습 과제물 제시 및 검사, 평가 문항 출제 및 채점, 수행평가, 평가 결과 피드백, 평가 결과 활용, 성적 산출, 평가 결과 전산입력), ② 교과외활동 지도(특별활동 지도, 재량활동 지도, 방과후활동 지도, 동아리활동 및 각종대회 지도, 교과외활동 기록 · 평가 및 활용), ③ 생활지도(교내 기본생활습관 지도, 급식생활 지도, 교우관계 지도, 건강 · 보건교육, 학생문제 및 진로 상담 · 지원, 안전사고 및 학교폭력 예방교육, 안전사고 및 학교폭력 사안 해결), ④ 학급경영 및 학교경영 지원(자기주도학습 지도, 독서지도, 학급사무

관리, 학급회 조직 및 학생업무 분장, 학급 홈페이지 관리 및 운영, 학교행사 참여, 교무분장 업무 수행, 특수교육 학생 지도), ⑤ 학부모 및 대외관계(학부모협의회 운영, 학부모 상담, 학습 · 복지를 위한 교외 자원 활용), ⑥ 전문성 신장(연수 참여, 교 · 내외 연구회 참여) 등이다.

교사의 직무 중에서 특히 학생들과 직접적으로 접촉하면서 이루어지는, 교과지도, 교과외활동 지도, 생활지도, 학급경영 등의 영역에서의 직무 수행이 중요도가 높다.

근래 지식정보화사회가 급속히 진전됨에 따라 교육체제에서 정보, 미디어, 정보통신 기술 활용을 중심으로 하여 큰 변화가 진행되고 있다. 교육체제에서의 변화는 자연히 교사들이 수행하는 교육활동의 배경이 되는 교직환경에서의 변화를 초래한다.

교직환경에서 부각되고 있는 변화로는 다음과 같은 사항들이 보고되고 있다. ① 교육 인적 구성 영역에서 학생 수 감소, 학생 핵심 역량 강조, 교직원 구성비 변화, 학교회계직 증가, 학부모의 자녀교육 관심 증가 등의 변화, ② 교육과정 및 수업 운영 영역에서 교육과정 개정과 학생 평가 방식 변화, 성취평가제 실시, 교과교실제 운영 등의 변화, ③ 교육 가치 및 문화 영역에서 소통과 협력과 교육 기부가 활성화되는 교육공동체 형성 등의 변화, ④ 교육정책 및 지원체제 영역에서 주5일 수업제, 방과후 교육, 창의 · 인성교육, 행복교육, 수석교사제, 교원능력개발평가제도 개선, 교육전문직 인사제도 변화, 시간선택제 교사, 교육지원청 개편과 교육감 선거, 정보 공시 등의 변화가 보고되고 있다(박영숙, 정광희, 박균열, 김갑성, 전제상, 2015).

이러한 교직환경의 변화로 인하여 〈표 2-4〉에 제시된 교사의 실제적 직무에 추가하여, 현장 체험활동 지도, 학생생활 지도, 인성지도, 급식지도, ICT 활용 업무가 증가할 것으로 예측된다.

Ⅲ. 교사의 역할

교사의 역할은 교사라는 지위에 대하여 기대되는 일련의 행동양식을 의미하는 개념이다. 역할이라는 개념은 역할기대(role expectation)와 역할파지(role perception)의 두 가지 측면으로 살펴볼 수 있다. 특정한 지위에 있는 사람에게 다른 사람이 어떻게 행동하기를 기대하는 것을 역할기대라고 한다. 특정한 지위에 있는 사람이 자신이 어떻게 행동하여야 한다고 스스로 인식하는 것은 역할파지라고 한다.

교사의 역할을 제시할 때, 대체로 두 가지 형태가 있다. 첫째는 교사가 지향해야 할 역할에 대한 사회적 기대로 규정하는 형태이다. 예를 들어서, Reedl과 Watenberg는 교사의 역할을 사회 대표자, 판단자, 동일시 대상, 지식 자원, 심판관, 훈육자, 학습 조력자, 불안 제거자, 자아옹호자, 집단지도자, 부모 대리자, 친구, 적대 감정의 표적, 애정 상대자 등으로 구분하여 당시 교사의 역할에 대한 사회적 기대를 구체적으로 제시하였다(김정원, 김지수, 최유림, 이슬기, 2014: 25).

OECD(2001)는 현재 학교가 재구조화된 모습, 나아가 탈학교화된 모습을 상정하면서 교사의 역할을 ① 공무원으로서의 교사(관료주의 체제), ② 경쟁상품으로서의 교사(시장경제 체제), ③ 지역사회 연결자로서의 교사(평생학습사회 체제), ④ 연구자로서의 교사(학습조직 학교 체제), ⑤ 네트워크 부분으로서의 교사(네트워크 체제), ⑥ 사양 산업 종사자로서의 교사(학교 붕괴 체제) 등으로 제시하고 있다(김갑성 외, 2009: 2).

둘째는 교사가 수행해야 할 여러 차원의 활동을 중심으로 교사의 역할을 규정하는 형태이다. 예를 들어서, 송광용(2007)은 교사의 역할을 크게 학생교육 관련 교사의 역할과 학교경영 관련 교사의 역할의 두 가지로 구분하여 제시하였다. 학생교육 관련 교사의 역할로는 ① 학급경영 관련 역할, ② 교과교육활동 관련 역할, ③ 교과외 교육 활동 관련 역할을 제시하였고, 학교경영 관련 교사의 역할로는 ① 학교교육계획 수립 관련 역할, ② 조직 및 인사 관리 관련 역할, ③ 재정 · 시설 · 사무관리 관련 역할, ④ 학교평가 관련 역할, ⑤ 학교행사 운영 관련 역할을 제시하였다.

앞의 〈표 2-4〉에 나타난 교사의 실제적 직무 활동(정미경 외: 2010)을 중심으로 교사의 역할을 규정한다면, ① 교과지도 관련 역할, ② 교과외활동 지도 관련 역할, ③ 생활지도 관련 역할, ④ 학급경영 및 학교경영 지원 관련 역할, ⑤ 학부모 및 대외관계 관련 역할, ⑥ 전문성 신장 관련 역할이 있다고 하겠다.

교직환경의 변화와 미래 사회로의 발전을 전망할 때 요구되는 교사의 역할을 도출해 볼 수 있을 것이다. 박영숙, 신철지, 정광희, 김규태, 홍혜경(1999)은 〈표 2-5〉와 같이 ① 정보화에의 대응, ② 세계화에의 대응, ③ 다원화에의 대응, ④ 평생 학습 사회 구축에의 대응, ⑤ 교직 전문화에의 대응, ⑥ 교직 자율화에의 대응, ⑦ 새학교 문화 창조에의 대응의 일곱 가지 측면에서 교사의 역할을 제시하고 있다.

〈표 2-5〉 미래 교사에게 요구되는 역할

역할	내용
정보화에의 대응	• 교육활동 및 교육업무에 컴퓨터 활용 • 학생지도 및 학교운영을 위한 자료 정보 검색 활용 • 교수·학습자료 제작에 정보 기술 활용 • 교육정보 데이터화 및 관리 • 학생 교육성취도 평가 결과 전산화 관리
세계화에의 대응	• 세계 지구촌화에의 부응 • 세계화 추세에 따른 외국어의 효과적 활용
다원화에의 대응	• 다양한 교육 집단의 관점과 요구 반영 • 교육문제 해결 관련 공동체 의식 함양
평생 학습 사회 구축에의 대응	• 지역사회 발전을 위한 지식 기술 환원 • 지역사회 주민을 위한 평생 학습 선도
교직 전문화에의 대응	• 교육을 위한 전문지식과 기술 개발 적용 • 지속적인 다양한 연수 활동 • 교육 효과를 높일 수 있는 아이디어 창안 시도
교직 자율화에의 대응	• 합리적 판단 및 책임 유지 • 관련 이해집단 및 전문가와 열린 관계 유지 • 자신의 행동에 대한 반성적 사고
새학교 문화 창조에의 대응	• 열린 마음으로 교육활동 수행 • 교직에 대한 긍정적 · 미래지향적 자세 유지

출처: 박영숙 외(1999: 25-27) 내용을 중심으로 작성.

Ⅳ. 교사의 자질 및 역량

일반적으로 교사의 자질(quality)은 좋은 교사가 갖추어야 할 중요한 능력이나 특성을 의미한다. 근래에 교사의 역량(competence)이라는 용어가 널리 사용되고 있다. 일반적으로 교사의 역량은 교사가 맡은 직무를 성공적으로 수행할 수 있는 행동 특성으로 지식, 기술, 태도의 총체를 의미한다.

교사의 자질이나 교사의 역량은 미세한 차이가 있기는 하나 기본적으로 교사가 교직을 수행하기 위해 필요한 지식 및 기술을 포괄하는 전문적 능력을 의미한다는 점에서 같다고 하겠다.

바람직한 교사에게 요구되는 자질이 무엇인가에 대한 논의는 다양하게 이루어져 왔다. 일반적으로 ① 성향적 접근, ② 유형적 접근, ③ 기능적 접근 방법의 세 가지 접근 방법을 중심으로 논의가 이루어져 왔다.

먼저, 성향적 접근은 바람직한 교사란 어떠한 특정의 성향 또는 특성을 갖고 있는가 하는 문제에 초점을 두어 바람직한 교사와 그렇지 못한 교사를 구분 짓는 심리적인 성향 · 특성을 찾아내려는 접근 방법을 말한다. 바람직한 교사는 어떤 특정한 가치관, 태도, 흥미, 적응 형태 등을 갖는다는 것을 상정한다. 이러한 특성들은 학생의 특성이나 교수 · 학습 상황의 특성과 비교적 독립적으로 교사의 능률성을 결정한다는 것이다. 대체로 바람직한 교사는 건전한 자아개념을 갖고 있으며, 정서적으로 안정되어 있고, 객관성을 유지하고, 친근감이 있으며, 사교적인 성향 · 특성을 갖고 있다는 것 등의 주장이 성향적 접근에 기초한 주장이라고 하겠다.

다음으로 유형적 접근은 교수 · 학습 상황에서 관찰되는 교사의 행동 유형에 따라서 교사를 분류하는 접근 방법을 의미한다. 교사가 수업 장면에서 보여 주는 행동양식은 몇 가지의 유형으로 묶을 수 있다는 것이다. 예를 들면, 교사의 언어적 행동에 초점을 두어 지배적 행동과 통합적 행동으로 유형화한 것(Anderson), 지시적 통제와 비지시적 통제로 유형화한 것(Flanders), 그리고 교사를 전제적 지도형, 민주적인 지도형, 자유방임적 지도형으로 구분한 것(Lewin) 등이 유형적 접근에 기초한 연구의 예라고 하겠다.

기능적 접근은 교사의 능률성을 수업활동이 이루어지고 있는 교실 상황에서 교과목의 내용상 특성, 학습자의 특성, 수업 상황, 구조적 · 과정적 특징 등과 관련되어 있음을 상정한다. 따라서 바람직한 교사의 자질은 교육 내용, 대상, 수업환경에 따라 달라질 수 있다는 것이다. 교사와 학생 간의 상호작용 과정에서 학습 효과를 높이는 교사의 행동을 확인하려는 접근 방법이다. 일반적으로 교사가 속해 있는 상황에서 적절히 교수 방법을 바꾸어 가며 융통성과 창의성을 발휘하여 효과적인 교육을 할 수 있는 교사가 바람직한 교사라고 하겠다.

바람직한 교사의 자질은 보는 관점에 따라서 달리 인식될 수 있는 듯하다. 앞서 제시한 세 가지 접근 방법은 바람직한 교사가 누구인가 하는 문제에 대한 해답을 찾는 데 있어서 개별적으로보다는 상호 보완적으로 활용될 수 있다. 종래의 많은 연구 결과를 종합적으로 보면 바람직한 교사의 조건은 대체적으로 〈표 2-6〉과 같이 제시할 수 있다. 바람직한 교사는 교직에 대해 바람직한 태도와 가치관을 가져야 하며, 교직 수행에 필요한 지식 및 이해 그리고 기술 및 실기 능력을 가져야 한다고 볼 수 있다.

〈표 2-6〉 교사가 갖추어야 할 바람직한 자질

전문적 자질	① 교직에 대한 태도 및 가치관	• 교직 사명감 • 건전한 교직관
	② 교직에 대한 지식 및 이해	• 교과에 대한 지식 및 이해 • 학생에 대한 지식 및 이해 • 교육 조직생활 및 업무 처리에 대한 지식 및 이해
	③ 교직에 대한 기술 및 실기 능력	• 교과지도에 대한 기술 및 실기 능력 • 학생지도에 대한 기술 및 지도 능력 • 특별활동지도에 대한 기술 및 지도 능력 • 교육 조직생활 및 업무 처리에 대한 기술 및 능력
개인적 자질	① 인성과 인품	• 원만한 인격 • 바른 언행과 예절 • 건전한 자아개념과 인생관
	② 정신적 건강	• 정서 · 심리적 안정감 및 건강
	③ 신체적 건강	• 교직 수행에 필요한 신체적 건강

이와 같은 전문적 영역에서의 특성뿐 아니라 건전한 인성과 정신적 건강 그리고 신체적 건강 등 개인적 영역에서도 바람직한 특성을 갖추어야 할 것이 요구된다고 하겠다.

교육인적자원부는 2006년에 '신규교사의 자질과 능력에 관한 일반 기준' 열 가지를 발표하였다. 이러한 기준을 교원양성기관의 교육과정 편성, 교원양성기관 평가, 교원 선발의 중점 평가요소로 활용하고자 하였다(정미경 외, 2010).

〈표 2-7〉에서 보는 바와 같이, 열 가지 일반 기준은 ① 건전한 인성과 교직 사명감 및 윤리의식, ② 학생들의 학습과 복지를 위한 헌신, ③ 학생과 학생의 학습 · 발달에 관한 이해, ④ 교과에 대한 전문지식, ⑤ 교과, 학생, 교육 상황에 적절한 교육과정 개발 · 운영, ⑥ 수업의 효과적인 계획 · 운영, ⑦ 학생의 학습에 대한 모니터 · 평가, ⑧ 학습 지원 환경과 문화 조성, ⑨ 교육공동체 구성원들과의 협력관계 구축, ⑩ 전문성 개발 노력 등에 관한 기준이다.

〈표 2-7〉 신규교사의 자질과 능력에 관한 일반 기준

기준 1. 교사는 건전한 인성과 교직 사명감 및 윤리의식을 갖는다.
1-1. 교사는 건전한 인성을 갖는다. 1-2. 교사는 교직 사명감을 갖는다. 1-3. 교사는 교직 윤리의식과 사회적 책임의식을 갖는다.
기준 2. 교사는 학생들의 학습과 복지를 위해 헌신한다.
2-1. 교사는 학생을 존중하고 공정하게 대우한다. 2-2. 교사는 학생이 자신의 잠재력을 최대한 발휘할 수 있도록 돕는다. 2-3. 교사는 학생 개개인의 교육적 요구에 적극 응한다.
기준 3. 교사는 학생과 학생의 학습 · 발달을 이해한다.
3-1. 교사는 학생의 선행학습, 학습방식, 학습동기, 학습요구를 이해한다. 3-2. 교사는 학생의 인지 · 사회성 · 정서 · 신체 발달을 이해한다. 3-3. 교사는 학생의 개인적 특성과 가정 · 사회 · 경제 · 문화적 환경을 이해한다.
기준 4. 교사는 교과에 대한 전문지식을 갖는다.
4-1. 교사는 가르치는 교과의 내용을 깊이 이해한다. 4-2. 교사는 교과의 기반이 되는 학문의 핵심 개념, 개념들의 관계, 탐구방식을 이해한다. 4-3. 교사는 교과와 기반 학문의 최신 지식을 지속적으로 탐구한다.
기준 5. 교사는 교과, 학생, 교육상황에 적절한 교육과정을 개발 · 운영한다.
5-1. 교사는 국가수준의 교육과정을 이해한다. 5-2. 교사는 국가교육과정을 학생과 교육상황에 적합하게 재구성한다. 5-3. 교사는 교육과정 자료 연구 및 개발에 노력을 기울인다.
기준 6. 교사는 수업을 효과적으로 계획 · 운영한다.
6-1. 교사는 교육목표, 교과, 학생에게 적합한 수업을 계획한다. 6-2. 교사는 다양한 수업 방법, 활동, 자료, 매체를 활용하여 수업을 효과적으로 운영한다. 6-3. 교사는 교과에 대한 학생의 학습요구를 진단하고 적절한 지원을 제공한다.
기준 7. 교사는 학생의 학습을 모니터하고 평가한다.
7-1. 교사는 평가 목적과 내용에 적절하고 다양한 평가방법을 활용한다. 7-2. 교사는 평가 결과에 대해 타당한 분석을 하고 효과적으로 의사소통한다. 7-3. 교사는 평가 결과를 학생의 학습 지원과 수업 개선에 활용한다.

기준 8. 교사는 학습을 지원하는 환경과 문화를 조성한다.
8-1. 교사는 학생의 자율적 문제해결과 의사결정을 지원한다. 8-2. 교사는 민주적으로 학급을 관리 · 운영한다. 8-3. 교사는 서로 존중하고 신뢰하는 학교 문화를 조성한다.
기준 9. 교사는 교육공동체 구성원들과 협력관계를 구축한다.
9-1. 교사는 교육의 사회 · 문화 · 정치 · 경제적 맥락을 이해한다. 9-2. 교사는 교육공동체 구성원들과 효과적으로 의사소통한다. 9-3. 교사는 교육공동체 구성원들의 참여와 협력을 유도 · 유지한다.
기준 10. 교사는 전문성 개발을 위해 끊임없이 노력한다.
10-1. 교사는 자신의 교육실천을 연구하고 향상시킨다. 10-2. 교사는 교내외 연수 프로그램과 활동에 적극 참여한다. 10-3. 교사는 현실에 안주하지 않고 평생 학습하고 노력한다.

출처: 정미경 외(2010: 32-33).

1990년대 중반에 OECD 여러 국가에서 교육개혁을 추진하면서 논의하였던 '교사의 질에 관한 논의'를 포함하여, 수차례 있었던 국제적 논의에서 교사의 능력과 자질에 대한 요구가 제시되었다. 〈표 2-8〉에서 보는 바와 같이 각국 공통적으로 ① 교사의 전문성에서 요구되는 능력, ② 학생의 성장을 도와주는 데 요구되는 인간성, ③ 학교조직 구성원에게 요구되는 공공성, ④ 변화 수용과 자기반성에 의한 성장지향 노력 등의 측면에서 여러 가지 자질이 요구되는 것으로 나타났다(박영숙, 정광희, 김규태, 1999).

향후 교직환경의 변화와 미래 사회로의 발전을 전망할 때, 교사에게 요구되는 역량은 다양한 영역에서 제시될 수 있다. 한국교육개발원에서 수행된 연구에서는 교사에게 요구되는 역량을 ① 교육과정 재구성 역량, ② 창의성 및 고등사고 기능 측정을 위한 평가 역량, ③ 학습자 특성 및 교육내용에 적합한 구체적인 교수-학습 역량, ④ 학습자 이해 및 상담 역량, ⑤ 대인관계 능력 및 의사소통 능력, ⑥ 교사 리더십, ⑦ 네트워킹 기술, ⑧ 교육법 및 행정업무 수행 역량, ⑨ 교직 소양(교육관, 교직 윤리, 봉사 정신, 인문학적 소양), ⑩ 학급경영 역량, ⑪ 이론과 실제의 조화 역량, ⑫ 특기적성 개발과 지도 역량, ⑬ 범사회적 역량(다문화 · 세계화 · 생태학적 교육 역량) 등으로 상세하게 제시하였다(정미경 외, 2010).

〈표 2-8〉 국제적으로 논의된 교사에게 요구되는 자질

영역	세부 자질
교사의 전문성에서 요구되는 능력	• 기초적 · 기본적 지식과 기술 • 교수 전략상 필요한 교수 기술 • 정보 기술 활용 능력 • 교육의 수준과 능력의 가능성에 대한 판단 능력 • 아동 · 학생의 사회 · 심리 · 발달에 대한 이해 능력 • 학생 생활지도 및 학급경영 능력
학생의 성장을 도와주는 데 요구되는 인간성	• 아동 · 학생에 대한 이해 • 아동 · 학생에 대한 배려와 사랑 • 안정된 정서와 풍부한 감성 • 자기성장에 대한 노력 • 품성적 제 요소(교육에 대한 열정, 사명감, 인내심, 겸허함, 자신감, 창의력, 용기) • 공공 서비스 정신
학교조직 구성원에게 요구되는 공공성	• 조직에 대한 지식과 이해 • 조직력 • 개별 역할 수행 • 상호 협력
변화수용과 자기반성에 의한 성장지향 노력	• 자기판단 검증 노력 • 자기실천 개선 노력 • 자기비판력 • 반성적 실천력

출처: 박영숙 외(1999: 34-38).

V. 맺는말

교사들은 우리 미래를 이끌어 갈 2세들을 대상으로, 그들과의 인격적 상호작용을 통하여 전인교육을 추구하는 중요한 활동을 하고 있다. 교사 자신, 교사양성기관, 교육행정기관 등 모두에게 교사의 전문성을 높이기 위한 노력이 요구된다. 교직이란 본질적으로 전문적인 지식과 기술을 습득하고 연마하기 위하여, 장기적이고 계속적인 교육과 연찬이 필요한 직종이다.

오늘날과 같이 국내외적으로 급변하는 정치 · 경제 · 사회적 변화의 추세 속에서 이

에 적절히 대처하기 위하여 교사들은 보다 새로운 지식과 기술을 습득해 나가야 한다. 학교현장에 좋은 능력과 자질을 갖춘 많은 교사가 보다 적극적으로 교육활동에 임하기를 기대하여 본다.

학습과제

1. 교사들에 대하여 사회 일반인, 학부모, 교사 자신은 각각 어떠한 기대를 하고 있는지, 몇 개의 영역으로 나누어 간단히 기대를 제시 · 비교하여 보시오.
2. 현직교사의 입장에 있다고 가정하고, 교사인 자신에게 요구되는 역할로 어떤 것들이 있는지 몇 개의 영역으로 나누어 간단히 제시하여 보시오.
3. 현직교사의 입장에 있다고 가정하고, 좋은 교사가 되기 위하여 요구되는 자질로 어떤 것들이 있는지 몇 개의 영역으로 나누어 간단히 제시하여 보시오.
4. 현직교사의 입장에 있다고 가정하고, 좋은 교사가 되기 위하여 요구되는 자질을 자신은 어느 정도 갖추고 있는지 자신을 돌아보며 적어 보시오.
5. 현직교사의 입장에 있다고 가정하고, 좋은 교사가 되기 위하여 요구되는 자질을 자신은 어떻게 계발 · 함양할 수 있는지 적어 보시오.

참고문헌

김갑성, 박영숙, 정광희, 김기수, 김재춘, 김병찬, 김주아(2009). 교원양성체제 개편방안 연구. 충북: 한국교육개발원.

김이경, 한만길, 박영숙, 홍영란, 백선희(2005). 교원의 직무수행 실태 분석 및 기준 개발 연구. 충북: 한국교육개발원.

김정원, 김지수, 최유림, 이슬기(2014). 남북한 교사 역할 비교 분석 연구. 충북: 한국교육개발원.

박영숙, 신철지, 정광희, 김규태, 홍혜경(1999). 학교급별, 직급별, 취득자격별, 교원 직무 수행 기준에 관한 연구. 충북: 한국교육개발원.

박영숙, 정광희, 김규태(1999). 능력 중심의 교사 직무 개발 연구. 충북: 한국교육개발원.

박영숙, 정광희, 박균열, 김갑성, 전제상(2015). 교직환경 변화에 따른 교원정책의 진단과 과제. 포지션페이퍼 PP2015-08. 충북: 한국교육개발원.

송광용(2007). 교사의 역할과 자질. 이윤식 외 공저. 교직과 교사(pp. 39-72). 서울: 학지사.

오희정, 김갑성(2017). 사회는 교사에게 어떤 역할을 기대하는가?: 2007~2016년 신문자료 내용분석을 통한 교사 역할기대 경향 연구. 한국교원교육연구, 34(3), 139-166.

이윤식, 김병찬, 김정휘, 박남기, 박영숙, 송광용, 이성은, 전제상, 정영수, 정일환, 조동섭, 진동섭, 최상근, 허병기(2007). 교직과 교사. 서울: 학지사.

임소현, 김흥주, 한은정, 황은희, 정민지(2016). 한국교육개발원 교육여론조사(KEDI POLL 2016).

정미경, 김갑성, 류성창, 김병찬, 박상완, 문찬수(2010). 교원양성 교육과정 개선방안 연구. 충북: 한국교육개발원.

OECD. (2001). *Education policy analysis*. OECD CERI(Center for educational research and innovation).

제3장

교사의 법적 지위 보장과 제한

고전(제주대학교 교수)

개요

현직교사와 예비교사를 막론하고 교사로서 지칭되는 각종 용어를 명확하게 구분하여 적절한 상황에 사용하고 있는가는 다소 의문스럽다. '교사' '교원' '선생' '스승' '교육공무원' '교육노동자' 등의 표현에는 '교직'과 '교사'에 대한 그 시대와 사회상은 물론 개개인의 이에 대한 가치가 전제되어 서로 다른 뉘앙스로 이해되고 사용되고 있는 것이 현실이다.

교사론은 동시대의 교사에 대한 역할기대, 교직에 대한 사회인의 바람에 대한 보편적 이해를 목표로 하며 이는 교사관과 교직관에 대한 이해를 의미한다. 인격자 · 교육전문가 · 교육근로자 · 교육공직자 등으로 위상 지워지는 교사는 스승, 교사, 교육노동자, 교육공무원으로 명명되기도 한다. 이런 지위 유형은 성직관 · 전문직관 · 노동직관 · 공직관이라는 4대 교직관과 연계되는 것은 당연하다. 그중에서도 교사의 법적 지위에 관한 논의는 학교와 사회에 있어서 실제적인 교사의 지위를 확인할 수 있는 중요한 기준점이라 할 수 있다.

대한민국의 경우 '교원의 기본적 지위에 대한 보장'은 「헌법」에까지 규정되었는데 외국의 「헌법」에서는 유래를 찾아볼 수 없다. 그럼에도 안타깝게 이러한 헌법정신하에서 입법 예견되는 별도의 '교원신분법'은 아직 존재하지 않는다. 「교육공무원법」과 「사립학교법」을 통한 준용의 현실은 공무원 신분법을 차용한 입법 불비 상황으로 진단된다. 그것은 교원의 법적 지위의 근본적인 미해결 과제이기도 하다.

이 장을 통해서는 교직사회에서 일상적으로 사용되어 오고 있는 교사 · 교원 · 교육공무원 · 공직자 · 법적 지위 등에 대한 이해를 바탕으로 교사의 지위보장과 법적 제한의 실상을 이해하게 될 것이다. 교사의 법적 지위 형식인 신분이 국 · 공립학교 교원과 사립학교 교원 간에 국가공무원과 사적 계약근로자라는 극단의 차이로 나타남에도 불구하고 그 법적 지위의 내용인 권리 · 의무 · 책임에 있어서는 동일하게 취급하고 있는 것이 현실이다.

현안인 교원 신분 지방직화나 교사의 교육활동의 자유 제한, 노동기본권의 제한 및 정치적 기본권 제한에 대하여도 쟁점을 파악하고 입장을 정리해 보도록 한다.

Ⅰ. 교사의 법적 지위의 의미와 보장

1. 교사, 지위 및 법적 지위란

일상 속에서 '교사(教師)'라는 말이 사용되어 온 유래는 오래되었고, '교원(教員)'이란 용어가 공적 문서 등에서 더 많이 쓰이고 있는 것이 현실이다. 「헌법」에서까지 '교원의 지위'라는 말이 등장하고 있는 것이 교원이라는 존재는 법률적으로도 위상을 갖고 있음을 상징적으로 보여 주고 있다. 오늘날 모든 교육기관에서 학습자를 가르치는 교육자에 대한 통칭으로 유치원 교사에서 대학의 교수에 이르기까지 가장 포괄적인 법률적 용어는 교원이다. 그러함에도 이 장에서 교원이 아닌 교사로 지칭하고 있는 것은 논의의 주된 대상을 유 · 초 · 중등학교에 근무하는 교사에 초점을 맞춘다는 의미이다. 동시에 교사들의 정체성이 교장 · 교감 · 교수 등과 어떻게 다른지 살펴보는 일이기도 하다.

일찍이 '교사론'을 논하는 교육학자들 사이에서는 교사와 교원을 구분하는 기준으로 생활용어와 법률용어로 혹은 개인적 호칭과 집단적 호칭의 차이로 구분하는 경향이 있어 왔다. 이것은 교사의 본래적 의미가 '선생'에서 비롯된 것으로 보는 관점 탓도 있었겠지만 일본의 교사론(教師論) 영향을 받기도 했다(고전, 2002: 16).[1]

한국에서 '교원'이란 용어는 '교사'에 대한 법률용어라 할 수 없고, 오히려 법적 지위를 나타내는 신분과 직결된 용어는 '교육공무원' 혹은 '준교육공무원'이라 일컬어진다.

1) 일본어의 '教諭(교유: 한국의 교사에 해당)'는 교육 및 생활용어로서 사용되고 있고, '教員(교원)'은 교유에 대한 법률용어로서 초 · 중등학교 교유나 강사를 통칭한다(教員에 교장과 교수를 포함시키지 않고 사용하는 점이 한국과 다르다). 일본의 원로 교육법학자 가네코 마사시(兼子 仁)는 '教員'이란 말에는 학교교사가 법률상 학교제도나 국 · 공립학교에서 '기관(機關)'적 위치를 부여받은 의미가 강하고 자연히 그 직무로서의 교육활동도 제도적 · 조직적 법률에 복종하는 것이 당연하다는 뉘앙스를 풍기는 것이므로 주의해서 사용해야 한다고 강조했다(兼子 仁, 1985: 140).

그리고 「헌법」상의 "교원의 지위에 관한 기본적인 사항은 법률로 정한다."라고 규정하고 있지만 아직 독립된 교원신분법은 없다. 다만, 공무원법을 차용한 형태로 「교육공무원특별법」이 있을 뿐이다.

'교사의 지위'라고 할 때, 그 개념은 지위를 결정하는 요인 · 지위에 걸친 영역 · 지위의 존재 수준에 따라 다양하게 논의될 수 있다. 먼저, 지위요인은 크게 '역할기대'와 '신분규정'으로 볼 수 있고, 사회의 '교육관(教育觀)'을 반영하며 구체적으로는 '교사관(教師觀)' 혹은 '교직관(教職觀)'에 따라 상이한 역할기대로 나타난다. 성직관(聖職觀)에 입각한 인격자(스승)로서의 지위, 공직관(公職觀)에 근거를 둔 공직자로서의 지위, 노동직관(勞動職觀)에 따른 근로자로서의 지위 그리고 전문직관(專門職觀)에 기초한 전문가로서의 지위가 그 예이다. 신분규정이란 교사의 법적 지위를 어떻게 설정할 것인가의 문제로서 '교원'이란 신분으로 규정할 경우 그 지위는 교육담당자 혹은 교육전문가로서의 지위 형태를 보일 것이고 '공무원'이란 신분으로 규정할 경우 그 지위는 공무 수행자 혹은 국민 전체에 대한 봉사자로서의 지위를 갖게 될 것이다. 교사의 활동 영역에 따라 교사 지위는 정치적 · 경제적 · 사회적 · 문화적 영역에서의 지위로 나누어 설명할 수 있다. 존재 수준에 따라서는 '법제상의 지위'와 '인식상의 지위'로 존재하며, 이것은 각각 교사 지위의 표층과 심층을 구성한다. 교사 지위에 있어서 법과 인식 간의 차이 그리고 인식 주체 간의 차이는 법과 현실의 괴리 정도를 나타내는 유용한 개념 틀로서 활용될 수 있다(고전, 1996: 76-77).

고전(1996: 71)은 교원 지위의 유형을 교직관, 교직의 본질, 교원 지위 명칭, 교원 지위 기능에 따라 〈표 3-1〉과 같이 분류하여 정리한 바 있다. 기존의 성직관, 전문직관, 노동직관에 더하여 교원 지위의 실체적 측면에서 공직자로서 지위, 즉 공직관을 부각

〈표 3-1〉 교원 지위의 유형

교직관	교원 지위 유형	교직의 본질	교원 지위 명칭	교원 지위의 기능
성직관	인격자로서 지위	인격성(윤리성)	스승(선생)	본질적 지위
전문직관	전문가로서 지위	전문성(자율성)	교육자(교사)	
공직관	공직자로서 지위	공공성	교원(교육공무원)	수단적 지위
노동직관	근로자로서 지위	근로성	교육근로자 (교육노동자)	

출처: 고전(1996: 71); 고전(2002: 85).

시켜 논의를 확장하였다.

2. 교사의 법적 지위 개념 설정

앞서 살펴본 바와 같이 교사의 지위에 관한 지위 요인, 영역 및 존재 수준 측면에서 볼 때, 법적 지위 역시 같은 맥락에서 살펴볼 수 있다. 법적 지위의 요인은 역시 신분 및 계약 규정을 의미하며, 영역은 교직사회에 있어서 법률적 지위를 주로 지칭하겠지만 교사의 정치 · 경제 · 사회 · 문화적 영역의 법률적 지위와도 관련된다. 존재 수준 측면에서는 법적 지위는 사회인의 인식을 반영하기도 하고 차이가 날 경우 지위 갈등의 한 축을 담당하게 된다.

교사의 법적 지위는 형식과 내용으로 개념을 설명하면 보다 명료해진다. 즉, 국민의 교육기본권(敎育基本權)[2] 실현을 위하여 학생 · 학교 · 지역사회 · 국가에 대하여 교사에게 기대되는 법제화된 역할기대, 즉 '신분'을 말하며, 이는 교사의 법적 지위 형식(形式)에 해당한다. 이 신분규정에 근거하여 보다 구체적인 교육활동에 있어서 교사의 권리 · 의무 · 책임 관계를 법으로 규정한 것은 이른바 교사의 법적 지위 내용(內容)이다.

협의로서 교사의 법적 지위는 신분을 의미한다. '교원'으로서 독립된 신분을 갖느냐 혹은 '공무원' 신분의 하나로 규정하느냐에 따라 달라질 수 있고, 공무원 신분 중에서도 국가공무원인지 지방공무원인지에 따라 법적 지위는 달라진다. '교원' 신분의 경우에도 학교급별 또는 학교 설립에 따라 법적 지위가 상이할 수 있다. 광의로서 교사의 법적 지위는 신분에 관계된 권리 · 의무 · 책임관계를 넘어서 법률로 규정된 교사 지위의 제 측면, 즉 사회적 · 경제적 · 정치적 · 문화적 지위의 법률상 규정과 교직의 성격에 따른 교사 지위의 제 유형, 즉 인격자 · 전문가 · 공직자 · 근로자에 따른 법률상 규정까지도 포함하게 된다(고전, 1996: 78).

이후의 논의에서는 교사의 법적 지위를 교사의 신분이라는 '법적 지위의 형식'과 교사의 권리 · 의무 · 책임이라는 '법적 지위의 내용'으로 나누어 설명한다.[3]

---

2) 인간이 인간으로서 살아가는 데 기초로서 필요한 생래적 권리(인권)의 실현을 위해 「헌법」상 보장된 교육에 관한 기본적 인권을 말한다(고전, 2017: 15).

3) 포괄적인 교사의 법적 지위에 관한 논의는 역할기대로서 '신분' 규정을 동시대인의 교직관 및 교사관과 연계하여 논의할 필요가 있겠고, 권리 · 의무 · 책임 역시, 교육 및 교직사회 내적 영역뿐만 아니라 정치 · 경제 · 사회 · 문화적인 외적 영역의 것들도 논의함과 아울러, 규정상의 법적 지위와 사회인의 인식상의 법적 지위 간의 간극에 대한 논의를 포함하는 것이다. 이 글은 그 논의의 발문 수준에 해당한다.

3. 「헌법」상의 교원 지위 법정주의 보장

앞서 언급한 바와 같이 놀랍게도 '교원의 지위'는 「헌법」에까지 규정된 사안이다. 즉, 현행 「헌법」 제31조 제6항은 "학교교육 및 평생교육을 포함한 교육제도와 그 운영, 교육재정 및 교원의 지위에 관한 기본적인 사항은 법률로 정한다."라고 하여 교육제도 · 교육재정 · 교원 지위에 관한 법정주의(法定主義)를 규정하고 있다. 교육제도나 재정 등을 교육법의 형태로 정해야 한다는 것은 어떻게 보면 당연한 것이나 교원의 지위를 언급한 것은 세계 헌정사를 통해서도 드문 일이다.

학계에서는 이 규정을 교육에 관한 기본 방침을 결정함에 있어서 그 권한을 입법기관의 법률 제정권한(입법형성권)에 귀속토록 한다는 선언으로 해석한다. 즉, '본질성 이론'[4]을 구체화한 것으로 행정기관의 부당한 간섭에 의한 국민의 교육권 침해를 막으려는 헌법 정신이 반영된 결과이다.[5] 물론 대한제국과 일제 식민기하에 황제와 천황의 명령에 따라 교육이 통치되던 칙령주의(勅令主義)에 대한 반성이기도 하다.

「헌법」상 '교원의 지위'가 규정되고 그 기본적인 사항을 정한 기본법이 입법 예고되고 있으나 직접적인 신분법(예: 교원법)은 없는 상황이다. 다만, 「교육공무원법」(1953. 4. 18. 제정)과 「사립학교법」(1963. 6. 26. 제정)을 통하여 국가공무원 신분을 차용한 형태로 규정되어 있다. 지위 유형으로 본다면 공직자로서의 지위를 중심으로 신분이 책정되었다고 할 수 있다.

차용 입법 이후 반세기 이상 지나는 동안 교사를 공직자로 보는 기본 관점에는 큰 변화가 없었고 이미 법제사의 일부분이 되어 버렸다. 1991년에 제정된 「교원지위향상을 위한 특별법」(1991. 5. 31., 이하 「교원지위향상법」)[6]에서는 교원의 사회경제적 지위

4) 본질성 이론(本質性理論, Wesentlichkeitstheorie)은 국내에서는 학자에 따라 '중요 사항(본질사항) 유보설'로 번역하기도 하며 1976년 서독 헌법재판소가 학생의 퇴학문제와 관련된 재판에서 시민과 국가의 관계 또는 학생과 학교의 관계의 중요 사항은 입법기관 스스로 결정해야 한다는 요지로 판시한 판결에서 비롯된 학설이다(허영, 2015: 300). 포괄적 위임입법의 위헌성 판단의 논거가 되기도 한다.

5) 교원 지위 법률유보 해석은 몇 가지로 가능하다. 첫째, 전문직인 교원의 자격기준을 법제화하고 신분을 보장하려는 '형성적 법률유보' 측면, 둘째, 국가 교육주권에 입각하여 교원의 기본권을 제한할 수 있는 근거 조항인 측면(「교원노조법」 이전 헌재 판례), 국민의 교육기본권을 구체화시킨 법률유보인 측면 등이다. 생각건대, 1980년 「헌법」 개정(12. 27.)에서 특별히 교원 지위 법정주의가 교육의 전문성 보장과 함께 추가되었던 입법 정신을 고려한다면, 교원에 대하여 교육전문가로서의 본질적 지위(앞서 교원 지위 유형에서 언급한 인격적 · 전문적 지위) 보장에 무게를 두는 형성적 법률유보로 보는 것이 적절하다고 본다.

6) 「교원지위향상법」은 2015년 12월 31일 「교원의 지위 향상 및 교육활동 보호를 위한 특별법」으로 개정되었는데, 교육활동 보호란 "1. 교육활동 침해행위와 관련된 조사 · 관리 및 교원의 보호조치, 2. 교육활동과 관련된 분쟁의 조정 및 교원에 대한 법률 상담, 3. 교원에 대한 민원 등의 조사 · 관리 등"을 말한다. 기존의 「교원예우에 관한 규정(대통령령)」은 이

보장의 중요성이 강조되기도 하였다. 그러나 그것은 교원 지위에 관한 기본법 제정 노력이라기보다는 교원들의 실추된 사회경제적 지위에 대하여 사회적 예우와 보수 우대를 내건 선언적 입법이었고, 그만큼 교원의 지위가 열악하다는 것을 역설적으로 보여 주었다.

주목할 만한 변화는 1999년에 오랜 논란 끝에 「교원의 노동조합 설립 및 운영 등에 관한 법률」(1999. 1. 29., 이하 「교원노조법」)이 제정되어 이른바 노동직관에 근거한 교원의 근로자로서의 지위를 법제적으로 수용한 점이었다. 교원 지위에 관한 기본법을 만들자는 논의는 1980년대 말 민주화 시기에 교원의 노동2권에 대하여 논의할 당시 학계나 교원단체로부터 있어 왔으나[7] 합의를 도출하지 못하여 실패함으로써 교원 지위 기본법을 제정할 기회를 잃고 말았다.

결론적으로, 「헌법」 규정에까지 반영되고 있는 '교원 지위에 관한 기본적인 사항'은 국민의 교육기본권을 실현시키기 위하여 교원에게 보장하여야 할 '교육전문가로서의 지위'라 할 수 있는데, 아직은 교원 신분법보다는 「교육공무원법」 및 「사립학교법」으로 대체되고 있다.

Ⅱ. 교사의 신분: 법적 지위 형식론

1. 국·공립학교의 교사의 신분: 교육공무원(특정직 국가공무원)

별도의 교원신분법은 없고, 현행법상 학교 설립에 관계없이 교원 전체를 지칭하는 신분에 대한 직접적인 규정 또한 없다. 다만, 「교육기본법」(제14조 제6항)이 "교원의 임용 · 복무 · 보수 및 연금 등에 관하여 필요한 사항은 따로 법률로 정한다."라고 했고, 이를 「교육공무원법」과 「사립학교법」이 뒷받침하고 있다. 국 · 공립학교의 교사는 교육공무원이라는 신분을 갖는다. 교육공무원은 국가공무원의 일종으로서 특정직 공무원[8]

법 시행령에 통합되어 규정되었다.

7) 한국교육법학회(양건, 성낙인, 신현직 입안)의 '교원의 지위에 관한 기본법 시안', 대한교육연합회(강인수 입안)의 '교원 지위법안', 국회의원(박석무, 이상옥, 최훈 제안)의 '교권확립을 위한 특별법안' 등이 있었다. 그 구체적인 법안 내용에 관해서는 고전(1996)의 박사학위논문을 참조할 것.

8) 특정직 공무원에는 교육공무원 외에도 법관, 검사, 외무공무원, 경찰공무원, 소방공무원, 군인 등 국가의 주요 공무원 직렬이 여기에 속한다.

에 속한다. 이「교육공무원법」은 국 · 공립학교 교원이라는 이유로 적용받는 신분법이라기보다는 국가공무원의 특례로서 적용받는 신분법이라는 점에서 국가공무원 신분을 차용한 상태이다.[9)]

한편, 교원이 국가공무원인 것은 분명하지만 그 임용에 있어서는 여러 단계의 위임을 거치고 있는 특성이 있다. 교장의 임용권[10)]은 대통령에게 있지만 교육감에게까지 위임되어 있고, 교감 및 교사 역시 교육부장관에게 임용권[11)]이 있지만 현재는 교육감에게 위임되어 있다. 즉, 신분과 실질적인 임용권의 주체 간의 차이가 있는 부분도 한국 교원 신분의 특징이다.

한편, 2012년 12월 11일「교육공무원법」개정을 통하여 시 · 도 교육감 소속 공무원 중 국가직 교육공무원인 교육전문직원(장학사 · 연구사 · 장학관 · 연구관)을 지방직 교육공무원으로 전환하여 2013년 5월 12일부터 시행하고 있다. 그 외 일부 공립대학 교수 등이 지방공무원이다.[12)] 지역별 정원관리 시 유연한 대처를 위하여 도입한 제도라고 할 수 있다. 이러한 법적 지위의 형식은 교사 지위 유형에서 볼 때 형식상으로는 공직자로서 법적 지위에 해당하는 것이다.「교육공무원법」의 성격이 공무원법의 일종이라는 데서도 그러하다. 그러나 교육의 공공성 확보에 있어서 교사 신분을 공무원에서 차용하는 것은 일종의 필요조건이 될 수는 있으나 교원의 다양한 지위 측면을 보장하는 데에는 충분조건이 되기는 어렵다고 할 수 있다.

2. 사립학교의 교사의 신분: 사인(私人: 계약근로자)

사립학교 교사는 사립학교를 설립한 법인에 고용된 근로자로서 사인(私人)의 신분을 갖는다.「사립학교법」상 교장은 학교법인 또는 사립학교경영자가 임용하며, 그 외

9) 일본 역시 전후에 교육쇄신위원회에서 '교원신분법' 제정을 검토했으나, 결국 국가공무원 및 지방공무원의 특례로서「교육공무원특례법」(1949)을 제정하기에 이르렀다. 이 법에서는 국립학교 교사는 국가공무원, 공립학교 교사는 지방공무원으로서 신분을 갖는다고 규정하고 있다. 이러한 일본의 선례가 1953년도에 제정된 한국의「교육공무원법」으로의 결정에 어떤 영향을 주었는지는 불분명하나, 신분법이 아닌 공무원의 특례로서 '교육공무원'이라는 명칭상 아이디어를 제공하였음은 쉽게 짐작할 수 있다.

10)「교육공무원법」제29조의2(교장 등의 임용) ① 교장 · 원장은 교육부장관의 제청으로 대통령이 임용한다.

11)「교육공무원법」제30조(교감 · 교사 · 장학사 등의 임용) 각 호의 교육공무원은 교육부장관이 임용한다.

12) 1997년 1월 1일부터 공립대학교(서울시립) 및 공립전문대학 교원의 신분을 지방공무원화한 데 이어서 2006년 6월 1일부터는 '지역특화발전특구'에 관할 지방자치단체장이 임용하는 초 · 중등학교 교원을 지방공무원으로 보임하는 입법적인 변화가 있었으나 그 규모는 작다.

의 교원은 교장의 제청으로 이사회 의결을 거쳐 임용된다.[13)]

국 · 공립학교 교사의 신분이 교육공무원이라는 공인(公人)이라면, 사립학교의 경우는 그 정반대이다. 그러나 법적 지위의 내용(內容)인 권리 · 의무 · 책임 관계에 있어서는 국 · 공립학교 교원과 동일하게 취급받아 왔다. 특히 복무에 관하여는 국 · 공립 교원 관련 규정을 준용하고 있어서 제반 기본권 제한에서 동일한 적용을 받는다. 이는 국 · 공 · 사립학교의 동질성(同質性)을 이유로 각 교원의 법적 지위를 동일하게 취급한 헌법재판소 판례(89헌가106)[14)] 등에서도 찾아볼 수 있다. 특히 근무관계에 대하여는 사립학교 교사는 임면권자가 사법인인 학교법인이거나 개인이므로 사법상의 계약관계로 보는 것이 다수설의 입장이다. 혹자는 사립학교 교원을 지칭하여 준공무원(準公務員) 혹은 비공무원(非公務員) 신분이라는 표현을 사용하고 있으나, 이는 법적인 신분용어가 아닌 생활용어이므로 교원의 신분 용어로서는 적절치 않다.

다만, 국 · 공립학교 교원의 경우에 적용(適用)하는 경우와 준용(準用)하는 경우가 있는데, 교원 자격의 적용은 전자에, 복무의 경우는 후자에 해당한다.[15)] 준용의 의미는 어떠한 사항에 관한 규정을 그와 유사하나 본질이 다른 사항에 대하여 약간의 필요한 변경을 가하여 적용하는 방식을 의미하는 것임에도 사립학교 교원에 대한 준용규정이 변경이나 수정의 단서가 없이 적용과 같은 의미로 받아들여지고 해석되고 있는 점은 시정되어야 할 부분이다. 이렇듯 두 집단의 신분 간 극명한 차이에도 불구하고 법적 지위 내용에 있어서는 동일하게 취급하고 있는 것이 현행 법과 판례의 태도이다.

---

13) 「사립학교법」 제53조(학교의 장의 임용) ① 각급학교의 장은 당해 학교를 설치 · 경영하는 학교법인 또는 사립학교경영자가 임용한다.

「사립학교법」 제53조의2(학교의 장이 아닌 교원의 임용) ① 각급학교의 교원은 당해 학교법인 또는 사립학교경영자가 임용하되, 다음 각 호의 1에 의하여야 한다. 1. 학교법인 및 법인인 사립학교경영자가 설치 · 경영하는 사립학교의 교원의 임용은 당해 학교의 장의 제청으로 이사회의 의결을 거쳐야 한다. 2. 사인인 사립학교경영자가 설치 · 경영하는 사립학교의 교원의 임용은 당해 학교의 장의 제청에 의하여 행하여야 한다.

14) 그러나 헌법재판소의 소수의견(이시윤)은 사립학교 교원의 신분은 공무원이 아니며 어디까지나 학교법인이나 학교경영자와의 사이에 맺어진 고용계약상의 근로자라고 하는 견해를 피력하기도 했다.

15) 「사립학교법」 제52조(자격) 사립학교의 교원의 자격에 관하여는 국 · 공립학교의 교원의 자격에 관한 규정에 의한다.

「사립학교법」 제55조(복무) ① 사립학교의 교원의 복무에 관하여는 국 · 공립학교의 교원에 관한 규정을 준용한다.

3. 교원 신분 지방공무원화에 대한 논의[16)]

1) 지방공무원화 논의 배경은?: 지방자치 명분과 교직사회의 상실감

'지방공무원화'란 국가공무원 신분으로 되어 있는 교육공무원의 신분을 지방공무원으로 전환한다는 의미이다. 경우에 따라서는 '교원 지방직화'라고 표현되기도 한다. 이 논의는 1991년 지방자치 및 지방교육자치 도입 이후 대개 일반 행정관료 및 행정학자들을 중심으로 제기되어 왔다. 그때마다 교육계와 교직단체가 강하게 반대하여 추진되지는 못했다.[17)]

이 '지방직화'가 가져올 가장 큰 변화는 당해 공무원의 인사행정과 보수 부담의 주체가 국가에서 지방자치단체로 전환된다는 것이다. 따라서 교원이 지방직화될 경우 교원 임용권의 이양(수급 주체의 변동), 보수 부담 주체의 변동, 교원양성 체제의 변동, 의무교육 부담 등 교육재정 체제의 변화를 수반하게 된다. 실로 교원 인사정책의 일대 전환을 가져올 중대 사안이다.

또한 지방자치 시대를 맞이하여 지역의 중요 교육 인적 자원인 교원의 인사는 시·도에 일임되어야 하고 이를 위해서는 지방공무원 신분이 적절하다는 명분론엔 이의가 없다. 다만, 교원 당사자들은 그렇게 될 경우 국가적으로 균등히 보장되어야 할 교원의 신분 및 사회적·경제적 지위 간 격차를 우려하고 있고, 1953년 이후 반세기 이상 존중받아 온 국가공무원으로서의 위상이 지방공무원으로 떨어진다는 심리적 박탈감이 적지 않은 것이 현실이다. 특히 초임 시 국가공무원으로서 대통령으로부터 임명장을 수여받는 교장들의 상실감은 적지 않다고 본다.

2) 판단의 기준은?: 교원의 신분으로서 국가공무원의 적합성

교원의 신분을 책정함에 있어서는 이에 관한 「헌법」 및 입법 정신을 고려하고, 한국의 교원 신분사와 사회의 교사관(敎師觀) 및 교직관(敎職觀) 또한 고려되어야 한다.

교원 지위에 관한 기본적인 사항을 법률로 정하도록 한 「헌법」 정신에 비추어 볼 때, 현행 국가공무원 및 지방공무원의 특례로서 설정된 교육공무원이라는 지위는 재검토

16) 상세한 논의는 고전(2005). 교원 지방직화 관련 쟁점 분석. 교육행정학연구, 23(3), 95-119 참조.
17) 대통령 직속 지방이양추진위원회 실무위원회(2003. 6. 4.). 지방직화 도입 의결후 교육계의 반발로 유보.

할 필요가 있다. 즉, 교육전문가로서의 전문적 지위를 보장하는 면보다는 공무원으로서의 지위에 근거하여 일부 예외를 인정하는 방식의 신분과 복무규정의 전면 적용으로는 교육의 특수성도 전문성도 보장하기 어렵다. 더불어 「교육공무원법」은 제정 당시에는 신분보장 특혜의 상징이었으나, 현재는 과도한 시민권 제한으로 교직사회 갈등의 원인을 제공하고 있다. 따라서 지방직화 논의에 앞서서 공무원 신분의 일환으로 책정된 교원의 신분구조의 시대적 타당성과 실효성을 재검토해 볼 필요가 여기에 있다(고전, 2005: 114).

교원 신분의 지방직화를 지방자치의 완성이나 교육자치 이론상 당연한 것으로 전제하고 또 다른 신분법의 분화를 시도한다면, 교원 지위에 관한 기본적인 사항의 정립은 「헌법」 규정상의 것으로만 남게 될 것이다. 따라서 일부 보고서에서 제안되고 있는 것처럼 행정입법 편의적으로 「지방교육공무원법」을 제정하는 등의 작업은 교원 신분법 체계를 더욱 혼란스럽게 할 뿐이다. 교원의 신분이 국가직이어야 하는지 또는 지방직이어야 하는지보다도 일반 공직자와는 다른 직무상의 특성 및 전문성에 비추어 어떻게 달리 취급할 것인지에 초점을 맞춰야 한다(고전, 2005: 114-115).

3) 신분 변동의 목적은?: 균등한 교육여건의 조성에의 기여 여부

교원을 지방직화한다는 논리로서 지방자치라는 통치구조의 변화와 관리의 효율성을 들고 있다. 그러나 놓쳐서는 안 되는 것은 신분 변동이 균등한 교육 여건 조성에 기여하는가이다.

신분 변동의 명분 내지 당위성의 규명에 있어서 주의해야 할 것은 교육사무 관할권과 임용권을 일치시킨다든가 의무교육비 부담 주체에 맞는 신분으로 전환한다는 식의 형식 논리에 그쳐서는 곤란하다는 점이다. 즉, 교원의 신분 변동을 하는 동기나 상황을 고려하기 전에, 현재의 신분이 교육전문가로서의 지위를 보장하는 데 충분한 것인지, 나아가 교육 내외에 걸친 신분보장 및 우대의 제도보장을 통하여 양질의 교육을 제공하는 데 기여하고 있는지에 대한 검토가 필요하며, 동시에 문제가 있다면 대안으로 논의되는 지방공무원 신분이 이를 대신할 수 있는지를 따져 보아야 할 것이다. 더 나아가 어떤 신분이 되었건 신분 자체는 좋은 교육을 위한 수단적인 것이어야 하며, 자기목적적일 수는 없다(고전, 2005: 115).

더 나아가서 뚜렷한 목적을 가지고 진행되는 신분의 변동이라 할지라도, 임용권의 이양과 보수 부담 주체의 변화는 단순한 인사권과 재정 권한의 이동이 아닌 교육행정 전반의 변화를 수반하고 나아가 의무교육 내지 실질적으로 의무화된 초 · 중등교육에 있어서 지역 간의 교육여건의 변화 및 격차를 수반할 수 있다는 점을 감안하여야 한다. 이 경우 선택교육인 고등교육과는 달리 초 · 중등교육의 경우 국가관리 체제에 따른 표준화 과정을 오랫동안 실시하여 왔고, 지역별 격차 해소를 최우선으로 하는 의무(적)교육에 종사하는 교원이라는 점을 충분히 인식해야 한다. 이는 교사는 균등한 교육여건의 가장 영향력 있는 요소이고, 모든 교육제도가 국민의 균등한 교육기회 향유권(享有權) 보장에 종속되어야 하기 때문이다(고전, 2005: 115).

Ⅲ. 교사의 권리·의무·책임: 법적 지위 내용론

교사의 권리 · 의무 · 책임은 논자에 따라 다양하게 분류되기도 한다. 여기서는 교사의 법적 지위에 기본적인 사항을 천명한 「교육기본법」상의 교원 조항의 의미를 살펴본 후, 교사의 권리 · 의무 · 책임을 살펴보도록 한다. 의무 및 책임과 관련하여서는 복무사항을 중심으로 살펴본다. 교사에게 부여된 특별한 권리 · 의무 · 책임에 대해서도 간과해서는 안 된다.

1. 교원의 기본적 지위에 관한 규정: 「교육기본법」

「교육기본법」(제14조)[18]은 교육당사자로서 교원의 기본적 지위에 대하여 다음 여섯 가지를 규정하고 있는데, 이는 교원과 관련된 교육 법제의 기본 원칙을 정한 것이다.

① 교원의 전문성 존중과 경제적 · 사회적 지위 우대 및 신분 보장 원칙
② 교육자로서 갖추어야할 품성 · 자질 향상의 노력 의무 원칙

18) 「교육기본법」 제14조(교원) ① 학교교육에서 교원(敎員)의 전문성은 존중되며, 교원의 경제적 · 사회적 지위는 우대되고 그 신분은 보장된다. ② 교원은 교육자로서 갖추어야 할 품성과 자질을 향상시키기 위하여 노력하여야 한다. ③ 교원은 교육자로서의 윤리의식을 확립하고, 이를 바탕으로 학생에게 학습윤리를 지도하고 지식을 습득하게 하며, 학생 개개인의 적성을 계발할 수 있도록 노력하여야 한다. ④ 교원은 특정한 정당이나 정파를 지지하거나 반대하기 위하여 학생을 지도하거나 선동하여서는 아니 된다. ⑤ 교원은 법률로 정하는 바에 따라 다른 공직에 취임할 수 있다. ⑥ 교원의 임용 · 복무 · 보수 및 연금 등에 관하여 필요한 사항은 따로 법률로 정한다.

③ 교육자 윤리의식 확립과 학생의 학습윤리지도 · 적성계발 노력의무 원칙
④ 특정 정당 · 정파를 지지 · 반대하기 위한 학생에 대한 지도 및 선동 금지 원칙
⑤ 법률이 정한 바에 따라 다른 공직에의 취임권 보장 원칙
⑥ 교원의 임용 · 복무 · 보수 및 연금 등에 관한 법률유보 원칙

역시, 전문성 보장은 「헌법」상 교원 지위의 기본적 사항이 어디에 초점을 두고 있는지를 보여 주는 것이며, 경제적 · 사회적 지위 우대 및 신분보장 또한 전문가로서의 교원에게 걸맞는 처우와 예우를 하여야 한다는 취지이다. 대신 교원에게 요구되는 품성 · 자질 향상의 의무와 윤리의식의 확립은 인격자로서의 지위가 반영된 의무라 할 수 있다.

학생 지도에 있어서 정치적 중립성을 요구한 것은 교원에게 특별히 요구되는 책무라 하겠고, 법률이 정할 경우 다른 공직에 취임할 권리를 보장한 것은 과거에 일체의 겸직을 불허하는 방식에서 진일보한 공무담임권의 신장으로 평가할 수 있다.

그러나 무엇보다 「교육기본법」 역시 교원 지위의 기본적 사항을 정한 기본법에 대하여는 특별히 한정하지 않았다. 다만, 임용 · 복무 · 보수 및 연금 등을 예시하는 입법예고를 함으로써 개별적인 입법유보를 예고하고 있다. 이를 포괄적으로 승계하고 있는 법은 「교육공무원법」이라 할 수 있고, 「교육공무원임용령」 「공무원보수규정」 등은 예시적 법률이다.

2. 교사의 권리보장: 신분·재산상의 권리와 교권 보호

교사의 권리는 논자에 따라서 적극적 · 소극적 권리[19]로 구분하기도 한다(서정화, 1994: 410-421). 교사가 국가공무원에 속하고 국가공무원의 복무규정을 적용 및 준용받고 있다는 점에 착안하여 통상 일반 공무원의 권리 기술방식에 따라 신분상의 권리와 재산상의 권리로 기술하는 것이 일반적이다.

신분상의 권리로는 신분 · 직위보유권, 직무집행권, 직명사용권, 행정쟁송권, 보충발령 유예요구권, 재심청구권 등이 있다. 그리고 재산상의 권리로는 보수청구권, 연금청구권, 실비변상청구권 등으로 대별할 수 있다.

19) 적극적 권리(자율성 신장, 생활보장, 근무조건의 개선, 복지후생제도의 확충)와 소극적 권리(신분보장, 쟁송제기권, 불체포 특권, 교직단체 활동권).

신분 · 직위보유권이란 교육공무원이 형의 선고나 징계처분 또는 이 법에서 정하는 사유에 의하지 아니하고는 본인의 의사에 반하여 강임 · 휴직 또는 면직을 당하지 아니하고, 권고에 의하여 사직당하지 않는다(「교육공무원법」 제43조 제2 · 3항)는 것을 말한다. 일방적으로 신분조치를 받게 되는 경우는 휴직사유(「교육공무원법」 제44조의 다섯 경우),[20] 직위해제 및 직제의 개폐 · 정원의 변동에 의한 직권강임(「국가공무원법」 제73조의3,[21] 제73조의4[22]), 65세 정년에 의한 퇴직(「교육공무원법」 제47조) 등이 있다.

한편, 「사립학교법」 역시 형의선고 · 징계처분 또는 「사립학교법」이 정하는 사유에 의하지 아니하고는 본인의 의사에 반하여 휴직 · 면직 등 불리한 처분을 받지 않고 권고사직을 금하고 있다. 그러나 사립학교는 학급 · 학과의 개폐에 의하여 폐직이나 과원이 된 때에는 그러하지 아니하다(「사립학교법」 제56조)[23]고 하여 국 · 공립학교 교사보다는 신분보장에 있어서 다소 취약하다.

한편, 교사의 권리와 유사한 '교권(敎權)'이라는 용어는 「교육공무원법」 제43조[24]에 교권 존중의 원칙을 천명하면서 전문적 지위나 신분 영향을 미치는 부당한 간섭 배제의 원칙을 규정하고 있다. 교권은 일반적으로 교사의 법적 권리(權利)로 알려져 있지만 교사의 사회적 권위(權威)도 내포하는 복합적 개념이다. 즉, 교육전문가로서 교육의 자유를 누릴 권리, 교원으로서 신분과 지위를 보장받을 권리, 국민으로서 기본권을 보장받을 권리 측면과 함께 역사적 · 사회적 맥락에서 스승에 대하여 학생 · 부모 · 사회가 인정하는 윤리적이며 전문적인 '권위'의 측면도 포괄한다. 법률상 '교권'은 「교육공

---

20) 1. 신체상 · 정신상의 장애로 장기요양이 필요할 때, 2. 「병역법」에 따른 병역 복무를 위하여 징집되거나 소집된 경우, 3. 천재지변이나 전시 · 사변 또는 그 밖의 사유로 생사나 소재를 알 수 없게 된 경우, 4. 그 밖에 법률에 따른 의무를 수행하기 위하여 직무를 이탈하게 된 경우, 11. 노동조합 전임자로 종사하게 된 경우(이상은 휴직명령).

21) 「국가공무원법」 제73조의3(직위해제) ① 임용권자는 다음 각 호의 어느 하나에 해당하는 자에게는 직위를 부여하지 아니할 수 있다. 1. 삭제〈1973. 2. 5.〉, 2. 직무수행 능력이 부족하거나 근무성적이 극히 나쁜 자, 3. 파면 · 해임 · 강등 또는 정직에 해당하는 징계 의결이 요구 중인 자, 4.형사 사건으로 기소된 자(약식명령이 청구된 자는 제외한다), 5. 고위공무원단에 속하는 일반직공무원으로서 제70조의2 제1항 제2호부터 제5호까지의 사유로 적격심사를 요구받은 자, 6. 금품비위, 성범죄 등 대통령령으로 정하는 비위행위로 인하여 감사원 및 검찰 · 경찰 등 수사기관에서 조사나 수사 중인 자로서 비위의 정도가 중대하고 이로 인하여 정상적인 업무수행을 기대하기 현저히 어려운 자 등.

22) 「국가공무원법」 제73조의4(강임) ① 임용권자는 직제 또는 정원의 변경이나 예산의 감소 등으로 직위가 폐직되거나 하위의 직위로 변경되어 과원이 된 경우 또는 본인이 동의한 경우에는 소속 공무원을 강임할 수 있다.

23) 「사립학교법」 제56조(의사에 반한 휴직 · 면직 등의 금지) ① 사립학교 교원은 형의 선고 · 징계처분 또는 이 법에 정하는 사유에 의하지 아니하고는 본인의 의사에 반하여 휴직 또는 면직 등 불리한 처분을 받지 아니한다. 다만, 학급 · 학과의 개폐에 의하여 폐직이나 과원이 된 때에는 그러하지 아니하다. ② 사립학교 교원은 권고에 의하여 사직을 당하지 아니한다.

24) 「교육공무원법」 제43조(교권의 존중과 신분보장) ① 교권(敎權)은 존중되어야 하며, 교원은 그 전문적 지위나 신분에 영향을 미치는 부당한 간섭을 받지 아니한다.

무원법」에 교권 존중의 원칙을 규정하고, 「교원지위향상법」에서는 '교육활동 시 침해된 교권의 회복'을 규정하였고, 「교원지위향상법 시행령」에서는 학교교권보호위원회와 시·도교권보호위원회의 구성·운영을 언급하고는 있으나 정작 교권에 대한 개념 규정은 하지 않고 있다. 오히려 최근 제정된 교육활동 보호와 관련된 시·도 조례[25)]에서 보다 구체적으로 규정하고 있다.

3. 교사의 의무 부담: 국가공무원의 복무규정

교사의 의무는 주로 공무원의 복무의무를 규정한 「국가공무원법」(제55~67조)과 「지방공무원법」(제47~59조)에 규정되어 있고, 국·공립학교 교원은 「교육공무원법」(제53조)에 근거하여 「국가공무원법」을 적용받고, 사립학교 교원은 「사립학교법」(제55조)에 의하여 국·공립학교 교원 경우를 준용한다.

공무원의 의무를 직무상 의무(법령 준수, 복종, 직무 전념, 친절·공정 의무 등)와 신분상 의무(비밀유지, 품위유지, 정치운동 금지, 집단행동 금지 등)로 나누어 기술하고[26)] 교사의 경우에는 소극적 의무(정치활동 금지, 영리업무의 금지, 겸직 금지, 집단행위 제한 등)와 적극적 의무(교육 및 연구 활동, 선서, 성실, 복종, 전문직으로서 품위유지, 비밀엄수 의무 등)로 구분한다.[27)]

생각건대, 일반 공무원의 경우에 적용되는 직무상·신분상 의무의 구분은 교사의 경우에 적용하기에는 일반 공무가 아닌 특수한 교육활동이라는 점에서 충분하지 않다. 이 기준에 따른다면 「국가공무원법」 복무규정상의 의무는 교원이라는 직무보다는 공무원이라는 신분에 따르는 의무라는 점에서 신분상의 의무라 할 수 있다. 교원의 복무규정에 있어서 이러한 신분상의 의무 외에 교직이라는 특수한 직무에 따르는 의무

25) 「인천광역시 교권확립헌장 운영 조례」(2011. 10. 17.)에서는 교권을 "교사의 수업권, 교육과정 결정권, 교재 선택 활용권, 강의내용 편성권, 교육방법 결정권, 성적 평가권, 학생생활지도권, 학생징계요구권 등"으로, 「광주광역시 교권과 교육활동 보호등에 관한 조례」(2012. 1. 9.)에서는 "헌법과 법률에서 보장하거나 대한민국이 가입·비준한 국제인권조약 및 국제관습법에서 인정하는 기본적 인권 및 교육권 등 교원의 직무수행에 수반되는 모든 권한"으로 규정하면서 교권침해를 "교육행정기관, 학교행정가, 동료 교사, 학부모, 학생, 지역주민, 언론 등에 의해 교권이 부당하게 간섭받거나 침해받는 현상"으로 규정했다.

26) 석종현(1991). 일반행정법(下). 삼영사, 250-256; 이상규(1994). 신행정법론(下). 법문사, 234-241. 한편, 직무상 의무와 직무외 의무로 나누는 견해[서원우(1979). 현대행정법론(上). 박영사, 295-301]와 직무전념의 의무를 보다 포괄적으로 정의하는 경우[박윤흔(1995). 행정법강의(下). 국민서관, 243-253; 이명구(1993). 행정법원론. 대명출판사, 615-621] 등이 있다.

27) 서정화(1994). 교육인사행정, 422-433.

가 별도로 있어야 할 것이다. 그러나 아쉽게도 현재에는 교원의 복무에 관한 별도의 규정은 없고 「교육관계법」에 산재하여 규정되고 있다.

교원의 복무는 「국가공무원법」상의 복무 조항(제55~67조)을 적용(사립은 준용)받으며, 이는 교원의 주된 의무라고 할 수 있다.

〈표 3-2〉 교원에게 적용되는 「국가공무원법」상의 복무에 관한 조항

복무조항	주요 내용
第55조(선서)	공무원은 취임할 때에 소속 기관장 앞에서 대통령령등으로 정하는 바에 따라 선서(宣誓)하여야 한다. 다만, 불가피한 사유가 있으면 취임 후에 선서하게 할 수 있다. 〈개정 2015. 5. 18.〉
第56조(성실 의무)	모든 공무원은 법령을 준수하며 성실히 직무를 수행하여야 한다.
第57조(복종의 의무)	공무원은 직무를 수행할 때 소속 상관의 직무상 명령에 복종하여야 한다.
第58조(직장 이탈 금지)	① 공무원은 소속상관의 허가 또는 정당한 사유가 없으면 직장을 이탈하지 못한다. ② 수사기관이 공무원을 구속하려면 그 소속기관의 장에게 미리 통보하여야 한다. 다만, 현행범은 그러하지 아니하다.
第59조(친절 · 공정의 의무)	공무원은 국민 전체의 봉사자로서 친절하고 공정하게 직무를 수행하여야 한다.
제59조의2(종교 중립의무)	① 공무원은 종교에 따른 차별 없이 직무를 수행하여야 한다. ② 공무원은 소속 상관이 제1항에 위배되는 직무상 명령을 한 경우에는 이에 따르지 아니할 수 있다. (2009. 2. 6. 신설)
第60조(비밀 엄수의 의무)	공무원은 재직 중은 물론 퇴직 후에도 직무상 알게 된 비밀을 엄수(嚴守)하여야 한다.
第61조(청렴의 의무)	① 공무원은 직무와 관련하여 직접적이든 간접적이든 사례 · 증여 또는 향응을 주거나 받을 수 없다. ② 공무원은 직무상의 관계가 있든 없든 그 소속 상관에게 증여하거나 소속 공무원으로부터 증여를 받아서는 아니 된다.
第62조(외국 정부의 영예 등을 받을 경우)	공무원이 외국 정부로부터 영예나 증여를 받을 경우에는 대통령의 허가를 받아야 한다.
第63조(품위 유지의 의무)	공무원은 직무의 내외를 불문하고 그 품위가 손상되는 행위를 하여서는 아니 된다.
第64조(영리 업무 및 겸직 금지)	① 공무원은 공무 외에 영리를 목적으로 하는 업무에 종사하지 못하며 소속 기관장의 허가 없이 다른 직무를 겸할 수 없다. ② 영리 목적으로 하는 업무의 한계는 대통령령등으로 정한다.

第65조(정치 운동의 금지)	① 공무원은 정당이나 그 밖의 정치단체의 결성에 관여하거나 이에 가입할 수 없다. ② 공무원은 선거에서 특정 정당 또는 특정인을 지지 또는 반대하기 위한 다음의 행위를 하여서는 아니 된다. 1. 투표를 하거나 하지 아니하도록 권유 운동을 하는 것, 2. 서명 운동을 기도(企圖)·주재(主宰)하거나 권유하는 것, 3. 문서나 도서를 공공시설 등에 게시하거나 게시하게 하는 것, 4. 기부금을 모집 또는 모집하게 하거나, 공공자금을 이용 또는 이용하게 하는 것, 5. 타인에게 정당이나 그 밖의 정치단체에 가입하게 하거나 가입하지 아니하도록 권유 운동을 하는 것, ③ 공무원은 다른 공무원에게 제1항과 제2항에 위배되는 행위를 하도록 요구하거나, 정치적 행위에 대한 보상 또는 보복으로서 이익 또는 불이익을 약속하여서는 아니 된다. ④ 제3항 외에 정치적 행위의 금지에 관한 한계는 대통령령등으로 정한다. 〈개정 2015. 5. 18.〉
第66조(집단 행위의 금지)	① 공무원은 노동운동이나 그 밖에 공무 외의 일을 위한 집단 행위를 하여서는 아니 된다. 다만, 사실상 노무에 종사하는 공무원은 예외로 한다. ②, ③, ④(생략)
第67조(위임 규정)	공무원의 복무에 관하여 필요한 사항은 이 법에 규정한 것 외에는 대통령령등으로 정한다.

注:「사립학교법」 第55조(복무) ① 사립학교의 교원의 복무에 관하여는 국·공립학교의 교원에 관한 규정을 준용한다. 「교원노조법」 제1조(목적) 이 법은 「국가공무원법」 제66조 제1항 및 「사립학교법」 제55조에도 불구하고 「노동조합 및 노동관계조정법」 제5조 단서에 따라 교원의 노동조합 설립에 관한 사항을 정하고 교원에 적용할 「노동조합 및 노동관계조정법」에 대한 특례를 규정함을 목적으로 한다.

4. 교사의 책임 부과: 징계양정 및 안전사고 책임

교원의 책임은 주로 권리 남용 혹은 의무 위반 시 행정적으로 징계 책임을 져야 하고 그것이 불법행위와 연관되었을 경우에는 형법이 정한 책임(벌금 및 징역형)을 질 수도 있다. 또한 교사의 임장 중 혹은 부재중에 발생한 학생 및 학생 간의 상해·사망 사건의 경우 교사로서 충분한 주의 의무를 다하고 고의 또는 과실이 없는 경우라면 면책되지만, 그렇지 않을 경우에는 보다 엄중한 책임을 지게 된다. 교사가 의무를 다한 학교 안전사고의 경우 학생은 안전공제회의 공제를 받을 수 있으나, 가해자가 있는 책임능력 없는 초등학교 학생 상호 간의 사고에 대해서는 가해학생의 보호자에게 배상 책임이 있다.[28]

28) 불법행위가 성립하려면 교사의 고의 또는 과실이 있고 위법성이 있어야 한다. 교사의 불법행위로 인한 책임은 교사가 학생을 학교에서 보호·감독하여야 함에도 불구하고 수업 중 교실을 비우고 학생을 방치하여 학생 폭력사고가 발생하여 학생이 부상당한 경우, 체육수업 중 안전장치 없이 무리한 운동을 요구하다가 학생이 부상을 입은 경우, 청소시간에 고층 건물에서 유리창을 닦게 하여 학생이 추락하여 사망하게 한 경우 등을 예로 들 수 있겠다. 임종수

교원의 책임은 행정상의 책임과 형사상의 책임 그리고 민사상의 책임으로 나누어 볼 수 있다. 행정상의 책임으로는 징계 책임과 변상 책임[29]이 있다. 형사상의 책임은 직무범,[30] 준직무범,[31] 행정형벌[32] 책임이 있다. 민사상의 책임은 교원이 상대에게 교육활동 중에 손해를 끼친 경우 이를 보상할 책임을 말하는 것으로, 안전사고 책임과 관련한 경우가 많다. 교원에게 고의 및 중과실이 있는 경우 국가 및 지방자치단체가 먼저 피해자에게 배상을 한 후에 교원에 다시 그 배상한 금액을 청구하기 위해 구상권(求償權)을 행사하기도 한다.[33]

최근 징계양정 기준이 강화되어 미성년자에 대한 성폭력 범죄, 금품수수, 학생 성적 관련 비위 및 학생폭력 행위로 파면 · 해임된 자는 교원으로 다시 신규 · 특별 채용될 수 없다.

〈표 3-3〉 교육공무원 징계양정 등에 관한 규칙(교육부령)상의 징계 기준

비위의 정도 및 과실 / 비위의 유형	중비위 및 고의	중비위 중과실 또는 경비위 고의	중비위 경과실 또는 경비위 중과실	경비위 및 경과실
1. 성실의무 위반				
가. 공금횡령 · 유용, 업무상 배임	파면	파면-해임	해임-강등	정직-감봉
2. 복종의무 위반				
가. 지시불이행 업무추진중대차질	파면	해임	강등-정직	감봉-견책
나. 그 밖의 복종의무 위반	파면-해임	강등-정직	감봉	견책
3. 직장 이탈 금지 위반				
가. 집단행위를 위한 직장이탈	파면	해임	강등-정직	감봉-견책
나. 무단결근	파면	해임-강등	정직-감봉	견책
다. 그 밖의 직장이탈 금지위반	파면-해임	강등-정직	감봉	견책

(2014). 학교생활 필수법률. 계백북스, 108.

29) 변상책임이란 의무 위반으로 국가 또는 지방자치단체에 대하여 재산상의 손해를 발생하게 할 때 당해 공무원이 변상하는 책임을 말한다.

30) 직무범이란 「형법」이 규정하고 있는 공무원의 직무에 관한 죄의 일부(제122~128조)로서, 직무유기죄, 직권남용죄, 불법체포 · 불법감금죄, 폭행 · 가혹행위죄, 피의사실 공표죄, 공무상 비밀누설죄, 선거방해죄 등.

31) 형법이 정한 직무에 관한 죄 가운데(제129~133조) 수뢰 미 사전수뢰죄, 제3자 뇌물제공죄, 수뢰 후 부정처사 및 사후수뢰죄, 알선 수뢰죄, 뇌물공여죄 등.

32) 정치운동 금지 위반 등(1년 이하의 징역 또는 300만 원 이하의 벌금).

33) 학교안전사고를 예방하고, 학생 · 교직원 및 교육활동 참여자가 학교 안전사고로 인하여 입은 피해를 신속 · 적정하게 보상하기 위한 학교안전사고보상공제 사업의 실시를 위하여 「학교안전사고 예방 및 보상에 관한 법률」(2007. 1. 26.)이 제정되었다.

4. 친절 · 공정의무 위반	파면-해임	강등-정직	감봉	견책
5. 비밀 엄수의무 위반				
가. 비밀의 누설유출	파면	파면-해임	강등-정직	감봉-견책
나. 비밀침해, 비밀유기, 무단방치	파면-해임	강등-정직	정직-감봉	감봉-견책
다. 개인정보부정이용, 무단유출	파면-해임	해임-강등	정직	감봉-견책
라. 개인정보무단열람, 관리소홀	파면-해임	강등-정직	감봉	견책
마. 그 밖에 보안관계 법령 위반	파면-해임	강등-정직	감봉	견책
6. 청렴의무 위반	비고 제6호에 따름			
7. 품위유지의무 위반				
가. 성희롱	파면	파면-해임	강등-정직	감봉-견책
나. 성매매	파면	해임	강등-정직	감봉-견책
다. 미성년자 또는 장애인 성매매	파면	파면	파면-해임	해임
라. 성폭력	파면	파면	파면-해임	해임
마. 미성년자 또는 장애인 성폭력	파면	파면	파면	파면-해임
바. 학생상습적 심각한 신체적 폭력	파면	해임	해임-강등-정직	감봉-견책
사. 음주운전	비고 제7호에 따름			
아. 그 밖의 품위유지의무 위반	파면-해임	강등-정직	감봉	견책
8. 영리 업무 및 겸직 금지 의무 위반	파면-해임	강등-정직	감봉	견책
9. 정치운동 금지 위반	파면	해임	강등-정직	감봉-견책
10. 집단 행위 금지 위반	파면	해임	강등-정직	감봉-견책

비고 6: 비위행위가 청렴의무 위반에 해당하는 경우 징계기준은「공무원 징계령 시행규칙」별표 제1의2를 준용.
비고 7: 비위행위가 음주운전에 해당하는 경우 징계기준은「공무원 징계령 시행규칙」별표 제1의3을 준용.

주: • 이 외 성실의무 위반은 직권남용으로 타인 권리 침해/직무태만 또는 회계질서 문란/시험문제 유출, 성적조작 비위 및 학생부 허위기재, 부당정정비위/신규채용, 특별채용, 승진, 전직, 전보 등 인사관련 비위/학교폭력 고의은폐, 무대응/연구부정행위/연구비 부당수령, 부정사용 등/성희롱 등 비위 고의은폐, 무대응/부패행위 신고고발 의무불이행/ 부정청탁에 따른 직무수행/부정청탁/성과상여금의 부정방법 수령/그 밖의 성실의무 위반 등으로 나뉘어 제시된다(구체적인 징계양정 차이는 별표 참조).

• 성희롱은 업무, 고용, 그 밖의 관계에서 공공기관(각급학교 포함)의 종사자, 사용자 또는 근로자가 그 직위를 이용하여 또는 업무 등과 관련하여 성적 언동 등으로 성적 굴욕감 또는 혐오감을 느끼게 하거나 성적 언동 또는 그 밖의 요구 등에 따르지 아니한다는 이유로 고용상의 불이익을 주는 것을 말함.

출처:「교육공무원 징계양정 등에 관한 규칙」(2017. 7. 26.) 제2조 제1항 관련 별표 참조.

5. 특별한 권리와 의무 및 책임과 최근의 입법 동향

1) 특별한 권리의 부여: 신분보장 · 불체포 · 예우 · 교육활동(교권)보호

신분보장을 여러 법률에 걸쳐 강조하는 특징이 있다. 교육공무원은 「국가공무원법」의 적용을 받으므로 의사에 반한 신분조치 금지조항(「국공법」 제68조)의 적용이 예정되어 있으나 유사내용을 「교육공무원법」에서 재차 규정하고(「교공법」 제43조 제2항) 권고사직 금지를 추가하였다(「교공법」 제43조 제3항). 「사립학교법」에서도 마찬가지이다(「사립법」 제56조 제1~2항).

그 외 교원에게 특별히 부여된 권리로는 불체포특권,[34] 교원단체[35] 및 교원노조 참여권,[36] 사회경제적 지위 우대권이 보장된다. 사회적 · 경제적 우대에 대하여는 앞선 「교육기본법」[37] 외에도 「교원지위향상법」상 교원에 대한 예우와 보수의 우대 조항에 잘 나타나 있다.[38] 이 법은 불체포특권,[39] 학교 안전사고로부터의 보호(학교안전공제회

---

34) 「교육공무원법」 제48조(교원의 불체포특권) 교원은 현행범인인 경우를 제외하고는 소속 학교의 장의 동의 없이 학원 안에서 체포되지 아니한다.
「사립학교법」 제60조(교원의 불체포특권) 사립학교의 교원은 현행범인의 경우를 제외하고는 소속 학교장의 동의 없이 학원 안에서 체포되지 아니한다.

35) 「교육기본법」 제15조(교원단체) ① 교원은 상호 협동하여 교육의 진흥과 문화의 창달에 노력하며, 교원의 경제적 · 사회적 지위를 향상시키기 위하여 각 지방자치단체와 중앙에 교원단체를 조직할 수 있다. ② 제1항에 따른 교원단체의 조직에 필요한 사항은 대통령령으로 정한다.

36) 「교원노조법」 제1조(목적) 이 법은 「국가공무원법」 제66조 제1항 및 「사립학교법」 제55조에도 불구하고 「노동조합 및 노동관계조정법」 제5조 단서에 따라 교원의 노동조합 설립에 관한 사항을 정하고 교원에 적용할 「노동조합 및 노동관계조정법」에 대한 특례를 규정함을 목적으로 한다.
「교원노조법」 제6조(교섭 및 체결 권한 등) ① 노동조합의 대표자는 그 노동조합 또는 조합원의 임금, 근무 조건, 후생복지 등 경제적 · 사회적 지위 향상에 관하여 교육부장관, 시 · 도 교육감 또는 사립학교 설립 · 경영자와 교섭하고 단체협약을 체결할 권한을 가진다. 이 경우 사립학교는 사립학교 설립 · 경영자가 전국 또는 시 · 도 단위로 연합하여 교섭에 응하여야 한다.

37) 「교육기본법」 제14조(교원) ① 학교교육에서 교원(敎員)의 전문성은 존중되며, 교원의 경제적 · 사회적 지위는 우대되고 그 신분은 보장된다.

38) 「교원지위향상법」 제2조(교원에 대한 예우) ① 국가, 지방자치단체, 그 밖의 공공단체는 교원이 사회적으로 존경받고 높은 긍지와 사명감을 가지고 교육활동을 할 수 있는 여건을 조성하도록 노력하여야 한다. ② 국가, 지방자치단체, 그 밖의 공공단체는 교원이 학생에 대한 교육과 지도를 할 때 그 권위를 존중받을 수 있도록 특별히 배려하여야 한다. ③ 국가, 지방자치단체, 그 밖의 공공단체는 그가 주관하는 행사 등에서 교원을 우대하여야 한다. ④ 제1항부터 제3항까지에서 규정한 사항 외에 교원에 대한 예우에 필요한 사항은 대통령령으로 정한다.
「교원지위향상법」 제3조(교원 보수의 우대) ① 국가와 지방자치단체는 교원의 보수를 특별히 우대하여야 한다. ② 「사립학교법」 제2조에 따른 학교법인과 사립학교경영자는 그가 설치 · 경영하는 학교 교원의 보수를 국공립학교 교원의 보수 수준으로 유지하여야 한다.
그러나 교원 보수에 관하여는 특별한 우대의 기준을 설정하지 않고 있어서 실효성을 담보하지 못한다.

39) 「교원지위향상법」 제4조(교원의 불체포특권) 교원은 현행범인인 경우 외에는 소속 학교의 장의 동의 없이 학원 안에서 체포되지 아니한다.

설립 · 운영), 교원의 신분보장,[40] 의사에 반한 불리한 처분 심사를 위한 교원소청심사위원회의 설치 · 운영, 교원의 지위 향상을 위한 교원단체와 교육감 · 장관 간의 교섭 · 협의, 교원 지위향상심의회의 설치 · 운영 등을 규정하고 있다. 최근의 법 개정에서는 교원의 교육활동 보호에 관한 사항이 추가되었다. 즉, 국가 · 지자체 · 공공단체의 교원의 교육활동 협조의무와 국가 지자체로 하여금 교육활동 보호 시책[41] 수립 · 시행의무를 부과하고 있다. 이 외 교육활동 침해행위에 대한 조치, 학교장의 교육활동 침해행위의 축소 · 은폐 금지, 관할청의 교원치유지원센터의 지정, 교육활동 침해 학생에 대한 조치(특별교육 및 심리치료) 등을 규정하고 있다. 이에 따라 「교원지위향상법 시행령」[42]이 제정되었고, 교육활동 침해행위로는 상해, 폭행, 협박, 명예죄, 손괴, 성폭력범죄, 불법정보 유통죄, 그리고 장관이 고시하는 교육활동의 부당한 간섭 및 제한 행위가 이에 해당한다(「교원지위향상법 시행령」 제2조의3)

2) 특별한 의무의 부여: 정치적 중립 · 연수의무 · 학생 학습권보호

교원에게 특별히 부과되는 의무로는 윤리의식을 확립할 의무 및 특정 정당을 지지하기 위한 학생지도의 금지(「교육기본법」 제14조 제2~4항)가 있는데, 이는 「헌법」(제31조 제4항)의 교육의 정치적 중립성 보장과도 관련된 부분이다. 물론 교육의 중립성 보장을 위해서는 교원 외에도 교육내용 및 교육행정에 있어서 정치적 중립 노력이 필요하다.

교육공무원에게는 연수기관에서 재교육을 받거나 연수할 기회가 균등히 부여되도록 하고 있다. 업무 향상을 위한 연구와 수양의 의무, 연수활동은 연수기회를 균등히 보장받고 필요한 교재비를 지급받도록 하는 점(「교육공무원법」 제37조, 제38조) 등에서는 자기발전을 위한 권리의 측면도 없지 않으나 의무로서의 성격이 더 강하다고 할 수

40) 「교원지위향상법」 제6조(교원의 신분보장 등) ① 교원은 형(刑)의 선고, 징계처분 또는 법률로 정하는 사유에 의하지 아니하고는 그 의사에 반하여 휴직 · 강임(降任) 또는 면직을 당하지 아니한다. ② 교원은 해당 학교의 운영과 관련하여 발생한 부패행위나 이에 준하는 행위 및 비리 사실 등을 관계 행정기관 또는 수사기관 등에 신고하거나 고발하는 행위로 인하여 정당한 사유 없이 징계조치 등 어떠한 신분상의 불이익이나 근무조건상의 차별을 받지 아니한다.

41) 교육활동 침해행위의 조사 · 관리 및 교원 보호조치, 교육분쟁 조정 및 법률상담, 교원 민원조사 · 관리 등.

42) 「교원의 지위 향상 및 교육활동 보호를 위한 특별법 시행령」(시행 2016. 8. 4.): 국가 및 지자체 교육정책 수립 시 교원의견의 충분한 반영 노력 의무, 교육감의 교원의 교육활동 보호를 위한 시책 수립의무, 교장의 구성원대상 교육활동 보호 교육, 교원의 교육활동을 위한 공공시설 이용에 대한 협조의무, 교원에 대한 자료제출 및 향상참여 요구 제한, 학교교권보호위원회 및 시 · 도교권보호위원회의 설치 · 운영, 법률지원단, 민원조사 시 교원소명기회 부여 및 사전 인사조치 금지, 조사 시 익명성 보장, 교원에 대한 폭행 · 협박 · 명예훼손에 대한 엄정한 조사 · 처리, 교육활동을 위한 도서 및 문화시설이용 비용 지원, 교육연구비용 지원, 교원치유지원센터의 지정, 특별교육 또는 심리치료 등.

있다.[43)]

「교원노조법」은 집단행위의 금지규정의 예외로서 근로2권(단결권 · 단체교섭권)을 보장받는 것은 특별한 권리의 보장이면서도 일반 노조와는 달리 일체의 쟁의행위와 정치활동을 금지하고 있어서 특별한 준수의무가 부과되어 있다. 이러한 일련의 기본권 제한은 학생의 학습권을 보호하기 위한 조치라고 할 수 있다. 또한 교원노조의 단체교섭에 있어서 일반 노조와 달리 국민여론과 학부모 의견을 수렴할 의무를 부과하고 있는 것 또한 학부모의 학교교육 참여권을 보장하기 위해서 교원노조에게 부과된 의무라고 할 수 있다.[44)]

3) 특별한 책임의 부여: 도덕적 · 윤리적 책임

법령상 교원에 대하여 행정상 · 형사상 · 민사상 특별한 책임을 부과하고 있지는 않다. 그러나 미성년인 학생과 그들의 보호자인 학부모에 대한 교육적 책임과 사회의 교직에 대한 기대가 높다는 점에서 교원의 도의적 책임이 다른 직업군에 비하여 크다고 할 수 있다. 이는 교사의 인격자로서의 지위 및 교직에 대한 사회의 높은 윤리적 기대와도 연관된 것이다. 같은 범죄행위라 할지라도 교원 및 학교에서의 사건에 대하여 언론의 반응과 사회의 여론은 교원에 대한 책임을 엄중히 묻는다.

교사는 공무원의 신분이라 하더라도 학생을 교육하는 관계에 있는 자이므로 교육에 대한 책임을 학생 및 학부모에게 진다. 그동안 교사의 책임은 형사상의 문제를 제외하고는 대부분 도의적인 책임을 지는 형태였다. 그러나 최근 학생과 학부모의 학교운영에 관한 참여 요구가 높은 만큼 교사의 책임 범위도 그만큼 확장되어 가고 있는 추세이다.

4) 「국가공무원법」 개정 발의와 기본권 신장 논의

국회에는 「국가공무원법」 개정안(이재정 의원 등, 2017. 8. 2.)이 발의되었는바, 공무원에게 정치운동 금지의무, 성실의무, 품위유지의무 등 포괄적으로 법률적 의무를 부여

---

43) 일반 공무원들의 연수는 능률 향상을 위한 훈련으로서 의무적 성격을 강조하는 점에서 교원과 차이가 있음.

44) 「교원노조법」 제6조(교섭 및 체결 권한 등) ④ 제1항에 따른 단체교섭을 하거나 단체협약을 체결하는 경우에 관계 당사자는 국민여론과 학부모의 의견을 수렴하여 성실하게 교섭하고 단체협약을 체결하여야 하며, 그 권한을 남용하여서는 아니 된다.

하고 이에 근거하여 광범위하게 공무원의 표현의 자유를 제약하고 있다는 취지이다. 「헌법」상 공무원의 정치적 중립 의무(제7조 제2항)는 공무원의 불편부당하고 공정한 직무 수행을 강조하는 의미인데, 공무원에 대하여 국민으로서 정치적 기본권을 과도하게 제한하고 있다는 입장이다.[45] 이 개정안은 「국가공무원법」상의 의무 조항을 축소하고 그 의무내용을 법적인 의미를 가지는 것에 한정하여 규정하고 구체화하여 개인으로서 공무원의 정치적 자유와 권리를 보장한다는 취지인데, 귀추가 주목된다.[46]

Ⅳ. 교사의 기본권 제한

1. 교육의 자유와 제한: 교육과정 및 교과서와 교사

교육의 자유는 교육구성 집단에게 부여되는 교육활동에 있어서 자유이다. 독일의 학교법학에서는 국가의 학교감독권에 대한 교사의 자유의 의미로 해석되기도 하지만, 오늘날 국민교육권의 관점에서는 교육 관련 당사자의 자유를 포함하는 개념이다. 즉, 교육에 관한 사적 자치로서 학교 설치 및 교육내용 결정의 자유를 의미하는데, 점차 국가권력으로부터의 자유에서 국가권력을 향한 자유로 그 의미가 변화되고 있다.

교육의 자유의 내용에는 사립학교 설치의 자유, 교육내용의 선정 · 교수의 자유, 교육의 지역적 자치가 포함된다. 특히 교육내용의 선정 · 교수의 자유는 이른바 교사의 교육의 자유의 핵심을 이루는 것으로서 교육과정 편성 및 전 교육과정에 있어서 자주적인 선택권 및 결정권을 보장하는 것이다.

집단적인 초 · 중등의 공교육체제하에서 학교교육 여건의 균등한 정비를 위하여 국가 표준화를 도입하게 되었고, 교육부장관에 의한 교육과정 편성과 국 · 검 · 인정 교과용도서 제도가 실시되고 있다. 교사는 표준화된 국가교육과정과 교과서제도에 따

45) 영국, 미국, 일본의 경우 공무원의 특정 정치활동에 대해 제한규정을 두고 있지만 정당 가입은 허용하고 있고, 프랑스, 독일, 뉴질랜드, 핀란드, 노르웨이, 스웨덴, 오스트리아 등은 공무원의 정당 가입뿐만 아니라 그 밖의 정치활동도 가능하게 하는 등 공무원의 정당가입에 대해 허용하는 나라가 많음.

46) ① 성실의무를 준법의무로 한정하고, 복종의 의무는 직무수행에 대한 소속상관의 정당하고 구체적인 직무명령에 한정하되 부당한 직무명령에 대하여는 거부할 권리를 규정함(제56~57조). ② 품위유지의 의무를 삭제함(제63조 삭제). ③ 공무원이 정당이나 그 밖의 정치단체의 결성에 관여하거나 이에 가입할 수 없게 함으로써 정치활동을 포괄적으로 금지하는 조항을 삭제하고 공무원의 지위를 이용하여 선거에 관여하는 행위를 제한함(제65조). ④ 공무원의 집단행위 금지 조항을 삭제함(제66조 삭제). ⑤ 공무원 복무에 대한 위임규정은 지나치게 포괄적이므로 공무원에게 불이익을 초래하지 않는 범위에서 위임하는 것으로 제한함으로써 공무원의 기본권을 보장하도록 함(제67조).

라 교육하여야 할 의무가 있다는 점에서 그 범위 내에서 교사의 교육내용 및 교재의 선정은 제약을 받고 있는 것이다. 교사나 교수나 자신이 전공한 분야에 대하여 자유롭게 연구하고 출판할 자유를 갖는 것은 당연하다. 다만, 학교교육의 영역에서 교과서로서 사용하는 데에는 제약이 따른다는 것으로 학생의 학습의 자유(진리학습의 자유) 보장이라는 공익 실현을 위하여 반사적으로 침해될 수 있는 교사의 권리라고 할 수 있다.

역사 교과서 논란과 마찬가지로 국정교과서 문제는 하나의 교과서를 국가가 강제한다는 점에서 위헌성에 관한 논란이 많아 왔다. 헌법재판소는 중학교 국어 국정교과서의 위헌성을 다룬 헌법소원에서 국정제의 채택은 국가재량권에 속하며, 학생의 수학권의 보장을 위하여 수업권은 제한될 수 있다는 관점에서 국정제의 합헌성을 인정하였다.

> 국민의 수학권(修學權)과 교사의 수업의 자유는 다 같이 보호되어야 하겠지만 그중에서도 국민의 수학권이 더 우선적으로 보호되어야 한다. …… 국민의 수학권의 보호라는 차원에서 학년과 학과에 따라 어떤 교과용 도서에 대하여 이를 자유발행제로 하는 것이 온당하지 못한 경우가 있을 수 있고 그러한 경우 국가가 관여할 수밖에 없다는 것과 관여할 수 있는 헌법적 근거가 있다는 것을 인정한다면 그 인정의 범위 내에서 국가가 이를 검·인정제로 할 것인가 또는 국정제로 할 것인가에 대하여 재량권을 갖는다고 할 것이므로 중학교의 국어교과서에 관한 한, 교과용 도서의 국정제는 학문의 자유나 언론·출판의 자유를 침해하는 제도가 아님은 물론 교육의 자주성·전문성·정치적 중립성과도 무조건 양립되지 않는 것이라 하기 어렵다(89헌마88).

교사의 교육의 자유의 「헌법」상 기본권성에 대하여는 논란이 있다. 긍정설은 교육기본권, 학문의 자유, 일반적 행동자유권에 근거하며, 부정설은 대학교수의 교수의 자유와 구별하여 국가로부터 위임받은 직무권한으로서의 수업권에 한정한다.

교사의 교육의 자유에서 존중되어야 하는 것은 교수·학습 방법과 평가방법이다. 교장의 교사에 대한 장학지도 활동 또한 교사가 법령을 위반하지 않는 한 지도·조언을 위한 것이어야 한다. 그는 이미 국가가 공인한 전문 자격증을 갖춘 교수·학습·평가의 전문가이기 때문이다. 즉, 국가교육과정과 교과서제의 존재 자체가 교사의 교육의 자유의 기본권성을 부정하는 이유가 될 수는 없다. 다만, 국가가 만든 텍스트만을 유일한 교과서로 정하는 국정제의 경우 오늘날 진리교육의 자유성을 해칠 우려가 많다는 점에서 특별한 필요성이 인정되는 경우를 제외하고는 지양하는 것이 바람직하다. 따라서 다수의 교과서의 출판을 허용하는 검정제도가 좀 더 합리적이고 위헌 비판을 피할 수 있다.

문제의 핵심은 발표된 국가교육과정과 발행된 국정 및 검정 교과서 자체가 진리교육의 자유성을 담보하지는 못한다는 것이다. 최소한 법률이 정하고 있는 전문적인 교육과정 및 교과서 개발과정과 중립적이고 엄정한 심의과정이 담보되지 않는다면 국가교육과정과 교과서제는 많은 폐단을 낳고 현장으로부터 외면받게 될 것이다. 교과용도서의 편찬·검정·인정·가격사정 및 발행 등에 관한 사항을 심의하기 위하여 교육부에 각급 학교의 교과목 또는 도서별로 교과용도서심의회를 두고 있는데, 이들이 결국 교과서의 규범적 타당성과 질을 좌우한다. 역사 교과서 문제 역시 이전 역사 교과서 심의과정이 충실치 못한 데 실질적인 원인이 있었다.

일선 학교 단위에서도 학교장은 국정도서가 있을 때에는 이를 사용하여야 하고, 국정도서가 없을 때에는 검정도서를 선정·사용하여야 하는데, 검정도서 선정 시 학교운영위원회의 심의를 거쳐야 한다. 이 심의안을 내기 전에 담당교사의 전문적 판단을 존중하여야 함은 언급할 필요가 없다. 학교장 역시 장학·지도권을 전문적이며 중립적으로 행사하여야 한다.

2. 근로기본권의 제한: 교직단체 이원화 상황에서의 교사

1) 교원노동조합 법제화의 의미와 특징: 일반노조 및 교원단체와의 차이

교원은 1999년 1월 29일 「교원노조법」이 제정됨으로써 교원노동조합에의 가입과 단체교섭권을 보장받게 되었다. 이는 교사의 교육근로자로서의 지위가 법적으로 수용됨을 의미한다.[47)]

교원노조의 특징은 일반 노조와의 차이에서 드러난다. 우선 가입 자격과 가입 단위에 있어서 일반 노조의 자유가입주의와 자유설립주의와는 차이가 있다. 정규교원에 한정되고 비정규직 강사나 퇴직자는 제외된다. 이것이 전교조 법외노조 처분의 주요 원인이 되기도 했다. 교장과 교감을 제외하고 있는 것은 이들을 인사 관리권자로서 사

47) 교원노조 이후 6급 이하 일반 공무원의 경우에도 2006년 1월 28일부터 적용된 「공무원의 노동조합 설립 및 운영 등에 관한 법률」(2005. 1. 27. 제정·공포)에 의하여 단결권 및 단체교섭권을 보장받게 되었다.

용자(교육감)의 입장에서 근무하는 자로 판단한 입법 취지라고 할 수 있다. 대학교수와 유치원 교원은 대상에서 제외된다.

노조 단위 역시 학교 단위가 아닌 전국 및 시·도 단위에 한정한다. 교육여건이 유사하다는 점과 학교 단위별 노사분규로 인한 학습권 침해를 막기 위한 조치로 보인다.

교섭원칙에 있어서 일반노조의 원칙(신의성실, 권한남용 금지, 교섭거부·해태 금지) 외에 교원노조는 국민 여론과 학부모 의견을 수렴할 의무를 부과하고 있다. 단체협약의 효력에서 교원노조는 법령·조례·예산규정 관련 사항은 효력이 없으나 사용자에 대한 성실 노력 의무만을 부과하게 된다. 교원의 보수 및 인사에 관한 사항이 모두 법령사항이어서 사실상 장관이나 교육감의 개선 노력 의무에 그치는 경우가 적지 않다. 실효성에 문제가 있다는 이야기이다.

일반 노조와 교원노조 간의 가장 큰 차이점은 교원노조의 경우 일체의 쟁의행위와 정치활동을 금지하고 있다는 점이다. 단체교섭에 있어서 가장 큰 추진력인 쟁의행위를 할 수 없다는 것은 교원노조의 교섭력의 한계를 보여 준다. 또한 정치활동의 금지 역시 같은 맥락이다. 이러한 노동기본권의 제한과 정치활동의 금지는 학생의 학습권 보호라는 명분에 따른 것이다.

현재 교원노조는 전국교직원노동조합(전교조 1989. 5. 결성)이 최대 교원노조로서 설립되어 있으나, 무자격 회원 문제로 고용노동부로부터 법외노조 처분을 받은 바 있고, 한국교직원노동조합, 자유교원조합, 대한교원조합 등이 결성되어 있으나 규모는 미미하다.[48)]

한편, 교원노조 이전부터 있어 왔던 교육회(대한교육연합회)는 1997년 「교육기본법」 제정으로 교원단체 조항[49)]에 의거하여 설립되었다. 그러나 조직에 필요한 대통령령이 20년째 제정되어 있지 않아 「민법」상의 사단법인 형태로 존재하고 있다. 교원단체와 장관 및 교육감과의 교섭·협의에 대하여는 「교원지위향상법」에 규정하고 있다.

48) 교원노조의 가입 현황은 조합비 일괄공제가 이루어졌던 2013년 9월 통계를 통해서 볼 때, 5만 2,890명으로 한국교총(14만 8,270명)의 1/3 규모였다. 1999년 7월 설립신고 당시에는 6만 2,654명, 2007년 8만 6,918명(노동부 자료)으로 가입대상 교사(유치원 및 대학교원과 교장·교감 제외)의 20% 회원을 확보했으나 그 규모가 많이 축소되었고, 교원자격 상실자의 회원문제로 고용노동부로부터 법외단체로 통보를 받았다. 한국교원노동조합은 2007년도에는 약 1만 2,000명의 회원(1999년 설립 신고 당시 2만 5,091명)이었으나 노동부의 2013년 자료는 326명으로 나타났다. 전교조와 한교조 이외 자유교원조합(2005 설립, 2013년 273명), 대한민국교원조합(2008년 설립, 2013년 208명)이 군소 조합으로 설립되어 있다.

49) 「교육기본법」 제15조(교원단체) (① 교원은 상호 협동하여 교육의 진흥과 문화의 창달에 노력하며, 교원의 경제적·사회적 지위를 향상시키기 위하여 각 지방자치단체와 중앙에 교원단체를 조직할 수 있다. ② 제1항에 따른 교원단체의 조직에 필요한 사항은 대통령령으로 정한다.

〈표 3-4〉 교원노조와 일반 노조의 차이점

구분	교원노조	일반 노조
설립단위	특별시 · 광역시 · 도 · 전국단위(학교단위 불허)	자유설립주의(노동조합규약에 의함)
가입자격	「초 · 중등학교법」상의 교원(교장, 교감, 교수 제외)	자유가입주의(사용자 제외)
전임자	휴직처리(임용권자 허가), 사용자로부터 무급여	단체협약 또는 사용자 동의, 사용자 무급여
교섭구조	노조대표자 대 장관, 시 · 도교육감, 재단연합 ※ 복수노조 교섭창구 단일화 의무	노조대표자 대 사용자나 사용자단체 ※ 양측 모두 교섭권을 제3자에게 위임 가능
교섭원칙	일반노조원칙+국민여론, 학부모의견 수렴의무	신의성실, 권한남용금지, 교섭거부 · 해태금지
교섭사항	임금 · 근무조건 · 후생복지 등 경제 · 사회적 지위 향상	근로조건의 유지 · 개선, 경제 · 사회적 지위 향상
단체협약 효력	법령 · 조례 · 예산규정 관련 사항은 효력이 없으나 사용자에 대한 성실노력 의무 부과	효력 배척사항은 없음. 동종 근로자 2/3 이상 단체협약의 지역적 구속력 인정
쟁의행위	파업 · 태업 · 기타 업무의 정상적 운영을 저해하는 일체의 쟁의행위 금지	조합원 과반수 찬성하면 쟁의행위 인정 [방위산업체(전력,용수,방산물) 생산자는 제외]
조정. 중재	중앙노동위원회 산하 교원노동관계조정위원회(조정신청기간 30일)	노동위원회 산하 조정위원회 및 중재위원회. 조정신청기간은 10일(일반) 또는 15일(공익)
정치활동	일체의 정치활동 금지	제한규정 없음.

한국교원단체총연합회(한국교총 1989. 11., 대한교련)가 최대 교원단체[50)]로 설립되어 있고, 좋은교사운동(사), 특수교육총연합회, 전국국어교사모임, 한국교육삼락회총연합회 등이 있다. 한국교총은 교육부(시 · 도 교원단체는 교육감)와 교원의 처우 개선, 근무조건 및 복지후생과 전문성 신장에 관한 사항에 대하여 교섭 · 협의하여 합의서를

50) 2016년 한국교총 내부 자료에 따르면 16만 80명(유 2.2, 초중등 89.1, 고등 4.7, 기타 4.0)으로, 유치원과 대학 교원이 포함되었지만 여전히 국내 교원단체로서는 최대 규모라 할 수 있다.

작성하는 데 교육부의 노력의무를 지울 뿐 법적 구속력은 약하다 할 수 있다. 교육과정과 교육기관 및 교육행정기관의 관리 · 운영에 관한 사항을 비교섭 · 협의의 대상으로 한 점은 교원노조와 다소 차이가 나는 부분이다.

2) 교직단체 이원화의 한계와 과제

정부의 교직단체 이원화(교원단체/교원노조) 정책 이후 교직사회는 두 집단 간의 갈등과 긴장관계가 조성되었고 여러 교육 현안에서 입장 차이를 드러내 정책 추진의 장애로서 기능하기도 했다. 그러나 정부로서도 교직단체의 참여를 통해서보다 현장에 착근된 정책을 마련하는 긍정적 기능도 있다 할 수 있다. 하지만 교원노조나 교원단체와의 교섭 · 협의 결과 작성한 단체협약이나 합의서의 법적 구속력이 약하고, 이로 인한 실질적인 교육여건을 개선하는 효과가 크지 않았다는 점 또한 한계로 지적할 수 있다.

「교원노조법」상의 설립 단위나 과도한 단체협약 효력 제한으로 인하여 단결권 및 단체교섭권의 보장이 미흡한 수준인 것은 사실이나, 무엇보다도 단체협약 대표단이 결성되지 못하여 15년 가까이 단체협약이 중단된 현실은 교원노조 정책의 문제가 아닐 수 없다. 거기에는 교섭의제(예: 교원정책 등)를 놓고 정부와 교원노조 간 의견 일치를 보지 못하고 교육 노사 간의 갈등이 심화되었는데 무교섭 기간이 장기화된 원인이 되기도 했다.[51)]

이러한 문제점을 해소하기 위해서는 교원노조와의 교섭창구 정비를 통하여 단체교섭이 재개되어야 하고, 단체교섭 사항에 대한 합의를 바탕으로 교원노조 운영이 실질화되도록 해야 한다. 장기적으로는 교원단체와 교원노조로 이원화되어 있는 교섭 · 협의 구조를 일원화하여 행정력을 효율화하고 교육환경의 개선에 대한 실질적인 성과를 모색토록 할 필요가 있다.

51) 현재까지 장관과의 단체협약은 세 차례(2001, 2002, 2003) 체결되었고 이후 중단되었다. 더구나 사립학교 설립 · 경영자와의 단체교섭은 사학연합체가 구성되지 않아 단 한 번도 단체협약이 체결되지 못했다.

3. 정치적 기본권의 제한: 민주시민교육과 교사[52]

교원 및 교직단체들의 일체의 정치활동이 금지되고 있는 가운데, 헌법재판소의 다수 의견은 이들 조항이 「헌법」에 위반되지 않는다고 위헌 주장을 기각하였다.[53] 교원들 간에는 정당에 가입하여 활동하는 것이 정치적 중립 의무와 상충될 수 있다는 데 어느 정도 공감대가 있었던 것도 사실이나, 최근의 시국에 대한 의사표현의 일환으로 시국선언문에 서명한 것이 '공무 외의 일을 위한 집단행위'에 해당하거나 교원노조의 정치활동 금지에 관련된다는 데에는 의문을 제기하기도 한다. 특히 교원노조의 단결권 · 단체교섭권이 인정되고 있는 가운데 서명을 문제 삼는 것에 대하여는 정당정치 시대에 맞지 않다는 지적이다.

1) 교원 및 교직단체의 정치활동의 금지 현황 및 논거

교원 및 교직단체에게 일체의 정치활동을 금지하는 것은 공무원의 정치적 중립성 및 교육의 정치적 중립성이라는 「헌법」 규정에 근거한다.[54] 「국가공무원법」은 공무원의 정치운동을 금지하고 있고, 사립학교 교원도 복무규정 준용을 받는다. 「국가공무원법」상 공무원은 정당과 정치단체 결성 관여나 가입이 금지되고(제65조 제1항), 선거에서 정당이나 특정인을 지지 · 반대하기 위한 다섯 가지 행위를 하여서는 안 되며(제65조 제2항), 위배 행위를 요구해서도 안 된다(제65조 제3항).[55]

이에 따라 제정된 「국가공무원 복무규정」은 정치적 행위를 세 가지 정치적 목적으

52) 고전(2014). 다시 도마 위에 오른 교원의 정치적 기본권의 제한. 교육제주, 164, 176-184 참조.

53) 교육공무원의 정당가입 및 선거운동 금지(기각, 2004. 3. 25., 2001헌마710), 교원의 정당가입 금지(기각, 2014. 3. 27., 2011헌바42), '공무원인 교원의 공무이외의 집단행위'와 '교원노조의 일체의 정치활동' 금지 규정(기각, 2014. 8. 28., 2011헌바32, 2011헌가18, 2012헌바185 병합).

54) 「헌법」 제7조 ② 공무원의 정치적 중립성은 법률이 정하는 바에 의하여 보장된다. 「헌법」 제31조 ④ 교육의 자주성 · 전문성 · 정치적 중립성 및 대학의 자율성은 법률이 정하는 바에 의하여 보장된다.

55) 「국가공무원법」 제65조(정치 운동의 금지) ① 공무원은 정당이나 그 밖의 정치단체의 결성에 관여하거나 이에 가입할 수 없다. ② 공무원은 선거에서 특정 정당 또는 특정인을 지지 또는 반대하기 위한 다음의 행위를 하여서는 아니 된다. 1. 투표를 하거나 하지 아니하도록 권유 운동을 하는 것, 2. 서명 운동을 기도(企圖) · 주재(主宰)하거나 권유하는 것, 3. 문서나 도서를 공공시설 등에 게시하거나 게시하게 하는 것, 4. 기부금을 모집 또는 모집하게 하거나, 공공자금을 이용 또는 이용하게 하는 것, 5. 타인에게 정당이나 그 밖의 정치단체에 가입하게 하거나 가입하지 아니하도록 권유 운동을 하는 것, ③ 공무원은 다른 공무원에게 제1항과 제2항에 위배되는 행위를 하도록 요구하거나, 정치적 행위에 대한 보상 또는 보복으로서 이익 또는 불이익을 약속하여서는 아니 된다. ④ 제3항 외에 정치적 행위의 금지에 관한 한계는 대통령령등으로 정한다. 〈개정 2015. 5. 18.〉

로 열거하고 있고, 정치적 행위의 한계를 다섯 가지로 규정한다(규정 제27조 제1항).[56] 「정당법」 제22조는 발기인 및 당원의 자격에 관한 규정에서 공무원이 해당되지 않음을 규정하고 있다. 다만, 정치인과 대학교수 등을 제외하여 초 · 중등교사와 다르게 취급하고 있다.[57] 또한 공직선거에 있어서 공무원, 기타 정치적 중립을 지켜야 하는 자(기관 · 단체 포함)는 선거에 대한 부당한 영향력의 행사, 기타 선거 결과에 영향을 미치는 행위를 하여서는 안 된다(「공직선거법」 제9조 제1항).[58]

한편, 교직단체로는 교원노조와 교원단체가 있다. 먼저, 「교원노조법」은 교원노조에 대하여 일체의 정치활동을 금지하고 있다(제3조). 이 경우 구체적 범위를 정하지 않은 '일체의'라는 용어의 포괄성을 두고 과도한 제한이라는 지적도 있다. 이들 교직단체 역시 앞의 정치적 중립을 지켜야 하는 기관 및 단체에 포함된 것으로 봐야 한다(「공직선거법」 제9조 제1항)을 들 수 있다. 또한 집단으로서 교원단체의 활동에 대하여 특별히 언급한 바는 없지만 개인으로서 교원에게 「국가공무원법」 제65조가 정치운동의 금지를, 제66조가 공무 외의 집단행위 금지를 규정하고 있어서, 그 개인으로 구성된 교원단체가 정치와 관련된 활동을 하는 것은 제한받는다고 해석하는 것이 타당하다.

2) 교사의 정치활동 금지에 대한 헌법재판소의 합헌 판결과 평석

교사가 제기한 '공무원의 공무외의 집단행위 금지 및 교원노조의 일체의 정치활동 금지'의 위헌 주장에 대하여 헌법재판소는 합헌 5명, 각하 2명, 위헌2명으로 합헌 결정을 한 바 있다.

---

56) 「국가공무원 복무규정」 제27조(정치적 행위) 1. 정당의 조직, 조직의 확장, 그 밖에 그 목적 달성을 위한 것, 2. 특정 정당 또는 정치단체를 지지하거나 반대하는 것, 3. 법률에 따른 공직선거에서 특정 후보자를 당선하게 하거나 낙선하게 하기 위한 것, ② 제1항에 규정된 정치적 행위의 한계는 제1항에 따른 정치적 목적을 가지고 다음 각 호의 어느 하나에 해당하는 행위를 하는 것을 말한다. 1. 시위운동을 기획 · 조직 · 지휘하거나 이에 참가하거나 원조하는 행위, 2. 정당이나 그 밖의 정치단체의 기관지인 신문과 간행물을 발행 · 편집 · 배부하거나 이와 같은 행위를 원조하거나 방해하는 행위, 3. 특정 정당 또는 정치단체를 지지 또는 반대하거나 공직선거에서 특정 후보자를 지지 또는 반대하는 의견을 집회나 그 밖에 여럿이 모인 장소에서 발표하거나 문서 · 도서 · 신문 또는 그 밖의 간행물에 싣는 행위, 4. 정당이나 그 밖의 정치단체의 표지로 사용되는 기(旗) · 완장 · 복식 등을 제작 · 배부 · 착용하거나 착용을 권유 또는 방해하는 행위, 5. 그 밖에 어떠한 명목으로든 금전이나 물질로 특정 정당 또는 정치단체를 지지하거나 반대하는 행위.

57) 헌법재판소는 초 · 중등학교 교원에 대해서는 정당가입과 선거운동의 자유를 금지하면서 대학교원에게는 이를 허용한다 하더라도, 이는 양자 간 직무의 본질이나 내용 그리고 근무태양이 다른 점을 고려할 때 합리적인 차별이라고 할 것이므로 평등권을 침해한 것이 아니라고 판시했다(2001헌마710).

58) 「공직선거법」 제9조(공무원의 중립의무 등) ① 공무원 기타 정치적 중립을 지켜야 하는 자는 선거에 대한 부당한 영향력의 행사 기타 선거결과에 영향을 미치는 행위를 하여서는 아니 된다.

〈합헌 의견〉

• 우리나라의 정치 현실에서는 집단적으로 이루어지는 정부정책에 대한 비판이나 반대가 특정 정당이나 정파 등을 지지하는 형태의 의사표시로 나타나지 않더라도 그러한 주장 자체로 현실정치에 개입하려 한다거나, 정파적 또는 당파적인 것으로 오해받을 소지가 크다. 따라서 공무원의 집단적인 의사표현을 제한하는 것은 불가피하고 이것이 과잉금지 원칙에 위반된다고 볼 수 없다.
• '일체의' 정치활동을 금지하는 형태로 규정되어 있지만, …… 교원의 경제적 · 사회적 지위 향상을 위한 활동은 노조활동의 일환으로서 당연히 허용되고, 교원노조는 교육전문가 집단이라는 점에서 초 · 중등교육 교육정책과 관련된 정치적 의견표명 역시 그것이 정치적 중립성을 훼손하지 않고 학생들의 학습권을 침해하지 않을 정도의 범위 내라면 허용된다고 보아야 한다. 이와 같이 이 사건 「교원노조법」 규정의 의미내용을 한정하여 해석하는 것이 가능한 이상, 명확성 원칙에 위반된다고 볼 수는 없다.
• 교원노조에게 일반적인 정치활동을 허용할 경우 교육을 통해 책임감 있고 건전한 인격체로 성장해 가야 할 학생들의 교육을 받을 권리는 중대한 침해를 받을 수 있는 점 등에 비추어 보면, 교원노조라는 집단성을 이용하여 행하는 정치활동을 금지하는 것이 과잉금지 원칙에 위반된다고 볼 수 없다.

〈위헌 의견〉

• 어떠한 표현행위가 과연 '공익'을 해하는 것인지 아닌지에 관한 판단은 사람마다의 가치관, 윤리관에 따라 크게 달라질 수밖에 없고, 법 집행자의 통상적 해석을 통하여 그 의미내용을 객관적으로 확정할 수 있는 개념이라고 보기 어려운바, '공무 외의 일을 위한 집단행위'를 '공익에 반하는 목적을 위하여 직무전념 의무를 해태하는 등의 영향을 가져오는 집단적 행위'라고 축소 해석한다고 하더라도 여전히 그 의미는 불명확할 수밖에 없으므로 명확성 원칙에 위반된다.
• 이 사건 「국가공무원법」 규정은 공무원의 직무나 직급 또는 근무시간 내외를 구분하지 않고 표현행위가 집단적으로 행해지기만 하면 헌법질서의 수호 유지를 위한 정치적 의사표현까지도 금지하고 있으므로 과잉금지 원칙에 위반된다.
• 이 사건 「교원노조법」 규정의 취지는 교원 및 교원노동조합에게 '일체의 정치활동'을 금지하는 것인데, 교육의 정치적 중립성으로 인하여 교원의 정치활동이 일부 제한될 수는 있지만, 정치활동이 제한되는 장소 · 대상 · 내용은 학교 내에서의 학생에 대한

당파적 선전교육과 정치선전, 선거운동에 국한하여야 하고, 그 밖의 정치활동은 정치적 기본권으로서 교원에게도 보장되어야 한다는 점에서 과잉금지 원칙에 위배된다.

한편, 헌법재판소는 2014년 3월 27일 공무원(사건 당사자 국 · 공립학교 교원)의 정당가입을 금지하는 정당법에 관한 위헌소원에서 제한이 과잉하다거나 평등원칙(대학교수와의 차별)에 위배되지 않는다는 취지의 다수의견에 의거 합헌 결정을 내렸다.

〈합헌 의견〉

- 이 사건 정당가입 금지 조항은 공무원이 '정당의 당원이 된다.'는 행위를 금지하고 있을 뿐, 정당에 대한 지지를 선거와 무관하게 개인적인 자리에서 밝히거나 선거에서 투표를 하는 등 일정한 범위 내의 정당 관련 활동은 공무원에게도 허용되므로 침해의 최소성 원칙에 반하지 않는다. 정치적 중립성, 초 · 중등학교 학생들에 대한 교육기본권 보장이라는 공익은 공무원들이 제한받는 사익에 비해 크므로 법익의 균형성 또한 인정된다.

〈위헌 의견〉

- 공무원의 정당 가입 자체를 일반적 · 사전적으로 금지하는 이 사건 정당가입 금지 조항은 입법목적과 입법수단 사이의 인과관계가 불충분하고 공무원의 정당가입의 자유를 제한함에 있어서 갖추어야 할 적합성의 요건을 충족시키지 못하였다. 공무원의 정치적 중립성을 확보하고 근무기강을 확립하는 방안이 「국가공무원법」에 이미 충분히 마련되어 있음에도 불구하고 정당가입을 일체 금지하는 것은 침해의 최소성 원칙에도 위배되고, 공무원의 정당가입을 금지함으로써 실현되는 공익은 매우 불확실하고 추상적인 반면, 정당가입의 자유를 박탈당하는 공무원의 기본권에 대한 제약은 매우 크기 때문에 법익 균형성도 인정하기 어렵다.

3) 교육의 정치적 중립성에 대한 바른 이해와 입법 과제

교육제도에 요구되는 공공성의 확충과정에서 집단 간의 정치적 의사결정 과정 및 합의는 필수과정이다. 그동안 의무로서 '교육의 정치적 중립성'만 강조되고 정치의 교육에 대한 중립성 측면은 소홀히 취급된 경향이 있었다. 교육의 정치적 중립성은 정치의 교육에 대한 편향성과 교육의 정치 수단화라는 역사적 오류의 반성에서 강조된 것이다. 중립성이란 교육과 정치의 단절이나 교육의 무방향성보다는 정치 편향성으로부터의 교육을 보호하는 것을 의미한다.

교육의 정치적 중립성에 대한 중대한 오해는 교육에 대한 일방적 요구로서 정치적 중립이라는 이해 방식이다. 교원만을 정치로부터 분리시키면 보장된다는 충분조건으로서의 교원의 정치적 중립은 한계가 있고, 따라서 교원의 기본권 제한 일변도의 소극적인 중립성 확보 방식으로는 한계가 있을 수밖에 없다. 교육의 정치적 중립성은 교육활동의 내용, 수행자, 조력체계라는 세 측면에서 함께 검토되어야 하며, 서로 유기적으로 연계되어 있기 때문에 중요한 관계이다.

정치로부터 격리시키는 정치활동의 과도한 제한보다는 교육활동 외의 영역에서 바람직한 의미의 정치활동(교육문제에 대한 교육전문가로서의 집단적 · 개인적 의사표현의 자유)의 보장이 필요하다. 정치로부터 교원의 완전 격리 방식은 교원의 정치 종속화를 지속시킬 수밖에 없으며, 학생 보호가 아닌 진리 학습의 자유를 제한하는 결과를 낳을 수도 있다. 교원이 민주시민 교육의 주관자라는 점에서 그동안 '정치교육(=민주시민 교육)'은 부정적 측면만을 부각시킨 채 그 순기능을 도외시해 온 점을 반성할 필요가 있다.

그리고 국가 표준화된 교육과정 중에 있는 초 · 중등학교 교원의 교육활동이라 하더라도 교권(敎權)의 일환으로서 '교사의 교육의 자유(교육과정과 교과서 운영)'는 존중되어야 한다. 특히 부당한 정치교육의 요구로부터 학생을 보호하여야 할 교원의 책무 면에서도 요구된다. 이는 교육내용의 중립성과 밀접히 관련된 부분이다.

끝으로, 교육정책의 의사결정 과정에 있어서 교원의 교육 주체로서의 높은 권리의식과 참여 의욕은 교육을 편향적 정치 영향력으로부터 보호하는 데 매우 중요하다. 교원의 정치적 기본권의 향유 주체는 교직단체 활동을 하거나 소송 당사자들만의 전유물이 아니다. 지극히 평범한 교원들에게도 그러한 권리의식이 있어야 관련된 법률은 개정되어 갈 수 있을 것이다. 교원의 권리의식이 높다고 볼 수 없는 것이 현실이다.

이러한 점에서 현재 한국 교원의 정치활동의 자유에 대한 향유 수준은 그의 정치의식 수준에 걸맞도록 설계되었다고 할 수 있다. 법의 개정은 법리적으로 가장 이상적인 상태를 추구하는 것보다는 사회 구성원들의 정의 감정에 균형을 맞추어 가면서 개정되어 갈 때 사실적 실효성을 담보하게 될 것이다. 교원에게 정치활동의 자유를 확장시키려면 그러한 권리의식의 확인이 먼저라는 것이다. 그렇다 하더라도 본질적 침해로 논란이 되는 부분은 우선적으로 재론할 필요는 있다.

최근 국회에서도「국가공무원법」개정 입법(이재정 의원 발의 2017. 8. 2.)을 통해 국가공무원 및 교원노조의 정치활동의 자유를 제한하는 규정 폐지안이 발의되어 논의 중이다.[59)]

4. 교사의 공직자로서의 지위 및 전문가로서의 지위의 미래

1) 공교육체제하 교사 지위의 특징: 공직자 신분의 바른 이해

교원 지위에 관한 법률체계는 교원에 대한 역할기대와 교사관이 다르기 때문에 국가마다 상이하며 또 한 국가 내에서도 역사적으로도 변해 간다. 다만, 학교의 설립 주체인 국·공·사립학교라는 형식상의 차이는 교원의 신분에 근원적 차이를 발생하게 한다. 더불어 의무교육을 포함한 국민공통교육과정에 있어서 국·공·사립학교의 공공성을 기반으로 한 동질성은 중요한 전제조건이며, 이에 의거하여 교원의 법적 지위 내용인 권리·의무·책임은 동등하게 취급되는 것이 일반적이다. 물론 법률상의 지위와 현실상 및 구성원 인식상의 지위 간에 차이가 엄연히 존재하며 이 차이를 극복해 가는 것이 교원 지위의 주된 과제이기도 하다.

일반화된 공직자로서 국민공통교육과정에 있어서 교사의 신분을 공직자로 한다는 것은 반드시 공무원의 일종으로 하여야 한다는 의미는 아니다. 교직의 공공성에서 비롯되는 교원의 공직자로서의 지위와 적용 법률의 유사성에서 비롯되는 교사의 공무원성은 마땅히 구분되어야 한다. 결국 근대 교육의 정초기의 역사적 산물로서 공직자로서의 법적 지위 인식이 이어져 온 것은 사실이고, 학교교육제도 및 교직의 공공성이 요구되고 있는 것도 부인할 수 없으나 '공직자=국가공무원' 신분으로 이해하는 방식은 벗어나야 한다. 교사가 공직자라는 뜻은 그가 교육공무원 또 준공무원 신분을 가져서가 아니라, 학교교육을 통해서 국민의 교육기본권을 실현시키기 위한 공적인 활동으로서 공직의 성격을 갖는 교직에 근무하고 있기 때문이다. 그 공직의 신분은 공무원

---

59)「국가공무원법」제65조(정치 운동의 금지) ① 공무원은 정당이나 그 밖의 정치단체의 결성에 관여하거나 이에 가입할 수 없다 조항은 폐지하고, 제②항 "공무원은 선거에서 특정 정당 또는 특정인을 지지 또는 반대하기 위한 다음의 행위를 하여서는 아니 된다."에서 "공무원은 선거에서 그 직위를 이용하여 특정 정당~"으로 수정.「교원노조법」제3조(정치활동의 금지) 교원의 노동조합 일체의 정치활동을 하여서는 아니 된다는 규정 삭제.

신분의 차용 방식도, 계약 방식도, 별도의 교원신분법 방식도 가능하다.[60)]

동시에 공직자의 신분을 책정하더라도 그의 지위는 공직근무자로서의 지위와 기본권 주체로서의 지위를 동시에 지님을 간과해서는 안 된다. 이른바 공직자의 이중적 지위를 인정하는 것은 오늘날 공직자의 기본권 제한에 관한 이론에서 일반화되어 있다. 공직자라는 이유로 시민으로서 기본권을 필요 이상으로 제한할 필요는 없는 것이다.

또한 교원의 법적 지위체계를 공직자로서 설정하는 경우 교사의 특별한 권리의 보장 및 제한이 과연 학생의 학습권을 보장하는 데에 필요불가결한 것인가가 검토되어야 제한을 위한 제한이 안 될 수 있다. 교사에게 가해지는 기본권 제한의 상당 부분은 공무원이기 때문에 부가해지는 것일 뿐, 교사이기 때문에 부여될 수 있는 권리나 면제될 수 있는 의무나 책임은 없는지 검토되어야 한다. 이 점에서 「국가공무원법」상 복무규정의 적용과 준용은 시정되어야 한다.

2) 헌법정신에 부합한 교원 지위의 미래: 이상적 방안과 현실적 대안

현재 차용하고 쓰고 있는 국가공무원 신분이나 향후 이관을 생각하는 지방공무원 신분 모두는 그 자체가 교원으로 하여금 교육전문가로서 전문적 지위를 공고히 하거나 그 역할을 수행함에 있어서 전문성을 담보하는 것과는 상관이 낮다고 본다.

어떤 형태가 되었건 공무원 신분의 한계에 머무르기 때문에 별도의 '교원'이라는 전문적 신분을 창설하기 전에는 헌법정신을 구현하는 데 미흡하다고 본다. 가장 이상적인 것은 '교원법'을 제정하여 「헌법」상 예고된 '교원 지위에 관한 기본적인 사항'을 정한 기본법을 완성하는 것이다. 새로운 교원 신분이 만들어질 경우 지금까지 있어 왔던 여러 이중적인 지위의 문제(국가공무원과 지방공무원, 교육공무원과 계약직 근로자, 교원단체와 교원노조 등)도 상당 부분 근본적으로 해소될 수 있으리라고 본다.

그러나 1953년에 제정된 「교육공무원법」과 1963년에 제정된 「사립학교법」의 존재가 보여 주고 있듯이, 공무원 신분을 적용하고 준용하여 온 차용의 역사가 이미 반세기를 넘어서 있다는 점을 현실적으로 인식해야 한다. 이미 국민들과 교원 자신들은 국가공무원이라는 신분에 체화되어 있고 그만큼 법 개정에 대한 저항이 적지 않음을 예상할 수 있다.

---

60) 중국은 1994년 1월 1일 「중화인민공화국 교사법」을 제정 · 시행한 바 있다. 篠原清昭(1994). 中華人民共和國教師法の譯と解說. 季刊教育法, 98, 東京: エイデル研究所, 108-115頁.

결국 이상적 해결책은 장기적 과제로 미루더라도, 현실적인 대안으로서 지금의 「교육공무원법」을 교육전문가인 교원 및 교육활동의 특수성에 맞도록 특례를 강화하는 것에서 시작되어야 한다. 교원의 지위와 직결된 교원 복무 및 보수규정의 특례는 그 첫 번째 미션이라고 본다.

학습과제

1. 교사의 법적 지위 형식인 신분이 국 · 공 · 사립학교 교사 간 어떤 차이점이 있고, 동등하게 부여되는 권리와 의무 그리고 책임에는 어떤 것들이 있는지 알아보자.
2. 교사의 기본권 제한을 교육의 자유 제한, 근로기본권 제한, 정치적 기본권 제한 측면에서 살펴보고, 각각의 쟁점과 해결을 위한 과제가 무엇인지 살펴보자.
3. 공직자로서 위상 지울 수 있는 교사의 법적 지위가 올바로 기능하도록 하기 위해서 극복하여야 할 교원의 신분상의 과제를 생각해 보고, 근본적이며 이상적인 해결방안과 현실적인 차선책이 무엇인지 생각해 보자.

참고문헌

고전(1996). 교사의 법적 지위에 관한 연구. 연세대학교 대학원 박사학위논문.

고전(1999). 교원노조 법제화의 의의와 쟁점. 교육행정학연구, 17(3), 191-216. 한국교육행정학회.

고전(2002). 한국교원과 교원정책. 서울: 도서출판 하우.

고전(2005). 교원 지방직화 관련 쟁점 분석. 교육행정학연구, 23(3), 95-119. 한국교육행정학회.

고전(2014). 다시 도마 위에 오른 교원의 정치적 기본권의 제한. 교육제주, 164. 제주특별자치도 교육청.

고전(2017). 교육기본권 관점에서의 헌법 개정 논의. 교육법학연구, 29(2), 1-30. 대한교육법학회.

고전, 김민조, 김왕준, 박남기, 박상완, 박종필, 박주형, 성병창, 유길한, 윤홍주, 전제상, 정수현, 주현준(2016). 초등교육행정의 이론과 실제. 경기: 양성원.

서정화(1994). 교육인사행정. 서울: 세영사.

허영(2015). 헌법이론과 헌법. 서울: 박영사.

兼子 仁(1985). 教師か 教員か. 季刊 教育法, 第55号. 東京: エイデル研究所.
篠原清昭(1994). 中華人民共和國教師法の譯と解說. 季刊教育法, 제98호. 東京: エイデル研究所.

제4장

목적형 교사양성과 개방형 교사양성

신현석(고려대학교 교수)

개요

교사양성이란 교사의 직무수행을 위한 지식과 방법, 기술 그리고 올바른 가치관을 자격과정을 통해 교육하여 길러 내는 것을 뜻한다. 준비교육으로서 교사양성교육은 네 가지 의미를 갖는다. 첫째, 교사양성은 수급계획에 따라 교사가 되는 데 필요한 교육내용을 이수하게 하여 교사로 임용되기 위한 자격을 부여하는 양성체제의 중간 과정이다. 둘째, 교사양성은 교육적인 측면에서 향후 교사직을 수행하는 데 필요한 지식과 기능 그리고 요구되는 소양을 교육과정에 담아 습득하게 하는 교사 준비교육이다. 셋째, 교사양성은 교육대학이나 사범대학 등에서 교사 자격을 취득하기 위한 요건을 법규에 따라 이수하는 국가의 제도이다. 넷째, 교사양성은 중장기 교원수급계획에 따라 어떤 목적과 내용 그리고 방식으로 교사를 길러 내고 평가를 통해 그 결과를 확인할 수 있는지를 추진하는 교원정책의 한 영역이다. 교사양성이란 교사의 직무수행을 위한 지식과 방법, 기술 그리고 올바른 가치관을 자격과정을 통해 교육하여 길러 내는 것을 뜻한다.

「고등교육법」 제44조에 따르면 현재 교사양성이 가능한 양성기관은 교육대학, 사범대학, 종합교원양성대학, 교육대학원 교직과정 및 일반대의 교육과와 교직과정이다. 우리나라에서 초등교사 양성은 10개 교육대학교, 2개 국립대학교(한국교원대학교, 제주대학교), 그리고 사립인 이화여자대학교 등 총 13개 대학에서 이루어지고 있다. 중등교사 양성은 46개 사범대학, 15개 일반대학 교육과, 152개의 일반대학 교직과정, 108개 교육대학원에서 이루어지고 있다.

목적형 교사양성은 교육대학교, 사범대학, 종합교원양성대학과 같이 교사양성을 목적으로 설립된 교육기관에서만 교사양성을 허용하는 폐쇄적인 교원양성체제에서 이루어지는 방식이다. 장점은 우선 국가가 전국적인 차원에서 교사양성의 양과 질을 통제하기가 용이하기 때문에 교원 수급상의 불균형 문제를 효과적으로 해결할 수 있다는 것이다. 단점은 교사양성에 대한 정부의 직접 통제에서 오는 획일성과 폐쇄성 그리고 경직성이다.

개방형 교사양성은 교사양성을 목적으로 하는 특정 대학을 설치할 필요 없이 일정한 조건을 갖춘 모든 대학에 교사양성을 허용하고, 교사자격증 취득 요건을 충족하면 본인의 신청에 따라 교사자격증을 부여하는 간접적인 교원양성체제에서 이루어지는 방식이다. 장점은 무엇보다도 다양한 교육기관에서 개성이 풍부하고 자율성이 강한 교사를 양성할 수 있다는 점이다. 단점은 지나친 개방성으로 인해 교직에 대한 목적의식의 결여와 교직의 전문적 기술체계성을 경시하는 우를 범할 수 있다는 것이다.

교원양성체제를 개편하는 과정에서 일관성 있게 견지해야 할 기본 방향은 다음과 같다. 첫째, 교원양성체제 개편을 추진하는 정책은 이념적으로 자율과 책무 그리고 전문성의 조화를 지향하는 것이 바람직하다. 둘째, 교원양성체제 개편을 추진하는 정책은 그 배경논리로서 합리적 기반의 확충을 도모하는 것이 바람직하다. 셋째, 교원양성체제 개편을 위한 정책의 실행방법은 전략적이어야 하고, 체제의 구성요소에 해당되는 방안들이 종합적인 교원양성체제 계획에 따라 상호 연계, 결합되는 합리적인 방식으로 추진되는 것이 바람직하다.

Ⅰ. 교사양성의 의미와 현황

1. 교사양성의 의미와 중요성

인사행정에서 양성이란 사람을 조직의 구성과 발전을 위한 가장 핵심적인 자원으로 보고 조직의 목표를 잘 달성할 수 있도록 체계적이고 의도적인 교육을 통하여 길러 내는 것을 의미한다(안암교육행정학연구회, 2014: 177). 교사양성은 교육인사행정의 과정을 적용해 볼 때 '수급계획-양성교육-자격부여-임용-현직교육-평가-인사이동' 7단계의 두 번째에 해당되며, 임용을 중간단계로 해서 교직 수행 직전과정과 이후 단계로 나눌 때 직전과정의 중간에 위치한다(김성열 외, 1994; 신현석, 2010). 이러한 교육인사

행정의 각 단계들은 각각 분리되어 있는 것처럼 보이지만 서로 기능적으로 연계되어 있기 때문에 단계 간 유기적인 조화와 협응 속에서 접근되어야 한다. 교원정책은 이러한 교육인사행정과정의 각 단계를 관장하는 국가의 방침과 이의 실천이라고 볼 때, 이들 단계 혹은 영역 간의 연계성을 정책추진의 일차적인 고려 요소로 삼아야 한다. 가령, 최근의 초등교원 임용절벽과 관련된 사태는 교사수급계획의 중장기적 전망의 고려 미흡으로 교사 양성과 자격 및 임용에 중대한 차질을 빚은 경우로 이해할 수 있다. 따라서 교사양성은 그 자체로 독립적으로 중요한 단계이자 미시적인 과정이지만 교원인사행정의 과정에서 다른 영역과의 연계를 통해 종합적이고 거시적인 틀 속에서 접근되어야 그 문제의 소재 확인과 처방을 올바르게 제시할 수 있다.

교사양성이란 교사의 직무수행을 위한 지식과 방법, 기술 그리고 올바른 가치관을 자격과정을 통해 교육하여 길러 내는 것을 뜻한다. 좀 더 상세히 정의하면 교사양성교육이란 현장 교원의 수급계획에 따라 교사가 그 직무를 수행하는 데 필요한 지식, 기능, 태도 등을 임용 이전에 장기적인 직전교육을 통하여 습득할 수 있도록 교육대학이나 사범대학 등에서 최초의 교사자격 취득요건으로 실시하는 준비교육을 말한다(김성열 외, 1994: 451). 이러한 의미 속에 포함된 몇 가지 교사양성의 특징을 살펴보면 다음과 같다. 첫째, 교사양성은 수급계획에 따라 교사가 되는 데 필요한 교육내용을 이수하게 하여 교사로 임용되기 위한 자격을 부여하는 양성체제의 중간 과정이다. 둘째, 교사양성은 교육적인 측면에서 향후 교사직을 수행하는 데 필요한 지식과 기능 그리고 요구되는 소양을 교육과정에 담아 습득하게 하는 교사 준비교육이다. 셋째, 교사양성은 교육대학이나 사범대학 등에서 교사 자격을 취득하기 위한 요건을 법규에 따라 이수하는 국가의 제도이다. 넷째, 교사양성은 중장기 교원수급계획에 따라 어떤 목적과 내용 그리고 방식으로 교사를 길러 내고 평가를 통해 그 결과를 확인할 수 있는지를 추진하는 교원정책의 한 영역이다.

교사양성이 중요한 이유는 흔히 언급되는 '교육의 질은 교사의 질을 넘어설 수 없다.'는 경구로부터 알 수 있다. 교육의 질이 향상되려면 교사의 질이 결정적으로 중요한 요인이며, 전제적 조건이라는 것을 알 수 있다. 교사의 질 수준은 결국 교사양성단계에서 예비교사들이 얼마나 훌륭한 교육을 받았느냐에 따라 결정되기 때문에 교사양성과정의 철저한 질 보증이 그만큼 중요하다는 것이다. 따라서 교사가 학습자의 학습, 학교 교육의 질을 결정하는 전문직 종사자에게 주어지는 직무를 올바르고 효과적으로 수행하기 위해서는 교사가 되기 전에 질 높은 교육을 받아야 하는 것이다. 구체적으로, 교사양성이 중요한 이유를 열거하면 다음과 같다(안암교육행정학연구회, 2014: 177). 첫째, 양성과정을 통해 예비교사는 교직에 대한 사명감과 투철한 봉사정신을 갖추었을 때 확고한 교직관을 바탕으로 성실하게 교직 수행에 임할 수 있다. 둘째, 양성과정을 통해 습득한 양질의 교과 전문지식과 기술은 교직에서 학생들을 잘 가르치는 능력으로서 교수력의 바탕이 된다. 셋째, 양성과정을 통해 배운 학생에 대한 폭넓은 이해와 학습을 효과적으로 지도하는 능력은 학교 현장에서 학생들의 학습력을 제고하는 데 자신감과 생활지도에서의 자신감으로 이어진다. 넷째, 양성과정을 통해 교사의 기본적인 직무와 소양을 습득하는 교육과 더불어 급속한 사회 변화에 적절하게 대응할 수 있는 유연한 대응능력을 갖추도록 함으로써 교사는 현장에서 학교 교육에 대한 지역사회의 요구와 학습자 맞춤형 교육의 필요에 적절하게 대처해 나갈 수 있다.

2. 교사양성의 관점

교사양성은 어떠한 목적으로 교사를 양성할 것인가에서부터 무슨 내용을 양성의 교육내용으로 삼을 것인가, 어떤 방식으로 교사를 양성할 것인가, 그리고 어떤 기준으로 교사양성기관이 교사양성을 성공적으로 하였다고 판단할 것인가에 이르기까지 실로 복잡다단한 현상으로 이루어진 일련의 과정이다. 미국 교사교육자협회(The Association of Teacher Educators)』의 프로젝트로 이루어진『교사교육 핸드북(Handbook of Research on Teacher Education)』에 따르면 교사양성은 ① 탐구분야, ② 거버넌스, ③ 상황 및 모델, ④ 참여자, ⑤ 교육과정, ⑥ 과정, ⑦ 평가, ⑧ 교과영역별, ⑨ 확장된 시각 등 다양한 접근과 조망이 가능하다(Houston, 1990). 이러한 접근의 다양성은 '교사교육 연구'에 대한 AERA 패널의 리포트에서도 확인된 바 있다(Cochran-Smith & Zeichner, 2005). 이와 같이 교사양성 현상의 복잡성과 다양성은 다양한 학문 분야의 관심을 끌어 다학문적 접근이 가능한 전형적인 연구 주제로서 기능하고 있다. 교사양성의 핵심적 관심이 어떻게 변천해 왔는지는 역사적 관심의 대상이고(Cochran-Smith & Fries, 2005: 69-109), 교사교육의 개념과 지식의 문제 그리고 반성적 사고의 중요성 등은 철학적 이해가 필요한 부분이며(Floden & Buchmann, 1990: 42-58), 교육과정의 문제와 교수-방법적 이해 그리고 제도 운영과 개혁정책 등은 교육학 연구자들의 관심을 불러일으키기에 충분하다(신현석, 2010: 146-148).

이상과 같이 교사양성의 복잡한 현상은 특정의 접근이 요구되고 이해하는 각도에 따라 다양한 관점이 존재한다. 여기서는 교사양성을 단지 '예비교사를 가르쳐서 유능한 교사로 키워 내는' 개념으로 이해할 때 접미사의 역할에 따라 결합된 개념과 그에 결부된 현상이 서로 다르게 차별화될 수 있다는 점을 설명하고자 한다.

첫째, 교사양성교육(교사양성+교육)은 교사양성을 교육적 관점에서 조망한다. 교사양성 자체가 유능한 교사로 키워 내는 교육적 의미가 담겨 있지만 교사양성교육은 예비교사가 교육대학 혹은 사범대학에 입학하여 졸업을 할 때까지 받게 되는 대학교육의 과정을 말한다. 교사양성교육은 일반 대학교육과 달리 교사라는 직업인 양성을 목적으로 하는 특수목적 교육이다. 특수목적 교육으로서 교사양성교육은 교사양성에 교육의 3요소를 적용하여 이루어진다. 첫째 요소는 교사양성의 교수 및 교수자의 측면이다. 교사양성의 내용을 어떤 자격과 전문성을 갖춘 사람들이 어떻게 가르칠 것인가는 교사양성교육의 질을 결정하는 매우 중요한 요소이다. 둘째 요소는 교사양성의 학습 및 학습자의 측면이다. 교사양성의 대상이자 예비교사인 학습자들이 어떻게 하면 교사양성의 합목적적인 학습을 통해 우수한 자질과 자격을 갖춘 교사로 키워 낼 것인가는 교사양성교육의 본질에 해당된다. 셋째 요소는 교사양성의 교육내용 측면이다. 교사양성 교육기관에 입학한 학생들은 일반 학생들과 같이 교양과목과 전공과목 그리고 일반선택과목으로 구성되는 대학 교육과정을 이수하지만, 전공과목이 대부분 교직에서 필요로 하는 교과목들로 구성되어 있거나 교육학 관련 교과목들로 구성되어 있어 교육내용의 구성과 이수방식이 다르다.

둘째, 교사양성체제(교사양성+체제)는 교사양성을 체제적 관점에서 조망한다. 교사를 양성하는 과정을 체제적 관점에서 조망한다는 것은 교원인사행정 과정의 7단계에서 교사수급계획을 투입 요소로, 교사양성을 과정 요소로, 자격 부여와 신규임용을 산출 요소로 본다는 의미이다. 또한 교사양성은 교사수급계획의 종속변수이자 자격과 임용의 독립변수로서의 기능을 동시에 수행한다는 것으로 볼 수 있다. 이와 같이 직전 교직 단계에서 교사양성은 교사수급계획의 궁극적 종속변수인 자격부여와 신규임용 중간에 위치하는 매개변수 역할을 한다는 것을 알 수 있다. 이러한 관점에서 신현석(2009)은 Hoy와 Miskel(2005: 22-23)의 체제모형을 활용하여 교원양성체제를 일종의 사회체제로 보았다. 즉, 교원양성체제는 교사수급계획과 양성의 목적과 사명 그리고 국가 사회로부터의 인적 · 물적 자원을 투입요소로, 양성 활동 자체를 변환 과정으로, 예비교사에게 자격을 부여하고 신규임용을 원활하게 하는 산출로 구성된다는 것이다(신현석, 2009). 이때 교사양성과정은 양성교육 활동의 3요소인 교수, 학습, 교육과정의 핵심 기술을 기본적 활동으로 하여, 양성체제의 하위체제인 구조체제, 정치체제, 개인체제, 문화체제로 구성된다(신현석, 2010: 150). 한편, 김병찬(2017: 2-6)은 교사양성의 체제적 관점은 교원양성체제의 교육과정의 특징이나 문제점을 분석하는 연구, 교원양성체제 구성원들인 학생과 교수들의 특성을 분석하는 연구, 교원양성체제 교육환경의 특징을 분석하는 연구 등 세 가지로 분류할 수 있다고 하였다. 그는 한국 교원양성체제의 개편 방향과 과제를 논하기 위하여 교사양성체제의 분석모형을 제시하면서 ① 투입요소로 학생 및 교사, ② 과정요소로 교육목표, 이수학점, 전공과목, 교직과목, ③ 산출요소로 졸업 후의 진로, 교원 임용, 현직교사 반응, ④ 환류요소로 교원양성기관평가 등을 제시하였다.[1)]

셋째, 교사양성정책(교사양성+정책)은 교사양성을 정책적 관점에서 조망한다. 교사양성을 정책적 관점에서 조망한다는 것은 교사양성이 중요한 국가 교원정책의 한 영역으로서 정부의 방침에 따라 운용된다는 것을 의미한다. 정책은 흔히 사회적 문제가 쟁점화 단계를 거쳐 공중의제가 되고 이어 정책의제로 확정이 되면서 형성과 결정 그리고 집행 및 평가의 단계를 거치게 된다. 보통 정책의 수요는 현재 쟁점화되어 있는 문제를 해결하기 위한 요구와 미래에 예기되는 변화에 선제적으로 대응하기 위한 필요에 의해 결정된다. 마찬가지로 교사양성정책은 지금 교사양성과정에서 나타나고 있는 현안을 해결하기 위해 필요하기도 하지만 제4차 산업혁명에 대비하기 위한 지능정보사회의 교사양성 개편 방향을 모색하는 미래지향적 수요에 의해서도 추진될 수 있다. 교사양성정책은 정책의 속성인 합리성과 정치성이라는 두 개의 논리구조의 조합에 의해 형성되고 추진된다(신현석, 2000). 교사양성정책의 고객은 대학이나 교수 그리고 예비교사들인 대학생들이기 때문에, 과거에는 양성교육의 질 제고 혹은 교육환경의 개선 등과 같은 합리적 요인이 정책의 주요 작동기제로 작용하였다. 그러나 교원양성기관에 대한 책무성 요구의 증대와 교사수급계획의 실패로 인한 예비교사들의 반발 심지어 양성기관 내에서 펼쳐지는 교직과목 구성을 둘러싼 교육학과 교과교육 간의 갈등 등 점차 정치적 요인이 정책적으로 중요하게 등장하였다. 교사양성 장면에서 이러한 정치적 요인의 뚜렷한 증가세는 그만큼 교사양성이 더 이상 기관의 독점물이 아니라 사회 및 국민들의 다양한 관심 속에 놓이게 되었다는 것을 의미한다.

넷째, 교사양성제도(교사양성+제도)는 교사양성을 제도적 관점에서 조망한다. 교사

1) 신현석(2009)의 체제적 관점이 교원정책과 제도라는 거시적 조망이라고 한다면, 김병찬(2017)의 체제적 관점은 교원양성기관 중심의 미시적 조망이라고 할 수 있을 것이다.

양성을 제도적 관점에서 조망한다는 것은 교사양성이 관련 법 규정에 의거하여 행정적으로 운용된다는 의미이다. 교사는 「초 · 중등교육법」 제21조(교원의 자격) 제2항[2]에 의거 교사자격을 취득하기 위한 양성과정을 성공적으로 이수해야 한다. 또한 「고등교육법」 제3절(제41~46조)은 교원양성이 가능한 고등교육기관의 목적과 목표 그리고 수업연한 등에 대해 규정하고 있다. 특히 「고등교육법」 제44조(목표)는 교원양성교육을 담당하는 교육대학 · 사범대학 · 종합교원양성대학 및 교육과의 교육은 그 설립목적을 실현하기 위하여 재학생이 ① 교육자로서의 확고한 가치관과 건전한 교직(教職) 윤리 확립, ② 교육의 이념과 그 구체적 실천방법 체득(體得), ③ 교육자로서의 자질과 역량을 생애에 걸쳐 스스로 발전시켜 나가기 위한 기초 확립(전문개정 2011. 7. 21.) 등을 달성하도록 이루어져야 한다고 명시하고 있다. 이와 같이 교사양성제도는 「초 · 중등교육법」과 「고등교육법」 및 그 시행령에 정해져 있는 사항을 기본적인 골격으로 하여 이를 구체화하여 정해 놓은 각종 령과 규칙 및 정책 지침에 의해 교사양성기관에 의해 시행된다. 이렇게 볼 때 교사양성은 교사양성에 관련된 법규를 행정적으로 해석하고 실행하는 제도이며, 교사양성제도는 정부와 교사양성기관을 탑다운 방식으로 연결하는 하향적 기제라고 할 수 있다.

다섯째, 교사양성기관(교사양성+기관)은 교사양성을 기관(대학)적 관점에서 조망한다. 교사양성을 기관적 관점에서 조망한다는 것은 교사양성이 실제로 양성기관에서 어떻게 이루어지는지에 관한 사실적 접근과 어떻게 이루어져야 하는지에 관한 당위적 접근의 현실적 논의를 포괄한다. 또한 기관적 접근은 교사양성대학이 국가로부터 교사양성의 책임을 위임받아 실제로 교사양성을 교육적이고 제도적인 관점에서 실행하는 기관의 역할과 그 임무의 중요성을 강조한다. 교사양성은 법규에 근거해서 이루어지기 때문에 대체로 그 과정이 통일되어 있고 획일화되어 있는 특징을 가지고 있지만 양성교육은 대학별로 이루어지기 때문에 대학의 특성 및 운용 전략에 따라 투입, 과정, 산출에 있어서 많은 차이가 발생하고 있다. 이러한 차이는 특히 산출요소들, 즉 졸업 후 예비교사의 진로, 교사 임용률, 현직교사의 평판 등에서 결과의 차이를 발생시키고 있다(김병찬, 2017: 16-23). 이러한 결과의 차이는 1998년부터 시행되어 오고 있는 교원양성기관평가[3]에서 양성기관 간 질적 수준의 차이를 보여 주는 것으로 간주되고

2) "교사는 정교사(1급 · 2급), 준교사, 전문상담교사(1급 · 2급), 사서교사(1급 · 2급), 실기교사, 보건교사(1급 · 2급) 및 영양교사(1급 · 2급)로 나누되, 별표 2의 자격 기준에 해당하는 사람으로서 대통령령으로 정하는 바에 따라 교육부장관이 검정 · 수여하는 자격증을 받은 사람이어야 한다."(2013. 3. 23. 개정)

3) 교원양성기관평가는 1주기(1998~2002), 2주기(2003~2009), 3주기(2010~2014), 4주기(2015~2017)에 걸쳐 진행

있다. 교원양성기관평가는 교사양성기관의 사실적 관점에서 현 실태를 파악하는 기능뿐 아니라 향후 양성기관이 어떤 방향으로 운영되어야 하는지를 예고하는 신호 기능을 하고 있는 셈이다. 기관적 관점에서 교사양성과정에서 발생하는 문제의 공동 해결과 정책 건의 그리고 정보 교환을 위해 전국 단위로 교육대학총장협의회, 국·사립 사범대학장협의회, 교육대학원장협의회 등이 결성되어 활동하고 있다.

3. 교사의 양성 현황

「고등교육법」 제44조에 따르면 현재 교사양성이 가능한 양성기관은 교육대학, 사범대학, 종합교원양성대학, 교육대학원 교직과정 및 일반대의 교육과와 교직과정이다. 또한 「고등교육법」 제46조에 제1항에 의거 "교육부장관은 교원의 수요·공급상 단기간에 교원양성이 필요한 경우에는 대통령령으로 정하는 바에 따라 임시교원 양성기관과 임시교원 연수기관을 설치하거나 이의 설치를 인가할 수 있다."(개정 2013. 3. 23., 2016. 12. 20.). 그리고 2016년 12월 20일에 신설된 동법 동조 제2항에 따르면 "교육부장관은 교육대학, 사범대학, 종합교원양성대학이 다음 각 호[4]의 요건을 갖추어 신청한 경우 제1항에 따른 임시교원 양성기관 설치를 인가하여야 한다." 이렇게 볼 때 우리나라에서 교사양성은 고등교육기관인 대학 및 대학원에서 이루어지며, 수급상 필요에 따라 임시교원 양성기관을 설치·인가하여 보조적으로 교사양성이 이루어질 수 있다는 것을 알 수 있다.

2017년 현재 우리나라의 교사양성 현황을 살펴보면 〈표 4-1〉과 같다. 〈표 4-1〉에서 보는 바와 같이 초등교사 양성은 10개 교육대학교, 2개 국립대학교(한국교원대학교, 제주대학교), 그리고 사립인 이화여자대학교 등 총 13개 대학에서 이루어지고 있다. 2016학년도 입학정원은 3,848명이다. 한편, 중등교사 양성은 46개 사범대학, 15개 일반대학 교육과, 152개 교의 일반대학 교직과정, 108개 교육대학원에서 이루어지고 있다. 2016학년도 입학정원은 사범대학 9,500명, 일반대학 교육과 784명, 일반대학 교직

되어 왔고, 2018년부터 5주기 평가가 진행될 예정으로 있다. 교원양성기관평가는 교원양성기관의 운영 실태를 파악하여 자체 개선을 유도하고, 교원양성기관의 질적 수준 향상과 법적 책임 확보, 평가 결과를 등급화하여 등급에 따라 정원·승인인원·양성기능 감축, 양성교육 수요자에게 정보 제공 등에 활용하고 있다.

4) 1. 해당 기관의 시설, 인력, 교육과정 등이 제4조 제1항에 따른 설립기준을 충족하는 경우
2. 자격종, 과목, 지역의 교육수요 등을 고려하여 단기간에 교원을 양성할 필요가 있어 임시교원 양성기관을 설치하기에 적합한 경우(전문개정 2011. 7. 21.)

〈표 4-1〉 2017년 교사양성 현황

양성과정	설립유형	대학 수			2016학년도 정원		
		국공립	사립	합계	국공립	사립	합계
초등교사	국립	12	-	12	3,809	-	3,809
	사립	-	1	1	-	39	39
	합계	12	1	13	3,809	39	3,848
중등교사	사범대학	16	30	46	3,824	5,676	9,500
	일반대 교육과	1	14	15	15	769	784
	일반대 교직과정	30	122	152	3,123	6,267	8,390
	교육대학원+	25	83	108	4,800	9,087	13,887
	합계	72	249	321	10,762	21,799	32,561

출처: 교육부(2017. 8. 20.) 자료를 인용한 김병찬(2017: 7)에서 재인용.
+ 교육대학원의 경우 양성과정뿐 아니라 재교육과정까지 포함했기 때문에 실제 교사양성 대학원 수와 교사자격 취득을 목적으로 하는 정원은 표의 숫자에 못 미칠 것으로 예상됨.

과정 8,390명, 교육대학원 13,887명 등 총 32,561명이다. 종합적으로 볼 때, 초등교사 양성은 교육대학을 중심으로 국공립대학에 의존하고 있는 반면, 중등교사 양성은 압도적으로 사립대학의 비중이 높다. 또한 중등교사 양성 인원은 초등교사 양성 인원에 비해 약 8.5배 정도 높게 나타났는데, 이는 초등교사의 자격은 국가가 직접 통제하는 방식을 취하고 있는 반면에 중등교사 자격은 간접 통제 혹은 개방적인 방식으로 부여되고 있다는 것을 알 수 있다.

Ⅱ. 교사양성 방식의 종류

교사양성을 어떤 방식으로 하는가는 양성제도의 운영방식의 차이에 의해서 구별되는데 현재 교사양성 방식은 다음과 같이 크게 두 가지로 분류하여 볼 수 있다.

1. 목적형 교사양성

1) 의미

목적형 교사양성은 교육대학교, 사범대학, 종합교원양성대학과 같이 교사양성을 목적으로 설립된 교육기관에서만 교사양성을 허용하는 폐쇄적인 교원양성체제에서 이루어지는 방식이다. 그래서 목적형 교사양성체제는 폐쇄적인 교사양성체제라고 불리기도 한다. 흔히 목적형 교사양성체제는 초등교사 양성에만 적용되는 것으로 알고 있는데 사실은 교사양성이라는 특수목적을 수행하기 위하여 설립된 고등교육기관은 모두 해당되기 때문에 초 · 중등교사 양성을 막론하고 적용된다.[5] 차라리 초등교사 양성은 국가가 허용한 양성기관의 중앙 통제적 정원 조정에 의해서 이루어지기 때문에 엄밀하게 말하면 '목적형'이라기보다 '폐쇄형' 양성체제라는 용어가 더 적합하다. 이는 교사양성이라는 단일한 목적에 비추어 교사양성기관은 일반 학교체제로부터 분리 · 독립하여야 한다는 생각에서 오직 특정 대학에만 교사의 양성을 국한시켜야 한다는 의미를 내포하고 있다(김기태, 조평호, 2006: 203).

2) 학생 선발제도

목적형 교사양성 기관의 신입생 선발제도는 대학마다 약간의 차이가 있지만 대체로 수시와 정시로 나누어 주로 학생부와 수능을 통해 선발한다. 일례로 목적형 교사양성 대학인 공주교육대학교의 신입생 선발방식을 제시하면 〈표 4-2〉와 같다.

전형유형별로 전형요소의 반영비율을 살펴보면 다음과 같다. 첫째, 학생부교과전형 유형은 고교성적우수자라는 전형명으로 시행하고 있다. 이 전형에 지원하기 위해서는 국내 고등학교에서 전 교육과정을 이수하여야 한다. 학생부교과전형의 전형요소 반영 비율은 〈표 4-3〉과 같이 학생부 교과 성적을 통해 2배수를 선발하고, 면접을 통해 최종합격자를 선발한다.

5) 이에 따라 종합대학교의 한 단과대학으로서 사범대학을 '특수' 목적대학이라고 부르기도 한다.

〈표 4-2〉 공주교육대학교 2018학년도 신입생 선발 계획

(단위: 명)

모집시기	전형유형	전형명	모집인원			비고
			정원내	정원외	계	
수시	학생부교과	고교성적우수자	158	-	158	
	학생부종합	지역인재선발	20	-	20	
		국가보훈대상자	5	-	5	
		기회균형선발	-	5	5	
		농 · 어촌학생	-	14	14	
		특수교육대상자	-	6	6	
	기타	외국인	-	5	5	
	소계		183	30	213	
정시	수능위주	일반학생	172	-	172	
		기회균형선발	-	0	0	수시 해당전형의 결원 발생 시 선발
		농 · 어촌학생	-	0	0	
		특수교육대상자	-	0	0	
	소계		172	-	172	
합계			355	30	385	

〈표 4-3〉 학생부교과전형의 전형요소 반영 비율

(단위: %, 점수)

전형유형	전형명	전형절차	총점	학생부			면접			비고
				비율	최고	최저	비율	최고	최저	
학생부 교과	고교 성적 우수자	1단계	400	100	400	188				모집인원 2배수 내외
		2단계	450	90.2	400	188	9.8	50	27	

둘째, 학생부종합전형은 지역인재선발, 국가보훈대상자, 기회균형선발, 농 · 어촌학생, 특수교육대상자라는 전형명으로 시행하고 있다. 각 전형명별 지원 자격을 살펴보면 다음과 같다. ① 지역인재선발 전형에 지원하기 위해서는 충청남도, 세종특별자치시, 대전광역시에 소재한 고등학교에서 전 교육과정을 이수하여야 한다. ② 국가보훈대상자 전형에 지원하기 위해서는 「국가보훈 기본법」 제3조 제2호에 따른 '국가보훈대상자'로서 국가보훈관계 법령에 따른 교육지원 대상자이면서 '대학입학 특별전형 대상

자 증명서'(국가보훈처) 발급이 되는 자여야 한다. ③ 기회균등선발 전형에 지원하기 위해서는「국민기초생활 보장법」제2조 제1호 또는 제2호에 의한 대상자 또는「국민기초생활 보장법」제2조 제10호에 의한 대상자, 우선 돌봄 차상위 가구의 대상자여야 한다. ④ 농 · 어촌학생 전형에 지원하기 위해서는「지방자치법」제3조에 의한 읍 · 면 지역 및「도서 · 벽지 교육진흥법」제2조에 의한 도서 · 벽지 지역의 중고등학교에서 전 교육과정을 이수하고 중 · 고등학교 재학기간 동안 본인과 부모 모두가 해당지역에 거주한 자여야 한다. ⑤ 특수교육대상자 전형에 지원하기 위해서는「장애인복지법」제32조에 의거 장애인 등록을 필한 자 혹은「국가유공자 등 예우 및 지원에 관한 법률」제4조 등에 의한 상이등급자(국가보훈처 등록)로서 '국가유공자 확인원' 발급이 가능한 자여야 한다.

〈표 4-4〉 학생부종합전형의 전형요소 반영 비율

전형유형	전형명	전형절차	전형요소 반영 비율	비고
학생부 종합	지역인재선발 국가보훈대상자 기회균형선발 농 · 어촌학생 특수교육대상자	1단계	서류평가 100%	모집인원 2배수 내외
		2단계	1단계 성적 50% + 면접평가 50%	

셋째, 기타 전형은 '외국인'이라는 전형명으로 시행하고 있다. 이 전형에 지원하기 위해서는 지원자와 지원자의 부모 모두 외국인으로 12년 이상의 교육과정(초.중고)을 이수하고 고등학교를 졸업한(예정)자 또는 이와 동등한 학력이나 그 이상의 학력을 소지하여야 하며, 공인 한국어능력시험(TOPIK) 3급 이상을 취득하여야 한다.

〈표 4-5〉 기타 전형의 전형요소 반영 비율

전형유형	전형명	전형절차	전형요소 반영 비율
기타	외국인	서류평가	서류평가 100%

넷째, 수능위주 유형은 '일반학생, 기회균형선발, 농 · 어촌학생, 특수교육대상자'라는 전형명으로 시행하고 있다. 일반학생전형을 제외하고는 수시 해당전형의 결원이 발생할 경우에만 선발한다고 기술되어 있기에 이 장에서는 일반학생전형을 위주로 전

형요소 반영 비율을 살펴보고자 한다. 일반학생전형에 지원하기 위해서는 고등학교 졸업(예정)자 또는 동등 이상의 학력이 있다고 인정되는 자로서 당해 연도 대학수학능력시험에 응시하여야 한다. 응시한 대학수학능력시험에서는 5개 영역[국어, 수학, 영어, 한국사, 탐구영역(과탐/사탐 중 택 1)]을 모두 응시하여야 하며, 선택한 탐구영역은 두 개 과목을 응시하게 되어 있다. 이를 기반으로 전형요소의 반영 비율은 〈표 4-6〉과 같이 적용된다.

〈표 4-6〉 일반학생전형의 전형요소 반영 비율

<table>
<tr><th rowspan="3">모집 시기</th><th rowspan="3">전형 절차</th><th rowspan="3">총점</th><th colspan="6">전형요소 반영 비율(%)</th><th rowspan="3">비고</th></tr>
<tr><th colspan="2">수능</th><th colspan="2">학생부</th><th colspan="2">면접</th></tr>
<tr><th>최고점</th><th>최저점</th><th>최고점</th><th>최저점</th><th>최고점</th><th>최저점</th></tr>
<tr><td rowspan="4">정시(나)</td><td rowspan="2">1단계</td><td rowspan="2">550</td><td colspan="2">100%</td><td colspan="2"></td><td colspan="2"></td><td rowspan="2">모집인원 2배수 내외</td></tr>
<tr><td>550</td><td>0</td><td></td><td></td><td></td><td></td></tr>
<tr><td rowspan="2">2단계</td><td rowspan="2">1000</td><td colspan="2">70%</td><td colspan="2">27%</td><td colspan="2">3%</td><td rowspan="2"></td></tr>
<tr><td>550</td><td>0</td><td>400</td><td>188</td><td>50</td><td>27</td></tr>
</table>

3) 교육과정

교육대학의 교육과정은 각 대학별로 차이가 있으나 공주교육대학교 교육과정을 살펴보면 다음과 같다. 공주교육대학교는 교육과정을 일반교양과정, 전문교육과정, 심화과정, 졸업자격의 4개 대영역으로 구분하고 있다. 각 영역별 이수학점을 살펴보면 다음과 같다. 일반교양과정의 이수학점은 38학점이고, 전문교육과정의 이수학점은 83학점이다. 심화과정의 이수학점은 21학점이고, 졸업 자격은 P/F 인증으로 되어 있다. 졸업 자격을 제외한 나머지 과정들이 총 교육과정에서 차지하는 비율을 살펴보면 다음과 같다. 전체 교육과정 중 일반교양과정은 27%의 비율을 차지하며, 전문교육과정은 58%를, 심화과정은 15%를 차지한다.

각 교육과정별 운영 내용을 살펴보면 다음과 같다. 첫째, 일반교양교육과정 영역은 필수과정과 선택과정으로 구분되어 있다. 필수과정으로 지정되어 있는 12과목은 1학년 1학기에서부터 2학년 2학기에 걸쳐 모두 이수를 하게 되어 있다. 선택과정은 철학 윤리 융합역량 영역과 사회과학 · 산업기술 · 가정 영역, 자연과학 수학 어문학의 영역, 스포츠 영역, 창의역량 특성화 영역으로 구분되어 있다. 학생들은 각 영역에 개설된 과목들 중 한 과목을 선택하여 2학점 내지 1학점을 이수하게 되어 있다.

둘째, 전문교육과정 영역은 교직이론, 교직소양, 교육실습, 교과교육학, 예체능, 외국어지도 실습, 비교과교육으로 구분되어 있다. 우선 교직이론, 교직소양, 교육실습 교직이론 필수, 교직이론 선택, 교직소양, 교육실습이라는 소영역으로 구분된다. 학생들은 교직이론 필수 영역에 속해 있는 과목들을 모두 이수해야 하고, 교직 이론 선택과 교직소양의 경우 개설된 과목 중 한 과목을 선택하여 2학점을 이수하게 되어 있다. 교육실습 영역은 2학년에 이수하게 되는 실습 I 만 P/F로 과목이 개설되어 있고, 3학년과 4학년에 이수해야 하는 실습 II와 실습 III은 1학점을 이수하게 되어 있다. 다만, 공주교육대학교에서 실시하고 있는 국제교육실습에 나가기를 희망하는 학생은 실습 III을 실습 IV의 2학점으로 대체 이수할 수 있다.

교과교육학은 초등도덕과, 초등국어과, 초등사회과, 초등수학과, 초등과학과, 초등실과과, 초등체육과, 초등음악과, 초등미술과, 초등영어과, 초등컴퓨터과의 교육론과 교재연구 및 지도법의 과목으로 운영되고 있다. 교과교육학은 기본이수과목이며, 학생들은 이 과목들을 2학년과 3학년에 집중적으로 이수하게 되어 있다. 예체능실기는 체육과 음악, 미술 과목으로 운영되고 있으며, 실기 II의 과목들은 실기 I 보다 심화된 내용으로 운영되고 있다. 외국어지도 실습은 영어실습 I과 II로 구성되어 있으며, II의 과목은 I 보다 심화된 내용으로 운영되고 있다. 비교과교육 영역은 창의적체험활동교육론으로 운영되고 있으며, 이는 2학점에 해당한다.

셋째, 심화과정 영역은 국어교육, 윤리교육, 사회과교육, 수학교육, 과학교육, 실과교육, 체육교육, 음악교육, 미술교육, 영어교육, 교육학과정 12개 과정 중 1개 과정을 선택하여 21학점을 이수하게 되어 있다. 각 심화과정의 특성별로 필수과목과 선택과목이 지정되어 있으며, 학생들은 해당과목들을 2학년 1학기부터 4학년 2학기까지 이수하도록 되어 있다.

넷째, 졸업자격 영역의 경우, 졸업논문 제출과 인성 · 역량인증('예비교사 고전읽기 인증' 및 '수업실기 능력 인증' 필수)으로 구분된다. 이는 학점과는 무관하며, P/F 방식으로 운영된다.

〈표 4-7〉 공주교육대학교의 교육과정 편제

대영역	구분		교과목	1학년 1	1학년 2	2학년 1	2학년 2	3학년 1	3학년 2	4학년 1	4학년 2	학점
일반 교양 과정	필수		국어이해	2								28 (29)
			국어표현		2							
			철학의 이해			3	[3]					
			인간과 경제	[2]	2							
			한국사의 이해	3	[3]							
			지리공간의 이해	[2]	2							
			수학의 기초	3	[3]							
			자연과학의 이해	[4]	4							
			생활영어 I	2								
			생활영어 II		2							
			컴퓨터 개론 및 실습	2(3)	[2(3)]							
			소프트웨어 교육			1	[1]					
	선택	철학 윤리 융합 역량 (택 1)	인간과 종교	[2]	2							38 (41)
			한국의 철학사상									
			논리와 비판적 사고									
			현대사회의 윤리									
			교직윤리									
			학습윤리									
			융합역량(다문화교육의 이해, 초등안전교육)									
		사회 과학 · 산업 기술 · 가정 (택 1)	법학	2	[2]							
			정치학									
			사회학									
			심리학									
			성공적인 자기계발과 진로설계									
			발명과 로봇의 이해									
			식생활과 영양									
			생명과학과 농업									
			결혼과 가족									
		자연 과학 수학 어문학 (택 1)	생활 속의 수학			[2]	2					
			수학의 역사									
			물리의 세계									
			화학의 세계									
			생물의 세계									
			지구와 우주									
			아동문학과 어린이의 삶									
			화법과 인성									
			바른국어 생활과 지역어									

		스포츠 (택 1)	골프									
			테니스									
			볼링									
			배드민턴	1(2)	1(2)							
			태권도									
			탁구									
			댄스스포츠									
			수영									
			헬스									
			스키(2학기만 개설)									
		창의역량 특성화 (택 1)	창의역량									
			지역교육의 이해(충남, 대전, 세종교육의 이해)	2	[2]							
전문교육과정	교직이론	필수	교육철학 및 교육사	2	[2]							
			교육과정			2	[2]					
			교육심리	2	[2]							10
			교육사회			2	[2]					
			교육행정 및 교육경영							[2]	2	
		선택	교육평가									
			교육연구방법									
			교육방법 및 교육공학					[2]	2			2
			생활지도 및 상담									
			교육학 개론									
	교직소양		특수교육학 개론							2	[2]	
			교직실무							[2]	2	6
			학교폭력예방 및 학생의 이해					2	[2]			
	교육실습		실습 I (1주)			P/F						
			실습 II (4주)						1			4
			실습 III (4주)							1		
			실습 IV							2		
	교과교육학		초등국어과 교육론					3				
			초등국어과 교재연구 및 지도법						3			
			초등도덕과 교육론					2				
			초등도덕과 교재연구 및 지도법						3			
			초등사회과 교육론			2						51 (52)
			초등사회과 교재연구 및 지도법				3					
			초등수학과 교육론					2				
			초등수학과 교재연구 및 지도법						3			
			초등과학과 교육론			[2]	2					
			초등과학과 교재연구 및 지도법					3(4)	[3(4)]			

전문 교육 과정	교과 교육학	초등실과 교육론			2						
		초등실과과 교재연구 및 지도법				2					
		초등체육과 교육론					2	[2]			
		초등체육과 교재연구 및 지도법					[2]	2			
		초등음악과 교육론					2				
		초등음악과 교재연구 및 지도법						2			
		초등미술과 교육론			2						
		초등미술과 교재연구 및 지도법				2					
		초등영어과 교육론			[2]	2					
		초등영어과 교재연구 및 지도법					[3]	3			
		초등컴퓨터 교육론					[2]	2			
		통합교과							[2]	2	
	예체능	체육실기 I			1(2)	[1(2)]					6 (12)
		체육실기 II			[1(2)]	1(2)					
		음악실기 I	1(2)	[1(2)]							
		음악실기 II	[1(2)]	1(2)							
		미술실기 I	1(2)								
		미술실기 II		1(2)							
	외국어 지도실습	영어실습 I			1(2)						2(3)
		영어실습 II				1(1)					
	비교과 교육	창의적체험활동교육론							2	[2]	2
심화과정(국어교육, 윤리교육, 사회과교육, 수학교육, 과학교육, 실과교육, 체육교육, 음악교육, 미술교육, 영어교육, 교육학과정 12개 과정 중 1개 과정 선택)											21
졸업 자격	졸업논문		P/F								
	인성 · 역량인증('예비교사 고전읽기 인증' 및 '수업실기 능력 인증' 필수)		P/F								

주) 2018학년도 이후 입학자부터 적용.

4) 장 · 단점

목적형 교사양성의 장점은 우선 국가가 전국적인 차원에서 교사양성의 양과 질을 통제하기가 용이하기 때문에 교원 수급상의 불균형 문제를 효과적으로 해결할 수 있다는 점이다(김기태, 조평호, 2006: 203). 국가가 교사양성을 목적으로 설립한 소수의 대학에 대해 직접 정원관리를 하고, 졸업 후 교사 임용이 중등에 비해 쉽기 때문에 우수한 신입생을 확보할 수 있다는 것 또한 장점이다. 그리고 비교적 통일된 교육과정을 운영하고 있고 교육과정의 배열도 단계적이며 유기적이어서 질 관리가 용이한 편이다.

한편, 목적형 교사양성의 단점은 교사양성의 정부 직접 통제에서 오는 획일성과 폐쇄성 그리고 경직성이다(신현석 외, 2015: 317). 특히 초등교사는 전 교과를 가르치는 특성 때문에 양성을 위한 교육과정은 이수해야 할 교과가 많다. 이에 따라 4년간 거의 고등학교 수준으로 과목 선택에 여유가 없이 꽉 짜인 교육과정으로 운영될 수밖에 없다.

2. 개방형 교사양성

1) 의미

개방형 교사양성은 교사양성을 목적으로 하는 특정 대학을 설치할 필요 없이 일정한 조건을 갖춘 모든 대학에 교사양성을 허용하고, 교사자격증 취득 요건을 충족하면 본인의 신청에 따라 교사자격증을 부여하는 간접적인 교원양성체제에서 이루어지는 방식이다. 우리나라에서 개방형 교사양성은 보통 중등교사 양성체제에 적용되고 있다. 개방형 교사양성은 설립 인가된 중등교사 양성기관과 프로그램에서 양성 교육과정을 성공적으로 이수한 모든 예비교사에게 교사 자격이 주어지기 때문에 자격 부여가 개방적이라는 의미로부터 발원된 것이다. 또한 교사자격 부여의 실적인 책임은 국가에 있지만 실질적으로는 각 대학에서 위임 사무로 관리 · 통제하고 있으며, 국가는 양성 정원의 통제와 예비교사의 공급 요인에 간접적으로 관여하기 때문에 개방형 중등교사 양성을 간접 교원양성체계에 속하는 것으로 별칭하기도 한다.

2) 학생 선발제도

개방형 교사양성 기관의 신입생 선발제도는 양성기관만의 전형이 따로 있는 것이 아니라 대학 전체 선발제도 속에서 다양한 전형으로 존재하는 것이 보통이다. 따라서 사범대학의 경우 일반대학에 속한 단과대학의 형태로 운영되고 있기 때문에 사범계열에 특화된 선발제도는 마련되어 있지 않다. 이에 사범대학의 신입생 선발제도는 대학 전체의 입학요강에 따라 전형 방법과 절차에 따른다. 대학입시는 대체로 수시와 정시로 나누어 주로 학생부와 수능 혹은 논술을 통해 선발한다. 일례로 개방형 교사양성대학인 고려대학교 사범대학의 신입생 선발방식을 제시하면 다음과 같다.

고려대학교의 경우 사범대학의 8개 학과 중 교육학과, 국어교육과, 영어교육과, 지리교육과, 역사교육과는 인문계열, 가정교육과, 수학교육과는 자연계열, 체육교육과는 체능계열로 분류되어 전체 대학의 선발제도와 동일한 적용을 받고 있다. 고려대학교의 학생 선발 제도는 크게 정시전형과 수시전형으로 구분되는데, 정시전형으로 131명, 수시전형으로 370명을 선발하여 수시전형의 비중이 압도적으로 높다.

정시전형은 일반전형(수능위주)으로 통일되어 운영되며 인문계와 자연계 구분 없이 수능 100%(1,000점)를 반영한다. 이 때 수능 성적이라 함은 수능 점수와 영어 등급별 점수, 한국사 등급별 점수를 반영하여 산출한 점수를 의미한다.[6] 수시전형의 경우, 학생부위주의 일반전형, 고교추천 I, II 전형과 기회균등특별전형으로 구성되어 있고, 체육교육과의 경우 학생부위주 전형 없이 실기위주의 특기자 전형을 통해서 선발하고 있다. 전형별로 요소별 반영비율이 약간씩 상이한데, 가장 많은 인원을 선발하는 일반전형과 고교추천II 전형은 학교생활기록부와 자기소개서 등을 종합적으로 평가하고, 고교추천 I 전형의 경우 학교생활기록부(교과)만 평가한다는 차이가 있다.

〈표 4-8〉 사범대학의 정시전형 학생선발요건

모집단위	전형요소별 반영비율			합계
	① 수능	실기	면접	
인문계/자연계	100% (1,000점)	-	-	100% (1,000점)
체육교육과	70% (700점)	30% (300점)	-	100% (1,000점)

출처: 2018학년도 고려대학교 정시모집요강.

6) 수능 성적 산출방법

$$\left(\frac{\text{본인의 수능 영역별 반영점수의 합}}{\text{② 모집단위별 수능 반영영역 점수의 합}} \times \text{① 모집단위별 수능 점수 총점}\right) - \text{③ 영어 등급별 점수} + \text{④ 한국사 등급별 점수}$$

〈표 4-9〉 사범대학의 수시전형 학생선발요건

전형	단계	전형요소별 반영비율	비고
일반전형	1단계	서류 100%	모집단위별 모집인원의 5배수 내외 선발
	2단계	1단계 성적 70%+면접 30%	
고교추천 I	1단계	학교생활기록부(교과) 100%	모집단위별 모집인원의 3배수 내외 선발
	2단계	면접 100%	
고교추천 II	1단계	서류 100%	모집단위별 모집인원의 5배수 내외 선발
	2단계	1단계 성적 50%+면접 50%	

출처: 2018학년도 고려대학교 수시모집요강.

3) 교육과정

개방형 교사양성 기관인 고려대학교 사범대학 국어교육과의 교육과정은 공통교양과 핵심교양, 기본전공, 심화전공, 교직의 5개 대영역으로 구분되어 있으며, 공통교양과 핵심교양의 이수학점은 19학점, 기본전공 50학점, 심화전공은 30학점, 교직의 이수학점은 22학점으로 총 140학점 이상을 이수해야 한다. 교양과정은 공통적으로 사고와 표현, Academic English, 세미나와 정보적 사고를 필수로 수강하도록 하고 있으며, 핵심교양은 3개의 세부 영역에서 최소 1과목 이상을 이수하되 인문학 관련 영역을 필수로 이수해야 한다. 사고와 표현과 Academic English는 I과 II로 나누어 각각 1학년 1학기와 2학기에 수강하도록 하고 있다.

전공 과정은 교과교육 8학점과 필수이수 18학점으로 나뉘며 심화전공을 선택할 경우 30학점을 추가로 이수하면 된다. 교과교육은 국어교과교육론, 국어교과교재 연구 및 지도법, 국어교과 논리 및 논술의 3영역으로 구분되어 있고 필수이수 과목은 국어학의 이해, 문장수사의 이해, 한문문학의 이해, 고소설교육론, 국어사, 현대문학사의 6가지 영역으로 구분되어 있다. 전공 선택 및 심화전공의 경우 필수 전공 이외의 전공과목을 통해 이수학점을 채우도록 한다.

교직은 교직실습, 교직소양, 교직이론의 3영역으로 구분된다. 교직실습은 해외한국학교, 해외인턴십, 교육봉사 중 선택하여 4학점 이상을 이수하도록 하고 있다. 교직 소

〈표 4-10〉 고려대학교 사범대학 국어교육과의 교육과정

대영역	중영역	교과목	1학년 1	1학년 2	2학년 1	2학년 2	3학년 1	3학년 2	4학년 1	4학년 2	학점(시간)
공통교양	사고와 표현	사고와 표현 I	●								2(2)
		사고와 표현 II		●							2(2)
	Academic English	Academic English I	●								2(4)
		Academic English II		●							2(4)
	1학년 세미나	1학년 세미나	●								1(1)
	정보적 사고	정보적 사고		●							1(1)
	소계	10									
핵심교양	세계의 문화	3개의 세부영역에서 최소 1과목 이상 이수 단, 2017년 입학생부터는 3개 영역 중 최소 2개는 인문학 관련 영역(세계의 문화, 역사의 탐구, 문학과 예술, 윤리와 사상)에서 이수하여야 함									3(3)
	역사의 탐구										3(3)
	문학과 예술										3(3)
	윤리와사상										3(3)
	사회의 이해										3(3)
	과학과 기술										3(3)
	정량적 사고										3(3)
	소계	9									
교양 계		19									
기본전공	전공필수 교과교육(8학점)	국어교과교육론									3(3)
		국어교과교재 연구 및 지도법									3(3)
		국어교과 논리 및 논술									2(2)
	전공필수 필수이수(18학점)	국어학의 이해									3(3)
		문장수사의 이해									3(3)
		한문문학의이해									3(3)
		고소설교육론									3(3)
		국어사									3(3)
		현대문학사									3(3)
	전공선택	24									
	소계	50									
심화전공	전공선택	30									
교직	교직실습	학교현장실습, 학교현장실습(해외한국학교)									4(5)
		학교현장실습(해외인턴십)									
		교육봉사									
	교직소양	특수교육학개론, 교직실무, 학교폭력 예방 및 학생의 이해									6
	교직이론	교육학개론, 교육철학 및 교육사, 교육과정, 교육평가, 교육방법 및 교육공학, 교육심리, 교육사회, 교육행정 및 교육경영, 생활지도 및 상담(택 6)									12
	소계										22(23)
졸업요구 총 이수학점											140

양은 특수교육학개론, 교직실무, 학교폭력 예방 및 학생의 이해의 3과목으로 구성되어 있으며, 3과목 모두 필수로 이수해야 한다. 교직이론은 총 9개의 과목 중 6개 이상을 선택하도록 하고 있다.

4) 장 · 단점

개방형 교사양성의 장점은 무엇보다도 다양한 교육기관에서 개성이 풍부하고 자율성이 강한 교사를 양성할 수 있다는 점이다(김기태, 조평호, 2006: 203). 개방형 교사양성기관은 국 · 사립대학에 걸쳐 고루 분포되어 있지만 교직과목의 명칭과 이수 학점 수를 제외하곤 대학마다 다양하고 특색 있는 교육과정을 통해 교수-학습이 이루어지기 때문에 융통성이 있다. 신입생 선발도 대학마다 강조되는 방식에 의하여 다양한 전형방법을 통해 이루어지고 있어 교사양성대학에 대한 접근성이 용이하다.

한편, 개방형 교사양성의 단점은 지나친 개방성으로 인해 교직에 대한 목적의식의 결여와 교직의 전문적 기술체계성을 경시하는 우를 범할 수 있다는 점이다(안암교육행정학연구회, 2014: 177). 또한 교원수급에서 교사자격증 소지자의 공급 과잉 혹은 공급부족 문제를 야기할 수 있다. 전통적으로 우리나라는 중등 예비교사의 자격 남발로 인해 공급 과잉 현상이 계속 나타나고 있고, 이로 인해 장기간 임용 준비에 따른 청년실업 문제와 사교육비 증가의 문제가 제기되고 있다. 교육과정 측면에서 보면 교과별 교사양성 학과들에서 다양한 교육과정이 운영되고 있기 때문에 교직이론과 교육실습을 제외하곤 공통점이 별로 없으며, 교육과정의 내용과 구조면에서 일관성과 연계성이 부족하다.

Ⅲ. 교사양성체제의 개편 배경과 방향[7)]

1. 개편의 배경

교원양성체제 개편에 관한 논의는 정권이 바뀔 때마다 빠지지 않고 등장해 왔던 단

7) 이 절의 내용은 2009년 한국교원교육학회 춘계학술대회에서 신현석(2009)이 발표한 「교원양성체제의 개편 방향과 전략의 모색」의 일부를 수정 · 보완하였음.

골 메뉴이다. 역대 정부에서 추진된 교원양성체제 개편에 대한 동인도 가지각색이다. 문민정부에서는 시대사회적인 변화에 대한 대응하기 위하여 교원의 자질을 향상하고 학교현장과 연계된 교원양성교육을 위하여(1995. 5. 31.) 개편을 추진하였다. 국민의 정부에서는 교원의 전문성 신장을 위하여 대학원 수준의 교원양성체제 도입을 위하여 추동되었고(교육부, 2000), 참여정부에서는 지식기반사회에 요구되는 교원의 능력 함양과 교원양성의 전문화와 특성화 필요(교육인적자원부, 2003)에 의해 교원양성체제 개편이 추진되었다. 이명박 정부에서는 대학의 구조조정 차원에서 교원양성체제 개편을 추진하겠다고 하여 그 동인은 특이하게 경제난국을 타개하기 위한 효율성 제고 차원이었다(교육과학기술부, 2008). 한편, 박근혜 정부에서는 2015개정 교육과정 및 지능정보사회의 도래에 따라 미래사회에 필요한 창의적 인재양성 및 전문성과 역량을 갖춘 예비교원을 양성하기 위해 교·사대 교육과정을 개선 지원하여 새로운 선도 교원양성 모델을 창출·확산하고자 하였다(허경호, 2017).

그동안 교원양성체제의 개편 논의는 교육환경의 변화를 개혁정책 차원에서 반영하여 주로 정부와 대통령 직속의 교육 자문기구에 의해 이루어져 왔다. 한국교원교육학회를 비롯한 교육관련 학회들은 교원양성체제를 개편하는 데 독립적인 주창자라기보다 정부개편안이 발표되면 그것의 추진방안을 논의하는 입장이었다. 물론, 학회 차원에서 새 정부의 출범에 즈음하여 새 정부의 교원정책의 방향을 제시하는 가운데 교원양성체제의 개편을 논의하기도 하였다(한국교원교육학회, 2003). 교원정책 혹은 교원교육 개별 연구자들은 교원양성체제 개편과 관련된 정부 혹은 대통령 위원회에 참여하여 이들의 안을 형성하는 데 일조해 왔다. 따라서 학문탐구의 일환으로 교원양성체제의 개편을 독자적으로 연구한 경우는 외국의 교원양성체제를 고찰하면서 우리에게 주는 시사점을 탐색하는 일부 비교교육 연구들을 제외하곤 찾아보기 힘들다.[8] 이처럼 교원양성체제 개편에 관한 논의가 주로 정부 차원에 비롯되다 보니 정책형성의 과정에서 합리적 동인에 의하기보다는 정치적 의도에 의한 개편이 우세하게 작용할 수밖에 없다. 이에 기반한 연구들은 대체로 정책연구의 형식을 띠고 있으며, 문제의 진단과 대안 제시라는 대증요법적인 방식을 취한다. 이러한 경향은 최근에 이를수록 더욱 심화되는 양상으로 나타나고 있다.

정치적 성격이 짙은 교육정책은 대체로 정치권의 관심이 높은 대국민적 파장이 넓

8) 이런 점에서 교원양성체제의 개편에 대해 이론 모형에 의해 분석하여 대안을 제시한 신현석(2009), 김병찬(2017)의 논문은 학술적인 의미가 크다고 하겠다.

은 것들로 정권이 바뀔 때마다 항상 등장하는 그런 정책들이다. 대표적으로 대학입시 정책과 지방교육자치제 등을 들 수 있다. 교원정책의 경우 과거에는 주요 정책 고객이 교원으로 인식되어 전문성 제고 혹은 교원의 질 향상이라는 합리적 요인들이 정책의 주요 작동기제로 작용하였다. 그러나 문민정부 이후 교원정책의 수요자가 학부모와 일반 국민으로 확대되어 교원의 자질 향상과 책무에 대한 요구가 증대되면서 교원양성체제에 대한 평가와 교원평가 등이 추진되기에 이르렀다. 교원양성체제 개편도 이러한 추세와 무관하지 않으며 점차 정치적인 기제에 의한 정책추진의 경향을 보여 주고 있다.

교원양성체제의 개편 논의가 이처럼 정치적인 성격을 띤다는 것은 정치적 파당성의 의미보다 영향력이 있는 정치적 집단의 권력행사에 의해 독점되는 경향을 말한다. 즉, 교원양성의 보편적이고 합리적인 원리나 이론보다는 특정 이해당사자의 관점과 요구가 권력관계에 의해 정책에 주로 반영되는 경우를 일컬음이다. 어떤 정책이든 이러한 정치적 경향이 불가피하게 나타날 수는 있지만 문제는 정책의 성격상 합리성 측면이 강하거나 적어도 반드시 고려되어야 할 합리성이 지나치게 정치적인 요구나 권력관계에 의해 지배되는 경우이다. 사회적 요구 혹은 국민의 이름으로 교원양성체제 개편이 정권이 바뀔 때마다 추진되고, 정작 방안의 도출은 교육계의 이해당사자 간 권력관계에 의해 이루어진다. 그러다 보니 교원양성의 기간을 고려해 볼 때 중장기적이고 단계적 추진이 불가피한 교원양성체제의 개편이 짧은 시간에 근시안적으로 현재의 관심 이슈 중심으로 이루어지는 경향이 있다. 최근 교원양성체제 개편 논의의 정치지향적 경향은 교원양성의 보편적인 원리와 정책의 합리적인 추진방식을 고려하지 못하고 있다는 데서 문제의식을 제기할 수 있다.

2. 개편 방향

교원양성체제를 개편하는 과정에서 일관성 있게 견지해야 할 기본 방향을 제시하면 다음과 같다. 첫째, 교원양성체제 개편을 추진하는 정책은 이념적으로 자율과 책무 그리고 전문성의 조화를 지향하는 것이 바람직하다. 정책의 이념으로서 자율은 타의에 의해 부여되는 것이 아니라 당사자의 독립적이고 주체적인 판단과 선택이 가능한 환경의 조성을 필요로 한다. 이런 상황에서 자율에 따른 책무가 논의될 수 있다. 교원양성기관에 대한 평가가 성공적으로 소기의 성과를 거두기 위해서는 합리적으로 완벽한 평가도구의 개발도, 평가결과에 따른 상벌체계의 확립도 아닌 기관의 자율성 보장이고 전문성 개발 중심의 평가가 되어야 한다. 많은 연구에서 교원양성기관에 대한 평가의 강화를 주장하면서 상벌체계와의 긴밀한 연계를 강조한다. 평가를 책무와 연계하여 기관의 효율 차원에서 교원양성체제 개편과 이를 통한 경쟁력 제고에만 관심이 있지 평가의 조건으로서 자율 그리고 목적으로서 전문성 제고에는 무관심하다. 양성체제의 개편을 위한 정책도 이제 '무엇을 어떻게 할 것인가'에 대한 관심 이전에 '왜 해야 하고 하기 위해서 필요한 것은 무엇인가'에 먼저 초점이 모아져야 한다. 더 이상 '포장된 실용'을 위한 정치적 수사가 아닌, 건전한 정책이념으로서 자율과 책무 그리고 전문성에 대한 재해석을 통해 양성체제 개편의 정책추진 배경논리로 작동할 수 있어야 하겠다.

자율은 책무의 조건이면서 책무의 결과에 따라 보장받고 강화되는 경향이 있다. 책무는 일견 전문성을 확인하기 위한 절차나 과정으로 볼 수 있지만 제한된 능력에 대한 확인이라는 점에서 전문성의 부분적 개념이다. 더욱이 교원양성체제 개편의 과정에서 책무는 지향점으로서 전문성 개발을 위한 수단으로 작용하기 때문에 책무를 개편의 목적 개념으로 보는 것은 바람직하지 않다. 따라서 교원양성체제 개편의 궁극적인 지향점으로서 교원양성의 전문성 제고는 정책 수단의 이념으로서 자율과 책무를 통해 모두 가능하지만 우열의 비교를 통한 배타적 선택의 문제가 아니라 상호보완적인 협응과 조화를 통해 이루어지는 것이 바람직하다.

둘째, 교원양성체제 개편을 추진하는 정책은 그 배경논리로서 합리적 기반의 확충을 도모하는 것이 바람직하다. 구조체제 중심의 교원양성체제 개편은 비록 그 방안들의 장단점이 사실적인 연구를 통해 제시되었다 하더라도 다양한 이해당사자들이 방안을 논의하는 자리에서는 정책 선택에 따른 손익계산을 할 수밖에 없기 때문에 정치성을 띠게 된다. 문제는 이런 지리한 논의 때문에 교원양성체제 개편을 위한 정책의 합리적 측면이 희생된다는 것과 교원양성의 핵심기술에 해당되는 교수-학습 및 교육과정 개선에 관한 양성체제 개편의 본질적인 사안들이 간과되고 있다는 것이다. 따라서 정부는 정책의 합리성 기반이 비교적 잘되어 있는 교원양성의 핵심기술에 대한 개선에 정책의 우선순위를 두고 실행하며, 체제의 구조나 거버넌스 등 정치적으로 민감한 사안들은 정책의 합리적 기반을 점진적으로 구축해 나가면서 추진하는 것이 바람직하다.

양성체제 개편을 위한 정책의 합리적 기반은 정책 목표의 타당성과 정책수단의 정당성으로부터 보장될 수 있다. 기술적 합리성이 어느 정도 보장된 교원양성의 교수-

학습 및 교육과정에 대한 개편정책은 목표의 타당성보다는 수단의 정당성 확보가 정책성공의 관건이다. 교원양성기관의 평가가 규제와 통제보다는 지원과 조장을 위한 것일 때 정당성 확보에 유리하다. 한편, 양성체제의 구조나 형식처럼 이해관계에 따라 정치적 갈등이 불가피한 양성체제 개편방안들은 합리적 기반의 확보를 위해 우선 정책목표의 타당성에 대한 이해를 공유하는 것이 중요하다. 즉, '왜 이 방안을 추진해야 하는가?'에 대한 합의와 동의를 합리적으로 이끌어 내는 노력이 필요하다. 그럼에도 불구하고 정부나 연구자들은 주로 지금까지 '어떻게 할 것인가'에 관한 정책수단의 마련에 골몰해 왔다. 이로 인해 수단이 목적에 선행하여 목적이 전도되는 가운데 방안은 표류할 수밖에 없었다.

셋째, 교원양성체제 개편을 위한 정책의 실행방법은 전략적이어야 하고, 체제의 구성요소에 해당되는 방안들이 종합적인 교원양성체제 계획에 따라 상호 연계, 결합되는 합리적인 방식으로 추진되는 것이 바람직하다. 그동안 정부의 교원양성체제 개편을 위한 정책의 추진방식은 개편방안을 정책연구를 통해 도출하고 이를 위원회나 추진단에서 논의하여 여론 수렴 후 정부에 건의하면 정부는 이를 수용하여 발표하는 식이었다. 정책의 비전과 목표는 있지만 목표별로 추진과제를 나열하는 식이고, 설령 방안별 추진계획이 시기별로 제시되었다고 해도 정책추진의 우선순위에 대한 언급이 없다. 종합적으로 교원양성체제 개편방안을 담은 교원정책 개선 계획들은 정치적인 일정 혹은 추진예산의 확보 문제로 인해 정책실제에서 실행되지 못한 채 도상 계획으로 종결되는 경우가 많았다. 그나마 최근에는 양성체제 개편이 종합적인 교원정책의 부재 속에 분절적으로 논의되고 있는 형편이다.

그동안 교원양성체제 개편을 위한 정책이 성과 면에서 부실했던 것은 정치적 갈등으로 인해 실물 정책화되는 비율이 낮은 이유도 있었지만 추진방식 또한 비효율적이었다는 데도 있다. 따라서 향후 교원양성체제 개편을 효율적으로 추진하기 위해서는 종합적인 교원양성체제 개편 계획에 따라 개편을 위한 방안 혹은 과제들의 추진계획의 우선순위가 분명하게 설정되어야 하고, 이에 따른 방안의 추진일정과 예산 확보 가능성이 담보되어야 한다. 정책방안의 우선순위는 정치적으로 민감한 사안보다는 합리적 기반 구축이 용이한 사안이 먼저 실행될 수 있도록 하여 정책방안의 실제 채택률을 높이는 것이 바람직하다. 그리고 양성체제 개편방안들이 합리적으로 추진되기 위한 방법으로 종래 방안의 과제들을 담당 부서별로 나누어 추진하는 부서 중심의 폐쇄적인 정책추진보다는 교육인사행정과정의 원리에 따라 교원수급계획과 자격 및 임용과 긴밀하게 연계되어 추진되고, 체제 운영의 원리에 따라 체제 내 서로 다른 성격의 방안들이 결합을 통해 상호작용에 의한 시너지 효과를 낼 수 있는 방식으로 추진되는 것이 바람직하다.

학습과제

1. 교사양성의 개념을 교육인사행정의 과정이라는 큰 틀에서 갖는 의미를 제시하고, 다양한 관점에서 논의가 필요한 이유를 생각해 보자.
2. 목적형 교사양성과 개방형 교사양성의 특징과 장단점을 비교하여 새로운 개선방안을 구상해 보자.
3. 교원양성체제 개편의 방향에 근거하여 현재 교원양성체제의 문제점은 무엇인지 살펴보자.

참고문헌

고전(2012). 교권 보호 법제화의 쟁점과 과제. 교육행정학연구, 30(4), 53-72.

교육개혁위원회(1995. 5. 31.). 세계화.정보화 시대를 주도하는 新교육체제 수립을 위한 교육개혁방안(I). 제2차 대통령 보고서.

교육과학기술부(2008. 3. 20.). 교육과학기술의 미래 경쟁력 강화, 2009년 교과부 업무보고.

교육부(2000). 교직발전종합방안.

교육부(2017. 8. 20.). 교원양성기관 현황.

교육인적자원부(2003. 4. 9.). 대통령 업무보고.

구정화(2014). 학생의 인권보장 정도와 교권 존중과의 관련성. 법과인권교육연구, 7(3), 1-19.

김기태, 조평호(2006). 미래지향적 교사론. 서울: 교육과학사.

김병찬(2017. 9.). 한국 교원양성체제 개편 방향과 과제. 제2차 교육정책 포럼 자료집. 한국교육행정학회.

김성열 외(1994). 교육행정 및 교육경영. 대전: 과학과 예술.

신현석(2000). 한국의 교육개혁정책. 서울: 학지사.

신현석(2009). 교원양성체제의 개편 방향과 전략의 모색. 한국교육, 36(3), 53-78.

신현석(2010). 한국의 교원정책. 서울: 학지사.

신현석, 안선회, 김동석, 김보엽, 박균열, 박정주, 반상진, 변기용, 양성관, 엄준용, 이강, 이경호, 이일권, 이정진, 전상훈, 조홍순(2015). 학습사회의 교육행정 및 교육경영. 서울: 학지사.

안암교육행정학연구회(2014). 학교중심의 교육행정 및 교육경영. 서울: 박영사.

한국교원교육학회(2003). 국민참여정부 교원정책의 과제. 제39차 춘계학술대회 자료집.

허경호(2007). 창의교육 선도 교원양성대학 운영. 창의교육 선도 교원양성대학 사업의 운영 성과와 발전방안. 한국교육학회 연차학술대회 자료집, 1-5.

Cochran-Smith, M., & Fries, K. (2005). Researching Teacher Education in Changing Times: Politics and Paradigms. In M. Cochran-Smith & K. M. Zeichner (Eds.), *Studying teacher education*. Mahwah, NJ: Lawrence Erlbaum Associates, Publishers.

Cochran-Smith, M., & Zeichner, K. M. (Eds.). (2005). *Studying teacher education*. Mahwah, NJ: Lawrence Erlbaum Associates, Publishers.

Floden, R. E., & Buchmann, M. (1990). Philosophical Inquiry in Teacher Education. In W. R. Houston (Ed.), *Handbook of research on teacher education*. New York: Macmillan Publishing Company.

Houston, W. R. (Ed.). (1990). *Handbook of research on teacher education*. New York: Macmillan Publishing Company.

Hoy, W. K., & Miskel, C. G. (2005). *Educational administration: Theory, research, and practice* (7th ed.). Boston, MS: McGraw-Hill, Inc.

종합법률정보 홈페이지(판례 검색) http://glaw.scourt.go.kr/ (검색일 2017. 8. 21.)

헌법재판소 홈페이지(판례 검색) http://search.ccourt.go.kr/ (검색일 2017. 8. 19.)

제2부

교직과 교사 이슈

제5장
대학원 수준에서의 교원양성

김병찬(경희대학교 교수)

개요

교원양성과 관련하여 교원교육의 질을 높이기 위한 노력은 거의 모든 국가에서 중요한 관심 사항이다. 교원양성 과정에서 교원교육의 질을 높이기 위한 방안으로 대학원 수준에서의 교원양성은 국내외를 막론하고 지속적으로 관심을 받아 왔다. 우리나라에서도 1995년 5·31 교육개혁안 중의 하나로 대학원 수준 교원양성이 공식적으로 제안된 이후 꾸준한 논의가 있어 왔다. 하지만 많은 논의에도 불구하고 아직까지 대학원 수준의 교원양성을 위한 실질적인 진전은 거의 이루어지지 않고 있다. 이는 대학원 수준 교원양성의 필요성이나 명분에도 불구하고 현실적인 제약 요소가 적지 않음을 시사해 주고 있다.

그러나 이제 제4차 산업혁명 시대를 맞이하여 교육환경의 급격한 변화가 예상되며, 그에 걸맞는 교원의 양성이 시급한 과제로 대두되고 있다. 즉, 미래 사회의 변화에 적응하고 대응할 수 있는 인재를 길러 내기 위한 교원을 갖추는 것이 국가적인 과제가 된 것이다. 미래 사회에 적합한 교원을 양성하기 위해서는 다양한 노력이 필요하지만, 그동안 교원교육의 질 향상을 위한 방안으로 지속적으로 논의되어 왔던 대학원 수준의 교원양성 방안에 대한 좀 더 적극적인 관심이 필요한 시점이 되었다. 대학원 수준의 교원양성은 단순히 교원양성 기간을 늘리는 차원에 머무르는 것이 아니라 교원교육의 질과 패러다임을 획기적으로 변화시키기 위한 하나의 기반이라는 점에서 주목할 필요가 있다.

이 장에서는 이러한 맥락에서 그동안 우리나라에서 논의된 대학원 수준의 교원양성에 대한 논의들을 정리하고, 대학원 수준 교원양성의 방향에 대해 검토한 다음, 우리나라에서 실현 가능한 대학원 수준 교원양성 모델을 제시하고자 한다. 그리고 대학원 수준 교원양성 정책 구현을 위한 제도 및 정책 정비 방안에 대해 제안하고자 한다.

Ⅰ. 서론

교육은 교사의 질을 능가할 수 없다는 말이 있듯이, 그 나라의 교육은 그 나라 교사의 질에 달려 있다. 그렇기 때문에 각 나라에서는 교육개혁의 핵심을 교사의 질 향상에 두고, 교사의 질 향상을 위한 다양한 노력을 기울이고 있다(Murphy, 1995; OECD, 2017).

교원의 질 향상을 위한 교사교육 개혁은 크게 두 차원에서 접근할 수 있는데, 거시적 차원과 미시적 차원이다. 거시적 차원은 교사교육에 접근함에 있어 교사교육 제도나 정책, 체제 등 주로 국가 수준에서 교사교육 변화를 도모하는 것이고, 미시적 차원은 각 교원양성교육 프로그램 및 교사교육 교수-학습 측면에서 접근하는 것이다. 교사교육을 제대로 수행하고 또 교사교육 개혁을 성공적으로 이루기 위해서는 이 두 차원 모두에서 적절한 대응이 필요하다.

우리나라에서도 교사교육 개혁을 위해 많은 관심과 노력을 기울이고 있다. 교원선발제도의 개선, 교원양성체제의 전문화 및 특성화, 교원양성 교육과정의 개선, 교원양성기관 평가, 현직교원 연수제도의 개선 및 확대, 교원양성에 대한 국가 수준의 기준 제정 등(교육부, 2010, 2017; 대통령자문교육혁신위원회, 2006) 국가적 차원에서 다양한 노력을 기울이고 있다. 아울러 각 교원양성기관 차원에서도 교사교육 개혁을 위해 노력을 기울이고 있는데, 대학의 특성을 반영하여 교원교육의 기준을 제정하여 운영한 사례(주영주 외, 2006)나 실천적 지식 기반 교원양성교육을 실시한 대학 사례(구원회, 2011) 등 다양한 노력이 이루어지고 있다.

한편, 교원 양성교육의 질 향상과 관련하여 대학원 수준에서 교원을 양성하는 교육전문대학원[1) 체제에 대한 논의도 지속적으로 이루어지고 있다(고전, 2009; 김태완, 최원

1) 대학원 수준의 교원양성과 관련하여 현재 국내에서는 '교육전문대학원' '교원전문대학원' 등의 용어가 사용되고 있는데, 이 장에서는 두 용어 중에서 일반적으로 보다 많이 사용되고 있는 '교육전문대학원' 용어를 사용하고자 한다.

회, 고대혁, 박선형, 박인심, 2008; 정일화, 천세영, 2017; 정진곤 외, 2004). 교원양성교육이 발전하기 위해서는 현재의 체제에서도 가능하지만, 제4차 산업혁명 시대의 도래, 다양한 환경 및 여건의 변화, 교육 변화 속도의 가속화 등 여러 측면에서 볼 때(임종헌, 유경훈, 김병찬, 2017; Schwab, 2016), 교원양성교육 역시 기존의 체제로는 한계에 이르렀다고 할 수 있고(이돈희, 김남두, 최충옥, 박덕규, 박인신, 1998), 새로운 체제가 요구되고 있다. 교원양성기관의 새로운 체제에서는 여러 변화에 적절하게 대응할 수 있을 뿐만 아니라 질 높은 교원교육을 수행할 수 있어야 한다. 이러한 맥락에서 대학원 수준의 교원교육의 필요성이 지속적으로 제기되어 왔으며(김태완 외, 2008; 황규호, 1999; 황영준, 2005), 교육전문대학원은 그 하나의 대안이었다.

이 장에서는 우리나라 교원양성체제 개편의 쟁점과 방향, 대학원 수준 교원양성 방안, 대학원 수준 교원양성 방안 중의 하나인 교육전문대학원 설치 및 운영을 위한 제도 정비 방향 등에 대해 논의하고자 한다.

Ⅱ. 대학원 수준 교원양성과 관련된 기존의 논의

대학원 수준에서 교원양성과 관련된 논의는 김영삼 대통령 시기인 문민정부의 5·31 교육개혁방안에서부터 시작해 정권이 바뀔 때마다 지속적으로 제기되어 왔다(신현석, 2009; 황규호, 1999; 황영준, 2005). 그리고 관련 연구가 꾸준히 이루어지고 있기는 하지만, 대학원 수준의 교원양성과 관련하여 실제적인 추진이나 진전은 아직 이루어지지 않고 있는 상황이다(정일화, 천세영, 2017).

역대 정부의 대학원 수준 교원양성과 관련된 방안들을 살펴보면, 우선 문민정부에서 대학원 수준 교원양성 방안이 최초로 제기되었는데, 문민정부에서는 교육개혁위원회를 통해 교원양성기관의 질 관리를 위한 평가인증제, 교육대학을 종합대학 및 사범대학과 통합하는 방안 등을 제안하면서 대학원 중심의 교원양성체제 전환도 함께 추진해야 한다고 제안하였다(이돈희 외, 1998). 김대중 대통령 시기인 국민의 정부에서는 새교육공동체위원회를 통해 교육대학교와 종합대학 간의 교류 증진 및 단계적 통합 방안을 제시하고 교육전문대학원 설립을 제안하였다(교육부,[2] 2004). 노무현 대통령 시

2) 교육부의 명칭이 시기에 따라 '교육인적자원부' '교육부' 등의 용어로 사용되었는데, 이 장에서는 모두 '교육부'로 통일하여 사용한다.

기인 참여정부에서는 교육혁신위원회를 통해 교원양성체제의 전문화와 특성화를 위해 교육전문대학원 제도 도입 방안을 제안하였다(김태완 외, 2008). 이명박 정부는 국가교육과학기술자문회의의 정책 방향 제시에 따라 대학 구조조정 차원에서 교원양성기관 평가를 통한 인원 감축, 교원양성 특별과정(가칭)을 통한 다양한 분야 전문가의 교직 진출 추진 방안 등을 제안하고 교육전문대학원에 대해서는 여건이 되면 추진한다는 입장을 가졌다(교육부, 2008). 박근혜 정부에서는 교육개혁추진협의회를 통해 교원양성 임용체제의 개편 논의 중 하나로 교육전문대학원에 대한 논의를 포함시켰다(이부하, 정경욱, 2015). 그리고 현 문재인 정부에서는 교원정책 및 교원양성기관 개편과 관련하여 아직 구체적인 방안이 제시되고 있지는 않지만, 곧 관련 방안들이 마련될 것으로 예상되며 대학원 수준의 교원양성 방안도 중요 논의 사항이 될 것으로 보인다(정일화, 천세영, 2017). 이러한 시기에 대학원 수준 교원양성과 관련된 체계적인 논의와 담론이 필요하다고 본다.

한편, 대학원 수준의 교원양성을 목표로 하는 교육전문대학원 제도가 많은 논의에도 불구하고 구체적인 진전이 이루어지지 않은 데에는 몇 가지 원인이 작용한 것으로 보인다. 우선, 각 교원양성기관의 이해관계 및 입장 차이가 큰 걸림돌이 되고 있다. 교육전문대학원 도입에 대한 교육대학교, 국립대학, 사립대학, 교육대학원 등 양성기관별 입장 차이가 존재하는 것으로 나타났다. 그중 교육대학교와 사립대학, 교육대학원의 경우에는 대체로 교육전문대학원의 도입을 찬성하는 입장을 보였지만, 사범대학과 교육대학원이 설치되어 있는 국립대학의 경우 교육전문대학원의 도입에 부정적인 입장을 보였다(황영준, 2005). 이러한 부정적인 입장은 교육전문대학원 설치로 인한 사범대학의 존폐 문제, 교육대학원 개편 문제 등 현실적인 문제에 대한 대안이 마련되지 않은 상태에서 나온 방어기제적 성격을 갖는 것이라고 할 수 있다. 한편, 교육대학원이 없는 서울대학교의 경우 교육전문대학원 설치에 긍정적 입장을 보이기도 하였다(황영준, 2005). 이와 같이 교육전문대학원 도입을 둘러싼 각 교원양성기관의 이해관계와 입장 차이가 교육전문대학원 설치의 방해 요인으로 작용하는 것으로 보인다.

이러한 현실적인 이해관계에도 불구하고 우수한 교원을 양성하기 위한 대학원 수준의 교원양성의 필요성은 지속적으로 제기되어 왔다(신현석, 2009; 이돈희 외, 1998; 정일화, 2016). 김갑성 등(2009)도 역시 다양한 사회 변화에 유연하게 대응할 수 있는 교사양성을 위해서는 학부 수준의 4년제 양성체제로는 어려우며 대학원 수준의 교원양성이 필요하다고 보았다. 황규호(1999) 또한 의학이나 법학 등 다른 전문직 관련 분야에서 전문대학원이 운영되는 것처럼 교사의 전문성 신장을 위해서도 대학원 수준에서 교원양성이 필요하다고 주장한 바 있다. 그리고 여러 논의가 구체적인 교육전문대학원 도입 방안에 대해 제안을 하였는데, 6년제 모형, 2+4 모형, 4+2 모형, 복합 모형 등이 주요 방안으로 제시되고 있다(고전, 2009; 김갑성 외, 2009; 최운실, 2004; 황규호, 1999). 그중 중등체제는 4+2 모형이 선호되는 것으로 나타나고 있으며, 대체로 학계에서도 4+2 모형을 선호하는 편이다(고전, 2009; 김태완 외, 2008; 오영수, 김병주, 2002; 정일화, 2016).

이처럼 교육전문대학원의 도입 및 운영은 오늘날 교원양성체제가 가지고 있는 여러 문제를 극복하기 위한 대안으로, 그리고 현대사회에서 요구되는 전문화와 특성화를 위한 교원양성 방안으로 꾸준히 논의되어 왔다. 이러한 맥락에서 교원의 전문성 확보를 위해 양성기간을 늘리고 양질의 교육을 받도록 하는 것에는 대체로 동의하고 있지만, 각 교원양성기관마다 상이한 입장 차이가 해소되지 않고 있으며, 여기에 더하여 교원수급 불균형 현상이 심화되면서 진전이 이루어지지 않고 있는 상황이다(박수정, 2016).

이에 고전(2009)은 교육전문대학원의 도입과 함께 병행되어야 할 개선 조건으로 엄격한 정원 관리, 축소 인원에 대한 재정 보전, 사범대학체제 존폐 문제, 교육대학원의 개편 등의 문제를 해결해야 할 필요가 있다고 보고, 아울러 교원의 처우와 보수 수준의 개선도 함께 이루어져야 한다고 제안하였다. 황영준(2005) 역시 교육전문대학원의 도입을 위해서는 각 교원양성기관 간의 협의 및 공감대 형성, 교육전문대학원 도입에 따른 부작용 방지 대책 마련, 관련 법체계 정비 등을 선결 과제로 제시하였다. 정일화와 천세영(2017)은 교육전문대학원 교원양성체제의 교육과정이 기존의 교육내용 및 교육방법과 차별화되어야 하며 융합적 교과 전문성을 향상시킬 수 있는 현장 실무중심이 되어야 한다고 제안하고, 과잉 교원양성의 또 다른 원인이 되어서는 안 되며 단계적으로 교육과정을 시범 적용하고 성과에 따라 확대 여부를 모색해야 한다고 주장하였다.

Ⅲ. 교원양성체제 개편의 쟁점과 방향

1. 교원양성체제 개편 방향 관련 쟁점

우리나라에서 기존의 교원양성체제가 새로운 시대, 사회적 변화에 적합하지 않다는 한계가 지적되면서(김태완 외, 2008; 이돈희 외, 1998; 황규호, 1999) 교원양성체제를 개편하려는 논의가 다양하게 이루어졌다. 이 절에서는 기존의 선행 논의(교육부, 2007; 김명수, 2003; 김병찬, 2008; 김이경 외, 2004a; 박남기, 2003; 정영수, 2002; 조동섭, 2002)를 바탕으로 우리나라 교원양성체제 개편 방향과 관련된 논쟁점을 정리한다. 우리나라에서 교원양성체제 개편 방향에 관한 논의는 크게 ① 초등교원 양성과 중등교원 양성의 분리 대 통합, ② 학부 수준에서의 교원양성 대 대학원 수준에서의 교원양성, ③ 독립형 교원양성 대 종합대학 내 통합형 교원양성의 세 측면에서 이루어졌다고 할 수 있다. 주요 논쟁점을 정리하면 다음과 같다.

1) 초등교원 양성과 중등교원 양성의 분리 대 통합

초등교원 양성과 중등교원 양성을 분리할 것인가 아니면 통합할 것인가는 지속적인 쟁점이 되어 왔다(김태완 외, 2008; 박남기, 2003). 분리형은 초등교원 양성과 중등교원 양성을 현행과 같이 각각 별도의 기관에서 담당하는 형태이다. 초등교사는 교육대학교에서, 중등교사는 사범대학을 중심으로 종합대학에서 양성하는 현행 시스템을 유지하자는 주장이다. 통합형은 초등교원 양성과 중등교원 양성을 하나의 기관에서 통합하여 담당하는 것을 의미한다. 즉, 교원양성 과정에서 초등교원 양성기관과 중등교원 양성기관을 분리하지 않고 통합하여 하나의 기관에서 양성으로 것으로 대부분의 다른 나라에서 운영하고 있는 방식이다(OECD, 2016).

분리형의 경우, 기존 교원양성체제를 유지할 수 있다는 점에서 안정성이 있으며, 초등과 중등의 특수성을 보호할 수 있다는 점에서도 선호가 되고, 우리나라의 경우 초등교원양성기관으로 우수 자원 유입이 지속될 수 있다는 점에서도 장점이 있다. 반면, 분리 운영에 따른 비효율의 문제, 통합 운영이 세계적인 추세임에 비해 그 흐름에 반하고 있다는 점, 향후 학제나 교육과정 개편에 따른 융통성 있는 초 · 중등 연계 교사자격 운영이 어렵다는 점 등이 단점이다.

통합형의 경우는 예산, 인력 등 여러 차원에서 통합 운영에 따른 효율성이 증진될 수 있으며, 초 · 중등 연계 교사자격체계 구축이 용이하고, 학제 개편에 따른 교원 운용도 용이할 수 있다는 점이 장점이라고 할 수 있다. 반면, 통합에 따른 이해당사자들의 반발이 예상되고, 통합 비용 및 통합에 따른 혼란이 나타날 수 있다는 점은 단점이라고 할 수 있다. 이를 종합하여 정리하면 〈표 5-1〉과 같다.

〈표 5-1〉 초 · 중등교원 양성기관 통합-분리의 장단점

구분	장점	단점
초등과 중등 분리형	• 기존 체제 유지에 따른 안정 • 초등과 중등의 독자성 보호 • 초등 우수자원 유입 유지	• 분리 운영에 따른 비효율 • 세계적인 추세에 역행 • 초 · 중등 연계자격 운영 곤란
초등과 중등 통합형	• 교원양성의 효율성 증진 • 초 · 중등 연계자격 취득 용이 • 교원 운용에 있어 융통성	• 이해당사자들의 반발 • 통합에 따른 통합 비용 • 통합에 따른 초기 혼란

2) 학부 수준에서의 교원양성 대 대학원 수준에서의 교원양성

학부 수준에서 교원을 양성할 것인가, 아니면 대학원 수준에서 교원을 양성할 것인가도 꾸준히 쟁점이 되어 왔다(이돈희 외, 1998; 정일화, 천세영, 2017; 황규호, 1999). 학부 수준에서 교원양성은 현행 체제와 같이 학부 4년 과정을 통해 교원을 양성하는 것이고 대학원 수준에서의 교원양성은 학부 4년 이외에 대학원 2년을 더 배우게 하여 교원을 양성하는 것이다. 우리나라는 전통적으로 4년제 학부 과정을 통해 교원을 양성해 왔는데, 서구의 대부분의 나라에서는 대학원 과정을 통해 교원을 양성하고 있다 (Houston, 1990).

학부 수준에서 교원을 양성하는 것은 우리나라의 경우 기존 체제를 유지할 수 있다는 점, 그리고 양성에 따른 총 비용을 줄일 수 있다는 점이 장점이다. 반면에 시대적 변화에 따른 교원양성 과정에서 증가된 교육내용을 다 감당하기 어렵다는 점, 관련하여 예비교사들의 전문성 심화를 기하기 어렵다는 점, 또한 세계적인 추세와 다른 방향이라는 점은 단점이다.

대학원 수준에서의 교원양성은 교원의 전문성 향상에 대한 사회적 변화나 요구를 반영할 수 있으며, 학교 현장의 필요나 요구에 좀 더 부응하여 심화교육이 가능할 수 있다는 점, 예비교사들의 학습기간의 증가로 복수 및 부전공 제도 운영이 용이하다는 점 등이 장점이 될 수 있다. 반면에 양성기간의 증가에 따라 교원양성 비용이 늘어난다는 점, 기간이나 비용 증가에 따라 우수 인력 유입이 감소할 수 있다는 점, 기존 체제의 정비에 따른 혼란이나 비용이 발생할 수 있다는 점 등은 단점이라고 할 수 있다. 각각의 장단점을 종합하여 정리하면 〈표 5-2〉와 같다.

〈표 5-2〉 학부-대학원 수준 교원양성의 장단점

구분	장점	단점
학부 수준에서의 교원양성	• 기존 체제 유지에 따른 안정 • 양성 비용의 효율 유지	• 증가된 교육내용 감당 어려움 • 전문성 향상을 위한 심화교육 부족 • 세계적인 추세에 역행
대학원 수준에서의 교원양성	• 교원의 전문성 향상에 대한 사회적 요구 부응 • 학교 현장의 변화에 부응 (심화, 선택과목 증가) • 복수 및 부전공 제도 운영 용이	• 교원양성을 위한 비용 증가 • 비용 증가에 따른 우수인력 지원 기피 • 기존 체제 정비에 따른 혼란

3) 독립형 교원양성 대 종합대학 내 통합형 교원양성

우리나라에서 교원양성과 관련하여 독립된 교원양성기관에서 교원을 양성할 것인가, 아니면 종합대학 내에서 교원을 양성할 것인가 역시 꾸준히 쟁점이 되어 왔다(신현석, 2009; 정영수, 2003; 조영달, 2009; 한만길 외, 2006). 독립형 교원양성기관은 우리나라의 교원대학교 모형이라고 할 수 있다. 즉, 종합대학이 아닌 별도의 교원양성대학을 세워 독립적으로 교원을 양성하는 것이다. 반면, 통합형 교원양성기관은 종합대학 내에서 교원을 양성하는 것으로 현행 사범대학체제가 대표적인 예라고 할 수 있다. 별도로 독립된 교원양성기관을 설치하여 교원을 양성하는 나라도 있지만, 대부분의 나라에서는 종합대학 내에 통합하여 교원을 양성하고 있다(Lassonde, Michael, & Rivera-Wilson, 2008).

독립형 교원양성체제는 독립에 따른 교원양성기관의 특수성을 유지할 수 있으며, 특수성을 반영한 방향 정립이 용이하고, 교원양성기관 관리가 수월하다는 점이 장점이다. 반면, 독립 운영에 따른 비용 증가 등 비효율이 발생할 수 있으며, 폭넓은 교양교육이 제한을 받을 수 있고, 보편적인 추세에 역행한다는 점은 단점이라고 할 수 있다.

통합형 교원양성체제는 전공심화 및 교양심화 등 심화교육이 좀 더 용이하다는 점, 종합대학 내에 풍부한 인적·물적 자원을 교원양성교육에 활용할 수 있다는 점, 그리고 풍부한 교양을 갖춘 전문 교원을 양성할 수 있다는 점 등이 장점이 될 수 있다. 반면, 교육대학교 및 교원대 등 기존 독립형 교원양성기관들의 반발과 저항이 있을 수 있으며, 통합에 따른 혼란과 비용 문제도 발생할 수 있다는 점은 단점이라고 할 수 있다. 독립형과 통합형 각각의 장단점을 종합적으로 정리하면 〈표 5-3〉과 같다.

〈표 5-3〉 독립-통합형 교원양성기관의 장단점

구분	장점	단점
독립형 교원양성	• 독립에 따른 특수성 유지 • 자체 방향, 규정 제정의 용이 • 조직관리의 용이	• 독립 운영에 따른 비효율 • 폭넓은 교양인 교육 부족 • 세계적인 추세에 역행
종합대학 내 통합형 교원양성	• 전공심화, 교양심화 등 심화교육 용이 • 종합대학의 풍부한 자원 활용 • 풍부한 교양을 갖춘 전문 교원양성 용이	• 기존 체제 변화에 따른 반발과 저항 • 통합에 따른 초기 비용 • 통합에 따른 초기 혼란

2. 교원양성체제 개편 원리 및 방향

1) 교원양성체제 개편 원리

교원양성체제 개편과 관련하여 다양한 논의가 이루어져 왔는데, 교원양성체제 개편 방향은 실제 교원양성체제 개편을 위한 핵심적인 준거가 될 수 있다. 우리나라에서 주요 학자들이 제시한 교원양성체제 개편 방향을 살펴보면 다음과 같다.

조동섭(2002)은 교원교육제도의 강점과 약점을 평가하는 기준으로, 우수한 교원 자원을 유인할 수 있는 유인력, 학생들을 성공적으로 길러 낼 수 있는 교육력, 제도가 배출하는 교원 후보자의 유능성 세 가지를 제시하였다. 박남기(2003: 1-4)는 초·중등교원 양성기관의 분리 또는 통합 운영의 장·단점을 따지기 위해서는 합리적인 준거 마련이 필요하다고 주장하면서, 그 준거로 교원 자원 유인력과 교원교육기관의 교육력을 제시하고, 우리나라의 경우 초등교원 양성기관과 중등교원 양성기관을 분리하는 것이 초등에서의 경쟁력을 더 확보할 수 있다고 주장하였다. 김명수(2003: 8-12)는 교원양성체제 개편을 위한 논의의 준거로 교원양성체제의 사회적 책무성, 양성체제의 효율성, 학교 현장과의 연계성, 전문성 확보를 위한 실습의 효율성의 네 가지를 제시한 바 있다.

이와 같이 교원양성체제 개편 준거는 학자에 따라 혹은 관점에 따라 달라질 수 있다. 하지만 대체적으로 핵심적인 준거에 있어서는 어느 정도 공통적이라고 할 수 있다. 이 장에서는 여러 다양한 논의를 바탕으로 향후 우리나라 교원양성체제 개편 원리를 구안하였다. 우리나라 교원양성체제 개편을 위해서는 교원양성교육의 질을 담보할 수 있는 전문성을 지향해야 하며, 제한된 자원과 여건 속에서 이루어지는 것이기 때문에 효율성을 추구해야 하고, 교원양성은 단순한 기관이 아닌 대학이라는 전문기관에서 담당하며 그 기관에 일정 정도 자율성을 부여하여 맡기는 만큼 책무성이 추구되어야 한다. 좀 더 구체적으로 교원양성체제 개편 원리를 제시하면 〈표 5-4〉와 같다.

〈표 5-4〉 교원양성체제 개편 원리

교원양성체제 개편 원리	내용
전문성	교원양성체제의 개편은 질적 수월성을 추구하여 배출되는 교원의 전문성을 좀 더 향상시킬 수 있는 방향으로 이루어져야 한다. 교원양성교육을 통해 배출되는 교원은 변화되는 환경 맥락에 맞게 수업 전문성, 생활지도 전문성, 학교 및 학급 관리 전문성 등을 종합적으로 갖출 수 있어야 한다.
효율성	교원양성체제의 개편은 교원양성에 따른 효율성과 효과성을 높이는 방향으로 이루어져야 한다. 한정된 국가의 예산을 가지고 운영되는 것인바, 교원양성체제는 최소의 비용으로 최대의 효과를 낼 수 있어야 하며, 교원의 질을 확보하기 위한 기본 기준은 항상 달성할 수 있어야 한다.
책무성	교원양성체제 운영과 관련하여 국가가 획일적으로 끌고 가는 시대는 지나고 있다. 국가가 방향과 기준은 정해 줄 수 있지만, 교원양성기관 운영은 각 기관의 자율과 책임하에 이루어져야 한다. 향후에 교원양성기관의 자율과 책무는 더욱 확대될 것이다. 따라서 각 교원양성기관의 자율성은 보장하되, 동시에 책무성 기제도 마련되어야 한다.

2) 교원양성체제 개편 방향

어느 나라에서든지 그 나라의 교육에 대해서는 매우 중요하게 생각하지만(Murphy, 1995; OECD, 2017), 한정된 자원과 예산으로 인해 교육에 충분한 투자를 하지 못하고 있는 것이 현실이다. 교육의 핵심 요소인 교원을 길러 내는 교원교육 분야 역시 마찬가지이다. 양질의 우수한 교원을 길러 내고자 하는 것이 교육관계자들의 소망이기는 하지만, 거의 모든 나라에서 교원교육에 충분한 투자를 하지 못하고 있다(McKinsey & Company, 2010). 교원양성에 투자되는 제한된 자원은 효율적으로 관리·운영될 필요가 있다. 국가 차원에서 효율적인 교원양성체제 구축을 위하여, 교원양성의 질적 수월성 제고, 교원양성에 대한 국가 수준의 기준 제정, 교원양성 교육과정의 현장 적합성 강화, 교원양성기관 평가제도 강화, 교원양성체제의 전문화 및 특성화 등 다양한 방향이 제시되고 있다(정미경, 양승실, 김경애, 김정민, 류성창, 2013; 최상덕 외, 2014; 한만길 외, 2006; 홍영란, 2003; 황규호 외, 1999). 다양한 논의를 종합하여 우수한 교원을 양성하기 위한 효율적인 교원양성체제 구축 방향을 제시하면 다음과 같다.

(1) 대학원 수준에서의 교원양성

사회의 변화 및 지식의 증가에 따라 교원들에게 더 많은 능력과 역량이 요구되고 있다. 기존의 학부 과정에서의 교원양성으로는 이러한 변화와 요구에 충분히 대응할 수 없게 되었다(이돈희 외, 1998). 따라서 새롭게 요구되는 교원의 전문성 향상을 위하여 대학원 수준에서의 교원양성이 필요하다.

교원양성기관에 들어오는 학생들의 입장에서는 대학원 수준의 교육을 받기 위해서 더 많은 비용을 지불해야 한다. 하지만 대학원 수준의 교육을 통해 더 많은 역량과 전문성을 갖추게 된다면 꼭 비효율적인 것은 아니다. 그리고 대학원 수준의 교원양성은 기존의 학부 과정에서 난립되어 있는 교원양성 과정을 통합·정비할 수 있게 된다는 점(김태완 외, 2008)에서 전체적인 사회적 비용을 고려한다면 오히려 더 효율적일 수 있다.

교원양성 과정에서 학교 현장과의 연계성은 매우 중요하다. 대학원 수준의 교원양성도 학교 현장과의 연계성을 높이는 방향이 될 수 있다(정일화, 천세영, 2017). 학교 현장에서 선택과목 및 심화과목 운영이 확대될 것으로 예상된다. 따라서 교원들에게는 심화된 전문성이 필요한데, 대학원 수준에서의 교원양성은 이러한 현장의 필요를 채워 줄 수 있는 방안이 될 수 있다.

대학원 수준에서 좀 더 폭 넓고 심화된 교육을 받은 교원은 미래 사회의 변화에 더 잘 적응할 수 있을 것이다. 특히 제4차 산업혁명 시대의 도래가 예견되고 있는데(Schwab, 2016), 미래 사회에 대비하여 교원들은 좀 더 철저한 전문성과 지식 기반을 갖추어야 한다. 이러한 필요를 채우기 위해서는 학부 과정의 교원양성으로는 한계가 있으며, 대학원 과정의 교원양성이 필요하다는 것이다.

(2) 초등과 중등교원 양성의 통합

학생들의 발달 추세의 변화에 따라 전통적 초등 과정과 중등 과정의 구분은 무의미해지고 있다(Lassonde et al., 2008). 초등 저학년과 유치원 과정의 연계, 초등 고학년과 중학교 과정의 연계 등 다양한 연계가 필요하며 요구되고 있다. 따라서 초등교원 양성 과정과 중등교원 양성 과정의 분리는 학생들의 발달 추세의 변화에 따른 전문성을 갖춘 교원양성과도 맞지 않을 수 있다. 아동의 특성에 맞는 전문성을 갖춘 교원을 양성하기 위하여 초등교원 양성 과정과 중등교원 양성 과정은 통합될 필요가 있다.

효율성의 측면에서도 초등교원 양성 과정과 중등교원 양성 과정은 통합될 필요가 있다. 현행 독립형 초등교원 양성 과정은 독립 대학 운영에 따른 재정 및 자원의 비효율이 높다고 할 수 있다. 국가의 재정적 여건은 한계가 있으므로 초등과 중등교원 양성 과정의 통합을 통하여 효율적인 운영을 할 필요가 있다. 그리고 학교 현장에서 학교체제는 초등학교와 중등학교가 분리 · 운영되고 있지만, 교육 수요자인 학생들의 입장에서 보면 초등과 중등은 밀접하게 연계된 체제이다. 따라서 좀 더 실질적인 현장과의 연계성을 고려한다면 초등과 중등교원 양성은 통합될 필요가 있다. 그리고 현재 농 · 산 · 어촌 지역을 중심으로 초등학교와 중등학교를 통합한 통합학교들이 늘어나고 있는 현실도 고려해야 한다.

학교 및 교육체제의 미래 변화 방향을 고려해 볼 때에도 초등과 중등교원 양성 과정은 통합될 필요가 있다(임종헌 외, 2017). 미래에는 학교급 간의 경계가 점점 약해질 것으로 예상되며, 이미 무학년제, 조기진급제, 조기졸업제 등이 부분적으로 시행되고 있다. 교원양성 과정에서도 초등과 중등의 통합을 통하여 미래 변화 방향에 부응할 필요가 있다.

(3) 종합대학에서의 교원양성

교원들에게는 폭넓은 교양과 전인적 역량이 필요하다(Darling-Hammond & Bransford, 2005). 그리고 이러한 폭넓은 교양과 전인적 역량은 교원 전문성의 중요한 요소라고 할 수 있다. 예비교원들이 폭넓은 교양과 전인적 역량을 기르기 위해서는 독립형 교원양성기관보다 종합대학이 더 적합하다고 할 수 있다. 종합대학의 다양한 학문적 역량과 자원은 전인적인 교원을 길러 내는 데 중요한 기반이 될 수 있다.

종합대학에서의 교원양성은 효율성 측면에서도 이점이 있다. 교원양성을 위한 독립형 기관(대학) 운영에 따른 비용이 적지 않은데, 종합대학의 인프라를 활용한다면 비용

절감 효과도 기대할 수 있다. 종합대학에서의 교원양성을 통해 절감되는 비용을 다시 교원양성 과정에 투입한다면 더 양질의 교원양성교육을 실시할 수 있을 것이다.

종합대학에서의 교원양성은 학교 현장과의 연계성 측면에서도 기여할 수 있다. 학교 현장에서의 교육활동은 인간의 성장 · 발달의 종합적 과정이라고 할 수 있는데, 학교 현장의 다양한 측면과 다양한 요구 등의 필요를 채워 줄 수 있는 교원을 양성하기 위해서는 양성 과정에서의 다양한 접근과 경험이 필요하다. 종합대학에서의 교원양성은 이러한 다양한 접근과 경험의 가능성을 더 높일 수 있다.

교원들의 미래 사회 적응 측면에서도 종합대학에서의 교원양성은 필요하다. 종합대학은 다양한 측면에서 미래 사회의 변화에 대비한 최첨단 학문 및 인프라를 갖추고 있다. 종합대학의 이러한 여건은 예비교원들이 미래 사회의 변화에 대비한 역량을 기르는 데 기반이 될 수 있다.

교원양성체제 개편 방향과 관련된 이상의 논의를 종합하면, 초등과 중등의 교원양성 과정을 통합하고 종합대학교 내에서 대학원 과정으로 교원양성 과정을 운영하는 것이 큰 방향이라고 할 수 있다. 다음 절에서는 이러한 방향 가운데, 특별히 대학원 수준 교원양성 방안에 초점을 맞추어 살펴보고자 한다.

Ⅳ. 대학원 수준 교원양성 방안

1. 대학원 수준 교원양성의 필요성

1) 교원양성교육의 질 향상 및 전문성 강화

교원양성교육의 질과 수준은 교원양성기관에서 다루는 지식의 폭과 깊이에 달려 있다고 할 수 있다. 4년간의 학부 수준의 교육만으로는 변화하는 시대에 적합한 교원으로서의 자질과 역량을 갖추는 데에 한계가 있다(정진곤 외, 2004). 이러한 필요에 따라 미국, 영국, 핀란드 등 세계 각국에서는 교원양성 과정에서 교육기간을 늘려 5~6년제로 운영하고 있고, 대체로 대학원 수준에서 석사학위를 수여하고 있다(김태완 외, 2008; 정미경 외, 2013; Houston, 1990). 이러한 양성교육 기간의 확대는 의사, 법률가, 건축사, 약사 등 대부분의 전문직 양성 과정의 보편적 흐름이라고 할 수 있다. 이처럼 전문직

양성교육 기간의 연장은 대학교육이 보편화 · 대중화되어 감에 따라 전문직으로서의 위상과 위치를 확보하고 전문성을 함양하기 위한 필요에서 나온 것이기도 하다(조영달, 2009). 교직 역시 전문직으로서 그에 맞는 위상과 전문성을 확보해야 한다. 교직을 준비함에 있어서 학부 수준의 교육을 넘어서 대학원 수준의 교육을 받으므로 전문성을 확보할 필요가 있는 것이다.

2) 교원양성교육 내용의 증가

예비교사들이 배워야 할 교육 내용의 증가도 대학원 수준 교원양성교육의 한 동인이 되고 있다(정일화, 천세영, 2017; 황규호, 1999). 교사들이 배워야 할 지식의 양이 폭발적으로 늘어나고 있다(Murphy, 1995). 교과 지식과 관련해서도 해마다 바뀌고 있으며, 새로운 지식이 계속 나오고 있다. 그리고 사회 및 교육 환경의 변화로 인해 교과 지식 이외에도 새롭게 추가되는 지식이 계속 늘고 있다. 물론 이 모든 지식을 교사가 다 알아야 하는 것은 아니지만, 교육과 관련하여 필요한 것들은 교사들이 반드시 준비해야 한다. 과거에는 4년간의 교원양성교육을 받는 것만으로도 충분했을 수 있다. 하지만 지식이 폭발적으로 증가하는 현대사회에서는 4년간의 교육만으로는 충분하지 않게 되었다. 예비교사들이 가르쳐야 할 학생들 역시 과거에 비해 더 다양해졌으며 더 많은 독특성을 가지고 있기 때문에(이경숙, 2017) 장차 가르칠 학생에 대한 예비교사들의 지식과 이해의 양과 깊이도 더욱 확대되고 있다(정제영, 강태훈, 김갑성, 류성창, 윤홍주, 2014). 이와 같이 예비교사들이 배우고 준비해야 할 것들이 늘어나고 있기 때문에 교원양성교육의 기간도 늘어나야 한다.

3) 교육 현장과 연계한 교원양성 교육체제 마련

교원양성교육 과정에서 교육 현장과의 연계체제 구축을 위한 기반으로서의 대학원 과정이 필요하다. 대체로 대학원 수준에서 교원양성교육을 실시하고 있는 나라의 사례를 보면, 학부 과정에서는 교원양성과 관련된 기본교육, 기초교육을 실시하고, 대학원 과정에서 응용교육, 적용교육을 실시하고 있는 것으로 나타났다(김태완 외, 2008; 정진곤 외, 2004; Sahlberg, 2011). 즉, 학부 과정에서는 교원양성의 기초교육이 이루어지고 대학원 과정에서는 응용교육이 이루어진다고 할 수 있는데, 응용교육은 반드시 현장과 연계하여 이루어져야 한다. 만약에 학부 과정에서 교원양성교육을 마치게 된다면, 교사로서의 응용력이나 실천력을 갖추지 못한 상태에서 끝마치는 것이 될 수 있다. 물론 학부 과정에서도 현장과의 연계체제는 구축할 수 있다. 하지만 학부 과정은 교원양성 교육에서 기초 과정이기 때문에 현장과 연계할 수 있는 여건이나 기반은 약하다고 할 수 있다. 교원양성 과정에서 교육현장과의 연계는 기초 수준의 교육을 마치고, 응용 수준의 교육을 실시하는 대학원 과정이 적합하다고 할 수 있다. 이러한 추세가 세계적인 보편적인 흐름이기도 하다(Lassonde et al., 2008; OECD, 2017).

4) 창의적이고 다양성을 갖춘 교사 자원 확보

산업화 시대의 획일화 · 규격화된 인력 수요에 비해, 오늘날은 창의성과 다양성을 갖춘 인력이 필요한 시대이다(윤종혁, 2014; 최상덕 외, 2014). 창의적이고 다양한 인재를 길러 내기 위해서는 교사들 역시 창의성과 다양성을 갖추고 있어야 한다. 이러한 교사들의 창의성과 다양성은 교원양성 과정에서 길러져야 한다. 따라서 교원양성 과정이 이러한 창의성과 다양성을 길러 낼 수 있는 체제가 되어야 한다. 학생들을 조기 선발하여 사관학교 식으로 교육을 실시하는 사범형 교육체제는 새로운 시대에는 더 이상 적합하지 않다고 할 수 있다. 대학에 들어와 다양한 학문을 접해 보고, 기본적인 교양과 학문적 자질을 함양한 다음에, 교직에 뜻이 있을 경우 교원양성 과정에 들어오게 하는 것이 좀 더 열린 사고, 창의적인 사고를 할 수 있는 교사 자원을 확보하는 토대가 될 수 있다. 새 시대가 필요로 하는 교사 자원을 확보하는 데 있어 다양한 전공 및 경력자를 비교적 폭넓게 확보할 수 있는 대학원 수준의 교원양성교육이 좀 더 적합하다고 할 수 있다.

5) 교원의 사회적 위상 향상

대체로 양성교육 및 준비교육의 기간이 그 직의 전문성과 위상을 나타내기도 한다. 앞에서도 설명한 바와 같이, 이미 대학교육이 대중화 · 보편화된 시대에는 학부 과정을 마친 것만 가지고 전문성과 위상을 확보하기는 쉽지 않다. 교원의 사회적 지위와 위상은 교원의 사기와도 관련된 문제이며, 이는 또한 교원들의 교육적 열의와 의욕에도 영향을 미친다(김천기, 2003; 김태완 외, 2008). 교원들의 사기와 열의가 저하된 상황에서 좋은 교육 및 좋은 교육 성과를 기대하기는 어려울 것이다. 우리가 좋은 교육을 기대한다면, 교원들의 사기와 의욕을 높여 주어야 한다. 교원들이 사기와 의욕은 교원들의 사회적 지위와 연관이 되며, 대학원 수준의 교원양성은 교원들의 사회적 지위를 높이는 하나의 기반이 될 수 있다.

2. 기존 선행연구의 대학원 수준 교원양성(교육전문대학원)[3] 도입 방안

기존의 선행연구에서(고전, 2009; 최운실, 2004; 황규호, 1999) 제시하고 있는 교육전문대학원 도입 방안은 6년 모형, 2+4 모형, 4+2 모형, 복합모형 등 크게 네 가지라고 할 수 있다. 각 유형의 구체적인 특징을 제시하면 〈표 5-5〉와 같다.

〈표 5-5〉 교육전문대학원 도입 방안의 장·단점 비교

방안	기본성격	장점	단점	주장 학자
6년 모형	교육기간 6년 연장	• 기간 연장으로 교사 지위 향상, 전문성 신장 • 목적형 교원양성기관의 장점유지(교육대학) • 현행 교원양성교육과정의 문제점 해결 가능(실습기간 연장, 교과교육학·일반교육학 강화)	• 구조조정 효과미흡(기간단순연장) • 사회적 비용의 증가 • 졸업생 임용보장 불가시 불만고조	(서울대학교 사범대학, 2006)
2+4 모형	학부교양 2년 전문교육 4년	• 기간 연장으로 교사 지위 향상, 전문성 신장 • 현행 체제유지 및 체제 변화에 대한 적응 용이 • 학생의 전공선택권 강화 • 사범교육 특성화 유지(연계과목, 교직사명감) • 통합교과·복수전공·부전공 교사 양성 용이	• 새로운 학제 도입에 따른 혼란 우려(3학년 선발 시 타 대학 운영 혼란) • 우수학생 유치의 어려움	(박남기 외, 2009)

4+2 모형	학부교육 4년 전문교육 2년	• 대학원 수준 양성으로 교사 사회적 지위 향상 • 교직에 대학 학생의 선택 기회 확대 • 소수정예 교원양성으로 교사 수급 문제 완화	• 학부 사범대학 폐지에 따른 반발 • 교과내용 및 교육 연계 · 통합 저하 • 통합교과 · 복수 · 부전공 양성 곤란 • 교직사명감 약화 우려	(김태완 외, 2009; 정진곤 외, 2004)
복합 모형	4년제 6년제 4+2년제	• 현행 체제유지 및 체제 변화에 대한 적응 용이 • 교원양성 과정의 유연성 및 개방성 증진 • 학생의 다양한 진로 선택권 강화 • 고교 심화 선택과목 담당교원의 전문성 신장	• 모집단위 광역화로 대학 구조조정 방향과 갈등 야기(구조조정 곤란) • 다양한 과정운영에 따른 혼란 우려 • 교원 수급 조절 효과 미약	(조동섭, 2004; 조영달, 2009)

출처: 황규호(1999); 최운실(2004); 고전(2009)의 자료를 바탕으로 재구성함.

기존 선행연구에서 제시하고 있는 교육전문대학원 도입 방안은 6년제를 기본으로 하되 주로 선발 시기 및 교육기간 체계를 어떻게 할 것인가에 논의의 초점이 모아지고 있다. 즉, 〈표 5-5〉에서 나타난 바와 같이 우선 6년 모형은 학부 1학년 과정에서 학생을 선발하여 6년간의 교원양성교육을 실시하는 방안이고, 2+4 모형은 학생들이 학부에 들어와 2년 동안 일반 교양 및 전공을 공부하다가 대학 3학년 때부터 교원양성 과정에 진입하여 4년간의 교원양성교육을 받는 방안이다. 4+2 모형은 학생들이 학부에서 일반 전공으로 4년 동안 배우고 학사 과정을 마친 다음에 대학원 과정인 교원양성 과정에 들어오는 방안이며, 복합 모형은 이 세 가지 방안을 모두 함께 운영하는 안이라고 할 수 있다. 각 방안들은 나름대로 특징과 장단점이 있기 때문에 실제 구현을 위해서는 면밀한 검토가 필요하다. 하지만 이 방안들이 나름대로 의미가 있음에도 불구하고 학생들의 입학 시기와 교육기간 체계에만 초점을 맞추고 있다는 한계가 있다. 교육전문대학원의 도입을 위해서는 입학 시기 및 교육기간 체계 이외에도 좀 더 고려해야 할 요소들이 있다. 이 연구에서는 기존의 방안들을 기초로 하면서도 좀 더 고려해야

3) 그동안 국내에서 대학원 수준 교원양성과 관련된 논의들은 대부분 대학원 수준의 교원양성 방안으로 '교육전문대학원' 제도를 중심으로 논의가 이루어져 왔다. 이 장에서도 이러한 흐름에 따라 대학원 수준 교원양성 방안으로 교육전문대학원 안을 중심으로 논의를 전개한다.

할 요소들을 보완하여 교육전문대학원 설치 모형을 구안하였다.

3. 대학원 수준 교원양성(교육전문대학원) 설치 모형

우리나라에서 교육전문대학원을 설치한다고 할 때 현실적으로 고려해야 할 요소는 크게 세 가지라고 할 수 있는데, 기존의 교원양성체제와의 병행 여부, 초등과 중등교원 양성 과정의 통합 여부, 교육전문대학원 구조이다.

첫째, 기존의 교원양성체제와의 병행 여부이다. 교육전문대학원은 기존의 교원양성기관과 다른 별도의 양성기관이라고 할 수 있다. 따라서 별도의 새로운 교원양성기관을 설치하면서 기존의 교원양성체제와의 관계 설정이 필요하다. 기존의 교원양성체제는 교육대학, 사범대학, 일반대학 교육과, 일반대학 교직과정, 교육대학원 등이다. 교육전문대학원을 설치하면서 기존의 교원양성체제와의 관계를 설정하는 일은 새롭게 설치되는 교육전문대학원의 위상 및 성격과 관련되는 문제이기 때문에 고려가 필요하다. 이 장에서는 기존의 교원양성체제와의 병행 여부를 '기존의 교원양성체제와의 병행' '기존의 교원양성체제 폐지'의 둘로 나누어 준거를 설정하였다.

둘째, 초등과 중등교원 양성 과정의 통합 여부이다. 교육전문대학원을 운영함에 있어 초등교원 양성 과정과 중등교원 양성 과정의 통합 여부도 관건이라고 할 수 있다. 교육전문대학원을 초등 교육전문대학원과 중등 교육전문대학원으로 분리하여 운영할 것인가, 아니면 한 교육전문대학원 내에서 통합하여 운영할 것이냐의 문제이다. 교육전문대학원 운영의 통합성과 효율성 측면을 고려하면 초·중등 통합 과정으로 운영하는 것이 바람직할 수 있지만, 양성 과정이 분리되어 있는 현행 체제 및 혼란 방지를 고려한다면 교육전문대학원 역시 분리하여 운영하는 것이 바람직할 수 있다. 따라서 이 준거는 중요한 변수가 될 수 있다.

셋째, 교육전문대학원 구조이다. 현재 논의되고 있는 교육전문대학원의 구조는 크게 세 유형이라고 할 수 있다. 대학 1학년 과정에서 학생을 선발하여 6년 동안 교원양성교육을 시키는 '6년제 모형', 대학 3학년 과정에서 학생을 선발하여 4년 동안의 교원양성교육을 시키는 '2+4 모형', 그리고 대학을 졸업하고 대학원 과정에서 학생을 선발하여 2년간의 교원양성교육을 시키는 '4+2 모형'이다. 어느 구조 모형을 취하느냐에 따라 교육전문대학원의 성격 및 특성, 교육과정 등이 달라질 수 있다. 따라서 교육전문대학원의 구조를 어떻게 할 것이냐는 교육전문대학원을 설치함에 있어 중요한 준거가 된다.

이러한 세 가지 준거를 기반으로 하여 교육전문대학원 설치 모형을 제시하면 〈표 5-6〉과 같다.

〈표 5-6〉 교육전문대학원 설치 모형

기존 체제와의 병행 여부	초 · 중등 통합 여부	구조	사례	비고
기존 양성체제 폐지	초 · 중등 통합	4+2제		모형 1 (기본 모형)
		2+4제		모형 2
		6년제		모형 3
	초 · 중등 분리	4+2제		모형 4
		2+4제		모형 5
		6년제		모형 6
기존 양성체제 병행	초 · 중등 통합	4+2제		모형 7
		2+4제		모형 8
		6년제		모형 9
	초 · 중등 분리	4+2제	(김태완 외, 2009)	모형 10
		2+4제	(박남기 외, 2009)	모형 11
		6년제	(조영달 외, 2009)	모형 12

1) 기본 모형(모형 1, 기존 양성체제 폐지/초 · 중등 통합/4+2제)

기본 모형은 기존의 교원양성 과정(교육대학, 사범대학, 일반대학 교육과, 일반대학 교직과정, 교육대학원)을 모두 폐지하고 교원양성을 교육전문대학원 체제로 일원화하는 방안이다. 또한 이 모형에서는 초등교원 양성과 중등교원 양성을 분리하지 않고 교육전문대학원 내에서 통합하여 양성하며, 교과 관련 학사학위 소지자를 대상으로 대학원 수준에서 학생을 선발하여 교육전문대학원 과정에서는 교과교육학, 교직학, 교육실습 중심으로 강좌를 운영한다.

이 방안은 교원양성체제를 단일화하여 교원양성 교육 및 정책 운영의 효율화 및 합리화를 기할 수 있다는 점, 보다 실질적인 교원양성기관 구조조정의 효과를 가져올 수 있다는 점, 초 · 중등 통합교육의 추세에 원활하게 대비할 수 있다는 점, 다양한 전공자 및 좀 더 교직 의지가 있는 학생을 선발할 수 있다는 점 등이 장점이다. 반면, 급격한 양성체제 개편에 따른 기존 교원양성기관들의 반발과 저항이 있을 수 있다는 점, 교육전문대학원 선정을 둘러싼 과열 경쟁이 예상된다는 점은 단점이 될 수 있다.

2) 응용 모형

(1) 모형 2(기존 양성체제 폐지/초 · 중등 통합/2+4제)

모형 2 또한 기존의 교원양성 과정(교육대학, 사범대학, 일반대학 교육과, 일반대학 교직과정, 교육대학원)을 모두 폐지하고 교원양성을 교육전문대학원 체제로 일원화하며, 초등교원 양성과 중등교원 양성을 분리하지 않고 교육전문대학원 내에서 통합하여 양성한다는 특징이 있다. 그리고 2년의 일반 학부 과정을 마친 학생을 대상으로 3학년 과정에서 학생을 선발하여 4년 동안 교원양성교육을 시키는 방안이다.

이 모형 역시 교원양성체제를 단일화하여 교원양성 교육 및 정책 운영의 효율화 및 합리화를 기할 수 있고, 보다 실질적인 교원양성기관 구조조정의 효과를 가져올 수 있으며, 초 · 중등 통합교육의 추세에 원활하게 대비하면서 다양한 전공자를 교직으로 유인할 수 있다는 점은 장점이 될 수 있지만, 급격한 양성체제 개편에 따른 기존 교원양성기관들의 반발과 저항, 일반대학 타 전공 운영에 부정적 영향을 줄 수 있다는 점 등은 단점이라고 할 수 있다.

(2) 모형 3(기존 양성체제 폐지/초 · 중등 통합/6년제)

모형3 역시 기존의 교원양성 과정(교육대학, 사범대학, 일반대학 교육과, 일반대학 교직과정, 교육대학원)을 모두 폐지하고 교원양성을 교육전문대학원 체제로 일원화하며, 초등교원 양성과 중등교원 양성을 분리하지 않고 교육전문대학원 내에서 통합하여 양성하는 방안이다. 그런데 이 모형에서는 대학 1학년 시기부터 학생을 선발하여 6년 동안 교원양성교육을 시키는 체제로 교양, 교과내용학, 교과교육학, 교직학, 교육실습 등을 교육전문대학원에서 모두 담당한다.

이 방안도 교원양성체제를 단일화하여 교원양성 교육 및 정책 운영의 효율화 및 합리화를 기하고 보다 실질적인 교원양성기관 구조조정의 효과를 가져올 수 있다는 점에서 장점이 있고, 아울러 학생을 조기 선발하여 장기간 교원양성교육을 시킬 수 있다는 점도 큰 장점이 될 수 있다. 하지만 교육전문대학원에서 교과내용학 기반이 충분하지 않을 경우 교과내용학 교육이 부실해질 수 있으며, 학생 조기 선발에 따른 진로 갈등 문제가 생길 수 있다는 점은 단점이 될 수 있다.

(3) 모형 4(기존 양성체제 폐지/초 · 중등 분리/4+2제)

모형 4는 기존의 교원양성 과정(교육대학, 사범대학, 일반대학 교육과, 일반대학 교직과정, 교육대학원)을 모두 폐지하고 교원양성을 교육전문대학원 체제로 일원화하며, 초등교원 양성과 중등교원 양성을 분리하여 초등 교육전문대학원과 중등 교육전문대학원을 별도 운영하는 체제이다. 그리고 이 모형에서는 교과 관련 학사학위 소지자를 대상으로 대학원 수준에서 학생을 선발하여 교원양성교육을 실시한다.

이 방안은 교원양성체제를 단일화하여 교원양성 교육 및 정책 운영의 효율화 및 합리화를 기할 수 있고, 보다 실질적인 교원양성기관 구조조정의 효과를 가져올 수 있다는 점, 그리고 초 · 중등을 분리 운영함으로써 기존 체제와의 연계 및 안정성 유지가 가능하고, 다양한 전공자 및 좀 더 교직 의지가 있는 학생을 선발할 수 있다는 점이 장점이다. 반면, 여전히 기존 교원양성체제 폐지에 따른 혼란은 단점이 될 수 있다.

(4) 모형 5(기존 양성체제 폐지/초 · 중등 분리/2+4제)

모형 5는 기존의 교원양성 과정(교육대학, 사범대학, 일반대학 교육과, 일반대학 교직과정, 교육대학원)을 모두 폐지하고 교원양성을 교육전문대학원 체제로 일원화하며, 초등교원 양성과 중등교원 양성을 분리하여 초등 교육전문대학원과 중등 교육전문대학원을 별도 운영하는 방안이다. 그리고 2년의 일반 학부 과정을 마친 학생을 대상으로 3학년 과정에서 학생을 선발하여 4년 동안 가르치는 체제로서 교과내용학, 교과교육학, 교직학, 교육실습 중심으로 강좌가 운영된다.

이 방안은 교원양성체제를 단일화하여 교원양성 교육 및 정책 운영의 효율화 및 합리화를 기할 수 있고 보다 실질적인 교원양성기관 구조조정의 효과를 가져올 수 있다는 점, 그리고 초 · 중등을 분리 운영함으로써 기존 체제와의 연계 및 안정을 기할 수 있다는 점과 다양한 전공자 및 교직 의지가 있는 학생을 선발할 수 있다는 점이 장점이 될 수 있다. 반면, 중등의 기존 양성체제 폐지에 따른 교원양성기관들의 반발과 저항이 예상되며, 교육전문대학원 선정을 둘러싼 과열 경쟁, 그리고 일반대학 타 전공 운영에 부정적 영향을 줄 수 있다는 점 등은 단점이 될 수 있다.

(5) 모형 6(기존 양성체제 폐지/초 · 중등 분리/6년제)

모형 6은 기존의 교원양성 과정(교육대학, 사범대학, 일반대학 교육과, 일반대학 교직과정, 교육대학원)을 모두 폐지하고 교원양성을 교육전문대학원 체제로 일원화하며, 초등교원 양성과 중등교원 양성을 분리하여 초등 교육전문대학원과 중등 교육전문대학원을 별도 운영하는 방안으로, 대학 1학년 시기부터 학생을 선발하여 6년 동안 가르치는 체제이다.

이 방안은 교원양성체제를 단일화하여 교원양성 교육 및 정책 운영의 효율화 및 합리화를 기할 수 있고, 보다 실질적인 교원양성기관 구조조정의 효과를 가져올 수 있다는 점, 그리고 초 · 중등을 분리 운영함으로써 기존 체제와의 연계 및 안정을 유지하고 학생을 조기 선발하여 장기간 교원양성교육을 시킬 수 있다는 점 등이 장점이 될 수 있다. 반면, 교육전문대학원에서 교과내용학 기반이 충분하지 않을 경우 교과내용학 교육이 부실해질 수 있고, 학생 조기 선발에 따른 진로 갈등 문제가 생길 수 있다는 점 등은 단점이라고 할 수 있다.

(6) 모형 7(기존 양성체제 병행/초 · 중등 통합/4+2제)

모형 7은 기존의 교원양성 과정(교육대학, 사범대학, 일반대학 교육과, 일반대학 교직과정, 교육대학원)을 유지하면서 추가적으로 교육전문대학원 제도를 도입하는 방안으로, 초등교원 양성과 중등교원 양성을 분리하지 않고 교육전문대학원 내에서 통합하여 양성한다. 그리고 교과 관련 학사학위 소지자를 대상으로 대학원 수준에서 학생을 선발하여 교과교육학, 교직학, 교육실습 중심으로 운영한다.

이 방안은 기존의 교원양성체제를 그대로 유지한다는 점에서 혼란을 최소화할 수 있고, 초 · 중등 통합교육의 추세에 원활하게 대비할 수 있으며, 다양한 전공자 및 좀 더 교직 의지가 있는 학생을 선발할 수 있다는 점 등이 장점이 될 수 있다. 반면, 기존 체제를 유지하면서 한 유형을 더 추가함으로 인해 교원양성기관 관리에 따른 문제가 증가할 수 있으며, 교원양성기관의 난립 문제가 발생할 수 있고, 기존 교원양성체제에 대한 구조조정 효과를 기대하기 어렵다는 점 등은 단점이라고 할 수 있다.

(7) 모형 8(기존 양성체제 병행/초 · 중등 통합/2+4제)

모형 8은 기존의 교원양성 과정(교육대학, 사범대학, 일반대학 교육과, 일반대학 교직과정, 교육대학원)을 유지하면서 추가적으로 교육전문대학원 제도를 도입하고, 초등교원 양성과 중등교원 양성을 분리하지 않고 교육전문대학원 내에서 통합하여 양성하는데, 2년의 일반 학부 과정을 마친 학생을 대상으로 3학년 과정에서 학생을 선발하여 4년 동안 가르치는 방안이다.

이 방안은 기존의 교원양성체제를 그대로 유지한다는 점에서 혼란을 최소화할 수 있고, 초 · 중등 통합교육의 추세에 원활하게 대비할 수 있으며, 다양한 전공자 및 좀 더 교직 의지가 있는 학생을 선발할 수 있다는 점이 장점이 될 수 있다. 반면, 교원양성기관 난립 및 관리의 문제가 커질 수 있으며, 교원양성기관 구조조정의 효과를 거의 기대할 수 없다는 점 등은 단점이라고 할 수 있다.

(8) 모형 9(기존 양성체제 병행/초 · 중등 통합/6년제)

모형 9는 기존의 교원양성 과정(교육대학, 사범대학, 일반대학 교육과, 일반대학 교직과정, 교육대학원)을 유지하면서 추가적으로 교육전문대학원 제도를 도입하고, 초등교원 양성과 중등교원 양성을 분리하지 않고 교육전문대학원 내에서 통합하여 양성하며, 대학 1학년 시기부터 학생을 선발하여 6년 동안 가르치는 체제로서 교양, 교과내용학, 교과교육학, 교직학, 교육실습 등을 모두 교육전문대학원에서 담당한다.

이 방안은 기존의 교원양성체제를 그대로 유지하여 혼란을 최소화한다는 점, 그리고 학생을 조기 선발하여 장기간 철저한 교원양성교육을 시킬 수 있다는 점이 장점이지만, 교원양성기관 난립 및 관리의 문제가 증가하고, 학생 조기 선발에 따른 진로 갈등 문제 등이 생길 수 있다는 점 등은 단점이라고 할 수 있다.

(9) 모형 10(기존 양성체제 병행/초 · 중등 분리/4+2제)

모형 10은 기존의 교원양성 과정(교육대학, 사범대학, 일반대학 교육과, 일반대학 교직과정, 교육대학원)을 유지하면서 추가적으로 교육전문대학원 제도를 도입하는 것이며, 초등교원 양성과 중등교원 양성을 분리하여 초등 교육전문대학원과 중등 교육전문대학원을 별도 운영하는 체제이다. 그리고 이 모형에서는 교과 관련 학사학위 소지자를 대상으로 대학원 수준에서 학생을 선발하여 교원양성교육을 실시하게 된다.

이 방안은 기존의 교원양성체제를 그대로 유지한다는 점에서 혼란을 최소화하고,

초등과 중등을 분리 운영함으로써 기존 체제를 유지하며, 다양한 전공자 및 좀 더 교직 의지가 있는 학생을 선발할 수 있다는 점 등이 장점이다. 반면, 기존 체제를 유지하면서 한 유형을 더 추가함으로 인해 발생하는 관리, 행정적 문제, 양성기관의 난립에 따른 문제, 기존 교원양성체제에 대한 구조조정 효과 미미, 일반 대학 타 전공 운영에의 부정적 영향을 줄 수 있다는 점 등은 단점이 될 수 있다.

(10) 모형 11(기존 양성체제 병행/초 · 중등 분리/2+4제)

모형 11은 기존의 교원양성 과정(교육대학, 사범대학, 일반대학 교육과, 일반대학 교직과정, 교육대학원)을 유지하면서 추가적으로 교육전문대학원 제도를 도입하고, 초등교원 양성과 중등교원 양성을 분리하여 초등 교육전문대학원과 중등 교육전문대학원을 별도 운영하는 방안이다. 그리고 2년의 일반 학부 과정을 마친 학생을 대상으로 3학년 과정에서 학생을 선발하여 4년 동안 가르치는 체제이다.

이 방안은 기존의 교원양성체제 및 초등과 중등 분리체제를 그대로 유지한다는 점에서 안정성을 기할 수 있으며, 다양한 전공자 및 좀 더 교직 의지가 있는 학생을 선발할 수 있다는 점 등이 장점이다. 반면, 기존 체제를 유지하면서 한 유형을 더 추가함으로 인해 관리, 행정적 문제의 증가, 양성기관의 난립 문제, 교원양성체제에 대한 구조조정 효과 미미, 일반 대학 타 전공 운영에의 부정적 영향 등은 단점이 될 수 있다.

(11) 모형 12(기존 양성체제 병행/초 · 중등 분리/6년제)

모형 12는 기존의 교원양성 과정(교육대학, 사범대학, 일반대학 교육과, 일반대학 교직과정, 교육대학원)을 유지하면서 추가적으로 교육전문대학원 제도를 도입하고, 초등교원 양성과 중등교원 양성을 분리하여 초등 교육전문대학원과 중등 교육전문대학원을 별도 운영하는 방안이다. 그리고 이 방안에서는 대학 1학년 시기부터 학생을 선발하여 6년 동안 교원양성교육을 시킨다.

이 방안은 기존의 교원양성체제를 그대로 유지하고 초등과 중등을 분리 운영한다는 점에서 안정성을 기할 수 있고, 학생을 조기 선발하여 장기간 교원양성교육을 시킬 수 있다는 점 등이 장점이다. 반면, 기존 체제를 유지하면서 한 유형을 더 추가함으로 인해 관리 · 행정적 문제가 증가할 수 있으며, 양성기관의 난립에 따른 문제가 발생할 수 있다는 점, 또한 교원양성체제에 대한 구조조정 효과가 미미하고, 학생 조기 선발에 따른 진로 갈등 문제 등이 생길 수 있다는 점은 단점이라고 할 수 있다.

이상의 모형들은 하나의 안이 될 수 있다. 국가나 대학의 상황이나 여건에 따라 적절한 안을 선택하여 적용할 필요가 있는데, 주요 적용 전략을 제시하면 다음과 같다.

첫째, 장기적으로는 기본 모형을 바탕으로 추진해 나갈 필요가 있다. 둘째, 여건이나 상황이 성숙되지 않았을 경우에는 응용 모형을 적용하여 단계적으로 추진할 필요가 있다. 셋째, 추진에 따른 갈등이나 부담을 최소화하는 측면에서 보면, 기존 양성체제를 병행하고, 초 · 중등을 분리 운영하는 4+2 체제나 2+4 체제(모형 10이나 모형 11)로 시작하는 것도 한 방법이 될 수 있다. 넷째, 하지만 정책적 의지나 필요에 따라 보다 합목적적인 모형을 적용할 수도 있다. 예를 들어, 전략적으로 기존 양성체제는 폐지하지만, 초 · 중등을 분리하여 초등 교육전문대학원과 중등 교육전문대학원 이원체제로 운영할 수도 있다(모형 4, 5, 6).

아울러 교육전문대학원 설치는 순차적으로 접근할 필요가 있다. 일거에 모든 대학에 제도를 도입하는 것이 아니라 여건과 역량이 되는 대학부터 먼저 도입하고, 운영 과정에서의 문제점을 파악하여 후속 대학들이 보완하면서 추진해 가는 방식이 되어야 한다. 현재 교육부에서 주관하고 있는 교원양성기관 평가 결과를 바탕으로 역량과 기반을 갖춘 대학부터 우선적으로 교육전문대학원을 운영해 보는 것도 한 방안이 될 수 있다.

Ⅴ. 교육전문대학원 설치·운영을 위한 제도 정비 방안

교육전문대학원의 설치가 우리나라 교원양성교육의 질을 보장해 주는 것은 아니다. 교육전문대학원은 교원양성교육의 질을 향상시킬 수 있는 하나의 기반에 불과하다. 따라서 새로운 체제의 성공은 교육전문대학원의 설치 여부에 달려 있는 것이 아니라 어떻게 교육전문대학원을 운영하느냐에 달려 있다고 할 수 있다. 교육전문대학원의 성공적 정착을 위해 정책적 제언을 하면 다음과 같다.

1. 교육전문대학원 설치 인가제

향후 교육전문대학원을 설치 · 운영한다고 할 때 그에 따른 많은 갈등과 혼란이 예상된다. 특히 교육전문대학원 설치 대학 선정과 관련하여 심한 경쟁이 예상되며, 그에 따른 후유증도 적지 않을 것으로 보인다. 교육전문대학원 설치 대학 선정과 관련하여 전향적인 검토가 필요하다. 즉, 교육전문대학원 설치 대학을 선정함에 있어 인가제를 고려해 볼 필요가 있다. 정부가 교육전문대학원 설치와 관련한 엄격한 준거와 기준을 제시하고, 정부가 제시한 기준을 충족한 대학에 한해서 교육전문대학원을 인가해 주는 방식이다.

물론 이 방식을 적용함에 있어 정부는 교원에 대한 수요 예측 근거를 토대로 전체적인 양성 인원의 범위를 설정한 다음 그 범위 내에서 인가해 주어야 한다. 그리고 정부는 교원양성교육의 본질에 입각하여 교원양성교육의 질을 담보할 수 있는 보다 엄격한 기준을 제시해야 한다. 이렇게 기준이 설정되면, 각 대학에서는 자체평가를 통해 방향을 정하면 된다. 즉, 해당 대학에서 교원양성기관 평가 결과를 비롯하여 자체 평가 결과를 바탕으로 교원양성교육 기능을 유지할 것인지를 결정하는 것이 좋다. 만일 교원양성교육을 유지하는 쪽으로 결정이 되면, 그 대학에서는 정부에서 제시한 기준을 충족시키기 위하여 준비해야 하고, 심사를 거쳐서 교육전문대학원을 인가받게 된다. 반대로 어느 대학에서 자체 평가 결과 교육전문대학원을 유지할 여건과 역량이 안 된다고 판단되면 교육전문대학원 인가 신청을 하지 않는다. 이 과정에서 교육전문대학원 인가 기준을 비교적 엄격하게 적용할 필요가 있으며, 이 기준을 바탕으로 각 대학에서 교원양성 기능 유지 여부를 결정하도록 해야 한다. 그래서 궁극적으로 교원양성을 위한 여건과 역량을 갖춘 대학에서 교원을 양성하도록 해야 한다, 이 과정에서 교육전문대학원 설치 신청을 하지 않거나 심사에서 탈락한 대학에 대해서는 적절한 보정장치를 마련해 줄 필요가 있다.

그리고 교육전문대학원 인가제가 정책적 효과를 내기 위해서는 기존의 교원양성체제는 폐지하면서 추진해야 한다. 즉, 상당수의 대학에서 같은 대학 내에 있는 사범대학, 일반 대학 교직과정, 교육대학원에서 모두 교사를 양성하고 있다. 이 양성 인원을 모두 정비하여 그 전체 인원의 2/3 혹은 1/2 정도만 교육전문대학원 양성 인원으로 인가해 주어도 교육전문대학원의 영세성을 피할 수 있으며, 인원 구조 조정 효과도 거둘 수 있을 것이다. 이러한 접근은 교육전문대학원 선정과 관련된 소모적인 과열 경쟁도 막을 수 있고, 생산적인 방향으로 노력을 집약시킬 수 있다는 점에서 고려해 볼 필요가 있다. 교원양성체제 개편은 근본적으로 교육과정은 다양화하되 질은 강화시키는 방향으로 이루어져야 한다. 교육전문대학원 제도의 도입이 선정을 둘러싼 소모적 경쟁이 아닌 질 향상을 위한 생산적 경쟁이 될 수 있도록 접근해야 한다.

2. 교원 임용 및 자격 체계와의 연계

교육전문대학원 체제가 도입되기 위해서는 관련된 교원정책들도 함께 정비될 필요가 있다. 특히 교원 임용 및 자격 체계를 변화시킬 필요가 있다. 현행 교원 임용 및 자격 체제는 교육전문대학원 제도가 없는 상황에서 만들어진 제도이다. 따라서 교육전문대학원 중심의 교원양성체제에는 맞지 않는 제도라고 할 수 있다. 현재는 교사 자격이 1급과 2급으로 나누어져 있는데, 교육전문대학원 체제에서는 이 제도도 바뀌어야 하며 새로운 교사 자격 및 승급 규정을 만들어야 한다. 아울러 현행 교원무시험자격검정제도 역시 수정이 필요하다.

또한 교원임용고사제도도 바뀌어야 한다. 현행의 임용고사제도는 교육전문대학원 체제와는 맞지 않는 제도이다. 교육전문대학원이 임용고사 준비기관이 아닌 이상 교육전문대학원 출신들이 임용고사에서 결코 유리하지 않을 수 있다. 교육전문대학원 체제에서는 획일적인 임용시험제도를 지양하고, 지역교육청별, 소규모 지역별, 학교별 임용을 실시하는 새로운 제도가 만들어져야 한다. 이러한 소규모별 임용제도를 통해 교육전문대학원의 특성과 임용기관들의 필요가 서로 소통되고 반영될 수 있도록 해야 한다. 그렇게 되면 교육전문대학원에서는 교원양성과 관련하여 특성화 · 전문화시킬 수 있고, '좋은' 교사를 양성하기 위해 매진할 수 있을 것이다. 교육전문대학원과 현행과 같은 교원임용고사제도는 결코 양립할 수 없다.

3. 교육전문대학원 교육과정(콘텐츠) 개발

교육전문대학원의 성공을 위한 관건 중의 하나는 교육전문대학원 체제에 맞는 풍부한 교육과정의 개발이다. 교육전문대학원은 기존의 4년제 교원양성 과정에 비해 2년이 더 증가된 교육 체제이다. 따라서 추가된 2년의 교육과정을 어떻게 운영하느냐가 교육전문대학원의 질과 성공을 결정하게 될 것이다. 만약에 과거 4년제 교육과정의 연장이나 확대 수준에 그친다면, 교육전문대학원은 결코 성공할 수 없을 것이다. 단순한 교육과정의 연장은 오히려 더 큰 비판을 받을 수도 있다.

따라서 6년제, 4+2제, 2+4제 등 구조에 관한 논의 못지않게 교육전문대학원의 교육과정에 대한 논의도 활성화될 필요가 있다. 아무리 교육전문대학원의 구조와 틀이 바뀌어도 그 내용이 바뀌지 않으면 옷만 바꿔 입는 격이 될 것이다. 따라서 교육전문대학원의 교육과정 및 콘텐츠를 무엇으로 채울 것인지에 대한 좀 더 확대된 논의가 필요하다. 아울러 교육전문대학원 체제에서 과거의 교양, 교과내용학, 교과교육학, 교직학, 실습 등으로 이루어진 교육과정 패러다임이 적합한지에 대한 근본적인 재검토도 필요하다.

4. 학제 개편과 병행

교육전문대학원 체제의 도입과 함께 학제 개편도 병행하여 논의할 필요가 있다. 이 장에서 제안하고 있는 교육전문대학원 기본안에 따르면, 초등과 중등 교원이 교육전문대학원 내에서 함께 양성될 수 있다. 이러한 체제가 되면 초등교원 양성과 중등교원 양성에 있어 융통성 있는 운영이 가능해진다. 기존의 학제 개편 논의와 관련하여 가장 큰 문제 중의 하나는 교원 수급의 문제였다. 그런데 통합 교육전문대학원 체제의 도입으로 교원양성이 융통성 있게 이루어진다면, 학제 개편 논의도 좀 더 진전될 수 있을 것으로 보인다. 근본적인 측면에서 미래 사회에 적합한 학제가 마련되고, 교육전문대학원을 통해 그 학제에 필요한 교원을 양성해 낼 수 있을 것이다.

5. 기계적 양성-임용 비율 규정 경계

대체로 우리나라에서는 교원정책에 있어 양성 대비 임용 비율의 불균형을 심각한 문제로 보고 양성 인원을 대폭 축소해야 한다는 인식을 가지고 있다. 과잉 양성에 따른 임용 경쟁의 과열, 인적 자원의 비효율적 운영 등의 측면에서 분명히 문제가 된다. 교육환경 및 교원 수요의 변화를 정확하게 예측한다는 것은 쉽지 않으며, 유동적인 교육 환경 속에서 수급 불균형 문제를 해결하는 것 또한 쉽지 않다. 무엇보다도 임용 예상 인원에 맞추어 근접하게 양성 인원을 규정하게 되면 양성 인원의 대폭 감소를 가져올 수밖에 없는데, 이는 교원양성교육의 기반을 무너뜨리는 문제로 이어질 수 있다. 양성 인원이 대폭 줄게 되면 기존의 양성기관들이 폐지·축소될 수밖에 없는데, 이는 단순하게 양성기관의 축소에 그치는 것이 아니라 큰 틀에서 보면 교원양성교육 기반을 붕괴시킬 수 있다는 것이다. 무엇보다도 교직 수요 위축의 문제가 야기될 수 있다. 교원양성기관의 문호가 현저하게 좁아지게 되면, 교직 진출 의지의 약화로 이어져 교직에 들어오고자 하는 우수한 인력이 줄어들 수 있다. 이는 교육계, 특히 교원양성기관 입장에서 보면 심각한 문제일 수 있다. 인위적인 양성-임용 비율의 규정이나 조정은 신중할 필요가 있다. 교원양성 과정에 인력이 몰리는 것은 교육계 입장에서는 환영할 일이다. 교원양성-임용 불균형 문제는 방치하면 안 되겠지만, 자연스러운 메커니즘에 맡겨 두는 것이 더 상책일 수 있다. 따라서 교육전문대학원 도입에 있어서도 지나친 양성 및 승인 인원 축소는 경계해야 한다.

6. 교원에 대한 처우 개선 문제와의 연계

교육전문대학원을 통해 6년간의 교사교육을 제대로 받고 나오면 고급 전문가가 된다고 할 수 있다. 그런데 학교 현장에서 이러한 고급 전문가를 수용할 만한 여건이 되어 있는가? 교육전문대학원 제도는 교원에 대한 처우 개선과 연계되어야 한다. 획기적인 개선은 기대하기 어렵지만 최소한 석사학위 수준에 맞는 대우가 필요하다. 그리고 교육전문대학원 도입 취지 중의 하나가 교원의 위상 강화라고 할 수 있는데, 교원의 위상 강화는 좋은 인력이 교직으로 많이 들어오도록 하고, 또 좋은 인력에 대해 그에 걸맞는 처우가 보장되어야 한다. 따라서 교육전문대학원 제도의 도입과 병행하여 교원에 대한 처우 개선도 함께 이루어질 필요가 있다.

Ⅵ. 결론

대학원 수준에서 교원을 양성하는 것은 교원의 질 향상이라는 당위적인 필요성뿐만 아니라 주요 교육선진국들의 보편적인 경향이라는 점에서 좀 더 적극적으로 관심을 기울일 필요가 있다. 1995년 5·31 교육개혁안으로 대학원 수준의 교원양성이 제안된 이래 20년이 넘게 수많은 논의가 이루어져 왔음에도 불구하고 실질적인 아무런 진전이 없었다는 것은 깊이 반성해야 할 부분이다. 그리고 특히 기존의 각 교원양성기관들의 이해관계와 입장 차이가 주요 장애물이었다는 점도 깊은 성찰이 필요한 부분이다. 우수한 교원을 양성하여 국가의 미래를 대비해야 한다는 것은 그 어떤 교원양성기관의 이해관계보다 훨씬 우선되어야 하고 절박한 문제이다. 더 이상 교원양성기관의 이해관계에 국가의 미래가 발목 잡혀서는 안 된다.

그리고 이 글을 비롯하여 많은 연구에서 다양한 교육전문대학원 도입 방안을 제안하고 있다. 각 방안들을 면밀히 검토하고 국가의 현실적인 여건, 각 교원양성기관들의 상황 등을 종합적으로 고려하면서 좀 체계적인 논의와 협의를 통해 우리에게 적합한 대학원 수준에서의 교원양성 방안을 마련해야 한다.

이러한 대학원 수준에서의 교원양성 방안을 마련함에 있어 이 연구에서 제안하고 있는 세 가지 원리, 즉 전문성, 효율성, 책무성의 원리는 적극 고려해 볼 필요가 있다. 대학원 수준에서의 교원양성은 단순히 교원의 위상을 높이는 것이 아니라 교원교육의 질을 높여 수준 높은 교원을 확보하는 것이 핵심이다. 교원양성기관을 통해 수준 높고 질 높은 교원을 양성해 내기 위해서는 교원양성기관의 전문성 확보에 중심을 두어야 한다. 즉, 미래 교사로서 필요한 탁월한 역량을 교육전문대학원에서 함양시켜 주어야 한다. 아울러 국가의 교원양성은 한정된 예산과 자원 속에서 이루어진다는 점도 간과해서는 안 된다. 한정된 예산과 자원을 어떻게 효율적으로 운영해서 최고의 성과, 즉 최고의 질을 갖춘 교원을 양성할 것인지에 대한 깊이 있는 논의와 고려가 필요한 것이다. 아울러 국가에서 교육전문대학원 제도와 기반을 마련해 주되, 교육전문대학원 운영은 철저히 각 기관의 전문성과 자율성에 맡겨야 한다. 교원양성은 고도의 전문적 과업이기 때문에 담당기관의 전문성은 질 높은 교원양성의 핵심 관건이다. 따라서 각 교육전문대학원이 최대한 전문성을 발휘하여 질 높은 교원을 양성할 수 있도록 국가는 적극 지원하고 조장해 주어야 한다. 국가가 행정적으로 통제하면서 끌고 가려고 해서는 안 된다는 말이다. 즉, 교육양성을 각 교육전문대학원의 전문성과 자율성에 맡기되, 그들이 그 책임을 다하고 있는지를 국가가 철저히 점검만 하면 된다. 이것이 바로 책무성이라고 할 수 있다.

그리고 논의가 단순히 교육전문대학원 도입 차원에 그쳐서는 안 되며, 보다 넓은 틀 가운데에서 이루어질 필요가 있다. 왜냐하면 교육전문대학원은 교원의 자격, 임용, 승진 및 경력 체계, 재교육 등 교원 전반의 문제와 밀접하게 연관되어 있기 때문이다. 따라서 교원정책의 큰 방향을 재정립하면서, 그 방향과 틀 내에서 교육전문대학원 도입 방안이 논의되어야 한다.

학습과제

1. 학부 수준 교원양성과 대학원 수준 교원양성은 각각 나름대로의 전통과 맥락을 가지고 있다고 할 수 있다. 학부 수준 교원양성과 대학원 수준 교원양성 각각의 장점과 단점은 무엇인가?
2. 대학원 수준에서 교원을 양성한다고 할 때 매우 다양한 차원과 다양한 맥락에서 접근이 가능하다고 할 수 있다. 대학원 수준에서 교원양성 방안은 어떤 것들이 있는가?
3. 우리나라에서 대학원 수준 교원양성을 실제로 구현하기 위해서는 기존 체제에 대한 정비가 필요하다. 그런데 기존의 교원양성기관인 교육대학교, 사범대학, 교육대학원, 교직과정 등 각 교원양성기관들의 이해관계가 충돌할 수 있다. 대학원 수준 교원양성을 위한 기존 교원양성기관들의 협력 및 정비 방안으로는 어떤 것들이 있는가?
4. 교원양성은 교원임용과 밀접하게 연관되어 있다. 대학원 수준의 교원양성체제가 도입되었을 때, 교원임용 방식은 어떻게 하는 것이 가장 적절한 방안인가?

참고문헌

강일국, 김동석, 김재철, 박현정, 상경아(2010). 사교육: 현상과 대응. 경기: 교육과학사.

강환국(1995). 교원교육론. 서울: 교학연구사.

고전(2009). 교육전문대학원 도입 방안의 검토와 과제. 한국교원교육연구, 26(2), 345-364.

교육혁신위원회(2006). 교육력 제고를 위한 교원정책 개선방안. 교육혁신위원회.

교육부(2004). 교원양성체제개편 종합방안. 교육부.

교육부(2007). 교원양성체제 개편 방안. 교육부 내부자료.

교육부(2008). 2009년 대통령 업무보고. 교육부.

교육부(2009). 3주기 교원양성기관 평가편람. 교육부, 한국교육개발원.

교육부(2010). 교원양성기관 평가 강화 및 선도대학 지원 사업. 교육부 내부자료.

교육부(2017). 2016 교원양성기관평가 개요. 교육부 보도자료.

구원회(2011). 교육대학과 초등학교간 협력(PDS) 프로그램 운영의 쟁점에 관한 내부자 연구. 한국교원교육연구, 28(1), 191-220.

구자억, 김광호, 김운종, 김기수, 김정민, 남궁지영, 정규열, 설현수, 이명희, 정수현, 홍창남(2009). 3주기 교원양성기관평가 강화 방안 연구. 한국교육개발원 연구보고 RR 2009-31.

김갑성, 박영숙, 정광희, 김기수, 김재춘, 김병찬(2009). 교원양성체제 개편 방안 연구. 충북: 한국교육개발원.

김경애, 류방란, 김지하, 김진희, 박성호, 이명진(2015). 학생 수 감소 시대의 미래지향적 교육체제 조성 방안. 연구보고 RR 2015-04. 충북: 한국교육개발원.

김명수(2003). 교원의 통합양성체제 구축을 위한 논의. 제12회 인적자원포럼 자료집, 1-17. 서울대학교 행정대학원 한국정책지식센터.

김병찬(2008). 사범대학의 교육 경험의 의미에 관한 질적 사례 연구. 한국교원교육연구, 25(2), 105-137.

김이경, 고대혁, 김재춘, 박상완, 정수현(2004a). 교원 자격 · 양성제도 개편 방안 연구. 충북: 한국교육개발원.

김이경, 이혜영, 채선희(2004b). 한 OECD 국제세미나: 한국교원정책의 도전과 과제. 한국교육개발원 연구자료 RM2004-53.

김천기(2003). 교육의 사회학적 이해. 서울: 학지사.

김태완, 최원회, 고대혁, 박선형, 박인심(2008). 교원양성 및 임용의 다양화 방안 연구. 교육부.

박남기(2002). 미국, 일본, 프랑스 초등교원 교육제도에 비추어 본 우리나라 초등교원 교육제도 발전 방향. 교육학연구, 40(5), 207-228.

박남기(2003). 교육대와 사범대 통합의 쟁점. 제12회 인적자원포럼 자료집, 1-9. 서울대학교 행정대학원 한국정책지식센터.

박남기, 김선유, 성병창, 송광용, 송재홍, 이경한, 이명제, 이혁규, 임청환, 조동섭, 추병완(2009). 교육대학교 구조개혁 방안 연구. 교육대학교 총장협의회 세미나 자료집.

박세일, 서정화, 박정수, 홍후조, 김태완, 김성열, 권대봉, 천세영, 성태제(2010). 대한민국 교육정책: 과거 · 현재 · 미래: 5 · 31 교육개혁 평가 및 미래 교육비전 · 전략. 충북: 한국교육개발원.

박수정(2016). 교육대학원 교사양성교육의 성찰과 과제. 학습자중심교과교육연구, 16(2), 829-846.

박영숙, 신철지, 신철균, 정광희, 김규태, 홍혜경, 최수진(1999). 학교급별, 직급별, 취득자격별 교원 직무수행 기준에 관한 연구. 한국교육개발원 수탁연구 CR99-48.

서용선, 김성천, 김혁동, 송승훈, 오재길(2013). 혁신교육 미래를 말한다. 서울: 맘에 드림.

서용선, 김아영, 김용련, 서우철, 안선영(2016). 마을교육공동체란 무엇인가? 탄생, 뿌리 그리고 나침반. 서울: 살림터.

서울대학교 사범대학(2006). 교원양성의 혁신: 사범대학을 통한 한국교육의 발전. 국립사범대학장협의회 자료집.

신현석(2009). 교원양성체제의 개편 방향과 전략의 탐색. 한국교육, 36(3), 53-78.

오석홍(2016). 인사행정론. 서울: 박영사.

오영수, 김병주(2002). 제도내적 특성을 중심으로 한 교육전문대학원 체제의 비교 연구. 한국교원교육학회, 19(3), 105-125.

윤정일(2002). 교육의 질 향상과 교원양성체제의 발전 방향. 교육의 질 향상과 교원양성체제의 발전 방향. 한국교원교육학회 제36차 춘계학술대회자료집, 7-27.

이돈희, 김남두, 최충옥, 박덕규, 박인신(1998). 대학원 수준에 있어서의 교원양성방안. 충북: 한국교육개발원.

이부하, 정경욱(2015). 우리나라 중등교원 양성체제 개편에 관한 정책적 고찰. 법과 정책연구,

15(2), 611-629.

이수광, 백병부, 오재길, 이승준, 이근영, 임선일, 이병곤, 강일국, 유성상(2015). 4 · 16교육체제 비전과 전략 연구. 연구보고 2015-05. 경기: 경기도교육연구원.

이윤식 외(1994). 교원양성체제 개선방안 연구. 한국교육개발원 연구보고 RR 94-18.

이종재(2004). 한국 교원정책의 방향과 과제. 한-OECD 국제세미나: 한국 교원정책 도전과 과제. 한국교육개발원 세미나 자료집, 69-91.

이종재 외(2004). 교원정책 혁신방안연구: 교원인사제도를 중심으로. 한국교육개발원 수탁 연구 CR 2004-25.

이차영, 박찬주(2003). 한국 교원정책의 종합적 진단과 전망. 한국교육개발원 현안보고 OR 2003-6.

이혜영, 강영혜, 박재윤, 나병현, 김민조(2008). 미래 학교 모형 탐색 연구. 연구보고 RR 2008-03. 충북: 한국교육개발원.

임종헌, 유경훈, 김병찬(2017). 4차 산업혁명사회에서 교육의 방향과 교원의 역량에 관한 탐색적 연구. 한국교육, 44(2), 5-32.

전영수(2014). 인구 충격의 미래 한국: 인구감소가 불러올 10가지 트렌드. 서울: 프롬북스.

정미경, 양승실, 김경애, 김정민, 류성창(2013). 초 중등교육체제 개선 방안 연구: 교육내용, 방법 및 평가체제를 중심으로. 연구보고 RR 2013-32. 충북: 한국교육개발원.

정영수(2002). 중등교원 양성체제. 교육의 질 향상과 교원양성체제의 발전 방향. 한국교원교육학회 제36차춘계학술세미나자료집, 91-109.

정일화(2016). 지능정보사회의 대학원 수준 교원양성. 한국교원교육학회 학술대회자료집, 283-294.

정일화, 천세영(2017). 교육전문대학원 교원양성체제의 탐색. 한국교원교육연구, 34(1), 149-173.

정제영, 강태훈, 김갑성, 류성창, 윤홍주(2014). 교육환경 변화에 따른 신임교사 역량강화 방안 연구. 연구보고 CR 2014-55. 충북: 한국교육개발원.

정진곤, 황규호, 조동섭(2004). 교원양성체제 개편 종합방안 연구. 교육부.

조동섭(2002). 초등교원 양성체제의 발전 방향. 교육의 질 향상과 교원양성체제 발전 방향. 한국교원교육학회 제36차 춘계학술대회자료집, 61-78.

조동섭(2004). 교직과정 · 교육대학원 구조조정 선결돼야. 새교육, 601, 64-67.

조영달(2009). 교원양성 선진화: 사범대학을 통한 한국교육의 발전. 국립사범대학학장협의회 자료집, 9-51.

주영주, 김경자, 김은주, 김정선, 박은혜, 봉미미, 서경혜, 성효현, 이용하, 이은주, 이종경, 이종희, 임현식, 허명, 황규호(2006). 이화교원교육기준 개발 연구. 한국교원교육연구, 23(2), 153-187.

청주교육대학교(2009). 실천적 지식과 교사교육. 청주교육대학교 안내 자료집.

최상덕, 서영인, 이상은, 김기헌, 이옥화, 최영섭(2014). 미래 인재 양성을 위한 핵심역량 교육 및 혁신적 학습생태계 구축(II). 연구보고 RR 2014-16. 충북: 한국교육개발원.

최운실(2004). 대학원 수준의 교원양성체제. 한국교원교육학회 춘계학술대회 자료집, 95-117.

한국교원대학교(2009). 교실친화적 교사 양성. 한국교원대학교 안내 자료집.

한만길, 김병찬, 김용, 박삼철, 박상완, 이차영(2006). 미래 교육에 적합한 교원 및 행정지원체제 연구. 교육부.

홍영란(2003). 교육대와 사범대 통합의 쟁점. 제12회 인적자원포럼 자료집. 서울대학교 행정대학원 한국정책지식센터.
홍영란(2004). 2003년도 평가를 통해 본 사범대학 교육의 현황과 과제. 한국교육개발원 Position Paper, 1(4).
황규호(1999). 대학원수준에서의 교원양성 방안. 교육과학연구, 30, 33-49. 이화여자대학교.
황규호, 박남기(1999). 교원양성체제 개선방안. 교육부 교원양성 · 연수체제 개선연구위원회 자료집.
황영준(2005). 교육전문대학원 도입의 쟁점 및 발전적 대안 탐색. 한국교원교육학회, 22(2), 139-157.

Darling-Hammond, L., & Bransford, J. (2005). *Preparing teachers for a changing world: What teachers should learn and be able to do*. CA: Jossey-Bass.
Holmes Group. (1995). *Tomorrow's Schools of Education: A Report of the Holmes Group*. East Lansing, Mich.: Holmes Group.
Houston, W. R. (Ed.). (1990). *Handbook of Research on Teacher Education*. New York: Macmillan Publishing Company.
Lassonde, C. A., Michael, R. J., & Rivera-Wilson, J. (2008). *Current issues in teacher education: history, perspectives, and implications*. Springfield, IL: Charles C. Thomas Pub.
Murphy, J. (1995). *Educating Teachers for Leadership and Change*. California: Cowin Press.
John Coolahan (2004). Lines of development from OECD's policy review. 한-OECD 국제세미나: 한국 교원정책 도전과 과제. 한국교육개발원 세미나 자료집, 209-238.
McKinsey & Company (2010). *Closing the talent gap: Attracting and retaining top-third graduates to careers in teaching*. Author.
OECD. (2001). *Education policy analysis*. OECD CERI.
OECD. (2004). *Attracting, Developing and Retaining Effective Teachers*. OECD.
OECD. (2014). OECD statistical profiles. Paris: Author.
OECD. (2016). Education at a glance 2016, Education indicators. Paris: Author.
OECD. (2017). Education at a Glance 2017, Education indicators. Paris: Author.
Sahlberg, P. (2011). *Finnish lessons: What can the world learn from educational change in Finland? Series on school reform*. New York: Teachers College Press.
Santiago, P. (2004). Teacher policy: Korea's position in the OECD area. 한-OECD 국제세미나: 한국 교원정책 도전과 과제. 한국교육개발원 세미나 자료집, 197-206.
Schwab, K. (2016). *The Fourth Industrial Revolution*. Colony/Geneva: World Economic Forum.

제6장
교원 신규채용과 임용시험

김이경(중앙대학교 교수)

개요

학교교육의 질을 좌우하는 가장 중요한 자원이 교사라는 것을 부인할 사람은 없을 것이다. 학교가 필요로 하는 유능한 인재를 확보하기 위하여 학교조직 외부에 있던 인재를 선발하여 교직으로 유입하고, 그들을 계속해서 움직여서 쓰는 모든 활동을 통틀어서 임용이라고 한다. 임용 가운데 신규채용은 교직 외부에서 내부로 인재를 새로 확보하는 매우 중요한 단계로, 우리나라에서는 교원 신규채용을 위해 임용시험이라는 공개경쟁제도를 운영하고 있다.

임용시험은 1992년 처음 실시된 이후 30년 가까이 계속해서 연구자와 학자, 현장 실천가, 예비교사들에게 비판받고 있지만 그 개선 속도는 매우 더디다. 그만큼 다양한 문제가 복합적으로 얽혀 있기 때문이다. 이 현상을 좀 더 심도 있게 이해하는 것은 향후 신규채용제도 개선을 위한 대안 마련뿐만 아니라 교원양성교육의 내실화 관점에서 매우 필요하다.

이러한 문제 인식을 토대로 이 장에서는 교원 신규채용과 그 수단이 되는 임용시험에 대하여 탐색하였다. 2절은 교원 신규채용제도를 이해하기 위한 이론적 기초가 되는 개념, 임용시험의 기능과 중요성 그리고 교원 임용시험의 변천에 대해서 고찰한다. 3절은 교원 임용시험의 응시자격, 시험 과목, 출제 범위 등 그 내용이 무엇인지 초등교원과 중등교원으로 구분하여 그 주요 내용을 기술한다. 4절에서는 교원 임용시험이 안고 있는 문제를 초래하는 원인을 추적하여 교원수급 불일치, 교원 임용시험 방식, 교원 임용시험 관리 및 주체, 교원 임용시험과 교원양성 간의 괴리의 네 가지를 중심으로 문제점을 분석한다. 마지막으로, 5절에서는 교원 신규채용제도와 임용시험제도가 축적된 문제를 털어내고 좀 더 본질을 구현할 수 있는 방향으로 개선되기 위해서 필요한 과제를 제시한다.

Ⅰ. 서론

학교교육의 질을 좌우하는 가장 중요한 자원이 교사라는 것을 부인할 사람은 없을 것이다. 교육의 성공과 실패는 각 교실에서 학생들을 가르치는 교사들의 능력에 따라 좌우된다고 해도 과언이 아니다. 따라서 유능한 인재를 교사로 확보하는 것은 학교교육의 성공을 위해 완수해야 하는 가장 중요한 미션 가운데 하나이다.

이와 같이 학교에서 필요로 하는 교사를 확보하기 위하여 학교조직 외부에 있던 인재를 선발하여 교직으로 유입하고, 그들을 계속해서 움직여서 쓰는 모든 활동을 통틀어서 임용(任用)이라고 한다. 임용 가운데 신규채용은 교직 외부에서 내부로 유능한 인재를 새로 확보하는 매우 중요한 단계이다. 우리나라에서는 교원 신규채용을 위해 임용시험이라는 공개경쟁채용제도를 운영하고 있다.

우리나라 교원의 신분은 국가공무원으로 교원은 공공부문 종사자이다. 전 세계적으로 볼 때 공공부문 종사자 채용은 '경력중심(career-based)'과 '직위중심(position-based)'이라는 두 가지 모형에 의거하게 된다. 경력중심 접근은 채용 시에 까다로운 초기 진입 기준에 따라 공개경쟁이 이루어지고, 입직 후에는 내부 규칙에 따라 인사 배치가 이루어지며, 이후 평생에 걸쳐 동일 직종에서 경력을 쌓는 경력직이라는 특성을 지닌다.

반면, 직위중심 접근에서는 각 직위에 적합한 최상의 후보자를 선발하고자 하며, 따라서 다양한 연령층이나 타 직종 종사자들에게도 해당 직위를 개방하고, 고위직으로의 이동 또한 공석을 놓고 매번 공개경쟁을 하는 형식을 취한다(OECD, 2005).

우리나라는 전형적인 경력중심 교원 임용제도를 채택하고 있기에 공석보다 지원자의 수가 많고 진입 장벽이 높다. 게다가 만성적인 중등교사 과잉공급 문제까지 겹쳐서 자격을 갖춘 예비교사 가운데에서 신규채용자를 선발하기 위해서는 공개경쟁을 근간으로 하는 고부담 시험인 임용시험을 운영하고 있다.

이 임용시험은 1992년 처음 실시된 이후 30년 가까이 계속해서 연구자와 학자, 현장 실천가 그리고 예비교사들에게 비판받고 있지만 그 개선 속도는 매우 더디다. 그만큼 다양한 문제가 복합적으로 얽혀 있기 때문이다. 교원양성기관 종사자나 예비교사들이 이 현상을 좀 더 심도 있게 이해하는 것은 향후 신규채용 개선을 위한 해법을 도출하는 것뿐만 아니라 교원양성교육의 내실화 관점에서 매우 필요하다.

이 장에서는 교원 신규채용과 그 수단이 되는 임용시험에 대해서 살펴본다. 먼저, 2절에서는 교원 신규채용제도를 이해하기 위한 이론적 기초가 되는 개념, 임용시험의 기능과 중요성, 그리고 교원 임용시험의 변천에 대해서 고찰한다.

이어서 3절에서는 교원 임용시험의 응시자격, 시험 과목, 출제 범위 등 그 내용이 무엇인지 탐색하기 위하여 초등교원과 중등교원으로 구분하여 임용시험의 주요 내용을 기술한다.

4절에서는 교원 임용시험이 안고 있는 문제를 초래하는 원인을 추적하여 교원 수급 불일치, 교원 임용시험 방식 자체의 부적합성, 교원 임용시험 관리 및 주체, 교원 임용시험과 교원양성 간의 괴리의 네 가지를 중심으로 문제점을 분석한다.

마지막으로, 5절에서는 교원 신규채용제도와 임용시험제도가 축적된 문제를 털어내고 좀 더 본질을 구현할 수 있는 방향으로 개선되기 위해서 필요한 과제를 정책에 초점을 맞추어 제언한다.

Ⅱ. 교원 신규채용제도의 이론적 기초

1. 교원 임용과 신규채용제도의 개념적 관계 및 의의

교원의 임용은 교직 외부에 있던 유능한 인재를 교직 내부로 받아들이는 과정을 의미하는 신규채용은 물론, 교직에 진입한 인재들을 내부적으로 움직여서 활용하는 모든 과정까지를 포함한다. 우리나라 「교육공무원법」 제2조 제5항에서 임용을 신규채용, 승진, 승급, 전직, 전보, 겸임, 파견, 강임, 휴직, 직위해제, 정직, 복직, 면직, 해임 및 파면으로 규정하고 있는 것은 바로 이런 맥락을 반영한다. 즉, 임용에는 교육공무원인 교원의 신분 발생에서부터 그 변경이나 소멸까지를 포함하는 모든 행위가 포함된다 (임연기, 최준열, 2010: 335-336).

신규채용은 교원 임용의 시작점으로서, 교직 외부에서 교사를 선발해서 교직 내부로 받아들이는 과정이다. 즉, 교원 신규채용이란 교육공무원인 국·공립학교 교원은 물론 사립학교 교원까지를 포함하여 그들의 정년퇴임이나 명예퇴임에 따른 자연 감소 인원과 교원 정원 확대 등에 따른 충원 예정 인원을 일정한 절차를 거쳐 선발하여 임용하는 것을 의미한다.

신규로 교원을 채용하기 위해서는 국가에서 법령으로 정한 절차와 방법에 따라 선발시험을 실시하고, 그 결과에 따라 합격자를 신규교사로 임용하도록 되어 있는데, 우리나라에서 교사의 신규채용은 「교육공무원법」 제11조에 따라 공개경쟁 절차를 따른다(김운종, 2013).

공개경쟁을 통한 채용은 자격이 있는 모든 사람에게 평등한 지원 기회를 부여하고 공개경쟁시험을 통해 임용 후보자를 선발하는 방식이다. 이러한 방식은 지원자들 입장에서는 평등한 기회를 갖게 된다는 것, 그리고 선발자 입장에서는 다수의 지원자 가운데 가장 우수하다고 판단되는 인재를 선발할 수 있도록 한다는 것에 의의가 있다.

2. 교사 신규채용 방법으로서 임용시험의 기능과 중요성

교사를 공개경쟁을 통해 신규 채용하기 위한 방법은 우리가 임용고사, 또는 고시처럼 어렵다고 해서 임용고시 등으로 부르는 임용시험으로, 그 공식 명칭은 '교육공무원 임용후보자 선정경쟁시험'(이하 교원 임용시험으로 지칭)이다. 이 교원 임용시험은 교원 양성과정을 통해 길러진 다수의 예비교사 가운데 실제 교직에 입직할 수 있는 사람을 선발하는 기능을 수행한다는 점에서 교사가 될 수 있는 사람과 그렇지 못한 사람을 판별하는 중요한 제도이다.

교원들에게 자격을 부여하는 제도는 국가가 정한 일련의 교원양성과정을 이수한 사람이 교단에 설 수 있는 기본적인 자격을 인정한다는 점에서 소극적인 기능을 갖고 있는 반면, 신규채용제도는 교원자격증 소지자 가운데 교원으로 실제 근무할 사람을 선발해 낸다는 점에서 좀 더 적극적인 기능을 수행한다(권동택, 2017).

이윤식 등(1992)은 교사 신규채용제도에 대해서 고찰하면서 교원 임용시험이 지닌 기능을 다음의 네 가지로 구분하여 제시하고 있다.

① 바람직한 교사로서의 능력, 태도, 자질을 갖추고 있고, 교육현장의 요구에 합당한

교사를 가려내는 선발 기능이다.

② 교육현장의 원활한 교육활동을 위해 필요한 시기에 필요한 수만큼의 교원을 적절하게 공급하는 기능이다.

③ 교원 신규임용 방식의 내용과 절차는 불가피하게 교원양성교육에 영향을 미친다는 점에서 교원양성기관의 교육 내용과 방법상의 변화를 촉진하는 기능이다.

④ 파생적 기능으로, 교직이나 교원의 전문성에 대한 사회적 이해를 높이는 기능이다. 임용시험의 구조와 운영 및 절차상의 전문성, 엄격성, 공정성 등은 일반인이 교직에 대해서 긍정적이거나 부정적인 시각을 형성하는 데 상당한 영향을 미쳐서 교직사회에 대한 지원을 강화하거나 철회하도록 하는 기능을 수행한다.

임용시험의 중요성에 교원양성기관 종사자들이 깊은 관심을 갖는 이유는 이 임용시험 방식이 비단 유능한 교원으로서 능력과 적성을 갖춘 자를 선발해 내는 기능에 머물지 않고 교사양성의 방향과 내용을 결정한다 해도 과언이 아닐 정도로 교사양성에 미치는 영향 또한 지대하다는 데 있다(임연기, 2013).

특히 우리나라에서는 한번 교원으로 임용되면 특별한 하자가 없는 한 정년퇴직까지 임기가 보장된다. 우리나라의 교원임용 시스템은 교사로서 필요한 기본적인 역량을 지닌 예비교사를 선발하여 일정 기간 현장 실무능력을 배양한 후 선발하며, 선발된 후에도 수습기간을 거치는 외국의 방식과 상당히 다르다(김운종, 2013). 즉, 교원양성과정을 마치는 동시에 교사 자격증을 취득하고 임용시험에 합격하는 것은 곧 공립학교에서 근무할 수 있는 종신재직권을 얻는다는 것을 의미한다. 긴 현장 실습을 거치거나 수습 기간 등을 거치면서 교사로서 현장 실무능력을 배양하고 그 우수성을 검증받을 수 있도록 하는 외국과 달리 그런 검증 장치가 없다는 점에서 신규교원의 선발이 감당할 무게는 그만큼 무겁다.

3. 교원 임용시험의 변천

교원 임용시험은 그동안 몇 차례의 개정을 거쳐 현재에 이르고 있다. 교원 임용시험의 변천사는 이 시험이 언제부터 그리고 어떤 이유에서 현재와 같은 형태로 정착하게 되었는지, 그리고 시험이 교직 적성을 지닌 우수한 인재를 선발하는 데 주력하는 대신 왜 시험의 객관성과 공정성에 지나치리만큼 집착하게 되었는지 그 배경을 이해하는 데 중요한 단서를 제공한다.

교원 임용시험은 1991년을 기점으로 하여 크게 변화하여 그 이전과 이후가 확연하게 달라진다. 1990년까지의 신규교원 임용은 예비교사를 양성하는 대학이 국 · 공립인가 또는 사립인가에 따라 차별화되었다. 즉, 국 · 공립 교육대학교 및 사범대학교를 졸업한 예비교사들은 국가에서 주관하는 별도의 선발시험 없이 우선적으로 교사로 임용되고, 부족한 일부 교과에 한하여 교원임용후보자 순위고사라는 시험을 통하여 사립대학 출신 예비교사를 선발 · 임용하는 제도를 채택하고 있었다(김명수, 2011).

그러나 이 제도하에서는 신규교사의 수요에 비하여 국 · 공립 교육대학교 및 사범대학교 졸업자의 수가 상대적으로 많았기 때문에 일부 특수한 과목을 제외하고 순위고사는 거의 시행되지 않았다. 그 결과, 사립 사범대학교 출신이나 교직과정을 이수한 졸업자들에게는 공립학교 신규교사의 선발시험에 응시할 기회조차도 거의 부여되지 않았다고 할 수 있다.

그러던 중 1991년 헌법재판소가 국 · 공립 교육대학교 및 사범대학교의 졸업자들을 우선 임용하는 제도가 출신학교의 설립체나 학과에 따라 임용을 차별하는 결과를 초래하여 「헌법」에서 보장하는 직업 선택의 자유와 평등의 원칙에 위반된다는 취지의 위헌판결을 내리면서 1991년부터는 이를 폐지하게 되었다(서정화 외, 2011).

이에 1992년부터 공립학교에 근무할 신규교사의 선발은 출신 대학에 관계없이 모든 교사자격증 소지자를 대상으로 한 공개전형 방식으로 전격 바뀌게 되었다(김명수, 2011). 그리하여 사립 사범대학 졸업자는 물론 교직과정 및 교육대학원 등에서 교사자격증을 취득한 사람들 모두에게 임용시험에 응시할 기회를 부여하는 공개경쟁채용 시험으로 전환되었다.

교원 임용시험이 전격 도입된 이후에도 그 구체적 방법과 내용은 여러 차례 개정을 거쳐 오늘에 이르고 있다. 임용시험을 안내해 온 '교육공무원 임용후보자 선정경쟁시험 규칙'의 크고 작은 변화는 이 시험제도가 시대적 요구를 반영하는 과정에서 우여곡절이 많았다는 것을 말해 준다.

그럼에도 불구하고 초등 및 중등 임용시험 모두 여전히 1차는 필기시험, 2차는 교사로서의 적성, 교직관, 인격 및 소양 등을 평가하기 위한 심층면접과 수업능력 평가로 구성된다는 점은 변함없이 이어져 오고 있다.

Ⅲ. 교원 임용시험의 주요 내용

교원의 신규 임용은 17개 시 · 도의 교육감이 각각 시행하도록 되어 있다. 「교육공무원임용령」에 따라 교육부장관이 교사 임용권을 시 · 도 교육감에게 위임하고 있기 때문이다. 「교육공무원 임용후보자 선정경쟁시험규칙」은 교육공무원 임용후보자를 선정하기 위한 임용시험과 관련하여 시험 실시기관, 단계, 방법, 과목, 배점, 공고, 결정, 관련 위원회 등에 관한 사항을 규정하고 있다. 다음에서는 임용시험을 초등교원과 중등교원으로 구분하여 각각의 내용에 대하여 간략하게 설명하고자 한다.

1. 초등교원 임용시험

2016년도에 시행된 2017학년도 공립 초등학교 교원 임용을 위한 임용시험의 주요 내용을 응시자격 요건 및 시험 과목 및 배점, 출제 범위를 중심으로 정리하면 다음과 같다.

첫째, 시험에 응시할 수 있는 자격은 교사자격증을 이미 취득했거나 취득할 예정인 사람이어야 한다. 가령, 2016년도 12월에 시행되었던 2017년도 초등교원 임용시험에 응시하기 위해서 응시자는 초등학교 준교사 이상의 자격증을 소지했거나 2017년 2월 말 이내 자격 취득이 예정된 자를 포함한다. 이런 응시 요건은 비록 불과 몇 개월에 불과하지만 아직 초등교사 자격증을 취득하지 않은 교원양성기관 재학생도 임용시험에 응시할 수 있도록 하고 있다는 점에서 가끔 논란의 대상이 된다.

둘째, 초등교원 임용시험은 1차와 2차 시험으로 구성되며 각각 100점이 부여된다. 1차 시험은 교직논술과 교육과정 중심으로 구성되고, 한국교육과정평가원에 위탁하여 출제와 채점이 진행된다.

「교육공무원법」에 따라 1차 시험 합격자는 모집 인원의 1.5배수를 선발하는데, 시험 성적이 높은 사람부터 차례로 결정하여 2차 시험 응시자격을 준다. 이때 지역가산점이 반영되지만 그 정도는 미미하다. 한편, 초등교원 임용의 경우 대학 성적도 반영되는데, 전 학기 성적 석차를 환산해서 전체를 10등급으로 구분하고 등급 간 간격은 0.5점으로 비율에 따라 점수를 부여한다.

2차 시험은 교직적성 심층면접, 교수-학습 과정안 작성, 수업실연 및 영어면접, 영어 수업 실연으로 구성되며, 시 · 도교육청의 자율적 판단에 따라 내용과 배점을 조금씩 달리할 수 있다.

최종합격자의 결정은 2차 시험 성적에 1차 시험 성적을 합산하는 방식으로 이루어지기 때문에 사실상 1차 시험인 필기시험의 결과가 합격에 상당한 영향을 미치는 것으로 알려져 있다. 이런 문제를 해결하기 위해 경기도교육청의 경우 2차 시험의 변별력이 높아질 수 있도록 심층면접 시간을 늘리고 현장 교원 출신 심사위원을 확대하여 수험생의 교직관과 역량, 인성 등을 좀 더 철저히 검증하려고 시도하고 있다(김성천, 홍섭근, 정영현, 2017).

초등교원 임용시험의 과목, 배점, 출제 범위, 시험시간 및 문제 유형을 1차와 2차로 나누어 상세히 제시하면 〈표 6-1〉과 같다.

〈표 6-1〉 초등교원 임용시험 과목, 배점 및 출제 세부 사항(2017학년도 임용)

<table>
<tr><th>단계</th><th>시험 과목</th><th>배점</th><th>출제 범위</th><th>문항 수</th><th>시험시간</th><th>문제 유형</th></tr>
<tr><td rowspan="4">1차
(100점)</td><td>교직논술</td><td>20</td><td>초등학교 교직, 교양 전 영역</td><td>1</td><td>60분</td><td>논술형</td></tr>
<tr><td>교육과정 A</td><td>40</td><td rowspan="2">초등학교 교육과정 전 영역</td><td rowspan="2">22문항 내외</td><td>70분</td><td rowspan="2">기입형, 서술형</td></tr>
<tr><td>교육과정 B</td><td>40</td><td>70분</td></tr>
<tr><td>한국사</td><td>-</td><td colspan="4">한국사능력 검정시험으로 대체</td></tr>
<tr><td rowspan="5">2차
(100점)</td><td>교직적성 심층면접</td><td>20~50</td><td>교사로서의 적성, 교직관, 인격 및 소양</td><td>1~4문항</td><td>10~20분</td><td>구술형</td></tr>
<tr><td>교수-학습 과정안 작성</td><td>10~20</td><td>교과과정의 일정 단원에 대한 교수-학습과정안 작성</td><td>1</td><td>50~60분</td><td>서술형</td></tr>
<tr><td>수업실연</td><td>10~40</td><td>교사로서의 학습지도 능력과 의사소통 능력</td><td>1</td><td>15~20분</td><td>구술형</td></tr>
<tr><td>영어면접 및 영어수업 실연</td><td>10~40</td><td>영어 의사소통 능력, 영어로 진행하는 수업 능력</td><td>3~4문항</td><td>10분</td><td>구술형</td></tr>
<tr><td>인문정신 소양평가</td><td>25</td><td>교사로서 갖추어야 할 인문정신 소양 및 활용 능력 등</td><td></td><td>10분</td><td>구술형</td></tr>
</table>

	실기	음악	5	음악 교과 실시 능력		1인당 3분	개별평가
		미술	5	미술 교과 실시 능력		100분	
		체육	5	체육 교과 실시 능력		1인당 3분	개별평가

출처: 권동택(2017: 57).

2. 중등교원 임용시험

중등교원 임용시험의 경우, 시험에 응시하기 위해서는 선발예정 표시과목의 중등학교 준교사 이상 교원자격증이나 부전공 표시과목 교원자격증을 소지해야 한다. 2016년도 시험에 응시할 경우, 2017년도 2월에 해당 과목 교원자격증을 취득할 예정으로 있는 예정자도 포함된다. 즉, 중등의 경우에도 초등과 마찬가지로 아직 교원자격증을 취득하지 않은 예비교사도 임용시험에 응시할 수 있도록 되어 있다.

중등교원 임용시험의 내용을 좀 더 구체적으로 보면, 초등과 마찬가지로 1차 및 2차 시험이 각각 100점 만점으로 출제된다.

1차 시험은 교육학 전공시험으로 논술형, 기입형, 서술형 등의 필기시험으로 구성된다. 2차 시험은 교직적성 심층면접, 교수-학습 과정안 작성, 수업실연, 실기과목의 경우 실기 및 실험 평가가 진행된다.

2차 시험은 초등교원 임용시험과 마찬가지로 시·도교육청의 자율적 판단에 따라 방식과 배점을 달리할 수 있다. 가령, 경기도교육청의 경우, 교직적성 심층면접 평가에 있어서 개별면접 외에 집단토의를 도입하여 의사소통 능력이나 문제해결 능력을 평가하는 한편, 수업능력 평가를 위해서도 수업실연 외에 수업나눔이라는 성찰문답 시간을 포함하고 있다(신승균, 2017). 이러한 사례는 교육 현장에 보다 적합한 교사를 신규 채용하기 위하여 시·도가 자율적으로 개선책을 모색하고 있음을 보여 주는 좋은 예이다.

중등교원 임용시험의 과목, 배점, 출제 범위, 시험시간 및 문제 유형을 1차와 2차로 나누어 종합적으로 정리하면 〈표 6-2〉와 같다.

〈표 6-2〉 중등교원 임용시험 과목, 배점 및 출제 세부 사항(2017학년도 임용)

<table>
<tr><th>단계</th><th>시험 과목</th><th>배점</th><th>출제 범위</th><th>문항 수</th><th>시험시간</th><th>문제 유형</th></tr>
<tr><td rowspan="7">1차
(100점)</td><td>교육학</td><td>20</td><td>교육학개론, 교육철학 및 교육사, 교육과정, 교육평가, 교육방법 및 교육공학, 교육심리, 교육사회, 교육행정 및 교육경영, 생활지도 및 상담</td><td>1</td><td>60분</td><td>논술형</td></tr>
<tr><td rowspan="2">전공 A</td><td>16</td><td rowspan="5">교과교육학(25~35%), 교과내용학(65~75%)</td><td>8</td><td rowspan="2">90분</td><td>기입형</td></tr>
<tr><td>24</td><td>6</td><td>서술형</td></tr>
<tr><td rowspan="3">전공 B</td><td>20</td><td>5</td><td rowspan="3">90분</td><td rowspan="2">서술형</td></tr>
<tr><td>10</td><td>2</td></tr>
<tr><td>10</td><td>1</td><td>논술형</td></tr>
<tr><td>한국사</td><td>-</td><td colspan="4">한국사능력 검정시험으로 대체</td></tr>
</table>

<table>
<tr><th rowspan="6">2차
(100점)</th><th rowspan="2">시험 과목</th><th colspan="2">배점</th><th rowspan="2">출제 범위</th></tr>
<tr><th>일반교과</th><th>실험교과</th></tr>
<tr><td>교직적성
심층면접</td><td>40~50</td><td>40~50</td><td>교원으로서의 적성, 교직관, 인격 및 소양, 학생과의 소통, 지도능력(외국어 과목은 일정 부분 외국어로)</td></tr>
<tr><td>교수-학습
과정안 작성</td><td>10~15</td><td>10~15</td><td>교수-학습 지도안 작성(외국어 과목은 해당 외국어로 실시)</td></tr>
<tr><td>수업실연</td><td>40~50</td><td>20</td><td>수업실연(외국어 과목은 해당 외국어로 실시)</td></tr>
<tr><td>실기 및
실험평가</td><td>-</td><td>30</td><td>음악, 미술, 체육: 별도 출제 범위 및 내용 지정
과학교과: 전공별 탐구주제 수행능력 평가</td></tr>
</table>

출처: 권동택(2017: 59).

Ⅳ. 교원 임용시험의 문제점

교원 임용시험은 1992년에 처음 실시된 이래 여러 차례의 변화를 거듭하면서 개선되어 왔음에도 불구하고 여전히 많은 문제를 노정하고 있다. 임용시험을 통한 교원 선발은 교원 임용시험 자체가 안고 있는 한계와 함께 우리나라 교직이 역사적으로 전개되어 오면서 축적된 문제에 저출산이라는 인구학적 요인, 거기에 교사 선호 현상까지 겹치면서 문제점이 더욱 증폭되어 왔다. 교사가 되기 위한 후보자 간 경쟁은 여전히 치열하고, 교직에 입직하기 위한 관문인 임용시험은 예비교사를 포함한 많은 관계자로부터 비판을 받고 있는 실정이다.

문제 해결을 위해 새로운 방향을 모색한 지는 오래되었지만 아직 확고한 대안은 마련되지 않은 채 부분적 개선이 시도되고 있다. 대학 입학을 위한 대학수학능력시험이 그렇듯이 우리나라에서 시험을 대체할 수 있을 만큼 객관적이고 공정한 선발 방법에 대해서는 사회적 합의를 이루기가 어렵기 때문이다. 여기에서 교원 임용시험과 얽히고설킨 모든 문제를 다 제시하기는 어렵고, 직접적으로 연관성이 있는 문제들을 중심으로 몇 가지 주제로 분류하여 정리하고자 한다.

1. 교원 수급 불일치 및 불완전한 중장기적 수급 예측으로 인한 문제

교원은 국가의 가장 중요한 책무의 하나인 교육 기능을 수행하는 데 있어서 가장 필요한 자원이다. 그러나 교원은 전문가로서 단기간에 양성될 수 없고, 교원의 과소나 과잉 공급은 교육의 질 저하를 초래할 수 있기에 적정 규모의 교원을 양성 · 공급하기 위해서 정부가 교원의 수요와 공급을 예측하고 이를 관리하는 것은 매우 중요하다(김이경, 한유경, 김현철, 2006).

그러나 우리나라 초등 및 중등 교원의 수요와 공급은 양쪽 모두 심각한 도전에 직면해 있으며, 수요와 공급 간 불균형 및 격차 심화는 교원 임용의 문을 좁게 만들어 입직을 준비하는 예비교사들은 몇 년을 임용시험에 소진하는 등 큰 부담으로 작용한다.

교원 수요는 유례없는 출산율 감소에 따른 학령인구 감소로 지속적으로 줄어들고 있다. 2005년 인구 조사를 실시한 이래 우리나라 초등과 중등 학생 수는 지속적으로 감소하고 있고, 급기야 2019년은 '대학 신입생 절벽시대'로 불릴만큼 대학 진학자 수의 감소로 이어져 고등교육이 입학 정원을 채우지 못할 위기에 직면해 있다.

반면, 교원의 공급 규모는 여전히 문제 상황을 벗어나지 못하고 있다. 중등의 경우는 과잉 공급으로 교원양성기관 평가를 통해 중등교원의 공급 규모를 지속적으로 감축해 왔지만 2017년 공립 중등교원 임용 경쟁률이 12 대 1에 육박한다는 사실은 아직도 그 심각성이 해소되지 않았음을 말해 준다(김이경, 2017).

초등교원의 공급도 문제가 심각하기는 마찬가지이다. 정부가 초등교원 양성기관의 입학 정원을 지속적으로 통제 · 관리해 온 탓에 전국 13개 초등교원 양성기관의 입학 총 정원은 2017년 기준 3,847명에 불과하여, 한 대학당 입학 정원이 평균 300명에도 미치지 못한다. 이러한 과소 규모는 교육과정 운영을 어렵게 하고 학생들의 과목선택권을 제한하여 양성교육의 질을 저하시킨다는 비판에 직면해 있다(이영 외, 2011).

이러한 교원 수급 격차 심화에 더하여 정부가 매년 교원 신규채용 규모를 안정적으로 예측 · 발표하지 않은 탓에 양성기관이나 예비교사들의 어려움은 한층 커진다. 우리나라에서 교사 신규채용 규모는 교육부가 단독으로 정할 수 있는 것이 아니고, 행정안전부 및 기획재정부 등과의 협의를 거쳐야 하는 탓에 안정적인 예측도 쉽지 않다.

교원 신규채용 규모를 결정하기 위해서 교육부는 중 · 장기 교원수급 전망과 함께 매년 교원수급 계획을 수립해야 하는데, 그 과정에서 교원의 수요 파악을 위해 비단 학령인구를 중심으로 한 인구통계학적 요인뿐만 아니라 신도시 건설에 따른 인구 이동 및 이농 현상 등 사회경제적 요인, 그리고 정부의 학급당 학생 수 감축, 교실 수업 혁신을 위한 교원 추가 배치 등 다양한 교육정책적 변수도 고려해야 한다. 이러한 수요 파악과 더불어 퇴직 교원 및 양성 인원 등을 토대로 공급 실태를 총체적으로 고려하여 매년 신규채용 규모를 결정하고 이를 사전에 고지하여야 한다.

이러한 수급 상황을 매년 중장기적으로 전망해야 함에도 불구하고 그동안 국가 수준에서 이루어진 교원 수급의 중장기적 예측은 간헐적으로 필요에 따라 수행되었고(예: 김이경 외, 2006; 박현정 외, 2013; 이영 외, 2011; 최지희 외, 2009 등) 연구 설계나 활용 자료도 제각각이다.

그 결과, 신규교사 선발 인원의 예측 및 고지가 제대로 이루어지지 않거나 연도별 채용 인원도 들쭉날쭉하여 임용 당국과 준비생들의 어려움을 가중시킨다. 중등교원의 경우 임용시험 시행 직전에 발표되는 선발과목 모집 인원이 적거나 아예 없는 경우 다음 해를 기약해야 하는 실정이다. 이는 개인적 · 사회적 비용을 증가시킨다는 점에서 심각한 문제로 지적된다.

2. 교원 임용시험 방식 자체의 적합성에 대한 의문

현재와 같은 임용시험을 통한 교사 선발 방식은 예비교사의 수업 전문성이나 투철한 교육관, 교직에 대한 사명감, 헌신, 인성 등을 종합적으로 평가하기에 부족하다는 임용시험 기제 자체에 대한 문제 제기가 많다(정미경, 김정원, 류성창, 박인심, 2011). 2000년대 초반부터 임용시험 방식의 타당성은 물론, 필기시험, 수업실기, 면접시험 등 각 방식의 적절성을 둘러싼 비판이 끊임없이 제기되어 왔다(김운종, 2013; 서민원, 2007; 은지용, 박상준, 2014; 이인제, 2004).

초등 및 중등 교원의 선발에 관심을 가진 학자들이 임용시험의 적절성을 두고 제기한 질문들은 다양하다. 임용시험이 과연 현재와 미래 초·중등교육을 잘 수행할 수 있는 교사를 선발하는 기제로서 타당한가, 논술 등 지필시험으로 치르는 경쟁적이고 상대평가 위주의 시험으로 우수한 교사를 선별해 낼 수 있을 것인가, 시험 합격을 위해 여러 경쟁자를 물리쳐야 하는 과다 경쟁의 상황이 예비교사들의 소진을 부추기는 것은 아닌가, 지필고사의 비중과 영향력이 과다한 것은 아닌가, 수업실기능력평가나 면접시험이 과연 제대로 시행되고 있으며, 그 짧은 시간에 교사들에게 요구되는 사명감, 헌신, 소양 등을 제대로 평가할 수 있는가 등은 가장 대표적인 질문들이다. 한편, 사기업 및 타 기관의 신규채용 방식과 비교할 때 국가적으로 중요한 교사를 너무 저렴한 비용으로 선발하는 것은 아닌가, 교사자격증을 아직 취득하지도 않은 교사양성기관 재학생들에게 임용시험 응시 기회를 주는 것은 적절한가 등 임용시험의 비용적 측면이나 응시 자격에 대한 비판도 이어져 오고 있다.

교원 임용시험이 우수한 교사를 선발하기 위한 품질 지향적인 기제라기보다는 교사의 양적 수급에 치중한 제도로서, 지식 위주 평가, 객관성과 공정성을 강조하는 임용시험 자체의 한계로 인하여 역량 있는 우수 교사를 선발하는 데는 부적절하다는 지적(김희규, 2013)은 임용시험의 한계를 잘 드러내 준다.

3. 교원 임용시험 관리 및 주체와 관련된 문제

교원 임용시험 관리 방식 및 주체의 적절성을 둘러싼 문제 제기도 많다. 가령, 시험 출제 및 채점과 관련하여서는 1, 2차 전형이 대단위로 시행되기 때문에 출제위원 및 채점위원의 섭외상의 어려움, 출제와 채점의 타당성과 공정성 확보 곤란, 단시간 내에 대규모 논술시험에 대한 채점을 종료해야 하는 부담 등이 빈번하게 지적된다. 각 시·도에서도 3차 전형인 심층면접과 수업실연을 동시에 시행하는 데 어려움이 따르며, 임용시험 당락에 따른 이의 제기 등 다양한 민원까지 처리해야 한다(정미경 외, 2011).

이러한 부담에 더하여 매년 1차 필기시험을 집단 합숙식으로 출제하여 출제자의 주관성에 따라 문제 경향이 달라지고, 2차 시험 채점의 경우도 채점자의 주관적 판단이 당락에 중대한 영향을 미친다. 시험의 출제와 채점에서 주관성을 배제하기란 쉽지 않다. 그럼에도 불구하고 시험 자체가 워낙 고부담 시험인데다 간혹 문제 오류나 시험 과정과 결과에 대한 사회적 신뢰의 부족으로 인하여 계속해서 문제가 제기된다.

교원 임용시험의 주체와 관련하여서도, 그 주체가 시 · 도교육감임에도 불구하고 교원임용 정책이 지나치게 획일적이고 중앙집중적이어서 시 · 도의 자율성이 부족하다는 지적이 있다(신현석, 이경호, 2007). 특히 임용시험 출제와 채점 등 관리 주체인 한국교육과정평가원의 적절성에 대한 문제 제기에도 주목할 필요가 있다.

교원 임용시험은 한국교육과정평가원의 고유 업무가 아니라 수탁하여 시행하는 업무이다. 따라서 한국교육과정평가원은 문제 출제 및 채점에 대한 사항만 수탁받을 뿐 교원 임용시험제도의 개선이나 발전 등에는 상대적으로 관심이 적고 관련 연구나 전문성도 부족하다는 것이다(전제상, 2016). 제반 교원정책에 관한 연구는 산하에 교원정책연구실을 두고 있는 한국교육개발원에서 주로 수행하고 있지만, 한국교육개발원과 한국교육과정평가원 간에 교원 신규채용 주제를 둘러싼 협업은 매우 부족한 실정이다.

그 결과, 연구 결과를 적용하는 데 어려움이 따를 뿐만 아니라 신규교사 채용을 위한 임용시험의 개선 및 발전 방향을 모색하거나 변화하는 신규교사 임용체제에 적극적으로 대응하는 데 한계가 있어서 해마다 동일한 문제가 반복적으로 발생하고 있다.

수험생의 관점에서 볼 때는 공개전형의 실시 기간이 과도하게 길어서, 1차 전형에서 1.5배수에 들었다 최종에서 탈락한 예비교사들의 경우 시간이 지나치게 낭비되는 한편 다른 취업 기회까지도 놓치게 한다는 것도 문제로 지적된다(권동택, 2017). 또한 아직 교원자격증을 취득하지도 않은 예정자까지도 임용시험 응시 기회를 줄 뿐만 아니라 현직교원들도 지역 이동 등의 사유로 임용시험을 치르고 있다. 2015년부터 2017년까지 3년간 초등 임용시험에 응시하여 최종 합격한 총 1만 6,654명 가운데 현직교원의 수는 1,751명으로, 전체 합격자의 10.5%나 차지하는 현상은 신규채용제도로서 임용시험의 취지를 무색하게 한다.

4. 교원 임용시험과 교원양성 교육과정 간의 괴리로 인한 문제

교원 임용시험과 교원양성 교육과정 간의 괴리로 인하여 발생하는 문제는 오랫동안 여러 학자에 의해 지적되어 왔다(박상완, 2017; 서민원, 2007; 신현석, 이경호, 2017). 오랫동안 시험이 되풀이되다 보니, 기출문제를 제외하고 시험이 출제되는 탓에 학생들은 구석구석까지 공부를 해야 한다. 4년간 배운 교원양성 교육과정과 동떨어진 일회적인 지필고사와 면접을 토대로 임용시험이 실시됨으로 인하여 학생 입장과 교원양성기관의 입장 모두에서 문제가 발생한다.

학생들의 궁극적인 목적은 교사로 임용되는 것이기에 교원양성대학에서 제공하는 교육에는 소홀하게 되고 시험 준비에만 주안점을 두는 사설 학원을 찾게 되는 부작용이 발생한다는 것이다(권동택, 2017).

교원양성기관의 경우 그렇다고 학생들의 시험 준비 위주로만 교육과정을 운영할 수도 없고, 교원양성기관의 질 또한 다양하여 교육과정 운영의 질적 측면에서 볼 때 대학 간 편차가 크다. 게다가 3주기 교원양성기관 평가부터는 교원임용률을 교원양성의 성과로서 평가 지표에 포함시키고 있어서, 임용률을 의식하여 양성기관이 자체적으로 예비교사들이 임용시험 준비에 몰두할 수 있도록 교육과정을 파행 운영하는 경우까지 발생하고 있다.

교원 임용시험 가운데 교육학 논술은 교원양성과 임용시험 간의 괴리를 가장 적나라하게 드러내는 시험으로 언급된다. 한국교육과정평가원이 표방하고 있는 교육학 논술의 출제 방향은 ① 교원양성대학에서 제공하는 교육학 수강 및 폭넓은 교직 소양활동을 통해 터득한 지식과 정보를 활용한 문제해결 능력평가, ② 지엽적인 교직 현상보다는 교직의 다양한 영역과 요소에 대한 종합적인 역량평가, ③ 교육학 이론에 대한 지식과 정보를 활용하여 실제 교직 사례에 대하여 체계적이고 논리적으로 설명할 수 있는 능력 평가를 표방하고 있다.

그러나 그동안 실제 출제된 문제들을 보면 교원양성기관에서 제공하는 교육내용과 상당한 거리가 있다. 또한 이 모든 것을 4년 내에 소화하는 데 무리가 있고, 시험의 난이도도 너무 높아서 결국 수험생의 부담을 가중시키고 사교육에 의존하게 한다는 지적이다(김희규, 2013).

예비교사들이 교원양성기관에서 충실히 공부하는 것으로는 임용시험의 관문을 넘기 쉽지 않은 탓에 입시기관에 의존하거나 동영상 강의 등을 시청하는 등 사교육 유발의 원인이 된다. 예비교사들이 이런 소모적인 임용시험 준비에 몇 년간 매달리다 보면, 피로도가 누적되고 그 결과 임용시험을 통과하고 학교에 채용된다 하더라도 그 즈음에는 신규채용자로서 활력 있고 역동적인 역할을 수행하지 못한다는 문제로까지 확대된다.

V. 교원 신규채용 및 임용시험 제도 개선을 위한 과제

우수한 교원을 교직으로 유인하고, 확보하며, 유지하는 과정에서 교원 신규채용제도가 지니는 의의와 그 수단으로서 임용시험제도가 지니는 중요성에도 불구하고 현재의 제도 운영 상황은 바람직한 상태에서 상당히 벗어나 있다.

맥킨지 컨설팅 회사가 2010년 말에 발간한 '교직에 고교 성적 우수자 상위 30% 유치하기'라는 보고서에서는 한국과 핀란드, 싱가포르의 세 나라 예를 상세하게 들어 가며 우수한 인재들이 교직을 선망하고 교원양성기관에 진학하도록 만드는 정부정책의 비밀을 파헤치고 있다(Auguste, Kihn, & Miller, 2010).

그들은 상상하지 못할 것이다. 우리나라에서 우수했던 고등학교 학생들이 교원양성기관에 진학한 이후 진짜 교사가 되기 위해서 어떤 과정을 거쳐야 하고, 최종적으로 어디에 닻을 내려야 하는가를! 우수한 인재를 교원양성기관으로 유인하는 것은 우수한 교사를 확보하는 데 있어 험난한 과정의 시작에 불과하다.

여기에서는 앞서 제시한 교원 임용시험의 문제에 대한 분석을 토대로 앞으로 교원 신규채용제도 및 그 수단으로서 임용시험의 개선을 위한 대안을 제시하고자 한다.

1. 신규교사 채용 규모 예측 가능성 증대를 위한 수급 예측 시스템 정립

그동안 우리나라의 교원 수급계획은 저출산 현상에 압도되어 교사 공급 규모 감축에만 초점이 맞추어져 왔다고 해도 과언이 아니다. 교원양성기관 평가의 경우에도 2010년부터 시작된 3주기 평가, 2015년부터 시작되어 2017년에 마감된 4주기 평가에서도 계속해서 교원의 수를 줄이는 데 주안점이 있었던 것이 사실이다.

그러다 보니 변화하는 사회 변화에 대응하여 새로운 영역이나 과목에서 수요가 있거나 추가 유입이 필요한 사항 등에 대해서는 전혀 대응하지 못하고 있다. 근래 귀에 못이 박히도록 듣고 있는 지능정보화사회, 제4차 산업혁명 등 현재 우리 목전에 닥친 변화에 대응할 수 있는 역량을 지닌 학생교육을 실현하려면 우선적으로 가장 필요한 것이 다름 아닌 교원의 확보이다.

학생 인구의 양적 변화뿐만 아니라 사회경제적 변화, 거기에 정부가 추진하고자 하는 각종 정책적 요인까지를 반영한 교원 수요를 정기적으로 예측하고, 필요 인력을 공급할 수 있도록 계획을 정례화해야 한다는 요구가 더욱 거세지는 것은 당연하다고 하겠다(김이경 외, 2018). 국가 수준에서 교원의 수요와 공급을 체계적으로 예측하고 신규채용 규모가 너무 급격하게 늘거나 줄지 않도록 적정 규모를 산정하여 공표하고 공유하는 것은 재정을 조달하는 정부 입장뿐만 아니라 교원을 양성하는 기관이나 예비교사의 입장에서도 매우 중요하다.

이런 요구를 충족하려면 간헐적으로 정책 연구를 발주하여 산출된 자료를 임시방편으로 활용하는 데 급급한 상황에서 탈피하여 정례적으로 수급을 예측할 수 있는 시스템을 구축할 필요가 있다. 이를 통해서 매년 다양한 환경 변화와 정책 변수를 고려하여 향후 5～10년간의 수급 상황을 예측하고 그 결과를 교원양성기관 및 예비교사들과 공유한다면 예측 불가능에 따른 혼란과 부담을 상당 부분 줄이고 임용 준비에 좀 더 몰두하게 할 수 있을 것이다.

2. 교원 임용시험 방식 및 내용의 혁신

이윤식 등(1992)이 지적한 바와 같이, 교원 신규채용을 위한 임용시험은 유능한 교원으로서의 능력과 적성을 갖춘 자를 선발하는 선발적 기능, 교육현장에 필요한 적정 인원을 충원하는 기능, 교원양성기관의 교육 내용과 교육 방법상의 변화를 촉진하는 기능, 그리고 마지막으로 교직과 교원의 전문성에 대한 이해를 제고하고 사회적 공신력을 높이는 기능을 수행한다.

이러한 다양성을 염두에 둘 때 교원 임용시험의 방식과 내용은 시험이 추구하는 본질적 기능을 염두에 두면서 지속적으로 개선되어야 한다. 이때 교직에 입직할 예비교사들의 편의나 부담 경감을 겨냥하는 것도 중요하지만 한발 더 나아가서 장차 그들이 가르치게 될 초 · 중등학생의 관점에서 개선안을 구상할 수 있어야 한다. 소명감과 헌신감을 지닌 교직 적성이 높은 우수 교사를 선발해야 하는 이유는 다름 아닌 미래의 학생들을 이해하고 그들에게 꼭 필요한 교육을 열정적으로 제공할 수 있도록 하기 위함이기 때문이다.

그 일환으로, 교사에게 요구되는 전문성 함양에 기여하고 학교 현장의 교실을 중심으로 진행되는 교육활동을 실제로 수행할 수 있는 역량과 지혜를 지닌 교사를 선발할 수 있는 방향으로 임용시험의 방식과 내용이 개선되어야 한다. 밀폐된 공간에서 암기 위주로 공부한 예비교사보다 다양한 교직 관련 활동을 수행한 역동적이고 열정적인 예비교사에게 더 유리한 시험 방식으로 전환되어야 한다는 뜻이다.

성적 우수자들이 교직에 진출하는 우리의 현실을 감안할 때, 교사들에 대한 우리나라 학부모와 일반 대중의 가장 큰 불만은 가르치는 교과 내용 및 지식에 대한 전문성 부족이 아니다. 미성년자들의 역할 모델이 되는 도덕적 주체로서 학교에서 발생하는 각종 문제에 헌신감과 사명감을 가지고 대처하지 못한다는 점이 더 큰 불만 요인으로 작용한다. 고등학교 성적 면에서 볼 때는 최고의 인재를 교직으로 유입했지만, 학생들의 성장과 변화에 관심을 가지고 교수-학습에 임할 수 있는 태도와 적성을 가졌는지는 제대로 검증하지 못했다. 최근 일본이나 핀란드 그리고 싱가포르의 사례가 보여 주듯이 주요 선진국의 교사 신규채용 방식은 면접을 더욱 강화하거나 포트폴리오를 제출받는 등 교실에서의 실천 역량을 더욱 철저하게 검증하는 방향으로 변모하고 있다(김도기, 이정화, 2008; 김병찬, 2013; 김보림, 2011). 우리는 언제까지 객관성과 공정성을 따지면서 값싼 필기시험만 고집하고 있을 것인가?

3. 교원 임용시험 관리 방식 및 주체의 전환

교원 임용시험 관리 주체 및 방식이 변해야 한다는 개혁의 목소리도 높다(신현석, 이경호, 2007; 전제상, 2016). 문제를 해결하기 위해서는 가령 매년 출제위원의 성향에 따라 좌우되는 1차 시험 출제, 평가자의 주관이 작용하는 2차 시험 채점이 좀 더 합리화될 수 있도록 문제은행식 출제 방법을 고려하고 채점의 신뢰도를 높이는 방안을 고려할 필요가 있다.

또한 현재와 같이 현직교사나 자격증을 취득하지 않은 예비교사들이 임용시험에 응시함으로써 발생하는 폐해를 막기 위해 현직교사의 임용시험 응시를 제한하고, 예비교사들은 교원양성기관에서 교사자격증을 취득한 후에 임용시험을 치를 수 있도록 해야 한다. 이를 통해서 임용시험이 현직 교사들의 지역 이동 수단으로 활용되는 것을 최소화하고 교원자격을 갖춘 자 가운데 신규 채용할 교원을 선발하는 본래의 취지를 보다 잘 구현할 수 있도록 해야 할 것이다.

더불어 교원 임용시험 주관 기관과 관련하여서는 임용시험제도를 우수 교사 양성 및 선발의 관점에서 예의 주시하면서 적절하고 신뢰할 수 있는 개선방안을 도출할 수 있는 역량과 인프라를 지닌 기관들 간의 협력이 필요하다. 한국교육과정평가원은 평가 전문성을 가진 기관이라 시험의 타당성에 주력하게 되어 새로운 교원 임용시험 대안을 모색하는 데는 한계가 있다. 한국교육과정평가원과 교원 정책 연구기관인 한국교육개발원의 협업을 기반으로 하고, 여기에 각종 교원양성 전문가들이 힘을 더하여 현장에서 필요로 하는 역량을 교원양성 과정에서 충실하게 함양하고 이를 검증할 수 있도록 유도하는 제도로의 전환이 요구된다.

좀 더 적극적인 관점에서는 지방화 시대, 분권화 시대를 맞이하여 시·도교육청별로 임용을 위한 선발시험을 완전 자율로 전환하여 지역의 실정에 맞게 교사 임용이 이루어질 수 있도록 해야 한다는 주장도 제기되고 있다. 여기에는 중앙정부의 결단과 의지가 반드시 뒷받침되어야 할 뿐만 아니라 그 이점을 향유하기 위해서는 치밀한 사전 준비가 필요하다.

4. 교원양성교육 정상화를 위한 양성과 임용의 연계

교원양성기관의 교육과정이 바람직한 방향으로 제대로 운영되지 못하는 데에는 양성기관의 전통적 역할, 양성기관 평가, 양성기관의 교수, 양성 프로그램, 예비교사 특성 등 다양한 요인이 동시에 작용한다. 그럼에도 불구하고 교원양성 후 입직에 이르도록 하는 등용문의 역할을 하는 교원임용시험은 교원양성교육의 정상화를 저해하는 가장 큰 걸림돌로 인식되고 있다.

이에 교원양성교육을 정상화함으로써 학교와 교실이 필요로 하는 교사를 키워 내는 데 충실한 실천 중심적 교육이 내실 있게 이루어지도록 하기 위해서는 교원양성교육과 임용을 연계하는 방향으로의 혁신이 필수적이다(김이경, 2017).

그 방법에는 여러 가지가 있을 수 있다. 가령, 임용 시에 대학 내신을 대폭 반영하거나 1차 필기시험을 대학 내신 성적으로 대체하는 방안도 고려할 필요가 있다. 연구자들은 신규교사가 필요로 하는 역량을 교원양성 교육과정에 시의성 있게 반영하고 양성기관 성적을 교직 소양 평가로 대체하는 방식이나 대학생활 포트폴리오를 임용 업적에 반영하는 등 상당히 혁신적인 아이디어들을 제시하고 있다(권동택, 2017).

좀 더 야심적인 관점에서는 교원양성기관에서의 교육이 현장 실천에 필요한 역량 함양과 직결될 수 있도록 교직과정을 전면적으로 개편한 후 대학 성적을 임용 시 반영해야 한다는 주장이나 새로운 기관을 설립해야 한다는 주장도 적극 제기되고 있다. 정미경 등(2011)의 연구에서 장기적으로 교사 선발 및 직무연수를 주관할 국가 신규교사

연수원을 신설할 것을 제안한 것도 눈여겨볼 대목이다.

오늘날 민간기업과 공공부문을 막론하고 신규채용을 위한 지원자 간 경쟁은 매우 치열하다. 선호하는 직업이나 직장일수록 더욱 그렇다. 우리나라에서 교직의 선호도는 매우 높아, 청소년을 대상으로 한 장래 희망직업 조사에서 교사직이 꾸준히 1~2위를 다툰다는 점도 교직의 매력을 입증한다.

고등학교 성적 우수자들이 앞다투어 교원양성기관에 입학하고, 임용에 실패한 예비교사들은 몇 년씩 임용시험에 재도전한다. 따라서 교원양성기관 평가를 통해 그동안 양성 규모를 지속적으로 감축해 왔음에도 불구하고, 특히 중등의 경우 교원 임용시험의 경쟁률은 여전히 높은 편이다.

문제는 이러한 높은 임용시험 경쟁률이 교원양성 교육과정의 정상적 운영을 저해한다는 점이다. 예비교사들마저도 교직 입직이라는 좁은 문을 통과하기 위해 임용시험에 대비한 양성교육을 선호하는 경향이 있다.

따라서 교원양성교육을 정상화하기 위해서는 양성과 임용 간 연계가 필수적이며, 대안을 탐색함에 있어서 단기 · 중기 전략과 장기 전략을 차별화할 필요가 있다. 즉, 예비교사가 과잉공급되는 단기 · 중기에는 선발의 객관성과 공정성에도 초점을 두어야 하며, 장기적으로 공급 규모가 적정화되는 시점이 되면 선발 기제의 적합성에 더 치중할 필요가 있다.

물론 이 두 가지는 상호 배치된다기보다는 우선순위의 문제이므로 교육계의 중지를 모아 실현 가능한 방안을 구상할 필요가 있다. 이때 초등과 중등의 임용시험 개선안을 일률적으로 적용하는 것보다는 공급 규모면에서 이미 안정화되어 있는 초등교원양성기관부터 선발 기제를 최적화해 가는 것도 시행착오를 줄일 수 있는 좋은 전략이 될 수 있다.

학습과제

1. 교원 신규채용제도로서 공개경쟁을 통한 교원 임용시험의 장점과 단점은 무엇인가? 각자 장점과 단점을 세 가지 이상씩 제시해 보시오. 이어서 장점이 더 많다고 생각하는 집단과 단점이 더 많다고 생각하는 집단으로 나누어 논의를 진행해 보시오.

2. 교원임용시험은 1차 필기시험, 2차 심층면접 및 수업실연으로 구성되고, 1차 시험에서 교육학은 9개 교직 과목을 통합하여 논술형 1문항이 출제된다. 교원양성과정에서 교육학을 배우는 이유는 무엇이라고 생각하는가? 전체를 논술형 1문항으로 답하는 방식에 대해서는 어떻게 생각하는가?

3. 우리나라에서 청년들이 교직을 선호하는 이유는 무엇인가? 교직을 선호하는지, 선호한다면 그 이유는 무엇인지에 대한 자신의 생각을 제시해 보시오. 이어서 이 장을 공부하고 교직 선호에 대한 자신의 생각에 어떤 변화가 있었는지 학우들과 의견을 교환해 보시오.

4. 교원양성교육을 충실히 하면서 교원 임용시험 부담을 줄일 수 있는 방안은 무엇이라고 생각하는가? 브레인스토밍을 통해서 다양한 대안을 모색해 보시오.

참고문헌

권동택(2017). 임용고시 운영의 문제와 개선방향. 2017 한국교육학회 교육정책포럼: 교원양성제도의 문제점과 개선 방향 자료집, 53-75.

김도기, 이정화(2008). 싱가포르 교사양성제도의 특징과 시사점. 초등교육연구, 21(3), 313-337.

김명수(2011). 초 · 중등교사 임용시험 교육학과목 반영방식 개선방안. 교육과학기술부.

김병찬(2013). 핀란드의 교사양성교육 프로그램의 특성. 비교교육연구, 23(1), 45-79.

김보림(2011). 한국과 일본의 교원채용시험 제도 비교: 서울과 도쿄도의 중등 역사교사 채용을 중심으로. 사회과교육, 50(2), 55-69.

김성천, 홍섭근, 정영현(2017). 초등교사 임용후보자 선정경쟁시험의 문제점과 개선방향 탐색: K교육청의 2차 개선안을 중심으로. 교육문화연구, 23(2), 259-284.

김운종(2013). 중등학교 신규교원 선발제도의 개선방안 탐색. 한국교육문제연구, 31(4), 75-93.

김이경(2017). 새 정부 출범에 따른 중등교원정책의 쟁점과 과제. 한국교원교육학회 제71차 춘계학술대회 자료집, 169-190.

김이경, 김병주, 김왕준, 이길재(2018). 중장기 교원 수급계획 수립 연구. 교육부, 한국교육개발원.

김이경, 한유경, 김현철(2006). 저출산 및 학교교육 변화에 따른 교원정책 수급 기초자료 조사 정책연구. 교육부.

김희규(2013). 교원임용제도의 문제점과 대안 모색. 교원정책포럼, 1, 3-16.

박상완(2017). 초등교육 목적과 성격에 기초한 초등교원정책의 쟁점과 과제 탐색. 한국교원교육연구, 34(4), 149-182.

박현정, 김민희, 김병찬, 김왕준, 정동욱(2013). 2014-2025 초 · 중등교원 중장기 인력수급 전망 및 교원의 적정 배치방안. 교육부.

서민원(2007). 교원선발제도의 평가학적 검토와 개선과제. 교육평가연구, 20(2), 51-76.

서정화, 박세훈, 박영숙, 전제상, 조동섭, 황준성(2011). 교육인사행정론. 경기: 교육과학사.

신승균(2017). 시 · 도교육청의 교원채용 혁신 사례: 경기도교육청 사례. 제109차 KEDI 교육정책포럼: 교직환경 변화에 따른 교원양성 및 채용 정책 혁신 방향과 과제 자료집, 135-142.

신현석, 이경호(2007). 신규교원 임용의 쟁점과 과제. 인력개발연구, 9(2), 61-81.

은지용, 박상준(2014). 초등교사 임용시험 체제의 진단과 개선 방안. 열린교육연구, 22(2), 67-95.

이영, 한유경, 김이경, 김광호, 정미경, 이기준(2011). 2011-2020 중장기 교원수급계획 수립 및 교원양성기관 규모 적정화 · 내실화 방안 마련을 위한 정책연구. 교육부.

이윤식, 한만길, 유현숙(1992). 교사신규채용 및 전보제도 개선연구. 충북: 한국교육개발원.

이인제(2004). 우수 교사 선발과 중등교사 임용시험의 발전 과제. 교원교육, 20(1), 1-21.

이재봉, 김홍수, 김선배(1998). 초등교사 양성 및 임용 체제에 관한 연구. 학생생활연구, 21, 3-65.

임연기(2013). 한국 교사양성 과정에서 교직과목 교육에 대한 성찰과 미래방향 탐색. 한국교원교육연구, 30(4), 189-213.

임연기, 최준열(2010). 교육행정 및 경영 탐구. 경기: 공동체.

전제상(2016). 신규교사의 임용시험 선발관리의 한계와 개선방향. 교육논총, 53(2), 1-22.

정미경, 김정원, 류성창, 박인심(2011). 교사 선발방식 개선방안 연구. 충북: 한국교육개발원.

최지희, 이상돈, 유한구, 윤여인, 김태홍, 한유경, 정진화(2009). 2009-2030 초중등교원 인력수급 전망. 교육과학기술부.

Auguste, B., Kihn, P., & Miller, M. (2010). *Closing the talent gap: Attracting and retaining top third graduates to a career in teaching*. Chicago: McKinsey.

OECD (2005). *Teachers matter: Attracting, developing and retaining effective teachers*. Paris: OECD.

제7장
학생의 학습권과 교사의 교권

이차영(한서대학교 교수)

개요

우리의 전통적 교육에는 '군사부일체'나 '제자는 스승의 그림자도 밟지 않는다.'는 말로 대표되는 교권 존중의 문화가 있었다. 그러나 세월이 흐르면서 이 문화에도 변화가 생겼다.

사회의 민주화 추세가 진전됨으로써 성직으로서의 교직관은 점차 퇴조하고, 권위주의적 교권 행사 방식은 사회적 견제를 받게 되었다. 교사를 개혁의 대상으로 삼는 교육정책은 교사를 피동적 존재로 인식하게 만들었다. 교육행정기관과 교육행정가가 교육기관과 교사를 압도하는 관료주의 풍토는 교권을 위축시켰다. 학교교육의 대중화와 사교육의 보편화는 가르치는 자를 서비스 제공자로 보게 하였다. 이렇게 달라진 상황을 고려하면서도, 교육을 위해 필요한 교권과 교권 행사 방식은 무엇인지에 대해 새롭게 생각할 필요가 있다.

배우는 사람은 더 나은 사람이 되려는 마음으로 가르치는 사람의 지도에 따르는 관계를 맺는다. 이 관계의 특성 때문에 학습자의 지위가 취약해질 수 있는데, 학습권 개념은 가르치는 사람에게 학습자의 교육적 성장을 소중하게 생각하도록 유도하는 기능을 한다. 그런데 이 학습권 개념을 둘러싼 상황은 단순하지 않다.

한쪽에서는 교육의 주도권이 교사에서 학습자로 옮겨지는 교육혁명을 전망하기도 하지만, 다른 한쪽에서는 학생의 권리 주장이 면학의 저해로 이어진다면서 그 권리의 유보를 주장하기도 한다. 한편에서는 전통적인 교과 학습 일변도에서 벗어나 학습자의 다양한 적성과 희망에 주목할 것을 학습권의 내용으로 요구하는데, 다른 한편에서는 그런 요구가 낮은 학업성취에 머무는 것을 조장하여 오히려 학습자의 학습권을 저해하는 결과를 낳는다고 본다.

복합적 상황은 학습권과 교권이 만나는 지점에서 더욱 전형적으로 나타난다. 이 장에서는 학습권과 교권의 정체를 점검하고, 학습권과 교권이 맺는 관계의 양상을 살펴보면서 이 관계로부터 교원교육에 대한 시사점을 도출한다.

Ⅰ. 서론

교직에 종사하기를 희망하는 사람이나 현재 종사하고 있는 사람 그리고 교직과는 관계없더라도 다른 사람을 가르칠 장면에 놓이는 사람은 누구나 자기에게서 배우는 사람의 권리를 어떻게 보호하고 신장할 수 있겠는지, 그 상황에서 자신의 권익은 어떻게 지키고 주장할 수 있겠는지 하는 문제에 봉착하게 된다. 관점을 바꾸어 무엇인가를 배우는 사람의 입장에서 보면, 어떻게 해야 자신의 배움의 권리가 올바르게 구현될 수 있겠는지, 또 자기를 가르치는 사람의 어떤 영향력을 어디까지 받아들일 것인지 하는 문제에 부딪히게 된다. 이러한 문제가 학습권과 교권의 문제이다.

우리 사회가 점차 민주화하고 사람들의 권리 의식이 높아짐에 따라 학생의 학습권에 대한 관심 역시 높아지고 있다. 그러나 다른 한편에서는 학습권에 대한 과도한 주장과 왜곡된 요구가 교권을 침해하고, 그 때문에 다시 학생의 학습권이 손상되는 결과를 초래한다는 지적도 있다. 그리고 또 다른 한편에서는 교권에 대한 주장 속에 봉건사회에서나 어울릴 법한 권위주의적 사고가 깃들어 있고, 교직 수행 방식에 대한 건전한 문제 제기를 가로막으려는 이기적 방어심리가 들어 있다고 경계하는 시각도 있다. 학습권과 교권에 대한 사람들의 생각은 이처럼 다양하고 복잡하게 얽혀 있다. 이런 미로 같은 상황 속에서 가르치고 배우는 일상이 전개된다.

이 장에서는 미로 속에서도 길을 잃지 않는 것이 중요하다는 생각에서 학습권과 교권의 정체는 무엇인지, 학습권과 교권은 어떤 관계에 있는지, 다른 사람을 가르칠 사람은 이 관계로부터 어떤 시사점을 찾고 자신을 준비해야 하는지에 대해 논의한다.

Ⅱ. 학습권과 교권의 정체

학습권과 교권이 각각 무엇을 말하는지 정확하게 이해하는 것은 후속 논의의 토대가 되기 때문에 매우 중요하다. 학습권이나 교권이 간단하고 명확한 개념처럼 보이지만 사실은 그렇지 않다. 일상 대화나 학술 논의에서도 이 개념이 불분명한 채로 쓰이는 경우가 많으므로, 이 절에서는 학습권과 교권의 개념을 각각 명료화한다.

1. 학습권의 정체

1) 학습의 권리

사람은 일생 동안 무엇인가를 배우고 또 배우기를 원한다. 즐겨 원하고 기꺼이 배우려고도 하지만, 어쩔 수 없는 상황에서 마지못해 원하고 고역 속에서 배우기도 한다. 어떤 상황에서든 배움이 일어난다는 것은 우리 주변에서 쉽게 발견할 수 있는 일상의 특질이다.

이렇게 일상적으로 전개되는 배움을 통해 추구하는 가치는 무엇인가? 사람에 따라, 배우는 내용에 따라 그 가치는 다양하게 언급될 수 있다. 어떤 사람은 솔직해야 한다면서, 괜찮은 일자리의 확보와 사회적 지위의 획득을 그 가치로 꼽는다. 다른 사람은 또 다른 종류의 가치가 있다고 한다. 이를테면 정보와 지식의 습득, 기능과 기술의 연마, 가치관과 태도의 형성, 지혜와 안목의 구비 등을 그 가치의 예로 꼽는다. 이들을 포괄하는 조금 더 추상적인 표현을 쓴다면, '인격을 향상시키고 인간다운 삶을 누리는 것'이 배움을 통해 추구하는 가치라고 말한다. 이렇게 인간다운 삶을 누리고자 하는 것은 인간이라면 누구나 바라는 바이고, 그것을 추구하는 것은 누구에게나 인정되어야 하는 천부적인 인권이다. 배움을 통해 이 가치를 실현할 수 있는 권리, 즉 학습권은 인격권의 핵심이며 천부적인 인권이다. 그리고 배우는 모든 사람, 즉 학습자는 학습권을 갖는다.

2) 학습권 개념의 등장과 법제화

우리나라 「헌법」 제31조에는 "모든 국민은 능력에 따라 균등하게 교육을 받을 권리를 가진다."라는 선언이 나온다. 1988년에 개정된 현행 「헌법」에 포함되어 있는 이 교육권 선언은 실은 1948년 「제헌 헌법」의 "모든 국민은 균등하게 교육을 받을 권리가 있다."라는 선언을 그대로 계승한 것이다. 이 교육받을 권리가 곧 학습권을 가리킨다고 볼 여지가 있다. 그렇기는 하지만, 학습의 권리를 명문으로 법제화한 것은 1997년의 일이다. 학습권은 1997년에 제정된 「교육기본법」에서 처음으로 법제화되었다. 이 법 제3조는 "모든 국민은 평생에 걸쳐 학습하고, 능력과 적성에 따라 교육받을 권리를 가진다."라고 규정하였고, 이 내용은 지금까지 이어지고 있다.

1997년의 법제화는 물론 갑자기 이루어진 것은 아니다. 학습권 개념이 정책적으로 본격 등장한 것은 1995년의 일이다. 당시 대통령자문 교육개혁위원회는 교육의 전 부문에 걸친 개혁안을 '5 · 31 교육개혁안'으로 발표했는데, 이 개혁안의 핵심 기조가 '학습자 중심의 교육'이었다. 이보다 좀 더 거슬러 올라가면 학습권 개념에 대한 국제적 관심을 확인할 수 있는데, 1985년 3월 프랑스 파리에서 열린 제4차 유네스코 국제성인교육회의 보고서에서 처음으로 학습권(right to learn)을 규정하였다. 이러한 변화에 앞서, 학습자가 학습의 권리를 갖는다는 생각은 그 이전부터 존재하기도 했다. 특히 평생교육에 관심을 가졌던 많은 학자와 자연주의 교육사상가들이 그런 생각을 적극적으로 유포시켰다. 이런 연원으로 인해 학습권 개념이 국제적으로 그리고 우리나라에서도 보편화되었다.

3) 학습권과 교육을 받을 권리

앞에서는 우리 「헌법」과 「교육기본법」에 나오는 '교육을 받을 권리'가 학습권을 가리키는 것이라고 볼 여지가 있다고 했다. 그렇다면 이 '교육받을 권리'와 '학습권'이 동일한 것인가 하는 점이 문제된다. 교육을 받는 것이 학습 아닌가 하는 생각을 할 수도 있지만, 이 생각이 항상 옳은 것은 아니다. 교육을 '받을' 권리라고 하면, 이 권리는 국가나 학교나 교사 같은 교육을 '주는' 누군가를 상정하지 않고서는 성립할 수 없다.[1] 주

1) 이 대목에서 교육을 주는 것과 받는 것으로 개념화하는 것이 과연 합당한가에 대해 의문이 있을 수 있다. 손뼉이 두 손이 마주치는 것을 이르는 말인 것처럼, 교육이란 가르치고 배우는 일이 마주쳤을 때 성립하는 것이라고 생각할 수

는 주체가 있어야 그들에게서 받을 수 있는 것이고, 그들이 만약 학습자에게 적절한 교육을 제공해 주지 않는다면 학습자는 그들에게 제공해 달라고 요구할 수 있다. 만일 그들이 교육을 줄 수 없다면 받을 권리란 사실 껍데기에 불과하다. 요컨대, 받을 권리란 항상 주는 일이 가능해야만 비로소 성립하는 권리이다.

그런데 학습은 가르치는 상대방이 존재해야만 성립하는 경우도 있지만 가르치는 상대방 없이 학습자 혼자서 이루어 내는 경우도 얼마든지 있다. 독학이니 자습이니 하는 말이 널리 쓰이는 것을 보면, 학습자 혼자서 스스로 하는 학습이 얼마든지 가능하다는 것을 알 수 있다. 모든 학습자는 혼자서 우여곡절을 겪고 시행착오를 거치고 난 후에 비로소 무언가를 알거나 할 수 있거나 깨닫게 되었던 경험을 가지고 있다. 가르치는 상대방 없이 이루어지는 이런 독학이야말로 고독한 개척자나 수도자의 이미지에 가장 잘 어울린다고도 할 수 있다.

이렇게 보면 학습의 권리는 교육서비스를 제공하는 측을 상정하고 그들에게 적절한 서비스를 제공해 달라고 주장할 수 있는 권리, 즉 '교육을 받을 권리'이기도 하지만, 그러한 제공자가 없더라도 인간다운 삶을 누리기 위해 한 개인이 자유롭게 배우고 외부의 어떤 부당한 간섭과 방해도 받지 않을 권리이기도 하다. 앞에서 언급한 우리의 「교육기본법」에서 '평생에 걸쳐 학습할 권리를 갖는 것'과 '능력과 적성에 따라 교육받을 권리를 갖는 것'을 구분하여 병치시킨 것도 학습권의 이러한 특징을 염두에 둔 조문이라고 해석할 수 있다. 즉, 학습권은 인간다운 삶을 추구하는 모든 사람의 기본적 인권이며, 교육을 받을 권리는 그 학습권의 한 특수 형태로서 교육서비스를 제공하는 상대편을 상정하는 상황에서 사회적 · 제도적으로 인정되는 권리이다.

4) 학습권의 주체와 교육받을 권리의 주체

학습권의 성격을 약간 다른 각도에서 이해하는 방편으로 학습권의 주체가 누구인가를 따져 보는 것도 의미가 있다. 앞서 학습의 권리는 인간다운 삶을 누리려는 모든 인간이 갖는 인권이라고 했다. 학습권은 그 자체로도 중요하지만, 다른 권리를 인식하고 향유할 수 있는 토대가 되는 권리라는 점에서 기본적 권리이기도 하다. 즉, 학습권은

있다. 가르침을 가리키는 말인 교수(教授, teaching)와 배움을 가리키는 말인 학습(學習, learning)의 어느 하나만으로는 교육이 성립하지 않는다는 생각이다. 이 생각에서 보자면, 교육은 완성된 기성품처럼 만들어져서 한쪽에서 주고 다른 쪽에서 받는 것이 아니라 교수자와 학습자가 함께 만들어 가는 것이다.

모든 인간이 가진 기본적 인권이다.[2] 모든 인간이 학습권의 주체이기 때문에, 학습자의 연령, 성, 종교, 출신 지역이나 계층, 빈부, 정치 이념, 피부색, 인종, 민족, 나아가 국적 여부와 상관없이 그의 학습권은 인정된다.

그런데 우리 「헌법」에서는 "모든 국민은…… 교육받을 권리를 가진다."라고 하였고, 「교육기본법」에서는 "모든 국민은…… 학습의 권리와…… 교육받을 권리를 가진다."라고 하여, 모두 권리의 향유 주체를 '국민'으로 한정하고 있다. 교육을 받을 권리는 교육서비스를 제공할 상대방을 상정한 사회적 · 제도적 권리이기 때문에, 그 권리의 주체를 국민으로 정하여도 문제될 것이 거의 없다. 여기서 '거의' 없다고 한 까닭은 자국의 국민이 아닌 자에게도 그런 권리를 인정하는 것은 선진 문명국가의 미덕이라고 보기 때문이다. 그렇지만 교육받을 권리가 아닌 학습권에 대해서까지 그 권리의 향유 주체를 '국민'으로 한정하는 「교육기본법」의 해당 조항은 이해하기 어렵다.

이 비판에 대하여, 「교육기본법」의 해당 조문 내용을 긍정하는 측에서는 다른 해석을 할 수도 있다. 즉, 학습권과 교육받을 권리의 향유 주체를 한꺼번에 표시하려다 보니 국민이라는 단어가 선택된 것이고, 또한 「교육기본법」이 교육에 관한 국민의 기본권을 규정하는 법규범이라서 학습권의 주체를 국민이라고 한 것일 뿐 국민으로만 그 주체를 한정하는 것은 아니라는 해석이 그것이다. 그렇지만 이 해석에 대해서는 자구적 의미와 다른 편의적 해석이란 새로운 비판이 가능하다. 요컨대, 교육받을 권리의 주체는 국민으로 한정할 수 있다 하더라도 학습권의 주체는 모든 인간 학습자이다.

5) 학습권의 내용

학습권은 학습자가 갖는 권리이다. 학습자 대신에 학생이라는 말을 써도 무방하다. 엄격히 말하면, 학생은 제도교육기관에 재학하고 있는 학습자만을 가리키기 때문에 학생과 학습자가 동일한 것은 아니다. 그러나 이 장에서는 두 개념을 혼용한다(다만, 학습자와 학생을 구분할 필요가 있는 대목에서만 이 둘을 구분한다). 학습자가 갖는 학습의 권리는 학습의 전 영역에 걸쳐 인정된다.

어떤 인간이 되고자 하는가, 어떤 인생 행로를 선택하려 하는가는 학습의 목적 혹은

2) 이 대목에서 학습이 인간만의 전유물인가 하는 의문이 있을 수 있는데, 이 의문은 그 자체로 중요한 의미를 지닌다. 이런 의문은 인간에게로 치중된 우리의 관심을 자연과 우주로 확장시켜 주고, 나아가 우리의 지적 오만을 겸손하게 점검할 수 있게 해 준다는 점에서 중요하다. 하지만 이 글에서만큼은 인간이 관심사이다.

목표에 해당한다. 사람의 품성과 인격은 수련과 도야의 학습 과정을 거쳐 형성되고 향상되는 것이기 때문에, 학습이 겨냥해야 할 중요한 목적이다. 좀 더 구체적이고도 현실적인 차원에서는 인생의 여정에서 어떤 진로를 선택하고 어떤 직업에 종사하며 살 것인가도 중요하다. 이 진로와 직업의 선택 역시 학습이 겨냥하는 중요한 목표이다. 한 개인이 자신의 인품과 진로를 어떻게 형성해 나갈지 정할 때에는 그가 속한 사회의 문화나 중요한 타인의 영향을 받는 것이 불가피하다. 고매한 인품의 대체적 내용에 대해서는 사회적으로 합의한 모종의 기준이 있기 마련이며, 진로 선택 과정에서는 부모나 친구 같은 의미 있는 타자의 영향을 받는다는 뜻이다. 그러나 이러한 조건과 환경 속에서라도, 학습자는 자신에게 의미 있는 학습의 목적과 목표를 정하는 권리를 갖는다.

그 목적을 실현하고 그 목표를 달성하는 데에 도움이 되는 내용들이 학습내용이 된다. 이두박근을 단련하는 운동과 승모근을 단련하는 운동이 서로 다르듯이, 학습을 통해 이루고자 하는 목표가 다를 경우 그에 맞는 학습내용이 달라진다. 어떤 학습내용이든지 그것은 학술의 분야들로 체계화되어 있거나, 인류의 문화유산으로 정립되어 있을 가능성이 높다. 그러나 이러한 조건과 환경 속에서라도 학습자는 자기가 정한 목적과 목표에 부합할 것이라고 판단되는 학습내용을 선택할 권리를 갖는다.

정해진 학습내용을 올바르게(혹은 효과적으로) 학습하는 방법이 있다. 꾸준하고 성실하게 노력하는 학습방법은 모든 학습내용에 통용되는 학습법이라고 할 수 있지만, 세부적으로 보면 예컨대 운동기능의 학습과 가치관의 학습에 적합한 학습의 방법은 서로 다르다. 올바르고 효과적인 학습의 방법이 무엇인가에 대한 연구는 그간 주로 교육방법론 분야를 중심으로 축적되어 왔다. 이렇게 검증되고 확립된 방법적 지식과 기술을 활용하면 학습의 효과를 높일 수 있다. 그러나 이러한 조건과 환경 속에서라도 학습자는 자신에게 적합한 학습방법을 모색하고 적용하는 권리를 갖는다.

이와 같이 학습자는 학습의 전 과정, 즉 학습목표-학습내용-학습방법을 정하는 모든 단계에서 자신의 판단과 결정에 따라 자신에게 맞는 학습 요소들을 선택 · 조직할 수 있는 권리를 갖는다. 물론 이 과정에서 학습자는 해당 분야 전문가나 교사의 조력을 받아 학습할 수도 있고 독자적으로 학습할 수도 있다. 오직 혼자만의 힘으로 학습하는 경우에는 타인에 의한 학습권 훼손의 우려는 없지만 자기개척의 범위 내에서만 학습권이 구현되는 한계를 지닌다. 반면, 타인의 조력을 받아 학습하는 경우에는 그와의 관계 양상이 어떠한가에 따라 학습권이 확장되거나 위축되는 영향을 받는다.

2. 교권의 정체

1) 교권과 교육권

교권은 보통 가르치는 사람이 갖는 권리나 권위를 가리키는 말로 통용된다. 교육권도 마찬가지로 가르치는 사람의 권리나 권위를 가리키는 말로 자주 쓰인다. 이렇게 보면 교권을 교육권의 약자로 볼 수 있다. 그런데 교권과 교육권이 다르다는 견해도 있다. 이 견해에 따르면, 교권은 가르치는 자가 갖는 것인 반면 교육권은 교육 관련 당사자 모두가 갖는 것이다.

교육 관련 당사자란 실로 다양한데, 이를테면 국가, 교사, 학부모, 학생, 기업체 모두가 포함된다. 국가는 학교를 설치하고, 교사를 배치하며, 여러 정책과 제도를 통해 자신이 정한 교육과정의 운영을 강제할 수 있다. 교사는 수업을 진행하고, 학생을 훈계하며, 학생의 학업성취도를 평가하고, 상급학교나 산업체에 학생을 추천할 수 있다. 학부모는 그 자녀에 대한 친권자로서 자녀의 학업과 진로의 선택에 영향을 미치고, 그에게 합당한 학교의 설치를 요구하거나 취학 학교를 선택할 수 있다. 학생의 교육권은 학습권이라고 할 수 있는데, 이에 대해서는 앞에서 살펴본 바와 같다. 그리고 기업체는 학교에서 배출하는 인력의 활용자로서 자신이 필요로 하는 인력의 수준과 내용을 제시하면서 학교의 교육과정에 자신의 요구가 반영되기를 주장할 수 있다. 당사자별로 실로 다양한 요구와 주장을 할 수 있는데, 그렇기 때문에 다양성 속의 갈등도 충분히 예상할 수 있다.

교육권을 이처럼 교육 관련 당사자 모두의 권리라고 보는 것은 광의의 해석이다. 이에 비해 교육권을 가르치는 자의 권리로 보는 것은 협의의 해석이다. 이렇게 보면 협의의 교육권은 교권과 유사하다. 그런데 이 둘 사이에도 차이는 있다. 협의의 교육권이 가르치는 자의 교육권이라 한다면, 이에는 앞에서 언급한 것처럼 국가의 교육권, 학교의 교육권, 교사의 교육권 등이 모두 포함된다. 이에 비해 교권이라는 말은 국가나 학교의 경우에는 해당되지 않고 오직 교사처럼 학생을 직접 가르치는 사람에 대해서만 통상 쓰인다. 요컨대, 교육권이라는 말은 그것을 광의로 해석하건 협의로 해석하건 교권이라는 말과 완전히 동일하지는 않다.

이러한 용법상의 차이를 고려하여, 이 장에서는 '학생의 학습권'에 상대되는 개념으로서 '교사의 교권'에 대해 논의한다. 이 대목에서 교사의 교권이라 하지 않고 교사의 교육권이라고 해도 무방하지 않은가 하는 의문이 있을 수 있다. 협의의 교육권 가운데 오직 학생을 직접 가르치는 교사의 경우로 한정하여 '교사의 교육권'이라 한다면, 이는 곧 '교사의 교권'과 동일하다는 생각에서 제기하는 의문이다. 이 생각에 따르자면, '교사의 교권'이라 하든 '교사의 교육권'이라 하든 무방하다. 그러나 교육이라는 것이 기성품처럼 존재하여 그것을 교사가 학생에게 전달하는 것이 아니라 교사의 교수(敎授, teaching)와 학생의 학습(學習, learning)이 만나서 이루어지는 것이라는 관점에서 본다면, 교사의 교육권이라는 말보다는 교사의 교권이라는 말이 훨씬 적절하다. 이 경우, 교권은 교수권의 약자이지 교육권의 약자가 아니다.

2) 교권의 주체

교권은 당연히 가르치는 자가 갖는 것이다. 학습자가 학습권을 갖는 것과 같은 이치이다. 교권의 주체인 가르치는 자에게 공식적인 직책이 부여될 수도 있고 그렇지 않을 수도 있다. 공식적인 직책이 부여되는 경우 그 명칭은 다양하다. 교육기관의 종류에 따라 그리고 직위의 수준에 따라 그 명칭은 교사, 교감, 교장, 원감, 원장, 교수, 강사, 학장, 총장 등으로 분화되어 있다. 이들은 모두 공식적 교육기관에 근무하는 교원들이다. 이들은 모두 학생을 가르치는 장면에서 교권을 갖는다. 이 장의 제목에서의 교사는 이 장의 논의에 국한해서 말하자면 모든 교원의 대표자이다.

배우는 사람이 모두 학생이 아닌 것과 마찬가지로 가르치는 사람이 모두 교사인 것은 아니다. 학생이나 교사는 공식적 · 제도적 교육기관에 속하여 배우고 가르치는 사람이지만, 학습자나 교수자는 그 교육기관의 경계에 구애받지 않기 때문이다. 그럼에도 불구하고 학습자와 학생을 혼용한 것처럼 이 장에서는 편의상 교수자와 교사를 혼용한다(다만, 교수자와 교사를 구분할 필요가 있는 대목에서만 이 둘을 구분한다). 즉, 교권의 주체는 교사로 대표되는 교수자이다.

3) 교권의 성격

학습권이 학습자의 '권리'를 가리키는 말인 것처럼 교권은 교수자의 '권리'인가? 얼핏 보면 그런 것처럼 생각되지만, 조금 복잡한 논의가 필요하다. 교권이라고 할 때의 그 '권' 자가 권리뿐만 아니라 권위 혹은 권한을 가리키는 말로도 보이기 때문이다. 그렇다면 권리, 권위, 권한은 어떻게 구분되는가?

권리는 어떤 일을 자유롭게 행하거나 타인에 대해 주장하고 요구할 수 있는 자격이나 힘을 가리킨다. 제도적으로는 특정의 생활 이익을 누리기 위해 법에 의해 부여된 힘을 말한다. 예컨대, '노동자는 노동3권을 갖는다.'고 할 때, 이는 제도적으로 보장되는 권리이다. 한편, 권위는 특정 분야에서 뛰어나다고 인정을 받아 다른 사람에게 영향을 미쳐 그를 이끄는 힘을 말한다. 예컨대, '교육방법 분야의 권위자'라는 말은 권위라는 말의 대표적 용례이다. 그리고 권한은 어떤 조직의 업무를 처리하기 위해 그 조직의 특정 개인이나 기관에 대해 제도가 부여한 힘의 범위를 말한다. 예컨대, '정부의 여러 업무 가운데 교육부의 권한과 고용노동부의 권한 사이에 중첩이 생길 경우 그 조정이 필요하다.'고 할 때, 권한이라는 말 대신에 권리나 권위라는 말을 쓰면 부적절해진다.

권리를 가진다고 모두 권위를 갖게 되는 것은 아니다. 권리 가운데에는 권위에 의해 뒷받침되든 그렇지 않든 인정되고 보호되어야 하는 것이 많다. 거꾸로, 권위를 갖추면 그에 따르는 권리를 누릴 여지가 많아지나 권리가 반드시 보장되는 것은 아니다.

어떤 권리는 법에 의해 부여되고 제도에 의해 보장되는 것이 있는가 하면, 어떤 권리는 법과 제도의 보호를 기다리지 않더라도 자연권처럼 인정되는 것이 있다. 이에 비해 권한은 그것이 어떤 종류의 권한이든지 법에 의해 부여되거나 제도에 의해 보장되는 것을 가리킨다. 이 점에서 권리와 권한은 다르다. 그렇지만 제도에 의해 부여된 권한을 갖는 자는 그 범위에서 제도적으로 부여되는 권리를 가지므로, 이 점에서 권한과 제도적 권리 사이에는 동질성이 있다.

그리고 권위와 권한의 관계는 권위와 권리의 관계와 유사하다. 권위를 갖추면 그에게 권한이 부여될 가능성이 높고, 권한이 주어지면 권위를 행사할 가능성이 높다. 그렇기는 하지만 권위와 권한이 반드시 일치하는 것은 아니다. 아무리 유능한 수학학원의 강사라 하더라도 그가 공교육기관의 교사가 아닌 이상, 그는 교사라는 직명을 사용할 권한도 없고 그가 가르치는 학생의 수학 과목 학업 상황을 학교생활기록부에 기록할 권한도 갖지 못한다.

학습자가 학습권을 갖는다고 할 때 그것이 학습의 '권리'만을 가리킨다면, 교수자가 교권을 갖는다고 할 때 그것은 앞에서 설명한 것처럼 '권리, 권위 혹은 권한' 가운데 어느 하나 이상을 가리키는 것이다. 공교육기관에 근무하면서 공식적 직책을 가지고 있는 교사의 교권에는 권리, 권위, 권한이라는 이 세 가지 성격이 모두 포함되어 있지만,

그렇지 않은 일반 교수자의 교권에는 법이나 제도로 부여된 것이 아닌 일반적 권리와 권위만이 포함된다. 여기에서는 교권의 성격을 가능한 한 모두 드러내는 것이 유익하다는 판단에서 '교사'의 교권에 대해 논의한다.

4) 권리로서의 교권

교권의 성격 가운데 권리에 주목할 경우, 교사의 교권은 교수자라면 누구나 갖는 일반적 권리와 교사라는 직책에 따라 직무상 갖는 제도적 권리로 구분할 수 있다. 그렇지만 교사가 갖는 일반적 권리는 대체로 제도에 의해 보장되고 있으므로 이러한 구분은 논의의 편의를 위한 것이다.

교사가 갖는 일반적 권리는 학생을 자유롭게 가르칠 수 있는 권리를 말한다. 이 권리는 학생의 학습을 촉진하기 위한 목적에서 교사의 전문성과 양심에 기초하여 행사된다. 교사는 학생에 비해 해당 분야나 교과에 있어서 높은 수준에 먼저 도달한 예전의 학습자이다. 이제 그는 교수자로서 어떤 목표와 내용과 방법으로 학습하는 것이 학습자에게 적합한지를 제시할 수 있는 위치에 있다. 이 위치에서 그는 순간순간 자신의 전문성과 양심에 기초한 선택과 판단을 내리면서 학생을 가르친다. 이것이 모든 교수자가 갖는 가르치는 자유이면서 권리이다.

학생지도를 이유로 하는 것이라면, 교사의 일반적 권리는 학부모에게도 행사될 수 있다. 교사는 학부모에 대해 자녀의 교육적 성장이나 학습권 보호에 지장이 되는 일을 최소화해 주도록 권유할 수 있고, 보다 적극적으로는 그 성장과 보호를 촉진하는 일을 해 주기를 권고할 수 있다. 학부모에 대해 교사가 이렇게 권고하고 권유할 수 있는 까닭은 그 자녀의 교육적 성장을 위해 교사도 전문가로서 동역하고 있음을 사회가 인정하기 때문이다. 이런 권리는 교사 아닌 일반 성인은 행사하기 어려우며, 행사한다고 해도 그에 대한 사회적 수용도는 교사에 비해 현저히 떨어진다. 그렇지만 학부모에 대한 교사의 이런 권리는 어디까지나 선의로 행사하고 선택적으로 수용되는 것이기 때문에 법으로 보호하는 권리가 되기는 어렵다.

교사의 제도적 권리는 교사의 권리 가운데 제도로 보호받고 인정되는 권리를 가리킨다. 이러한 권리에는 크게 세 가지 종류가 있다. 첫째는 교육에 관한 권리이다. 교사는 교육과정을 구성 · 운영할 수 있고, 그 교육과정에 따라 적절한 교재를 선택할 수 있다. 또 학급에 맞는 수업시간표를 정하고 그에 따라 수업을 실시할 수도 있다. 이를 통상 '수업권'이라 한다. 수업권은 교사의 제도적 권리 가운데 핵심적 위치에 있지만 제도적 권리의 전부는 아니다. 수업권이 교과의 지도에 국한된다면, 교사는 수업 이외에도 학생의 학교생활 전반에 대해 지도할 수 있는 권리를 갖는다. 통학 안전과 급식 질서와 교우관계를 지도하고, 취미와 특기 신장을 위한 동아리 활동을 지도하기도 한다. 이들을 통상 '생활지도권'이라 한다. 교사는 또한 학생의 수업과 학교생활 전반에 대해 평가하고, 평가 결과에 기초하여 상벌을 줄 수도 있다. 그리고 학생의 학교생활을 공식적인 기록물로 기록하고, 학업을 마치는 학생에 대해서는 상급학교에 대한 입학이나 취업을 목적으로 추천권을 행사할 수도 있다.

둘째는 신분상의 권리이다. 현행 「교육공무원법」은 교사의 신분을 안정적으로 보호하는 규정들을 두고 있다. 예를 들어, 이 법 제43조는 교권 존중, 교원에 대한 부당한 간섭 배제, 법정 사유 이외의 불이익 처분 금지의 내용을 담고 있다. 또 제44조와 제45조는 법에서 정한 사유에 따라 휴직할 수 있고, 휴직 기간이 끝난 뒤 복직할 수 있는 권리를 인정하고 있다. 그리고 제48조는 학교 안에서 체포되지 않는 불체포특권을 인정하고 있으며, 제49조는 직무와 신상 문제로 고충이 있을 경우 그 해소를 위한 도움을 받을 수 있음을 규정하고 있다. 「교육공무원법」은 국 · 공립학교의 교사를 주 대상으로 하는 법이지만, 공무원 신분이 아닌 사립학교 교사에 대해서도 준용되는 법이기 때문에, 이 신분보호 규정들은 모든 교사의 신분상 권리를 인정하고 보호하는 규정이라 할 수 있다. 이 외에도 교사들은 교직단체를 구성하여 자신들의 권익을 신장하기 위한 집단적 활동을 할 수도 있다.

셋째는 재산상의 권리이다. 교사는 직무 수행에 따르는 재산상의 권리를 갖는다. 현행 「교육공무원법」 제34조부터 제36조까지는 교육공무원의 보수와 수당에 관한 내용을 규정하고 있다. 보수와 수당을 지급하는 근거가 되는 규정들인데, 특히 보수 수준을 정할 때에는 교육공무원의 자격, 경력, 직무의 곤란성, 책임의 정도 등을 고려하도록 하고 있다. 이 법 역시 모든 교사에게 적용되므로, 교사들은 이에 따라 보수와 수당 등을 청구할 권리를 갖는다.

교사에게 인정되는 이러한 제도적 권리는 교사의 일반적 권리를 안정적으로 보호함으로써 궁극적으로는 학습자의 학습권을 보호 · 신장하고자 하는 데에 원래 목적이 있다. 예를 들면, 교사로 하여금 열악한 근무 조건과 취약한 신분보장 상태에서 벗어나게 하는 것은 그들이 안정적인 환경에서 학생지도에 전념하게 하자는 데에 뜻이 있다. 또한 교사의 자격제도를 두고 그 관리를 엄정하게 하는 까닭은 교사의 전문성을 확보하여 학생의 학습권을 신장하고 무자격자로부터 학생을 보호하고자 함이다. 그런데 이 제도적 권리가 원래 목적에서 벗어나고 왜곡될 경우에는 교사의 권익 옹호에만 머무르고 학습권 보호로까지 나아가지 못하는 부작용을 낳는다. 예를 들면, 교사에 대한 안정적 신분보장이 변화와 개선을 거부하는 방어막 구실을 하고, 자격제도가 교직에 대한 진입 장벽을 쌓는 역할을 하는 경우가 있다는 뜻이다.

제도적 권리는 또한 교사를 보호하기도 하고 속박하기도 하는 양면성을 지닌다. 예컨대, 교사의 수업권은 일정 수업시간을 자신의 시간으로 쓸 수 있는 제도적 힘을 부여하는 것과 함께, 그 수업을 교사 자신이 고의로 거부할 수 없게 하는 조건으로도 작용한다. 교수자와 학습자가 자연 상태로 만나 자유롭게 상호 합의하여 가르치고 배우는 장면에서는, 학습자의 태도와 의향에 따라 교수자가 가르치기를 포기할 수 있는 자유가 얼마든지 있다. 그러나 제도교육의 장면에서 교사가 계획된 수업을 고의로 거부할 자유는 어떤 경우에도 인정되지 않는다(대판 2005 다 25298). 배울 뜻이 별로 없어 보이는 학생들에 대해서도 가르쳐야 하는 교사의 제도적 숙명이다.

5) 권위로서의 교권

권위는 특정 분야에서 뛰어나다고 인정을 받아 타인을 이끄는 힘이라고 정의한 바 있다. 이에 따르면, 권위로서의 교권은 교사가 가르치는 일에 뛰어나다고 인정받아 학생을 이끄는 힘이라고 할 수 있다. 학생들로부터 권위를 인정받는 교사는 그 학생들이 따르는 반면, 그렇지 못한 교사는 학생들 앞에 바로 서기 어렵다. 교사의 권위는 학생과의 상호작용에서 매우 중요한 교권이다.

권위로서의 교권은 두 가지 토대 위에서 성립한다. 하나는 교사가 학생지도에 대해 가지는 전문적인 능력이다. 다른 하나는 그러한 능력을 인정하여 부여한 제도적 힘이다. 이를 각각 전문적 권위와 제도적 권위라 한다. 전문적 권위에는 지적 권위와 기술적 권위가 있는데, 전자는 교과의 지식과 그 탐구 능력을 소유한 것으로 인정되는 권위를 말하며, 후자는 교육의 방법에 능한 것으로 인정되는 권위를 말한다. 이러한 전문적 권위를 갖춘 것을 배경으로 하여 학교사회의 질서 유지를 위해 교사에게 부여되는 것이 제도적 권위이다.

전문적 권위와 제도적 권위를 놓고 비교하면, 교권에서 핵심이 되는 것은 전문적 권위이다. 제도적 권위는 그 전문적 능력이 있음을 공식적으로 보증하고, 또한 그 전문적 능력이 잘 발휘될 수 있는 환경을 만들어 주기 위한 목적에서 제도가 부여하는 힘이기 때문이다. 그렇지만 두 권위는 학생지도에 모두 필요하다. 전문적 권위가 없거나 미흡한 채로 제도적 권위에만 의존하는 교사의 지도는 학생의 비자발적 복종만을 유도할 가능성이 높다. 그리고 제도적 권위가 없거나 미흡한 채로 전문적 권위에만 의존하는 교사의 지도는 학생의 수용에 시간이 오래 걸릴 가능성이 높다. 즉, 두 권위의 겸비가 학생 통솔에 긴요한데, 이 점에서 볼 때 교사가 일반 교수자에 비해 같은 실력이라면 더 유리한 위치에 있다.

제도적 권위로서의 교권에 대한 위기는 주로 교사집단 외부에 의해 발생하며, 이 경우 우리는 "교권이 침해된다."는 표현을 한다(이차영, 2016: 71-97). 이 침해에 대한 대응책은 주로 교권 보호를 위한 법적 · 제도적 장치 마련에 집중된다. 이를테면, 교권침해 학생이나 학부모에 대한 엄격한 대응이 필요하다는 주장 등이 그것이다. 이런 주장에 해당하는 구체적 사례도 있다. 2016년 2월에, 교권침해를 이유로 학부모 동의 없이 학생을 강제 전학시킬 수 없다는 법원 판결이 나왔다. 그러자 교원단체인 한국교총 등이 그러한 강제전학 처분을 가능하게 하는 법을 만들자는 주장을 한 바 있다. 교권에 대한 침해가 학생, 학부모에게 국한되는 것은 아니다. 교사에 대한 관료제적 통제와 공장식 교육 모델 역시 교권을 침해하는 요소이다(Darling-Hammond, 2001). 이 문제는 별도의 중요한 연구주제이나 이 연구의 범위는 아니다. 제도적 권위와는 달리, 전문적 권위로서의 교권에 대한 위기는 주로 무능하거나 비도덕적인 교사 자신에 의해 발생한다. 이 경우 우리는 '교권이 실추된다.'는 표현을 한다. 이 실추에 대한 대응책은 일차적으로 교사집단 내부의 자기반성과 전문성 제고에 집중된다. 제도적 권위를 강화하기 위한 대책은 전문적 권위가 바탕이 되어야 한다는 점에서 이차적 대응책으로 간주된다.

교사가 학습자에 대하여 권위로서의 교권을 행사하는 방식은 두 가지로 대별된다. 하나는 자신에게 주어진 제도적 권위를 적나라하게 있는 그대로 행사하는 것이며, 다른 하나는 자신이 지닌 전문적 권위를 행사하여 학습자의 자발적 노력과 자율성을 키우려 하는 것이다. 전자를 권위주의적 교권 행사 방식이라고 한다면, 후자는 민주적 교권 행사 방식이라고 할 수 있다. 민주사회에 합당한 교권 행사 방식은 당연히 후자이다. 우리 사회 전반의 민주화 추세는 교직사회에 대해서도 영향을 미쳐, 권위주의적 교권 행사 방식에서 벗어나 민주적 교권 행사 방식으로 이행하는 것을 당연하게 여기게 만들었다.

6) 권한으로서의 교권

권한은 어떤 조직의 업무를 처리하기 위해 그 조직의 특정 개인이나 기관에 대해 제도가 부여한 힘의 범위라고 정의한 바 있다. 즉, 권한은 공식적 업무 때문에 부여되는 것이고, 제도에 의해 부여되는 것이며, 그 조직 내의 특정 개인이나 기관에 부여되는 것이다. 교사는 학교의 공식적 업무를 처리하는 직책을 가진 개인으로서 그 업무 처리에 필요한 범위에서 제도가 부여하는 힘을 갖는다. 이 힘을 '권한으로서의 교권'이라고 한다.

그런데 교사의 이 권한은 교사의 권리 가운데 제도적 권리와 중첩된다. 예시적으로 보자면, 수업권이나 학생지도권은 교사의 제도적 권리이기도 하고 그의 권한이기도 하다. 좀 더 구체적인 예를 들면 교사는 학생들의 학교생활기록부를 관리할 수 있는데, 이를 한편으로는 교육에 관한 권리라 할 수도 있고 다른 한편으로는 권한이라고도 할 수 있다는 뜻이다. 다만, 권한이라고 할 경우에는 그 힘의 '범위'를 강조하는 측면이 있어서, 예컨대 3학년 1반 담임교사가 다른 반 학생의 학교생활기록부를 관리하지 못하는 경우에 '권한 밖'이라고 하는 것이 '권리 밖'이라고 하는 것보다 훨씬 잘 어울린다.

권한으로서의 교권에 대한 내용 설명은 앞에서 교사의 제도적 권리를 소개하는 부분에서 이미 다루었으므로 내용의 중복을 피하기 위해 여기에서는 생략한다.

3. 종합 논의

학습권과 교권의 정체에 관한 이상의 논의를 토대로 학습권과 교권의 내용 및 그 위상을 요약해 보면 [그림 7-1]과 같다.

교육권은 교육 관련 당사자 모두가 갖는데, 이를 배우는 자의 교육권과 가르치는 자의 교육권 및 사회 일반의 교육권으로 구분할 수 있다. 배우는 자의 교육권은 학습권(①)이라 한다. 학습권은 학습자가 갖는 학습의 권리로서, 가르치는 상대방을 상정하는 '교육받을 권리'를 그 일부로 포함한다. ⑪의 사회 일반의 교육권은 예컨대 기업의 교육(요구)권처럼 일반 사회가 교육에 대해 기대하고 요구하는 것을 가리킨다.

가르치는 자의 교육권은 그 주체가 누구인가에 따라 나뉘는데, 국가의 교육권(②)은 국가가 국민 형성과 제도교육의 운영을 위해 갖는 것으로 교육관리권이라 할 수도 있다. 학부모의 교육권(③)은 친권에 포함되는 것으로, 그 자녀에 대한 직접교육권과 자

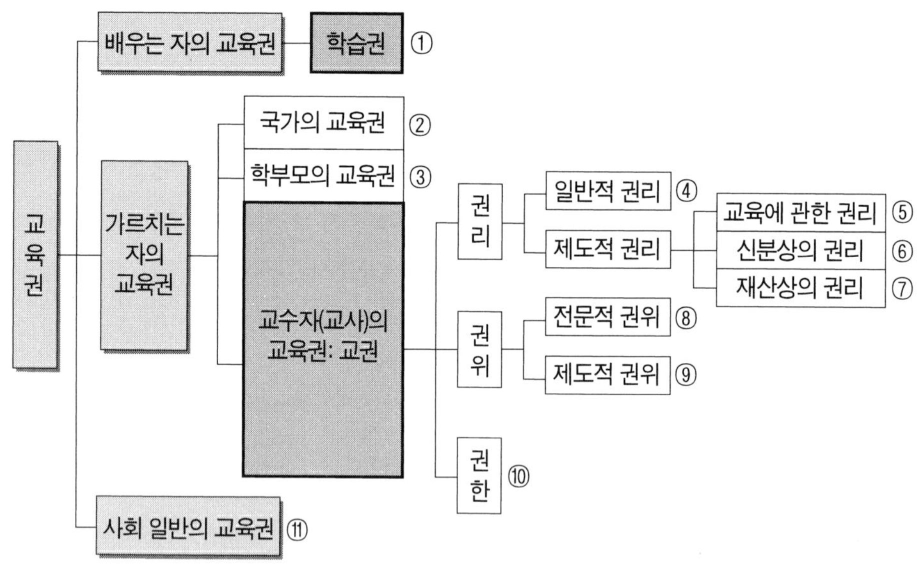

[그림 7-1] 학습권과 교권의 내용 및 그 위상

녀교육을 위해 국가 등을 상대로 주장할 수 있는 교육요구권이 있다.

학생을 직접 상대하여 가르치는 교수자(특히 교사)의 교육권은 흔히 교권이라고 한다. 교권은 그 성격에 따라 권리, 권위 혹은 권한일 수 있다. 권리는 일반적 권리(④)와 제도적 권리로 구분되는데, 제도적 권리 속에는 교육에 관한 권리(⑤)와 신분상의 권리(⑥) 및 재산상의 권리(⑦)가 포함된다. 교권의 대표적 사례인 수업권은 ⑤에 포함된다. 교사가 갖는 권위는 그 권위의 성립 근거에 따라 전문적 권위(⑧)와 제도적 권위(⑨)로 구분할 수 있다. ⑧은 ⑨의 토대가 된다. 교사의 권한(⑩)은 교직 업무의 수행을 위해 '제도적으로' 부여된 힘을 말하는데, 이 점에서 앞에서 말한 제도적 권리(⑤~⑦)와 중첩된다.

Ⅲ. 학습권과 교권의 관계

학생은 학습권의 주체이며, 교사는 교권의 주체이다. 이들은 교육의 장에서 항상 만나며 복잡한 양상의 상호작용을 하면서 일상을 보내기 때문에 학습권과 교권의 관계를 점검할 수 있는 좋은 위치에 있다. 현실에서 나타나는 학습권-교권의 관계는 복잡다기하지만, 그 이념형적 관계 양상은 호응관계, 갈등관계, 무관계로 대별할 수 있다.

1. 호응관계

교육 장면에서 가장 전형적으로 그리고 가장 보편적으로 나타나는 관계는 학습권과 교권이 호응하는 관계이다. 이 관계에서는 교권이 보호받고 신장되는 만큼 학습권이 보장되고 강화되는 특징을 보인다. 학생은 유능하고 열성적이면서 사려 깊은 교사의 가르침 속에서 가장 잘 배운다. 이런 교사를 확보하고 또 확보된 교사가 그런 상태에 있게 하려면 여러 조건이 필요하지만, 교사의 교권을 인정하고 존중하는 일이 무엇보다 중요하다. 신분이 안정적으로 보장되지 않는 교직에 유능한 인재가 유입될 가능성은 낮다. 정해진 틀 속에서 타율적으로 가르칠 수밖에 없는 교사에게 열성을 요구하기는 힘들다. 과도하면서도 반복적인 업무로 특징지어지는 공장식 교직환경에서는 학생에 대한 사려 깊은 지도를 기대할 수 없다. 이런 이유로, 교사의 신분상의 권리를 인정하고, 가르칠 자유와 자율권을 확장하며, 교권을 제약하는 외부의 침해 요소를 최소화하고 근무 조건을 개선하려는 것이다.

교사의 신분을 안정적으로 보장하면 교사는 학생지도에 전념할 수 있게 되는데, 이는 학생의 지속적 학습을 가능하게 한다. 학생의 학교생활 전반에 대한 교사의 지도권을 인정할 때 학교생활의 질서가 유지되고, 이를 통해 학습을 방해하는 요소들의 작용을 최소화할 수 있다. 교사가 학생에 대한 평가권과 진학/취업 추천권을 가지게 되면 학생의 순응을 유도하는 데에 유리하다. 교사의 근무 조건이 개선되면 사기가 높아지고, 이는 학생지도에 순기능으로 작용할 것이다 이러한 기대에 따라 교권을 보호하고 그것이 학습권 보호로 이어지게 노력한다.

그런데 학생은 학습권의 주체이지만 학습 과정에서 자신의 권리를 자각하고 주장하기 어려운 위치에 있다. 학습자는 어떤 사람이 되고 싶은지, 이를 위해 어떤 분야의 학습이 필요한지에 대해 일반적이고 대체적인 윤곽만을 가지고 출발하는 경우가 대부분이다. 그런 이유로 교수자는 학습자의 편에서 최선을 다해 가르쳐야 할 윤리적 책임을 지는 것이다. 이 점에서 본다면, 학습권이란 학습자가 학습의 구체적 내용과 방법을 요구할 수 있는 '학습자의 자기주장용 개념'이라기보다는 최선의 가르침을 받을 권리가 학습자에게 있음을 교수자가 항상 인지하고 그 권리를 존중해 주어야 한다는, '교수자에 대한 주의 환기용 개념'이라고 할 수 있다. 그리고 학습자는 학습의 결과로 일정한 수준에 도달한 후에야 학습 과정에서 자신의 학습권이 존중받았는지(혹은 존중받지 못한 때가 있었는지)를 사후적으로 확인할 수 있는 '학습자의 자기회고용 개념'이라고 할 수 있다.

학습의 긴 이력을 가지고 있는 우리 모두가 지금 수준까지 이르게 된 데에는 우리 자신의 노력과 함께 우리의 학습권을 존중해 주었던 교수자의 고심과 배려가 작용했을 것이다. 기억에 남을 정도의 훌륭한 가르침은 자신의 학습권이 가장 잘 보호 · 신장되었던 흔치 않은 사례라고 할 수 있다. 이 사례들을 포함하여, 기억에 남아 있지 않은 보편적 일상 속의 경험이었다 하더라도 그 경험들은 '후대를 잘 가르쳐 훌륭한 사람이 되게 한다.'는 학습권 존중의 문화 속에서 형성된 것들이다. 물론 경우에 따라서는 학창 시절 일부 교사의 비교육적 · 반교육적 행태를 회상하며 씁쓸해하거나, '그때 이렇게 가르쳐 주었더라면 더 잘 이해할 수 있었을 텐데.'라는 식의 아쉬움을 갖기도 하지만, 그런 사례들은 긴 학습의 과정 전체를 생각하면 일부의 예외적 경우이다.

학습권 존중의 의미를 학습자에게 항상 즐거움을 주고 고통을 주어서는 안 된다는 뜻으로 해석할 수는 없다. 수업시간에 교사의 지도 없이 자습하는 즐거움은 학습권 존중이 아니며, 어려운 문제와 씨름하여 답을 찾고 또 새로운 문제를 찾아가는 과정은 고통스럽지만 학습권 존중의 핵심이다. 교권의 일부로서 양면성을 지니고 있는 교사의 학생징계권도 마찬가지인데, 징계의 맥락과 의도 및 그 효과를 종합적으로 고려할 때 어떤 징계는 학습권 존중으로 이어지지만 어떤 징계는 그 침해로 이어진다. 결국 즐거움도 즐거움 나름이고 고통도 고통 나름이라는 뜻이다.

이상의 논의로만 보면 학습권은 교권에 의존하는 것처럼 보인다. 그러나 그 역도 성립한다. 교권이 성립하고 또 그것을 주장할 수 있는 근거는 학습권의 보호와 신장에 있다는 뜻이다. 학습은 가르치는 상대방을 반드시 전제해야만 성립하는 것은 아닌 반면, 교수는 배우는 상대방을 반드시 전제하지 않을 수 없는 행위이다. 혼자서 배울 수는 있어도, 혼자서 가르칠 수는 없다. 이 점을 고려한다면, 교수자의 교권이 인정되는 근거는 학생의 학습을 지원하고 그 효과를 높이는 데에서 찾지 않을 수 없다. 그리고 가르치는 일은 오직 배우는 자에게만 유익한 것은 아니다. 교수자 자신의 교수행위로부터 학습자의 성장이 촉진되는 것을 지켜보는 보람과 만족은 말할 것도 없고 학습자의 학습을 통해 자신이 깨닫고 개척한 수준의 타당함을 입증받을 수 있다는 점에서 교수행위는 교수자에게도 유익하다.

이렇게 교권의 보호를 통해 학습권의 신장이 이루어지는가 하면, 다른 한편으로는 학습권을 보호함으로써 교권이 신장되기도 한다. 학습권과 교권 사이의 이러한 호응관계는, 학습과 교수가 함께 어우러져 교육을 완성한다는 개념에서 보자면 논리적으로 당연한 것이다.

2. 갈등관계

교권과 학습권을 갈등하고 대립하는 관계로 보는 시각이 있다. 교육에 관한 주도권 논의가 이 시각에서 출발한다. 예컨대, 이 주도권이 이제까지는 교육 실시자(교사, 학교, 국가)에게 있었지만 학습자 쪽으로 옮아 가는 추세라는 주장(김신일, 2015: 132-133, 489, 493)이 있다. 이 주장의 요지를 간추려 인용하면 다음과 같다.

> 근세 이후의 인류 역사는 사회학자 파슨스의 표현을 빌리면 세속화의 기록이다. 종교적 절대권위가 무너져 신앙의 자유가 등장했고, 경제적으로는 국부의 군주 소유가 무너져 자유로운 시장경제가 발전하였고, 정치적으로는 충성과 복종의 의무만 강요받던 백성들이 주권자로서의 권리와 자유를 획득하였다. 지난 수백 년에 걸쳐 이루어진 이 모든 현상을 주권의 하향이동으로 규정지을 수 있다. [중략] 이와 같은 역사적 물결에도 불구하고 아직도 교육은 베푸는 쪽에 주권이 있지 받는 쪽에 있지 않다. 다시 말하면, 교육은 실시자가 주도권을 가지고 있지, 학습자가 선택하고 결정하는 것이 아직은 아니다(pp. 128-129).
>
> [그렇지만] 교육은 어디까지나 학습의 보조 수단이다. 학습을 위하여 교육이 존재하는 것이지, 교육을 위하여 학습이 존재하는 것은 아니다. 교육 상황에 있어서 최종적인 선택권은 학습자에게 있는 것이지 교육자에게 있는 것이 아니다(p. 489).
>
> 21세기에 들어선 이 시대는 교육사적으로 볼 때 중대한 과도기라고 할 수 있다. 교육권 우선의 시대로부터 학습권 우선의 시대로 이행하고 있는 것이다(p. 493).

이 인용문에 등장하는 교육 실시자 혹은 교육자는 본 논의 맥락에 따르면 교수자일 것이다. 이 글의 논지는 교수자가 주도권을 갖는 시대가 저물고 학습권이 우선되는 새로운 시대가 열리는 교육 민주화가 진행되고 있다는 것이다. 이 예측대로 교육 실제가 이행되고 있는지를 확인하기는 쉽지 않은 문제겠지만, 이 견해가 교수권과 학습권을 대립적 관계에 놓고 주도권의 쟁탈로 설명하고 있다는 점만은 분명하다.

우리의 일상적 논의 속에서도 학습권과 교권을 대립적 관계로 보는 시각을 쉽게 발견할 수 있다. 그중 하나는 학생의 권리를 보장·강화할수록 교권이 침해된다고 보는 시각이다. 이 시각에서는 교권의 제약이나 침해를 교육효과를 저해하는 심각한 문제로 본다. 사실 교권 제약이나 침해는 여러 부면에서 나타날 수 있다. 예를 들면, 교사에 대한 학부모의 멸시적 태도·폭언·폭행은 교권을 위협한다. 학교 행정가가 직위를 이용하여 교사 위에 군림하고 교사를 관료제적으로 통제하는 경우에도 교권은 침해된다. 국가는 국가교육과정을 세세하게 정해 놓고 국정·검인정 교과서만 사용하게 함으로써 교사의 교육과정 및 교재 선택권을 제한한다. 교육청은 교육과 별 관계도 없는 각종 전시성 정책으로 교사가 학생지도에 쓸 시간을 빼앗기도 한다. 학교에 필요한 행정적·재정적 지원을 소홀히 하여 교사를 열악한 근무 조건에 허덕이게 함으로써 교권을 제약하기도 한다.

이 모든 문제가 다 심각한 교권 침해 요소들이지만, 학습권과 교권의 관계를 다루는 이 부분에서 문제가 되는 것은 학습권의 주체인 학생으로부터 비롯되는 교권 침해이다. 가장 쉽게 떠올릴 수 있는 사례는 교사의 지도에 대한 학생의 불응·저항이다. 학습권을 강화한다는 신호가 교사의 지도에 대한 학생의 의심·반발·저항을 조장하여 교권 침해로 이어질 가능성이 있다. 그러나 교사의 정당한 지도에 대한 불응과 저항까지 학습권으로 보호할 수는 없을 것이다. 문제는 정당하게 확장된 학습권의 행사가 교사의 기득권을 위축시킨다는 데에 있다. 예를 들면, 선택과목에 대한 학생의 선택권을 강화하면 해당 과목 담당교사들의 신분이 불안정해질 수 있다. 학생의 교사평가권을 인정하면 어떤 교사는 강한 지도를 주저한다. 학생의 교사 선택권과 학교 운영에 대한 발언권을 강화하면 교사의 지도에 대한 순응적인 자세를 약화시킬 가능성이 높다. 이러한 여러 가능성을 우려하는 시각에서 학습권 강화가 교권 위축으로 이어질 수 있음을 경계하는 것이다. 이런 우려와 경계는 주로 교권 보호를 중시하는 교사 집단이나 보수적 학부모 집단에서 나온다.

교권과 학습권을 대립적 관계로 보는 또 하나의 시각에서는 교권을 보장·강화할수록 학생의 학습권이 위축·침해된다고 본다. 이는 앞의 시각을 뒤집은 것이지만 이해의 편의를 위해 부연 설명을 할 필요가 있다. 교사의 신분 안정권을 두텁게 보호할수록 학생의 교과 및 교사 선택권은 위축된다. 교사의 학생 징계권을 강화하면 학생의 학습권과 인권이 침해될 가능성이 높다. 학생에 대한 교사의 평가권 및 진학/취업 추천권을 강화할수록 교사의 지도에 대한 건전한 의심과 문제 제기가 어렵게 된다. 이런 우려와 경계는 주로 학습권 보호를 중시하는 학생 집단이나 자유주의적 학부모 집단에서 나온다.

교권과 학습권의 호응·협력관계는 논리적으로 당연하고 또 실제로도 보편적이지만, 이들 사이의 갈등·대립관계 역시 때때로 발생하고 또 상당히 잠복되어 있다.

참고 자료

다음은 가르치는 자의 교권과 배우는 자의 학습권이 어떤 갈등관계에 있을 수 있는지를 확인하는 데에 참고가 되는 판례들이다. 해당 판례의 구체적인 내용에 대해서는 종합법률정보 홈페이지(http://glaw.scourt.go.kr/)에서 선고일자나 판례번호 등을 통해 확인할 수 있다.

- 대법원 1990. 10. 30. 선고 90도1456 판결-교사 체벌로 인한 학습권 침해 여부
- 대법원 2007. 9. 20. 선고 2005다25298 판결-전교조의 수업 거부와 학습권 침해 여부
- 대법원 2015. 8. 27. 선고 2012다95134 판결-장애학생에 대한 교사의 지도 방식과 학습권 침해 여부
- 서울고등법원 2008. 5. 8. 선고 2007나102467 판결-사립학교의 종교교육과 학습권 침해 여부
- 서울중앙지방법원 2007. 10. 5. 선고 2005가단305176 판결-사립학교의 종교교육과 학습권 침해 여부
- 대전지방법원 2011. 2. 17. 선고 2009가합12447 판결-교수의 강의 중단과 학습권 침해 여부
- 전주지방법원군산지원 2009. 11. 27. 선고 2009가합2363 판결-교수의 강의 중단과 학습권 침해 여부

3. 무관계

학습권과 교권이 아무런 관계를 맺지 않는 경우가 있다. 이는 학습자가 교수자의 개입 없이 혼자서 학습을 하는 경우에 전형적으로 나타난다. 거꾸로 교수자가 학습자의 개입 없이 혼자 가르치는 것은 불가능하므로 이 경우에는 해당하지 않는다.

교권과 관계 맺지 않는 학습권은 학습자의 특성과 학습환경의 특성에 따라 그 수준이 달리 구현된다. 구체적으로 말하자면, 학습자가 적극적으로 학습하고 학습환경 역시 학습 촉진적이라면 학습권의 구현 수준은 올라갈 것이다. 그렇지만 학습자 자신이 무능력하거나 게으르고 학습환경 역시 학습 제약적이라면 학습권의 구현 수준은 낮은 상태에 머무를 것이다. 학습 촉진적 환경과 적극적 학습활동이 결합하여 학습권이 최

대치로 보장되건, 학습 제약적 환경과 소극적 학습활동이 결합하여 학습권이 최소치로 보장되건, 학습권의 향유는 교권과 관계 맺지 않는 상황에서 이루어지는 것이다.

4. 종합 논의

학습권과 교권의 관계에 대한 이상의 논의를 바탕으로 양자의 관계 양상을 정형화하면 [그림 7-2]와 같이 나타낼 수 있다. 이 그림의 가로축은 교권의 행사 양상을 나타낸다. 교권의 가장 적정한 행사 양식을 나타내는 D 지점을 경계로 하여 원점 O에 가까울수록 교권이 과소 행사되는 양상을 나타내고, 그 반대인 오른쪽으로 갈수록 교권이 과잉 행사되는 양상을 나타낸다. 세로축은 학습권의 보장 정도를 표시한다. 학습권이 최대한으로 보장되는 A 지점은 아마도 학습자의 처지에서는 더 이상 바랄 바가 없는 상태일 것이다. 원점 O는 학습권이 전혀 보장되지 않는 가상적 상황을 나타낸다. 그리고 세로축에서 B와 C로 표시된 지점은 교수자의 개입 없는 학습자 혼자만의 학습에서 학습자가 누리는 학습권의 최대치와 최소치를 각각 표현하고 있다.

가로축과 세로축이 만나서 이루어지는 좌표 평면 위에서 교권과 학습권이 관계 맺는 양상을 표시한 것이 굵은 선으로 그려진 그래프이다. 교권의 적정 행사 지점인 D를 기준으로 하여 왼편은 교권이 불충분하게 보장되는 상황이다. 이 상황에서는 교권 보장이 극단적으로 취약한 O 지점에서부터 D 지점으로 이행하면서 교권이 보장될수록 학생의 학습권 역시 그에 호응하여 향상되는 관계에 있다. 이 상황에서 교사와 학생은

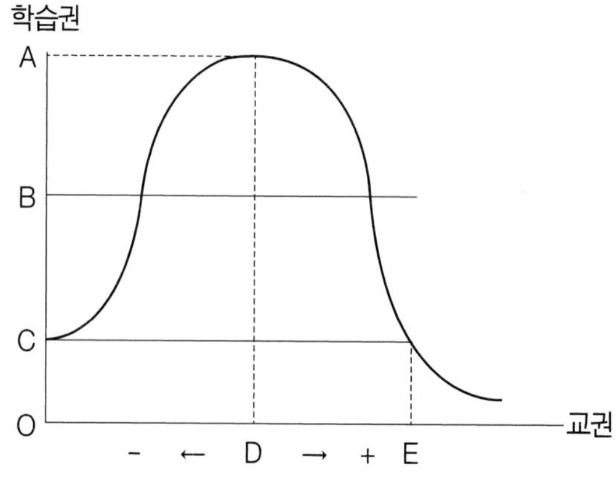

[그림 7-2] 학습권과 교권의 내용 및 그 위상

상대방을 상부상조하는 동반자로 인식할 것이다. 반면, 적정 지점 D를 넘어서서 오른편으로 갈수록, 즉 교권이 과잉 행사되는 E 지점으로 갈수록 학생의 학습권은 오히려 점차 저하되는 관계에 있다. 이 오른편 구간의 그래프가 나타내는 상황을 세로축을 기준으로 다시 해석하면, 학생의 학습권을 강화할수록 교사의 교권이 위축되는 관계에 있다. 이 오른편 구간에서 교사와 학생은 상대방의 학습권/교권 주장을 불편하게 여기거나 그것을 인내하고, 경우에 따라서는 그 때문에 자신의 교권/학습권이 침해되었다고 주장하면서 그 침해 상황의 구제를 법적으로 호소할 수도 있다. 교권 및 학습권 관련 소송은 모두 이 오른편 구간에서 발생한다.

교수자의 개입이 없는 학습자 혼자만의 학습에서 학습자가 누리는 학습권의 최대치가 B 지점이라면, 이를 지나는 수평선 윗부분의 그래프는 모두 교수자의 도움으로 학습권이 더욱 신장되는 상황을 보여 준다. 독학의 경우 학습권의 최소치 C는 학습권 보장이 전혀 되지 않는 원점보다 윗부분에 형성된다. 최소한의 자연권적 학습 권리가 존재한다는 뜻이다. 교권의 행사가 전혀 없는 상황이라 할지라도 학습권의 보장이 최소치인 C 지점 아래로 떨어지지 않는다는 것을 이 그래프의 출발점에서 확인할 수 있다. 요컨대, 독학의 경우 학습권 보장은 최대치 B와 최소치 C를 경계로 하는 박스권 안에서 움직인다. 그런데 교권이 과잉 행사되는 정도가 더욱 과도하여 E 지점을 넘어서게 되면, 학습권의 보장 정도는 독학 시 학습권의 최소치 C보다 더욱 떨어지게 된다. 이 그래프의 오른쪽 끝 부분이 C 지점을 지나는 수평선의 아래쪽으로 내려오는 것은 이 상황을 표시한다. 이 상황은 학습자가 혼자 학습할 때보다 교수자가 개입하는 것이 오히려 학습자의 학습권 보호에 지장이 되는 다소 극단적인 경우를 나타낸다.

Ⅳ. 학습권과 교권의 관계를 통해서 본 교원교육의 시사점

학습권과 교권의 관계에 대한 이상의 논의를 토대로 하여 그것이 교원교육에 대해 어떤 시사점을 주는지 살펴볼 필요가 있다. 가장 일반적인 수준에서는 학습권과 교권 사이의 호응관계를 최대화하고 갈등관계를 최소화하는 방안을 찾아 체득하는 것을 그 시사점으로 지적할 수 있을 것이다. 그러나 좀 더 세부적인 논의가 요구된다.

1. 학습권을 통한 교권의 확립

교과교육의 과정에서든 인격 도야의 과정에서든 충분하게 잘 학습한 사람이 잘 가르칠 가능성이 높다. 대부분의 사람은 자기가 배운 대로 가르치기 때문에, 잘 배운 사람이 잘 가르치고 잘 이해한 것이라야 잘 가르칠 수 있다. 모든 교수자는 한때 학습자의 위치에 있었던 사람이다. 그 학습의 과정에서 자기학습권이 충분히 구현되는 경험을 했던 사람은 그 경험을 토대로 잘 가르칠 가능성이 높다. 교권은 잘 가르치기 위해 필요한 것이다. 결국 잘 배운 교사는 학생이 어떻게 해야 잘 배우게 되는지를 알고, 그를 돕기 위해 자신이 무엇을 해야 하는지를 알기 때문에 그에 맞는 교권을 행사할 수 있다. 교사양성 과정에 있는 학습자들의 학습권을 보호하고 신장하는 것은 이처럼 그 자신을 위해서뿐만 아니라 장차 그로부터 배우게 될 수많은 학습자를 위해서도 중요하다.

2. 학습권을 위한 교권의 행사

확립한 교권은 학습권을 위해서 행사하는 데에 그 뜻이 있다. 이는 가르치는 자의 윤리적 자세에 관한 것으로, 삶의 지향이 타인 조력에 두어져야 한다는 것이다. 교권을 행사하되 학습권의 신장을 위해서 행사하는 것, 이것이 바람직한 것이기는 하지만 쉽게 이루어지는 것도 아니다. 그렇기 때문에 교사로서는 지속적인 자기성찰과 자기갱신이 필요하다. 이 성찰 과정에서 제기할 질문은 예컨대 다음과 같은 것들이다.

- 교사로서의 나는 자기확신적 열정으로 학생의 학습에 과잉 개입하여 학습자의 자발성을 침해하지는 않았는가?
- 교직 수행에 따르는 현실의 여건과 난관을 이유로 학습권 신장에 소극적이지는 않았는가?
- 학습권 침해로 오인받을 것을 꺼려 학생의 소극적 학습을 방치하지는 않았는가?
- 자기의 유익과 편의를 위하여 학생을 수단으로 이용하지는 않았는가?

이와 같은 질문을 통한 자기성찰을 지속함으로써 교권을 적정하게 확보하고 또한 행사하는 연습을 계속하다 보면 학습권을 위한 교권 행사의 길로 조금씩 접어들게 될 것이다.

교사와 학생 개인의 교권-학습권 관계에 비해, 교사와 학급집단 속에 있는 학생들의 교권-학습권 관계는 조금 더 복잡하다. 거의 대부분의 수업은 한 명의 교사가 여러 명의 학생을 대상으로 전개되는데, 이 학생들은 관심사나 학업 수준이 서로 다른 경우가 많다. 이상적으로는 개별화 수업을 통해 모든 학생의 학습권이 충분히 실현될 수 있도록 해야겠지만, 현실의 수업은 여러 제약 속에서 이루어지기 때문에 일정한 수준의 타협이 불가피하다. 다인수 학급에서 한꺼번에 이루어지는 일제식 수업에서는 그나마 가장 많은 수의 학생에게 적합한 수준과 방식으로 수업함으로써 최대 다수의 최대 학습권 보장을 도모하는 것이 합리적이다.

그리고 다른 학생의 학습권을 방해하는 학생의 학습권을 어떻게 할 것인가도 학급집단의 지도에서는 자주 문제된다. 어떤 학생의 학습권도 함부로 제약할 수 없기 때문에 그러한 방해가 없도록 지도하는 것이 중요하다. 방해하는 학생에 대해 장시간 훈계함으로써 다른 학생들에 대한 수업시간이 줄어들어 그들의 학습권이 제약받는 일을 피해야 한다. 또한 방해하는 학생을 벌한다는 이유로 그를 교실 밖 복도에 나가 있게 한다거나 교무실로 보내는 것과 같이 수업에서 배제하는 것은 그의 학습권을 돌보지 않는 과도한 교권 행사라고 할 수 있다. 벌의 교육적 목적은 개전을 통해 학습에 집중하도록 하는 데에 있으므로, 학습권을 차단하는 벌은 교육적 관계의 단절을 결심하지 않는 이상 선택하기 어려울 것이다. 요컨대, 교권은 학습권을 보호하고 신장시키는 목적으로 행사하는 데에 뜻이 있다.

3. '교수에 대한 학습'을 통한 학습권의 이해

가르치는 일은 정형화하기 힘들다. 상황에 따라, 맥락에 따라, 학습자에 따라 잘 가르쳐질 때도 있고 그렇지 않을 때도 있다. 동일한 내용을 동일한 방식으로 수업했는데도 1반 수업은 잘 되었는데 2반 수업은 그렇지 않다는 것을 직감적으로 느낄 때가 많다. 그렇기 때문에 교사들은 어떻게 가르치는 것이 좋겠는지를 끊임없이 고민하고 궁리한다. 혼자 있을 때도 이런 생각을 하고, 동료 교사와 함께 있을 때도 이런 이야기를 많이 나눈다. 책을 통해 이론으로 배우는 것보다는 실천과 경험을 반추하고 나눔으로써 자기조정을 해 나가는 것이다. 이것이 '교수에 대한 학습'이다. 의욕적인 교사는 이 일에 적극적이고, 훌륭한 교장은 교사들이 이런 일에 함께 나서도록 격려한다.

교사가 '교수에 대해 학습'하는 것은 몇 가지 의미가 있다. 첫째, 가르치는 일에 대해 학습하면 그렇지 않을 때에 비해 더 잘 가르칠 가능성이 높아진다. 궁리하고 연구하면 습관적으로 할 때에 비해 더 잘 되기 마련이다. 둘째, 동료 교사와 교육문제로 상호 협의함으로써 인간적 유대를 공고히 할 수도 있고, 그것이 모이면 학교 전체의 교육효과를 높일 수도 있다. 혁신학교의 주요 특징 가운데 하나는 동료 교사들로 이루어진 학습조직이 활성화되어 있다는 점이다. 셋째 의미는 이 대목에서 더욱 중요한데, '교수에 대한 학습'을 통해 학습권에 대한 이해도를 높일 수 있다. 처지와 입장이 바뀌면 그 바뀐 처지에 맞는 눈을 갖게 되는 것처럼, 교사는 모두 한때의 학습자였지만 교수자로 살아가는 동안 학습자로서의 희로애락을 잊기 쉽다. 이러면 학생에 대한 공감적 이해가 어려워진다. 그렇지만 교사가 늘 학습하면, 즉 스스로를 학습자의 위치에 두게 되면, 자신에게서 배우는 학생의 학습권을 더 잘 이해하고 학습권을 존중하는 마음을 가지게 된다.

'교수에 대한 학습'을 공식화한 교육과정의 대표적 프로그램은 교원양성 과정의 교육실습(혹은 학교현장실습) 과목이다. 현재로는 1～2개월의 기간으로만 운영되기 때문에 충분하다고 말하기 어렵다. 이 기간을 늘리는 방편으로 1년 정도의 인턴(혹은 수습) 교사제도가 제안되기도 하지만, 이에 대한 반론도 만만치 않다. 그렇지만 현직교사의 '교수에 대한 학습'은 어떤 경우에나 환영받는다. 학습하는 교사는 자신의 학습권이 소중하다는 것을 절감하며, 그로 미루어 학생의 학습권 역시 소중함을 절감하고, 교권과 학습권의 호응관계를 형성한다.

4. '학습에 대한 교수'를 통한 학습권의 보호·신장

교사가 지도하면 학생은 당연히 그리고 자연스럽게 그 지도에 따라 배우는 존재가 아니다. 학생은 교사와 다른 세계에 살면서 독특한 방식으로 사고하고 행동한다. 교사양성 과정에서 예비교사는 학생이 사는 그 세계의 특징이 어떠한가를 많이 배운다. 이를 배우는 목적은 교사가 되었을 경우에 효과적으로 가르치기 위해서이다. 구체적 예를 들자면, 학습자들이 발달 단계별로 어떤 인지적 · 도덕적 · 정서적 특징을 지니는지, 그 특징에 적합하게 가르치려면 가르칠 교과의 내용을 어떻게 번역하고 어떤 표현양식에 담아 전달해야 하는지 등을 예비교사가 배우는데, 그 목적은 학습자를 잘 가르치려는 데에 있다는 뜻이다. 학습자에 대한 이러한 관심은 어디까지나 교사의 목적을 이루기 위한 학습자 이해라고 할 수 있다.

그러나 학습자 이해를 다른 편에서 볼 수도 있다. 즉, 학습자로 하여금 자신의 학습을 어떻게 다루어야 하는지 스스로 이해하게 하는 것이 중요하다는 관점이다. 앞의 학습자 이해를 교사 편에서 보는 이해라고 한다면, 이 학습자 이해는 학습자 자신 편에서 보는 이해라고 할 수 있다. 학습자 자신의 학습에 대한 이해는 교사의 지도를 통해 촉진될 수 있다. 학습이 왜 중요한지, 어떤 조건에서 학습이 활성화되는지, 학습권이 학습자 자신에게 어떤 의미가 있는지, 학습권을 통해 어떻게 다른 권리까지 더 잘 향유할 수 있게 되는지 등을 가르치는 일이 학습자 편에서 자신의 학습과 학습권을 더 잘 이해할 수 있게 돕는 일이다. 이것이 '학습에 대한 교수'이다. 이 '학습에 대한 교수'는 학생의 학습권 이해, 자기이해 그리고 학습권을 소중하게 여기는 자세의 형성에 이르기까지 여러 유익한 결과를 낳는다. 교원양성기관의 교수자가 예비교사에게 이 '학습에 대한 교수'를 실시하고, 예비교사가 다시 교사로서 학생들에게 '학습에 대한 교수'를 실시함으로써 학습권의 보호와 신장이 교육 세대를 이어 가며 확산되도록 할 필요가 있다.

학습과제

1. 학습권과 교권이 갈등하는 관계가 판례를 통해 가장 극적으로 드러난다면, 그 둘이 호응하는 관계는 어떤 자료들에서 가장 잘 드러나는가?

2. 학습권과 교권의 관계에 학생이나 교사의 인권이 관여하면 그 양상이 더욱 복잡해진다. 학습권-인권-교권의 관계는 어떤 양상으로 전개될 수 있는가?

3. 학습권 실현을 돕는 교권을 행사하기 위해 예비(또는 현직) 교사가 노력해야 할 점은 무엇인가?

참고문헌

고전(2012). 교권 보호 법제화의 쟁점과 과제. 교육행정학연구, 30(4), 53-72.

구정화(2014). 학생의 인권보장 정도와 교권 존중과의 관련성. 법과인권교육연구, 7(3), 1-19.

김달영, 송규호, 신종문, 이경오, 이승윤, 조민정, 류민영(2014). 교권과 학생인권의 법적 쟁점 분석. 교육법학연구, 26(2), 27-46.

김신일(2015). 교육사회학(제5판). 경기: 교육과학사.

김운종(2013). 교권보호 조례를 통해서 본 교권의 재음미. 한국교원교육연구, 30(4), 117-138.

김재웅(2000). 교사의 교육권과 학생의 학습권: 학교와 홈스쿨링을 중심으로. 아동권리연구, 4(2), 57-75.

김정래(2014). 교권과 학생 인권: 권리와 권위의 차원에서 본 교권의 의미. 교육철학, 제52권, 1-27.

김철(2012). 학교교육에서 학생의 인권과 교권에 관한 연구. 교육사상연구, 26(2), 1-19.

노기호(2005). 독일에서의 교육주체 상호 간의 법적 관계: 교육권의 갈등과 그 조정. 한국교육법연구, 8(1), 61-104.

노기호(2008a). 학생의 학습권 보장을 위한 국가 교육권한의 범위와 한계. 원광법학, 24(4), 9-36.

노기호(2008b). 교육권론. 경기: 집문당.

박부권(2002). 교육주의와 학습주의를 넘어서. 한국교육사회학회 2002년 학술대회자료집, 7-28.

박부권(2006). 교육과 학습의 본질. 학습사회를 위한 교육과 학습의 재조명. 학습사회연구원 학술토론회 자료집.

송요원(2005). 교사의 수업권에 관한 연구. 경기: 인하대학교출판부.

안주열(2003). 어린이 학습권에 관한 법적 고찰. 교육법학연구, 15(2), 145-174.

양건(2005). 교육주체 상호 간의 법적 관계: 교육권에 관한 헌법재판소 판례의 검토. 한국교육법연구, 8(1), 25-60.

양희인, 김성미, 손찬희, 이은철, 서순식, 이준, 정영식(2015). 중등교육에서의 학습권 제고를 위한 온라인수업 내실화 방안 연구. 서울: 한국교육개발원.

엄상필(2012). 학생의 학습권과 교원의 수업거부: 자유와 책임 그리고 동행. 안대희대법관재임기념논문집, 41-81. 사법발전재단.

유성상(2011). 학생인권 담론과 주요 쟁점 분석. 교육정치학연구, 18(2), 235-257.

이기일, 성열관(2012). 학생인권은 교권에 대립하는가? 교권 대 학생인권 프레임에 대한 비판적 담론 분석. 교육사회학연구, 22(4), 171-197.

이정숙(2009). 학생의 학습권과 교사의 교육권의 상충과 조화. 경북대학교 대학원 석사학위논문.

이종근(2012). 교사의 교육권, 학부모의 자녀교육권, 학생의 학습권의 내용 및 상호관계. 법과인권교육연구, 5(3), 47-68.

이종재, 이차영, 김용, 송경오(2012). 한국교육행정론. 경기: 교육과학사.

이차영(2016). 교육 생태계 관점에서 본 교권, 학습권, 인권의 관계. 교육 생태계 관점에서 교권 재정립의 방향 탐색. 한국교원교육학회 제69차 춘계학술대회자료집, 71-97.

정현승(2003). 학생의 학습권과 교사의 교육권의 관계. 교육법학연구, 15(2), 223-252.

조태원(2013). '자유롭게 교육을 받을 권리'로서의 학습권의 범위와 한계 연구. 법과인권교육연구, 6(2), 109-131.

조효제(2016). 인권의 지평: 새로운 인권 이론을 위한 밑그림. 서울: 후마니타스.

진동섭(2014). 건강한 교육 생태계 확립을 위한 교사의 역할과 과제. 한국교육개발원 편, 교육정책포럼, 제258권, 5.

최돈민(2012). 학생인권조례의 제정을 둘러싼 쟁점에 대한 비판적 논의. 교육종합연구, 10(4), 335-357.

최인화(2011). 교원의 교육권 보장과 그 한계. 미국헌법연구, 22(3), 433-462.

최종찬(2015). 학생의 교육기본권과 부모의 교육권: 협력과 상충. 교육법학연구, 27(2), 87-110.

하승수, 김진(1999). 교사의 권리 학생의 인권. 서울: 사계절.

하윤수(2000). 현행 교육법상 교육주체 개념을 둘러싼 교육권의 재검토. 교육법학연구, 12, 230-253.

한숭희(2009). 학습사회를 위한 평생교육론. 서울: 학지사.

허종렬(2000). 사이버 스페이스에서의 학습권과 교육권. 헌법학연구, 6(3), 21-49.

황홍규(2000). 교육기본법에서의 학습권 개념의 도입 배경과 의의. 교육법학연구, 12, 312-348.

Brown, K. (2002). *The right to learn: alternatives for a learning society*. New York: Falmer.

Darling-Hammond, L. (2001). *The right to learn: A blueprint for creating schools that work*. San Francisco: Jossey-Bass.

Kitchen, W. H. (2014). *Authority and the teacher*. London: Bloomsbury Academic.

Warnick, B. R. (2012). *Understanding student rights in schools: Speech, religion, and privacy in educational settings*. New York: Teachers College Press.

종합법률정보 홈페이지(판례 검색) http://glaw.scourt.go.kr/ (검색일 2017. 8. 21.)

헌법재판소 홈페이지(판례 검색) http://search.ccourt.go.kr/ (검색일 2017. 8. 19.)

제8장
전문적 학습공동체

정바울(서울교육대학교 교수)

개요

최근 교육 현장에서 전문적 학습공동체에 대한 관심이 뜨겁다. 전국 17개 시·도교육청에서 다양한 이름과 형태의 전문적 학습공동체 접근을 자신들의 지역 특성과 여건에 맞게 추진하고 있다. 교육부에서도 2016년부터 교사공동체 활동을 지원하기 위한 정책을 실시하고 있기도 하다. 이러한 뜨거운 관심과 다양한 실천을 볼 때 지금은 실로 소위 전문적 학습공동체 접근의 시대라고 해도 과언이 아닐 정도이다. 이러한 과정에서 전문적 학습공동체의 개념과 실천이 더욱 광범위하게 확대되기도 하지만, 그 다양성으로 인해 혼란이 초래되기도 한다. 이러한 개념적·실천적 혼란에 대한 한 가지 처방이 있다면 전문적 학습공동체의 기원을 추적해 보는 것이라고 할 수 있을 것이다. 전문적 학습공동체가 출현하게 된 과정을 추적하다 보면 자연스럽게 현재의 좌표와 궤도에 대해서 보다 구체적으로 이해할 수 있기 때문이다. 이 장에서는 전문적 학습공동체의 기원을 찾아보는 여정을 통해, 전문적 학습공동체의 개념과 유형을 재조명해 보고 이를 둘러싼 현황과 향후 과제에 대해서 살펴보려고 한다.

Ⅰ. 서론

전문적 학습공동체는 교사 학습공동체 또는 교원 학습공동체 등의 다양한 이름으로 일선 학교 현장에서 활발한 실천 움직임을 보이고 있다. 최근에는 시 · 도교육청에서도 정책적 지원이 활발히 이루어지고 있다. 경기도의 '학교 안 전문적 학습공동체 학점화 정책'과 충청북도의 '전문적 학습공동체 지원정책', 서울시의 '교원학습공동체 지원정책' 등이 그 사례이다. 교육부에서도 이러한 움직임의 영향을 받아 교사공동체 지원사업을 추진하고 있다. 우리나라는 가히 '전문적 학습공동체' 정책의 '춘추전국시대'라 할 만하다. 이렇게 전문적 학습공동체가 빠르게 확대되면서 전문적 학습공동체의 의미와 유형이 다양해지고 있다. 이 과정에서 전문적 학습공동체의 개념상에 혼선이 초래될 수도 있고, 이로 인해 그 취지가 퇴색되거나 실천상의 혼란이 초래될 수도 있다. 이 장에서는 전문적 학습공동체의 기원을 찾아보고, 그 궤적을 추적하여 현재의 좌표를 탐색해 볼 것이며, 전문적 학습공동체의 현황 및 도전 그리고 향후 과제에 대해 살펴보려고 한다.

Ⅱ. 전문적 학습공동체의 기원

무엇인가의 기원을 찾으려 하는 데에는 여러 가지 이유가 있을 수 있다. 그 한 가지 이유는 기원을 찾음으로써 현재 상태의 의미와 개선의 방향을 찾으려는 시도라고 할 수 있다. 하지만 오랜 기간에 걸쳐 다양하게 파생된 전문적 학습공동체의 실천을 두고 그 기원을 찾는다는 것은 좀처럼 쉽지 않고 논란도 많은 작업일 수 있다. 전문적 학습공동체의 기원에 대해서 여러 가지 주장이 제기된다. 어떤 학자들은 전문적 학습공동체는 기업의 학습 조직이 학교로 이식되는 과정에서 학습공동체가 되었다고 주장한다(Harris & Jones, 2017). 다른 학자들은 전문적 학습공동체가 일본의 '레슨 스터디(lesson study)'로부터 영감을 받아 미국과 영국에서 발전하게 된 것이라고 주장하기도 한다(이혁규, 2017; Day, 2017). 이러한 주장들도 다 설득력이 있지만, 이 글에서는 전문적 학습공동체를 전문적 자본의 관점에서 지속적으로 주장해 온 Hargreaves의 관점을 중심으로 살펴보려고 한다.

Hargreaves와 O'Connor(2017)는 교사의 전문적 협력의 기원에 대한 논문에서 전문적 협력 접근이라는 아이디어를 착상시킨 본격적인 연구로 Lortie(1975)의 『교직사회: 교직과 교사의 삶(Schoolteacher: A sociological study』을 제시한다. Lortie는 1970년대 초반 보스턴 지역 일원의 교사 100여 명을 대상으로 질적 연구를 수행하고, 교직에는 개인주의, 보수주의 그리고 현재주의라는 독특하면서도 마치 삼위일체와도 같이 긴밀하게 상호 연결된 교직 문화가 있다고 분석하였다.

첫째, 개인주의란 교사들은 기본적으로 혼자 일하기를 좋아하는 성향이 있고, 학교의 달걀판과 같은 물리적 구조는 개인주의적 문화를 강화하는 경향이 있다고 하였다. 자신의 역량에 대한 자신감 부족과 자신의 결점이 동료 교사들과의 협력 과정에서 노출될지도 모른다는 불안감이 교사들의 개인주의를 재생산하는 데 기여하기도 한다고 하였다. 또한 다른 동료 교사들과 학생들을 공유함으로써 교사들에게 가장 중요하다고 여겨지는 학생들로부터 얻는 심리적 보상과 그에 따른 학생들과의 강한 유대감을 빼앗기고 싶지 않은 심리적 이유 또한 교사 개인주의에 기여할 수 있다고 보았다(서경혜, 2015). 이와 같은 교사들의 고립과 개인주의는 교사들의 교육 실천에 다양성과 독특성을 가져오기보다 획일성을 가져오는 측면이 있다(서경혜, 2015).

둘째, 현재주의란 교사들은 '바로 지금 이곳(here and now)'을 중시하여 자신들이 당면하고 있는 '오늘'과 '내일'의 수업과 학급 경영에 치중하는 경향을 말하는 것이다. 한 학기 또는 한 학년도를 걸쳐 장기간 많은 시간을 투자해야 하는 교육과정의 재구성이나 교과융합 수업 설계는 바쁜 학교의 현실에 비추어 볼 때 교사들에게 머나먼, 불확실한 일이거나 그다지 와닿지 않은 일이기 십상이다. 이로 인해 교사들은 즉시적이고, 단기적이며, 소규모의 과업에 치중하는 성향을 띠게 된다.

셋째, 보수주의란 앞서 말한 개인주의, 현재주의와 깊이 관련된 것으로, 교사들은 자신들의 새로운 시도에 대한 결과의 불확실성, 고립된 구조로 인한 동료로부터의 의미 있는 피드백의 한계, 취약한 교사양성교육 등으로 인해 자신들이 학생이었던 시절에 획득했던 경험에 의존하게 되면서 변화에 저항적이고 보수주의적 성향을 띠게 된다고 하였다. 또한 이러한 보수주의적 성향은 교사들로 하여금 교실과 자신의 학생에게 헌신하도록 하는 한편, 학교조직 차원의 혁신이나 교육개혁에 무관심하거나 냉소적인 태도를 형성하게 하는 측면이 있다고 하였다.

이 세 가지 교직 문화 가운데 Lortie(1975)는 특히 교직의 개인주의적 특성은 교직 문화를 규정하는 고유의(endemic) 특성이자 난공불락에 가까운 문화라고 지적하고 이러한 교직의 개인주의적 특성을 보다 협력적인 문화로 개선하게 된다면 보수주의적 성향이 완화되면서 수업 개선이나 학교 개선에 우호적인 여건이 조성될 수 있다고 주장하였다. Lortie의 기념비적인 교직 문화 연구는 이후 학계에 큰 반향과 파장을 불러일으켰고, Lortie의 연구로부터 영감을 받은 많은 학자는 교직의 개인주의 문화에 주목한 연구들을 수행하였다. 예를 들어, Rosenholtz(1989)는 테네시주의 학교들에 대한 연구들을 통해 대다수 학교의 교사들은 고립된 여건에서 자존감이 낮은 상태로 가르치며, 학생들은 학습의 결핍을 경험한다는 것을 밝혔다. 한편, 일부 매우 협력적인 교사 문화를 가지고 있는 학교들에서는 교사들이 서로 돕고 지원하면서 교사 자신들은 지속적인 성장과 향상의 경험을 갖게 되고 학생들은 '학습의 풍요'를 얻게 된다는 것을 발견하였다. 1980년대와 1990년대에 교사들 사이에 개인주의가 감소하고 서로 협력하여 일하는 것이 교수-학습 향상 및 학교 개선에 긍정적인 영향을 미친다는 연구가 속속 발표되었다(서경혜, 2015). 특히 교사들 사이의 협력은 교사들의 효능감 향상은 물론 보다 나은 교육을 위하여 노력하고자 하는 의지, 지속적인 개선을 위한 헌신 등에도 긍정적인 영향을 미치고 더 나아가 지속적인 학교 개선에도 긍정적인 효과가 있다는 일련의 연구 결과가 제시되었다(서경혜, 2015; Hargreaves & O'Connor, 2017).

이러한 연구 결과가 축적되면서 1990년대에 교사 협력을 보다 전략적이고 또 체계적으로, 그것도 정책적 차원에서 대규모로 실행하기 위해 도입된 프로그램이 바로 '전문적 학습공동체' 접근이라고 할 수 있다(Hargreaves & O'Connor, 2017). 전문적 학습공동체를 하나의 학교 개선과 교육개혁을 위한 프로그램이자 정책으로 체계화하여 널리 확산시킨 주요 인물로는 Dufour와 Hord를 들 수 있다. Dufour와 Hord는 조직이론, 경영이론, 학교 효과성 연구 등을 토대로 협력적 동료관계, 조직학습, 학습 조직 등과 관련된 연구를 기초로 학생들의 학업 성취 향상과 학교 혁신을 위한 방법으로 학교를 전문적 학습공동체로 변모시키는 것을 주장하였고, 이를 위한 적극적인 컨설팅 및 실천을 모색하였다(서경혜, 2015). Dufour와 Hord가 전문적 학습공동체라는 학교 개선 전략을 정교화하고 널리 확산시키는 데 있어서 지대한 공헌을 한 것은 분명한 사실이다. 하지만 전문적 학습공동체의 기본 전제이자 핵심적인 가설이라고 할 수 있는 '개인주의의 감소(↓)+보수주의 감소(↓) = 학생의 학습 성취 및 학교 개선 증진(↑)'이라는 변화 설계도를 제시한 것은 바로 Lortie의 『교직사회: 교직과 교사의 삶』이라고 할 수 있을 것이다. 이런 의미에서 Lortie의 『교직사회: 교직과 교사의 삶』은 단순히 교직 문화에 대한 예리한 통찰력을 담은 분석을 넘어 후속의 교직 문화의 변화와 교육개혁의 로

드맵의 핵심이 개인주의적 문화의 개선, 즉 교사 협력 및 교사공동체 접근 관점에서 설계되도록 하는 데 결정적인 역할을 하였다고 할 수 있다(Hargreaves & O'Connor, 2017; Hargreaves & Shirley, 2009b).

전문적 학습공동체의 기원을 살펴보는 것은 현재 우리의 전문적 학습공동체 실천을 조명하는 데 어떠한 의미가 있을까? 여러 가지 의미가 있을 수 있지만 그 가운데 하나는 다음과 같다. Hargreaves의 논의에 따르면 전문적 학습공동체의 기원은 교직사회의 만성적 개인주의를 극복하려는 시도로부터 출발하였고, 줄곧 개인주의의 극복에 천착한 경향이 있다. 하지만 개인주의의 극복 또는 협력 그 자체의 맹목적인 추구는 또 다른 문제를 초래할 수 있다. Hargreaves가 날카롭게 지적한 '인위적 협력(contrived collegiality)'에 관한 논의에 잘 나타나 있는 것처럼, 협력이 관료제적인 방식으로 성급하게 요구될 때 전문적 학습공동체는 외형적으로는 화려하지만 실제는 거품뿐인 공동체 또는 진정한 소속감이나 헌신 없는 회전문 공동체로 굴절될 수 있다는 점에 유의해야 한다.

Ⅲ. 전문적 학습공동체의 개념과 유형

앞 절에서는 전문적 학습공동체의 기원에 대해서 살펴보았다. 이 절에서는 우선 '공동체'라는 개념에 대해 살펴보고, 다음으로는 '학습' 그리고 '전문적'이라는 것이 무엇을 의미하는지 살펴볼 것이다. 다음으로, 이 개념들의 결합되어 만들어지는 전문적 학습공동체의 유형에 대해 살펴볼 것이다.

1. 전문적 학습공동체의 개념[1)]

전문적 학습공동체의 개념은 모호하다. 전문적 학습공동체의 개념에는 전문성, 학습, 공동체라는 그 자체로도 충분히 포괄적이고 추상적인 개념들이 다층적으로, 또 긴밀하게 결합되어 있기 때문이다(Stoll & Louis, 2007). 전문적 학습공동체의 개념에 대한 이해는 '전문적, 학습, 공동체'라는 세 단어에 담긴 개념을 각각 살펴보고, 그 개념들의 조합이 만들어 내는 의미를 살펴봄으로써 가능할 수 있다.

1) 정바울(2014). 전문적 학습공동체 실천을 위한 세 가지 원리. 교육정책포럼, 통권 258호에서 요약 · 재구성함.

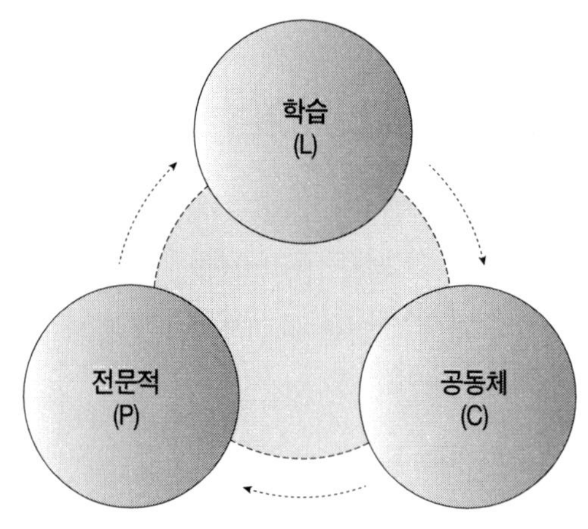

[그림 8-1] 전문적 학습공동체의 세 가지 요소

1) 공동체

우선, 전문적 학습공동체의 개념 가운데 가장 핵심이 되는 개념이라면 '공동체' 개념이라고 할 수 있다. 공동체라는 용어 자체에서 알 수 있듯이, 전문적 학습공동체는 분절적인 교사가 아닌 학교를 기본 단위로 접근하고, 보다 포용적이고 진정성 있으며 지속적인 학교 문화 조성을 통해 교수-학습에 대한 비판적 성찰과 개선을 모색하는 것이라고 할 수 있다(Louis et al., 2003). 기본적으로 전문적 학습공동체의 의미는 교사들이 공동의 목표를 설정하고 팀이 되어 함께 일하며, 문제들을 파악하고, 해결방안을 모색하는 것이다. 하지만 이것만으로 전문적 학습공동체를 이해한다면 부분적인 인식에 불과하다. 전문적 학습공동체가 추구하는 구성원 사이의 관계는 임시적인 과제를 신속하게 처리하기 위한 태스크포스(TaskForce: TF)팀이 아니기 때문이다. 오히려, 지속적인 관계 속에서 공동의 교육목표에 헌신하고 집단적으로 책임을 지며, 전문가로서 그리고 인간적으로 서로의 삶과 존엄성을 존중하고 배려하는 관계를 지향하는 말 그대로 '공동체'라고 할 수 있다는 것이다(Hargreaves & Fullan, 2014: 221). 공동체와 TF팀 사이의 근본적인 차이는 공동체는 신뢰, 관계 그리고 친밀함에 기반을 둔 조직임에 반해, TF팀은 이런 관계 형성이 없이 고안되거나 패키지화된 조직 형태라는 것이다. Hargreaves와 Fullan은 학교에서 전문적 학습공동체를 형성하는 데 있어서 절대적으로 필요한 것은 지속적인 관계 형성을 위한 노력, 즉 "공감과 이해를 표현하는 손짓과 몸짓, 농담 그리고 눈빛, 교실 문 밖이나 복도에서 볼 수 있는 근면함과 인간적인 관심, 생일을 챙겨 주는 것"의 중요성을 인정하는 것이라고 주장한다(Hargreaves & Fullan, 2014: 201). 이러한 신뢰롭고 안정된 관계는 전문적 학습공동체의 태반이라고 할 수 있다. 긴급함, 불안함, 시간 압박에 의해 강제적으로 조성되는 TF팀과 같은 협력은 동료 간에 진정한 지원과 협력을 저해할 뿐만 아니라, 더 심한 경우 협력적 교사 문화를 왜곡하는 "교활한 행정적 대용물"이 될 수도 있다(Hargreaves & Fullan, 2014: 209).

전문적 학습공동체의 공동체 개념을 둘러싼 또 한 가지 중요한 차원은 공동체의 대상과 범위를 어디까지로 한정할 것인가의 문제이다. Huffman(2011)은 보다 성숙한 전문적 학습공동체일수록 보다 포용적으로 교사뿐만 아니라 교직원, 더 나아가 학부모까지 광범위하게 포함하는 경향이 있다고 하였다. Stoll과 Louis(2007)도 기존의 연구들에서 전문적 학습공동체의 개념이 지나치게 협소하게 규정되어 있다고 진단하고, 보다 포용적이고 확장된 형태의 공동체 개념에 대한 이해가 필요하다고 주장하였다. 즉, 다양한 학교 구성원(예: 학부모, 지역사회, 교사 외 교직원, 학생 등)이 전문적 학습공동체에 참여하게 되면 보다 의미 있는 학습을 위한 학생들의 협력이 증진될 수 있다고 보았다.

2) 전문적

전문적 학습공동체에서 또 하나의 중요한 원리는 바로 '전문적'이라는 단어에서 찾아볼 수 있다. 전문적이라는 말이 의미하는 것은 전문가, 즉 프로의 모임이라는 것이다. 전문가의 핵심은 경험과 지식 그리고 그것이 축적되어 형성되는 전문적 판단이라고 할 수 있다. Hargreaves와 Fullan(2012)은 전문적 자본은 한 분야에서 적어도 1만 시간 또는 약 10년 정도 연마하여 풍부한 지식과 경험이 축적되었을 때 형성될 수 있다고 주장한다. 그들은 특히 이러한 전문적 판단을 강조하며 '의사결정적 자본(decisional capital)'이라는 새로운 개념을 제안하기도 했다. 한편, 전문가집단에서는 전문가들의 경험과 지식을 전수하고 축적하기 위한 노력이 중요하다. 지금까지 전문적 학습공동체에서는 동료 교사 상호 간의 수평적 협력에는 관심을 기울였지만, 경력 단계에 따라 고경력, 중경력, 저경력 교사 상호 간의 수직적 교류 및 전문적 지식의 세대 간 순환에 대해서는 소홀히 여긴 경향이 있다. 미래 지향적 전문적 학습공동체는 단순히 기계적인 협력을 넘어서 교사 세대 간의 수직적 차원의 협력에도 주의를 기울일 필요가 있다고 여겨진다(Hargreaves & Fullan, 2014).

한편, 전문적이라는 개념 역시도 실천의 장면에서 종종 그 개념을 둘러싸고 경쟁하는 여러 관점 사이에서 갈등 또는 긴장 관계가 만들어지기도 한다(Louis, 2008). 첫째, 전통적 차원에서 교사의 확대된 전문적 판단과 도덕적 목적을 강조하는 관점, 둘째, 신자유주의적 정책의 영향으로 제한된 형태에서 교수-학습 차원에서의 전문성만을 부각시키는 관점, 마지막으로 광범위하게 사회정의를 위한 활동가로서의 교사의 전문성 입장을 강조하는 관점 사이에 많은 논쟁이 빚어지기도 한다(Anderson & Cohen, 2015; Hargreaves & Fullan, 2012). 이 가운데에서 어떠한 전문성의 관점을 지향하는가에 따라 전문적 학습공동체는 상이한 모습을 보이기도 한다.

3) 학습

전문적 학습공동체의 또 하나 중요한 개념은 '학습'이다. 전문적 학습공동체에서 학습은 궁극적으로 교사들의 전문성 신장의 결과로 학생들의 학습 증진을 추구한다는 의미로 이해되곤 한다. 하지만 이는 학습에 대한 매우 제한된 접근 방법이라고 할 수 있다. 전문적 학습공동체에서의 학습은 학생의 학습뿐만 아니라 교사들 간의 학습을 의미한다고도 할 수 있다. 이는 전문성 신장과 교사들의 역량강화를 강조하는 학습의 측면이라고 할 수 있다. 더 나아가 전문적 학습공동체에서의 학습은 조직 차원의 학습, 즉 '조직 학습(organizational learning)'까지도 포괄하는 개념이라고 할 수 있다. 일부 학자는 이런 차원에서 전문적 학습공동체 접근이 경영학 분야의 '조직 학습' 이론을 차용하여 교육학에 접목시키면서 출현하게 되었다고 주장하기도 한다(Harris & Jones, 2017; Watson, 2014). 이 가운데에서 어떠한 학습을 강조하는지에 대해서, 다시 말해 보다 광범위한 차원에서의 의미 있는 학습을 추구하는지, 제한적 의미에서 학업 성취도 결과와 같은 학습을 추구하는지, 혹은 조직 학습을 강조하는지의 여부에 따라 전문적 학습공동체는 다른 모습이 되기도 한다.

2. 전문적 학습공동체의 유형[2)]

전문적 학습공동체가 최초에 착상되었을 때는 주로 단위학교 수준에서의 학교조직 전체를 대상으로 하는 유형이 대부분이었다(Harrris & Jones, 2017). 하지만 점차 전문적 학습공동체는 그 대상과 범위가 분화되는데, 애초의 단위학교 수준의 학교조직 차원의 전문적 학습공동체가 학교 내에서의 동아리나 소그룹 등을 중심으로 한 보다 축소된 형태로 출현하게 되었다. 한편, 최근에는 단위학교 차원의 전문적 학습공동체를 보다 확대한 둘 또는 세 학교 또는 그 이상의 여러 학교 간의 전문적 학습공동체 유형도 등장하게 되었다. 이와 같은 다양한 형태의 전문적 학습공동체의 출현은 전문적 학습공동체의 외연을 넓히기도 하였지만 개념에 대한 혼란을 초래하기도 한다.

한편, 전문적 학습공동체의 유형은 앞서 살펴본 세 가지 개념 가운데 어떤 측면을 더 강조하는지에 따라서 그 실천 양상이 현저하게 달라질 수 있다. Louis(2008)는 전문적 학습공동체 개념과 관련하여 전문성과 공동체성을 어떻게 규정하느냐에 따라 전문적 학습공동체가 배타적인 직무 중심의 속성을 띌 수도 있고 보다 확대된 민주적인 공동체가 될 수도 있다고 주장하였다. Hairon과 Dimmock(2012)은 특히 학습의 의미를 어떻게 해석하느냐에 따라 학교 혁신과 재구조화 차원의 전문적 학습공동체와 교육과정 및 수업 개선이 중심이 되는 차원의 교수학적 전문적 학습공동체로 구분하여 볼 수 있다고도 하였다.

학교 재구조화 차원의 전문적 학습공동체 관점은 기술적 과업보다는 보다 깊은 차원의 체제와 문화의 변화에 주목하는 관점이다. 이 관점의 기본 가정은 학교가 학교 조직과 문화의 재구조화를 통해 신뢰 있고 전문성이 강조되는 전문적 학습공동체로 탈바꿈하게 되면, 이러한 변화의 토대에서 새롭고 보다 깊은 차원의 학습목표, 학습 전략, 교육과정, 평가 방법 등이 자연스럽게 수반 · 출현하게 된다는 것이다(Hipp, Huffman, Pankake, & Olivier, 2008). 하지만 이 접근과 관련하여, 학교 재구조화 차원의 노력이나 공동체의 형성 및 유지 차원의 노력이 반드시 교수-학습 실제의 개선과 학생의 학업 성취도 향상으로 연결되는 것은 아니라는 한계가 지적되기도 한다(Stoll, Bolam, McMahon, Wallace, & Thomas, 2006). 한편, 교수학적(pedagogical) 전문적 학습공동체 접근은 학교조직 차원의 변화나 교직 문화의 재구조화를 모색하기보다는 제

2) 정바울(2016). 전문적 학습공동체의 지속성에 대한 질적 사례 연구. 교육정치학연구, 23(2), 130-131을 일부 발췌하여 재구성함.

한적 차원에서 수업 개선 및 교육과정 재구성 활동 중심으로 그 실천의 내용과 범위가 한정되는 경향이 있다(Hairon & Dimmock, 2012). 그러나 이 접근도 학교조직과 문화의 재구조화 없이는 의미 있는 학습을 이끌어 내기 어렵다는 한계가 지적된다. 특히 최근 신자유주의적 교육개혁이 부상하고 있는 여건하에서 전문적 학습공동체가 학생의 성적 올리기와 교육청의 어젠다를 실행하기 위한 도구적 차원에서 이용될 수 있다는 문제가 또 다른 한계로 지적되기도 한다(Hargreaves, 2003; Wood, 2007). 이와 관련하여 Hairon과 Dimmock(2012)은 서양에서 시작된 전문적 학습공동체가 전통적으로 중앙집권적이고 위계적인 교육행정 체제의 관성을 보이는 싱가포르나 홍콩과 같은 동아시아 국가들에 수입되고 이식되는 과정에서 전문적 학습공동체가 교육과정 개발 또는 교수-학습의 혁신으로 환원되거나 축소되어 실천되는 경향이 있다고 주장하였다. Louis(2008)는 보다 지속 가능한 전문적 학습공동체의 실천을 위해서는 이 두 가지 접근 사이의 균형적인 이해와 실천이 중요하다고 주장하였다(Hairon & Dimmock, 2012; Lee & Lee, 2013; Stoll & Louis, 2007).

Ⅳ. 전문적 학습공동체의 내적·외적 도전

Lortie의 교직 문화에 대한 기념비적인 연구와 이로부터 영감을 받은 일련의 교육학자가 제안한 전문적 학습공동체 접근은 지난 20년간 영국, 미국을 중심으로 발전하고 최근에는 우리나라를 비롯한 아시아 국가들에까지 널리 확산되면서 발전하였다. 그러나 전문적 학습공동체는 언제나 열렬한 지지와 환영을 받은 것은 아니다. 전문적 학습공동체 접근은 외부로부터의 반격과 내부적인 한계에 직면하기도 하였다(서경혜, 2015; Hargreaves & O'Connor, 2017). 이 절에서는 전문적 학습공동체 접근을 둘러싼 외적·내적 도전에 대해서 살펴볼 것이다.

1. 전문적 학습공동체의 외적 도전

전문적 협력 문화를 중심으로 하는 전문적 학습공동체 접근에 대한 외부의 공격은 2000년대 신자유주의의 부상과 함께 시장주의적 교육개혁이 강조되면서 본격화되기 시작하였다. 경쟁과 선택 등을 강조하는 시장주의적 교육개혁가들은 학교에 대한 경제적 분석을 토대로 효율성 제고를 위한 학교 구조조정을 단행하였다. 학교 예산은 대대적으로 삭감되었고, 학교 인력도 크게 감축되었으며, 학교는 학교끼리, 교사는 교사끼리 '수요자'를 두고 경쟁하는 체제로 전환되었다(서경혜, 2015). 이러한 기류 속에서 전문적 학습공동체는 고비용 저효과의 대표격으로, 정치적 공격의 타깃이 되기 십상이었다. 교사들을 조롱하고 모욕하는 담론들이 빈번히 등장하였고, 교직의 전문성을 깎아내려 교직을 전근대적이고 아마추어적이며 비전문적인 직업으로 그 가치를 절하하려는 시도들이 감행되기도 하였다(서경혜, 2015). 이러한 시장주의적 접근이 전문적 학습공동체 접근과 구분되는 가장 핵심적인 지점은 바로 교사의 개인주의에 대한 전혀 다른 가정이다. 시장주의자들에게 있어 교사들의 개인주의는 개선해야 할 문제가 아니라 오히려 더 가차 없이 추구해야 할 가치라고 할 수 있다. 이들은 교사 평가뿐만 아니라 학교 평가를 통해 더 치열한 경쟁 체제를 가동시킴으로써 인적 자본의 효과적인 경영이 가능하고, 더 나아가 학교 개선도 가능하다는 관점을 견지한다.

최근에는 미국과 영국을 중심으로 새롭게 보수주의적 정부가 등장하고 보수주의적 정책들이 모색됨에 따라 전문적 학습공동체에 대한 공세도 재등장하고 있는 실정이다. 미국의 The New Teacher Project(TNTP, 2015)라는 단체에서는 최근 「신기루: 교사발달을 추구를 둘러싼 불편한 진실 직면하기(The Mirage: Confronting the Hard Truth About Our Quest for Teacher Development)」라는 보고서를 통해 전문적 협력을 통한 교사 전문성 신장과 발달의 비효율성과 허구성을 지적하고 대안으로 시장주의적 · 경쟁적 접근을 통해 교사의 성과 수행을 개선하기 위한 접근을 강조하였다. 또한 영국을 기반으로 한 교육에서의 시장주의적 개혁 연구센터의 Croft(2015)는 「협력의 과잉: 왜 협력은 다음 단계의 학교개혁의 열쇠가 되지 못하는가?(Collaborative Overreach: Why Collaboration Probably Isn't Key to the Next Phase of School Reform)」라는 보고서에서 교사 간의 협력 및 학교 간 상호협력을 통한 학업 성취 및 학교 개선 효과는 사실에 근거하지 않았을 뿐만 아니라 과장된 양상이 있다고 지적하고 교사 간 경쟁 및 특히 학교 간 경쟁을 통한 접근이 보다 더 효과적이고 성과 확인도 보다 용이한 접근이라고 주장하였다. 이러한 전문적 학습공동체적 접근에 대한 공격에 대해 Hargreaves와 O'Connor(2017)는 정작 이러한 주장들이야말로 근거가 빈약한 '신기루'에 더 가깝고 검증되지 않은 근시안적인 주장이라고 논박하고, 비록 전문적 협력 접근은 학교 개선에 있어 만병통치약은 아닐지라도 지금까지의 접근 가운데 그래도 가장 잘 검증되었고 또 실용적인(practical) 한 전략이라고 주장하였다.

2. 전문적 학습공동체의 내적 위협

전문적 학습공동체에 대한 또 하나의 위협은 내부적인 위협이라고 할 수 있다. 내부적인 위협이라는 것의 의미는 앞에서 살펴본 것과 같이 교육계 외부로부터 위협이 초래되는 것이 아니라 교육계 내부에서 야기될 수 있다는 점이다. 한 가지 형태의 위협은 전문적 학습공동체 접근이 조장되기는 하지만 그것이 정부 정책을 신속하고 효과적으로 실현하기 위한 수단 차원에서 강제적인 대규모 개혁의 모습으로 동원되는 것이다(서경혜, 2015; Hargreaves & Shirley, 2009a). 하지만 이러한 인위적인 협력은 지속가능한 협력이라기보다는 단기적인 실적과 성과를 내거나 위기를 모면하기 위한 팀워크로, 목적을 달성하고 나면 금새 사라져 버리는 회전문 공동체, 거품 공동체의 양상을 띠기도 한다(Hargreaves & Shirley, 2009a). 또한 아이러니컬하게도 일부 교사는 전문적 학습공동체 접근이 관료제적 방식에 의해 폭넓게 확산될수록 오히려 더 방어적으로 개인주의를 추구하는 퇴행 양상을 보이기도 한다(서경혜, 2015).

한편, 전문적 학습공동체 접근에 대한 내적인 위협이 반드시 관료제적이거나 억압적인 정책에서 기인하는 것만은 아니다. 오히려 교사들 상호 간의 협력과 학교와 학교 간의 수평적 상호교류를 증대하려는 시도들이 신뢰관계 기반의 문화에 기초하기 보다는 단기적 성과와 가시적인 실적을 추구하는 문화적 분위기 속에서 협소한 목표 중심적 시야에 사로잡히게 될 때 전문적 학습공동체는 형식화되기 쉽다(Hargreaves & Shirley, 2009a).

이상에서 살펴본 것처럼 전문적 학습공동체는 내적 · 외적 도전에 직면해 있다. 이러한 도전에 대응하기 위한 방향은 우선, 교사의 전문성을 평가 절하하고 경쟁적 접근을 모색하는 외부의 위협에 적극적으로 대응해야 할 것이다. 또한 단기적이고 가시적인 성과와 실적을 위한 도구적이고 도착적인 협력의 유혹을 극복하고 보다 담대하고 진정성 있는 협력을 모색할 필요가 있다.

V. 전문적 학습공동체의 과제

이상의 논의를 토대로 이 절에서는 전문적 학습공동체의 실천적 과제와 이론적 과제에 대해서 살펴보려고 한다.

1. 실천적 과제

1) 엄격하고 절제된 협력 접근의 추구

우선, 전문적 학습공동체는 교사들 간의 협력을 강조하는 접근이지만 실행에 옮기기는 그렇게 쉽지 않다. 교직 문화를 규정하는 난공불락에 가까운 개인주의 문화라는 중력을 거슬러서 협력을 모색해야 하는 전문적 학습공동체 접근의 어려움을 두고 미국의 교육학자 Wood는 오르막 전투(uphill battle)라는 비유를 쓰기도 한다. 비록 전문적 학습공동체가 효과적이고 바람직한 교원의 전문성 신장 및 수업 개선 접근이라고 하더라도 그것이 너무 성급하게 추진되거나 관료제적 방식을 통해 강압적으로 추진된다면 오히려 역효과가 날 수 있다. 한편, 교사들의 진정성 있고 깊은 협력을 이끌어 내기가 어렵다 보니 협력이 종종 인위적 협력에 만족하는 선에서 점진적으로 보다 깊은 협력을 견인하는 차원에서의 '인위적 협력'이 전략적으로 추진되기도 한다(Hargreaves, 1994). 하지만 긍정적이고 권한을 부여하는 진정성 있는 협력을 추구하려고 할 때도 초점 없고 구조화되지 않은, 부실한 협력 모델로 인해 협력이 피상적인 수준의 공동 작업 정도로 퇴행하는 경우도 있다. 이를 개선하기 위해서 협력을 위한 협력이 아닌, 명확한 목표와 보다 엄격한 규율과 절제된 형태의 협력 모델에 기반을 둔 새로운 형태의 전문적 학습공동체 접근이 필요하다고 할 수 있다(Harris & Jones, 2017).

2) 전문적 학습공동체와 교장 리더십

마지막으로, 지금까지 전문적 학습공동체는 주요 대상으로 교사를 겨냥해서 추진하거나 교사 중심으로 실천되어 온 경향이 있다. 그런데 최근 연구에 따르면 전문적 학습공동체의 지속성을 위해서는 교장이나 교감과 같은 행정가의 참여와 지원이 절실한 것으로 여겨진다(정바울, 2016; Harris & Jones, 2017). 학교 문화를 강조하는 것이나 학교 여건, 지원 체제 등은 상당 부분 교장에게 달려 있다고 할 수 있기 때문이다. 이런 측면에서 교장에게 더 주목할 필요가 있다고 할 수 있다(Day, 2017). 따라서 전문적 학습공동체의 효과적이고 지속적인 실천을 위해 교장의 관심과 실천 역량을 강화하기 위한 연수와 접근들도 요청된다고 할 수 있다.

2. 이론적 과제

1) 전문적 학습공동체의 지속성

최근의 전문적 학습공동체 연구의 동향 가운데 하나는 그것의 지속성 측면에 주목하는 것이라고 할 수 있다(Stoll & Louis, 2007; Wood, 2011). 지금까지 전문적 학습공동체의 개념, 특성, 효과 등에 대한 많은 연구가 있었지만, 지속성에 주목한 연구들은 그리 많지 않았다. 전문적 학습공동체는 그 자체로 형성되는 데만도 오래 걸릴뿐더러 그것을 지속시키는 데 영향을 끼치는 요인들을 연구하는 것은 복잡하고 까다롭기 때문이라고 할 수 있다(Stoll & Louis, 2007). 또한 전문적 학습공동체의 발달은 꼭 선형적인 접근을 띠지 않는다는 것에 유의할 필요가 있다. 즉, 때로 전문적 학습공동체를 유지하는 데 필요하다고 여겨지는 조건들(예: 공유된 목표, 신뢰, 교사 리더십)이 역설적이게도 전문적 학습공동체 실천의 결과로 만들어지는 것이기도 하기 때문이다(Mintrop & Charles, 2016). 또한 기존의 연구들은 전문적 학습공동체를 실행하는 과정에서 조우하게 되는 도전과 어려움, 난관, 장애물들의 규명과 그런 것에 어떻게 대처할 것인지의 문제에 대해 충분히 다루지 않던 경향이 있었다. 이로 인해 전문적 학습공동체 논의는 가능성과 효과 차원에서 지나치게 긍정적 · 이상적으로 채색된 경향이 있었다. 그리고 이는 다시 전문적 학습공동체의 실천에 있어 지속성을 떨어뜨리는 악순환과 같은 결과를 야기했다고도 할 수 있을 것이다.

비록 전문적 학습공동체의 지속성에 대한 연구가 아직 초기 단계이기는 하지만, 기존의 선행 연구들은 전문적 학습공동체가 형성되어 발전 · 진화하는지의 과정적 측면에서의 단계와 패턴, 그리고 그 과정에서 빚어지는 다양한 딜레마, 갈등, 이를 극복하기 위한 요인 등에 대해 유용한 정보를 제공해 주었다(Stoll et al., 2006: 228). Stoll 등(2006)은 전문적 학습공동체는 발달 단계에 따라 초기 단계, 발전 단계 그리고 성숙 단계로 분류될 수 있다고 하였고, 이러한 발달 단계는 구성원의 이동, 리더십의 교체, 교육정책의 변화 등에 영향을 받으며 '취약한(vulnerable)' 속성을 보인다고 하였다. 특히 그들은 전문적 학습공동체의 지속성과 관련하여, 보다 지속가능한 전문적 학습공동체는 앞 절에서 살펴본 것처럼 공동체의 구성원과 관련하여 보다 포용적이고 확대된 접근을 취하는 경향을 보인다고 하였다. Huffman과 Hipp(2003)은 전문적 학습공동체가 상이한 단계를 거쳐 진화하는 과정에 주목하였다. 초기 단계에서는 공유된 가치와 비전이 강조되고, 실행 단계로 이행하게 되면서 점차 학생의 학습과 학업 성취 측면에 더 초점이 주어지게 되며, (흔하지는 않지만) 제도화 단계에까지 도달하게 되는 경우에는 이러한 공통된 비전과 가치가 교수-학습과 교육과정의 실제를 실질적으로 안내하면서 가시적인 변화까지도 가져오는 경향이 있다고 주장하였다.

모든 변화가 어렵고 변화를 지속시키는 것은 더욱더 어렵지만, 특히 전문적 학습공동체의 지속성의 문제는 더 도전적이고 복잡하며 아직도 많은 부분이 미지의 영역으로 남겨져 있어 향후 많은 연구가 요청된다고 할 것이다(Stoll & Louis, 2007).

2) 전문적 학습공동체의 미시정치학

지금까지 전문적 학습공동체의 과정을 둘러싼 논의들은 전문적 학습공동체의 형성 및 지속 과정에서 직면하게 되는 실천적 차원의 도전과 어려움을 구체적으로 제시하고 면밀하게 분석하기보다는 가능성 차원에서 지나치게 낙관적으로 묘사되고 미화되는 경향이 있었다(Achinstein, 2002; Louis, 2008; Stoll et al., 2006). 하지만 실제 장면에서 전문적 학습공동체의 형성과 지속의 실제 과정에는 많은 도전, 갈등, 딜레마, 긴장 등이 다양하고 다층적으로, 때로는 섬세한 양상으로 펼쳐진다고 할 수 있다. 이러한 문제들은 미시정치학적 관점과 접근이 요청되는 연구 주제라고 할 수 있을 것이다(Achinstein, 2002; Stoll et al., 2006). 더 나아가 갈등에 대한 미시정치학적 이해는 단순히 갈등의 해소를 넘어 오히려 갈등을 전문적 학습공동체의 지속 가능한 성장을 위한 동력과 자원으로 활용할 수 있게 하는 데에도 기여할 수 있을 것으로 여겨진다.

Ⅵ. 맺는말

전문적 학습공동체는 지금 위기와 기회의 기로에 서 있다. 교사들이 전문적 학습공동체로 형상화되는 협력에 기반을 둔 전문성을 추구하고자 한다면, 전문적 학습공동체를 둘러싼 내적 · 외적 도전에 적극적으로 대응해야 할 필요가 있다. 우선, 전문적 협력의 성과와 가치를 부정하고 그 대신 개인주의에 토대를 둔 탈전문화와 경쟁을 강조하는 접근을 끈질기게 추구하는 시장주의자와 신자유주의적 정책 결정자들의 고질적인 공격에 적극적으로 대응해야 한다(서경혜, 2015; Hargreaves & O'Connor, 2017). 앞에서 살펴본 미국이나 영국의 사정과는 달리 최근 우리나라에서는 전문적 학습공동체가 정책적 차원에서 지원되고 옹호되고 있는 양상을 띤다는 점에서 일단 고무적이라고 할 수 있다. 전문적 학습공동체 정책은 지금까지 권위주의적이고 관료적인 상의하달식 교육개혁과 신자유주의에 기반을 둔 시장 지향적 교육정책으로 유발되었던 한국교육의 고질적인 병폐와 이로 인한 교사들의 효능감 저하의 문제를 완화시켜 줄 수 있을 것이다. 하지만 아직 시행 초기이기는 하지만, 현행 일선 학교의 전문적 학습공동체 접근에도 개선해야 할 점이 많다고 할 수 있다. 때로 전문적 학습공동체가 학생들의 학업 성취와 학교 개선에 집중하기보다는 교사들의 친목과 대화, 관계 개선에 머무르고 있는 사례도 종종 있다. 또한 전문적 학습공동체가 단기간의 정책목표를 달성하거나 학교나 교육청의 실적을 위한 수단으로 관료제적으로 강제되기도 한다. 교사들과 정책 결정자들이 풀어야 할 숙제는 전문적 학습공동체 접근을 "과도한 일을 시키거나 마음에 내키지 않는 정책들을 수행하게 만드는 수단으로 이용하지 말고 교사들과 학생들에게 도움이 되는 진정한 교사공동체를 구축"하는 방향으로 재설계하고(서경혜, 2015: 70), 전문적 학습공동체를 수단이 아닌 그 자체가 목적으로 진정성 있게 추진하는 것이다. 한편, 교육자들 스스로도 전문적 학습공동체를 통한 협력이 인위적이고 의존적인 협력에 그치지 않도록 하기 위한 주체적이고 능동적이며 보다 '절제된 협력(disciplined collaboration)'의 '전문적 학습공동체 2.0' 접근을 모색해야 할 것이다(Harris & Jones, 2017). 특히 교사들 사이에서 협력을 어렵게 느끼게 만드는 의견의 불일치나 갈등을 회피하려 하기보다는 전문적 학습과 공동체를 위한 필수적인 과정으로 수용하고, 이를 통해 보다 성숙한 공동체를 만들려는 노력을 기울여야 할 것이다.

학습과제

1. 전문적 학습공동체에 대한 기원에 대한 이해는 해답보다 오히려 새로운 질문들이 꼬리에 꼬리를 물게 하는 것 같기도 하다. 초기에 전문적 학습공동체라는 아이디어를 개발한 Lortie는 왜 하필 개인주의에 주목했을까? 왜 애초에 현재주의와 보수주의를 먼저 감소해 보려는 생각은 하지 않았을까?

2. 현재 우리나라에서 표방하고 추진하는 전문적 학습공동체 정책이 출현하게 된 맥락을 미국에서 전문적 학습공동체가 출현하게 된 맥락과 비추어 살펴본다면 어떠한 유사점과 차이점이 있을까? 이를 앞에서 살펴본 전문적 학습공동체의 두 가지 대표적인 유형 논의에 비추어 비교하여 비판적으로 논의해 보고, 그 한계 및 효과적인 실천 방안에 대해서 함께 토론해 보시오.

참고문헌

서경혜(2015). 교사학습공동체. 서울: 학지사.

이혁규(2017). 왜 미국은 일본의 수업연구(Lesson Study)를 배우려고 하는가? 교육개발, 44(2).

정바울(2014). 전문적 학습공동체 실천을 위한 세 가지 원리. 교육정책포럼, 통권 258호.

정바울(2016). 전문적 학습공동체의 지속성에 대한 질적 사례 연구. 교육정치학연구, 23(2), 127-151.

Achinstein, B. (2002). Conflict amid community: The micropolitics of teacher collaboration. *The Teachers College Record, 104*(3), 421-455.

Anderson, G., & Herr, K. (2015). New public management and the new professionalism in education: Framing the issue. *Education Policy Analysis Archives, 23,* 1-29.

Croft, J. (2015). *Collaborative overreach: Why collaboration probably isn't key to the next phase of school reform.* London: Centre for the Study of Market Reform of Education.

Day, C. (2017). *Teachers' worlds and Work: Understanding complexity, building quality.* London: Routledge.

Hairon, S., & Dimmock, C. (2012). Singapore schools and professional learning communities: Teacher professional development and school leadership in an asian hierarchical system. *Educational Review, 64*(4), 405-424.

Hargreaves, A. (1994). *Changing teachers, changing times: Teachers' work and culture in the postmodern age*. New York: Teachers College Press.

Hargreaves, A. (2003). *Teaching in the knowledge society: Education in the age of insecurity*. NY: Teachers College Press.

Hargreaves, A., & Fullan, M. (2014). 교직과 교사의 전문적 자본 학교를 바꾸는 힘(*Professional capital: Transforming teaching in every school*). (진동섭 역). 경기: 교육과학사. (원저는 2012년에 출판).

Hargreaves, A., & O'Connor, M. T. (2017). Cultures of professional collaboration: Their origins and opponents. *Journal of Professional Capital and Community, 2*(2), 74-85.

Hargreaves, A., & Shirley, D. (2009a). *The fourth way: The inspiring future for educational change*. California: Corwin Press.

Hargreaves, A., & Shirley, D. (2009b). The persistence of presentism. *Teachers College Record, 111*(11), 2505-2534.

Harris, A., & Jones, M. (2017). Professional learning communities: A strategy for school and system improvement? *Wales Journal of Education*, *19*(1), March 2017, 6-38(23).

Hipp, K. K., Huffman, J. B., Pankake, A. M., & Olivier, D. F. (2008). Sustaining professional learning communities: Case studies. *Journal of Educational Change, 9*(2), 173-195.

Huffman, J. B. (2011). Professional learning communities in the USA: Demystyfying, creating, and sustaining. *International Journal of Learning, 17*(12), 321-336.

Huffman, J. B., & Hipp, K. K. (2003). *Reculturing schools as professional learning communities*. Lanham, MD: R&L Education.

Lee, D., & Lee, W. O. (2013). A professional learning community for the new teacher professionalism: The case of a state-led initiative in singapore schools. *British Journal of Educational Studies, 61*(4), 435-451.

Lortie, D. C. (1996). 교직사회: 교직과 교사의 삶(*Schoolteacher: A sociological study*). (진동섭 역). 서울: 양서원. (원저는 1975년에 출판).

Louis, K. S. (2008). Creating and sustaining professional communities. In R. Coles & A. Blankenstein (Eds.), *Sustaining learning communities* (pp. 41-57). Thousand Oaks: Sage.

Mintrop, R., & Charles, J. (2017). The formation of teacher work teams under adverse conditions: Towards a more realistic scenario for schools in distress. *Journal of Educational Change, 18*(1), 49-75.

Rosenholtz, S. J. (1989). *Teachers' workplace: The social organization of schools*. Boston: Addison-Wesley Longman Ltd.

Stoll, L., Bolam, R., McMahon, A., Wallace, M., & Thomas, S. (2006). Professional learning communities: A review of the literature. *Journal of Educational Change, 7*(4), 221-258.

Stoll, L., & Louis, K. S. (2007). Professional learning communities: Elaborating new approaches. *Professional learning communities: Divergence, depth and dilemmas* (pp. 1-13). New York: McGraw Hill.

The New Teacher Project. (2015). *The mirage: Confronting the hard truth about our quest for teacher development*. Brooklyn, NY: Author.

Watson, C. (2014). Effective professional learning communities? The possibilities for teachers as agents of change in schools. *British Educational Research Journal, 40*(1), 18-29.

Wood, D. (2007). Teachers' learning communities: Catalyst for change or a new infrastructure for the status quo? *The Teachers College Record, 109*(3), 699-739.

Wood, D. (2011). And then the basals arrived: School leadership, learning communities and professionalism. *International Journal of Leadership in Education, 14*(4), 475-497.

제9장
교원평가제도의 쟁점과 과제

전제상(공주교육대학교 교수)

개요

인간은 태어나면서부터 죽을 때까지 자기 자신과 타인으로부터 크고 작은 평가를 받으며 살아가게 된다. 인간이 조직 구성원으로 살아가는 한 평가는 자연스러운 현상이다. 이처럼 평가는 인간이 존재하는 곳의 언제 어디서나 수시로 일어나는 활동의 하나로서 인간에 대한 가치를 판단하는 것을 의미한다.

교원이 교직사회에 입문하여 퇴직할 때까지 개별 교원에게는 마땅히 해야 할 직무가 주어지고, 이를 제대로 수행하고 있는지를 다양한 관점에서 평가받게 된다. 우리나라는 교원에 대한 평가로 1964년 「교육공무원 승진규정」에 의한 교원근무성적평정, 2001년 교원성과상여금평가, 2010년 교원능력개발평가를 각각 도입하여 운영하고 있다.

교원에 대한 평가가 서로 다르게 실시되고 있는 것은 교원평가의 목적에 따른 결과 활용이 다른 것에 연유된다. 교원평가체제는 각기 다른 목적으로 출발하고 있지만 학교조직에서 교원이 해야 할 역할은 동일한 것으로, 이를 다원적으로 평가하는 것은 평가체제의 복잡성과 평가에 대한 심리적 부담감 등을 원천적으로 내재하고 있다. 개별 교원에 대한 평가가 3원체제로 운영되면서, 평가의 복잡성과 비효율성, 평가기준과 평가내용의 불명료성, 평가방법의 제한성, 그리고 평가 과정과 결과에 대한 공정성 및 타당성, 신뢰성 등의 문제가 끊임없이 제기되고 있다.

정부는 교원평가체제의 다원적 구조를 간소화하기 위해 2015년부터 교원근무성적평정과 교원성과상여금평가를 통합하여 교원업적평가란 명칭으로 일원화하였다. 교원업적평가의 결과는 교원근무성적평정과 교원성과상여금 평가의 결과로 활용하는 새로운 운영방식을 구축하게 되었다. 교원평가체제는 3원체제의 법적 구조를 가지고 있지만 평가 운영방식은 이원적 구조를 갖추게 되었다. 그럼에도 불구하고 교원평가제를 둘러싼 교원들 간 인식의 차이 로 교원평가 운영에 대한 찬성과 반대의 논리가 대립되고 있다.

이 장에서는 교원평가의 이론적 기초를 기반으로 교원근무성적평정, 교원성과상여금평가, 교원능력개발평가, 업적평가의 현황과 문제점을 살펴보고자 한다. 또한 교원평가체제의 쟁점과 혁신과제는 무엇인지를 탐색하고자 한다.

Ⅰ. 서론

'교육의 질은 교원의 질에 좌우된다.'는 말이 시사하듯이, 학교교육의 성패는 교원에 의해 결정된다. 교원은 학교에서 학생을 가르치는 사람을 통칭하는 것으로 학교조직의 일원으로 근무하게 된다. 교원은 학교조직의 일원으로서 학교조직이 부여한 직무를 수행할 의무를 지니게 된다. 이러한 교원의 직무수행에 대해 조직은 어떤 형태로든지 평가를 하게 된다. 교원이 해야 할 직무를 제대로 수행하고 있는지 점검하는 대표적인 기제가 교원평가제이다.

평가는 우리가 조직의 일원으로 살아가는 한 자연스러운 현상이 아닐 수 없다. 평가는 인간이 존재하는 곳의 언제 어디서나 수시로 일어나는 활동의 하나로서 평가의 사전적 의미는 사물의 가치를 판단하는 것을 의미한다. 이러한 평가의 개념에는 의도한 목표를 제대로 달성했는가를 검토하는 활동, 직무수행 과정의 가치를 판단하는 데 초점을 두는 활동, 의사결정에 도움이 될 수 있는 정보를 확보하는 활동이 포함된다. 마찬가지로 교원에 대한 평가는 교원의 직무수행 과정과 결과 등을 평가하여 그것의 결과를 다양한 형태로 활용하는 것을 의미한다.

일반적으로 교원평가의 목적은 인사행정 자료를 확보하거나 교원의 전문성 개발에 필요한 정보를 제공하는 등 다양한 역할과 기능을 동시에 갖고 있다. 현재 교원에 대한 평가로는 교원근무성적평정과 다면평가, 교원성과상여금평가, 교원능력개발평가가 있다. 교원근무성적평정은 1964년, 교원성과상여금평가는 2001년, 교원능력개발평가는 2010년에 각각 시행되었다. 이러한 교원평가제도는 서로 다른 법적 근거와 목적으로 출발하여 지금까지 운영되고 있으나, 운영에 대한 서로 다른 관점 차이로 찬성과 반대의 입장이 대립되고 있다.

현실적으로 교원에 대한 평가가 이중적으로 운영됨으로써 평가의 복잡성과 비효율성, 비경제성, 심리적 부담감과 더불어 평가의 공정성과 타당성, 신뢰성의 문제 등에 대한 비판이 계속되고 있다.

이 장에서는 교원평가를 이해하기 위한 이론적 기초는 무엇이며, 현행 교원평가제의 운영 실태를 진단하고 이를 둘러싼 쟁점과 개선 과제를 탐색하는 데 주안점을 둔다.

Ⅱ. 교원평가의 이론적 기초

현재 교원평가제는 교원근무성적평정과 다면평가, 교원성과상여금평가, 교원능력개발평가로 운영되고 있다. 이러한 3원체제의 교원평가제를 올바로 이해하기 위해서는 교원평가와 관련한 개념과 목적, 방법, 교원평가와 교육의 질 관계 등에 관한 개념과 의미를 명료화할 필요가 있다.

1. 교원평가의 개념과 의의

일반적으로 평가의 개념은 다양한 의미로 사용되고 있지만 그 정의는 대체적으로 세 가지 방향에서 정리되고 있다. 첫째, 평가는 의도한 목표나 요구한 바를 달성했는가를 검토하는 활동이라는 입장, 둘째, 경험, 과정의 가치를 판단하는 데 초점을 두는 활동이라는 입장, 셋째, 의사결정에 도움이 될 수 있는 정보를 제공하는 활동이라는 입장이다. 현실적으로 평가가 이루어질 때에는 이러한 세 가지 활동이 동시에 일어나며, 평가 목적과 방향에 따라 강조점을 달리하는 경우가 대부분이다.

마찬가지로 교육인사 행정에서 평가 개념은 여러 가지 다양한 의미로 사용하고 있어 합일된 정의를 내리는 것이 쉽지 않다. 우리나라의 경우, 일반 행정에서는 근무성적평정이란 용어로, 경영학에서는 인사고과라는 용어로 보편적으로 사용해 왔으나, 문민정부의 교육개혁안이 발표되면서 평가라는 용어가 일반 행정 및 경영학뿐만 아니라 교육행정을 비롯한 모든 분야에서 보편적으로 사용되기 시작하였다. 평가활동 측면에서 보면 평가와 관련한 최초의 개념은 평정(rating)이다. 교원평가와 관련하여 평정(rating), 평가(evaluation), 사정 혹은 총평(assessment), 감정(appraisal), 측정(measurement)이란 용어를 사용하고 있으나 서로 다른 의미를 지닌다.

첫째, 평정(rating)은 평가대상에게 명명척도나 서열척도 등을 부여하여 등급을 결정하는 행위로서 각 평가 항목마다 평정을 할 수 있게 한다. 예를 들어, 교사로서 교과에 대한 전문성에 수, 우, 미, 양과 같은 등급을 부여하는 경우이다. 둘째, 측정(measurement)이란 사물이나 사람의 특성을 나타내기 위하여 객관적 절차에 의하여 이름이나 수를 부여하는 절차이다. 예로서, 교사의 영어 능력을 나타내는 점수나 신체적 특징인 키를 잰다면 이를 측정이라 한다. 평정과 측정의 차이는 평정은 다소 주관성이 개입됨에 비하여 측정은 도구를 사용하기에 객관적이라 할 수 있다. 셋째, 사정(assessment)은 총평이라 불리기도 하며 다양한 측정 방법을 동원하여 종합적으로 평가하는 행위를 말한다. 넷째, 감정(appraisal)은 평가대상에 대한 본질, 성격, 가치, 질적 속성 등에 관하여 전문가적 입장에서 추정 또는 예측하는 것을 말하며 특히 예술이나 프로그램의 가치를 전문성에 입각하여 평가하는 방법이다. 다섯째, 평가(evaluation)란 보다 광의의 개념으로서 측정이나 사정 등을 통하여 수집된 자료에 기초하여 가치가 부여된 주관적 판단(subjective judgement)이 부여된 행위를 말한다.

평가의 용어는 영어권 국가에서도 서로 다르게 사용되고 있음을 확인할 수 있다. 미국은 teacher evaluation을, 영국에서는 teacher appraisal을 사용하고 있다. 현실적으로 인사행정에서 평가와 관련한 개념으로 불리고 있는 용어는 efficiency rating, performance rating, performance measurement, performance (employee) evaluation, performance assessment, personnel rating, personnel appraisal 등으로 명확한 개념 구분 없이 사용하고 있다.

이러한 평가는 전통적으로 과거의 실적이나 인적 특성을 서열이나 우열을 정해 판정하는 비교 평정(rating)이 일반적이었다. 그러나 최근에는 조직 구성원의 실적을 평가함은 물론이고 그가 지닌 잠재적 능력이나 개발 가능성까지 확대함으로써 구성원에 대한 동기부여 수단으로 활용하고 있다. 또한 평가 결과를 조직 전체의 목표 달성에 종합적으로 적용함으로써 조직 관리의 체제과정으로까지 활용하고 있다. 따라서 교원평가에 대한 정의는 학자들마다 다양한 관점에서 다루어지고 있다. 대체적으로 교원평가는 교원의 태도, 성격, 적성 등을 판단하며, 교원의 직무수행상의 업적이나 성과들을 측정하고, 교원의 능력, 즉 현재의 능력과 잠재능력을 동시에 개발하는 것으로 정의할 수 있다(전제상, 2011a).

2. 평가의 목적

교원평가는 1964년 교원에 관한 평가가 시작된 이래로 지금까지 근무성적평정(performance rating)이란 용어와 동의어로 줄곧 사용되어 왔다. 근무성적평정은 교원의 직무수행 능력과 업적을 판정하고 기록하는 절차 곧 교원의 과거 및 현재의 성취를 그의 환경 배경에 비추어 평가하고 조직을 위한 장래의 잠재력을 판정하는 절차적 의미를 내포하고 있다. 전통적으로 교원평가는 조직 내에서 승진, 전보 및 면직 등과 같은 인사행정 결정을 위한 자료 제공에 강조점을 두었다. 그러나 사회·경제적 여건의 변화와 더불어 교육의 책무성 강조와 교육의 효과성 증진 등의 영향으로 교원평가는 교원의 전문적 성장을 통한 교수활동의 개선과 교육조직의 질 개선에 기여하는 방향으로 강조점이 이동되고 있다. 교원평가의 개념에는 교원의 승진, 장기간 근속 또는 해고 등을 위한 의사결정에 사용되는 총괄평가 기능, 그리고 교원 자신의 역할을 보다 효과적으로 수행할 수 있도록 교수·학습 기술 증진에 초점을 두는 형성평가 기능으로 구분된다. 교원평가는 평가활동의 목적을 어디에 두느냐에 따라 평가의 개념과 기능이 달라질 수 있다(전제상, 2011a). Baber(1985)는 교원평가의 두 가지 기능을 철학, 이론, 실제로 구분하여 〈표 9-1〉과 같이 설명하였다.

형성평가와 총괄평가의 관점에서 보면, 이러한 두 개의 평가체제는 서로 분리하여

〈표 9-1〉 교원평가의 기능

구분	형성평가	총괄평가
철학	개개인을 최고로 만들도록 촉진한다.	개개인이 타인에 의한 장학이나 평가를 받아 최고가 되도록 한다.
이론	평가는 개개인의 직무수행을 증진하도록 한다. 보수나 상벌은 내재적으로 결정된다.	평가는 사회체제의 직무수행을 증진하도록 한다. 보수나 상벌은 외재적으로 결정된다.
실제	교수과정을 평가할 뿐 개인을 평가하지 않는다.	교수의 결과뿐만 아니라 과정 그리고 개인을 평가한다.

운영할 수 있지만 이들이 상호 연결될 때 교수·학습 활동과 학교조직의 효과성이 더욱 증진될 수 있는 보완적인 관계를 가진다. 따라서 학교조직에서 교원평가는 승진이나 전보 등의 인사행정 결정을 위한 자료를 제공하는 기능 외에도 교원 개인의 전문적인 성장과 발달을 도모하는 한편, 교육조직의 효과성을 증가시킴으로써 보다 높은 교육의 질을 제공하는 데 기여할 수 있다.

3. 교원평가의 내용과 기준

교원평가의 내용은 무엇을 평가하느냐에 관한 것이며, 또 기준은 평가과정에서 구체적으로 적용되는 것으로 평가내용을 명확하게 구체화시켜 주고 평가대상자로 하여금 평가과정을 보다 확실하게 인식하게 해 준다. 따라서 교육목적 달성에 기여하고 있는 교원 개인의 성공적 직무수행은 학교조직의 복합적인 차원에서 평가되어야 하기 때문에 어느 한 부분만을 근거로 평가할 수는 없다.

학교조직에서의 교원인사 평가는 학교조직의 성공적인 목표 달성에의 필수적인 요소로서 평가의 주요 내용을 교수·학습, 학급경영, 담당업무, 인간관계, 수업자료 및 자원 활용 등 교원의 다양한 역할을 중심으로 제시할 수 있다. 그런데 교원의 역할을 어떻게 정의하느냐에 따라 교원평가의 내용 또한 달라진다. 역할이란 사회 질서 속에서 차지하게 되어 있는 개인의 자리 또는 지위에 따른 정상적인 행동양식을 뜻하며, 사회에서 특정한 지위에 있는 사람들이 의식적으로 수행하는 그리고 다른 사람들에 의해서도 어느 정도 명확하게 인정을 받고 있는 포괄적인 행동방식을 말한다.

역할의 개념에는 신분적 지위, 지위에 관련된 행동 유형, 기대되는 직업적 활동의 요소를 포함하게 된다. 교원의 역할이란 교원들이 의식적으로 수행하며, 또 교사들이 해야 한다고 다른 사람들이 인정하는 포괄적인 행동방식을 말한다. 이것은 역할이란 고정된 것이 아니라 시대와 사회, 문화 등에 따라 변화한다는 것을 의미한다. 따라서 교원의 역할은 시대와 장소, 관점 등에 따라 지속적으로 개념을 새롭게 정의해야 하는 탄력성을 지닌다(전제상, 2001).

교원 역할에 대한 분석 결과들은 여러 가지 형태로 분류되고 있지만 교원의 역할은 교원이 그 사회에서 점유하고 있는 지위에 비추어 논의되어야 한다. 그러나 교원의 역할이란 학교조직의 범주 안에서 논의될 때 보다 분명한 개념 정의가 가능하다. 학교의 본질적 기능은 교육기능을 수행하는 데 있으며, 이러한 교육기능에는 다시 교수·학습 기능과 생활지도 기능이 있다. 또한 교육기능의 원활한 수행을 가능하게 하는 지원 기능이 필요한데, 이러한 기능을 달성하기 위해 학교의 구성원인 교사에게 직무가 부여하게 된다. 이와 같은 논의에 기초해 보면, 학교조직의 목적을 달성하기 위해서 교사가 수행해야 할 역할은 교과지도자 역할, 생활 및 특별활동 지도자 역할, 학급경영 관리자 역할, 연구 및 연수자 역할, 행정사무 관리자 역할, 학부모 및 지역사회 관계자 역할 등을 중심으로 구분할 수 있다(전제상, 2011a).

학교조직에 있어서 교원의 역할이 정리되면, 그에 포함되는 구체적인 기준을 설정하고 각각의 기준에 내재된 지표들을 설정하는 작업이 뒤따르게 된다. 이러한 평가 요소와 기준들은 교원의 직무를 제대로 수행하게 하는데, 어느 것을 강조하느냐 하는 것은 그 사회의 특성 등에 따라서 채택 여부가 다양한 요소로 결정될 수 있다. 교사의 핵심적인 업무인 수업의 질을 개선하고 교직자로서의 자질을 평가하는 데 초점이 맞추어지고 있다. 평가 내용과 기준은 근본적으로 교원의 다양한 근무수행 방향을 명시해 줄 뿐만 아니라 교원의 성장과 발달을 촉진하고, 학교 교육력 향상으로까지 이어지기 때문에 교육공동체 간의 상호 협의를 통하여 결정되어야 한다. 교원의 직무란 교직의 특성, 학교조직의 특성을 전제로 하여 교원이 처해 있는 제반 상황들을 종합적으로 고려해야 교원 개개인의 역할, 즉 직무를 결정할 수 있다.

4. 교원의 평가방법

교원을 평가하는 접근방법과 활용하는 도구들은 매우 다양하다. 평가방법은 절대적일 수 없으며 기존 상황이나 조건에 알맞은 것을 선택적으로 활용해야만 한다. 즉, 구체적으로 어떠한 것을 선택하느냐의 문제는 조직의 크기와 복잡성, 평가의 목적, 투입한 비용 등의 다양한 요인에 의존하게 된다.

교원을 평가하는 방법은 어떤 절대적인 기준에 의거하여 개별적으로 측정하는 것과 다른 교원의 근무수행과 비교하여 집단적으로 혹은 상대적으로 측정하는 것으로 구분할 수 있다. 여기서는 전자를 절대평가 방법이라고 하고, 후자를 상대평가 방법이라고 한다. 절대평가 방법 및 도구들에는 자유기술법(essay), 도식평정척도, 행위평정법, 강제선택법(forced choice rating method), 중요사실기술법(critical incidents technique), 평정척도, 목표에 의한 관리, 자기신고법 등이 포함된다. 그리고 상대평가 방법들에는 서열법, 등급분류법, 대조법, 강제할당법 등이 포함된다.

또한 일반적으로 평가방법의 유형에는 관리자 평가, 동료평가, 자기평가, 집단평가, 외부전문가 평가 등이 있으며, 이러한 평가 유형은 나름의 장단점을 동시에 가진다. 교원평가는 전통적으로 교장·교감에 의한 평가방식으로 진행되어 왔다. 관리자에 의한 평가방법은 평정이 사실보다 느낌이나 감정에 근거하여 이루어지는 경향이 있다. 평가 실제에서도 객관적으로 실시하기보다는 승진 예정자에게 높은 성적을 부여하는 경향이 있다. 평가과정에서의 주관적인 주장과 자료, 개인적·전문가적 편견과 차별, 허위 자료 및 보고 등과 같은 것이 반영될 개연성이 높다는 점 때문에 평가의 객관성·신뢰성 등에서 많은 문제점을 노정하고 있다. 이를 극복하기 위한 대안으로 등장한 것이 바로 동료 교원에 의한 다면평가이다. 다면평가 시스템은 균형적이고 포괄적인 평가방법으로 교원의 직무 성과를 측정할 수 있기 때문에 교원평가의 공정성·객관성·신뢰성을 제고할 수 있다(전제상, 2011a).

Ⅲ. 교원평가제의 현황과 문제점

1. 교원근무성적평정

교원근무성적평정(다면평가)의 법적 근거는 「교육공무원 승진규정」에 의거하고 있으며, 그 결과는 교감과 교장 승진예정자를 결정하기 위한 인사자료로 활용하는 데 있다. 즉, 교사의 교감과 교장으로의 승진은 경력평정점, 근무성적평정점, 연수성적, 가산점을 합한 점수에 의해서 결정된다. 교원근무성적평정의 내용은 수석교사·교사용과 교감·장학사·교육연구사용으로 구분된다. 교사와 교감 등의 근무성적평정은 자질 및 태도, 근무 실적 및 근무수행 능력을 평가한다. 자질 및 태도, 근무 실적 및 근무수행 능력은 다시 하위 평정요소와 평정내용으로 세분되며, 교사와 교감의 내용이 구별된다. 평정자는 매년 학년말을 기준으로 평정내용을 수, 우, 미, 양의 4등급으로 구분하여 점수로 평가한다. 평정 결과는 평정대상자의 요구가 있는 때 특별한 사정이 없는 한 본인의 최종 근무성적평정점(교사의 경우 최종합산점)을 알려 주어야 하며, 그 결과는 승진 이외에 전보, 포상 등 인사자료로 활용된다.

교원근무성적평정은 1964년에 「교육공무원 승진규정」(대통령령 제1863호, 1964. 7. 8.)의 제정으로 실시되었다. 이 승진규정은 제정 이후 수십 차례의 부분 개정과 1997년 전

〈표 9-2〉 교원근무성적평정의 변천내용

<table>
<tr><th>구분</th><th>1964년
제정</th><th>1972년
개정</th><th>1986년
개정</th><th>1990년
개정</th><th>2007년
전면 개정</th><th>2015년
개정</th></tr>
<tr><td>평가
목적</td><td colspan="6">• 승진임용에 있어서 인사행정의 공정을 기함.</td></tr>
<tr><td>평가
기준</td><td colspan="6">• 직위별로 타당한 요소의 기준에 의하여 평가할 것
• 평가자의 주관을 배제하고 객관적 근거에 의해서 평가할 것
• 신뢰성과 타당성을 보장하도록 할 것
• 평가대상자의 근무성적을 종합적으로 분석 · 평가할 것</td></tr>
<tr><td rowspan="3">평점
준거
및
배점</td><td>근무실적
(30점)
학급운영
8점
학습지도
8점
생활지도
8점
교육연구
6점</td><td>40점</td><td rowspan="3">평가 요소별 배점을 일률적으로 8점으로 함.</td><td rowspan="3">• 자질 및 태도(24점)
- 교육자의 품성 12점
- 사명의식 12점

• 근무실적(56점)
- 학습지도 24점
- 생활지도 16점
- 학급경영 16점

총 80점</td><td rowspan="2">교사(100점)
• 자질 및 태도(20점)
- 교육자로서의 품성 10점
- 공직자로서의 자세 10점
• 근무실적 및 근무수행능력(80점)
- 학습지도 40점
- 생활지도 20점
- 교육연구 및 담당업무 20점</td><td rowspan="2">교사(100점)
• 교육공직자로서의 태도(10점)
• 학습지도(40점)
• 생활지도(30점)
• 담당업무(15점)
• 전문성개발(5점)</td></tr>
<tr><td>직무수행
(15점)
기본실력
5점
지도력 5점
창의력 5점</td><td>20점</td></tr>
<tr><td>직무수행
태도
(15점)
책임감 5점
협조성 5점
준법성 5점</td><td>20점</td><td>교감 · 장학사 · 교육연구사(100점)
• 자질 및 태도(20점)
- 교육자로서의 품성 10점
- 공직자로서의 자세 10점
• 근무실적 및 근무수행능력(80점)
- 교육활동지원 및 교육연구 40점
- 교육지원 20점
- 행정사무관리 20점</td><td>교감 · 장학사 · 교육연구사(100점)
• 교육공직자로서의 태도(20점)
• 교육활동 및 교육연구 지원(40점)
• 교육지원(20점)
• 행정사무관리(20점)</td></tr>
</table>

<table>
<tr><td>평정 분포 비율</td><td>우 20%
양 70%
가 10%</td><td>수 10%
(74점 이상)
우 30%
(58~73점)
양 50%
(32~57점)
가 10%
(31점 이하)</td><td>수 10%
(72점 이상)
우 30%
(64~71점)
미 40%
(56~63점)
양 10%
(31점 이하)</td><td>수 20%
우 40%
미 30%
양 10%</td><td colspan="2">수 30%
(95점 이상)
우 40%
(90~95점 미만)
미 20%
(85~90점 미만)
양 10%
(85점 미만)</td></tr>
<tr><td>평정 시기</td><td>매년 6월, 12월 2회</td><td colspan="4">연 1회 12월 31일 기준
(1965년 3월 5일 법 개정으로 매년 12월로 개정)</td><td>매년 2월 말일 기준</td></tr>
<tr><td>평정자 및 확인자</td><td colspan="4">교장 및 교감</td><td>교장, 교감, 다면평가(동료 교사 중 3인 이상 참여)</td><td>교장, 교감, 교사평가관리위원회(교사 7인 이상 구성)</td></tr>
<tr><td>평정 채점</td><td colspan="4">교장(확인자) 50%, 교감(평정자) 50%</td><td>교장 40%, 교감 30%, 다면평가 30%</td><td>교장 40%, 교감 20%, 교사 40%</td></tr>
<tr><td>평정 기간</td><td colspan="2">1년</td><td>3년</td><td>2년
(1994년 부터)</td><td>3년
(교사 5년 중 3년 선택 반영, 5:3:2 비율)</td><td>3년
(교사 5년 중 3년 선택 반영, 2019년부터 1:1:1 비율)</td></tr>
<tr><td>결과 공개</td><td colspan="4">비공개 원칙</td><td colspan="2">제한적 공개</td></tr>
</table>

문 개정, 2007년 전면 개정, 2015년 개정을 거쳐 오늘에 이르고 있다. 교원근무성적평정은 「교육공무원 승진규정」 제3장 근무성적평정(제16~28조)에서 평정의 기준(제16조), 평정표(제17조), 평정자와 확인자(제18조), 평정시기(제19조), 평정의 예외(제20조), 평정점의 분포비율(제21조), 평점의 채점(제22조), 근무성적평정조정위원회(제23조), 근무성적평정의 조정(제24조), 평정결과의 보고(제25조), 평정결과의 공개(제26조), 근무성적평정결과의 활용(제27조), 특별근무성적평정(제28조), 교사의 근무성적평정(제28조의2), 별지 등으로 규정되어 있다. 이러한 승진규정상의 교원 근무성적평정의 변천사항과 주요

내용을 평정목적, 평정기준, 평정 준거 및 배점, 평정분포 비율, 평정시기, 평정자 및 확인자, 평정채점 비율, 평정기간 및 평정결과 공개로 정리하면 〈표 9-2〉와 같다.

2. 교원성과상여금평가

교원성과상여금평가는 2001년에 도입된 제도로 교직사회 내부의 경쟁을 유도하여 교육의 질을 개선함과 동시에 수업과 생활지도를 잘하는 교원과 어렵고 기피하는 업무를 담당하고 있는 교원을 성과급에서 우대하여 교원의 사기 진작을 목적으로 시작되었다. 교원성과상여금평가의 법적 근거는 「공무원수당 등에 관한 규정」 제7조의2와 「성과상여금업무 처리기준」에 근거하고 있다. 지급 기준일은 학년도 기준이며, 지급대상 기간은 직전년도 1년간의 근무기간이다.

교원성과급은 1995년 11월 17일 중앙인사위원회에서 능력 및 실적 반영 승진 · 보수체제와 관련하여 성과급지급 방침을 발표하면서 도입 논의가 시작되었다. 1996년과 1997년에 교원 및 교육전문직에게 근무평정 결과와 특별근무 성적을 고려하여 특별상여수당의 형식으로 10%의 우수 교사에게만 지급하였으나, 1997년 IMF 경제위기로 중단되었다.

1999년 모든 공무원을 대상으로 성과상여금제도를 도입하고, 교원에 대해서도 성과상여금을 지급하고자 하였으나, 교직단체의 반대로 지급이 유보되다가 2001년 교직사회의 협력과 경쟁 유도를 통한 교육의 질을 개선함과 동시에 교원의 사기 진작 도모를 목적으로 본격적으로 도입되었다. 2001년부터 2005년까지 90% 균등지급, 10% 차등지급을 하는 형태로 교원성과급이 지급되어 오다가 이후 차등지급 비율을 2006년 20%, 2008년 30%, 2009년 30~50%, 2010년 50~100%, 2016년 70~100%로 확대되는 등 차등지급 비율을 점진적으로 확대하는 정책을 추진해 오고 있다.

2011년 학교단위 집단성과상여금이 도입되어 초 · 중 · 고 교원을 대상으로 개인 성과급과 학교 성과급으로 이원화하여 성과상여금 총 지급액의 10%를 학교 성과급으로 지급하였으며, 2012~2015년에는 성과상여금 총 지급액의 20%를 지급하였다. 그러나 학교성과상여금 지표가 정규교육과정 운영 및 학생 인성지도와 관련성이 적다는 지적, 학교 간 여건이 다름에도 불구하고 획일적인 지표로 평가하여 공정성과 타당성에 대한 지속적인 문제 제기, 학교나 교사의 노력과 상관없이 S, A, B 등급을 받는 학교가 고착화되는 경향이 있다는 불만 등의 주장이 꾸준히 제기되어 2016년 폐지되었다(교육부, 2015b).

2016년의 경우는 동일 교원을 대상으로 근무성적평정, 성과상여금평가, 교원능력개발평가 등 유사 · 중복된 교원평가를 매년 실시하고, 학생지도가 우수한 교원이 각 교원평가에서 상이한 결과를 받으며, 공정성과 신뢰성을 위한 발전적 평가제도 개선이 필요하다는 요구에 근무성적평정과 성과상여금평가를 교원업적평가로 통합 · 간소화하고, 교원업적 평가 중 다면평가 결과를 100% 활용하여 개인성과급을 지급하였다. 2016년도 교육공무원 성과상여금 기본 모델은 〈표 9-3〉과 같다.

개인성과상여금 차등지급률의 최저기준을 정부가 제시한 비율 중에서 단위기관의 장이 자율 선택하여 지급 · 시행하되, 단위기관의 장이 자율로 차등지급률을 추가 확대하는 것도 가능하다. 평가등급은 S(30%), A(40%), B(30%)의 3등급으로 구분하며, 등급별 인원 배정비율은 시 · 도별로 자율적으로 결정하도록 하고 있다.

〈표 9-3〉 2016년도 교육공무원 성과상여금 기본 모델

지급단위	지급비율	차등지급률 평가등급 (배정비율)	지급방식
개인성과급	70~100%	3등급(S, A, B) (30%, 40%, 30%)	개인별 평가 후 차등 지급

3. 교원능력개발평가

교원능력개발평가는 기존 근무성적평정만으로는 교원의 전문성을 지속적으로 유지 · 개발하는 데 한계가 있음을 인식하고, 2004년 2월 정부가 학교교육의 발전을 위해 교원들이 긴장감을 갖도록 다면평가제를 도입하겠다고 언급하면서 본격적인 논의가 시작되었다. 정부는 2005년 11월 교원평가를 포함한 학교 교육력 제고 시범사업의 일환으로 교원능력개발평가제 시범학교 47개교를 선정하였다. 2006년에는 교원평가 시범학교 19개교를 추가 지정하였으며, 2007년에는 506개교를 선도학교로 지정하여 운영하였고, 2008년에는 669개교, 2009년에는 3,121개교를 지정하였다. 2010년 3월부터는 모든 초 · 중등학교에 교원능력개발평가를 전면 시행하게 되었다. 교원능력개발평가는 2011년 「교원 등의 연수에 관한 규정」과 2016년 「교원능력개발평가 실시에 관한 훈령」에 의한 법적 근거를 가지고 있다.

교원능력개발평가는 교원의 전문성 수준을 진단하고 지원하여 교원의 전문성을 끊임없이 신장시키려는 데 목적이 있다. 교원능력개발평가의 성격은 반성적 성찰의 자기평가, 3주체(교원, 학생, 학부모)가 참여하는 다면평가, 전문성 수준에 대한 절대평가, 전문성 신장을 위한 진단기제, 교육 주체 간의 소통기제이다. 이를 바탕으로 교원능력개발평가의 기본적인 방향은 다음과 같다. 첫째, 교사의 학습지도 및 생활지도를 평가하여 수업의 질적 개선과 생활지도 능력 신장을 도모한다. 둘째, 교육공동체 구성원인 교원, 학부모, 학생이 참여하는 평가를 실시하고, 평가 결과는 교사의 전문성 향상을 위한 능력 개발 자료로 적극 활용한다. 셋째, 교원 상호 간 지식과 경험이 원활하게 공유되고 지속적으로 학습이 일어날 수 있는 체제를 구축한다. 넷째, 교사평가에 따른 단위학교 및 교원의 업무 부담이 최소화되도록 하고, 객관적이고 공정한 평가가 이루어질 수 있는 체제를 구축한다는 것이다.

교원능력개발평가제의 주요 내용은 〈표 9-4〉와 같다.

〈표 9-4〉 교원능력개발평가제의 주요 내용

구분	주요 내용	
평가 기본 목적	교원의 전문성 신장으로 공교육 신뢰 회복	
평가 대상	국 · 공 · 사립, 초 · 중 · 고 및 특수학교 재직 교원(보건 ,영양, 사서, 상담 등 비교과교사 포함)	
평가 종류/ 평가참여자	동료 교원 평가	• 교장 또는 교감 1인 이상, 수석교사(부장교사) 1인 이상, 동료 교사 포함 5인 이상 교원 참여
	학생 만족도 조사	• 초등학교 4학년부터 6학년까지의 학생은 교사의 전문성 신장을 위한 자기성찰적 의견조사에 참여(1학년부터 3학년까지의 학생은 제외) • 중학년 1학년부터 고등학교 3학년까지 학생(2개월 미만 재학생 참여 제외), 평가 지표별 양극단 값 5%씩(총 10%) 제외
	학부모 만족도 조사	• 학부모(2개월 미만 재학생 학부모 제외), 도서벽지 및 소규모 학교는 학부모 공동참여단 구성 가능, 온라인평가시스템 참여 권장

<table>
<tr><td rowspan="6">평가
영역
·
요소
·
지표</td><td rowspan="2">교사</td><td>학습지도</td><td>수업준비, 수업실행, 평가 및 활용 평가요소</td><td>3요소 8개 지표</td></tr>
<tr><td>생활지도</td><td>상담 및 정보제공, 문제행동 예방 및 지도, 생활습관 및 인성지도</td><td>3요소 7개 지표</td></tr>
<tr><td rowspan="3">수석
교사</td><td>교수연구
활동지원</td><td>수업지원, 연수 · 연구지원</td><td>2요소 6개 지표</td></tr>
<tr><td>학습지도</td><td>수업준비, 수업실행, 평가 및 활용 평가요소</td><td>3요소 8개 지표</td></tr>
<tr><td>생활지도</td><td>상담 및 정보제공, 문제행동 예방 및 지도, 생활습관 및 인성지도</td><td>3요소 7개 지표</td></tr>
<tr><td>교장
·
교감</td><td>학교경영</td><td>학교교육계획, 교내장학, 교원인사, 시설관리 및 예산운용(※교감은 시설관리 및 예산운용 지표 제외)</td><td>학교경영목표관리 등 4요소 8개 지표</td></tr>
<tr><td colspan="2">평가 문항</td><td colspan="3">상기 평가요소별 평가지표별 문항으로 구성하되, 학교특색 활동 별도 지표 추가 가능</td></tr>
<tr><td colspan="2">평가시기</td><td colspan="3">매년 9~11월 실시
(학생 · 학부모 만족도 1학기 말, 동료 교원평가 10월 말까지)</td></tr>
<tr><td colspan="2">평가방법</td><td colspan="3">5점 척도 절대평가 방식과 자유서술형 응답식 병행</td></tr>
<tr><td colspan="2" rowspan="2">평가
시행주체</td><td colspan="3">단위학교장이 소속 교사, 수석교사에 대하여 실시</td></tr>
<tr><td colspan="3">시 · 도교육감(지역교육청 교육장)이 교장 · 교감에 대하여 실시</td></tr>
<tr><td colspan="2">평가관리기구</td><td colspan="3">교육청 및 학교에 교원능력개발평가관리위원회 설치
(교원, 학부모, 외부전문가, 교육청 관계자 등 5인 이상 11인 이내로 구성)</td></tr>
<tr><td colspan="2">결과 통보</td><td colspan="3">교육감 · 학교장, 개별교원에게 평가지표별 환산점 및 합산점수를 통보
(※단위학교 전체 평가 결과값은 학교 정보공시제를 통하여 공개)</td></tr>
<tr><td colspan="2">결과 활용</td><td colspan="3">• 능력개발 지원을 위한 맞춤형 연수 등 자료 활용
• 일반교원은 평가지표별 직무연수, 우수 교원은 교원학습연구년 특별연수
• 지원필요교원은 능력향상 연수 부과(학생만족도평가 결과 2.5 미만 또는 동료 교원평가 결과 2.5 미만)</td></tr>
</table>

이상에서 살펴본 교원근무성적평정, 교원성과상여금평가, 교원능력개발평가의 교원평가체제를 목적, 도입시기, 철학, 대상, 평가자, 평가내용, 기준과 방법 등으로 구분하여 비교 분석하여 정리하면 〈표 9-5〉와 같다. 이와 같이 교원평가체제는 서로 다른 목적으로 출발하여 다원적으로 복잡하게 운영하고 있음을 확인할 수 있다.

〈표 9-5〉 교원평가체제 비교

구분	교원근무성적평정(다면평가)	교원성과상여금	교원능력개발평가
목적	승진, 전보의 인사자료로 활용	교원의 사기 진작과 성과급 배분	교원 능력개발 자료로 활용
도입 시기	1964년	2001년	2010년
법적 근거	「교육공무원 승진규정」	「공무원수당에 관한 규정」 「성과상여금업무 처리기준」	「교원 등의 연수에 관한 규정」「교원능력개발평가 실시에 관한 훈령」
철학	서열화, 차별화 평가/외재적 · 보상적 가치에 중점	외재적 · 보상적 가치에 중점	기준부합 판별 평가/내재적 · 본질적 가치에 중점
대상	교사, 교감	교사, 교감 및 교장	교사, 교감 및 교장
평가자	교장(40%), 교감(20%), 동료교사 다면평가(40%)	실제평가를 하는 것이 아니라 정량 및 정성 평가방법에 따른 동료 교원다면평가 지표를 선정하여 이의 결과를 반영	교원 전원(교장, 교감, 교사) 학생 및 학부모(만족도 조사) - 초등학생은 4~6학년만 실시하고 자기성찰 자료로 활용
평가 내용	교사: 교육공직자로서 태도, 학습지도, 전문성개발, 생활지도, 담당업무 교감 · 장학사 · 교육연구사: 교육공직자로서 태도, 교육활동 및 교육연구지원, 교육지원, 행정사무관리	업적평가의 다면평가 내용을 그대로 정성과 정량으로 구분하여 활용	교장, 교감: 학교교육계획, 교내장학, 교원인사, 시설관리 및 예산운용 교사: 학습지도 및 생활지도 평가
기준	전국적으로 통일된 지표	전국적으로 통일된 기준을 바탕으로 단위학교에서 일부 수정 가능	평가영역 및 요소별로 골고루 반영하되, 평가지표에 단위학교 특성 반영 가능
시기	학년말 기준		9~11월 실시
방식	총괄(summative)평가	총괄(summative)평가	형성(formative)평가
방법	상대평가	상대평가	절대평가
결과 환류	결과 제한적 공개 → 환류(feedback) 미흡	개별교원에게 등급 통보 → 환류(feedback) 미흡	결과 통보 → 환류(feedback)조치 수반

4. 업적평가

그동안 학교현장에서는 세 가지 교원평가를 별도로 실시해 중복된 평가에 따른 비효율성 비판, 교원들의 피로감 호소, 평가별 결과 차이에 따른 신뢰성 논란, 연공서열식 평가 등의 문제점을 지속적으로 제기하였다. 이를 해결하기 위해 정부는 2015년 9월 3일 교원의 평가 부담감 해소와 결과의 신뢰성 제고, 수업과 생활지도를 잘하는 교원 우대 등 교원 본연의 업무인 학생지도를 잘할 수 있는 교원평가 실현을 위해 교원평가 운영 방식의 개선방안을 발표하였다. 2015년 교원평가제도 개선방안에서는 기존 교원근무 성적평정과 교원성과상여금평가를 교원업적평가로 통합하여 간소화하였다. 또한 교원능력개발평가는 현행대로 일부 내용만을 개선하는 것으로 보완하였다. 아울러 세 가지 교원평가체제에서 서로 다르게 사용하던 평가 용어와 지표를 정비하고 평가 대상기간을 학년도 단위로 통일하도록 개선하였다. 교원업적평가는 관리자평가와 교사평가로 구분하여 실시하되, 이를 합산해 인사에 반영하며, 교사평가 결과는 개인성과급 지급에 활용하기로 하였다. 2015년 교원평가제도 개선방안의 내용을 제시하면 [그림 9-1]과 같다.

교원업적평가(관리자 근무성적평정+동료 교원 다면평가) 결과는 승진인사에 활용하고, 교원업적평가 중 동료 교원 다면평가는 성과상여금평가에 100% 활용한다. 교원업적평가 중 승진에 활용되는 관리자평가와 교사평가의 활용비율은 6:4로 한다. 구체적으로 교사평가는 동료 교원 다면평가 결과를 활용하고, 승진자료 활용 시 정성평가 80%(환산비율 32%), 정량평가 20%(환산비율 8%)를 합산하여 반영하며, 성과급 활용 시 정성평가 20%, 정량평가 80%로 반영한다. 평가기준은 정성평가(공통지표)와 정량평가로 나누며, 정량평가 시 공통지표와 학교선택지표의 비율은 7:3으로 하였다. 교원업적

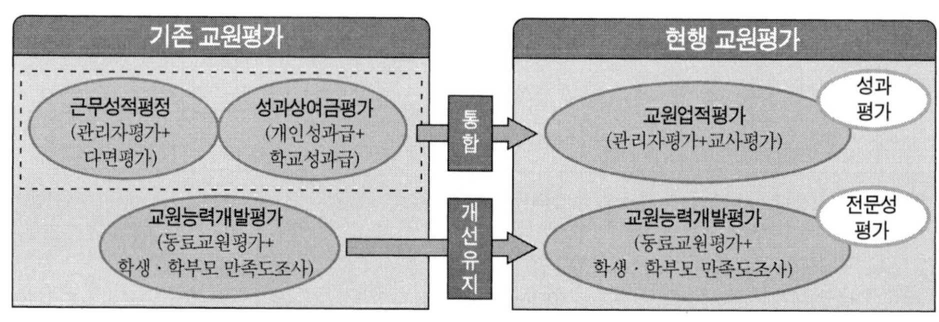

[그림 9-1] 2015년 교원평가제 개선방안

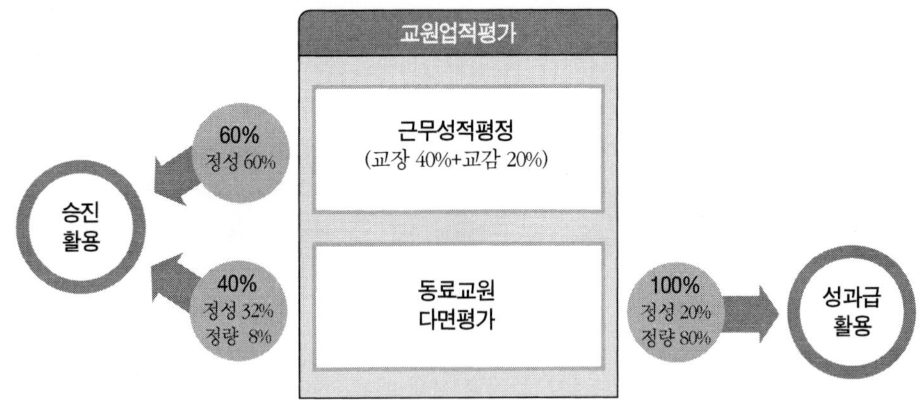

[그림 9-2] 교원업적평가의 활용방안 및 반영비율

평가 활용방안 및 반영비율은 [그림 9-2]와 같다.

교원업적평가의 동료 교원 다면평가를 위해서는 동료 교사 중 3명 이상, 7명 이하를 위원으로 하는 다면평가관리위원회를 구성하여야 한다. 위원은 학년 초에 학년별 · 업무분장 · 교과군 등을 고려하여 분야별 대표성이 있는 동료 교사로 구성하며, 위원회 구성 시 수업을 주로 하지 않는 교사(보건 · 영양 · 사서 · 전문상담 등) 1명 이상의 참여를 권장하고 있다. 정성평가 및 정량평가 방법에 따른 교사 다면평가 평가지표는 기관(학교) 자율로 추가 · 삭제 · 수정할 수 있으나, 평가 요소 및 배점은 변경할 수 없다. 정성평가 방법에 따른 교사 다면평가 평가지표는 수업이 주된 업무가 아닌 영양 · 보건 · 전문상담 또는 사서 교사 등의 평가대상자에 대한 학습지도와 관련한 평가지표로 한정하여 추가 · 삭제 · 수정이 가능하다. 단위학교별로 추가 · 삭제 · 수정 가능한 평가지표에 대해서는 학년 초 전체 교원의 의견을 수렴하여 다면평가관리위원회에서 심의하되, 명부작성권자가 정하면 따라야 한다. 이후 단위학교(기관)별로 마련된 정량평가 평가지표에 따라 세부 평가기준 및 배점을 정한다.

5. 교원평가제 운영의 문제점

교원평가제 운영의 문제는 교원근무성적평정, 교원성과상여금평가, 교원능력개발평가의 3원체제로 구분하여 살펴볼 수 있지만, 2015년 교원평가제도 개선방안에 따른 교원업적평가와 교원능력개발평가로 이원적으로 구분하여 살펴보고자 한다(전제상, 2011a).

1) 교원업적평가의 문제점

(1) 법적 체제의 미흡

현재 교원근무성적평정은 「교육공무원 승진규정」을, 교원성과상여금평가는 「공무원수당에 관한 규정」과 「성과상여금업무 처리기준」을 서로 다르게 두고 실시되고 있다. 교원의 직무수행에 대한 과정과 결과를 평가하는 것은 교육인사 행정의 핵심적인 영역임에도 불구하고 독자적인 법률적 위상을 갖지 못하고 있다. 학교조직에서 개별 교원의 역할이 동일함에도 불구하고 평가목적에 따른 결과 활용이 달라 서로 다른 법적 체계를 이원적 체제로 운영하고 있다. 개별 교원에 대한 평가는 한 번에 실시하고 그 결과를 인사행정의 승진에서 사용하거나 성과급의 보수자료로 활용하거나 표창 및 전보 등으로 다양하게 활용하는 것이 타당하다. 특히 교원근무성적평정은 교원인사정책의 중요 영역임에도 불구하고 「교육공무원 승진규정」의 하위 영역으로만 존재하여 독자적인 운영체계를 갖추지 못하고 있다. 교직사회에서 교원근무성적평정은 곧 승진이란 등식이 고착화되었다. 2015년 교원근무성적평정과 성과상여금제도가 교원업적평가로 일원화됨에도 불구하고 여전히 독자적인 법령체계를 구비하지 못하고 있다. 그동안의 교원근무성적평정과 교원성과상여금의 이중적 평가에 따른 비효율성과 복잡성 등을 해소하기 위한 대안으로 등장한 것이 교원업적평가이다. 그러나 교원업적평가는 법적 근거를 마련하지 못하여 미완에 머물고 말았다. 현재 교원업적평가는 법적 용어가 아닌 행정용어 수준으로 평가 운용방식의 변화에 그치고 있다.

(2) 평가대상의 제한성

교원평가는 인적차원 개발 차원이든 책무성 차원이든 교원이라면 누구든지 예외가 있어서는 안 된다. 그런 점에서 교장, 교감, 수석교사, 교사 등 교원 모두가 평가대상이어야 한다. 그러나 교원업적평가의 근간인 교원근무성적평정은 교감용 및 수석교사·교사용 근무성적평정표에 의하여 실시되고 있을 뿐 교장을 평가하는 근무성적평정이 없다는 것은 교원평가체제 운영의 한계를 내재하고 있다. 최근 학교의 자율성과 책무성이 확대되고 단위학교 책임경영 차원에서 교장의 역량이 중요함에도 불구하고, 교원업적평가는 승진 인사에 활용할 것을 목적으로 수석교사·교사 및 교감을 대상으로만 이루어지고 있는 한계를 내재하고 있다.

(3) 평가지표의 추상성 및 평가자의 자질 논란

교원업적평가는 교원의 근무수행 태도, 근무 실적 및 근무수행 능력을 평가하기 위해 교육공직자로서의 태도, 학습지도, 생활지도, 전문성 개발, 담당업무의 영역을 평가한다. 이 경우에 교장 · 교감 등의 관리자에 의한 정성평가가 60%, 동료 교원에 의한 정성평가가 32%, 정량평가가 8% 비율로 적용된다. 정성평가는 평가준거를 기반으로 한 평가자 개인의 주관적 판단에 따른 것으로 평가자의 역량이 중요하다.

교원근무성적평정은 평가내용이 구체적이지 못하여 평가 결과에 대한 불신이 있다. 평가 결과의 객관성 확보와 관련된 하나의 이슈는 '무엇을 평가할 것인가?'이다. 가르치는 일은 질적인 과정이며, 이를 평가하는 방법 또한 질적인 방법이 요구된다. 그러나 질적인 평가 항목의 가치판단은 평가자 개인의 주관적인 판단에 따라 이루어지기 때문에 객관성을 확보하기가 쉽지 않다. 평가 결과의 객관성 확보와 관련된 이슈는 평가내용을 어느 정도 구체화할 것인가?'이다. 평가 항목이 구체적이지 못하면 평가자의 안목에 따라 평가준거의 내용이 처음 의도한 것과는 달리 평가될 가능성이 큰데, 이것이 결국 평가의 객관성에 의문을 낳게 되어 교원평가 자체가 실패할 수 있기 때문이다. 예를 들어, '교육공직자로서 품성을 갖추고 직무에 충실했는가?'라는 평가 문항이 제시되어 있지만, 품성과 충실과 같은 추상적인 용어로 기술되어 있어 평가자의 주관이 개입될 소지가 많으므로 평가지표를 구체화할 필요가 있다.

또한 평가 문항에 따라 평정할 때 등급별로 구분할 수 있는 어떤 상태나 지침이 제시되어 있지 못하다. 교사가 학생을 가르치는 일은 질적인 과정이므로 이를 평가하는 방법 또한 질적인 방법이 요구되기에 고도의 전문성을 갖춘 평가자의 역량이 중요하다. 평가자의 자질에 대한 논란은 평가의 객관성에 대한 의문을 넘어 평가 자체에 대한 의문을 일으킬 수 있다. 학교 현실에서는 교사평정이 객관적 사실보다는 느낌이나 감정에 근거하여 이루어지는 경향이 있으며, 승진의 목전에 있는 교사들에게 높은 성적을 부여하여 승진을 시키는 것이 관례로 작용하면서 평가의 공정성과 신뢰성 등을 저해하고 있다.

(4) 평가방법의 불합리성

교원업적평가의 결과를 근무성적평정에 활용함에 있어서 평정방법이 강제배분 방식으로 되어 있어 교원 수준의 차이나 학교 규모 등을 적절히 반영하지 못하고 있다. 교육공무원의 근무성적평정은 법으로 규정된 등급별 분포비율에 의거해 평정하도록 되어 있다. 평가준거별 평정에서 엄격한 상대기준이 적용되고 있다. 교원평가에 상대기준을 적용할 경우, 상대적으로 우수한 자는 계속 우수한 평정을 받고 열등한 자는 계속 열등한 평정을 받는 경향이 있다. 이러한 현실 속에서 현행 교원근무성적평정 시 상대평가 방식은 교원의 전문성 신장을 유도하는 기제로는 작동하지 못하고 있다.

교원근무성적평정 기준이 구체화되어 있지 못하다. 교원근무성적평정에서는 교육공직자로서의 품성평가 항목인 교육자로서의 품성과 직무의 충실성, 태도의 사명감과 책임감, 솔선수범에 대한 평가 항목이 제시되어 있으나, 이를 등급별로 구분할 수 있는 어떤 상태나 지침이 제시되지 못하고 있다.

(5) 평가준거별 가중치의 불합리성

교원근무성적평정에서 평가영역 및 평가요소에 대한 가중치가 불합리하다. 현행 교원근무성적평정에서 가중치는 평가요소별로 합목적적으로 주어지기보다는 평가영역별로 평가요소 수 및 평점의 배점에 의하여 반영되고 있다. 평가영역별 가중치는 교원의 업무성취에 대한 평가영역의 상대적인 중요도에 근거하여 타당하게 주어져야 함에도 불구하고 그러하지 못하였다. 예를 들어 교사의 경우, 교육공직자로서의 태도 10점, 학습지도 40점, 생활지도 30점, 담당업무 20점, 전문성 개발 5점으로 설정하고 있는데, 이들 간 점수 차이에 대한 합당한 이유나 근거가 미약하다. 따라서 가중치는 평가요소가 교원의 업무성취에서 차지하는 상대적인 비중을 의미하기 때문에 그 비중은 업무의 특성과 상황에 따라 달라질 수 있고, 상황이 변화하면 그에 맞게 적절하게 변화되어야 할 것이다. 또한 평정점에 있어서 수(秀), 우(優), 미(美), 양(良)이란 평어 명칭이 적절한가에 대해서도 검토되어야 한다. 평어가 무엇을 말하는지가 분명하지 않으므로 이를 새로운 명칭으로 바꾸어야 할 필요가 있다.

(6) 평가의 변칙적 운영 조장 풍토

학교조직에서는 교원평가의 변칙적 운영을 용인하거나 조장하는 제도상의 문제가 상존하고 있다. 교원평가의 변칙적인 운영이 지속되는 궁극적인 이유는 교원인사제도가 이를 용인하기 때문이다. 교육조직의 생산성 차원에서 보면 평가의 변칙적 운영은 비합리적인 문화를 낳고 있다. 그러나 현실적으로 교원평가에 참여한 교원들은 평가 결과에 따른 불이익이 발생하지 않는다. 예를 들어, 교원근무성적평정의 결과가 어떻든 그로 인해 누가 승진을 하든 평가자와는 별 상관이 없다. 현실적으로 근평점수는 승진후보자 명부의 작성을 위한 총평정점에서 차지하는 비중이 크고 개인 간에 많은 점수 차이가 있을 수 있기 때문에 승진후보자명부상의 순위에 결정적인 영향을 미친다고 볼 수 있다. 연공서열상 승진을 기대하는 피평가자들에게는 평점이 승진 성패를 결정하는 문제로 평가자가 나 몰라라 한다는 것은 온정주의 교직문화에서는 칭찬보다는 비난의 대상이 될 수 있다. 이러한 점에서 교원근무성적평정 결과를 소수점 이하 몇 자리까지 점수화하고 이를 승진후보자명부에, 그것도 최근 3년 것만을 반영하여 승진후보자의 결정자료로 삼도록 하는 것은 근무성적평정의 변칙적 운영을 조장하는 역할을 용인하고 있다.

(7) 성과상여금 차등 지급 논란과 교사들 간의 갈등 초래

교원성과상여금평가는 교원의 직무수행에 대한 실적을 보수 결정의 기준으로 하여 측정 가능한 직무수행 실적이나 직무수행 결과에 보수를 관련시켜 직무 성과에 따라 금전적 보상이 이루어지도록 한 것이다. 또한 교원상여금평가는 교원직무의 양과 어려움에 따른 차등보수를 지급함으로써 교원의 사기 진작과 교육의 질적 개선을 목적으로 하고 있다. 교원성과상여금평가는 1995년 교육공무원 특별상여수당으로 처음 지급되어 2001년 교원성과급제로 도입된 이후 정부와 교직단체, 교원들 간의 갈등과 혼란을 가져오고 있다.

교직단체는 지속적으로 교원성과급 폐지를 주장하고 있다. 그 이유로는 교육에 대한 성과와 실적에 대한 측정이 모호하여 객관적인 평가를 하기가 어렵다는 것이다. 예를 들어, 교사의 수업과 생활지도에서 우수하다는 것이 무엇이고 그것을 명확하게 측정할 것인지에 대한 합의되지 않은 상태에서 평가를 실시함으로써 연공서열식 평가나 보수평등주의로 변질될 가능성이 높다는 것이다. 또한 평가기준 및 성과지표가 미흡하여 지급대상자 선정과 등급을 부여할 때 공정성이 발휘되지 못한다는 문제가 제기되고 있다. 교원 상호 간 협력으로 교육적 성과를 내는 교직사회의 특성을 무시하고 교사들 간 경쟁을 강조함으로써 교직사회 갈등을 촉발하고 있다. 교원성과상여금 평가제도는 현장교사들에게 외적 동기를 부여할 수는 있지만 실제로는 일부 교사에게만 보상을 주는 듯한 느낌을 들게 하여 교수활동이나 근무수행 능력의 수준을 전반적으로 향상시키기는 힘들다는 것이다. 이는 교원성과급 평가 기준이나 지표 중에서 배점이 높은 특정 평가 기준이나 지표들에서 높은 점수를 받지 못하면 결과적으로 좋은 등급을 받지 못하기 때문에 전반적인 교사의 전문성이나 능력, 실적 등을 높이는 것을 오히려 방해하게 된다. 교원성과상여금은 개별 교원의 교육활동 성과를 중심으로 정량적으로 등급화하기 때문에 피드백 효과와 현장의 수용이 낮아진다는 것이다. 또한 비교과 교사의 경우는 S등급을 받는 비율이 낮아 불만이 제기되고 있으며, 교사 개인의 성과평가가 아니라 교사 직군별 직급 성과평가로 변질되고 있다는 비판이 제기되고 있다.

2) 교원능력개발평가의 문제점

(1) 법적 체제의 미흡

교원능력개발평가는 「초 · 중등교육법」과 같은 위상으로 독자적인 법적 체계를 구축하지 못하고, 「교원 등의 연수에 관한 규정」 및 「교원능력개발평가 실시에 관한 훈령」에 근거를 두고 있다. 또한 「교원능력개발평가 실시에 관한 훈령」에는 시행에 필요한 기준과 절차만이 제시되어 있다. 「교원 등의 연수에 관한 규정」에서는 교원능력개발평가의 목적을 규정하지 않고 있으며, 다만 연수자를 선발하기 위하여 교원의 능력을 진단하기 위한 평가(교원능력개발평가)를 한다고 규정하고 있다. 이는 목적 전도 현상으로서 교원의 전문성을 신장하기 위해 교원능력개발평가를 실시하고 그 결과를 바탕으로 교원의 능력 배양을 위해 연수를 실시하는 것이 마치 연수대상자를 선발하기 위해 교원능력개발평가를 하는 것으로 해석되고 있다. 교원들의 전문성 신장을 위한 법률적 근거를 확실하게 정립해야 하며, 교원능력개발평가를 명료한 법적 기반 위에서 운영할 필요가 있다.

(2) 낮은 정책수용도 및 신뢰도

교원능력개발평가가 나름 긍정적 효과를 가져왔다고는 하지만 제도 운영에 대한 교사들의 인식 수준과 정책수용도가 그리 높지 않다. 최근 교원능력개발평가 연구 결과에 따르면, 교원과 학생 및 학부모의 평가자와 평가기관에 대한 신뢰가 낮았으며, 교사들은 교원능력개발평가가 공정하게 진행된다거나 학교교육의 질 향상에 기여한다거나 전문성 개발에 도움이 된다는 것에 대한 부정적인 인식을 보였다(하동엽, 김갑성, 2017).

초등학교 교사들은 기존 교원평가제도에 대해 부정적으로 인식하였으나, 2015년 교원평가제도 개선안에 대해서는 전반적으로 긍정적으로 인식하는 것으로 조사되었다.

그러나 교원평가제도 개선안의 현장 정착 여부에 대해서는 긍정적 평가와 부정적 평가가 혼재되어 있었다. 교사들은 2015년 교원평가제 개선내용이 기존 교원평가제도보다 나아졌다는 점에는 동의하지만, 교원평가 자체에 대한 신뢰는 낮은 것으로 분석되었다(서동환, 2016).

또한 중학교 교사들은 교원능력개발평가의 필요성에 대한 인식이 낮으며, 그것이 자존감 상실과 불신 증대를 초래하고, 학부모의 교사 수업 참관 없는 평가가 대부분이며, 평가 후유증이 발생한다고 인식하고 있다(이은화, 이은정, 2016).

2015년 교원능력개발평가 개선 후에도 여전히 형식적 평가가 이루어지고 있다. 동료 교원의 평가가 동료 교사의 수업 개선의 효과적인 수단이라는 인식이 없으며, 학교 현장에서 많은 교사가 동료 교사의 평가에 의례적으로 참여하고 있고 평가 결과가 동료 교사의 수업 전문성 향상에 기여한다는 의식은 부족하다. 누가 평가자인가에 따라 결과에 대한 신뢰성과 평가의 공정성까지 결정되므로 평가자 선정은 학교 구성원 간에 많은 논의가 필요한 문제라고 인식하고 있다(김지선, 김지영, 2016).

(3) 평가의 합목적성 논란

교원능력개발평가는 교원의 내재적 동기유발을 통한 전문성 신장이 목적임에도 불구하고 현장교사들의 전문성을 제대로 평가하고 있는지에 대해 의문이 제기되고 있다. 학교급별, 지역별 여건, 교사 생애주기별 특성이 다름에도 불구하고 획일적인 지표로 평가하여 공정성과 타당성에 대해 지속적으로 문제가 제기되고 있다. 현재와 같은 교사의 평가영역별 평가요소와 평가지표는 교사의 수업 전문성을 향상시킬 수 있을 만큼의 의미 있는 자료를 제공하지 못한다.

교원능력개발평가 결과가 교사들이 자신의 수업 전문성을 향상시키는 효과적인 피드백 자료로 인정받지 못하는 한, 교원능력개발평가는 여전히 한계를 지닌다. 교원능력개발평가 내용이 교사 전문성 개발을 위한 실질적인 도구가 되어야 함에도 불구하고 교사의 질을 포괄적 · 추상적으로 판단하는 책무성 평가도구의 성격을 지니고 있으며, 그 결과 수업의 질적 판단을 어렵게 하는 결과를 낳게 된다.

또한 학생과 학부모의 입장에서 볼 때는 교육적 판단을 요하는 내용까지 포함하고 있다는 점에서 문제가 제기될 수 있다. 이는 만족도 조사 내용 자체의 타당성 문제라기보다는 학생과 학부모가 평가자로서 제대로 된 합리적인 판단을 할 수 없도록 하는 결과를 초래할 수 있다. 학생 및 학부모 만족도 내용에는 교사의 지식 · 기술 관련 문항이 포함되어 있기 때문에 특정 영역의 교사 역량 개발을 위한 기초 정보를 제공하는 것은 가능할지 모르지만, 그것이 학생 · 학부모 만족도 조사 결과에 기초한 교사들의 능동적 학습, 교사들 간의 협력을 유도하면서 일관성 있고 지속적인 전문성 개발을 위한 동기유발 기제로 작용할 수 있을지는 의문이다(주영효, 2017).

(4) 결과 활용의 제한성

교원능력개발평가는 교원 전문성 개발의 긍정적인 효과가 있음에도 불구하고 결과 활용에 있어서 자기점검의 기초자료로만 제한적으로 활용되고 있다. 교원능력개발평가의 결과는 교원 개인에 대한 학교 구성원 모두의 관점이 반영된 객관적인 자료라는 점에서 이를 좀 더 다양한 용도로 활용하지 못한다는 비판이 제기되고 있다. 현행 교원능력개발평가의 평가내용은 교사의 학습지도와 생활지도에 관한 내용을 중심으로 평가한 것이라는 점에서 그에 관한 기초자료를 가지고 전국적으로 혹은 지역적으로 그리고 단위학교별 · 교사별로로 미흡한 내용이 무엇이고 심화해야 할 내용이 무엇인지를 과학적으로 분석하는 노력이 미진하다. 교원능력개발평가 결과를 기반으로 다양하게 설계될 때, 현장 적합성이 높은 교원연수 프로그램을 개발할 수 있다.

현실적으로 교원능력개발평가 결과의 경우 당사자에게 제공하는 것으로 끝나는 것이 아니라 그것을 체계적이고 과학적으로 관리하는 시스템이 미흡하다. 교원능력개발평가의 결과가 전산적으로 누적 관리되지 못하고 있으며, 교원 개인별 전문성 신장을 위한 기초자료가 일정 시간이 지나면 사장되거나 파악할 수 없게 될 가능성이 높다. 교원능력개발평가 결과에 따른 연수 실시 여부는 개별 교원의 재량에 맡겨진 상태로 자기능력 개발계획이 실행으로 옮겨지지 않고 계획에 그치고 있다. 학교현장에서는 교원능력개발평가 결과에 대해 교원들이 개인별 능력개발 계획서를 작성하고 연수를 받고 있지만, 그들이 자율적으로 받고 있는 맞춤형 연수에 대한 실제적인 실천 여부를 확인 · 점검하는 체제가 갖추어져 있지 않으며, 체계적인 이력관리가 이루어지지 않고 있다. 또한 교원능력개발평가는 개별 교원의 전문성 신장보다는 무기력한 교사, 무능한 교사, 부적격 교사 등과 같은 지원 필요 교원에 대한 대책에 치중하고 있다. 개별 교원을 대상으로 평가 결과에 대한 학습연구년 특별연수와 일반 교원을 위한 컨설팅을 위한 인프라가 미흡하다.

Ⅳ. 교원평가제를 둘러싼 쟁점

평가는 인간이 존재하는 곳 언제 어디서나 수시로 일어나는 활동의 하나이다. 일반적으로 평가는 사물의 가치를 판단하는 것을 의미하는 것으로, 평가의 개념에는 의도한 목표나 요구한 바를 달성했는가를 검토하는 활동, 경험과 과정의 가치를 판단하는 데 초점을 두는 활동, 의사결정에 도움이 될 수 있는 정보를 제공하는 활동이 포함된다. 이렇듯 학교교육에서 평가는 학교조직과 개인의 발전 · 개선이나 유지 등을 위하여 학교조직과 개인의 효과나 장단점에 대한 자료를 수집하고 가치 판단을 하는 일련의 체계적 활동을 의미한다. 현행 교원평가는 업적평가(근무성적평정, 다면평가, 성과상여금평가), 능력개발평가의 2원체제로 운영됨으로써 여러 가지 문제점과 쟁점이 산적해 있어 논란이 계속되고 있다(전제상, 2011a).

1. 교원평가 목적에 대한 인식 격차 상존

교원평가의 목적에 대한 차이는 매우 크다. 교원평가의 본질적 기능은 교원의 태도, 성격, 적성 등을 판단하고, 교원의 직무수행상의 업적이나 성과들을 측정하며, 교원의 능력, 즉 현재의 능력과 잠재능력을 동시에 개발하는 것이다. 그러므로 단위학교에서 교원평가는 승진이나 전보 등의 인사행정 결정을 위한 자료를 제공하는 기능 외에도 교원 개인의 전문적인 성장과 발달을 도모하는 한편, 교육조직의 효과성을 증가시킴으로써 보다 높은 교육의 질을 제공하는 데 기여할 수 있다. 또한 교원평가는 교원에 대한 평가로 가치 판단을 전제로 출발하기 때문에 평가가 곤란하다고 주장한다. 또한 일부 교원과 교원단체는 새로운 교원평가 도입이 학교조직을 경쟁체제로 몰아 교원의 전문성 개발보다는 교육현장의 황폐화를 심화시킬 것이라고 주장하고 있다. 즉, 교원평가 시스템의 도입이 단위학교에서 동료 교사들 간에 정보 및 기술들을 상호 교환하는 것을 방해하여 교원들 간 협력과 협조문화를 침해할 수 있다는 것이다. 이러한 주장은 학교조직 문화에 비춰 볼 때 교원 간 협력은 중요한 부분이기는 하지만 학교 교육력 향상의 일부분이지 전부는 아니라는 점을 간과하고 있다. 교원은 학교조직 구성원으로 교원에게 주어진 직무를 제대로 수행했는가를 확인하는 것이 평가를 통해서 가능하다. 교원평가의 과정에서 평가의 타당성, 공정성, 객관성을 확보하기 위해 교원들

간 협의와 토론이 충분하게 이루어질 수 있는 제도적 절차가 마련되어 있는가에 관심을 집중할 필요가 있다.

2. 평가의 주체

교원평가에 있어서 평가자를 누구로 할 것인가에 관한 논란이다. 교원평가는 본질적으로 사람에 대한 사람의 평가, 즉 주관적 가치 판단을 전제로 출발하는 것이기 때문에 아무리 타당한 평가준거를 설정한다 하더라도 어느 정도 한계를 가질 수밖에 없다. 교원평가는 학교 구성원을 비롯하여 학생 및 학부모가 학교교육의 결과에 대한 책무성을 공유하는 총체적인 노력으로, 교사가 평가과정에서 의미 있는 역할을 수행할 수 있도록 권한이 부여되어야 하며, 이를 위해 다양한 평가방법이 요구된다.

최근 교원평가 방법의 다양화에 관심이 모아지게 된 이유는 소수의 평가자보다 다수의 평가자가 평가과정에 참여함으로써 평가의 객관성, 공정성, 신뢰성 등을 제고하는 데 기여할 수 있기 때문이다. 교직사회에서 교원평가 주체가 누구냐에 따라 관리자평가, 동료평가, 자기평가, 학생 및 학부모 평가 등으로 평가방법을 유형화할 수 있는데, 각각의 평가 유형은 나름의 장점과 단점을 동시에 지니므로 이에 대한 충분한 분석이 요구된다. 학부모 단체에서는 학생과 학부모가 평가자로 참여하고 평가 결과를 구속력 있게 반영하여 활용할 것을 주장하고 있으며, 교원단체 및 교육전문가는 학생과 학부모의 평가 결과를 참고 수준에서 활용하는 것에 국한하는 것이 타당하다는 논리를 펴며 대립하고 있다.

3. 평가 결과의 활용

교원평가 결과는 어떻게 활용할 것인가의 문제이다. 예를 들어, 교원업적평가를 승진 용도로 활용할 것인가, 아니면 성과급 지급자료로 활용할 것인가 하는 문제로 귀결되고 있다. 교원평가의 본질적 기능에 비춰 보면, 평가 결과는 다양한 용도로 활용하는 것이 타당하다. 그렇지만 우리나라에서는 교원에 대한 평가가 서로 다른 법적 근거에 따라 평가목적을 달리하고 있으므로 한 번의 평가 결과를 다양하게 활용하는 것이 어려운 구조이다. 2015년 정부가 교원업적평가의 운영방식을 도입하면서 평가의 결과를 교원근무성적평정과 성과상여금 지급에 이중적으로 활용하겠다는 개선방안을 발표하였다. 교원평가 결과를 다양한 용도로 활용하기 위한 밑거름을 마련했다는 진일보된 효과를 가진다. 그렇지만 교원업적평가의 결과는 교원능력개발평가 결과와 상충되면서 여전히 이원적 운영체제를 유지하고 있다는 한계가 있다. 앞으로 교원평가 3원체제의 이중적 운영방식을 더 간소화하여 궁극적으로는 일원화하는 방향으로 논의가 계속되어야 한다. 이러한 교원평가체제의 일원화 과정에서 교직단체와 교원들 간의 대립과 갈등이 계속될 것으로 예상된다.

4. 교원평가체제의 법적 근거 명료화

교원평가제 운영에 있어서 법적 근거가 미진한 것이 문제이다. 교원근무성적평정은 「교육공무원 승진규정」, 교원성과상여금은 「공무원수당규정」과 「성과상여금업무 처리기준」, 교원능력개발평가는 「교원 등의 연수에 관한 규정」과 「교원능력개발평가 실시에 관한 훈령」을 기반으로 하고 있다. 교원에 대한 평가의 법적 근거가 독자적인 법적 위계를 가지고 있는 것이 아니라 평가목적의 필요에 따라 대응적 처방 수준의 땜질 식으로 미흡하게 마련되어 있다는 것이다.

대표적인 예로는 교원능력개발평가의 법적 근거가 「초 · 중등교육법」 위상으로 법적 근거가 마련되어야 함에도 불구하고 「교원 등의 연수규정」과 「교원능력개발평가 실시에 관한 훈령」 수준으로 마련되었다는 점에서 안정적 운용에는 한계를 가진다. 또한 교원근무성적평정은 교원 승진에 관한 것으로 교원인사 행정의 중요한 영역임에도 불구하고 독자적인 법령체계를 갖지 못하고 「교육공무원 승진규정」의 하위 수준에 머무르고 있다. 우리나라에서 교원의 지위는 「헌법」 제34조에 의하면 법률로 규정하도록 명문화되어 있는데도 아직까지 교원평가에 관한 내용은 법률로 제정되지 못하고 대통령령이나 교육부장관 훈령 수준에서 논의되는 한계를 갖고 있다.

5. 평가의 복잡성과 이중성

현실적으로 동일 교원을 대상으로 유사한 평가를 두 번(근무성적평정과 다면평가, 성과상여금평가, 능력개발평가)에 걸쳐 중복 실시함에 따라 평가의 복잡성, 비효율성 및 비경제성 등이 초래되고 있다. 현장 교원들은 학교급별 및 종별에 관계없이 교원이면 누구든지 공통적으로 수행해야 할 직무가 존재하며, 교원직무 중 핵심적인 요소는 학습지도와 생활지도 영역으로 모든 교원이 필수적으로 수행해야 할 과업이다. 그런데 모든 교원이 수행해야 할 공통적인 직무인 학습지도와 생활지도 등을 서로 다른 지표로 이중으로 평가한다는 것은 행·재정적 낭비요인이다.

교원업적평가에서 교사평가 기준 중 학습지도 및 생활지도 평가내용은 교원능력개발평가의 수업지도 및 생활지도와 거의 유사한 것으로 중복되는 평가내용이다. 교원능력개발평가는 기존 교원근무성적평정의 한계와 문제점을 극복하기 위한 대안으로 출발한다는 점에서, 교원능력개발평가의 평가 요소와 지표는 교원업적평가의 교원근무성적평정에 반영하여 활용할 수 있다. 교원능력개발평가 중 교사의 수업지도와 생활지도에 관한 지표는 평가내용의 추상성과 획일성을 극복한 것으로, 이를 교원근무성적평정에 있어서 학습지도와 생활지도로 연계하여 활용하면 평정내용에 대한 구체성과 객관성 확보가 용이하다. 정부가 2015년 교원업적평가의 동료 교원 다면평가 결과를 교원근무 성적평정과 교원성과상여금에 동시에 활용하는 운영방식으로 도입한 것은 바람직하다. 그렇지만 교원평가를 한 번에 실시하고 그 결과를 다양한 용도로 활용하는 평가체제를 마련한 것이 요구된다.

V. 교원평가제의 혁신 과제

현행 교원평가는 교원근무성적평정, 교원성과상여금평가, 교원능력개발평가의 3원 체제로 구성하고 있지만, 교원업적평가와 교원능력개발평가의 2원적 체제로 운영하고 있다. 학교조직에서 개별 교원이 해야 할 역할은 동질적이다. 교원평가는 서로 다른 목적을 지향하지만 궁극적 방향은 학생의 교육적 성장을 통한 교육의 질 향상이라는 점에서 교원평가체제는 [그림 9-3]과 같이 상호 밀접성과 관련성 등이 매우 높은 하나의 울타리를 이룬다.

우리나라 교원평가제도가 안정적 기반을 구비하여 교원의 인사행정 및 교원의 전문성 발달을 위한 방향으로 혁신을 가져오기 위한 과제는 다음과 같다.

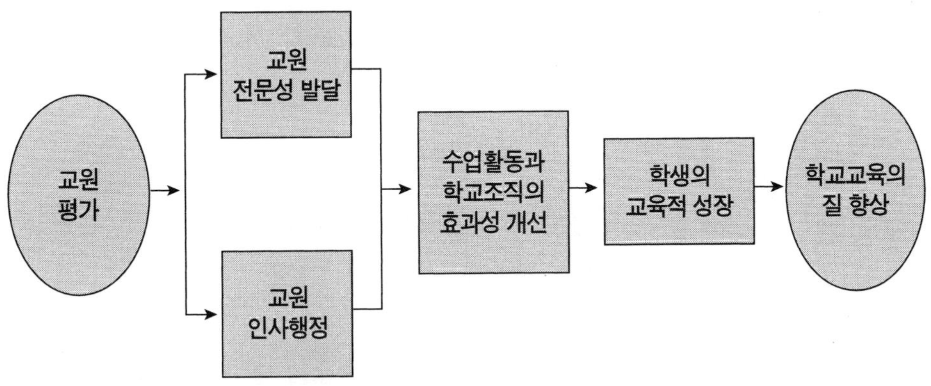

[그림 9-3] 교원평가와 교육의 질 관계

1. 교원평가제의 법적 위상 확립

교원평가제는 현재 근무성적평정, 교원성과상여금, 교원능력개발평가의 서로 다른 법적 기반을 가지고 있다. 교원평가의 3원체제는 서로 다른 목적으로 출발하고 있으나 궁극적으로는 교원의 인사행정 및 전문성 신장을 위한 것에 주안점을 두고 있다는 점에서 하나의 교원평가제로 법적 위상을 새롭게 정립할 필요가 있다. 만일 교원평가 3원체제가 통합된 수준의 법률체계를 단기간에 갖기 어렵다면, 교원에 대한 평가를 실행하는 데 한계를 갖는 교원능력개발평가만이라도 법적 위상을 제대로 갖추고 실시해야 한다. 교원능력개발평가는 교원근무성적평정의 한계를 극복하기 위한 대안으로 탄생했지만 아직까지 「교원 등의 연수에 관한 규정」과 「교원능력발평가 실시에 관한 훈령」과 같이 낮은 수준의 법적 위상으로 말미암아 평가 운용의 어려움을 겪고 있다.

현행 교원근무평정제도는 평가의 목적, 평가자 범위 제한 등 여러 가지 구조적인 문제를 안고 있기는 하지만 지금까지 교원 승진을 위한 기제로서의 기능과 역할을 해 왔다. 교원근무성적평정을 다양한 용도로 활용하는 것이 가능하기 위해서는 관련 법령의 제정이 요구된다. 교원근무성적평가제 관련 법령의 제정은 교원근무성적평정은 곧 교원 승진이라는 등식에서 벗어나는 계기가 될 수 있다. 현재 교원에 대한 평가체제는 교원업적평가와 교원능력개발평가로 이원적 방식으로 운영되는 만큼, 교원업적평가는 하루빨리 법적 근거에 의해 운영되어야 한다. 결국 교원평가 시스템에 관한 관련 법령이 별도로 제정된다면, 그것에 근거하여 교원평가의 목적, 평가내용, 평가방법, 평가자, 평가 결과 활용 등에 대해서 본격적인 논의가 전개될 수 있다.

2. 교원평가의 목적과 기능 재정립

교원평가의 목적과 기능은 명료하게 규정될 필요가 있다. 예를 들어, 교원근무성적평가의 목적은 구체적으로 진술되어 관련된 사람들이 명확하게 이해할 수 있도록 제시되어야 하며, 교원근무성적평정 관련 법령이나 규정이 새롭게 마련될 필요가 있다. 교원근무성적평정은 교원의 전문성 개발에 일차적인 초점을 두면서 교원의 인사 결정 등을 위한 다양한 정보를 제공하는 것을 목적으로 해야 한다. 교원근무성적평정은 초·중등학교에 근무하는 모든 교원을 대상으로 해야 한다. 국·공립학교 교원은 물론 사립학교 교원에 대해서도 교원평가가 시행될 수 있도록 한다. 학교에서 교원평가는 교원의 전문성 개발 차원이든 인사행정 차원이든 누구든지 예외일 수 없다. 이러한 점에서 교사, 교감, 교장 등 모두를 평가대상으로 설정해야 한다.

또한 교원능력개발평가는 평가의 목적이 관련 규정에 간접적으로 제시되어 있어 평가 실시의 시비를 가져오고 있으므로 이에 대한 명확한 규정을 할 필요가 있다.

3. 평가의 요소 및 지표의 명세화 및 특성화

교원평가에 있어서 평가의 요소와 지표는 피평가자의 직무수행 태도와 행동에 직접적인 영향을 미치게 된다. 예를 들어, 교원근무성적평정의 내용이 평가 항목으로 정해지면, 평가자뿐만 아니라 해당 학교의 교장, 교감, 교사에게 미치는 영향도 달라지게 된다. 교원근무성적평정에서 평정해야 할 내용은 교원이 자율적 범위 내에서 통제할 수 있는 것이어야 한다. 즉, 교원이 노력하면 긍정적인 영향을 미치고 개선할 수 있는 요소들을 대상으로 해야 한다. 학생의 학업성취 정도에만 근거하여 교원의 성취를 평가한다는 것은 공정하지도 않고 적절하지도 않다. 교원에 대한 평가는 교원의 업무를 포괄적으로 포함하여야 한다. 그러나 교원의 핵심적인 업무가 학생교육이라는 점을 고려할 때, 교원평가 내용은 학생의 학습과 성취에 기여한 정도에 가장 많은 비중을 두어야 한다. 교원평가는 교원 개인이 담당한 업무영역 전체를 대상으로 종합적으로 평가하도록 한다. 교원평가는 일반적으로 교원 개인의 업무성취에서 약점을 식별해 내어 교정할 수 있도록 정보를 제공하여야 한다. 그리고 학교에서 교원이 수행해야 할 것을 어느 정도 만족스럽게 수행했느냐를 평가해야 한다. 따라서 교원평가의 내용은 교원 개인이 수행해야 하는 업무 전체를 대상으로 설계되어야 한다.

교원평가 내용을 결정하는 것은 교원의 업무가 무엇이며, 갖추어야 할 자질과 태도는 무엇인가 하는 문제와 관련된다. 교원평가 내용은 교원의 업무성취와 자질 및 태도 등이 포괄적으로 평가될 수 있어야 하며, 교원들 간 사전 토의와 협의를 전제로 만들어져야 할 것이다. 교원평가는 교원의 직위별로 그 특성 및 평가목적에 적절한 내용을 평가하도록 한다. 교원의 직위는 교사 · 수석교사 · 교감 · 교장 등으로 구분하며, 그들은 각각 서로 다른 업무를 수행한다. 교원 업무수행 영역 및 내용이 서로 다르기 때문에 평가내용도 각각 달리 설정하도록 해야 한다.

교원평가의 평가 문항에 대한 개념이 명확하게 이해될 수 있도록 해야 한다. 평가자가 평가 항목의 개념을 정확하게 이해할 수 있도록 조작적으로 정의하거나 평가 항목의 하위요소인 평가지표들을 구체적으로 제시하도록 해야 한다. 평가 항목의 내용이 추상적이어서 측정할 것을 측정하지 못하고 엉뚱한 것을 정확하게 측정했다고 믿었다가는 왜곡된 평가 결과를 초래해 억울한 피해를 입는 자가 발생할 수 있다. 따라서 평가 항목은 그 의미를 구체적으로 정의하여 평가자가 정확하게 이해할 수 있도록 해야 한다.

또한 교원평가의 내용은 학교 및 지역, 교과목별 특성을 반영하도록 해야 한다. 전국적으로 공통적인 평가 항목을 설정하되 학교의 특성을 반영하여 학교별 혹은 지역별로 소수의 평가 항목을 자율적으로 결정할 수 있도록 해야 한다. 단위학교에서는 교원평가의 공정성과 객관성을 담보할 수 있도록 교원평가위원회를 설치 · 운영해야 한다.

4. 평가의 준거별 가중치 합리화

교원평가에 적용되는 평가영역들은 각각 교원의 업무성취에 미치는 영향에 차이가 있을 수 있다. 그러한 차이는 평가영역별로 적절하게 반영되어야 한다. 교원이 자체평가를 실시하고 문제점을 확인하여 개선하는 교원평가에서는 평가 항목별로 가중치가 주어질 필요가 없다. 그러나 교원평가 결과를 계량적으로 합산하는 경우에는 가중치 자체가 평가 결과에 커다란 영향을 미치게 된다. 따라서 교원의 인사 결정 등에 활용하는 평가인 경우 평가영역별로 적절한 가중치가 부여되어야 한다. 교원평가에서 평가영역들 간의 상대적인 중요도에 대한 과학적 근거를 기반으로 평가영역에 가중치를 부여해야 한다.

5. 평가의 공정성 및 객관성 확보

교원평가는 교사와 수석교사, 교감과 교장이 학교교육의 결과에 대한 책무성을 공유하는 총체적인 노력으로, 교원이 평가과정에서 의미 있는 역할을 수행할 수 있도록 권한이 부여되어야 하며, 이를 위해 다양한 평가방법을 사용해야 한다. 그러므로 교원평가의 공정성 및 객관성, 신뢰성을 저해하는 요인들을 극복하기 위해서는 일반적으로 평가자에 대한 연수와 훈련, 평가 결과의 공개, 다양한 평가방법의 활용 등이 이루어져야 한다. 교원평가에 있어서 평가자와 확인자는 평가에 대한 높은 전문성을 가져야 한다. 이를 위하여 평가자와 확인자에 대한 평가방법 등에 관한 연수를 주기적으로 실시하여 평가의 전문성을 확보하도록 한다. 평가자와 확인자는 평가 항목 및 기준의 개념 · 평가방법 등을 정확하게 이해하고, 공정하게 평정할 수 있는 태도를 함양하며, 평가 관련 학교조직의 분위기를 개선하는 데 기여하도록 한다. 아무리 합리적이고 체계적인 평정 시스템을 구축한다고 하더라도 제도 운용의 성공 여부는 평가자와 확인자 및 동료 평가자의 자질과 능력에 좌우되기 때문이다.

6. 평가 결과 활용의 다양화

교원평가 결과는 개인의 전문적 성장을 위한 정보와 인사행정의 자료 등의 다양한 용도로 활용해야 한다. 특히 교원은 교육전문가로서 자신의 평가 결과를 전문적 개발에 필요한 유용한 정보로 활용해야 한다. 모든 교원이 자기평가를 실시하여 그 결과를 자질 계발과 근무 개선 등에 활용할 수 있도록 해야 한다. 이를 위하여 평가 결과에서 개선되어야 할 요소가 정확하게 지적되고, 교원 자신이 그것을 개선할 수 있도록 유도해야 한다. 교원평가 결과는 개별 교사들에게 피드백되어 수업 개선이나 전문성 발달을 위한 자료로 활용되도록 해야 한다. 교원평가의 결과는 승진 · 보상 등 인사 결정에 국한하지 말고, 교원의 능력 및 자질 계발 등과도 연계하여 활용하도록 해야 한다. 평가 결과를 인사 결정을 위한 자료로 활용할 때에는 그 결과가 계량화되고 다양한 출처에 의거한 자료로 제시될 때 평가의 공정성 및 객관성이 담보되어 신뢰를 확보할 수 있다.

7. 교원평가체제의 일원화

현재 단위학교의 동일한 교원들을 대상으로 한 측면에서는 교원능력개발평가를, 다른 한 측면에서는 교원업적평가(교원근무성적평정과 다면평가)를 이중적 방식으로 운영하고 있다. 그렇지만 동일한 교원을 대상으로 하는 이중적 방식은 평가과정의 복잡성과 비효율성 및 비경제성 등을 낳아, 종국에는 하나의 평가체제로 통합되는 일원화가 필요하다. 앞서 살펴본 바와 같이 교원능력개발평가에 관한 법적 근거가 미약한 상황에서 그것의 결과에 따른 활용도 많은 제약을 받을 수밖에 없다. 또한 교원근무성적평정은 「교육공무원 승진규정」의 하위 조항에 묶여 있어 근평은 곧 승진이라는 낡은 관행에서 벗어나기 힘들다.

현행 교원평가 3원체제를 단계적으로 연계하여 궁극적으로 하나의 교원평가체제로 통합하는 방안이 강구되어야 한다. 교원평가 3원체제는 서로 다른 평가목적으로 출발하고 있지만 교원평가의 상호 연계성을 고려하여 유사성이 높은 평가체제부터 단계적으로 연계하는 대안을 마련할 필요가 있다. 다행스럽게도, 2015년 교원평가 3원체제의 이중성에 따른 비효율성 등을 고려하여 교원근무성적평정과 교원성과상여금을 통합하여 교원업적평가의 결과를 양쪽에 동일하게 활용하기로 한 것은 교원평가체제의 일원화를 위한 첫걸음이 아닐 수 없다. 결과적으로는 교원평가의 3원체제를 2원체제로, 2원체제를 단계적으로 연계하여 1원체제로 확립해야 한다. 현장교사의 동일한 직무를 대상으로 하여 유사한 평가기준에 따른 이중적인 평가의 비효율성과 복잡성, 심리적인 부담을 완화하는 방안을 강구해야 한다.

학습과제

1. 교원은 학생을 가르치는 전문가로서 학교조직으로부터 부여받은 직무를 충실하게 수행해야 할 의무를 가진다. 교원이 자신의 직무를 제대로 수행했는지를 점검하는 기제로서 교원평가와 질 관리의 관계는 어떠해야 하는가?
2. 교원평가는 교원근무성적평정(다면평가), 교원성과상여금, 교원능력개발평가, 교원업적평가로 운영되고 있다. 이러한 각각의 교원평가는 교원의 전문성 개발 및 사기 진작 등에 어떠한 영향을 미치는가?
3. 교원평가제 운영과 관련한 갈등과 효과성에 대해 지속적인 비판이 제기되고 있다. 교원평가 운영에 있어서 공정성, 객관성, 신뢰성 등을 제고하는 방법으로 무엇이 있는가?
4. 교원평가제는 3원체제의 법적 기반을 두고 있으며, 운영방식은 2원체제로 운영되는 복잡성을 지니고 있다. 이러한 교원평가체제의 일원화 실현 가능성은 있는가?

참고문헌

고전(2011). 교원능력개발평가 법제화의 쟁점과 과제. 교육행정학연구, 29(4), 125-124.

곽경련, 이쌍철(2014). 교원 성과상여금 평가 특징 분석. 한국교원교육연구, 31(1), 267-292.

교육부(2015a). 교원의 교육전념 여건 조성을 위한 교원평가제도 개선방안.

교육부(2015b). 교원평가제도 개선방안 발표 보도자료.

교육부(2017). 2017년도 교육공무원 성과상여금 지급 지침.

김갑성, 정미경, 전제상, 신상명, 강순나(2010). 교원 관련 평가 시스템 재정립 방안 연구. 충북: 한국교육개발원.

김정순, 신상명(2011). 교원성과상여금의 '사익과 공익'에 대한 공공선택론적 탐색. 한국교원교육연구, 28(1), 267-290.

김지선, 김지영(2016). 초등학교에서의 교원평가제도에 대한 문제점과 개선방안. 서울교육대학교 한국초등교육, 27(2), 315-337.

김희규, 주영호(2014a). 근무성적평정 및 교원능력개발평가 점수가 교원 성과상여금 등급 결정에 미치는 영향. 한국교원교육연구, 31(3), 59-80.

김희규, 주영효(2014b). 교원평가제 실태 분석 및 발전 방안 탐색. 한국교육학연구, 20(3), 31-58.

김희규, 강정찬, 김갑성, 박남기, 박지혜, 전제상, 주영효(2015). 교육전념 여건 조성을 위한 교원평가 개선 방안. 세종특별자치시교육청.

박재윤, 황준성, 구교정(2009). 교원능력개발평가 시행을 위한 하위법령 및 인사연계 구체화 방안연구. 한국교육개발원 수탁연구 CR 2009-15.

박지혜, 라종민(2016). 교원능력개발평가 자유기술식 응답을 통한 동료 교원, 학생, 학부모가 기대하는 교사의 역할 분석. 교육문제연구, 29(1), 21-41.

서동환(2016). 교원평가 개선안에 대한 초등교사의 인식. 경인교육대학교 교육전문대학원 석사학위논문.

신상명, 전제상, 김도기, 박주영, 김태수(2007). 교장·교감의 책무성 제고를 위한 평가모형 개발연구. 교육인적자원부 정책연구개발사업 2007-위탁-5.

이은화, 이은정(2016). 비고츠키 평가 패러다임의 적용을 통한 교원능력개발평가 개선방안 연구. 교육행정학연구, 34(5), 269-295.

전제상(2005). 교원평가제 도입과 교육주체별 입장 분석. 교육의 경쟁력 제고 측면에서 본 한국교육의 과제. 충북: 한국교육개발원.

전제상(2008). 이원적 교원평가 시스템의 발전방향과 과제. 학교경영, 통권 제245호, 53-61. 한국교육생산성연구소 교육연구사.

전제상(2009). 다원적 교원평가제의 일원화 가능성 및 방안 탐색. 한국교원교육연구, 26(2), 387-410.

전제상(2010). 교원성과상여금제도의 운영실태 평가. 한국교원교육연구, 27(3), 69-92.

전제상(2011a). 제5장 교원평가. 교육인사행정론. 경기: 교육과학사.

전제상(2011b). 현행 학교관련 평가의 문제점과 개선방안. 2011 교육정책네트워크 교육현장 순회토론회 자료집. 충북: 한국교육개발원.

전제상, 조동섭, 신상명, 김수영(2008). 교원의 전문성 신장을 위한 교원능력개발평가의 결과 활용방안 연구. 교육과학기술부 정책연구과제.

전제상, 정수현, 주현준, 김석태, 반채익, 이재훈(2010). 교원성과급제도의 자율성 확대 및 개선방안 연구. 교육과학기술부 2009년 정책연구개발사업.

주영효(2017). 교원능력개발평가 학생·학부모 만족도 조사의 쟁점과 과제. 교육문제연구, 30(1), 203-225.

하동엽, 김갑성(2017). 교원능력개발평가제 정책수용도 영향요인과 정책수용도와의 영향관계 분석. 교육행정연구, 35(1), 263-285.

한국교육개발원(2008). 2008년도 교원능력개발평가 선도학교 운영결과 분석연구. 충북: 한국교육개발원.

한만길, 김성열, 전제상, 김갑성(2007). 교원근무성정지표 개선에 관한 연구. 한국교육개발원 수탁연구 CR 2007-84.

허충구(2016). 다원적 교원평가제도 연계방안 연구. 중부대학교 대학원 박사학위논문.

Barber, L. W. (1985). *Improving teacher performance: Formative evaluation*. Indiana: A Publication of Phi Delta Kappa's Center on Evaluation.

제10장 교사 스트레스와 소진 및 회복

유형근(한국교원대학교 교수)

개요

최근 들어, 교사들이 교직생활을 하면서 겪는 심한 스트레스와 소진으로 인해 고통을 겪고 있다는 호소를 많이 하고 있다. 다음의 사건은 이러한 상황을 단적으로 보여 주는 사례이다.

> 김 교사는 1년 전까지만 해도 존경받는 초등학교 교사였다. 하지만 지금은 평생 헌신했던 교단을 떠나 몸과 마음의 상처를 씻어 내고자 애쓰고 있다. 김 교사의 인생을 송두리째 바꾼 일은 반 아이들의 사소한 다툼에서 시작됐다. 아이들의 다툼은 학부모 사이의 감정싸움으로 번졌고, 한 학부모의 요청으로 학교폭력대책위원회까지 열렸다. 그런데 이를 두고 상대방 학부모가 교사의 책임이라며 '교육청에 민원을 넣겠다, 끝까지 가겠다, 언론사에 알리겠다.' 등의 협박과 공격을 지속적으로 가하기 시작하였다. 학부모는 밤낮없이 협박 문자를 보냈고, 집까지 찾아와 사과를 요구하기도 했다. 극도의 스트레스를 받은 교사는 병원 신세까지 져야 했고 견디다 못한 교사는 학교 측에 「교원의 지위 향상 및 교육활동 보호를 위한 특별법」에서 규정하고 있는 교권보호위원회 개최를 요구했지만, 교장은 '공모교장으로 나가야 한다, 교육청에 장학관으로 가야 된다.' 등의 이유를 들어 오히려 김 교사에게 '선생님이 비세요. 선생님이 사건을 최소화할 수 있도록 노력해 보세요.' 등의 요구를 하였다. 김 교사의 계속된 요청에 교권보호위원회가 열리기는 했지만 이미 교사는 지칠 대로 지쳐 버렸고, 결국 교단을 떠나기로 결정하였다(YTN, 2017. 9. 22.).

이처럼 교육활동 침해의 사례에 대하여 정확하게 이해하고 대처하지 못할 경우 교사들은 심한 스트레스를 겪게 되며 이러한 상황이 지속될 경우 소진을 초래하여 교육력을 저하시키는 심각한 결과를 낳게 된다.

따라서 이 장에서는 스트레스와 소진의 개념과 원인, 결과 등에 대해 살펴보고 이를 바탕으로 교사의 소진을 예방하기 위한 방안을 제시할 것이다. 아울러 심리적 소진을 경험하고 있을 경우에 이를 잘 극복하여 교육력을 회복하도록 조력할 수 있는 방안에 대해서도 살펴볼 것이다.

'교사가 행복해야 학생도 행복하다.'라는 말이 있다. 이는 교사가 행복하지 않으면 아무리 전문성이 높다 할지라도 그것이 충분히 발휘되지 못하며 이는 곧바로 학생에게 부정적인 영향을 미친다는 것을 강조한 말이다. 최근 우리 사회와 교육환경의 급격한 변화는 교사들에게 새롭고 다양한 역할을 요구하면서 교사들의 역할 수행을 어렵게 하고 있다. 대표적인 변화 내용 중에서 우선 눈에 띄는 것은 가정의 기능이 약화되면서 그러한 기능이 학교로 이전되고 있다는 점이다. 즉, 학생들의 급식문제, 방과 후 교육 문제, 야간 및 주말 돌봄 문제 등이 대표적인 예이다. 이와 더불어 교육감 직선제 등이 실시되면서 선거권을 가지고 있는 학부모의 입김이 점차 강화되면서 학생교육에 대한 학부모의 책임을 강조하는 정책 입안에 소극적으로 임하게 되고, 그 결과 학부모가 감당해야 할 책임마저 고스란히 교사들에게 전가되고 있다. 또한 학생들의 인권이 강조되면서 학생들의 목소리도 함께 커짐에 따라 과거에 비해 학생지도와 관련된 동일한 업무를 처리하는 데 있어서 훨씬 더 많은 시간과 노력을 요하게 되었다.

이러한 변화의 모습은 고스란히 교사들의 업무 부담 증가로 직결되어 교사들은 점차 많은 스트레스를 받게 되었지만, 정작 이러한 스트레스를 풀고 휴식을 취할 수 있는 시간은 갈수록 줄어들고 있다. 이렇게 직무를 수행하면서 받는 스트레스가 해소되지 않고 지속적으로 누적되면 결국 교육활동 침해 사건이 빈발하게 되고, 심리적으로 소진되며, 신체적으로도 여러 가지 질병이 발생하게 된다. 이러한 상황이 개선되지 않고 지속되면 그 영향이 교사 개인에게만 국한되는 것이 아니라 교사의 교육력이 저하되어 학생교육에도 악영향을 미치게 된다. 이러한 점을 고려할 때, 교사들의 스트레스와 소진의 문제는 교사들이 개인적인 차원에서 이를 정확하게 이해하고 예방하려는 노력과 더불어 그것이 더 이상 교사 개인의 문제로 치부할 수 없는 중요한 문제라는 인식을 바탕으로 국가 차원의 노력이 필요하다. 따라서 이 장에서는 스트레스와 소진의 개념, 교사 소진의 원인과 결과, 교사 소진의 예방방안 및 치유방안 등에 관하여 살펴보겠다.

Ⅰ. 스트레스와 소진의 정의

교사들은 학생들을 지도하는 과정에서 많은 스트레스를 받게 된다. 그러나 많은 교사는 이러한 스트레스를 받으면서도 자신이 스트레스를 받고 있다는 것을 자각하지 못하고 이를 해소하거나 경감시키려는 노력을 하지 않고 방치하여 소진에 이르는 경우가 종종 있다. 따라서 이 절에서는 스트레스와 소진의 개념과 이들 간의 관계, 주요 증상에 관해 살펴본다.

1. 스트레스의 개념

일반적으로 스트레스를 바라보는 관점은 외부 자극으로서의 스트레스, 신체 반응으로서의 스트레스, 역동적 상호작용으로서의 스트레스의 세 가지로 분류된다(김정인, 박영호, 2000). 스트레스를 외부 자극으로 보는 관점에서는 주변의 일상적인 생활 사건이나 상황적인 압력, 특정 직무와 관련된 좋지 않은 작업조건이나 부적절한 환경, 역할갈등이나 역할의 모호성, 과도한 업무 등을 스트레스의 주요 요인으로 본다. 스트레스를 신체 반응으로 보는 관점에서는 개인이 직면한 상황에 대하여 보이는 신체 반응을 스트레스로 정의한다. 그러나 이러한 관점은 외부 자극과 그에 대한 반응 중 어느 한 측면만을 고려하고 있다는 한계가 있다. 한편, 스트레스를 외부 자극과 신체 반응 간의 역동적 상호작용으로 보는 관점에서는 외부 환경과 개인의 반응 간의 상호작용을 스트레스로 정의하기 때문에 외적인 환경에서 오는 자극의 특성과 더불어 개인이 반응하는 지각, 인지, 감정 등을 중요시한다. 이것은 다른 두 관점과 달리 외부 자극에 대한 개인의 심리적인 중간과정을 고려함으로써 스트레스에 대한 다양한 접근을 가능케 하였다. 결국 모든 사람에게 스트레스를 일으키는 사건이란 없으며, 같은 사건에 대해서도 개인이 가지고 있는 내적 자원이나 상황에 따라 스트레스가 미치는 영향은 달라진다.

스트레스는 두통과 심장질환, 암과 같은 심각한 신체적 질병과 관련이 있다(Aldwin & Gilmer, 2004). 스트레스는 면역체계(Schneiderman, Ironson, & Siegel, 2005), 심혈관 질환(Dimsdale, 2008) 및 호흡기 계통을 포함한 신체의 거의 모든 시스템에 부정적인 영향을 미친다(Chen et al., 2006). 스트레스는 우울증과 관련이 있으며(Brown & Harris, 1989)

각종 정신질환과도 관련이 있다(Dohrenwend, 2000). 지속적인 스트레스는 정신건강에 악영향을 미치고 회복력, 희망, 용서 능력 등을 훼손할 수도 있다(Lopez, Snyder, & Pedrotti, 2003).

교사들은 직무가 갖는 특수성으로 인해 높은 스트레스를 경험하고 있는 것으로 보고되고 있다. 즉, 과도한 업무량이나 적은 보수, 학생을 지도하는 과정에서의 책임, 학부모나 학교 관리자들과의 관계에서 오는 어려움, 교사에 대한 사회의 기대로 인한 부담 등 다양한 원인으로 인하여 광범위한 스트레스를 경험한다(김정휘, 고홍화, 2000; 유정이, 박성호, 유성경, 2003; Greenglass, Burke, & Konarski, 1997). 또한 학습 의욕이 없는 학생을 가르치기, 학생 훈육, 시간적 압박감, 과중한 업무, 변화에 대처하기, 평가에 대한 부담, 동료와의 관계, 승진문제, 학교관리자와의 갈등, 역할의 모호함과 갈등, 열악한 업무환경 등으로 인해 스트레스를 받는 것으로 밝혀졌다(Kiryiacou, 2001). 교사들이 경험하는 만성 스트레스는 신체적·정신적으로 심각한 부작용을 낳는다. 교사들이 보이는 스트레스에 대한 전형적인 증상은 〈표 10-1〉과 같다.

〈표 10-1〉 교사의 전형적인 스트레스 증상

구분	증상	
신체적 증상	• 육체적인 피로감 • 두통 • 점차적인 불면증의 심화 • 잦은 관절 및 근육의 통증 • 호흡 곤란	• 긴장 또는 긴장감 • 허리 통증 • 쉽게 피로해짐. • 복통 • 목이 쉼.
심리적 증상	• 감정의 소진 • 걱정 • 우울증 • 자존감 부족 • 과도한 걱정과 죄책감 • 소외감 및 분노감 • 집중력의 결여	• 좌절 • 직업 불만 • 소진 • 비판에 대한 과민성 • 긴장감 • 우울 • 타인에 대한 냉소적 태도
만성 질환	• 고혈압 • 관절염 • 담낭 질환 • 불면증 • 위궤양	• 신장 또는 방광 문제 • 호흡기 또는 호흡 문제 • 심혈관장애 • 위염 • 대장염

교사는 다양한 사람과 관계를 맺기 때문에 스트레스의 원인도 다양하다. 초기 연구에서는 교사 스트레스의 원인으로 학교환경, 학생의 행동, 열악한 근무조건, 교사의 개인적인 고민, 학부모와의 관계, 시간적 압박감, 부적절한 훈육의 일곱 가지 영역이 지속적으로 제기되었다(Turk, Meeks, & Turk, 1982).

2. 소진의 개념

Maslach와 Jackson(1981)은 심리적 소진을 '사람을 대상으로 하는 다양한 서비스 전문직에서 발생하는 직무 관련 증후군'이라고 정의하면서, 그 증상으로 정서적 고갈, 비인간화(depersonalization), 개인적 성취감의 감소 등을 제시하였다. 이러한 심리적 소진은 경감되지 않는 스트레스에 장기간 노출될 때 나타나며(Dworkin, 1987), 이는 성공적인 직무수행을 저해하고, 직무수행 과정의 위협 상황에서 스트레스에 대한 방어기제를 상실한 상태를 의미한다.

Mo(1991)는 소진을 정의하는 데 도움이 되는 신체적·심리적·행동적 증상에 대해 소개하였다. 소진의 신체적 증상에는 오랫동안 지속되는 감기나 독감, 빈번하고 만성화된 두통, 위장장애, 체중 감소, 숨차기 등이 포함되며, 만성적인 피로감이나 몸 전반에 걸친 통증을 호소하기도 한다(Mo, 1991). 소진의 심리적 증상으로는 변덕스러운 기분 변화, 짜증, 우울감, 타인에 대한 무관심, 냉소적 태도, 좌절감, 무력감 등의 증가가 있다. 약물 및 알코올 남용, 불안과 무력감 또한 소진의 심리적 증상과 관련이 있다(Mo, 1991). 행동적 소진에는 시계를 자주 보기, 학생을 정형화하기, 동료 및 가족과의 교류를 회피하기 등이 포함되며 업무수행 능력 저하 및 결근 횟수의 증가 등도 포함된다(Mo, 19991).

Mechteld, Visser, Smets와 Oort(2003)는 소진이 오랜 기간에 걸쳐 사람들과 밀접한 관계를 유지하는 의료, 교육, 사회사업 등의 조력전문직 종사자들에게서 흔히 나타난다고 하였는데, Farber(1984)는 이러한 경향이 교사들에게 있어서 더욱 두드러진다고 하였다. 소진을 경험한 교사는 교육능력의 저하, 교직에 대한 몰입과 직무충실도의 저하, 헌신과 봉사가 사라지는 역기능을 초래하기 때문에 심각한 문제가 된다(김정휘, 김태욱, 2006). 그러나 소진 상태가 적절하게 다루어질 수 있다면 소진의 원인이 될 수 있는 다양한 자극이 오히려 변화와 성장·개선을 촉진할 수 있다는 점에서 소진의 긍정적인 측면이 강조되기도 한다(김혜경, 2011).

Ⅱ. 교사 소진의 원인

교사의 소진은 스트레스가 많은 상황에서 일하는 교사의 정신적·육체적·정서적 고갈과 관련된 문제이다(Dworkin, 2001). 이러한 교사의 소진은 질이 낮은 수업으로 연결되어 종국적으로는 학생의 성취도 저하로 귀결되며, 교사로 하여금 교육에 대한 이상과 열정을 저하시킨다(Fisher, 2011). 이 절에서는 교사를 소진시키는 요인들이 무엇인지에 관해 살펴보겠다.

1. 학교조직의 구조

학교조직의 구조와 관련된 많은 문제가 교사들을 괴롭히고 있는데, 이러한 문제에는 동료와의 갈등, 과도한 업무, 교육과 무관한 잡무, 자원 및 지원의 부족, 교사들의 권한 및 자율성 부족 등이 포함된다(Yong & Yue, 2007). 이 밖에 촉박한 시간, 역할 갈등, 역할 모호성, 열악한 학교시설, 열악한 학교문화, 교원평가 등도 교사들을 소진시키는 주요 원인이다(Yong & Yue, 2007). 업무수행에 주어진 시간의 촉박함으로 인해 교사는 늘 시간에 쫓기게 되고, 이로 인해 정서적으로 고갈되는 심각한 스트레스를 경험하며, 특히 업무 과중에 더해진 시간의 제약은 교사들의 스트레스와 정서적 소진의 원인으로 밝혀졌다(Chen & Miller, 1997).

교사 스트레스의 또 다른 원인은 학급 규모와 관련된 것이다. Langan-Fox와 Cooper(2011)에 따르면, 과밀학급은 정서적인 고갈, 육체적 피로, 스트레스를 유발하고, 이는 교사의 소진으로 이어진다. 과밀학급은 학생들과의 일대일 교류의 부족 또는 상실과 교사의 열정 고갈을 초래한다. 경직된 조직문화는 교사들로 하여금 자율성이 거의 없는 일상적이고 형식화된 업무 패턴을 고수하게 하여 소진을 초래하는 원인이 되기도 한다(Fisher, 2011).

따라서 학교조직은 모든 이해당사자의 요구를 효율적이고 효과적으로 충족시킬 수 있도록 설계되어야 하고, 학교 프로그램의 목표와 목적은 현실적이어야 한다(Yong & Yue, 2007). 또한 학교는 교사가 자율성을 가질 수 있도록 해야 하며 의사결정 과정에도 적극적으로 참여할 수 있도록 조직되어야 한다(Dworkin, 2001; Maslach, Schaufeli, & Lieter, 2001). 즉, 학교의 전반적인 조직 및 의사결정 과정에 교사들이 더 많이 참여할 수록 그들의 스트레스와 소진 발생 가능성은 낮아진다(Black, 2004; Nagy, 2006; Wood & McCarthy, 2002).

2. 역할 모호성

DiPaola와 Hoy(2008)에 의하면, 교사의 역할과 직무를 정의하는 것은 교사의 정신건강에 가장 중요하므로 교장은 교사를 위한 이러한 역할을 명료하게 정의해 줄 책임이 있다. DiPaola와 Hoy(2008)는 교사의 역할이 명확히 정의되어 있지 않으면 교사의 직무에 대한 이해와 기대가 결여되고, 이는 정서적인 불안과 긴장감을 유발하여 소진을 초래할 수 있다고 지적했다. Wood와 McCarthy(2002)는 교사 역할의 모호함과 전문성에 대한 불확실성은 스트레스 및 소진을 초래하여 교사 이직률을 증가시킨다고 주장하였다.

3. 교원평가

공식적인 교원평가의 필요성은 '위기에 처한 국가(A Nation at Risk)'(1983)와 「아동낙오방지법(No Child Left Behind)」(2002)에 따라 교사의 수준을 측정하여 우수한 교사를 만들려는 의도에서 비롯되었다(DiPaola & Hoy, 2008). 교원평가의 전반적인 목적은 교사가 수업 등의 직무수행에 있어서 우수한 역량을 갖출 수 있도록 지원함으로써 학생들의 성공을 이끌어 내는 데 있다(DiPaola & Hoy, 2008). 그러나 교사들이 교원평가에 지나치게 매달리는 것은 많은 스트레스를 유발하고 결과적으로 정서적 고갈을 야기하는 원인이 된다(Fisher, 2011). 즉, 교원평가는 교사들이 자신의 열정과 능력을 보여 줄 수 있는 좋은 기회이므로 여러 가지를 급박하게 준비하고 계획해야 하는데, 이러한 절박함은 교사들의 스트레스 촉발요인으로 작용하게 된다(Tornero & Taut, 2010).

4. 관리자와 교사 간의 관계

DiPaola와 Hoy(2008)에 따르면, 교장이 관리자로서 수행하는 가장 중요한 일은 교사의 전문성 신장과 발전을 촉진시키기 위해 그들과 협력하는 것이다. 관리자가 교사들과 교류를 하지 않고 여러 중요한 학교 현안문제에 관해 교사와의 소통을 게을리하면, 교사와의 상호작용이 없어지게 되어 결과적으로 교사들은 많은 스트레스를 받게 된다. 중요한 학교의 현안문제에는 인력 충원, 교육과정 개발, 교육계획 수립, 예산 및 재정 문제, 직무 역할 및 학교 운영계획 수립 등이 포함된다(Dunford, 2007). 관리자와 교사들 간에 의사소통, 투명성 및 팀워크가 잘 이루어지지 않게 되면, 이들 사이에 많은 스트레스와 갈등이 발생하게 된다(Dunford, 2007). 이러한 갈등은 교사들의 자신감을 떨어뜨리고, 관리자를 존중하지 않게 만들며, 교사들 사이에 부정적인 분위기를 조성할 수 있다. 이러한 부정적인 분위기는 정서적 스트레스를 유발하여 소진을 초래한다(DiPaola & Hoy, 2008; Dunford, 2007).

5. 교육활동 침해

교육활동 침해는 교육력을 떨어뜨리는 중요한 문제이므로 국가에서도 이를 법률로 규정하고 있는데, 「교원의 지위 향상 및 교육활동 보호를 위한 특별법」 제15조에서는 교육활동 침해를 "소속 학교의 학생 또는 그 보호자 등이 교육활동 중인 교원에 대하여 폭행, 모욕 등 대통령령으로 정하는 교육활동을 침해하는 행위"로 정의하고 있다. 이러한 교육활동 침해의 유형에는, 첫째, 교육과정 운영 및 수업 제약, 관리자의 지도·감독권 남용, 학생·학부모의 수업 방해 등과 같은 '교육자로서의 교육할 권리의 침해', 둘째, 부당한 신분 및 인사상의 조치, 학교 안전사고 및 학교폭력 피해배상 요구, 지나친 단체활동 제약 등과 같은 '전문직 종사자로서의 신분 침해', 셋째, 폭언·폭행·성폭력 등 신체적 위해, 명예훼손·모욕·성희롱 등 인격권 침해, 언론기관 등에 의한 사생활 침해 등과 같은 '인간으로서의 기본권 침해' 등이 포함된다.

이러한 교육활동 침해는 현장교사의 사기를 떨어뜨리는 중요한 요인이 된다. 교육활동 침해의 피해를 입는 과정이나 또는 직무수행 과정에서 겪게 되는 과도한 스트레스로 인하여 교사는 심한 좌절감과 무기력감을 경험할 수 있으며, 교직에 대한 회의감을 갖게 되고 의미를 상실하게 되는 심리적 소진에 이를 수 있다.

6. 교사의 개인적 특성

특정 성격 경향을 가진 교사는 감정적으로 스트레스를 많이 느낄 가능성이 더 크다. 소진과 관련하여 가장 자주 언급되는 특성은 신경증과 내향성이다. 신경증을 가진 사람들은 불안이 높고, 정서적으로 불안정하며, 부정적인 감정을 더 많이 표현하고, 스트레스 반응을 더 많이 나타낸다(Watson, Clark, & Harkness, 1994). 내향적인 사람들은 사교성과 사회적 교류에 대한 관심이 부족하며 긍정적인 감정을 덜 발산하기 때문에 감정적 피로와 비인간화에 더 민감하다. 교사의 개인적 특성과 소진의 관계와 관련된 선행연구 결과를 정리하면 다음과 같다.

- 신경질적인 성격을 가진 교사는 소진될 가능성이 높다(Kokkinos, 2007).
- 내향적인 교사는 소진될 가능성이 높다(Cano-García, Padilla-Munouz, & Carrasco-Ortiz, 2005).
- 적대감과 과민반응, 강한 불쾌감을 자주 표현하는 교사는 소진될 가능성이 높다(Carson, Plemmons, Templin, & Weiss, 2011).
- A형 성격을 가진 교사는 소진될 가능성이 높다(Maslach et al., 2001).
- 완벽주의를 추구하는 교사들은 소진될 가능성이 높다(Mazur & Lynch, 1989).
- 걱정이 많은 교사들은 가르치는 일에 대해 지나치게 스트레스를 받는다(Dunham & Varma, 1998).
- 초임교사는 비합리적이거나 비논리적인 신념을 가지고 있으며 스트레스를 주는 학생뿐 아니라 일반 학생들에게도 부당한 요구를 한다(Bernard, 1988).
- 소극적인 방법으로 대처하는 사람들은 소진에 더 취약하다(Schaufeli & Enzmann, 1998).
- 습관적으로 두려워하는 상황을 떠올리는 소심한 교사는 기분전환 기술이 부족하여 스트레스를 악화시키는 경향이 있다(Dunham & Varma, 1998).

7. 학급관리 역량

학생들의 도전적인 행동을 관리하려고 노력하면서 생기는 스트레스는 종종 소진을 촉발한다. 학생들의 행동을 관리하는 것은 교사의 본질적인 업무 중의 하나이며 전문가로서의 정체성을 갖게 하는 핵심적인 요소이다. 따라서 지속적으로 훈육과 관련된 문제로 어려움을 겪는 교사들은 스트레스와 소진의 위험성이 높아진다.

많은 연구에서는 교사의 학생 행동문제에 관한 지각이 스트레스 수준과 관련성이 있음을 입증하고 있다(Kokkinos, 2007). 학생의 행동관리와 교사의 스트레스 및 소진

간의 관계에 대한 연구 결과들을 정리하면 다음과 같다.

- 교실환경이 나빠지면, 교사들은 정서적으로 고갈되고 학생들에 대한 부정적인 태도를 갖게 된다(Naring, Briet, & Brouwers, 2006).
- 격하고 정서적으로 고갈된 감정을 경험한 교사들은 가용한 인적 자원이 적고 행동문제를 가진 학생들을 다루기 위한 정서적인 여유가 없다(Egyed & Short, 2006).
- 정서적으로 고갈된 교사들은 그들의 학생들에게 무심해지며 비개인화 감정이 증가하면서 개인적인 성취감이 감소한다(Durr, 2008).
- 스트레스를 경험한 교사들은 비행을 하는 학생들에게 효과적인 방법으로 대응할 가능성이 떨어지는 경향이 있다(Maag, 2008).
- 학생과 학생의 훈육에 대하여 권위주의적이고 요구적인 태도를 가진 교사들은 파괴적인 학생의 행동에 직면하였을 때 과도한 스트레스를 경험한다(Bernard, 1988).
- 꾸중, 위협, 부정적인 결과로 특징지어지는 반응적인 개입 전략을 사용하는 교사들은 예방적인 전략을 사용하는 교사들보다 더 많은 스트레스를 경험한다(Clunies-Ross, Little, & Kienhuis, 2008).
- 교사의 언어적 공격 사용은 교사 소진의 세 가지 차원인 정서적 고갈, 비인간화, 개인적 성취의 결여 모두와 유의한 상관이 있다(Avtgis & Rancer, 2008).
- 교사의 벌 사용은 소진의 개인적 성취감 결여와 관련된다(Bibou-Nakou, Stogiannidou, & Kiosseoglou, 1999).
- 학생 통제에 대해 처벌적이고 도덕주의자적인 태도를 가진 교사들은 높은 수준의 소진을 경험한다(Bas, 2011).
- 학생들과의 개인적인 관계에 가치를 덜 부여할수록 교사들은 더 많이 소진되며, 학생들과의 개인적인 관계에 가치를 많이 부여할수록 교사들은 덜 소진된다(Cano-García et al., 2005).

Ⅲ. 교사 소진의 결과

개인은 일상생활에서 많은 스트레스 유발요인들에 직면하는데, 이러한 스트레스 요인들에 장기간 또는 빈번하게 노출되면 소진에 이르게 하는 정서적 고갈, 개인적인 성취도 감소, 비인간화 상태로 귀결되며, 교사의 소진은 직무수행 능력, 직무 만족도, 직업 헌신도, 수업의 질 등을 저하시킨다(Ullrich, Lambert, & McCarthy, 2010). 또한 소진으로 고통받는 교사들은 결근이 잦아지고, 사기가 낮아지며, 높은 이직률을 보인다(Anbar & Eker, 2007). 소진된 교사들은 복잡하고 중요한 결정을 내리지 못하거나 직장생활이나 개인생활에서 중요한 일들을 제대로 처리하지 못하게 된다(Jaffe-Gill & Larson, 2007; Nagy, 2006).

소진된 교사들은 학생과의 관계에서 학생에 대한 과민 반응, 극단적인 냉소, 학생 회피하기, 비합리적인 학생 훈육 등이 증가하게 된다(Nagy, 2006). Nagy(2006)는 광범위한 연구 및 자료 수집을 통해 개인의 소진 징후 목록을 만들었다. 이러한 징후에는 열심히 노력하지 않고, 낙담하거나 무관심하며, 변화에 대해 강하게 저항하고, 직업적으로나 개인적으로 다른 사람들을 만나는 것을 회피하는 것 등의 징후가 포함된다. 교사가 소진되면 회의에 늦고, 결근을 많이 하며, 집중하지 못하고, 무관심한 태도를 보이며, 학생의 성취도도 떨어진다(Nagy, 2006).

1. 정서적 고갈

정서적인 고갈은 소진의 원인과 결과로 설명될 수 있다(Atkinson, 2005). Anbar와 Eker(2007)는 정서적 고갈을 "심적 에너지의 고갈 또는 정서적 자원의 유출"(p. 15)로 묘사했다. 감정적인 스트레스와 소진은 인간의 정신과 육체를 서서히 손상시키고, 불안감, 긴장감, 좌절감, 지속적인 분노를 유발한다(Kim, 2005). 정서적 고갈은 다른 사람들의 과도한 요구에 압도된 것으로 볼 수 있는데, 이는 개인이 더 이상 업무를 수행할 수 없을 정도의 무력감을 갖게 한다(Hamann & Gordon, 2000; Jaffe-Gill & Larson, 2007).

정서적인 고갈이 시작되면 개인은 더 이상 직무를 수행하거나 개인적인 일에 개입하는 것에 가치를 두지 못하게 된다(Kim, 2005). 소진된 교사들은 교육에 대한 열정이 없어지며, 일상적으로 반복되는 일들을 가능한 한 빨리 처리하고 하루를 마무리하려 한다(Schwab, 1983). 이러한 열정, 추진력, 동기 등의 저하는 수업의 질 저하로 이어지며 이는 결국 학생들의 성취도 저하로 귀결된다(Anbar & Eker, 2007; Botwinik, 2007).

2. 개인적 성취감 감소

Anbar와 Eker(2007)는 소진과 장기간의 감정적 · 정신적 스트레스의 결과에 대한 조사 결과, 소진이 정상적인 행동을 저해한다는 사실을 발견했다. 예를 들어, 교사 소진의 증상에는 대인관계에서의 어려움, 주제에 대한 주의집중 부족, 지나치게 예민함, 자주 화를 냄, 쉽게 포기함, 자주 울기, 부주의, 죄책감, 다른 사람을 괴롭히는 행동, 술 의존도 증가, 업무 미루기, 변화에 대한 저항, 직무와 관련된 사고의 증가 등이 포함된다. Anbar와 Eker(2007)는 교사들 사이의 행동적 소진은 학생들에게 부정적인 영향을 주며 행동적 소진으로 인해 수업의 질이 저하될 것이라고 하였다. 행동적 소진을 경험한 교사는 학생들을 교육하려는 노력에 대해 부정적 결과를 도출하게 된다. 또한 소진된 교사는 병가를 자주 내고 전근을 자주 가며, 교직을 그만두거나 술이나 약물을 남용하고, 가족들 간에도 갈등을 자주 겪는 것으로 밝혀졌다(Anbar & Eker, 2007; Wood & McCarthy, 2002).

3. 비인간화

비인간화는 오래된 정서적 고갈에서 비롯된다(Sierra-Siegert & David, 2007). 비인간화로 고통받는 개인은 다른 사람들의 요구에 반응하지 않게 된다. 비인간화는 뚜렷한 이유 없이 타인에 대해 부정적이고, 분리되며, 냉담하고, 비인간적인 행동을 하게 한다(Anbar & Eker, 2007). 비인간화는 개인이 자기가치를 거의 느끼지 못하게 하여 직무수행 의지를 꺾어서 개인적인 성취감을 감소시킬 수 있다(Hamann & Gordon, 2000).

교사의 비인간화는 다른 사람들과 함께 활동하는 것에 대한 부정적인 감정을 초래한다(Hamann & Gordon, 2000). 이러한 부정적인 감정은 학생들의 성취도를 저하시키는 결정적 요인이 된다. 즉, 다른 사람들과 전문적으로 협조하지 못하는 교사는 학생을 전문적으로 교육하지 못하게 된다(Dworkin, 2001; Wood & McCarthy, 2002). 정서적 고갈을 겪은 교사는 비인간화를 겪고, 학생의 요구에 거의 관심을 기울이지 않는다. 또한 학생과의 교류를 단절하며 학생들에 대해 경멸적이고 냉소적인 태도를 보이게 된다(Anbar & Eker, 2007; Schwab, 1983). 비인간화는 수업의 질을 저하시켜 종국에는 학생들의 성취도를 떨어뜨리게 된다(Dworkin, 2001; Wood & McCarthy, 2002).

Ⅳ. 교사 소진의 예방방안

Botwinik(2007)은 스트레스나 소진에 대한 최선의 예방방안은 같은 문제에 직면한 사람들이 서로 간에 멘토로서 활동하게 하는 방법이라고 제안했다. 교사는 서로의 어려움을 가장 잘 이해하여 궁극적으로 최선의 도움을 제공할 수 있기 때문이다(Botwinik, 2007). 따라서 교사는 동료 교사와 함께 학생들을 성공적으로 교육하고 지원하기 위해 협력적인 지지구조를 만들고 발전시켜 나갈 필요가 있다(Botwinik, 2007). 이 절에서는 교사의 소진을 예방하기 위한 방안들을 살펴보겠다.

1. 관리자의 지원

DiPaola와 Hoy(2008)에 따르면, 학교 관리자는 모든 교사에게 유익한 학교 분위기를 조성해 주어야 할 책임이 있다. 관리자들은 교사들이 자신들을 중요한 교육의 주체로 인식할 수 있도록 해야 하고, 교사들의 요구사항들을 공정하게 수용하고 충족시켜 주어야 한다(Nieto, 2007). 관리자는 교사가 전문가로서 성장할 수 있도록 전문성 개발을 지원해야 할 막중한 책임도 가지고 있다. 관리자는 경험이 없는 신규교사나 경력이 적은 교사를 위한 코치와 멘토 역할도 수행해야 한다(DiPaola & Hoy, 2008). 교사들은 자신들을 이해하고 적극적으로 지원하는 관리자들과 함께하면 스트레스를 덜 받게 된다(Black, 2004; Dunford, 2007). 관리자는 교사를 평등하게 대우하고 그들의 가치와 의견을 존중해야 한다(DiPaola & Hoy, 2008). 이러한 존중과 지원은 교사들로 하여금 스트레스를 해소하게 하고 정신적으로 고갈될 위험성을 낮추어 소진이 일어나는 것을 예방한다.

관리자가 교사와 함께 맺어 가는 공식적 · 비공식적인 관계는 교사들의 소진 예방에 있어 중요한 역할을 한다. Senge, Smith, Kruschwitz, Laura와 Schley(2010)는 관리자가 문제를 해결하고 의사결정을 하는 데 있어서 '시스템적인 방식'을 취해야 한다고 제안했다. 시스템적인 방식은 학교에 근무하는 직원 모두가 의사결정 과정에 참여하는 것으로, 이를 원만히 실행하기 위해서는 이들 간의 긴밀한 협력과 소통이 필수적으로 요구된다. 이는 교사들로 하여금 자신의 역할과 직무에 대한 자부심과 연결할 수 있게 만들며 교사가 자신의 가치를 더 높게 평가하게 한다. 자신의 가치를 높게 평가하는 교사일수록 감정적인 스트레스에 덜 취약해진다(Black, 2004; Botwinik, 2007; DiPaola & Hoy, 2008).

2. 전문적 역량의 개발

최근 들어 많은 교사는 학생들의 학습지도 측면에서도 스트레스를 많이 받지만 생활지도와 관련하여 더 많은 스트레스를 받고 소진을 경험한다고 호소한다. 이러한 문제를 해결하기 위해서는 민주적인 훈육방식, 의사소통 능력, 분노조절 능력, 문제해결 능력 등과 관련된 전문적 역량을 개발할 필요가 있다.

Dreikurs, Grunwald와 Pepper(1982)는 교사의 훈육방식을 전제적인 방식, 허용적인 방식, 민주적인 방식으로 분류하여 제시하였는데, 전제적인 훈육방식을 사용하는 교사는 학생들이 스스로 자신의 행동을 통제할 수 없다고 생각하여 무엇을 해야 할지 지시하고, 교사의 생각을 강요하며, 명령을 하고, 힘을 사용하여 압력을 가하는 것과 같은 지배적인 성향을 보인다. 학생들이 잘못을 하였을 경우에는 지적하고 벌을 가하며, 모든 절차와 규칙, 위반 시의 처벌 내용과 방법 등을 혼자 결정하는 특성을 보인다. 허용적인 훈육방식을 사용하는 교사들은 학생들이 성인으로부터 강요받지 않고 자유로운 경험을 많이 하게 되면 스스로 착하고 올바른 행동을 하게 될 것이라는 믿음을 가지고 있으며, 따라서 그들의 행동을 거의 제약하지 않고 그들이 문제행동을 했을 때에도 그것이 고의로 한 것이 아니라 잘못된 사회환경으로 인하여 발생한 것으로 생각하여 처벌을 하지 않는다. 민주적인 훈육방식을 사용하는 교사들은 학생들에게 많은 자율성을 부여하며 그들이 지켜야 할 규칙과 위반 시의 처벌 내용 및 방법 등을 그들과 함께 결정하되, 그 결과에 대해 항상 책임을 지도록 지도함으로써 학생들이 스스로 자신의 행동을 통제하는 능력을 발달시킬 수 있도록 지도한다(강윤정, 2006).

과거에는 전제적인 훈육방식을 주로 사용하여 학생들을 지도하여도 커다란 문제가 발생하지 않았지만 최근에는 학생의 인권이 강조되고 체벌의 사용이 전면적으로 금지되는 등 시대적 환경이 변화하였다. 따라서 교사들이 전제적인 훈육방식을 사용하여 학생들을 지도하려고 하면 학생과 학부모들의 반발에 부딪히게 되고, 이것이 갈등의 원인이 되어 스트레스와 소진으로 연결되는 경우가 많다. 따라서 이를 예방하기 위해서는 교사 자신의 훈육방식을 다시 한 번 점검하여 민주적인 훈육방식으로 학생들을 지도하려는 변화 노력이 필요하다.

분노는 사회적인 상황에서 어떻게 표현되느냐에 따라 그 결과가 매우 다른 양상으로 나타난다. 분노를 기능적인 측면에서 살펴보면, 위험 상황에서 자신을 지키기 위한 자기방어 체계의 일부분으로 의사소통을 원활하게 해 주고(Yavuzer & Karatas, 2013), 때로는 개인의 동기나 목표를 추구하는 행동들을 증가시키는 긍정적 역할을 하기도 한다(이근배, 2008). 그러나 역기능적으로 표현될 때 분노는 대인관계를 악화시키거나 적대적이고 파괴적인 행동을 일으킬 뿐만 아니라 신체질병의 원인이 되기도 한다(Burns, Bruehl, & Quartana, 2006). 이처럼 분노를 잘 다루면 환경에 적응하게 하여 삶의 에너지를 주지만, 역기능적으로 표현될 경우에는 신체적 · 심리적 · 사회적인 측면에서 부정적인 결과를 초래한다(김영희, 2015). 따라서 스트레스 상황이나 갈등 상황에서 분노를 잘 관리하지 못하면 교육활동 침해와 심리적 소진의 가능성이 높아지므로 이를 예방하기 위해서는 분노조절 능력을 함양할 필요가 있다.

의사소통 능력이란 상호 간의 대화가 이루어지는 맥락과 상호 간의 사회적 관계를 고려하면서 상대방의 말을 정확히 해석하고 자신이 의도하는 바를 언어 또는 비언어로 전달하는 능력을 말한다(이석재, 장유경, 이헌남, 박광엽, 2003). 이러한 의사소통 능력은 자기개방을 통해 관계를 유지 및 증진시키며 신뢰관계 또한 증진시키고(이석재 외, 2003; 이숙자, 2009), 자기이해와 자아수용을 통해 대인관계를 향상시킬 수 있다. 또한 조직 구성원의 협력 및 협조(Baker, Horvath, Campion, Offermann, & Salas, 2005)와 대인관계 갈등과 의사소통 갈등을 감소시킬 수 있는 수단이 되기도 한다(박상연, 1994; 장화순, 2003). 그러나 이러한 의사소통 능력이 부족하면 갈등이 증폭되고 그 결과로 교육활동 침해 및 심리적 소진을 초래할 가능성이 높아지게 된다. 그렇기에 이를 예방하기 위해서는 자신의 의사소통 방식을 분석하고 문제점을 보완함으로써 의사소통 능력을 증진시킬 필요가 있다.

문제해결은 문제가 발생한 상태나 상황을 원하는 목적 상태나 목표로 옮기는 과정으로(이승희, 2012), 주어진 상태와 목적 간의 차이 해소 방법을 찾는 것을 말한다. 문제해결력이란 이미 습득한 지식을 구체적으로 적용하여 직면한 문제를 해결할 수 있는 힘을 의미하며(김경옥, 류성림, 2009), 자신의 지식을 이용하여 적절한 조건을 전제하고 가설을 설정한 후에 논리적으로 타당한 해결책을 추론하는 행위라고 할 수 있다(송설란, 2011). 인간은 어떤 문제에 직면했을 때 문제를 해결하려고 접근하거나 회피하는 행동 경향성이 있는데, 이러한 경향성을 긍정적 문제 지향과 부정적 문제 지향이라고 한다. 긍정적 문제 지향은 문제를 도전으로 인식하여 긍정적 정서, 접근 경향성, 건설적 문제해결 활동, 불확실성이나 좌절에 대한 인내심, 지속적인 노력 등을 하게 한다. 부정적인 문제 지향은 역기능적인 인지, 정서로서 문제를 행복의 위협요소로 인식하고 이를 스스로 해결할 수 있는 능력이 없다고 생각하여 부정적 정서를 가지고 문제를 회피하게 한다(이석재 외, 2003).

결국 부정적인 문제 지향을 가진 교사들은 갈등이나 문제 상황에서 불안, 화, 우울과 같은 부정적 정서를 주로 경험하고, 자신에게 문제해결 능력이 없다고 생각함으로써 그것을 적극적으로 해결하려고 하기보다는 회피하려는 경향이 강하다. 이는 결국 문제해결의 시기를 놓쳐 더욱 상황을 악화시키고 이것이 폭발하면 교권침해 및 심리적 소진을 초래하게 된다. 따라서 이를 예방하고 재발을 방지하기 위해서는 교사들이 문제에 직면했을 때 그것을 적극적으로 해결하려는 긍정적 문제 지향을 갖도록 조력할 필요가 있다.

3. 교사의 자율성 확대

많은 교육전문가는 현재의 다양한 학교문제를 잘 해결할 수 있는 최선의 방법이 교사들에게 권한을 부여하는 것이라고 하였다(Pearson & Moomaw, 2006). 또한 교사의 자율성이 낮을수록 스트레스를 더 많이 받고 소진될 가능성이 높으며 교사의 자율성이 높을수록 그들의 만족도도 높아지므로, 교사가 전문가로서 인정받고 자율성을 부여받아야 한다고 주장했다. 그들은 의사가 환자에게 해 줄 수 있는 최선의 방법이 무엇인지를 알고 있듯이 교사는 학생들에게 무엇이 최선인지를 알고 있으므로, 교사가 학생에게 필요한 것을 스스로 결정하여 제공할 수 있는 권한을 부여받아야 한다고 주장했다(Pearson & Moomaw, 2006).

위기에 처한 국가(1983)와 「아동낙오방지법」(2002)과 같은 교육개혁은 교사들의 자율성을 빼앗고 교실에서 실제로 일어나는 일에 대해 교사들의 자율성을 무력화하였다. 이러한 개혁의 과정에서 교사들은 더 이상 학생의 교육적 요구에 적절하게 대응할 수 있는 전문가로 대우받지 못했다. 결과적으로 독창적이고 자율적인 교사가 표준화된 시험에 대비하여 지도서만을 엄격하게 따라 가르치는 교사보다 교직에 더 많은 만족감을 보인다(Pearson & Moomaw, 2006).

4. 전문적인 학습공동체의 참여

전문적인 학습공동체(Professional Learning Communities: PLC)는 교사들에게 우수한 수업 사례를 공유하고 새로운 교수법을 개발하는 데 있어서 서로를 지원하고 조력할 수 있는 좋은 기회를 제공한다(DuFour, 2004). PLC는 대개 여러 부서, 학년, 과목을 불문하고 다양한 배경을 가진 교사들로 구성되며, 주요 활동내용은 우수한 수업 사례 및 새로운 교수법 등을 공유하는 것이다. DuFour(2004)는 PLC가 교사의 전문성을 개발하는 가장 효과적인 전략이라고 주장했다. 이러한 전문성 개발은 교사들의 자신감과 수업기술 향상으로 이어져 궁극적으로 학생들에게 높은 수준의 교육을 제공할 준비가 된 효과적이고 동기화된 교사로 만들며, 이는 교사의 소진을 예방하는 데 있어서 중요한 역할을 한다(DuFour, 2004).

5. 적절한 운동

모든 신체활동은 스트레스를 줄이는 데 도움이 되며 건강하고 스트레스 없는 생활에 필수적인 요소이다(Hamann & Gordon, 2000). 운동은 신체, 정신 및 영혼을 충분히 재충전하고 활력을 줄 수 있으며 다양한 장점을 가진 효과적인 치료법으로 작용한다(Conn, 2010). Jaffe-Gill과 Larson(2007)은 운동이 실제로 우울증, 불안, 슬픔 등의 감정을 예방하고 치료할 수 있게 한다고 주장했다. 스트레스를 해소하는 데 필요한 운동의 수준과 강도는 사람마다 다르다. Conn(2010)은 스트레스를 완화하는 가장 좋은 운동은 활동하는 것이라 하였고, 이 과정에서 신체의 근육을 정기적으로 사용하는 것 또한 중요하다(Kim, 2005). 육체적으로 활동적이 되면 신체가 스트레스와 감정적인 소진에 반응하여 생성된 인체에 해롭고 치명적인 화학물질과 독소들을 제거할 수 있다(Conn, 2010).

6. 기타 실용적인 예방 전략

교사들이 평소에 쉽게 실천할 수 있고 효과도 좋은 스트레스 예방 전략을 알고 실천하는 것도 소진을 예방하는 중요한 방법 중의 하나이다. 다음에 제시한 방법들은 일상생활에서 쉽게 실천할 수 있는 소진 예방 방법들이다.

- 보통의 속도로 심호흡을 하는 것은 즉각적인 스트레스 요인을 없애기 위한 매우 쉽고 실용적인 방법인데, 이는 실제로 신체의 교감신경계를 완화시켜 이완을 유발한다(Kim, 2005).
- 매일 혼자 조용한 시간을 보내는 것도 과학적으로 신체의 이완 반응을 촉진시키고, 혈압을 낮추며, 맥박을 감소시키고, 혈액순환을 개선시키는 효과가 있는 것으로 입증되었다(Kim, 2005).
- 유익한 비타민을 많이 섭취하는 방법도 에너지와 긍정적인 감정을 갖는 데 도움이 된다. 비타민 B와 D, 오메가-3 지방산의 섭취는 정서적 건강과 신체적 건강을 증진시키는 데 도움이 된다(Kim, 2005).
- 고립된 생활을 탈피하여 다른 사람들과 회의나 학습 및 전문성 개발 등을 위해 함께 활동하는 것이 무엇보다 중요하다(DuFour, 2004).
- 다른 사람들과 점심식사를 함께하고 일과 관련이 없는 이야기를 나누는 것이 개인의 동기를 고취시키고 소진을 예방하는 데 도움이 된다(Nagy, 2006).
- 의도적으로 자주 웃는 것도 건강에 좋으며, 개인적인 한계를 이해하고 수용하는 것도 스트레스를 줄이고 예방하는 데 중요하다(Nagy, 2006).
- 아니라고 말하거나 불합리한 목표에 대해 자신의 의견을 명확하게 피력하는 것 또한 개인적인 건강 증진에 도움이 된다(Nagy, 2006).

V. 교사 소진의 치유방안

교사 소진의 대표적인 원인 중의 하나인 교육활동 침해에 관한 교육부의 현황조사에 따르면, 지난 5년간 17개 시 · 도의 교육활동 침해 건수는 총 2만 5,801건에 이르며, 연도별로는 2012년 7,971건을 정점으로 점차 감소 추세에 있으나 아직도 매년 3,000여 건 이상의 교육활동 침해 사안이 발생하고 있다(〈표 10-2〉 참조). 교사들이 직무스트레스와 소진을 이유로 조기퇴직을 심각하게 고민하고 있고 이를 반영하듯 전국적으로 명예퇴직을 신청한 교사가 사상 최대치를 기록한 것은 학교현장에서 교사들의 스트레스와 심리적 소진이 심각하게 발생하고 있음을 보여 주는 결과라 할 수 있다(경기도교육연구원, 2014).

〈표 10-2〉 연도별 교육활동 침해 현황

유형 / 연도	학생에 의한 교육활동 침해					학부모에 의한 교육활동 침해	합계
	폭행	폭언, 욕설	성희롱	수업 방해	기타		
2011	59	2,889	52	1,005	749	47	4,801
2012	132	4,933	98	1,808	872	128	7,971
2013	71	3,730	62	1,088	542	69	5,562
2014	86	2,531	80	822	427	63	4,009
2015	83	2,154	107	653	349	112	3,458
합계	431	16,237	399	5,376	2,939	419	25,801

출처: 교육부(2016).

교육활동 침해 등의 문제로 인하여 소진된 교사들을 치유하고 신속한 회복과 교직 복귀를 지원하기 위하여 「교원의 지위 향상 및 교육활동 보호를 위한 특별법」 제17조에 각 시 · 도교육청에 교원치유지원센터를 지정하여 운영할 수 있도록 규정하고 있다. 이와 관련하여 교육부는 2016년에는 부산시교육청, 대구시교육청, 대전시교육청, 제주도교육청의 4곳을 '교원치유지원센터 시범교육청'으로 지정하여 운영하였고, 교육활동 침해 피해교원의 치유서비스를 지원하였으며, 2017년부터는 17개 시 · 도교육청에서 센터를 설립하여 서비스를 실시하고 있다.

교원치유지원센터는 교육활동 침해를 예방하고 교육활동 침해 피해교원의 치유를 지원하며 이후에 정상적인 교육활동으로 다시 복귀할 수 있도록 맞춤형 지원을 하는 역할을 수행하게 되는데, 이를 도식화하면 [그림 10-1]과 같다(교육부, 한국교육개발원, 2017).

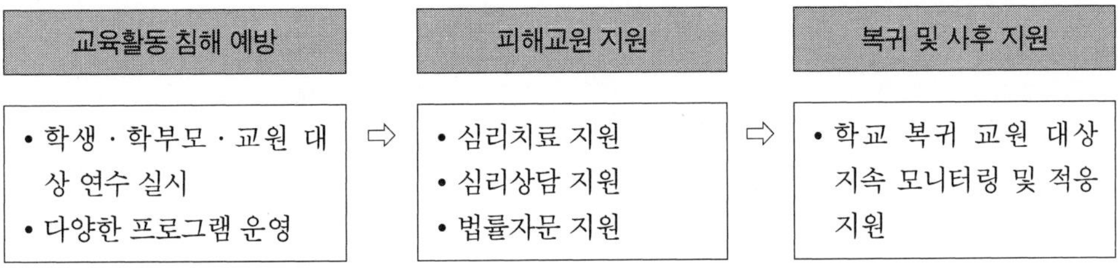

교육활동 침해 예방		피해교원 지원		복귀 및 사후 지원
• 학생 · 학부모 · 교원 대상 연수 실시 • 다양한 프로그램 운영	⇨	• 심리치료 지원 • 심리상담 지원 • 법률자문 지원	⇨	• 학교 복귀 교원 대상 지속 모니터링 및 적응 지원

[그림 10-1] 교원치유지원센터의 역할

이를 좀 더 구체적으로 3단계로 제시하면 다음과 같다. 우선, 1단계에서는 '상시적인 교육활동 침해 예방' 활동을 실시한다. 이를 위해서 교원, 학생, 학부모를 대상으로 교육활동 침해 예방교육 및 학생과의 소통 코칭연수를 실시하고 교육활동 예방과 관련된 연수자료를 제작하여 보급한다.

2단계에서는 피해교사를 위한 '치유 지원' 활동을 실시한다. 치유 지원의 구체적인 활동으로는 전문상담사의 상시적 대면상담은 물론 접근성을 강화하기 위해 온라인상담도 지원하며 지역의 상담자원과 연계한 교원 맞춤형 상담을 지원한다. 또한 교육활동 침해로 인한 피해교원은 물론이고 학생과 학부모도 함께 상담을 지원한다. 그리고 지정 병원과 연계한 맞춤형 심리치료 서비스도 지원하며 학교교권위원회에서 추천된 피해교원에게는 심리치료 비용도 지원한다. 아울러 상근 변호사를 통해 상시적으로 법률상담을 지원하고 시·도교육청 법률지원단 및 고문 변호사와 연계한 맞춤형 법률상담도 지원한다.

3단계에서는 '피해교원의 학교 복귀 및 사후 지원' 활동을 실시한다. 이를 위해서 복귀 후 외상 후 스트레스를 관리하고 지원하며 맞춤형 치유 프로그램을 안내하고 운영한다.

학습과제

이 장의 '개요' 부분에서 제시된 사례와 관련하여 다음의 질문에 답해 보시오.

1. 여러분이 김 교사라면 이 상황에서 어떻게 대처하겠는가? 그 이유는?
2. 이러한 사안이 발생하게 된 다양한 원인 중 교사 차원에서의 원인은? 그것을 보완하기 위한 방법은?
3. 김 교사가 혼자서 이 문제를 해결하기가 어렵다고 판단하였을 때 도움을 받을 수 있는 방법은?
4. 김 교사의 요청에 대한 교장의 대응 측면에서의 문제점은? 교장의 올바른 대처방안은?

참고문헌

강윤정(2006). 아동이 지각한 교사의 훈육유형과 학교생활만족도와의 관계. 한국교원대학교 대학원 석사학위논문.

경기도교육연구원(2014). 경기도 교권침해 피해 교사 치유 방안. 일반과제 2014-06.

교육부(2016). 교육활동 침해사건 전국 집계 현황(2010~2015년도).

교육부, 한국교육개발원(2017). 2017 교원치유지원센터 운영 매뉴얼.

김경옥, 류성림(2009). 상황제시형 수학 문제 만들기(WQA) 활동이 문제해결력 및 수학적 태도에 미치는 영향. 학교수학, 11(4), 665-683.

김영희(2015). 초등학생의 분노조절 능력 향상을 위한 부모연계 프로그램 개발. 아주대학교 대학원 박사학위논문.

김정인, 박영호(2000). 교사의 직무스트레스와 건강과의 관계에서 사회적 지지와 강인성의 역할. 교육이론과 실천, 10(1), 453-481.

김정휘, 고홍화(2000). 교사의 직무 스트레스 연구. 서울: 배영사.

김정휘, 김태욱(2006). 교사의 직무 스트레스와 탈진. 서울: 박학사.

김혜경(2011). 직무환경, 완벽주의, 사회적 지지가 교사의 소진에 미치는 영향: 교사 효능감의 매개효과. 안양대학교 대학원 박사학위논문.

박상연(1994). 주장훈련과 가치명료화 훈련이 간호사의 갈등정도와 갈등 관리방식에 미치는 효과. 이화여자대학교 대학원 박사학위논문.

송설란(2011). 페르미 문제에 대한 문제해결력과 정당화 과정. 한국교원대학교 대학원 석사학위논문.

유정이, 박성호, 유성경(2003). 상담자와 초등교사의 소진 관련 변인 연구. 청소년상담연구, 11(2), 111-120.

이근배(2008). 분노기분에서의 반추사고와 반추초점의 효과. 경북대학교 대학원 박사학위논문.

이석재, 장유경, 이헌남, 박광엽(2003). 생애 능력 측정 도구 개발 연구: 의사소통 능력, 문제 해결 능력, 자기 주도적 학습 능력을 중심으로. 충북: 한국교육개발원.

이승희(2012). 학습부진아의 자기조절학습 프로그램 수행경험에 대한 사례연구. 경인교육대학교 대학원 석사학위논문.

장화순(2003). 자기주장훈련 프로그램이 정신분열환자의 주장행동과 대인관계에 미치는 영향. 이화여자대학교 대학원 석사학위논문.

Aldwin, C. M., & Gilmer, D. F. (2004). *Health, illness, and optimal aging: Biological and psychosocial perspectives*. Thousand Oaks, CA: Sage.

Anbar, A., & Eker, M. (2007). The relationship between demographic characteristics and burnout among academicians in Turkey. *Journal of Academic Studies, 34,* 14-35.

Atkinson, B. (2005). Emotional exhaustion: A price to pay for your civic duty. *American Public Power Association Journal,* July/August.

Avtgis, T. A., & Rancer, A. S. (2008). The relationship between trait verbal aggressiveness and teacher burnout syndrome in K-12 teachers. *Communication Research Reports, 25*(1), 86-89.

Baker, D. P., Horvath, L., Campion, M, Offermann, L., & Salas, E. (2005). *The ALL team work frame work, international adult literacy survey, measuring adult literacy and life skill: New frame works for assessment.* Canada, Ontario: Statics canada.

Bernard, M. E. (1988). Classroom discipline and the effective self-management of teacher stress. *S. E. T. materials for teachers.* Melbourne: NewZealand/Australian Councils for Educational Research.

Bibou-Nakou, I., Stogiannidou, A., & Kiosseoglou, G. (1999). The relation between teacher Burnout and teachers' attributions and practices regarding school behavior problems. *School Psychology International, 20*(2), 209-217.

Black, S. (2004). Stroking stressed-out teachers. *Educational Digest, 69*(5), 28-32.

Botwinik, R. (2007). Dealing with teacher stress. *The Clearing House Heldref Publications*, 271-272.

Brown, G. W., & Harris, T. O. (1989). Depression. In G. W. Brown, & T. O. Harris (Eds.), *Life events and illness* (pp. 49-93). New York: Guilford Press.

Burns, J. W., Bruehl, S., & Quartana, P. J. (2006). Anger management style and hostility among patients with chronic pain: effects on symptom-specific physiological reactivity during anger-and sadness-recall interview. *Psychosomatic Medicine, 68*(5), 786-793.

Cano-García, F. J., Padilla-Munoz, E. M., & Carrasco-Ortiz, M. A. (2005). Personality and contextual variables in teacher burnout. *Personality and Individual Differences, 38*(4), 929-940.

Carson, R. L., Plemmons, S., Templin, T. J., & Weiss, H. M. (2011). "You are who you are": A mixed method study of affectivity and emotional regulation in curbing teacher burnout. In G. M. Reevy & E. Frydenberg (Eds.), *Personality, stress, and coping: Implications for education* (pp. 239-265). Charlotte, NC: Information Age Publishing.

Chen, E., Hanson, M. D., Paterson, L. Q., Griffin, M. J., Walker, H. A., & Miller, G. E. (2006). Socioeconomic status and inflammatory processes in childhood asthma: The role of psychological stress. *Journal of Allergy & Clinical Immunology, 117*(5), 1014-1020.

Chen, M., & Miller, G. (1997). *Teacher stress: A review of the international literature.* Retrieved from ERIC database. (ED410187)

Clunies-Ross, P., Little, E., & Kienhuis, M. (2008). Self-reported and actual use of proactive and reactive classroom management strategies and their relationship with teacher stress and student behavior. *Educational Psychology, 28*(6), 693-710.

Conn, V. S. (2010). Anxiety outcomes after physical activity interventions: Meta-analysis findings. *National Institute of Health Public Access, 59,* 224-231.

Dimsdale, J. E. (2008). Psychological stress and cardiovascular disease. *Journal of the American College of Cardiology, 51*(13), 1237-1246.

DiPaola, M. F., & Hoy, W. K. (2008). *Principals improving instruction: Supervision, evaluation, and professional development.* Boston, MA: Pearson Education.

Dohrenwend, B. P. (2000). The role of adversity and stress in psychopathology: Some evidence and its implications for theory and research. *Journal of Health & Social Behavior, 41*(1), 1-19.

Dreikurs, R., Grunwald, B., & Pepper, F. (1982). *Maintaining sanity in the classroom.* N.Y.: Harper & Row.

DuFour, R. (2004). What is a "professional learning community?" *Educational Leadership, 61*(8), 6-11.

Dunford, J. (2007). School leadership: The last ten years. *Education Journal, 106,* 8.

Dunham, J., & Varma, V. (1998). *Stress in teachers: Past, present and future.* London: Whurr Publishers.

Durr, J. (2008). *Identifying teacher capacities that may buffer against teacher burnout.* Columbus, OH: The Ohio state University. Unpublished doctoral dissertation.

Dworkin, A. G. (1987). *Teacher burnout in the public schools: Structural causes and consequences for children.* SUNY Press Albany, NY: State University of New York Press.

Dworkin, A. (2001). Perspectives on teacher burnout and school reform. *International Education Journal, 2,* 69-77. Retrieved fromhttp://www.finders.edu.au/education/iej

Dworkin, G. (2001). Perspectives on teacher burnout and school reform. *International Education Journal, 2*(2), 69-78.

Egyed, C. J., & Short, R. J. (2006). Teacher self-efficacy, burnout, experience and decision to refer a disruptive student. *School of Psychology International, 27*(4), 462-474.

Farber, B. A. (1984). Stress and burnout in suburban teachers. *Journal of Educational Research, 77*(6), 325-331.

Fisher, M. H. (2011). Factors influencing stress, burnout, and retention of secondary teachers. *Current Issues in Education, 14*(1), 1-37.

Greenglass, E. R., Burke, R. J., & Konarski, R. (1997). The impact of burnout in teachers: Examination of a model. *Work & Stress, 11,* 267-278.

Hamann, D. L., & Gordon, D. G. (2000). Burnout: An occupational hazard. *Music Educators Journal, 87*(3), 1-7.

Jaffe-Gill, E., & Larson, H. (2007). *Understanding stress: Signs, symptoms, cause, and effects.* Retrieved from http://www.helpguide.org

Kim, B. (2005). *Emotional stress: How chronic emotional stress can ruin your health*. Retrieved from http://www.drbenkim.com/reduce-stress.html

Kiyriacou, C. (2001). Teacher Stress: Directions for future research. *Educational Review, 53*(1), 27-35.

Kokkinos, C. (2007). Job stressors, Personality and burnout in primary school teachers. *British Journal of Educational Psychology, 77*, 229-243. doi: 10.1348/000709905X9044

Langan-Fox, J., & Cooper, C. L. (2011). *Handbook of stress in the occupations*. Cheltenham, UK: Edward Elgar Publishing Limited.

Lopez, S., Snyder, C., & Pedrotti, J. (2003). Hope: Many definitions, many measures. In S. Lopez & C. Snyder (Eds.), *Positive psychology assessment: Handbook of models and measures* (pp. 91-106). Washington, DC: American Psychological Association.

Maag, J. W. (2008). Rational-emotive therapy to help teachers control their emotions and behavior when dealing with disagreeable students. *Intervention in School and Clinic, 44*(1), 52-57.

Maslach, C. (2001). What have we learned about burnout and health? *Psychology and Health, 16*, 607-611.

Maslach, C., Schaufeli, W. B., & Leiter, M. P. (2001). Job burnout. *Annual Review of Psychology, 52*, 397-422.

Mazur, P. J., & Lynch, M. D. (1989). Differential impact of administrative, organization, and personality factors on teacher burnout. *Teaching and Teacher Education, 5*, 337-353.

Mechteld, R. M., Visser, E. M. A., Smets, F. J., & Oort, C. J. M. (2003). stress, satisfaction and burnout among dutch medical specialists. *Canadian Medical Association Journal, 168*, 271-275.

Merbler, J., Schlichte, J., & Yssel, N. (2005). Pathways to burnout: Case studies in teacher isolation and alienation. *Preventing School Failure, 50*(1), 35-40. Retrieved from Firstresearch.

Mo, K. (June, 1991). Teacher burnout: Relationships with stress, personality and social support. *UHK Educational Journal, 19*(1), 3-11.

National Commission on Excellence in Education. (1983). *A nation at risk: The imperative for educational reform*. Washington, DC: GPO.

Nagy, M. L. (2006). Changes for avoiding burnout in teachers and advisers. *Educational Digest, 72*(2), 14-18.

Naring, G., Briet, M., & Brouwers, A. (2006). Beyond-control: Emotional labour and symptoms of burnout in teachers. *Work and Stress, 20*(4), 303-315.

Nieto, S. (2007). *Affirming diversity: The sociopolitical context of multicultural education* (5th ed.). USA: Pearson Education, Inc.

No Child Left Behind (NCLB) Act of 2001, Pub. L. No. 107-110, § 115, Stat. 1425 (2002).

Pearson, L. C., & Moomaw, W. (2006). Continuing validation of the teaching autonomy scale. *The Journal of Educational Research, 100*(1), 44-51.

Schaufeli, W. B., & Enzmann, D. (1998). *The companion to study and practice: A critical analysis.* London: Taylor & Francis.

Schneiderman, N., Ironson, G., & Siegel, S. D. (2005). Stress and health: Psychological, behavioral, and biological determinants. *Annual Review of Clinical Psychology, 1,* 607-628.

Schwab, R. L. (1983). Teacher burnout: Moving beyond "psychobabble." *Theory Into Practice, 22*(1), 21-26.

Senge, P. M., Smith, B., Kruschwitz, N., Laura, J., & Schley, S. (2010). *The necessary revolution: How individuals and organizations are working together to create a sustainable world.* New York: Crowne Business.

Sierra-Siegert, M., & David, A. S. (2007). Depersonalization and individualization: The effect of culture on symptom profiles in panic disorder. *The Journal of Nervous and Mental Disease, 195,* 989-995.

Turk, D. C., Meeks, S., & Turk, L. M. (1982). Factors contributing to teacher stress: Implications for research, prevention, and remediation. *Behavioral Counseling Quarterly, 2*(1), 3-25.

Tornero, B., & Taut, S. (2010). A mandatory, high stakes national teacher evaluation system: Perceptions and attributions of teachers who actively refuse to participate. *Studies in Educational Evaluation, 36*(4), 132-142.

Ullrich, A., Lambert, R. G., McCarthy, C. J. (2010). Comparing stress, coping and burnout symptoms between elementary teachers in the USA and Germany. *The Center for Educational Measurement and Evaluation.* Retrieved from http://www.uncc.edu

Watson, D., Clark, L. A., & Harkness, A. R. (1994). Structures of personality and their relevance to psychopathology. *Journal of Abnormal Psychology, 108,* 18-31.

Wood, T., & McCarthy, C. (2002). Understanding and preventing teacher burnout. Washington, DC: ERIC Clearinghouse on Teaching and Teacher Education. Relationship between automatic thoughts and physical aggression in adolescents. *Turkish Journal of Psychiatry, 24*(2), 117-123.

Yavuzer, Y., & Karatas, Z. (2013). The Mediating Role of Anger in the Relationship Between Automatic Thoughts and Physical Aggression in Adolescents. *Turkish Journal of Psychiatry, 24*(2), 117-123.

Yong, Z., & Yue, Y. (2007). Causes of burnout among secondary, and elementary school teachers and preventative strategies. *Chinese Education and Society, 40*(5), 78-85.

제11장 교장 승진제도와 교장 공모제도

박상완(부산교육대학교 교수)

개요

여느 기관(조직)이나 기관을 대표하는 최고 책임자가 있다. 기관의 규모와 성격에 따라 차이는 있겠지만, 최고 책임자가 가진 가치와 비전, 자질과 역량에 따라 기관이 운영되는 방식과 성과, 그 기관 속에서 생활하는 구성원의 삶은 많은 영향을 받는다. 초 · 중등학교에서 학교를 대표하는 최고 책임자는 교장이다.

우리나라에서 (초등) 교장은 직업 선호도 1위로 발표된 적이 있을 정도로 사회적으로 선망받는 자리이다. 일반적으로 직업에 대한 선호도는 돈, 명예, 직무 수행의 난이도, 발전 가능성, 사회적 기여, 성취감, 보람 등 다양한 요인에 영향을 받는다. 우리나라에서 교장이 선망받는 이유가 무엇이든 초 · 중등학교 교사들 중 상당수는 교장으로 승진하기를 희망하고 승진을 위해 노력하고 있거나 그래 왔다는 점에서 교장은 중요한 자리임에 틀림없다. 이는 연구를 통해서도 증명되고 있다. 학교교육 효과를 분석한 연구들은 대체로 교장(그리고 교장의 리더십)이 중요한 요인이라고 말한다. 우수한 교육 성과를 나타내는 학교들은 어김없이 훌륭한 교장이 있으며, 교장은 학생의 학업성취도나 교사와 학생의 학교생활(사회적 · 심리적 요인)에 영향을 미치는 주요 요인이다.

학교를 대표하는 최고 책임자이고, 사회적으로 선망받는 위치에 있으며, 현직교사들이 장차 되기를 희망하며, 학교교육 성과에 중요한 영향을 미치는 교장이 되려면 어떻게 해야 하는가? 교장직에 요구되는 다양한 기대를 충족시키려면 교장은 어떤 자격을 갖추어야 하며, 어떤 교육·훈련을 받고 경력을 쌓아야 하는가? 이러한 질문에 대한 답은 교장 임용 방법에 집약되어 있다. 즉, 교장을 임용하는 방법과 그 과정에서 고려되는 다양한 요소는 교장직의 성격, 교장직에 대한 사회적·교육적 기대를 직간접적으로 반영하고 있다.

우리나라에서 교장이 되는 방법은 교사에서 교감을 거쳐 교장으로 승진하는 방법과 학교별로 공개 모집하는 방법의 두 가지로 대별된다. 각각의 교장 임용방법은 교장직의 성격, 교장에게 요구되는 전문적인 자질과 역량, 교장의 역할과 직무 등에 대한 상이한 관점을 반영하고 있다. 이 장은 우리나라 초·중등학교에서 교장이 되는 두 가지 과정으로서 교장 승진제도와 교장 공모제도의 특징과 각 제도의 발달 과정에서 제기된 주요 문제와 개선 과제를 다룬다. 교장 임용제도는 우리나라 교사의 삶과 경력 발달, 교직 문화를 형성·유지하는 데 직간접적인 영향을 미치고 있다. 이 장을 통해 교직 지원자(예비교사)들은 교장 승진제도와 교장 공모제도의 주요 현황과 특징을 파악하는 동시에 교직 입직 후 교사의 경력 개발, 교직 문화의 형성 배경과 특성을 이해할 수 있을 것이다.

Ⅰ. 서론

우리나라 초·중등학교에서 교장이 되기 위해서는 교사에서 교감을 거쳐 교장으로 승진하거나 일정한 자격을 갖추어 학교별로 실시하는 교장 공모에 지원하는 것의 두 과정을 거쳐야 한다. 이 장은 우리나라 교장 임용제도로서 교장 승진제도(이하 승진제)와 교장 공모제도(이하 공모제)의 발달 과정, 주요 특징과 쟁점을 제시한다.

교직 후보자(예비교사)나 초임교사들에게 교장 승진은 교직 임용 후 대략 25~30년이 지난 후에나 있을 먼 훗날의 일로 생각될 것이다. 우리나라 초·중등학교 교장의 평균 연령(2015년 기준)은 57.9세(김성열, 박성호, 권은경, 2016: 171)이고, 50대 중반 이상인 교장의 비율은 80~90%에 이르고 있다(박상완, 2018). 초임교사의 연령을 고려할 때 교장이 되기까지 긴 시간이 걸린다. 그러나 교장이 되기 위한 '준비' 과정은 그보다 훨씬 일찍부터 시작된다. 우리나라에서 교장은 단 한 번의 시험이나 평가로 선발하는 것이 아니라 교직 경력 전 과정에서 일정한 직무 경험과 경력을 쌓고 자격을 갖추어 다양한 영역에서 '점수'를 취득해야 하기 때문이다.

교장의 선발과 임용에 관한 연구는 대체로 이 점수제를 기반으로 한 교장 선발 방식, 승진제의 문제점을 다루고 있다(교육혁신위원회, 2006; 김이경, 한유경, 박상완, 정일화, 2008; 박상완, 2004). 이들 연구는 장기간 다양한 영역에서 점수를 축적하도록 되어 있는 교장 '준비' 과정이 학교의 대표이자 행정 책임자로서 교장에게 필요한 전문성과 지도력을 개발하는 데 크게 기여하지 못하며, 또 교장이 되기까지 분명하지 않은 경력 경로와 긴 시간이 걸린다는 점은 학교경영에 관심과 재능이 있는 젊은 교사들이 교장이 되려는 생각을 일찍 포기하게 만들 것이라는 우려를 제기한다.

승진제에 대한 다양한 비판은 새로운 교장 임용제도에 대한 요구로 이어져, 2000년대 중반 공모제가 시범 운영되었다. 공모제는 그 명칭에서 알 수 있듯이 경력(실적)과 경쟁에 기초하여 교장을 공개 모집하여 임용한다는 것으로, 승진 요건(기준)에 따른 누적 점수에 기초한 승진제와 근본적으로 차이가 있다. 또한 공모제는 교장 임용의 주체, 즉 교장 임용에서 누가 주요 영향력을 가지는가 하는 면에서 승진제와 큰 차이가 있다. 사실 공모제와 승진제의 가장 큰 차이점은 임용 방식이라기보다는 임용 권한의 변화에 있다고 보아야 할 것이다. 승진제에서 교장 임용의 주요 주체가 교육감이라면 공모제에서는 형식적이나마 학교 구성원이다.

그러나 새로운 제도가 언제나 그렇듯이 공모제는 기존 승진제에서 기득권을 가지고 있거나 이해관계를 형성한 집단의 비판과 반발로 인해 그리고 제도 운영의 기반이 갖추어지지 못하여 깊이 뿌리를 내리지 못하고, 제도 도입 초기의 목적과 방향은 크게 왜곡·변형되어 왔다(박상완, 2010, 2015). 공모제는 공모의 요건과 절차를 어떻게 정하는가에 따라 기존 승진제와 상당히 다른 모습을 띨 수도 있고, 무늬만 공모제가 될 수도 있다. 공모제가 기존 승진제의 문제를 해소하기 위한 대안, 새로운 제도로서 그 위상과 기능을 가지고 있는가를 확인하고 평가해 볼 필요가 있다.

이러한 배경에서 이 장은 우리나라 초·중등학교 교장 임용제도로서 승진제와 공모제의 주요 내용을 분석하고 이러한 교장 임용제도가 교직과 교사에게 미치는 직간접적인 영향이 무엇인가를 생각해 보는 기회를 가질 것이다. 이 장은 크게 네 개의 절로 구성된다. 첫째, 우리나라 교장의 자격과 직무, 임용의 개념과 범위(Ⅱ), 둘째, 승진제의 주요 내용으로서 승진평정 요소와 방법, 승진제의 주요 문제점(Ⅲ), 셋째, 공모제의 도입 배경과 목적, 공모제 운영 방법과 절차 등 공모제 현황(Ⅳ), 마지막으로 교장 임용제도 관련 주요 논점과 개선 과제(Ⅴ)이다.

Ⅱ. 교장의 자격, 직무, 임용

1. 교장의 자격 기준

교장은 학교의 최고 관리자, 행정가로 모든 학교에는 1인의 교장을 두고 있다. 영국이나 미국 등 교장직이 기피되고 있는 일부 국가 · 지역에서 교장이 없는(교장을 모집하지 못하는) 학교가 있지만 우리나라에서 교장이 없는 학교를 생각하기는 어렵다. 각급 학교에 교장을 배치하는 근거는 「초 · 중등교육법」 제19조에서 찾을 수 있다. 이에 의하면 학교에는 '교원'을 두며, 이러한 교원에는 교장 · 교감 · 수석교사 및 교사가 포함된다. 학생 수가 100명 이하인 학교나 학급 수가 5학급 이하인 학교 중 대통령령으로 정하는 규모 이하의 학교(통상 소규모 학교)에는 교감을 두지 않을 수 있는 데 반해, 교장은 모든 학교에 배치되어 있다.

우리나라는 교원에 대해 엄격한 자격증제도를 채택하고 있다. 따라서 교장이 되기 위해서는 자격증이 있어야 한다. 즉, 교장은 「초 · 중등교육법」 제21조(별표 1)에서 정하고 있는 '자격 기준에 해당하는 사람'으로서 대통령령으로 정하는 바에 따라 교육부장관이 검정(檢定) · 수여하는 '자격증'을 받은 사람이어야 한다. 이러한 요건은 교감이 되는 경우에도 그대로 적용된다. 교장과 교감의 자격 기준은 학교급, 학교 유형에 따라 차이가 있으며 세부 기준은 〈표 11-1〉과 같다.

자격제도를 얼마나 엄격하게 유지하는가(자격 취득 또는 자격 기준에 예외 조항의 유무, 범위 등), 자격 취득의 난이도는 어떠한가 등에 따라 해당 직업의 개방성과 폐쇄성을 가늠해 볼 수 있다. 우리나라의 교장 자격제도는 제도상으로는 개방성을 가미하고 있으나(자격 기준 중 학식 · 덕망이 높은 사람을 포함), 실제적으로는 현직교사 경력이 있는 사람만 교장이 될 수 있다는 점에서 폐쇄적이라 할 수 있다.

〈표 11-1〉 교장 · 교감 자격 기준(「초 · 중등교육법」 제21조 제1항 관련)

학교별	교장 자격 기준	교감 자격 기준
중등학교	1. 중등학교의 교감 자격증을 가지고 3년 이상의 교육경력과 일정한 재교육을 받은 사람 2. 학식 · 덕망이 높은 사람으로서 대통령령으로 정하는 기준에 해당한다는 인정을 교육부장관으로부터 받은 사람 3. 교육대학 · 전문대학의 학장으로 근무한 경력이 있는 사람 4. 특수학교의 교장 자격증을 가진 사람 5. 공모 교장으로 선발된 후 교장의 직무수행에 필요한 교양과목, 교직과목 등 교육부령으로 정하는 연수과정을 이수한 사람	1. 중등학교 정교사(1급) 자격증 또는 보건교사(1급) 자격증을 가지고 3년 이상의 교육경력과 일정한 재교육을 받은 사람 2. 중등학교 정교사(2급) 자격증 또는 보건교사(2급) 자격증을 가지고 6년 이상의 교육경력과 일정한 재교육을 받은 사람 3. 교육대학의 교수 · 부교수로서 6년 이상의 교육경력이 있는 사람 4. 특수학교의 교감 자격증을 가진 사람
초등학교	1. 초등학교의 교감 자격증을 가지고 3년 이상의 교육경력과 일정한 재교육을 받은 사람 2. 학식 · 덕망이 높은 사람으로서 대통령령으로 정하는 기준에 해당한다는 인정을 교육부장관으로부터 받은 사람 3. 특수학교의 교장 자격증을 가진 사람 4. 공모 교장으로 선발된 후 교장의 직무수행에 필요한 교양과목, 교직과목 등 교육부령으로 정하는 연수과정을 이수한 사람	1. 초등학교 정교사(1급) 자격증 또는 보건교사(1급) 자격증을 가지고 3년 이상의 교육경력과 일정한 재교육을 받은 사람 2. 초등학교 정교사(2급) 자격증 또는 보건교사(2급) 자격증을 가지고 6년 이상의 교육경력과 일정한 재교육을 받은 사람 3. 특수학교의 교감 자격증을 가진 사람
특수학교	1. 특수학교의 교감 자격증을 가지고 3년 이상의 교육경력이 있는 사람으로서 일정한 재교육을 받은 사람 2. 초등학교 또는 중등학교의 교장 자격증을 가지고 필요한 보수(補修)교육을 받은 사람 3. 학식 · 덕망이 높은 사람으로서 대통령령으로 정하는 기준에 해당한다는 인정을 교육부장관으로부터 받은 사람 4. 공모 교장으로 선발된 후 교장의 직무수행에 필요한 교양과목, 교직과목 등 교육부령으로 정하는 연수과정을 이수한 사람	1. 특수학교 정교사(1급) 자격증 또는 보건교사(1급) 자격증을 가지고 3년 이상의 교육경력 이 있는 사람으로서 일정한 재교육을 받은 사람 2. 특수학교 정교사(2급) 자격증 또는 보건교사(2급) 자격증을 가지고 6년 이상의 교육경력이 있는 사람으로서 일정한 재교육을 받은 사람 3. 초등학교 또는 중등학교의 교감 자격증을 가지고 필요한 보수교육을 받은 사람. 이 경우 특수학교 교원 자격증을 가졌거나 특수학교(특수학급을 포함한다)에서 교원으로 근무한 경력이 있으면 보수교육을 면제한다.

출처: 「초 · 중등교육법」 [별표 1]

2. 교장의 직무

초·중등학교에서 교장의 직무 범위는 「초·중등교육법」 제20조 교직원의 임무에 관한 규정을 통해서 도출할 수 있다. 이에 따르면, 교장은 교무를 통할(統轄)하고, 소속 교직원을 지도·감독하며, 학생을 교육한다. 교무 통할, 교직원 지도·감독, 학생 교육이 교장의 핵심 직무라 할 수 있다. 교장의 직무를 구체적으로 정리하면 다음과 같다(고전, 2002; 서정화, 이윤식, 이순형, 정태범, 한상진, 2003: 19-22; 안길훈, 2008: 165).

1) 교무 통할

교무는 학교경영에 필요한 일체의 직무를 말하며, 교무와 사무로 크게 구분할 수 있다(서정화 외, 2003: 19). 우리나라 초·중등학교에서 교무 통할과 관련된 직무는 교장이 관할한다. 여기서 교무는 학교교육 계획의 수립, 지도, 집행 및 학습지도 활동 등과 직간접적으로 관련된 직무가 모두 포함된다. 사무는 내무 사무로 학교의 시설·설비, 교재·교구에 관련되는 직무와 문서처리, 인사관리 업무, 학교의 재무 및 예산 등 회계 사무 등이 포함된다. 교육청, 교육위원회, 학교운영위원회, 사회교육 단체 등과의 연락, 조정 등 대외 협력 사무가 있다(서정화 외, 2003: 20). 교무 통할에 관련된 교장의 직무 규정은 다음과 같다.

〈학교교육 관리(교육과정)〉

- 학교규칙(「초·중등교육법」 제8조 제1항)
- 학기 편성, 수업 일수(「초·중등교육법 시행령」 제44조, 제45조)
- 학급편성, 휴업일(「초·중등교육법 시행령」 제46조, 제47조)
- 수업운영방법(「초·중등교육법 시행령」 제48조)
- 수업시각(「초·중등교육법 시행령」 제49조)
- 학교운영위원회 당연직 위원 피선권(「초·중등교육법 시행령」 제59조 제1항)
- 국·공립학교 학교운영위원회 심의결과의 시행(「초·중등교육법 시행령」 제60조)
- 사립학교 학교운영위원회 자문결과의 존중 의무(「초·중등교육법 시행령」 제63조 제3항)

〈학사사무관리〉

- 비상재해 등에 의한 임시휴업 조치권(「초 · 중등교육법 시행령」 제47조)
- 학교발전기금 관리(「초 · 중등교육법 시행령」 제64조)

〈학교시설관리〉

- 학교교육에 지장이 없는 범위 안에서 제한된 시간에 주민에게 운동장을 개방하고 안내할 의무(「체육시설의 설치 · 이용에 관한 법률 시행규칙」)

2) 교직원의 지도 · 감독

소속 교직원의 지도 · 감독에 관한 교장의 직무는 직무상 감독과 신분상 감독으로 구분할 수 있다. 우리나라에서 교원 선발은 국가 자격증을 기준으로 공립은 시 · 도교육청이, 사립학교 교원은 이사회가 권한을 가지고 있어 학교장에게는 직무에 관한 인사권만 허용된다(김이경, 김갑성, 김도기, 2006). 교장 직무의 성격에서 제시하였듯이, 직무상 감독은 교직원의 품위 유지, 신의성실, 정치운동 금지, 집단행위 금지, 연수 및 근무성적 평정 등이 포함되며, 신분상 감독에는 근무성적의 인사관리 반영, 승진, 강임, 전보, 포상 등이 포함된다. 아울러 교장은 교직원의 근무조건 개선, 건강, 보건 등을 관리 · 지도한다. 소속 교직원에 대한 교장의 지도 · 감독 직무를 규정한 법령은 다음과 같다.

- 소속 교원의 연수 승인권(「교육공무원법」 제41조)
- 소속 교원의 연수 · 근무성적평정 의무(「교육공무원법」 제42조)
- 소속 학생 · 교직원 신체검사 실시 의무(「학교보건법」 제7조)
- 산학겸임 교사의 임용(「초 · 중등교육법 시행령」 제42조)

3) 학생 교육 · 지도

학생 교육에 관한 교장의 직무는 매우 광범위하다. 여기에는 학생의 입학, 졸업, 퇴학, 전학, 편입학, 휴학 등에 관한 사항, 학생 징계, 훈화, 생활지도, 학생평가, 신체검사, 보건교육 등이 포함된다. 우리나라 초 · 중등학교는 국가 교육과정의 범위 내에서 학생을 교육 · 지도하며, 학생평가의 내용과 방법은 국가 및 시 · 도교육청의 지침으로 규정된다. 이에 따라 학생의 교육 · 지도에 관한 교장의 자율권이나 직무 범위는 일정한 한계가 있다. 학생 교육 · 지도에 관한 교장의 직무를 규정한 법령은 아래와 같다.

- 학생징계 · 지도권(「초 · 중등교육법」 제18조 제1항)
- 학생의 학교생활 기록(「초 · 중등교육법」 제25조)
- 학생의 조기 진급 · 졸업(「초 · 중등교육법」 제27조)
- 학생의 입학 및 입학 학교 변경(「초 · 중등교육법 시행령」 제18조, 제19조)
- 학생의 전학, 취학의무 면제(「초 · 중등교육법 시행령」 제21조, 제28조)
- 취학 유예자의 학적 관리(「초 · 중등교육법 시행령」 제29조)
- 학생 자치 활동의 보장(「초 · 중등교육법 시행령」 제30조)
- 학생의 징계(「초 · 중등교육법 시행령」 제31조)
- 학생의 수료 및 졸업(「초 · 중등교육법 시행령」 제50조)
- 학습부진아 등에 대한 교육 및 시책(「초 · 중등교육법 시행령」 제54조)
- 학생의 안전 대책(「초 · 중등교육법 시행령」 제57조의2)
- 중학교의 입학 · 전학 · 휴학 등의 허가권(「초 · 중등교육법 시행령」 제66조)
- 고등학교 입학 전형 실시(「초 · 중등교육법 시행령」 제77조)
- 교과용 도서의 선정(「교과용도서에 관한 규정」 제3조)
- 학생의 보건 관리(「학교보건법」 제9조)
- 예방접종 완료 여부의 검사, 치료 및 예방 조치(「학교보건법」 제10조, 제11조)
- 학생의 안전 관리 의무(「학교보건법」 제12조)

법 규정에 근거한 교장의 직무는 안길훈(2008)의 연구에서 체계적으로 정리하고 있다. 안길훈(2008: 164)은 연구자별로 교장의 직무 영역을 달리 규정하고 있음을 문제로 보고, 공통 기준 마련을 위해 법적 접근을 통해 교장의 직무를 규정할 것을 제안하고 있다. 안길훈(2008)이 구분한 교장의 직무 영역은 〈표 11-2〉와 같다.

〈표 11-2〉 교장의 직무 영역 및 직무내용

대영역	중영역	직무내용
교무 통할	학교교육 계획의 수립 · 집행 · 관리	학교교육계획의 수립 및 관리/학교경영에 대한 새로운 비전과 전략을 제시/교직원에게 동기 부여하고 지도성을 발휘
	학교단위 전체 교육과정 편성 및 운영 관리	교육목표, 교과편제 및 수업시간(이수단위), 학년목표, 교육내용, 교육방법, 학습매체, 학습시간, 학습시기, 평가계획의 제정 및 관리
	시설 · 재무 · 문서 관리	학교시설 · 설비, 교재 · 교구 등의 제 규칙에 의한 수선 및 관리/예산 편성 및 회계 · 경리 관리/학교 내부의 사무 관리로서 문서 작성관리 등
소속 교직원의 지도 · 감독	교내장학	교내장학활동의 총괄/교수 · 학습의 질 향성을 위한 환경 및 분위기 조성/현직 교육을 통한 교수-학습활동 개선/업무부서 조직 및 교직원 업무분장/각종 위원회 구성 및 운영: 교육과정 편성 · 운영 위원회, 성적관리 위원회, 학생지도 위원회, 학교자율장학 위원회, 교육정보화 추진 위원회 등
	교직원의 법적 의무사항에 대한 관리 · 감독	교직원의 복무의무 이행여부 지도 · 감독, 선서의 의무, 성실의 의무, 복종의 의무, 친절 공정의 의무, 비밀엄수의 의무, 청렴의 의무, 품위유지의 의무/교직원의 금지사항 지도 · 감독: 직장이탈 금지, 영리업무 및 겸직 금지, 정치운동 금지, 집단행위 금지/교직원의 연수 · 근무성적 평정/보직교사의 임용, 기간제 교사: 강사의 임용, 고용원임용/학교조직 구성원들의 갈등처리 및 학교경영조직의 안전성 유지
학생 교육	학칙의 제정 및 관리	입 · 퇴학, 전학, 편입학, 휴학, 수료 및 졸업 관리/학교수업의 개시와 종료 관리/비상 재해 시 임시 휴교 조치/재학생의 생활기록부 작성 관리/표창 및 징계/전염병 환자의 출석정지 또는 등교정지 명령, 신체검사 실시 및 학생의 보건관리/학급편성 및 담임 배정
	교과 교육활동의 계획과 운영 관리	교과교육활동의 운영관리/교수-학습 기반 조성/교수-학습 활동 및 교육평가 관리
	교과 외 교육활동의 계획과 운영 관리	특별활동 관리/창의적 재량활동 관리/인성교육 및 생활지도 관리/진로 · 상담활동 지도 관리/방과 후 교육활동 관리

출처: 안길훈(2008: 164-165).

3. 교장의 임용

1) 임용의 개념과 유형

교장은 교육부장관의 제청으로 대통령이 임용한다(「교육공무원법」 제29조의2). 「교육공무원법」상으로 임용이란 신규채용뿐 아니라 승진, 승급, 전직(轉職), 전보(轉補), 겸임, 파견, 강임(降任), 휴직, 직위해제, 정직(停職), 복직, 면직, 해임 및 파면 등을 포함하는 매우 포괄적인 개념이다(「교육공무원법」 제2조). 이러한 임용의 종류와 「초 · 중등교육법」상 교장 자격 기준에 근거해 볼 때, 교장의 임용은 승진(교감 → 교장), 전직(대학학장 ↔ 학교장, 교육전문직 ↔ 교감, 교장), 신규채용(교육행정직 → 학교장), 전보(동일학교급 또는 중학교 ↔ 고등학교, 특수학교 ↔ 초 · 중등학교) 등으로 구분해 볼 수 있다. 이에 의하면, 교장 임용의 유형은 크게 다섯 가지로 정리할 수 있다.

① 교감자격증 소지자 중 일정한 교육 경력을 갖추고 재교육과정(교장연수)을 이수하여 교장으로 임용되는 승진 임용이다.
이는 교감에서 교장으로 승진하는 가장 일반적인 교장 임용 방식이다. 교장 승진 임용 시의 평정 기준은 경력평정, 근무성적평정, 연수성적 평정, 기타 자료이며, 이 점수를 기초로 교육부장관이 지정한 임용권자인 시 · 도교육감이 승진후보자 명부를 작성하고, 이 명부의 점수 순위에 따라 교장 임용이 이루어진다.

②「초 · 중등교육법」의 교장 자격 기준에서 교육대학 · 전문대학의 학장으로 근무한 경력이 있는 자를 교장으로 임용하는 것으로, 이는 전직에 해당된다.

③「초 · 중등교육법」의 교장 자격 기준에서 특수학교의 교장 자격증을 가진 자의 교장 임용으로 이는 전보에 의한 임용이다.

④「초 · 중등교육법」 교장 자격기준에서 학식과 덕망이 높은 자로서 대통령령의 기준을 충족하고 교육부장관의 인정을 받은 경우에 의한 교장 임용으로, 대학교수 등 교육(행정) 경력이 있는 자를 교장으로 임용한다는 점에서 전직 또는 신규채용에 해당된다.

⑤ 교육전문직이나 연구직에서 학교장으로 전직되는 경우로서 장학관 · 교육연구관의 교장 임용으로 전직에 해당된다.

그러나 통상적으로 교장의 임용이라고 할 때는「초 · 중등교육법」에서 정한 자격 기준을 충족한 자를 대상으로 하는 승진 임용과 학교단위 심사를 거치는 공모제로 구분해 볼 수 있다. 우리나라에서 교장의 임용은 승진 임용이 주를 이루고 있으며, 공모제는 2000년대 중반 이후 시범 운영을 거쳐 2011년 법적 근거(「교육공무원법」을 말함)를 갖추게 되었다.

2) 교장의 임기와 전보

교장(원장)의 임기는 4년이며, 한 번 중임할 수 있다. 다만, 공모 교장으로 재직하는 횟수는 이에 포함하지 않음에 따라 8년 이상 교장으로 근무하는 경우도 가능하다. 임용권자(교육감)는 교장으로 1차 임기를 마친 사람에 대해서는 정년까지 남은 기간이 4년 미만인 경우에도 특별한 결격 사유가 없으면 교장으로 다시 임용할 수 있다.

정년 도달로 인해 교장의 임기가 학기 중에 끝나는 경우, 임기가 끝나는 날이 3월에서 8월 사이에 있으면 8월 31일을, 9월에서 다음 해 2월 사이에 있으면 다음 해 2월 말일을 임기 만료일로 한다. 또한 정년 전에 교장의 임기가 종료되는 교장으로서 교사로 근무할 것을 희망하는 사람(교사 자격증을 가진 사람만 해당)은 수업 담당 능력과 건강 등을 고려하여 교사로 임용할 수 있으며, 이 경우 원로교사로 우대한다.

교장은 교사와 마찬가지로 임기 중에 전보될 수 있으며 교장 전보는 교육감이 행한다. 교장 전보는 승진제 교장에 한해 적용되며, 공모 교장은 계약 기간(4년)에 동일 학교에 근무하게 된다. 통상 교사보다 교장의 전보 주기가 짧은데, 이는 학교단위(책임) 경영제를 실현하고 고유한 학교 문화를 형성하는 데 제약 요인이 될 수 있다.

Ⅲ. 교장 승진제도의 이해

교장 승진제는 1963년 12월 5일 전부 개정되고 1964년 1월 1일부터 시행된「교육공무원법」에서 규정한 이래 현재까지 유지되고 있다. 교육공무원의 승진 임용에 관해서는「교육공무원임용령」「교육공무원 승진규정」 등에서 상세하게 규정하고 있다.

1. 승진의 개념과 의의

초 · 중등학교 교원인사 전반에 관한 사항은 「교육공무원법」에서 규정하고 있다. 「교육공무원법」상 승진은 임용의 한 형태로서 '동일 직렬 내 하위직에서 상위직으로 임용되는 것'을 말한다. 교육공무원의 승진 임용은 교사가 교감, 교감이 교장이 되는 교육직렬에서의 승진이 있다. 또한 교사들이 지방교육청(시 · 도교육청, 교육지원청)의 장학사나 교육연구사로 전직한 후, 장학관 또는 교육연구관이 되는 교육전문직렬에서의 승진이 있다.

교사가 각 시 · 도교육청별로 실시되는 공개전형을 거쳐 교육청 및 부속기관에서 근무하는 연구사, 장학사가 되는 것은 전직에 해당된다. 교감도 전직에 의해 연구사, 장학사로 근무할 수 있으며, 교장은 연구관 · 장학관으로 전직할 수 있다. 반대의 경우, 즉 연구사, 장학사가 교감으로, 연구관, 장학관이 교장으로 전직하는 것도 가능하다. 교육직렬과 교육전문직렬 간 상호 전직은 자유롭게 이루어지는 편이며, 이러한 전직은 실제적으로 교감, 교장으로의 승진을 가속화하거나 일찍 교장으로 승진한 경우 정년에 맞추어 교장 근무 기간을 조정할 수 있는 인사의 유연성을 주는 수단으로 활용되기도 한다.

조직에서 승진은 조직의 인적 자원을 능력과 실적에 따라 적절히 배치함으로써 조직의 목표를 효율적으로 달성할 수 있게 하고 구성원의 능력 개발, 구성원에게 보상 수단 내지 욕구 충족 수단을 제공하는 기능을 한다. 교직에서도 승진은 교감, 교장 등 학교 관리직이 되려는 사람들의 욕구 충족 수단, 보상 수단이 되며, 교과지도나 학생지도보다 학교 관리, 행정 업무에 관심과 재능이 있는 사람을 선발 · 배치함으로써 학교조직의 목표를 효율적으로 달성할 수 있는 수단이 된다. 또한 승진에 관심 있는 교사들이 학교 관리자로서의 직무 수행에 필요한 지식과 기술을 향상시키도록 유인하고 관련 능력을 개발하는 계기, 기회를 제공한다.

초 · 중등학교에서 교장으로 승진한다는 것은 교감이 교장이 되는 것을 말한다. 그러나 교감이 되기 위해서는 통상적으로 교사에서 교감으로 먼저 승진해야 하므로 교장 승진이라고 할 때는 교사가 교감으로 승진하는 것(교감 승진)을 포괄하는 의미로 이해된다. 이에 따라 승진제는 교사에서 교감으로 승진하는 과정(교감 승진, 교사 → 교감)과 교감에서 교장으로 승진하는 과정(교장 승진, 교감 → 교장) 양자를 포괄한다.

교장 승진은 경쟁이 심하지 않아 대부분의 교감이 교장으로 승진하는 반면, 교감 승진 과정은 경쟁이 치열하다(초 · 중등학교 교원 수는 36~37만 명이며 학교 수는 약 1만 개이다). 이에 따라 승진제 논의는 교장 승진 과정보다 교감 승진 과정에 초점을 두고 있으며 대체로 양자를 엄밀히 구분하지 않고 있다. 이 절에서는 교장 승진에 초점을 두되 필요한 경우 교감 승진 관련 내용을 제시한다.

※ [승진]
- 교육직렬 승진: 교사 → 교감/교감 → 교장 *교사 → 교장
- 교육전문직렬 승진: 연구사 · 장학사 → 연구관 · 장학관

※ [전직(직렬의 이동)]
- 교사 → 연구사/장학사 *교육부/시 · 도교육청별 공개전형에 의함.
- 연구사/장학사 ↔ 교감 *상호 전직 가능
- 연구관/장학관 ↔ 교장 *상호 전직 가능

2. 승진 임용의 요건: 승진 임용 평정의 종류와 주요 내용

교육공무원의 승진 임용은 같은 종류의 직무에 종사하는 바로 아래 직급의 사람 중에서 대통령령으로 정하는 바에 따라 경력평정, 재교육성적, 근무성적, 그 밖에 실제 증명되는 능력(능력의 실증)에 의하며(「교육공무원법」 제13조), 자격별로 승진후보자 명부를 순위에 따라 작성한다(「교육공무원법」 제14조 제1항). 교육공무원을 승진 임용할 때에는 승진후보자 명부의 순위가 높은 사람부터 차례로 결원된 직위에 대하여 3배수의 범위에서 승진 임용하거나 승진 임용을 제청한다(「교육공무원법」 제14조 제2항).

승진 임용을 위한 평정 요소별 배점은 승진 직위에 따라 차이를 두고 있다. 교사에서 교감으로 승진하는 경우(교감 승진) 경력평정점 70점, 근무성적 100점, 연수성적평정점 30점을 각각 만점으로 평정하여 합산한 점수가 높은 승진후보자의 순서대로 승진후보자 명부를 작성 · 등재하게 된다. 교감에서 교장으로 승진하는 경우(교장 승진)는 경력평정점 70점, 근무성적평정점 100점, 연수성적평정점 18점을 각각 만점으로 평정한다. 이하에서는 「교육공무원법」 「교육공무원 승진규정」 등을 토대로 각 평정 요소별 세부 내용을 검토한다.

1) 경력평정

경력평정은 승진 대상 교육공무원의 경력이 직위별로 담당 직무 수행과 관계되는 정도를 평가하는 것이다. 경력의 종류는 기본 경력과 초과 경력으로 구분된다. 경력평정은 당해 교육공무원의 인사기록 카드에 기초하여 평정하며, 필요하다고 인정하는 경우 인사기록 카드 기재 사항의 정확성 여부를 조회하여 확인할 수 있다(「교육공무원법」 제4조). 지난 2007년의 「교육공무원 승진규정」 개정으로 경력평정 대상 기간은 기본 경력이 20년에서 15년으로 축소되었으며 경력평정의 만점 점수도 90점에서 70점으로 축소되었다. 「교육공무원 승진규정」을 토대로 경력평정의 평정자, 평정내용(대상), 평정 방법 등을 정리하면 〈표 11-3〉과 같다.

〈표 11-3〉 교육공무원(교장) 승진 임용을 위한 경력평정의 주요 내용

구분	주요 내용
평정자와 확인자	경력평정의 평정자와 확인자는 승진후보자 명부 작성권자(교육감)가 정하며, 교장의 경우 시 · 도 교육감이 됨(제5조).
평정 시기	매 학년도(3월 1일부터 다음 연도 2월 말일까지) 종료일을 기준으로 하여 정기적으로 실시함(제6조).
경력의 종류와 평정 기간	경력평정의 대상이 되는 경력은 기본 경력과 초과 경력으로 구분됨. 기본 경력은 평정 시기로부터 15년, 초과 경력은 기본 경력 전 5년을 평정 기간으로 함(제7조, 제8조).
평정 대상 경력	평정 대상 경력은 교육경력 · 교육행정경력 · 교육연구경력 및 기타 경력으로 하되, 평정 대상자별로 경력의 내용(경력의 종류와 등급 구분)은 상이함. 경력평정점 계산 시 소수점 이하는 넷째 자리에서 반올림하여 셋째 자리까지 계산함(제9조, 제10조).
경력평정의 채점	경력평정의 채점은 기본 경력평정 점수와 초과 경력평정 점수를 합산하며, 기본 경력 15년, 초과 경력 5년인 경우 그 경력평정 점수는 각각 평정 만점으로 평정함. 기본 경력 만점 64점, 초과 경력 만점 6점으로 총 70점이 됨(제10조 관련 [별표 2], 제12조).
결과 보고 및 공개	확인자는 경력평정을 실시한 때에는 그 결과를 경력평정표에 기록하여 평정 후 10일 이내에 임용권자(교육감)에게 보고하여야 함(제14조). 경력평정 결과는 평정 대상자의 요구가 있는 때에는 이를 알려 주어야 함(제15조).

주: 법 조문의 번호는 「교육공무원 승진규정」을 말함.

경력평정은 평정 대상자별(교사, 교감)로 경력 등급(가, 나, 다 등급)과 경력종별을 달리하고 있으며, 경력평정으로 인정되는 경력 종류는 「교육공무원 승진규정」(별표 1)에서 명시하고 있다. 평정 대상자가 교사(교감 승진)인 경우와 교감(교장 승진)인 경우 경력평정 등급과 종류는 차이가 있으나 기본적으로 각급학교에서 근무한 경력뿐 아니라 장학관, 교육연구관, 장학사, 교육연구사의 경력이 '가' 등급의 경력으로 인정되고 있다.

경력 등급은 제도상으로 가, 나, 다 등급으로 구분되고 있으나 실제적으로 교장 승진 대상자 중에서 나 또는 다 등급의 경력을 갖는 경우는 거의 없다고 할 수 있다. 교장 승진 대상자인 교감에게 인정되는 '나' 등급 경력은 각급학교 교사 근무 경력과 교육연구기관 근무 경력 등인데, 각급학교 교감이 이러한 경력을 갖는 경우는 거의 없을 것이기 때문이다.

2) 근무성적평정

교장 '승진' 대상자는 제도상으로 교감, 장학사, 교육연구사 등이 될 수 있다. 그러나 장학사, 교육연구사가 교감을 거치지 않고 교장으로 바로 승진하는 경우(전직과 승진을 겸하는 경우)는 거의 없다는 점에서 교장 승진 대상자는 통상 교감이 된다. 교장 승진 대상자(교감)에 대한 근무성적평정은 2007년 「교육공무원 승진규정」 개정 이후 일반 교사의 근무성적평정과 분리되어 보다 체계화되었다. 이에 의하면 교장 승진 대상자의 근무성적평정은 크게 자기실적평가서와 근무성적평정표의 두 가지 자료에 기초하여 이루어진다. 「교육공무원 승진규정」을 토대로 교장 승진 대상자(교감)에 대한 근무성적평정 세부 사항을 정리하면 〈표 11-4〉와 같다.

교장 승진 대상자(교감)에 대한 근무성적평정은 근무수행태도(20점)과 근무실적 및 근무수행능력(80점)으로 구성되며, 여기서 근무수행태도는 교육공무원으로서의 태도를 말하며, 근무실적 및 근무수행능력에 대한 평정은 교육활동 및 연구지원(40점), 교원지원(20점), 행정 · 사무관리(20점)의 세 영역으로 구분된다. 교장 승진 대상자(교감)에 대한 근무성적평정 요소 및 평정 내용은 〈표 11-5〉와 같다.

〈표 11-4〉 교육공무원(교장) 승진 임용을 위한 근무성적평정의 주요 내용

구분	주요 내용
평정자와 확인자	• 승진후보자명부 작성권자(교육감)가 정하되(제18조), 교감의 평정자는 당해 학교 교장, 확인자는 시 · 도교육감이 된다.
평정 시기	• 매 학년도(3월 1일부터 다음 연도 2월 말일까지) 종료일을 기준으로 하여 정기적으로 실시함(제19조).
평정의 기준	• 근무성적의 평정은 당해 교감 등의 근무실적 · 근무수행능력 및 근무수행태도를 평가함. • 평정자는 평정대상자로 하여금 평정 대상 기간 동안의 업무수행 실적에 대하여 매년 학년도 종료일을 기준으로 자기실적 평가서를 작성하여 제출하도록 함. • 근무성적 평정 시 평정자는 평정대상자가 제출한 자기실적평가서를 참고하여 다음 기준을 토대로 평가함. 1. 직위별로 타당한 요소의 기준에 의하여 평정할 것, 2. 평정자의 주관을 배제하고 객관적 근거에 의하여 평정할 것, 3. 신뢰성과 타당성을 보장하도록 할 것, 4. 평정대상자의 근무성적을 종합적으로 분석 · 평가할 것(제16조).
평정점의 분포 비율	• 교감 등의 근무성적의 평정결과는 다음 분포비율에 맞도록 평정하여야 함. 평정자와 확인자는 수, 우, 미, 양 등의 등급으로 평정하며, 등급별 점수 분포는 상대평가에 의해 ① 수(95점 이상) 30%, ② 우(90점 이상 95점 미만) 40%, ③ 미(85점 이상 90점 미만) 20%, ④ 양(85점 미만) 10%가 되도록 함(제21조). 평정점은 특별한 사정이 없으면 동점을 주지 않도록 해야 하며, 양의 평정점에 해당하는 사람의 비율이 10% 이하일 때에는 이를 미 평정점에 가산할 수 있음.
평정의 채점	• 근무성적의 평정점은 근무수행태도(20점)와 근무실적 및 근무수행능력(80점)의 두 영역으로 구분하여 총 100점 만점으로 구성함. 평정자의 평정점과 확인자의 평정점을 각각 50%로 환산한 후 그 환산된 점수를 합산하여 산출함(제22조).
결과 보고, 공개 및 활용	• 확인자는 경력평정을 실시한 때에는 그 결과를 경력평정표에 기록하여 평정 후 10일 이내에 임용권자(교육감)에게 보고하여야 함(제14조). • 평정대상자의 요구가 있는 때에는 특별한 사정이 없는 한 본인의 최종 근무성적 평정점을 알려 주어야 함(제26조). • 근무성적평정의 결과는 전보 · 포상 등 인사관리에 반영함(제27조).

주: 표에서 법 조문의 번호는 「교육공무원 승진규정」을 말함.
출처: 「교육공무원 승진규정」을 토대로 정리함.

〈표 11-5〉 교장 승진 대상자(교감)에 대한 근무성적평정

평정 사항	평정 요소 및 배점	평정 내용
근무수행 태도	교육 공무원으로서의 태도 (20점)	교육자로서 품성을 갖추고 직무에 충실한가?
		공직자로서 사명감과 직무에 관한 책임감을 갖고 솔선수범하는가?
근무실적 및 근무 수행능력	교육활동 및 교육 연구지원 (40점)	학교가 처한 문제를 파악하고 개선하려는 노력이 적절한가?
		교사와 학생의 교육활동에 대한 교육적 배려가 적절한가?
		교사의 자질 · 능력 · 경험에 따라 학년 및 업무를 적절하게 배치하고 지원하는가?
		교원연구 · 연수 활동의 추진 및 지원을 효과적으로 실시하는가?
	교원지원 (20점)	교사들에게 필요한 장학활동의 추진 및 지원을 효율적으로 실시하는가?
		교직원의 복무 · 복지후생 등에 관하여 필요한 배려를 하고 있는가?
		수업개선을 위해 필요한 자원을 효율적으로 지원하는가?
		교원의 인사와 관련한 의견을 적절하고 공정하게 반영하고 있는가?
	행정 · 사무관리 (20점)	사무처리가 합리적이고 정확하며 적절한가?
		교내의 모든 규정을 적절히 적용하며 잘 정비하는가?
		교육시설 · 설비를 교육활동에 효과적으로 운영하는가?
		학교 안전관리 및 보안에 적절한 조치를 하고 있는가?

출처: 「교육공무원 승진규정」[별지 제3호 서식] 근무성적평정표를 토대로 정리함.

참고로, 교감 승진 대상자(교사)에 대한 근무성적평정은 교장 승진 대상자(교감)와 다소 상이한데, 가장 큰 차이점은 동료 교사에 의한 다면평가가 실시된다는 점이다. 또한 근무성정평정은 경력평정이나 연수성적평정과 같이 승진후보자 명부 작성 시에 이루어지는 것과 달리 모든 교원을 대상으로 매년 이루어진다. 매년 학년도 종료일에 실시되는 교사 근무성적평정의 주요 내용은 〈참고 자료 1〉과 같다.

참고 자료 1 **교사(교감 승진 대상자 포함) 근무성적평정**

구분	내용
근무성적 평정 시기 및 구성	• 교사에 대한 근무성적평정은 매 학년도 종료일을 기준으로 하여 해당 교사의 근무실적 · 근무수행능력 및 근무수행태도에 관하여 근무성적평정과 다면평가를 정기적으로 실시하고, 각각의 결과를 합산함(제2조, 제28조의2). • 근무성적평정자는 평정대상자로 하여금 평정대상기간의 업무수행 실적에 대하여 매 학년도 종료일을 기준으로 자기실적평가서를 작성하여 제출하게 함.
근무성적 평정표	• 근무성적평정표에 의한 근무성적평정의 내용은 자질 및 태도(교육자로서의 품성 10점, 공직자로서의 자세 10점)와 근무실적 및 근무수행능력(학습지도 40점, 생활지도 20점, 교육연구 및 담당업무 20점) 등으로 구성됨(제28조의2, 별지 제4호 서식)
평정자	• 근무성적의 평정자(교감) 및 확인자(교장)는 승진후보자명부 작성권자가 정하고, 다면평가자는 근무성적의 확인자(교장)가 선정함. • 근무성적의 확인자는 평가 대상자의 동료 교사 중 일정한 선정기준을 충족하는 3명 이상을 다면평가자로 선정하여야 함. • 근무성적 평정자(교감)를 위원장으로 하고, 평가 대상자의 동료 교사 중 3~7명을 위원으로 하는 다면평가관리위원회를 구성 · 운영함. 위원회의 구성에 관한 기준 및 절차 등은 승진후보자명부 작성권자(교육감)가 정함. • 위원회는 다면평가자의 선정기준 마련, 다면평가점 산출과 관련한 업무(다면평가 평가지표의 추가 · 삭제 및 수정)를 수행함. • 근무성적평정과 다면평가 결과의 합산은 근무성적의 평정자와 확인자가 행함(제28조의4).
점수 분포 비율	• 근무성적평정 및 다면평가 합산점의 분포비율은 다음과 같이 맞춤. - 수(95점 이상) 30%, 우(90점 이상 95점 미만) 40%, 미(85점 이상 90점 미만) 20%, 양(85점 미만) 10%. • 평정대상 교사의 합산점은 특별한 사정이 없는 한 동일하지 않도록 함(제28조의6).
평정 등의 채점	• 근무성적의 평정점은 평정자와 확인자가 각각 100점 만점으로 평정한 점수를 평정자 20%, 확인자 40%로 환산 · 합산하여 60점 만점으로 산출함. • 동료 교사의 다면평가점은 다면평가자 수업교재 연구의 충실성 등 정성평가의 방법에 따라 100점 만점으로 평가한 점수를 32%, 주당 수업시간 등 정량평가의 방법에 따라 평가한 점수를 8%로 환산 · 합산하여 40점 만점으로 산출함. • 근무성적평정점과 다면평가점을 합산하여 100점 만점으로 산출함(제28조의7).

결과의 보고, 공개	• 근무성적평정과 다면평가의 결과는 평정표(근무성적평정표와 다면평가표, 근무성적평정 및 다면평가 합산표)에 기록하여 평정 후 10일 이내에 임용권자(교육감)에게 보고하여야 함(제14조, 제28조의9). • 평정대상자의 요구가 있는 때에는 특별한 사정이 없는 한 본인의 최종 근무성적평정점(최종 합산점)을 알려 주어야 함(제26조). • 근무성적평정의 결과는 전보 · 포상 등 인사관리에 반영함(제27조).

주: 표에서 법 조문의 번호는「교육공무원 승진규정」을 말함.
출처:「교육공무원 승진규정」을 토대로 정리함.

3) 연수성적평정

교육공무원의 연수성적평정은 교육성적평정과 연구실적평정으로 구분된다. 연수성적 평정점은 교장 승진 대상자(교장 승진후보자명부 작성권자)의 경우에는 18점을 만점으로 한다(「교육공무원 승진규정」 제40조). 연수성적 평정 시기, 평정자와 확인자, 연수성적평정의 내용 등을 정리하면 〈표 11-6〉과 같다.

〈표 11-6〉 교육공무원(교장) 승진 임용을 위한 연수성적평정의 주요 내용

구분		주요 내용
평정의 구분		연수성적평정은 교육성적평정과 연구실적평정으로 나눔(제29조).
평정자와 확인자		승진후보자명부 작성권자(교육감)가 정하되(제30조), 교장승진후보자(교감)의 평정자는 당해 학교 교장, 확인자는 시 · 도교육감이 됨.
평정 시기		매 학년도 종료일을 기준으로 하여 실시하거나 또는 승진후보자명부의 조정 시기에 실시함(제31조).
교육 성적 평정	교육 성적 평정	직무연수성적(6점)과 자격연수성적(9점)으로 나누어 평정한 후 이를 합산한 성적으로 함. 직무연수성적은 교감자격증을 받은 후의 직무연수(교감의 경우) 또는 교감 등의 직위에서 이수한 직무연수(교육전문직원의 경우)에 한하여 평정하며, 승진후보자명부 작성권자가 직무연수성적평정의 대상이 되는 직무연수를 지정할 수 있음. 자격연수성적은 교감자격연수성적이 평정대상이 됨(제32조).
		교육성적이 만점의 8할 미만(성적이 없는 경우 포함)일 경우 그 성적을 만점의 8할로 하여 평정, 교육성적이 만점의 6할 미만일 때에는 평정하지 않음. 직무연수성적평정점 = 6점 × 직무연수환산성적/직무연수성적만점

<table>
<tr><td></td><td>교육
성적
평정점의
산출</td><td>자격연수성적평정점 = 9점-(연수성적만점-연수성적)×0.05
<table><tr><td>직무연수성적</td><td>95점 초과</td><td>90~95점</td><td>85~90점</td><td>85점 이하</td></tr><tr><td>환산성적</td><td>100점</td><td>95점</td><td>90점</td><td>85점</td></tr></table>85%, 3등급 이하는 만점의 80%로 평정함.
자격연수성적 평정 시 당해 직위에서 대학원 교육과에서 석사학위를 취득한 경우, A학점은 만점의 90%, B학점 이상은 만점의 85%, D학점 이상은 만점의 80%로 평정함(제33조).</td></tr>
<tr><td rowspan="3">연구
실적
평정</td><td>평정점</td><td>연구실적평정은 연구대회입상실적과 학위취득실적으로 나누어 평정한 후 이를 합산한 성적으로 함. 연구실적평정점은 3점을 초과할 수 없음(제34조, 제37조 제1항).</td></tr>
<tr><td>연구
대회
입상
실적
평정</td><td>연구대회입상실적평정은 해당 직위(교감은 교감자격증을 받은 후에 입상한 연구실적, 교육전문직원은 교감 등의 직위에서 입상한 연구실적만)에서 입상한 실적(전국규모연구대회, 시·도규모연구대회)을 말함. 입상실적이 2인 공동작인 경우 각각 입상실적의 7할로 평정, 3인 공동작인 경우 5할, 4인 이상 공동작인 경우 3할로 평정함. 한 학년도에 2회 이상의 연구대회입상실적이 있는 경우 가장 높은 점수가 부여되는 1회 실적만 반영함(제35조, 제37조 제2항).
<table><tr><td>입상등급</td><td>전국규모 연구대회</td><td>시·도규모 연구대회</td></tr><tr><td>1등급</td><td>1.50</td><td>1.00</td></tr><tr><td>2등급</td><td>1.25</td><td>0.75</td></tr><tr><td>3등급</td><td>1.00</td><td>0.50</td></tr></table></td></tr>
<tr><td>학위
취득
실적
평정</td><td>석사 또는 박사 학위를 취득하였을 경우 취득학위 중 하나를 평정의 대상으로 함(교감의 학위취득실적은 교감자격증을 받은 후의 학위취득실적, 교육전문직원은 교감 등 직위에서의 학위취득실적에 한함). 자격연수성적으로 평정된 석사학위취득실적은 평정 대상에서 제외함(제36조, 제37조 제3항).
<table><tr><td>박사학위</td><td>직무와 관련 있는 학위
그밖의 학위</td><td>3점
1.5점</td></tr><tr><td>석사학위</td><td>직무와 관련 있는 학위
그밖의 학위</td><td>1.5점
1점</td></tr></table></td></tr>
<tr><td colspan="2">평정결과의
보고 및 공개</td><td>확인자(교장)는 그 결과를 평정표에 기록하여 평정 후 10일 이내에 임용권자에게 보고하여야 함. 평정의 결과는 평정대상자의 요구가 있는 때에는 이를 알려 주어야 함.</td></tr>
</table>

주: 표에서 법 조문의 번호는 「교육공무원 승진규정」을 말함.
출처: 「교육공무원 승진규정」을 토대로 정리함.

3. 승진후보자 명부의 작성 및 가산점 평정

1) 승진후보자 명부의 작성

교장 승진 임용자 선정(선발)은 경력평정, 근무성적평정, 연수성적평정 등을 토대로 한 승진후보자 명부에 의거하여 이루어진다. 승진후보자 명부의 작성의 주요 원칙은 다음과 같다.

첫째, 승진후보자 명부는 승진될 직위별(교장, 교감 등)로 작성한다. 평정 영역별로 경력평정점 70점, 근무성적평정점 100점, 연수성적평정점 18점을 각각 만점으로 평정하며, 평정점을 합산한 점수가 높은 승진후보자의 순서대로 명부에 등재한다.

둘째, 교장 승진후보자의 근무성적평정점은 명부의 작성 기준일부터 3년 이내에 해당 직위에서 평정한 평정점을 대상으로 하며, 계산 방식은 다음과 같다.

> 근무성적평정점 = (최근 1년 이내 평정점 × 34/100)
> + (최근 1년 전 2년 이내 평정점 × 33/100)
> + (최근 2년 전 3년 이내 평정점 × 33/100)

셋째, 경력평정, 근무성적평정, 연수성적평정의 합산점은 명부의 작성 기준일부터 5년 이내에 해당 직위에서 평정한 합산점 중에서 평정대상자에게 유리한 3년을 선택하여 산정한다(명부 작성일로부터 가까운 학년도를 기준으로 첫번째 해 34%, 두 번째 및 세 번째 해 각 33% 반영). 「교육공무원 승진규정」에서 명시하고 있는 계산 방식은 다음과 같다.

> 합산점 = (명부의 작성 기준일부터 가장 가까운 학년도의 합산점 × 34/100)
> + (명부의 작성 기준일부터 두 번째 가까운 학년도의 합산점 × 33/100)
> + (명부의 작성 기준일부터 세 번째 가까운 학년도의 합산점 × 33/100)

넷째, 교장 승진후보자 명부 작성권자는 임용권자 또는 임용제청권자 중에서 교육부장관이 지정한다(제42조). 현행 법상 교장 승진후보자 명부 작성권자는 교육감이다.

다섯째, 교장 승진후보자 명부는 매년 3월 31일을 기준으로 작성한다(제43조). 다만, 승진후보자 명부는 교육공무원의 전입이 있는 때 등 명부 작성권자가 필요하다고 인정하는 때에는 수시로 이를 조정할 수 있다(제44조).

여섯째, 승진후보자 명부의 작성에 있어서 동점자가 2인 이상인 때에는 ① 근무성적이 우수한 자, ② 현 직위에 장기 근무한 자, ③ 교육공무원으로서 계속 장기 근무한 자 등의 순위에 의하여 그 순위자를 결정한다. 이에 의해서도 순위가 결정되지 아니할 때에는 명부 작성권자가 그 순위를 결정한다(제45조).

일곱째, 교장 승진후보자 명부 작성권자는 명부에 등재된 교육공무원의 요구가 있는 때에는 본인의 명부 순위를 알려 주어야 한다(제48조).

2) 가산점

승진 대상자에 대해 해당 직위에서 가산점이 산정된 경우, 경력평정, 근무성적평정, 연수성적평정 등의 각 평정점의 합산 점수에 이를 가산한다. 전직된 경우에는 전직 이전의 직위에서 취득한 가산점(교감은 교감 자격증을 받은 후의 가산점, 교육전문직원은 교감 등의 직위에서 취득한 가산점만을 말함)을 포함한다. 가산점 종류 및 점수 산정 기준 등은 다음과 같다.

첫째, 가산점은 공통 가산점과 선택 가산점으로 구분되며 선택 가산점은 명부 작성권자가 항목 및 점수 기준을 정하여 산정할 수 있다. 둘째, 동일한 평정 기간 중 둘 이상의 가산점 경력 또는 실적이 중복하는 경우에는 그중 유리한 경력 하나만을 인정하며, 공통 가산점과 선택 가산점 간 경력 또는 실적이 중복될 경우 공통 가산점이 우선한다(제41조 제6항). 셋째, 가산점의 평정은 매 학년도 종료일을 기준으로 실시하거나 명부 조정 시기에 실시한다(제41조 제8항). 이상의 가산점 종류와 배점을 정리하면 〈표 11-7〉과 같다.

〈표 11-7〉 가산점 유형별 배점

공통 가산점	선택 가산점
• 교육부장관 지정 연구학교: 월 0.021점(1개월 미만인 경우 일 0.0007점, 최대 1.25점)* • 재외국민교육기관에 파견근무: 월 0.021점(1개월 미만인 경우 일 0.0007점, 최대 0.75점)** • 직무연수 1학점당: 0.02점(연도별 상한 0.12점, 최대 1점) • 학교폭력의 예방 및 대응 관련 실적이 있는 경우, 교육감이나 그 밖의 명부작성권자가 부여하는 가산점 0.1점, 최대 1점 - 학교폭력 예방을 위한 교육 · 홍보 · 상담 - 학교폭력 발생 점검 및 실태조사 - 학교폭력 대응 조치 및 사후관리 * 총합계 3점을 초과할 수 없음.	• 선택가산점은 다음 어느 하나에 해당하는 사유가 있는 자에게 명부작성권자가 항목 및 점수의 기준을 정하여 산정할 수 있음. - 도서벽지 교육기관 또는 교육행정기관 근무 - 읍 · 면 · 동지역의 농어촌 중 명부작성권자가 농어촌교육의 진흥을 위하여 특별히 지정한 지역의 학교에 근무한 경력 - 기타 교육발전 또는 교육공무원의 전문성 신장 등을 위해 명부작성권자가 필요하다고 인정하는 경력이나 실적이 있는 경우 * 총합계는 10점을 초과할 수 없음. 평정기간 6개월 전 평정기준 공개

* 교육부장관 지정 연구학교 가산점은 2022년 4월 1일부터 월 0.018점(1개월 미만인 경우 일 0.0006점), 가산점 총합계 1점으로 조정될 예정임.

** 재외국민교육기관에 파견근무 경력 가산점은 2022년 4월 1일부터 월 0.015점(1개월 미만인 경우 일 0.0005점). 총합계 0.5점으로 조정될 예정임.

출처: 「교육공무원 승진규정」 제41조를 토대로 작성함.

Ⅳ. 교장 공모제도의 이해

공모제는 교장 임용 방식의 하나로서 「교육공무원 승진규정」에 의한 승진제와는 달리 학교별 공모 교장 심사위원회를 구성하고 교장을 공개 모집 · 임용하는 제도이다(박상완, 2010). 공모제는 2007년 9월 처음 시범 운영되었으며, 2011년 9월 30일 「교육공무원법」 개정으로 '공모에 따른 교장 임용'에 관한 조항이 추가되면서 법적 근거를 갖추게 되었다(박상완, 2015: 324). 1964년 「교육공무원 승진규정」 제정 이후 교사에서 교감, 교장으로 이어지는 승진제가 유지되어 온 교직에서, 공모를 통한 새로운 교장 임용 방식은 제도 도입 초기부터 상당한 논란이 있어 왔다. 이 절에서는공모제의 도입 배경과 목적, 공모제의 주요 특징(현황)을 분석한다.[1)]

1) 이 절은 박상완(2010, 2015)을 토대로 하되, 일부 문헌 · 자료를 추가하고 수정 · 보완한 것이다.

1. 공모제의 의미와 도입 목적

1) 공모제의 의미

공모제의 의미는 연구자에 따라 다양하게 규정되고 있다. 공모제 도입이 논의되기 시작한 2000년대 초에 이루어진 이종재 등(2004: 39-40)의 연구에서는 공모제를 "최소한의 자격 요건을 갖춘 다양한 지원자 가운데 일정한 심사 절차를 거쳐 교장 후보자를 선발하는 제도"로 규정하였다. 공모제 도입을 제안한 대통령자문 교육혁신위원회(2006. 9: 121)는 공모제를 "일정한 초·중등학교 교육 경력(교육전문직 경력 포함)을 가진 현직 교원 또는 교육공무원을 대상으로 교장을 공모하여 공정하고 민주적인 심사 절차를 거쳐 교장 임용 후보자를 선발하는 제도"로 정의하였다. 여기서는 공모 교장의 지원 자격을 명시하고 있다는 점이 특징적이다.

공모제가 시범 운영된 2007년 이후에 이루어진 연구들에서도 공모제의 정의를 찾아볼 수 있다. 김이경, 한유경 등(2008: 71)은 공모제를 "개별 학교에서 교장 후보자를 공개적으로 모집하고 학교 구성원이 참여하는 심사 과정을 거쳐 지원자 중에 적격자를 선발·임용하는 제도"로 정의하였다. 비슷한 시기에 발표된 나민주, 이차영, 박상완, 김민희, 박수정(2008: 8)의 연구에서는 공모제와 기존의 승진 임용제를 대비시켜 공모제를 정의하고 있다. 이에 의하면, 공모제는 교육행정 당국이 개별 학교의 교장을 임용하는 데 있어 승진 등에 의해 교장 자격을 갖춘 자를 특정 학교에 배정하는 일반적인 임용의 방식이 아닌, 해당 학교에서 교장 후보자를 공개 모집하고 지원자 가운데 적격자를 그 학교 구성원이 참여하는 선정의 과정을 거쳐 교장으로 임용하는 제도이다. 김이경, 한유경 등(2008), 나민주 등(2008)의 공모제 정의는 공모 절차를 구체적으로 명시하고 있다는 점에서 특징적이다.

이상의 공모제 개념을 종합·정리하면, 공모제는 교장 임용 방식의 한 유형으로 '공개 모집'을 통해 교장을 선발하며, 교장 임용 과정에 다양한 학교 구성원이 참여하는 것을 주요 특징으로 한다(박상완, 2010).

2) 도입 목적

공모제의 도입 목적은 공모제의 필요성, 시범운영이 결정되기까지의 주요 논의 과정을 통해서 확인할 수 있다. 공모제를 처음 공식적으로 제안한 대통령자문 교육혁신위원회는 공모제의 필요성을 다음과 같이 설명하고 있다.

> 시대 변화에 부응하여 학교교육 혁신을 주도할 수 있는 새로운 교장 리더십을 확립할 필요가 있으며, 기존 승진 구조와 무관하게 학교경영 능력과 혁신적 리더십을 발휘할 수 있는 교장을 발탁할 수 있는 새로운 교장 임용제도로서 공모제가 필요하다(교육혁신위원회, 2006: 94).

교육혁신위원회가 제시한 공모제 도입의 필요성은 2007년 정부가 발표한 제1차 공모제 시범운영 계획안에도 반영되어 있다(교육인적자원부, 2007). 이는 공모제 도입과 관련한 논의를 가장 잘 정리한 것이라 할 수 있는데, 그 내용은 다음과 같다.

> 현행 승진제도상 지나치게 긴 경력(28년) 요건으로 인하여 연공서열에 의한 승진제 외에 교장으로 임용되기 어려운 현실에서 교장 임용 방식의 다양화 요구가 증대되고…… 교육 경력이 15년 이상인 교육공무원 및 사립학교 교원 중에서 학교경영 능력과 혁신적 리더십을 발휘할 수 있는 자에게 교장 응모 기회를 제공한다(교육인적자원부, 2007: 3).

이상의 교장 공모제 시범 운영 도입 과정, 교장 공모제의 필요성 등에서 확인된 교장 공모제 도입 목적은 다음과 같이 다섯 가지로 정리할 수 있다. 첫째, 기존의 승진 임용과 별도로 공모 방식을 통하여 교장을 임용함으로써 교장 임용 방식의 다양화를 도모한다. 둘째, 학교교육의 질을 높이고 새로운 리더십으로 학교와 지역 발전을 촉진하고, 학교경영 능력과 혁신적 리더십을 발휘할 젊고 유능한 교장을 발탁 · 임용한다. 셋째, 현행 승진제도상 지나치게 긴 경력 요건으로 인하여 연공서열에 의한 교장 승진임용제 이외에는 교장으로 임용되기가 어려운 문제를 해소한다. 넷째, 단위학교의 요구에 부응하는 유능한 교장을 임용한다. 즉, 교장 임용 과정에서 개별 학교의 자율성과 특수성을 반영하기 위해 학교 구성원의 의사를 토대로 교장을 선발한다. 다섯째, 교장의 장기간 근무를 보장함으로써 학교혁신 및 지역사회 발전 요구를 수용하고 학교경영에 책임을 지도록 한다.

2. 공모제의 발달과 현황

1) 공모제의 발달

공모제는 2007년 처음 시범 운영되었으나 교장 임용제도 개편에 관한 논의나 요구는 문민정부의 5 · 31 교육개혁 보고서가 제안한 학교장 초빙제에서 시작되었다고 할 수 있다(박상완, 2015). 역대 정부별 공모제의 변화를 간략하게 정리하면 다음과 같다(박상완, 2015: 343).

(1) 제도적 기반 마련(1995~2003)

문민정부는 5 · 31 교육개혁보고서에서 학교 공동체 구축, 좋은 학교 만들기라는 정책 기조에 기초하여 학교장 초빙제라는 새로운 교장 임용제도를 제안하였으며, 시범운영의 기반을 마련하였다. 국민의 정부는 여야 간 정권 교체를 통해 탄생한 정부로서 정책 기조 면에서 문민정부와 다소 차이를 보였으나 학교장 초빙제 정책은 문민정부의 기본 틀을 그대로 유지하였다. 이에 따라 문민정부와 국민의 정부 시기는 교장 초빙제의 형성과 제도적 기반 마련 시기(1995. 5.~2003. 2.)로 규정할 수 있다.

(2) 교장 공모제 시범운영(2003~2007)

참여정부에서 교장 초빙제는 초빙교장제 시기(2003. 2.~2005. 11.), 교장 초빙 · 공모제 시기(2005. 11.~2007. 4.), 공모제 출범 시기(2007. 4.~2008. 2.)로 구분할 수 있다. 참여정부는 정부 출범 당시부터 학교장 임용제도의 다양화를 주요 정책 과제로 설정하고 다양한 이해관계 집단의 의견을 수렴하였으며, 이는 공모제 시범운영(안)으로 귀결되었다. 참여정부는 학교장 초빙제가 현재의 교장 공모제로 전환된 시기라는 점에서 교장 공모제도 정책 변화에서 가장 중대한 전환점이라 할 수 있다.

문민정부, 국민의 정부에서 학교장 초빙제가 기존 승진임용제의 제도적 맥락, 규제하에 추진되면서 새로운 제도의 형성 · 변화가 이루어지지 못했던 반면, 참여정부에서 학교장 초빙제는 기존 승진제의 제약에서 벗어나 교장 자격증 미소지자들도 교장이 될 수 있는 가능성을 열어 둔 교장 공모제도로 개편되었다. 참여정부라는 진보적 성향을 가진 정권의 출범과 기존 승진제의 수혜자 집단에 대응할 수 있는 이해관계 집단(전교조, 학부모 단체)의 성장, 승진제의 정당성 약화 등의 다양한 요인이 학교장 초빙제가 교장 공모제로 변화하는 데 기여했다고 할 수 있다. 그러나 참여정부에서 마련된 교장 공모제가 기존 승진제의 영향력을 완전히 벗어난 것은 아니다. 교장 공모제의 한 유형으로 초빙형을 둔 것은 교장 승진제의 편익을 향유하는 이해관계 집단의 힘이 강하게 작용한 것으로 해석할 수 있다(박상완, 2015).

(3) 교장 공모제 정착 · 확대기(2008~2013)

이명박 정부는 참여정부와 달리 보수정권으로서 신자유주의 성향을 띤 친기업 실용정부의 성격을 갖는다. 이러한 정부의 성격은 공모제 변화에도 중요하게 작용한 것으로 볼 수 있다. 이명박 정부에서 공모제가 초빙형을 중심으로 확대되면서 기존 승진제에 기초한 이해관계 집단의 편익을 반영한 보수적인 성격을 띠고 있다는 점은 이를 반영한다. 이명박 정부에서 공모제는 공모제 정착기(2008. 2.~2009. 11.), 공모제 개편 · 확대기(2009. 11.~2011. 9.), 공모제 법제화 시기(2011. 9.~현재)로 구분해 볼 수 있다(박상완, 2015: 343).

이명박 정부에서 교장 공모제의 실시 규모는 확대되었으나 주로 초빙형 교장 공모제가 확대되었다. 초빙형 공모 교장의 지정 범위를 전체 공립학교의 10% 이내에서 50% 이상으로 연차적으로 확대하고, 종래 비선호 학교 위주로 교장 공모제 학교를 선정하던 것을 개선하여 선호 지역 학교도 교장 공모제 운영 학교로 포함되도록 하였다.

2011년 9월 30일 「교육공무원법」 제29조의3(공모에 따른 교장 임용 등)을 신설함으로써 교장 공모제의 법적 근거를 마련하였다는 점도 교장 공모제의 주요 변화로 볼 수 있다. 「교육공무원법」 개정으로 교장 자격 기준으로 공모교장 관련 사항이 추가되었다(공모 교장으로 선발된 후 교육부령으로 정하는 연수 과정을 이수한 사람). 교장 공모제의 법제화[2)]는 교장 공모제 정책에 합법성을 부여하고(김용하, 2015: 171), 교장 공모제가 안정적으로 실시될 수 있는 기반을 마련하였다는 점에서 중요한 의미를 갖는다.

그러나 이명박 정부 들어 초빙형을 중심으로 교장 공모제가 확대됨으로써 내부형, 개방형 등 기존 승진제의 틀을 벗어나는 대안적 교장 임용제도가 제도적으로 정착되지 못하였다는 점은 한계라고 볼 수 있다. 이는 기존 승진제라는 제도적 틀, 이로 인해

2) 교장 공모제의 법제화가 국회의원 시절 교장 공모제 입법 발의를 주도했던 이주호 장관이 교육부장관으로 재임하는 동안 이루어졌다는 점에서 중요한 의미가 있다. 이주호 장관은 이명박 정부 시절 교육문화수석과 교육과학기술부 장관으로 임명되면서 교장 공모제의 법제화 등 교장 임용제도의 정책 변화를 주도했다. 이는 장관의 교육 관점과 교육 철학에 따라 정책 목표, 정책의 우선순위, 정책적 청사진이 달라져 정책 변동이 발생한 사례를 잘 보여 준다(김용하, 2015: 89-90).

형성된 이해관계 집단의 권력과 이들 집단 간 연계 효과, 교장 자격증 필요성에 대한 신념(정당성) 등의 요인이 작용한 것이라 볼 수 있다.

(4) 교장 공모제 안정 · 유지기(2013~현재)

박근혜 정부에서 교장 공모제는 이명박 정부의 정책 내용을 그대로 유지하고 있어 제도 변화를 발견하기는 어렵다. 정부의 국정 과제나 교육부 업무 보고 등에서 교장 공모제를 주요 정책 과제로 다루고 있지 않아 교장 공모제 정책에 대한 관심도나 중요도도 다소 떨어진 것으로 볼 수 있다. 교장 공모제 관련 법령도 최근 공립 유치원에 공모제를 도입한 것을 제외하고는 개정된 바는 없으며, 교장 공모제 시행 계획도 이명박 정부에서 수립한 2013학년도 교장 공모제 추진 계획(교육과학기술부, 2012. 11.)을 그대로 적용하였다.

2) 공모제의 현황

공모제는 2012년 이후 큰 제도 변화 없이 시행되고 있다. 2012년 11월 이후 적용되고 있는 공모제의 주요 현황을 정리하면 〈표 11-8〉과 같다.

〈표 11-8〉 교장 공모제 주요 내용

구분	주요 내용	비고
근거 규정	「교육공무원법」 제29조의3(공모에 따른 교장임용 등) 「교육공무원임용령」 제12조의5(공모교장의 임용 · 평가 등) 공모교장 등 임용업무 처리요령	「초 · 중등교육법」의 교장자격기준(제21조 제1항 관련)에 공모교장 선발 후 일정한 연수를 받은 사람 추가(2011. 9. 30.)
공모 학교	공립학교: 교육감은 교장이 결원되는 학교 중 공모학교를 지정, 학교 수의 1/3~2/3 범위 내에서 교육감이 비율 결정 * 교육부장관은 필요한 경우 직권으로 공모학교 지정	교장 공모제 운영에서 정부권한 확대. 공모학교 규모 지정(결원학교의 1/4~2/3), 공립학교에 대해서도 교육부 장관이 공모학교를 직권 지정하도록 함.

<table>
<tr>
<td>심사
절차
및
방법</td>
<td>심사주관
• 학교 공모교장심사위원회(1차), 교육청 공모교장심사위원회(2차)
심사절차
• 1차 심사: 임용후보자 3배수 추천
• 2차 심사: 임용후보자 2배수 추천. 상위 2인의 순위를 명기하여 학교장과 교육감에게 통보
임용추천
• 교육감은 교육청 공모교장심사위원회의 추천 순위를 고려하여 최종 1명 선정, 장관에게 임용제청
• 교육감은 1, 2차 공모 심사를 한 경우 1차 50%, 2차 50%를 반영, 심사점수 합산으로 최종 순위 결정
• 일정점수(80% 수준) 이상 적격자 없을 시 임명 전환
• 교육감은 2순위자를 최종 1명으로 선정할 수 있음.</td>
<td>심사위원 구성 시 학부모, 교원, 지역위원 모두 포함. 교원보다 학부모 포함 외부 위원의 비중이 큼.
학교 심사(1차 심사)는 지원자 중 3배수를 추천하는 것으로 한정됨. 교육청 심사 시(2차 심사) 시 공모교장 지원과정 및 1차 심사 과정의 공정성 등에 대한 심사를 병행하도록 함으로써 교육청의 심사 권한, 기능을 강화함.
교육감은 심사점수 합산 2순위자를 최종 1명으로 선정할 수 있도록 함으로써 교육감의 권한 강화함.</td>
</tr>
<tr>
<td>교장
공모
유형별
자격
요건</td>
<td>
<table>
<tr><th>유형</th><th>추진근거</th><th>자격기준</th><th>대상학교</th></tr>
<tr><td>초빙형</td><td>「교육공무원법」 제29조의3 제1항</td><td>• 교장자격증 소지자(교육공무원)</td><td>일반학교</td></tr>
<tr><td>내부형</td><td rowspan="2">「교육공무원법」 제29조의3 제2항
「교육공무원임용령」 제12조의6 제1항</td><td>• 교장자격증 소지자(교육공무원)
• 경력 15년 이상인 교육공무원 또는 사립학교 교원(교장 자격 미소지자)</td><td>자율학교
자율형
공립고</td></tr>
<tr><td>개방형</td><td>• 교장자격증 소지자(교육공무원)
• 해당학교 교육과정 관련 기관, 단체 3년 이상 경력자(자격 미소지자)</td><td>자율학교 중 특성화 중·고, 특목고, 예체능계고</td></tr>
</table>
</td>
<td>개방형의 경우 공모 범위는 전국임.
임용예정일 기준으로 정년 잔여기간이 4년 미만인 자는 지원 제한
현임 학교의 근무기간이 2년 미만인 교장의 경우에는 지원 불가</td>
</tr>
</table>

출처:「교육공무원법」(법률 제13936호),「교육공무원임용령」(대통령령 제28211호), 교육과학기술부(2012. 11.). 2013학년도 교장 공모제 등 추진 계획을 토대로 요약·정리함.

V. 교직과 교사에 주는 시사점

이 절에서는 우리나라 교직과 교사의 특성과 질을 형성·개선하는 데 교장 임용제도가 어떤 연관성을 갖는가라는 관점에서 초·중등학교 교장 임용제도와 관련된 주요 논점과 교장 임용제가 교직과 교사에 주는 시사점(개선 과제)을 제시한다.

1. 주요 논점

초·중등학교 교장은 교육부장관의 제청으로 대통령이 임용한다. 교장을 제외한 초·중등학교 교원의 임용이 교육부장관에게 위임되어 있음에도 교장의 임용권이 대통령에게 있다는 것은 학교의 행정 책임자, 대표자로서 교장직이 갖는 상징적·실질적인 의미가 크다는 것을 보여 준다. 승진제와 공모제를 중심으로 우리나라 교장 임용제도의 주요 현황과 특징을 검토하였다. 이를 통해서 교장 임용제도와 관련된 논점을 몇 가지로 정리할 수 있다.

1) 교장의 임용권: 대통령(교육부장관) vs. 교육감

초·중등학교 교장은 교육부장관의 제청으로 대통령이 임용한다(「교육공무원법」 제29조의2 제1항). 교장을 제외한 초·중등학교 교원의 임용이 교육부장관에게 다시 교육감에게 위임되어 있음에도(「교육공무원임용령」 제3조 제5항), 교장을 임명하는 임용권은 대통령에게 있다는 것은 학교의 행정 책임자, 대표자로서 교장직이 갖는 상징적·실질적인 의미가 크다는 것을 보여 준다.

그러나 1991년 「지방교육자치에 관한 법률」이 제정되고, 2010년부터 전국동시 지방선거를 통한 교육감의 주민직선 등 지방교육자치가 확대되면서 각 시·도교육청 소속 직원에 대한 교육감의 인사권은 강화되고 있다. 교육감은 교장(원장)의 전보, 교감·원감·수석교사 및 교사의 임용 등 교장을 제외한 시·도교육청 교직원은 교육감이 임용권을 가지고 있음에도 교장을 임명하는 임용권만 대통령에게 두고 있는 것이 적절한가라는 문제를 제기할 수 있다. 교사, 수석교사, 교감, 교장 모두 국가공무원인 교육공무원이라는 점은 동일하나 임용권의 위임 범위에는 차이가 있으며 그 근거는 명확하지 않다. 일반 교사에 비해 교장이 시·도 간 전보를 하는 경우는 거의 없어 임용권을 대통령으로 유지해야 할 유인도 약하다고 할 수 있다. 지방교육자치의 확대, 학교 자율화 강화 등 교육 분권이 강조되면서도 시·도교육청 소속 단위학교의 교장 임명권은 대통령에게 둠으로써 중앙집권적 교육이 유지 또는 지지되는 현상은 일견 모순되어 보인다.

2) 교장의 역할: 관리자·행정가 vs. 수업·교육 지도자

교장의 역할을 무엇으로 볼 것이며, 그러한 역할을 수행하는 데 요구되는 자질을 무엇으로 볼 것인가 하는 점은 교장 임용제도와 관련한 모든 쟁점의 기저, 출발점이 된다(이차영, 2006). 교장의 직무는 「초·중등교육법」(제20조 제1항)에서 명시하고 있다. 교장은 교무를 통할(統轄)하고, 소속 교직원을 지도·감독하며, 학생을 교육한다. 교장의 직무에서 교무통할, 교직원의 지도·감독(인사관리 면)을 강조하고 일반 교사와의 차별성을 강조할 경우 관리자, 행정가, 경영자로서 교장의 역할, 자질이 부각된다. 반면, 학생 교육과 교수·학습 및 장학 측면에서 교직원의 지도·감독을 강조할 경우 수업지도자, 장학 전문가로서 교장의 역할이 부각된다.

교장에 관한 주요 연구에서도 교장은 관리자(manager), 행정가(administrator)로서의 역할뿐 아니라 교육 지도자(educational leader), 수업 지도자(instructional leader)로서의 역할을 수행하는 것으로 이해되고 있다(Hallinger, 1992; Davis, Darling-Hammond, LaPointe, & Meyerson, 2005). 그러나 우리나라 학교 현장에서 교장은 교육·수업 지도자, 장학 담당자로서의 역할보다는 관리자, 행정가, 경영자로서의 역할이 보다 강조된다. 이는 여러 요인에 기인한다. 교사에서 교감을 거쳐 교장으로 승진하는 승진제는 교감, 교장은 학생을 지도하고 수업 및 학급 경영을 담당하는 일반 교사와 달리 학교의 교무를 통할하는 행정가, 관리자, 경영자로서의 교장 역할을 강조하는 경향이 있다.

학교 현장에서 교원 간의 역할 분담에 대한 이러한 인식은 수석교사의 역할에서도 확인할 수 있다. 「초·중등교육법」에 의하면 수석교사는 교사의 교수·연구 활동을 지원하며 학생을 교육한다(제20조 제3항). 교수·학습과 관련한 교사에 대한 전문적 지원을 교장이 아닌 수석교사가 담당함에 따라 수업·교육 지도자로서의 교장의 역할은 점차 약화되고 있다. 교장·장학직에 의한 권위적인 장학 활동이 쇠퇴하고 교사전문학습공동체에 의한 교사의 자발적인 전문성 개발 활동도 수업·교육 지도자, 전문가로서의 교장의 역할을 제약하는 요인이 될 수 있다.

교장의 임용제도 또한 교장의 역할, 자질을 관리자, 행정가, 경영자 측면에서 규정하는 경향이 있다. 승진제는 교사 경력자 중에서 관리적 · 행정적 업무 능력과 경력을 쌓아서 교감으로 승진하고 다시 교장으로 승진하는 체제로 되어 있다. 공모제 또한 교육 · 수업 전문가보다는 학교 관리, 행정 업무 능력이 있는 후보자를 선발하는 경향이 있다. 이는 교사 경력자 중에서 교장을 임용하기 때문에 교육 · 수업 전문성은 기본적인 소양으로 갖추어져 있다고 전제하는 것일 수 있지만, 승진제와 공모제 모두 교장의 임용 과정에서 교육 · 수업 지도자, 전문가로서의 교장의 역할은 부각되지 않는다.

교장은 교육자와 관리자 · 행정가로서의 역할을 동시에 수행한다. 학생 교육의 질을 높이고 교육적 성과를 내기 위해서는 교장의 관리적 · 행정적 · 경영적 능력뿐 아니라 교육환경의 변화, 미래 교육의 방향과 비전과 목표 설정, 학생 개개인을 위한 다양한 교육 프로그램 개발과 적용 등 교육 · 수업 지도력, 전문성이 요구된다. 교장의 교육 · 수업 지도력, 전문성은 학생을 직접 교육하는 교사의 전문성과는 상이한 것이며, 이 점에서 교장의 역할, 자질로 교육 · 수업 전문성은 보다 강조 · 강화될 필요가 있다. 교장의 역할에서 관리적 · 행정적 · 경영적 측면이 강조될 경우, 교장의 자질, 자격 요건으로 교육 경력과 경험의 중요성은 축소될 우려가 있으며, (교직 경험이 없는) 일반 조직 관리, 경영 전문가들이 학교경영을 더 잘할 수 있다는 주장을 반박하기가 어려워질 수 있다.

3) 교장 자격: 자격취득 경로 확대 vs. 현행 유지

우리나라에서 초 · 중등학교 교장이 되기 위해서는 자격이 있어야 한다. 그러나 공모제의 내부형과 개방형은 교장 자격이 없는 사람도 교장이 될 수 있는 길을 열어 놓음에 따라 무자격 교장 임용이 논란이 되었다(교육혁신위원회, 2006). 공모제 확대와 무자격 교장 논란을 해소하기 위해 현행 교장 자격 기준을 완화할 것인가(예: 교육 경력 연한 축소) 또는 교장 양성 과정을 개설함으로써 교장 자격 취득 경로를 현행 승진제(교장 자격연수 이수대상자 선발을 위한 교장 승진후보자 명부)와 양성제로 이원화할 것인가? 영국의 경우 교장 자격취득 및 훈련을 위한 전문기관으로 국가 학교지도자대학(National College for School Leadership: NCSL)을 두고 있으며, 미국은 대학원 석사과정을 운영하고 있다.

우리나라에서는 경기도교육청에서 최근 교감, 교장을 대상으로 한 리더십 아카데미

과정을 제안한 바 있다. 이는 일정 경력 이상의 교사를 대상으로 자질과 역량 평가를 통해 교감, 교장 리더십 아카데미에 입학하도록 하고, 리더십 아카데미 과정을 수료하면 교감, 교장 자격을 부여하되 임용은 공모 방식을 거치도록 한다는 것이다(경기도교육청, 2016: 170-171). 교장 자격취득을 위한 전문기관을 둔다는 것은 현행 승진제를 폐지하거나 축소하는 것과 연계되어 있어 공모제보다 더 큰 반대에 직면할 우려가 있다. 경기도교육청의 리더십 아카데미 제도는 공모제 임용과 연계하도록 제한하고 있다.

교장 자격제도를 어떻게 개편할 것인가의 문제는 교장 임용제도와 밀접하게 연계되어 있으며, 구체적으로는 현행 승진제 개편과 연계되어 있다. 2007년 공모제 시범운영 당시 제기되었던 기존 이익집단의 강력한 반대와 논란을 상기한다면 교장 자격제도 및 임용제도 개편 논의는 조심스러울 수밖에 없다. 이러한 현실은 현 제도가 유지되는 것이 제도의 장점으로 인해서라기보다는 뚜렷한 새로운 대안의 부재 또는 그 대안의 효과의 불명확성 등에 기인하는 것임을 보여 준다. 우리나라 교장 자격제도, 승진제가 여러 가지 문제에도 불구하고 지속되는 것도 이러한 현실적 이유 때문이라 할 것이다. 즉, 현행 제도의 문제와 대안이 가져올 부작용, 문제를 고려할 때, 현행 제도의 비교우위가 인정되기 때문이다. 아울러 현행 제도의 유지를 지지하는 집단(현직 교감, 교감 승진 준비자 등)에 비해 새로운 제도 도입을 주장하는 집단의 범위가 모호하고 따라서 세력화가 미약하다는 점도 현행 제도가 유지되는 이유가 된다.

4) 교장 임용의 실질적 권한: 학교(구성원) vs 시 · 도교육청(교육감)

최근 학교단위 경영제, 학교 자율화 등이 강조되면서 교장 임용에 관한 실질적인 권한을 누가 가질 것인가도 교장 임용에서 논점이 된다. 특히 공모제 도입으로 학교 구성원들이 교장 임용에 참여하게 되면서 공모 학교 결정 주체, 학교 구성원의 참여 범위와 수준, 교장 임용에서 학교와 교육청의 역할 분담 등이 논란이 되고 있다.

교장 공모 학교의 선정은 학교의 신청에 따라 교육감이 지정하거나 교육감이 직권으로 지정할 수 있다. 기본적으로 공모제는 교장 공모 시행 여부 결정, 공모제 심사 등에서 학교의 참여가 커지면서 교육감의 교장 인사권을 제한하는 측면이 있다. 이는 교육감이 공모제 시행 및 확대에 소극적일 수 있음을 말한다.

한편으로 교육부 입장에서는 공모제 확대를 위해서는 시 · 도교육청별로 공모제 시행 학교를 늘릴 필요가 있으나 공모 학교 지정 권한이 교육감에게 부여되어 있어 중앙

정부에서 공모제를 적극적으로 확대하는 데에는 한계가 있다. 따라서 이러한 제한된 영향력 행사의 범위 내에서 공모제를 어떻게 확대할 것인가, 시 · 도교육청별로 공모제 적용 범위(대상 학교와 규모 등)에 관한 기준을 어떻게 정할 것인가, 어떤 정책 유인책(인센티브)이 필요한가 등이 논란이 될 수 있다. 기본적으로 교장 임용 과정에서 교원을 포함한 학교 구성원의 참여를 확대하고 교장에 대한 평가가 학교교육 프로그램과 질, 성과를 제고하는 데 초점을 두는 등 교육적인 측면이 보다 강화될 필요가 있다.

5) 교감직의 위상: 독립된 직무 분담 vs. 교장 직무의 보조

공모제 시행을 계기로 교직에서 교감직의 지위와 역할에 대한 논의가 제기된 바 있다(이종재 외, 2004). 교장과 함께 학교 관리직으로 승진제의 한 축을 구성하고 있는 교감의 지위, 자격, 임용 방법, 나아가 필요성 등이 논점이 된다. 현재에도 학교 규모에 따라 교감을 두지 않을 수 있음에 따라(「초 · 중등교육법」 제19조 제1항의1에 의하면, 학생 수가 100명 이하인 학교나 학급 수가 5학급 이하인 학교 중 대통령령으로 정하는 규모 이하의 학교에는 교감을 두지 아니할 수 있다) 교감직의 필요성, 성격, 배치 기준 등이 논란이 된다. 특히 교감직은 교직 승진 체계의 중간 단계에 있음에 따라 승진제를 폐지하자는 입장과 유지하자는 입장은 교감제도에 대해서도 상반되는 견해를 보이고 있다.

승진제를 폐지하자는 입장에서는 승진의 첫 단계이자 교장이 되기 직전의 핵심 경력 단계인 교감제도 또한 재검토가 불가피하다는 입장이다. 그러나 교감직을 폐지하거나 재검토하자는 입장은 교감의 역할이나 직무 자체를 부정적으로 보기보다는 교감직이 승진제와 연계되어 있다는 점, 교감직의 명칭 등을 문제로 본다. 이에 따라 교감의 명칭을 부교장으로 변경하거나 역할 분담을 통해 교장, 교감, 부장교사 간 직무 조정이 필요하다고 주장한다(이종재 외, 2004). 한편, 교감직을 유지하자는 입장에서는 교감이 교장을 보좌하기 위해 필요할 뿐 아니라 미래 교장으로서의 직무 수행 능력과 지도성을 개발할 수 있는 주요 경력 과정이라고 본다. 또한 이 입장에서는 교감의 독자적인 역할과 권한이 현재보다 더 강화되어야 한다고 주장한다.

교감제도와 관련하여 교감직을 현재와 같이 학교 행정직 · 관리직을 구성하는 별도의 직위로 할 것인가 또는 보직으로 할 것인가, 이를 교감으로 할 것인가 또는 부교장으로 할 것인가, 교감의 임용 방식은 승진제와 공모제하에서 달라져야 할 것인가, 교감도 교장과 함께 공모 방식으로 임용하여야 할 것인가 등이 논점으로 제기된다.

6) 교장 임기: 임용 방법에 따른 임기 차등화 vs. 균등화

「교육공무원법」에 의하면 교장의 임기는 4년으로 하며, 한 번만 중임할 수 있다. 그러나 공모 교장으로 재직하는 횟수는 이에 포함하지 아니한다(제29조의2 제2항, 제3항). 교장 임용 방법, 즉 승진제 임용과 공모제 임용에 따라 교장 임기 산정에 차등을 두는 것이 적절한가가 논란이 된다. 특히 공모 교장으로 근무한 경력은 교장 재직 횟수에 포함되지 않음에 따라 공모제가 교장 임기를 연장하는 기회로 활용될 수 있다. 공모제 유형 중 초빙형의 경우 교장 자격증을 소지한 사람을 대상으로 하고 있어 지원 자격 면에서 승진제와 큰 차이가 없음에도 교장 임기 산정 방식에 차등을 두는 것이 적절한가가 논란이 된다.

또한 공모 교장에 대해서는 임기가 종료된 후 평가를 거쳐 중임을 허용할 수 있으며, 그 횟수에 대한 제한은 없기 때문에 승진제 교장과 형평성 문제도 제기될 수 있다. 이에 따라 공모 교장에 대해 교장 재직 횟수에 제한을 둘 것인지 두지 않을 것인지에 대한 기준이 필요하다. 교장 평가를 거쳐 계속적인 연임을 허용한다면 기존 승진제도(최대 8년)와 형평성의 문제가 발생할 수 있다. 교장 임기와 관련하여 승진제와 공모제 등 교장 임용 방법에 따라 교장 임기 제한을 차등화할 필요가 있는가, 그 논리 · 근거는 무엇인가, 나아가 교장의 임기를 제한할 필요가 있는가 등에 대한 검토가 필요하다.

2. 개선 과제

교장 임용제도는 민주적으로 학교를 운영하고 자율, 책임을 통해 학교교육의 질을 높일 수 있는 전문적 역량과 우수한 지도력을 갖춘 교장을 선발하는 데 초점이 있다. 승진제와 공모제로 대별되는 교장 임용제도는 각각의 발달 배경과 맥락, 장단점 등에 차이가 있으며 개선해야 할 과제도 다양하다. 여기서는 승진제와 공모제의 세부적인 개선 과제를 다루기보다 교장 임용제도와 관련된 주요 논점을 중심으로 개선 과제를 제안한다.

1) 교장역할 구체화

교장 자격 기준, 직무와 관련된 교장의 역할 등을 구체화함으로써 교장에게 요구되는 전문적 역량과 지도성을 명료화할 필요가 있다. 교장 자격 기준은 현재와 같이 경력 중심이 아니라 교장으로서 갖추어야 할 지식, 기술, 역량 등으로 규정한다. 이러한 기준은 교장 임용뿐 아니라 교장 직전 교육, 연수, 평가 등에 체계적으로 일관되게 활용될 수 있다.

2) 교장 임용 심사 과정 강화

교장 적격자를 선발할 수 있는 임용 심사 과정을 강화할 필요가 있다. 교장 임용 과정에서 특정 직위, 분야에서의 경력 연한, 연수 이수 성적보다는 교장 후보자의 자질과 능력을 실질적으로 검증할 수 있는 다양한 양적 · 질적 방법과 자료를 활용한다. 이를 위해 교장 임용 시 역량평가를 도입할 수 있다. 역량평가는 중앙부처 고위직 공무원에 대해 처음 적용되었으며 최근에는 과장급으로 확산되는 추세이다. 경기도교육청, 대구교육청 등 일부 시 · 도교육청에서는 교감, 교장에 대해 역량평가를 도입할 것을 제안하고 있다.

교장 임용 시 역량평가를 도입 · 활용하는 방법은 다양하게 구상해 볼 수 있다. 현행 교장 임용제도와 연계시키는 방안으로는 교장 자격연수 과정의 일부로 또는 교장 자격연수 대상자 선발 시 역량평가를 도입할 수 있다(오세희, 이인회, 박상완, 정성수, 2017: 158). 내부형과 개방형으로 임용된 공모 교장으로서 교장 자격이 없는 경우, 교장 임용 후 이수하는 자격 연수에 역량평가를 포함시킬 수 있을 것이다. 앞의 논점에서 제시한 바와 같이, 우리나라에서 교장 임용제도는 자격제도와 연계 · 통합되어 있으므로 교장 자격연수 대상자 선발 시 역량평가제도를 도입하고 교장 자격연수 과정도 역량 개발 과정으로 개편할 수 있다.

3) 중간관리직 연수지원

미래 교장직 후보자인 부장교사, 교감 등 학교의 중간 단계에 있는 교원을 위한 다양한 연수 과정을 개발 · 운영한다. 교장직 후보자를 위한 전문적인 훈련 과정이 필요하다는 점은 교장으로서의 성장 · 발달은 장기간에 걸쳐 여러 경험을 통해 형성된다는 연구 결과(박상완, 2008; 김이경, 김갑성, 김도기, 서근원, 2006; 김이경, 김도기, 김갑성, 2008)나 영국과 미국 등에서 교장직 후보자 인력 풀 확보와 이들의 지도성 제고를 위한 지도성 승계(leadership succession) 측면에서 연수 · 훈련을 강조하고 있다는 점, OECD 주요국에서는 현직 교장뿐 아니라 미래 교장 후보자들의 지도성 개발을 위한 리더십 프로그램들을 운영하고 있다는 점(Pont, Nusche, & Moorman, 2008)에서 그 근거를 찾을 수 있다. 경기도교육청(2016)이 제안한 리더십 아카데미는 일정 경력 이상의 교사를 대상으로 자질과 역량 평가를 통해 교감, 교장 연수 후보자를 교육 · 훈련하는 과정이 될 것으로 기대된다.

그러나 현재에도 학교 관리자, 교육 전문직을 위한 온라인과 오프라인 연수 과정은 일부 있으나 이러한 과정이 지도성 승계 측면에서 중요한 의미가 있다는 점은 크게 강조되고 있지 못하다. 부장교사, 교감 등을 대상으로 학교 행정 및 경영, 리더십 개발에 관한 일정 시간의 연수 이수를 의무화함으로써 보다 우수한 미래 학교장 인력 풀을 확보할 수 있을 것이다.

4) 교장 양성 · 훈련 과정 도입

장기적으로는 교육행정 전문가를 유인 · 지원할 수 있는 교장 양성 과정 중심으로 교장 임용 방식을 전환하거나(나민주 외, 2008), 이러한 교장 양성 · 훈련 과정은 대학원 석 · 박사학위 과정으로 운영할 수 있다(나민주 외, 2008; 김이경, 한유경 외, 2008). 경기도교육청의 리더십 아카데미는 학위 과정이 아니라 교육청이 운영하는 연수 과정으로 제안된 것이다. 교장 역량평가와 연계하여 관련 연수를 제공하는 방안도 고려할 수 있다. 중앙부처 고위공무단을 대상으로 한 역량평가도 연수 과정과 연계하여 운영되고 있다.

교장 지도성 개발 · 훈련을 위한 과정의 형식(대학원 과정인가 또는 교육청 연수 과정인가, 자격취득 과정인가 또는 임용 과정인가)은 여러 가지 현실적 여건을 고려하여 다양하게 구성될 수 있을 것이다. 그러나 교장 임용을 위해 보다 체계적 · 전문적인 훈련 · 연수 과정을 도입하는 것에 대해서는 이해관계 집단 간 상당한 논란이 있을 수 있다. Gronn(2003)과 같은 지도성 기준(틀) 설정 및 그에 기초한 능력중심 학교 지도자 양성 과정에 대해 부정적인 입장을 가진 연구자들도 있다. 다만, 승진제를 통해 임용되는 교장(후보자)의 역량 개선이 필요하다는 점, 교장 임용 후 초기 연수를 강화함으로써 교장의 학교 현장에 대한 이해와 적응력을 제고할 필요가 있다는 점 등의 문제에 대한 인식은 공유되고 있다는 점에서 이를 해결하기 위한 현실적인 방안을 개발하기 위한 노력이 요구된다. 역량평가제 도입과 이와 연계한 연수 과정이 현실적인 대안이 될 수 있을 것이다.

학습과제

1. 교장의 자격 기준(「초·중등교육법」 제21조 제1항)에 의하면, 교사·교감 경력을 거친 사람뿐 아니라 교사·교감 경력이 없더라도 학식·덕망이 높은 사람은 교장이 될 수 있다. 교사·교감 경력이 없는 사람이 교장이 될 경우의 장점과 한계는 무엇인가?
2. 교장의 직무에 비추어 볼 때 교장 승진 임용 평정 요소 중 불필요하거나 개선되어야 할 점은 무엇인가? 교사, 교감 중에서 교장 승진자를 선발하고자 할 때 중요하게 고려되어야 할 요소는 무엇인가?
3. 교장 공모제와 같이 학교별로 교장을 선발·임용할 경우, 학교에 따라 교장 지원자가 없거나 부족할 때 지원자의 자질과 역량에 큰 차이가 있을 수 있다. 이러한 문제는 어떻게 개선·해소할 수 있는가?
4. 교장 임용제도와 관련된 주요 논점과 개선 과제를 검토해 볼 때, 교장 승진제와 교장 공모제 각각에서 개선되어야 할 점은 무엇인가?

참고문헌

경기도교육청(2016). 2017 경기교육 주요업무계획.

고전(2002). 한국교원과 교원정책-公職觀의 오해와 敎心離反의 이해론-. 서울: 하우.

교육과학기술부(2012. 11.). 2013학년도 교장 공모제 등 추진 계획. 교육과학기술부.

교육인적자원부(2007. 4.). 교장 공모제 시범운영 계획(안). 교육인적자원부.

교육혁신위원회(2006. 9.). 교육력 제고를 위한 교원정책 개선방안. 교육혁신위원회.

김성열, 박성호, 권은경(2016). 한국 교장의 인구학적 특성의 변화 추이. 한국교육행정학회(편). 한국교육행정학의 현장성 탐구 I. 한국교육행정학회 추계학술대회 자료집, 167-188. 서울: 한국교육행정학회.

김용하(2015). Sabatier의 옹호연합모형(ACF)을 적용한 교장 공모제 정책변동 분석. 동아대학교 대학원 박사학위논문.

김이경, 김갑성, 김도기, 서근원(2006). 학교장의 리더십 개선방안 연구. RR 2006-14. 충북: 한국교육개발원.

김이경, 김갑성, 김도기(2006). OECD 학교장 리더십 개선 국제비교연구(I): 국 · 영문 배경보고서. RR 2006-14-1. 충북: 한국교육개발원.

김이경, 김도기, 김갑성(2008). 우수 학교장의 리더십 특성에 관한 질적 사례 연구. 교육행정학연구, 26(3), 325-350.

김이경, 한유경, 박상완, 정일화(2008). 교장 자격제도 개선방안 연구. 정책연구과제 2008-위탁-12. 교육과학기술부.

나민주, 이차영, 박상완, 김민희, 박수정(2008). 교장 공모제 학교의 효과 분석. 충북대학교 지방교육연구센터.

박상완(2004). 교육행정전문직으로 교장직 정립을 위한 교장임용제도 개혁. 한국교원교육연구, 21(1), 223-251.

박상완(2008). 학교장의 지도성 발달 과정에 관한 연구. 초등교육연구, 21(2), 129-157.

박상완(2010). 교장 공모제 시범운영 성과에 대한 비판적 분석. 한국교육, 37(2), 177-201.

박상완(2015). 역사적 제도주의 관점에서 교장 공모제도 변화 분석. 교육행정학연구, 33(3), 323-350.

박상완(2018). 학교장론. 서울: 학지사.

서정화, 이윤식, 이순형, 정태범, 한상진(2003). 교장론. 한국교육행정학회.

안길훈(2008). 학교장 평가제도 운영 방안 탐색. 교육행정학연구, 26(3), 151-179.

오세희, 이인회, 박상완, 정성수(2017). 초 · 중등 교원의 직무특성을 고려한 성과관리 개선방안 연구. 정책연구 2016-46. 교육부.

이종재, 한만길, 박상철, 이차영, 엄기영, 박영숙(2004). 교원정책 혁신 방안 연구: 교원인사제도를 중심으로. CR 2004-25. 충북: 한국교육개발원.

이차영(2006). 교장임용제도 개선 방안. 교육비평, 20, 178-197.

Davis, S., Darling-Hammond, L., LaPointe, M., & Meyerson, D. (2005). *Review of research, school leadership study: Developing successful principals*. Palo Alto, CA: Stanford Educational Leadership Institute.

Gronn, P. (2003). *The new work of educational leaders*. London: Sage.

Hallinger, P. (1992). The Evolving role of american principals: From managerial to instructional to transformational leaders. *Journal of Education Administration, 30*(3), 126-151.

Pont, B., Nusche, D., & Moorman, H. (2008). *Improving school leadership: Policy and practice* (Vol. 1). Paris: OECD.

제12장
특수교육과 일반교육의 통합

신현기(단국대학교 교수)

개요

「교육기본법」 제3조(학습권)에 따르면 모든 국민은 평생에 걸쳐 학습하고, 능력과 적성에 따라 교육받을 권리를 가진다고 되어 있다. 따라서 동법 제18조(특수교육)에 국가 및 지방자치단체는 신체적 · 정신적 · 지적 장애 등으로 인하여 특별한 교육적 배려가 필요한 자를 위한 학교를 설립 · 경영하여야 하며, 이들의 교육을 지원하기 위하여 필요한 시책을 수립 · 실시하여야 한다고 규정하기에 이르렀다. 그러나 이 규정은 특수학교 설립을 규정할 뿐 장애학생이 일반학교에서 동년배의 학생들과 통합교육을 받을 수 있는 권리를 규정하고 있지는 못하다. 따라서 「장애인 등에 대한 특수교육법」(약칭: 「특수교육법」)의 제1장 제1조(목적)에 이 법은 「교육기본법」 제18조에 따라 국가 및 지방자치단체가 장애인 및 특별한 교육적 요구가 있는 사람에게 통합된 교육환경을 제공하고 생애주기에 따라 장애 유형 및 장애 정도의 특성을 고려한 교육을 실시하여 이들이 자아실현과 사회통합을 하는 데 기여함을 목적으로 한다고 부연하여 규정하기에 이르렀다.

통합교육은 나와 다른 사람에 대한 바른 인식을 요구하는 것은 물론 장애학생에 대한 구체적인 지원이 필요하다. 따라서 이 장에서는 통합교육의 정의와 그에 따른 교육적 협력관계에 대한 구체적인 방법을 제시함으로써 이를 통한 교실 중심의 통합교육 실현을 기대한다.

Ⅰ. 통합교육의 정의

오늘날 학교교육에서는 장애학생에 대한 통합교육을 강조하고 있다. 이는 일차적으로 장애학생을 위한 것이지만 나아가 모든 학생을 위한 것이다. 학교는 사회화의 장이기에 장애학생은 동년배 학생을 통하여 보편적인 사회적 능력을 배울 것이며, 비장애학생들은 같은 학교에서 장애학생들과 생활하는 과정에서 자기와 다른 사람들에 대한 배려하는 마음을 배우게 될 것이다.

결국 상생의 통합교육을 위해서는 일반교육과 특수교육이 어떻게 통합을 이루어 내야 하는지 그 과정을 검토해 보는 것이 필요하다.

「장애인 등에 대한 특수교육법」 제1장 총칙의 제2조(정의) 제6항에서는 '통합교육'이란 특수교육 대상자가 일반학교에서 장애 유형 및 장애 정도에 따라 차별을 받지 아니하고 또래와 함께 개개인의 교육적 요구에 적합한 교육을 받는 것이라고 하였다. 이러한 통합교육 실현을 위해 동법 제21조(통합교육)에서는 ① 각급학교의 장은 교육에 관한 각종 시책을 시행함에 있어서 통합교육의 이념을 실현하기 위하여 노력하여야 한다, ② 제17조에 따라 특수교육 대상자를 배치받은 일반학교의 장은 교육과정의 조정, 보조 인력의 지원, 학습보조기기의 지원, 교원연수 등을 포함한 통합교육계획을 수립 · 시행하여야 한다, ③ 일반학교의 장은 제2항에 따라 통합교육을 실시하는 경우에는 제27조의 기준에 따라 특수학급을 설치 · 운영하고, 대통령령으로 정하는 시설 · 설비 및 교재 · 교구를 갖추어야 한다고 구체화하였다.

이와 같이 통합교육을 위해서는 장애 차별이 없어야 하고 장애학생의 개별적인 교육적 요구에 따라 그들에게 적합한 교육을 실시하여야 한다. 따라서 일반 학교의 장은 그들 장애학생 개개인의 교육적 욕구에 부합하는 교육과정의 조정을 최우선적으로 하는 통합교육계획을 수립 · 운영하여야 한다.

그러나 동법 제2조 제6항의 통합교육의 정의와 동법 제21조 제3항의 규정에 명시하고 있음에도 불구하고 통합교육의 진정한 의미인 일반학급 주도의 통합교육이 아닌 특수학급 중심의 통합교육이 이루어지고 있어서 통합교육과 관련한 법률의 공동화(空同化)가 지속되고 있다. 이러한 점은 2016 특수교육통계의 교육환경별 특수교육대상자 현황(2016)에서도 그대로 확인할 수 있다. 즉, 특수교육 대상자 8만 7,950명 중 6만 1,989명(70.5%)이 일반학교에 재학하고 있음에도 불구하고 이들 중 1만 5,344명(17.4%)

만이 일반학급에 배치되어 생활할 뿐 나머지 4만 6,645명(53.0%)은 여전히 특수학급에서 생활하고 있다. 이는 통합교육의 중요한 핵심 관건인 일반학급 중심의 통합교육이 이루어지고 있지 못함을 의미하는 것이다.

따라서 특수교육대상자를 배치받은 일반학교의 장은 교육과정의 조정, 보조 인력의 지원, 학습보조기기의 지원, 교원연수 등을 포함한 통합교육계획을 수립 · 시행하여야 한다는 동법 제21조(통합교육)의 제2항의 규정을 다음과 같이 좀 더 구체적으로 수정할 필요가 있다. 즉, 일반학교의 장은 일반학급 교사와 특수학급 교사와 함께 교육과정의 조정, 보조 인력의 지원, 학습보조기기의 지원, 교원연수 등을 포함한 통합교육계획을 수립 · 시행하여야 한다고 하거나 제3항을 일반학교의 장은 제2항에 따라 통합교육을 실시하는 경우에는 제27조의 기준에 따라 특수학급을 설치 · 운영하되 일반학급과 협력학습으로 운영하고 대통령령으로 정하는 시설 · 설비 및 교재 · 교구를 갖추어야 한다고 수정함으로써 장애학생의 일반학교 일반학급의 구성원 자격을 명확히 규정할 필요가 있다.

1. 통합의 개념

많은 나라는 1990년대 들어 inclusion(포함)이란 개념을 사회정책과 교육정책에 적용하기 시작하였다(UNESCO, 1994). inclusion(포함)이란 exclusion(배제)과 대비되는 용어로서 또 다른 의미인 integration(통합)과는 사뭇 다른 의미의 용어이다(Pijl, Meijer, & Hegarty, 1997: 정동영, 2017에서 수정 재인용). 즉, integration(통합)은 segregation(분리)과 대비되는 용어라고 할 수 있다. 1990년대 중반까지는 integration(통합)이라는 용어를 inclusion(포함)이란 용어보다 더 많이 사용하였다(Farrell, 2001: 7: 정동영, 2017에서 재인용).

특수교육 관련 문헌에서는 지난 30여 년 동안 통합교육을 나타내는 용어로서 mainstreaming(주류화), heterogeneous schools(다인종 학교), inclusive education(통합교육), inclusive schooling(통합학교) 등을 사용하였다. 그러다가 1990년대 중반 들어 물리적 통합의 의미가 강했던 것(integration)에서 프로그램으로의 통합까지를 의미하는 inclusion(통합)이란 용어로 교체되기 시작하였다. 그럼에도 불구하고 여전히 한국에서는 물리적 통합의 의미가 강하게 남아 있는 integration(통합) 수준의 통합교육에 머물고 있다.

따라서 통합(inclusion)은 학교나 지역사회가 특정 기준을 중심으로 사람을 분리

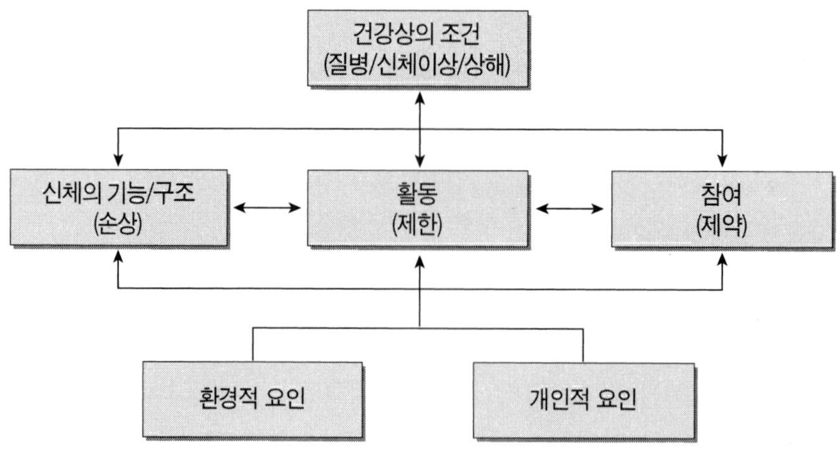

[그림 12-1] ICF의 구성요소 간 상호작용

(segregation)하거나 분류(classification)하는 것이 아닌 모든(all) 사람을 공동체의 온전한 일원(beings)으로 받아들임과 동시에 서로 소통함으로써 소속감(belongs)을 갖게 하는 진정한 존중을 의미한다. 그러므로 WHO(2001)의 ICF의 구성요소 간 상호작용에서 나타난 바와 같이 통합으로서의 참여(participation)를 강조하고 있다([그림 12-1] 참조).

이를 위하여 일반교육계는 융통성 있고 장애학생의 요구에 부응하는 책임 있는 교육체제를 구축하여야 한다(Lipsky & Gartner, 1987: 72). 이런 요구를 반영한 것이 1994년 스페인의 살라망카에서 개최된 UNESCO 특수교육 국제회의의 선언문이다.

> 통합을 지향하는 일반학교는 차별을 조장하는 태도에 맞서고, 차이를 기꺼이 인정하는 단체를 만들고, 통합된 사회를 구축하고, 모든 사람을 위한 교육을 실현함에 있어 가장 효과적인 수단이 된다. 이에 더하여 이러한 학교는 절대 다수의 학생들에게 효과적인 교육을 실시하고 궁극적으로는 전반적인 교육의 효율성과 투자 대비 효과성을 이루어 낸다(UNESCO, 1994: 2).

2. 통합교육의 기본 원리

장애인과 비장애인 구분 없이 모든 사람은 분리된 사회가 아닌 통합된 사회로의 참여, 즉 통합되어 생활하여야 한다. 이를 위해서는 다음과 같은 기본 원리를 숙지할 필요가 있다(신현기, 1999).

첫째, 원대한 기대의 원리(principle of great expectations)이다. 장애인들은 계발되지 않은 다양한 능력을 가지고 있다. 그들의 가능성에 대한 새로운 기대감을 발전시키게 되면 그들은 이를 현실 속에서 실현할 수 있다. 우리는 장애인들의 삶에 대한 꿈이 현실 속에서 실현되도록 하기 위해 그들에 대한 지원에 앞서 그들의 삶에 대해 인정하는 새로운 시각을 가져야 한다.

둘째, 긍정적 기여의 원리(principle of positive contributions)이다. 장애인이라 할지라도 그들은 가족, 학교, 친구 그리고 지역사회를 위하여 긍정적으로 기여할 수 있다. 우리는 그들이 이러한 긍정적 기여를 할 수 있도록 그들에게 최대한의 기회를 부여하기 위해 노력하여야 한다.

셋째, 부여된 능력의 개발원리(principle of developing inherent strengths)이다. 장애인과 그 가족은 나름대로의 부여받은 능력을 가지고 있다. 따라서 우리는 그들의 부여받은 능력을 확인하고, 그것을 돋보이게 하며, 그것을 강점으로 활용할 수 있도록 하는 교육 프로그램을 제공할 필요가 있다.

넷째, 선택의 원리(principle of choices)이다. 장애인들과 그 가족은 자신들만의 고유한 삶을 영위할 권리가 있다. 따라서 우리는 그들이 자신의 삶을 스스로 선택하도록 하는 자기결정(self-determination)의 기회를 주어야 한다.

다섯째, 관계 형성의 원리(principle of relationships)이다. 사람과 사람 사이의 관계 형성이야말로 삶의 질을 결정하는 가장 핵심적인 요소이다. 장애인과 그 가족은 지역사회 내에서 교육자, 친구, 그 밖의 관련 인사들과 더불어 친밀한 긍정적 관계를 형성하도록 하여야 한다.

여섯째, 완전한 시민권 부여의 원리(principle of full citizenship)이다. 제한된 능력을 가진 사람이라 하여 결코 가치 없는 사람이라고 말할 수 없다. 장애인과 그 가족 모두는 하늘로부터 부여받은 인권을 지키며 완전한 시민으로서 사회에 참여할 수 있도록 하여야 한다.

3. 통합교육의 이점과 제한점

통합교육의 이점은 일반학교에서 어떠한 지원이 있는지 그 정도에 따라서 달라진다. 여전히 통합교육과 분리교육 중 어느 것이 더 효과적인지에 대한 논의는 계속되고 있다. 그럼에도 불구하고 우리는 장애를 가졌다는 이유로 그들을 주류사회에서 배제할 권한을 가지고 있지 않다. 따라서 장애인이 사회의 일원으로서 온전한 삶을 살 수 있도록 그들을 어린 시기부터 주류사회의 일원으로 활동할 수 있도록 기회를 제공하여야 한다. 한편, 통합교육의 이점 너머에는 제한점도 존재함을 인식할 필요가 있다(신현기 외, 2005; 정동영, 2017).

〈이점〉

- 비장애학생과 장애학생이 동일한 공간에서 생활하는 과정에서 친구가 될 수 있는 기회가 제공된다. 따라서 장애학생이 비장애 또래와 공동 관심(joint attention)을 나타냄으로써 올바른 자아개념을 형성할 수 있다.
- 일반학교 교육정책의 변화에 따라 장애학생의 흥미, 자기결정, 자기선택 기반의 학습 기회가 확대될 것이다.
- 장애학생은 물론 지역사회 일원들이 상호작용의 기회를 많이 가질 수 있게 됨으로써 전환효과가 확대될 것이다.
- 배려와 도움을 통한 유대감의 확대과정에서 장애학생과 비장애학생 모두의 사회/정서적 능력이 확대될 것이다.

〈제한점〉

- 특수교육은 개별화교육을 전제로 한다. 그러나 일반 교사는 개별화교육을 할 수 있는 훈련을 받지 못하였다.
- 장애학생은 적응행동 기술에서의 많은 제한점을 가지고 있다. 따라서 일반 교사로 하여금 장애학생에 대한 많은 관심과 배려를 요구하게 된다. 그러나 일반 교사는 이를 결코 좋아하지 않는다.
- 진정한 통합교육은 일반 교사와 특수교육 교사의 협력적 관계가 가능할 때 성공할 수 있다. 그러나 우리의 현실에서는 이를 위한 준비가 전혀 되어 있지 않다. 특히 중등교육의 경우 협력적 교과교육이 전혀 이루어지지 않고 있다.
- 학교폭력, 성희롱 및 성폭력 등 안전교육과 관련한 많은 사회적 문제에 대처할 수 있는 역량강화교육이 학생 및 교사 모두에게 이루어지지 않고 있다.
- 통합교육은 비장애학생으로 하여금 어느 정도의 배려를 요구함에 따라 그들이 일정 부분 손해를 감수하여야 한다.

이처럼 통합교육의 이점과 제한점은 양립하고 있다. 그럼에도 불구하고 장애학생은 장애의 경중과 능력 여하에 관계없이 비장애학생이나 지역사회 구성원들과 상호작용할 수 있는 환경에서 교육하고 생활할 수 있도록 하여야 한다. 물론 특정 교과활동 등에서는 결코 상호작용을 할 수 없는 영역들도 존재한다. 그럼에도 불구하고 이러한 활동에 모두가 참여할 수 있는 기회를 마련하는 것은 이들 모두에게 유익한 활동임에 틀림이 없다. 따라서 통합교육은 모두가 활동할 수 있는 내용과 대부분의 학생이 활동할 수 있는 내용과 소수의 학생이 활동할 수 있는 내용으로 구분하여 장애학생들 모두가 학교활동에 참여할 수 있도록 하는 준비가 필요하다.

4. 통합교육을 위한 협력적 교육체제

우리나라의 통합교육은 특수학급 중심의 통합교육이다. 이는 엄밀한 의미에서 볼 때 또 다른 분리교육의 형태이다. 따라서 이를 효율적인 운영체제로 전환시키기 위해서는 지금과는 사뭇 다른 일반학급과 특수학급 간의 보다 강력하고 체계적인 협력교수 체계를 구축할 필요가 있다.

통합교육 효율화를 위한 협력교육 체제로서의 1교실 2교사제의 도입이 절실히 필요하다. 장애학생의 통합교육을 위하여 이와 같은 새로운 교육정책을 우선적으로 시행함은 물론 학교의 운영 주체인 관리자(교장 및 교감), 모든 특수교사 및 일반교사 스스로 현재의 특수학급 운영 실태를 면밀히 점검하고 새로운 대안을 제시하는 데 적극적이어야 한다. 이러한 자발적 인식과 참여 없이는 그 어떠한 변화도 이끌 수 없다.

오늘날 우리의 통합교육 현실과 비슷한 시기인 1990년대 초 미국 교육발전연구소(Office of Educational Research and Improvement)에서 수행한 장애학생의 교육과 지원을 위한 가족 친화적 협력체제 구축(Melaville, Blank, & Asayesh, 1993)을 목적으로 다음과 같은 5단계 변화과정(A five-stage process for system change)을 제시한 바 있다. 따라서 이를 근간으로 한 우리의 통합교육 효율화 방안을 제시할 수 있다(방명애, 1998).

- 제1단계(협력하기, Getting Together): 현 특수학급 학생에 대한 통합교육의 문제점(예: 교사 간 협력 부족, 교재 부족, 지원 부족 등)을 인식한 교장, 특수교사, 일반학급 교사 및 관련 서비스 종사자들이 관련 문제를 해결하기 위하여 자발적으로 정기적인 모임을 만드는 단계이다. 이 모임의 구성원들은 문제해결에 대한 각 분야의 전문가

로서 지도력을 공유(shared leadership)할 필요가 있다. 함께 일하기 위하여 정기 모임의 빈도를 정하고 비정기적 의견교환 방식(예: 게시판, 이메일) 등에 관한 필요한 수칙도 정한다.

- 제2단계(신뢰와 주인의식 구축, Building Trust and Ownership): 구성원들이 현재 특수학급 학생의 교육적 통합과 관련한 현안 문제에 대해 의견을 나누고, 효과적인 교육적 통합에 대한 공동의 비전(shared vision)을 구성하는 단계이다. 이 공동의 비전을 현실화하기 위하여 성취되어야 하는 구체적인 목표(예: 공동 교육과정 개발, 협력교수)를 수립하고, 목표를 이루어 가는 데 있어서 예상되는 방해요소들(예: 교사의 부정적 태도, 시간 부족, 재정 부족 등)에 대한 의견을 나누는 것도 중요하다. 이러한 과정에서 구성원들은 서로의 가치체계, 교육 배경, 성격 등에 대해 이해하게 되고, 이를 통하여 서로 이질적임에도 불구하고 공동의 비전을 추구해 가는 구성원으로서의 신뢰감을 형성하게 된다.
- 제3단계(전략적 계획의 발전, Developing a Strategic Plan): 공동의 비전을 성취하기 위해 전략적 계획(explore options)을 수립하는 단계로서, 일반적으로 6~18개월이 소요될 것을 예상해야 한다. 구체적인 모델을 제시하고 사례관리와 정보관리 등의 운영체계를 확립하고, 평가의 대상이 될 교육 성과를 정한다. 단기 성과로는 참여교사의 만족도나 교사 간 협력의 효율성 등을 평가할 수 있으며, 장기 성과로는 장애학생의 교육목표 성취도, 진학률, 취업률 등을 평가할 수 있다. 또한 계획을 실행함에 있어 필요한 기관 간 협력관계도 구축해야 한다. 예를 들어, 교육부에 재정적 지원을 요청하고, 성공적으로 특수학급을 운영하고 있는 일선기관에 교사연수를 의뢰하고, 정기적으로 전문가의 자문을 받는 것 등에 대한 구체적인 계획이 수립되어야 한다. 미국의 경우, 외부의 교육전문가가 교육개혁의 전 과정에 참여하여 변화를 촉진하며 변화 과정과 결과에 대해 평가를 하기도 한다. 구체적인 계획 단계에서 중요한 것은 각각의 계획에 대해 구성원 중 누가, 언제까지, 무엇을, 어떻게 할 것인지에 대한 책무성을 분명히 함으로써 서로 주인의식(ownership)을 가질 수 있도록 하는 것이다.
- 제4단계(전략의 실행, Taking Action): 제3단계에서 수립한 계획을 실행해 보며 지속적인 과정평가(ongoing evaluation strategy)를 통해 계획에 대한 새로운 요구사항은 무엇이고, 중간과정에서 수정할 내용은 무엇이며, 나타난 결과는 무엇인지를 알 수 있게 된다. 예를 들어, 특정 장애학생의 경우 특수교사와 일반학급 교사가 한 학기

동안 협력교수를 통해 그 성과가 어떠하였는지에 대한 공식적인 평가를 실시함과 동시에, 과정평가에 참여한 교사, 학생, 부모 및 학교 행정가들로부터 협력교수에 대한 정보와 평가를 수집하여 현실에 맞게 수정하는 것도 중요하다.

- 제5단계(평가 결과의 확대적용, Going to Scale): 제4단계의 평가 결과에 근거하여 효과적인 교육적 통합 모델을 확대하여 적용하는 단계이다. 예를 들어, 제4단계에서 실시해 본 교육적 통합을 위한 교수전략(예: 협력교수)을 학교 전체에 확대하여 실시한다든지, 특수학급의 질적 향상을 위한 모델을 찾고 있는 다른 학교가 있다면 자신들이 개발한 모델을 소개하여 적용할 수 있도록 돕는 것이다. 필요에 따라 교육부, 대학 및 교육 전문기관에 교사양성 프로그램과 교사연수 프로그램의 수정을 요청할 수도 있다.

앞서 설명한 교육체계의 변화과정은 나선형으로서 장기적으로는 목표를 지향해 가는 과정이지만, 지속적인 과정평가에 따라 언제든지 전 단계로 되돌아가 수정할 수 있는 융통성을 지닐 뿐만 아니라, 제5단계 이후에도 지속적인 향상을 위해 또 다른 변화를 위한 제1단계의 모임이 시작될 수 있다. 특수학급 학생의 교육적 통합에 있어서 가장 중요한 원동력이 되는 것은 일반학급 교사와 특수교사의 협력관계이다.

Ⅱ. 통합교육에 대한 교사와 관리자의 신념

1. 인식의 측면

일반적으로 통합교육을 계획하는 데 있어서 가장 중요한 것은 통합교육에 대한 교사, 관리자 및 관련 종사자의 신념이다. 이 신념에 따라 통합교육의 정착이 방해를 받기도 하고 촉진이 되기도 한다. 따라서 교사와 관리자들이 통합교육에 관한 자신들의 신념체계를 점검하고 이를 바람직한 방향으로 전환시킬 필요성을 느끼지 못한다면 결과적으로 현재의 통합교육을 위한 변화는 단지 피상적인 변화일 뿐 차별성 있는 변화는 되지 못할 것이다(Goodman, 1995).

교사와 관리자들이 통합교육에 대하여 일반적으로 갖고 있는 의문들은 다음과 같다.

- 통합교육 상황에서 나의 역할은 무엇인가?
- 통합교육은 장애학생들의 학업적/사회적 발달에 어떠한 영향을 미칠 것인가?
- 통합교육은 일반 학생들에게 어떠한 영향을 미칠 것인가?
- 성공적인 통합교육을 위해 필요한 시간과 자원이 주어지는가?
- 통합교육을 위한 능력 있는 교사가 되기 위한 전문지식을 개발할 기회가 주어지는가?

많은 교사와 관리자가 통합교육에 대해 회의적인 것은 그리 놀랄 만한 일이 아니다. 통합은 일반학급, 교사의 역할, 학교정책, 그 외 많은 요소의 변화를 요구한다. 대다수의 교사는 성공적인 학급 운영을 바라며 학생들이 그곳에서 제공되는 경험으로부터 이익을 얻고, 또한 자신들이 성공적으로 학생들의 요구를 충족시킬 수 있기를 바란다.

〈표 12-1〉 통합이 의미하는 것과 그렇지 않은 것

구분	내용
의미하는 것	• 장애학생은 장애가 없었다면 당연히 입학했을 동네의 그 학교에 다니는 것이다. • 모든 장애학생이 자신의 연령에 맞는 일반학급에 들어간다. • 모든 장애학생은 학급과 학교에서 완전하고 소중한 구성원으로 인정되고 존중된다. • 특수교육 지원은 일반학급의 영역 내에서 제공된다. • 모든 장애학생은 그들의 개별적 요구에 맞는 교육을 받는다. • 장애학생들의 자연비율이 유지되는 범위 내에서 그들은 모든 학교나 학급에서 교육받는다. • 어떠한 학생도 장애의 유형과 장애 정도 때문에 배제되지 않는다. • 학교는 협력적 교수를 증진한다. • 모든 학생과 프로그램을 위한 학교 중심의 계획, 문제해결 그리고 주인의식이 존재한다.
의미하지 않는 것	• 주의 깊은 계획과 적절한 지원 없이도 장애학생들을 일반학급에 입급시킨다. • 특수교육 제공을 위한 기금 또는 서비스를 줄인다. • 장애학생들이나 장애위험(at risk) 학생들을 학급에 과다하게 배치시킨다. • 교사들이 장애학생들의 교수와 교육과정 수정에 적절한 시간을 투자하지 않는다. • 장애학생들을 일반학급에서 사회적 · 물리적 또는 교과 학습에서 고립시킨다. • 진행 속도가 느린 교수 또는 덜 도전적인 교육과정을 사용함으로써 결국 비장애학생들의 성취를 어렵게 만든다. • 협력교수를 하는 특수교사들이 일반학급에서 보조자의 역할로 격하된다. • 세심한 계획과 명확한 책임 규명 없이 무조건 일반 교사와 특수교사가 함께 팀을 이루도록 한다.

이러한 점을 염두에 둔다면 그들이 통합에 대해 가지는 우려는 대부분 당연한 것이다. 따라서 성공적인 통합교육을 위해서는 반드시 그런 걱정이 제고되어야 한다(〈표 12-1〉 참조).

2. 지원의 측면

통합학급 담임교사 중의 한 명이 통합이 어떻게 이루어지고 있으며, 누구에게 도움이 되는지 등에 관한 토론회의 토론자로 참여하였다. 청중은 여러 학교에서 모인 교사, 학부모, 관리자들이었다. 토론자 중에는 일반 교사, 특수교사, 학부모, 관리자들이 있었다. 담임교사 토론자는 과학교실에서의 통합교육에 대해 심각한 의구심을 드러냈다.

그 교사는 장애학생들이 학년이 올라감에 따라 읽기 능력이 같은 학년의 또래들에 비해 현저히 떨어지게 되고, 과학 교과서나 보충자료에 나오는 용어들의 의미를 전혀 알 수 없다고 했다. 그 교사는 이러한 읽기 결함 때문에 지적장애를 가진 학생은 절대로 통합시킬 수 없고, 단지 학습장애를 가진 학생들 중 몇 명만을, 그것도 교과서 읽기, 숙제 읽기, 읽기 시험 등에 충분히 성공할 수 있는 높은 수준에 있는 학생들만을 통합할 수 있을 것이라고 제안하였다. 물론 이 교사의 말은 현실적인 측면에서 볼 때 절대적으로 옳다. 따라서 그 교사의 과학 통합수업 학급은 결코 성공할 수 있는 조건을 갖추고 있지 않다. 그 교사의 과학학급에 있는 참여하고 있는 장애학생들이 읽기 과제를 수행할 수 없다면 그 교사의 수업에서는 실패할 것이다. 이러한 실패는 많은 학생에게 좌절감을 줄 것이며, 몇몇 학생은 부적응 행동을 보이기 시작할 것이다. 결국 이들은 통합학급에서 많은 것을 배울 수 있는 기회를 가지지 못할 것이며, 아마도 통합학급보다는 특수학급 같은 분리된 공간에서는 지금보다 더 많은 시간을 보내는 장애학생들이 많아질 것이다. 그러나 과연 그 장애학생들이 단지 자기 학년 수준의 읽기 능력을 보이지 못하는 것 때문에 통합교육에 실패했다고 볼 수 있겠는가? 결코 그렇지 않다. 이러한 예에서 인식해야 할 중요한 점은, 그 교사는 자신이 담당하는 과학과를 포함하여 교수와 학습에 대한 자신의 가정을 근거로 해서 어떤 결정을 내렸고 이러한 결정이 많은 학생의 성공적인 학습 경험을 방해했기 때문에, 자기의 학급에서 통합교육이 제대로 이루어지지 못했다는 것이 명백한 사실이다. 이 교사는 모든 학생에게 똑같이 높은 기준을 세우고, 학생들 모두가 그러한 교육과정의 기준을 도달하기를 바랐던 것이다. 이 교사는 모든 학생이 똑같은 방식(대부분 자료를 읽게 함으로써)으로 교육과정을 완수하기를 기대하고, 학생들의 진전을 확인하기 위해 똑같은 방법으로 모든 학생을 평가했다. 그리고 자신이 하는 수업이 학생들에게 '공정'(모든 학생에게 똑같은 일을 행하는 것)하다고 생각했으며, 이러한 접근이 학생들의 성공적인 삶에 도움이 된다고 고집스럽게 믿었다.

교수와 학습에 대한 이 교사의 견해는 일반 교사들이 일반적으로 가지고 있는 생각과 크게 다르지 않다. 실상, 교사들은 기본적으로 학교의 인정, 전국 단위의 학력검사 그리고 시 · 도별 교육과정 기준과 관련된 많은 중압감에 직면해 있다. 교사들은 학생들이 어떠한 교육과정의 기준을 충족시키고 있음을 보여 주어야 할 책임이 있으며, 이로 인한 중압감은 교수 및 학습에 대한 교사들의 관점에도 상당한 영향을 미친다. 통합교육을 실시하기 위해서는, 교사 및 관리자들은 학생들이 어떠한 교육과정 기준에 충족되어야 한다는 것을 입증하여야 할 중압감을 상당히 느끼고 있음을 사전에 노출하고, 이러한 중요한 문제가 학교체제의 변화와 통합을 논의하는 과정에서 반드시 중요하게 다루어져야 한다.

이러한 배경을 염두에 두고, 교사와 관리자 팀들은 〈표 12-2〉에 있는 '담화'들을 통하여 교수와 학습에 관한 자신의 견해를 파악할 수 있다. 이러한 논의를 통해, 통합교육 방법의 개발을 촉진하거나 방해하는 신념을 조명하기를 바란다. 예를 들면, 〈표 12-2〉의 전통적 교수의 관점을 보면, 앞에서 언급한 과학 교사는 아마도 이러한 담화에 동의할 것이며 그 교사의 신념은 결코 잘못된 가정이라고 하지 않았을 것이다.

교사 및 관리자들이 전통적인 관점에서 비롯된 가정에 동의하는 한, 통합교육은 결코 이루어지지 않을 것이며 이루어질 수도 없다. 무엇보다도 성공적인 통합교육을 위해서는 교사와 관리자들이 학생들의 상태를 일일이 파악하며, 학교는 그들의 개인차에 따라 지원할 수 있는 어떠한 준비를 갖추고 있으며, 또 그들을 위한 교육 전달방식은 어떠한지를 전통적인 관점과는 다른 새로운 사고체계를 가지려고 하여야 한다. '공정(fair)'은 모든 학생에게 똑같은 것을 제공(equality)하는 것이라기보다는, 모든 학생에게 그들이 필요로 하는 것을 기반으로 한 각기 다른 기회를 제공(equity)하는 것이다. 더욱이 장애학생들은 대부분은 비장애학생들이 학교 교육과정을 습득하는 방식과는 다르게 습득하기 때문에 장애로 판별된 것이다. 따라서 비장애학생에게 거는 것과 똑같은 기대를 하면서 장애학생들을 일반학급에 되돌려 보낸다면, 그들은 다시 한 번 실패를 겪게 된다.

〈표 12-2〉 교수 및 학습에 관한 담화

전통적 교수에 관한 담화 학생들은 다양한 능력, 동기 및 경험을 가지고 학교에 들어온다. 이러한 내적 요소들의 차이로 인해서 그들이 학교에서 실패하게 될 때, 학교는 그들에 대한 특수교육 또는 관련 서비스를 제공할 책임이 있다. 이러한 서비스 지원을 위해 필요한 자원을 산출하려면, 장애위험(atrisk), 학습부진, 또는 특수교육 대상 학생들을 판별하고 명명하는 체계가 필요하다. 전문가들은 흔히 분리된 환경에서 장애학생들의 특별한 요구를 충족시키기 위해 그들을 평가하고 프로그램을 계획하기 위한 도구와 전략을 개발해 왔다. 특수교육 분야에서 일하는 특별히 훈련받은 교사들은 이러한 학생들에게 정당한 교육적 기회라는 특수교육을 제공할 수 있다(Burrello, Lashley, & Van Dyke, 1966).
통합교육에 관한 담화 장애가 없었다면 모든 학생은 당연히 다녔을 일반학교에 다니는 것이다. 장애학생들은 연령과 학년에 맞는 정규교육 프로그램이 있는 학교에 적절한 정도의 비율로 배치된다. 어떠한 학생도 그 자신 또는 타인의 안전에 위험을 주지 않는 한 장애의 정도에 따른 학교배치 과정에서 거부를 당하지 않는다. 모든 학생은 특별한 상황으로 인해 일시적으로 다른 교육환경에 배치되는 것을 제외한 모든 시간을 일반학급에서 배운다. 특수교육서비스는 주로 정규교육 프로그램 내에서 제공되며, 이에 더하여 협력학습과 또래지원이 주어진다. 이러한 방식만이 학생들에 대한 정당하고 적절한 교육임을 확증하는 것이다(Burrello et al., 1966).

이러한 문제를 더 잘 이해하기 위해서 통합교육과 관계가 있는 〈표 12-2〉의 통합교육에 대한 담화를 보자.

- 학생들은 교육과정을 학습할 '준비'를 각기 다른 시기에 갖추게 된다.
- 어떤 학생들은 다른 학생들보다 더욱 빨리 학습한다.
- 학급의 교육과정, 교수 등은 학생들의 요구를 충족시키기 위해 적절히 수정되어야 한다.
- 학생들의 다양한 요구가 일반학급에서 충족되도록 구성원을 지원하는 개별 서비스가 제공되어야 한다.
- 지원 서비스의 대부분은 일반학급 내에서 제공되어야 한다.
- 잘 가르치면 곧 좋은 가르침이 되는 것이고, 좋은 가르침은 잘 가르친 교육이 되는 것이다. 따라서 어떤 학생들(장애학생)에게는 다른 학생들(비장애학생)에 비해서 더욱 좋은 가르침(good teaching)이 필요하다. 어떤 집단의 학생들에게는 효과가 있지만 다른 집단의 학생들에게는 효과가 없는 특별한 방법은 존재하지 않는다.

- 학생들에게 제공되는 지원이 매우 구조화되어야 하는 경우나 일반교육을 통해서는 바람직한 교육목표를 달성할 수 없다는 분명한 판단이 설 경우에만 그 학생을 일반학급에서 분리시켜야 한다.
- 공정이란 학생이 학업적 · 사회적으로 성장하는 데 필요한 것이 무엇인지에 따라, 그들 각각에게 서로 다른 교육과정, 교수, 기대 및 시험을 적합하게 제공하는 것을 의미한다.

이러한 가정은 성공적인 통합교육 방법의 개발을 위한 토대를 제공한다. 일단 교사들이 통합교육에 관한 담화와 그에 관련된 가정들을 받아들이게 되면, 통합교육의 방법을 개발하기 위한 견고한 토대가 마련되는 것이다. 이러한 가정들은 교사들이 학습, 교수 및 학교교육에 대한 이전의 생각과는 다른 생각을 하게 한다. 교사 및 관리자들이 이러한 담화들에 관한 논의를 하는 과정에서 그들이 재직하는 학교에 재학하고 있는 학생들과 그 학생들의 요구에 집중하는 연습을 할 수 있게 된다. 이런 연습을 통하여, 교사들은 현재의 학교에 재학하는 학생들에 대한 본질적인 능력에 대해 생각하고, 이러한 능력을 기반으로 하여 그들이 성취하고 학습해야 할 장기적인 목표를 결정하게 된다. '학생들이 나의 교실과 학교에서 진급 또는 졸업을 한 후에 어떠한 모습의 사람으로 존재하기를 바라는가? 교사인 나는 학생들이 구현할 수 있기를 바라는 능력과 특성들을 어떤 말로써 표현하고 싶은가?'와 같은 질문들을 스스로에게 함으로써 통합교육을 위한 사고연습을 촉진할 수 있다.

〈표 12-3〉은 이러한 질문에 대한 대답의 실례에 관한 것이다. 이 대답에서 분명히 확인할 수 있는 특징은 대부분의 목표가 학업과는 직접적으로 관련이 없다는 점이다. 대부분의 응답이 학업적 목표에 대한 것이기보다는 개인적 목표(행복, 자신에 대해 책임지기) 또는 사회적 목표(사회의 생산적인 일원이 되기)에 대한 것이다. 따라서 우리는 팀 구성원들이 통합교육에 대한 계획을 수립하고 앞의 '담화'에 관하여 생각하고 논의할 때, 팀 구성원들이 학생들에 대해 가진 목표가 어디에 무게중심을 두고 있는가에 대하여 심사숙고할 필요가 있음을 제안한다. 앞에서 소개한 담화와 활동들을 통하여 학교의 구성원들은 학교라는 학습 및 사회적 공동체의 검토를 시작하게 되며, 이러한 검토는 그러한 활동으로 끝나지 않고 통합교육에 대한 계획으로 연결된다. 우리는 교사와 관리자들이 교수 및 학습에 관한 자신들의 믿음에 관하여 반성적으로 사고하는 습관을 가지게 되고 모든 학생이 그 학교의 학습 및 사회적 공동체의 완전한 구성원이 되도

〈표 12-3〉 학생들의 장기 목표

당신은 지금 담당하고 있는 학생들에 대하여 어떻게 생각하고 있는가? 학생들의 교육을 위한 당신의 장기목표는 무엇인가? 학생들이 진급하거나 졸업을 하여 당신 곁을 떠난 뒤에 그들이 학교 밖에서 어떠한 사람으로서 역할을 하기를 원하는가?

사회적 목표 • 사회에서의 생산적인 구성원 • 현명한 소비자 • 타인에게 아량을 베풀 수 있는 사람 • 지역사회의 능동적 참여자 • 사회적/시민적 책임을 다하는 사람 • 의존적 성격의 사회복지 서비스나 법원의 판결을 받지 않는 사람	• 성적으로 책임감 있게 행동하는 사람 • 사회적 판단을 긍정적으로 할 수 있는 사람 • 자기조절을 할 수 있는 사람 • 사회적 기술이 좋은 사람 • 좋은 부모가 되는 사람 • 직업에 대한 관심이 있는 사람
학문적 목표 • 글을 잘 쓰고 의사소통을 잘하는 사람 • 책을 폭넓게 읽는 사람－금전 계산을 잘하는 사람 • 평생 학습자 • 정보를 탐색하는 사람	• 동료들과 잘 어울리는 사람 • 사람들을 잘 보살피는 사람 • 책임감이 있는 사람 • 정보를 탐색하는 사람
대인관계 목표 • 질적인 대인관계를 가지는 사람 • 동료들과 잘 어울리는 사람	• 사람들을 잘 보살피는 사람 • 책임감이 있는 사람
문제해결 목표 • 실생활 문제를 잘 해결하는 사람 • 사려 깊은 사람	• 솔선수범하는 사람 • 재능이 많은 사람
개인적 목표 • 선택의 결과에 대한 책임을 지는 사람 • 좋은 역할모델이 되는 사람 • 존경을 받는 사람 • 친절한 사람 • 융통성이 있는 사람 • 현명한 선택을 하는 사람 • 사전계획을 세우는 사람 • 행복한 사람 • 삶이라는 게임을 할 줄 아는 사람 • 인내심이 있는 사람 • 자신감이 있는 사람	• 창의적인 사람 • 좋은 건강습관을 가진 사람 • 자기 동기부여를 하는 사람 • 긍정적인 자아존중감을 가진 사람 • 성공감을 느끼는 사람 • 자기헌신적인 사람 • 즐거운 사람 • 남을 비난하기보다는 자기책임감이 있는 사람 • 동정심이 있는 사람 • 반짝이는 아이디어를 가진 탐구적인 사람 • 자아성취를 하는 사람
독립성 목표 • 자기충족적 예언을 하는 사람 • 독립적인 사람	• 상황을 반전시킬 만한 강한 개성을 가진 사람 • 다음 단계로 발전하는 사람

록 하기 위해서는 그들이 자신들이 재직하고 있는 학교를 어떻게 변화시켜야 하는가에 대해서 생각하기를 바란다. 예컨대, 교사들이 학생들의 학습에 대해서, 그리고 그 학급의 학습 및 사회적 공동체에서 학생들을 어떻게 적응시킬까에 대해서 계속적으로 반성적인 사고를 할 필요성이 있음을 강조하고 있다. 이러한 깊이 있는 반성을 통하여 교사와 관리자들은 통합교육이 계속적인 검토와 개선이 요구되는 작업이라는 것을 알게 될 것이다. 또한 이러한 활동을 함으로써 모든 교사와 관리자는 그들의 학교에서 개발하고 실시할 통합교육의 개별적인 특성에 관한 논의에도 참여하게 된다(McLeskey & Waldron, 2000).

Ⅲ. 통합학급 학생의 학문적 요구에 대한 지원

통합교육 교수 프로그램을 개발하는 과정에서 교사들이 직면하는 가장 큰 어려움은 아마도 학생들의 학습능력에서의 개인차를 반영하는 일일 것이다. 불행하게도, 일반학급의 전형적인 방법들이 학생 학습의 실패를 가져올 때 대부분의 학교는 그에 대한 아무런 대책도 가지고 있지 못하다. 통합된 장애학생을 위한 교육지원은 그 정도에 따라 조정(adaptation)과 수정(modification)이라는 유형으로 구분되지만(교육부, 세종특별자치시교육청, 2017) 여기서는 수정이라는 의미로 통용한다([그림 12-2] 참조).

한 학생이 다녔던 두 군데의 학교는 그 어느 곳도 그를 위해 적용 가능한 교수 조정(또는 수정)을 통한 통합교육 교수방법이 없었다. 이 학교들에서는 모든 학생이 일반학

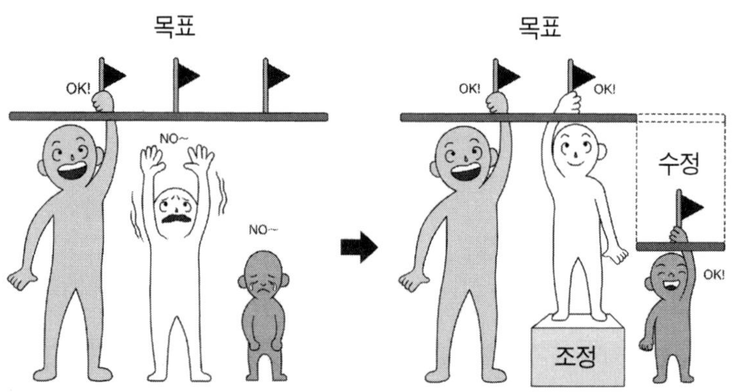

[그림 12-2] 교육과정 조정과 수정의 개념

급에서 '정해진' 읽기교수 프로그램을 통해 진보할 것으로 기대하였으며, 학생들이 진전에 실패할 때 그 원인이 읽기방법이나 학급 조직에 있는 것이 아니라 학생이 가지고 있는 능력의 부족으로 보았다. 여기에서는 그 학생이 성공할 수 있는 더 나은 기회를 주기 위해 사용할 수 있는 방법들을 검토한다. 좀 더 구체적으로 말해서, 일반학급에서 다양한 학생을 수용하고 그들 간의 차이를 일상적인 것으로 받아들이게 되는 변화에 관한 노력들이다. 처음에는 다양한 학생을 수용할 수 있도록 일반 교육과정을 변화시키기 위해 사용할 수 있는 방법들(조정과 수정)을 제시하고, 이어서 수업의 조직과 전달 방식을 변화시키기 위해 사용할 수 있는 방법들을 제시한다.

1. 다양성의 수용

다양성을 수용하기 위해 일반 교육과정을 어떻게 변화시켜야 하는지 그 정도에 대해서는 학교의 실제 교육에서뿐만 아니라 전문적인 문헌에서도 일치한 견해를 내지 못하고 있다. 어떤 사람들은 교육과정 수정과 같은 신중한 접근이 이러한 목표 성취에 사용될 수 있다고 제안하는 반면(Vaughn, Bos, & Schumm, 2000; Zigmond & Baker, 1997), 또 다른 사람들은 다양한 학생의 요구를 수용하기 위해서는 교육과정이 전면적으로 변화해야 한다고 강하게 주장한다(Udvari-Solner & Thousand, 1996). 두 가지 대안 모두 학교에서 성공적으로 사용되는 방법이다.

1) 일반 교육과정의 수정

장애학생들은 다른 학생들이 학습하는 똑같은 방식으로, 다른 학생들이 학습하는 모든 것을 학습할 수는 없다는 것을 인식하는 것이 중요하다. 예를 들어, 읽기 학습장애가 있는 한 중학생은 학급의 다른 학생들이 자료를 읽어서 학습하는 것과 같은 방식으로 쉽게 과학 교과를 학습할 수는 없을 것이다. 마찬가지로, 중등도 지적장애가 있는 중학생이 그 또래만큼의 높은 개념적 수준으로 과학을 학습할 수는 없을 것이다. 따라서 통합이 성공하고 장애학생들이 학급의 학습공동체의 일원이 되려면 일반학급에 근본적인 변화가 일어나야 하고, 모든 학생이 똑같은 것을 똑같은 방식으로 똑같은 시간에 배우지는 못할 것이라는 점이 수용되어야 한다. 즉, 학생들에게 기대되는 학습목표와 그러한 학습 진전에 대한 평가방법을 변경해야 할 뿐만 아니라 일반 교육과정의 수정이 필요하다.

Vaughn 등(2000)은 다양한 범위의 학생을 위해 수업을 조정하는 과정에서, 대부분의 작업은 전체 학급에 대한 교수를 계획하는 데서 일어나야 한다고 보고 있다. 그들은 단원별, 차시별 및 전 학년에 걸친 계획을 세울 수 있는 광범위한 정보를 제공하고 있다. 많은 학교에서 유용하게 사용하고 있는 단원 및 차시별 계획, 교육과정 수정에 대한 그들의 접근을 간략하게 살펴보았다.

Vaughn 등(2000: 47)은 '학습의 정도(degrees of learning)'라 불리는 개념을 토대로 계획(planning)에 대한 접근을 제시했다. 이 개념의 기본 전제는, '모든 학생이 학습할 능력이 있을지라도, 모든 학생이 모든 교과내용을 전부 학습할 수는 없다.'는 것이다.

그들은 풍화와 침식에 관한 지구과학 내용을 사용하여 학습의 정도라는 개념을 적용하는 단원계획의 예를 제시했다. 이 내용에 관한 의사결정을 안내해 주기 위해서, Vaughn 등(2000)은 교사들에게 단원계획표(〈표 12-4〉 참조)를 사용하라고 추천한다.

〈표 12-4〉에서 계획 피라미드의 맨 밑 부분은 지구 표면의 기본적 구성요소들과 같이 모든 학생이 학습해야 할 필수적인 내용을 나타낸다. 피라미드의 중간 부분은 암석

〈표 12-4〉 단원계획의 예

소수의 학생이 학습할 내용	빙하시대 지구의 모습 갑작스러운 변화로 야기된 재난들 느리고 빠른 변화들에 대한 지리학적 예들
대부분의 학생이 학습할 내용	풍화와 침식을 비교하기 어떻게 인간이 물리적 · 화학적 풍화작용을 일으키나 암석의 기본 유형들
모든 학생이 학습할 내용	지구 표면의 기본 요소들 풍화와 침식으로 인한 표면 변화

- 날짜: 9/1~30
- 수업시간: 1:30~2:30
- 단원주제: 풍화와 침식
- 자료/자원
  - 화산 폭발에 대한 강사 초청; 동화상; 풍화와 기후; 암석 표본; 서적; 재난, 화산폭발 등
  - 강의를 위한 컬러 슬라이드
- 교수 전략/수정: 실험; 개념지도; 교과서 학습을 위한 협력 학습; 녹음 테이프; 쪽지시험과 테스트 준비를 위한 2인 1조
- 평가/평가물: 매주 쪽지 시험; 단원시험; 학습일지(학습한 것에 대한 매일의 기록); 낱말카드

의 유형과 같이 모든 학생은 아니지만 대부분의 학생이 학습해야 할 중요한 정보이다. 피라미드의 맨 윗부분은 교사들이 단지 소수의 학생, 즉 "주제에 대해 더 많은 관심과 욕구를 지닌 학생들"이 학습하기를 기대하는 정보를 나타낸다(p. 48). 맨 위에 있는 정보는 지구가 빙하시대에는 어떠했는지, 느리고 빠른 변화에 대한 지리학적 예들을 포함한다.

이 표에서 나타나듯이 학생들이 학습할 내용을 계획하는 것과 더불어, Vaughn 등(2000)은 교사가 단원교수에 사용될 자료와 자원, 교수전략과 수정, 및 평가방법들을 결정해야 한다고 제안한다.

그들은 단원계획이 완성된 후에 개별적인 차시별 수업을 계획하기 위해서도 이와 비슷한 절차를 사용할 수 있다고 말한다. 예를 들어, 한 교사가 지구의 표면에 대한 수업을 준비하고 있다면, 교사는 모든 학생이 지구가 세 개의 층으로 이루어져 있고 바깥층에 우리가 살고 있다는 것을 학습할 필요가 있다고 결정할 것이다. 또한 대부분의 학생은 암석이 어떻게 형성되었고, 지구 표면은 세 가지 유형의 암석으로 구성되어 있다는 것을 학습해야 한다. 마지막으로, 소수의 학생은 세 가지 유형의 암석에 대하여 학습할 것이다.

교수계획에 대한 이러한 접근은 많은 장점을 가지고 있지만, Vaughn 등(2000)은 이러한 접근을 사용될 때 주의할 점들을 다음과 같이 제시했다.

- 정보를 제시하는 방법은 학생들의 요구에 따라 다양해질 수 있지만, 모든 학생은 같은 정보에 노출될 수 있는 기회를 가져야 한다.
- 모든 학생은 "피라미드의 모든 수준에 있는 정보에 동등하게 접근"할 수 있어야 한다(p. 49).
- 피라미드의 특정 단계에 대한 과제는 학생의 능력에 근거해서는 안 된다.
- 피라미드의 상위 단계를 학습하는 학생들은 그들의 흥미, 선행 지식 또는 개인적 경험에 기초해서 과제를 해야 한다.
- 피라미드의 밑 부분에 있는 내용에 대한 교수 및 관련 활동이 다른 단계에 있는 교수 활동보다 덜 고무적이어서는 안 된다. "상위 수준들이 창조적이고 재미있는 활동들을 하는 장소로 인식되어서는 안 된다."(p. 49)

많은 교사가 유용하다고 생각하는 교육과정 수정에 대한 두 번째 자원은 Deschenes, Ebeling과 Sprague(1994)가 제시했다. 그들은 학급 수업을 계획하고 이를 개별적인 학생들의 요구에 따라 조정하는 체계적인 접근법을 제시했다.

Deschenes 등은 이러한 수정과정에 대하여 초·중등학교 학급에서의 사례를 들면서 자세히 설명하고 있다. 이러한 정보에 추가하여, 그들은 장애학생들이 학습공동체의 구성원들로서 충분하게 참여할 수 있도록 통합학급에서 만들어질 수 있는 다양한 범위의 조정에 대해 제안하고 있다. 이러한 제안에 대한 요약이 〈표 12-5〉에서 제시되어 있다.

Vaughn 등(2000), Deschenes 등(1994)이 제시한 일반학급에서의 교육과정을 적합화하기 위한 접근법들은 모두 일반 교육과정이 본질적으로는 변화하지 않음을 가정한다는 점에 주목해야 한다. 다른 전문가들은 통합이 성공하려면 일반 교육과정에서 좀 더 근본적인 변화가 일어나야 한다고 제안하였다.

〈표 12-5〉 교육과정과 교수를 수정하기 위한 전략

학급 수업 수정	
• 학생들이 과제 완성을 위해 한 쌍 또는 소그룹으로 함께 공부한다. • 핵심어휘와 개념을 규명하는 학습 안내서를 제공한다. • 다감각 접근을 사용하여 정보를 제공한다. • 핵심 요점을 칠판에 쓰거나 크게 읽어 준다. • 완성된 결과물을 모델로 사용한다. • 명확하고 시각적으로 산만하지 않은 연습지나 요약물을 제공한다.	• 학생들이 지식을 입증할 수 있는 몇 가지 선택권을 준다(언어적 표현, 미술작품). • 성적을 매길 수 있는 프로젝트(연구과제)를 제공한다. • 긍정적 피드백을 자주 제공한다. • 과제 완성을 위해 학급 안과 밖에서 여분의 시간을 허용한다.
쓰기 과제 수정	
• 쓰기 과제의 길이와 난이도를 줄이거나 완성을 위한 시간을 더 준다. • 철자, 구두점, 문법에서의 실수에 대해 벌을 주지 않는다. • 학생이 친구의 노트를 복사하는 것을 허용한다. • 시험에서 오답의 수 대신 정답의 수를 표시해 준다. • 손으로 쓴 과제는 돌려주지 않는다. 쓰기 향상이 없으면 좌절감이 증가된다.	• 늦게 제출한 과제 또는 부분 완성에도 점수를 제공한다. • 숫자 및 단어를 제한적으로 사용해서 지시문을 단순화한다. • 친구, 녹음기, 부모, 다른 사람들이 학생이 말한 것을 받아쓰게 한다. • 쓰기 과제 완성을 위해 학생들을 2인 1조로 짝짓게 한다.

읽기 과제 수정	
• 테이프에 이야기와 장(chapter)을 녹음해서 제공한다. 보조자, 부모, 또래 친구, 다른 사람들에게 녹음해 줄 것을 부탁한다. • 읽기 과제를 또래 친구와 함께 하는 것을 허용한다.	• 읽기 이해의 가치를 인식시킨다. 부분 참여를 허용한다. • 부모들에게 추가적인 읽기 연습을 시키도록 요청한다.
숙제 수정	
• 부모들에게 숙제 기대치를 이야기하고, 학생을 위해서 만들 필요가 있는 수정에 대해 정보를 요청한다. • 명확하고 간결한 지시와 시간제한으로 가정에서 수행할 수 있는 숙제를 할당한다. • 학생들이 워드로 타이핑하거나 구술하는 또는 타인이 기록하는 숙제를 허용한다.	• 숙제의 양을 줄인다. • 학생에게 과다한 숙제를 주지 않기 위해 학생이 할 수 있는 숙제의 양을 다른 교사들과 의논하여 정한다. • 학생을 위한 숙제의 목적을 명확하게 하고, 이에 따른 수정을 한다.
시험, 퀴즈와 성적 수정	
• 학생들에게 시험을 구두로 읽을 수 있는 기회를 제공한다. • 항목의 수를 줄이거나 용어 또는 개념을 단순화한다. • 학생들에게 재시험을 허용하고, 성적 향상에 대한 점수를 준다. • 시험 이외의 또는 시험에 덧붙여서 학생이 지식을 증명할 수 있는 여러 선택권을 제공한다(프로젝트, 특별 과제).	• 짝을 짓거나 또는 소집단에서 급우들과 함께 시험 보는 것을 허용한다. • 테스트나 퀴즈에 앞서 핵심개념과 어휘에 대한 학습안내서를 제공한다. • 성적 기준을 수정하거나 통과/낙제로만 성적을 처리한다. • 표준 기록카드에 수정이 만들어졌음을 표시한다.

2) 일반 교육과정의 변형

만약 학급의 학습 및 사회적 공동체의 구성원으로서 다양한 범위의 장애학생들을 통합하려면, 일반 교육과정에 의미 있는 변화가 필요하다고 주장하는 사람들이 있다. 예를 들어, Pugach(1995)는 일반 교육과정을 변화시키지 못하면 학교 변화에 대한 '부가적인' 접근을 가져오며, 이러한 접근에서는 일반학급의 다음과 같은 기본 가정들이 무너지지 않는다고 했다.

- 일반 교육과정은 수용할 만하다.

- 특수교사의 역할은 교육과정을 수정함으로써 일반 교육과정이 장애학생들에게 주는 충격을 완화시키는 것이다.
- 전략 교수(Deshler, Ellis, & Lenz, 1996), 전 학급 또래교수(Mathes, Fuchs, Fuchs, Hanley, & Sanders, 1994), 교육과정중심 평가(Tindal & Marston, 1990)와 같은 실제들은 표준화된 교육과정 패러다임과 표준화된 교수 실제에 따르는 딜레마들에 대한 적절한 완충역할을 제공한다.

이어서 Pugach(1995)는 일반학급은 가르치고 배운다는 것이 무엇인가에 대한 기존의 관점을 토대로 우리가 이미 알고 있고 편안함을 느껴 온 입장에서 만들어진다고 했다. 그리고 구체적으로 특수교육이란 학교에서 어려움을 보이는 학생들을 지원하는 것으로 보았다고 했다. Pugach에 따르면, 이러한 가정에서 만들어진 프로그램은 통합이 확실하게 일어날 수 있도록 학급과 학교를 재창조하고 재구조화하기에는 충분하지 않다는 것이다.

가장 기본적인 수준에서, Pugach(1995)는 대부분의 전통적인 학급 실천의 토대가 되는, 학습과 교수에 대한 환원주의나 행동주의적 접근을 비난했다. 교수와 학습에 대해 이러한 접근의 기초를 이루는 것은 다음과 같은 가정들이다(Udvari-Solner & Thousand, 1996).

- 학습은 엄격한 위계적 순서대로만 발생한다.
- 학습은 작은 정보들을 축적하는 것이다.
- 교사들은 있는 그대로의 지식을 학생들에게 전달한다.
- 학생들은 상위지식과 기술을 습득하기 전에 하위 지식과 기술을 습득해야 한다.
- 수업과정은 교사와 개별 학생들이 어떻게 상호작용하는가에 중점을 둔다.
- 기술은 주제 영역들 간에 전이된다.
- 교수의 목적은 학생들의 행동을 변화시키는 것이다.

교육과정과 학급 변화에 대한 부가적인 모델을 초래하게 되는, 교수와 학습에 대한 이러한 전통적 · 환원주의적 견해와는 대조적으로 Pugach(1995)는 변화에 대한 생성적 모델이 성공적인 통합학급을 만들 가능성이 크다고 했다. 이러한 접근에서는 국어, 수학, 과학 및 사회 분야의 일반교육에서 행해지고 있는 교육과정 개혁 운동에 내재된 장점들에 기초하여 일반 교육과정을 재고안할 것을 요구한다(Pugach & Warger, 1996). 교육과정 개혁 운동은 교수와 학습에 대한 전통적 개념을 거부하고, 학습과 교수에 대한 구성주의적 접근을 받아들인다. 구성주의 모델은 다음의 가정들을 기초로 하고 있다(Udvari-Solner & Thousand, 1996).

- 학습이 일어나려면 학습자가 능동적으로 의미를 구성해야 한다.
- 학습은 개인이 새로운 학습과 기존의 학습을 연결, 연합 및 연계할 때 발생하는 의미의 창조이다.
- 학습은 양적인 것이라기보다는 해석적인 것이며, 이를 위해서는 지역사회의 사회적 맥락과 의사소통적인 상호작용이 발달이 필요하다.
- 학습은 협력적 · 공동작업적인 노력이다.
- 교수의 목적은 학생의 인지적 구조를 변화시키는 것이다.

2. 일반학급에서의 다양성 수용 방법

Scott, Vitale와 Masten(1998)은 통합학급에 다양한 학생을 수용하기 위한 대안으로서 교수 수정 및 교수적 집단편성의 다양화를 제안하였다. 교수 수정은 '전형적'(예: 구체적인 학급 시연)이거나 '본질적'(예: 진도를 개별 학습자들에 맞게 조절하는 것)일 수 있으며, 집단편성의 다양화는 흔히 학급의 근본적인 변화를 필요로 한다(예: 협력집단 사용).

1) 교수 수정

Tomlinson(1995)은 "교수의 분화란 기본적으로 학급에서 진행되는 수업을 '흔들어서' 학생들이 정보를 습득하고, 사상(idea)을 이해하고, 그들이 학습한 내용을 표현하는 데 있어서 다양한 선택사안을 가질 수 있도록 하는 것을 의미한다."라고 말했다. 그는 분화된 교수란 1970년대에 유행했던(학급의 25~30명 학생 각각에 대해 다른 것을 제공하려고 시도했던) '개별화된 교수'가 아니며, 동질적인 집단편성도 아니라고 했다. 효과적으로 분화된 교수는 다음과 같은 성질을 갖는다.

- 순향적이다. 교사들은 서로 다른 학습자들은 서로 다른 요구를 갖고 있다고 가정하고, 이러한 요구들을 모두 수용할 수 있도록 차시 및 단원을 계획해야 한다.
- 양적이라기보다는 질적이다. 분화란 단지 학생들에게 해야 할 일을 많게 또는 적게 주는 것이 아니다. 학생의 요구를 충족시키기 위해서는 과제의 양을 조정하는 것보다는 과제의 질을 조정하는 것이 보다 효과적이다.
- 교과내용(학생이 학습하는 것), 과정(학생이 개념과 정보를 이해하는 방식) 그리고 산출(학생들이 학습한 것들을 입증하는 방식)에 대한 여러 가지 접근방법을 제공한다.
- 학생 중심적이다. 즉, 학습경험이 매력적이고, 관련성 있고, 흥미로울 때, 학생들이 더욱 많이 학습한다는 것을 전제로 학급이 운영된다. 또한 학생들의 학습은 선행 학습에 기초하여 발전하지만, 모든 학생이 똑같은 이해를 하는 것은 아니다.
- 개인, 소집단 및 전체학급 교수의 혼합이다. 전체집단 교수는 공통적 이해와 공동의식 발달에 사용되는 반면, 소집단 또는 개별적 과제는 개별 학생의 요구를 더 잘 충족시키기 위해 사용된다. 따라서 집단 편성은 융통성 있고 유동적으로 이루어진다.
- 유기적이다. 이는 학생들이 어떻게 학습하는지, 그리고 학생들이 배운 것을 학급에서 어떻게 적용하는지에 대해 교사가 지속적으로 알게 되는 것을 의미한다. 따라서 분화된 교수는 교사가 학생이 무엇을 어떻게 학습하는지에 대해 모니터하고, 학생의 요구를 더 잘 충족시키기 위해 필요하다면 학급을 조정하는 역동적 과정이다.

2) 다양한 수업 집단편성

통합교육은 대체로 장애학생들이 비슷한 능력을 가진 학생들의 집단에 배치되어 거기서 오랜 시간 머물러 있으면서 학문적인 내용을 보다 빠른 속도로 학습하는 일반 학생들과 상호작용하는 기회를 거의 갖지 못하여 성공적으로 학습을 하지 못했기 때문에 시작되었다. 그러므로 통합교육은 장애학생들을 하루 종일 또는 하루의 대부분의 시간 동안 비슷한 수업상의 요구를 지닌 학생들과 집단을 이루게 하기 위한 목적으로 일반학급에 통합시키는 것이 아니다. 또한 통합이란 장애학생들이 어떤 집단으로 편성되는 것을 막는 것도 아니다. Vaughn 등(2000)은 집단 배치에 대한 최고의 접근법은 없다고 했다. 오히려 많은 교사는 다양한 집단 형태가 다양한 범위의 학생들이 있는 학급에 적절하다는 것을 알았다. 즉, 전체집단, 같은 능력의 소집단, 다양한 능력의 소집단, 협력집단 등의 서로 다른 여러 집단 형태가 여러 가지 다른 목적으로 사용되어야 한다.

- 영구적인 집단 편성을 해서는 안 된다.
- 주기적으로 학생들의 필요에 따라 집단을 만들거나, 수정하거나, 또는 해산한다.
- 때때로 모든 학급 학생으로 구성되는 하나의 집단이 만들어질 수 있다.
- 집단의 활동과 목적에 따라 집단 크기는 2~3명에서 9~10명으로 다양해야 한다.
- 집단 구성원은 내용에 따라 변화되어야 하며, 고정되어서는 안 된다.

많은 교사와 연구자가 통합교육에 적합한 것으로 느끼는 집단편성의 한 가지 방법은 협동학습이다. Udvari-Solner와 Thousand(1996)는 교실 내의 학생 상호작용에는 다음의 세 가지가 있다고 하였다. ① 개별적(다른 사람들의 진전에는 관심을 갖지 않고, 자신의 목표를 향해 학생들이 혼자서 공부한다), ② 경쟁적(학생들은 우열을 가리기 위해 공부한다), ③ 협력적(학생들이 서로의 성공에 도움을 주면서 함께 공부한다) 등이다.

개별적 및 경쟁적 접근이 통합교육의 주요 목표인 공동체의 형성을 방해하는 반면에(Udvari-Solner & Thousand, 1996), 협력적 방법은 학급을 학생들이 미래에 접할 다양한 사회와 직업세계의 축소판으로, 그리고 처음에는 자신과 '다르다'고 느껴지는 사람들을 올바르게 인식하고 대처할 수 있는 기술을 습득하는 장소로 변화시킨다(p. 189).

협동학습은 여러 형태가 있으나 다음과 같은 공통적인 특성을 가지고 있다(Friend & Bursuck, 1998).

- 상호의존성: 집단 구성원들은 목적 달성을 위해 서로 의지한다. 그들은 함께 목표에 도달하거나 또는 아무도 도달하지 못한다.
- 면 대 면(face-to-face) 상호작용: 집단 구성원들은 목표 성취를 위해 함께 학습한다.
- 개별적 책무성: 집단 구성원들은 협력집단에서 그들의 과제에 대해 개별적으로 책임을 진다.
- 대인 기술의 증가: 많은 연구자가 협력 집단이 학업 성취에 긍정적 효과가 있다고 하지만(King-Sears, 1998), 협력 집단을 사용하는 주된 이유는 또래관계를 형성하고 대인관계를 증진시키기 때문이다.

Ⅳ. 향후 준비와 과제

우리의 통합교육은 장애학생과 비장애학생의 인식과 이해 역량을 돕는 수준에 머물러 있다. 그래서 학교생활의 중심인 통합교육 프로그램의 개발에 관한 것은 거의 무지의 수준이다. 앞에서 소개하고 있는 내용들이 미국 통합교육 50년의 역사가 보여 주는 산물임을 볼 때, 이를 통하여 우리의 입장을 되돌아봄과 동시에 몇 가지 교훈을 얻을 수 있다.

첫째, 통합교육은 저절로 이루어지지 않는다. 누군가 통합교육에 신념을 갖고 지속적으로 이를 위한 관심과 노력을 기울여야 한다. 이는 특수교육의 몫도, 일반교육의 몫도 아닌 교육의 몫이다. 따라서 일반교육과 특수교육은 통합교육에 관한 공동 책임 의식을 공유하여야 한다.

주도권을 누가 갖느냐에 상관없이, 통합교육 프로그램을 성공적으로 개발하고 적용하려면, 학교와 중앙 행정 부처에서 여러 역할을 맡고 있는 사람들 사이에 광범위한 지도적 기반을 형성할 필요가 있다.

둘째, 학교는 변화한다. 우리 교육자가 예측하는 범위를 훨씬 뛰어넘어 사회가, 국가가, 세계가 요구하는 수준까지도 뛰어넘어 예측하기 어려운 범위로까지 변화한다. 그럼에도 불구하고 교육계는 가르고 나누는 교육에 빠져 있다.

학교에 상당한, 의미 있는 변화가 생기지 않는 한, 훌륭하고 성공적인 통합교육 프로그램을 개발할 수는 없다. 장애학생들이 비장애학생들과 비슷한 학교생활의 리듬을 갖고, 일반학급이 다양한 학생 간의 차이를 수용하고(다시 말해서, 차이의 존재를 일상적인 것으로 받아들이고), 교사들이 학생들의 요구를 충족시키기 위해 필요한 지원을 받을 수 있으려면, 학교에서 의미 있는 변화가 반드시 일어나야 한다. 교사들은 학교에 있는 모든 학생에 대한 책임을 공유하고, 그렇게 하기 위한 새롭고 협력적인 역할을 수행해야 한다. 교육과정과 교수를 검토하고 변화시켜야 한다. 학교 일정의 구성도 바꿔야 한다. 이를 정리하면 다음과 같다.

- 교육과정(예: 모든 학생의 요구 충족을 위한 교육과정 수정)
- 교수 방법(예: 더욱 명시적인 교수)
- 학급 조직(예: 학생들이 협력하는 정도의 증가)

- 학교조직(예: 시간계획표의 변화)
- 교수와 학습에 대한 교사와 관리자들의 신념(예: 정해진 교육과정을 통해 학생들이 일률적으로 진보하기를 기대하기보다는 학생들의 요구를 충족시키기 위해 교육과정을 수정)

셋째, 서로에 대한 사람들의 생각과 느낌이 달라져야 한다. 사람들은 여러 가지 이유로 통합교육을 미루거나 반대하여 구체적인 프로그램을 개발하지 않는다. 통합교육 프로그램의 개발은 매우 어렵다. 사람들에게 스트레스를 주는 변화가 학교 실제에서 요구된다. 좋은 프로그램을 개발하기에는 특수교사들도 부족하다. 많은 장애학생은 한 학년에서 다음 학년으로의 승급 시험에 통과할 수 없다. 많은 장애학생은 고등학교 졸업시험을 통과하지 못한다. 통합은 일반 학생들의 교육에 부정적인 영향을 끼칠 수도 있다. 장애학생들의 낮은 시험 점수는 학교에 대한 부정적인 이미지를 갖게 할 수 있다. 그들은 학급 교사의 시간을 너무 많이 빼앗을 수도 있고 일반학급의 일과를 방해할 수도 있다. 대부분의 장애학생은 일반학급에서 요구하는 과제들을 수행할 수 없다.

결론적으로, 이러한 프로그램을 개발하는 것이 중요하다고 생각하기 때문에 사람들은 통합교육 프로그램을 개발한다. Biklen(1985)은 "통합교육 프로그램들의 개발은 무엇보다도 사람들이 어떻게 느끼고 생각하는지와 밀접한 관계가 있다."(p. 60)라고 말했다. 교사 및 관리자들이 통합교육 프로그램의 개발이 중요하다고 결정한다면, 그들은 프로그램을 개발할 것이다. 학급 크기가 줄고, 더 많은 자원을 사용할 수 있게 되고, 또는 다른 장애물들이 존재하지 않는다면 아마도 '더 나은' 프로그램이 개발될 것이다. 그러나 장애물들이 있다 해도 통합교육 프로그램을 개발하기로 결정한 전문가들의 앞을 가로막지는 못한다. 그들은 자원을 효율적으로 사용하고, 필요할 때 부가적인 자원(예를 들면, 때때로 학생들을 서로서로 지원하게 함으로써)을 만들 수 있는 여러 가지 방법을 모색하기 때문이다. 그들은 학교의 모든 학생의 요구를 충족시키기 위해 자원을 균등하게 사용하는 프로그램을 개발한다. 간단히 말해서, 통합교육 프로그램을 개발하기로 결정한 전문가들은 통합교육 프로그램이 모든 학생을 위한 최고의 방법이라는 신념에 근거하여, 이용할 수 있는 자원들을 가지고 그들이 할 수 있는 최선의 프로그램을 개발한다. 따라서 일반교육과 특수교육의 통합은 선택사항이 아닌 필수사항이며, 그러한 선택은 결국 소외된 사람들에 대한 우리의 이해와 배려의 정도에 좌우된다.

지적장애의 개념은 간단하게 정의할 수도 없고 과학적으로 정의할 수도 없으며, 그것을 주제로 토론을 할 수도 없고, 여러 유형으로 분류할 수도, 해부할 수도, 응용하거나 연구할 수도 없는 그 무엇이다. 지적장애의 개념은 단지 우리의 인간성, 잠재력, 교육 정도, 삶의 질, 권리와 특권, 우리의 실체, 그리고 우리와 관련된 모든 것에 대한 우리 자신의 이해 정도에 따라 다르게 된다. 나에게 누군가가 당신은 지적장애에 대한 개념을 어떻게 가지고 있느냐고 묻는다면, 그 질문은 곧 당신은 인간성이나 퇴폐성, 미 또는 추함, 강력한 힘 또는 나약함, 선한 사람과 악한 사람에 대한 개념을 어떻게 가지고 있느냐고 나에게 묻는 것과 마찬가지이다. 지적장애는 결코 지능지수로 한정하여 정의되는 것도, 특성화되는 것도 아니며, 그렇다고 해서 행동주의적 입장에서의 측정 결과나 원인론(etiology)적 기술에 의해서 개념화되는 것도 아니다. 그것은 단지 다른 여러 사람, 지역사회, 가치, 기대 그리고 희망에 의해서만 규정되는 것이다(Blatt, 1981).

학습과제

1. 「교육기본법」 제3조(학습권), 동법 제18조(특수교육)에는 명시되어 있지 않고 「특수교육법」의 제1장 제1조(목적)에만 '통합된 교육환경을 제공하고'라고 명시됨으로 인하여 어떠한 현실적인 문제가 발생할 수 있는가?
2. 통합교육을 위한 교육과정의 목표의 수정과 조정 간에는 어떠한 개념의 차이가 있는가?
3. 통합교육을 위한 일반 교육과정과 교수방법의 수정전략에는 어떠한 것들이 있는가?

참고문헌

교육부, 세종특별자치시교육청(2017). 초·중등학교 통합교육 실행 가이드북 I.

교육부(2016). 2016 특수교육통계.

방명애(1998). 특수학급 학생의 교과학습 지원을 위한 방법론. 제5회 이화 특수교육 학술대회(pp. 43-65). 서울: 이화여자대학교 특수교육과 & 교육과학연구소.

신현기(1999). 부모교육론. 서울: 한국지적장애인애호협회.

신현기, 최세민, 유장순, 김희규(2005). 통합교육의 이론과 실제. 서울: 박학사.

정동영(2017). 장애아동 통합교육론. 경기: 교육과학사.

Biklen, D. (1985). *Achieving the complete school: Strategies for effective mainstreaming*. New York: Teacher College Press.

Blatt, B. (1981). *In and out of mental retardation: Essays on educability, disability, and human policy*. Baltimore: University Park Press.

Brooks, J. G., & Brooks, M. (1993). *In search of understanding: The case for constructivist classrooms*. Alexandria, VA: Association for Supervision and Curriculum Development.

Burrello, L., Lashley, C., & Van Dyke, R. (1996). Aligning job accountability standards in a unified system of education. *The Special Education Leadership Reiview, 3*(1), 29-41.

Deschenes, C., Ebeling, D., & Sprague, J. (1994). *Adapting curriculum & instruction in inclusive classrooms: A teacher's desk reference*. Bloomington, IN: Institute for the Study of Developmental Disabilities.

Deshler, D., Ellis, E., & Lenz, K. (1996). *Teaching adolescents with learning disabilities: Strategies and methods* (2nd ed.). Denver, CO: Love Publishing.

Friend, M., & Bursuck, B. (1998). *Including students with special needs*. Boston: Allyn & Bacon.

Goodman, J. (1995). Change without difference: School restructuring in historical perspective. *Harvard Educational Review, 65*(1), 1-29.

King-Sears, M. (1998). Best academic practices for inclusive classrooms, In E. Meyen, G. Vergason, & E. Whelan (Eds.), *Educating students with mild disabilities* (pp. 305-338). Denver, CO: Love Publishing.

Lipsky, D. K., & Gartner, A. (1987), Capble of achievement and worthy of respect: Education for handicapped students as if they were full-fledged human beings. *Exceptional Children, 54*, 69-74.

Mathes, P., Fuchs, L., Fuchs, D., Hanley, A., & Sanders, A. (1994). Increasing strategic reading practice with Peabody Classwide Peer Tutoring. *Learning Disabilities Research and*

Practice, 9(1), 44-48.

McLeskey. M., & Waldron, N. L. (2000). *Inclusive Schools in Action: Making Differences Ordinary*. VA: Association for Supervision and Curriculum Development.

Melaville, A., Blank, M. J., & Asayesh, G. (1993). Together we can: A guide for crafting a pro-family system of education and human services. Washington, DC: Center for the Study of Social Policy and the Institute for Educational Leadership. (ED 357 856)

Pugach, M. (1995). On the failure of imagination in inclusive schooling. *The Journal of Special Education*, *29*(2), 212-223.

Scott, B., Vitale, M., & Masten, W. (1998). Implementing instructional adaptations for students with disabilities in inclusive classrooms: A literature review. *Remedial and Special Education, 19*(2), 106-119.

Tindal, G., & Marston, D. (1990). Classroom-based assessment: *Evaluating instructional outcomes*, New York: Merrill.

Tomlinson, C. A. (1995). *How to differentiate instruction in mixed-ability classroom*. Alexandria, VA: Association for supervision and Curriculum Development.

Udvari-Solner, A., & Thousand, J. (1996). Creating a responsive curriculum for inclusive schools. *Remedial and Special Education, 17*(3), 182-192.

UNESCO (1994). *The Salamanca Statement and Framework for Action on Special Needs Education. World Conference on Special Needs Education: Access and Quality.*

WHO (2001). *International Classification of functioning, disability, and health*. Geneva: Author.

Vaughn, S., Bos, C. S., & Schumm, J. S. (2000). *Teaching exceptional, diverse, and at-risk students in the general education classroom* (2nd ed.). Boston: Allyn & Bacon.

Zigmond, N., & Baker, K. (1997). A comprehensive examination of an experiment in full inclusion. In T. Scruggs & M. Mastropieri (Eds.), *Advances in learning and behavior disabilities* (Vol. 11, pp. 101-134). Greenwich, CT: JAI Press.

제13장
유아교육 공영화: 유아교육과 보육의 통합

임승렬(덕성여자대학교 교수)

개요

영유아기는 투자의 가치가 높은 시기로 정책적으로 주목받고 있다. 특히 여성의 사회활동 참여 증가와 사회 변화로 인한 가족의 구조와 기능의 변화는 유아교육의 질적 고양의 필요성을 부각시키는 데 그치지 않고 영유아교육에 대한 사회적 책임을 강조하게 되었다. 나아가 국가의 책임의식이 강조되면서 보편적 무상교육·보육을 실현하기 위해서 누리과정을 시행하였으며 누리과정의 성공적 안착을 위해 노력을 기울이고 있다. 뿐만 아니라 우리나라의 유아교육과 보육의 정책이 공교육을 지향하면서도 민간시설에 의존하여 정책을 수행하기 때문에 질적 수준이 담보된 교육서비스 제공 및 관리에 많은 어려움이 있어 유아교육기관의 질을 향상시키기 위해 전적으로 민간 주도적인 체제에서 벗어나 시장원리에 의존하지 않고 공적 자금 투여와 정부의 관리감독 능력을 포함한 공공성 확립을 추구하고 있다. 이에 현재 우리나라 유아교육과 보육의 쟁점이 되고 있는 유아교육·보육의 통합 측면에서 유아교육과 보육의 공공성은 어떤 의미를 가지고 있으며 공공성을 확립하기 위하여 어떠한 노력을 해야 하는지에 대해 살펴볼 필요가 있다.

교육은 개인을 발전시킬 뿐만 아니라 개인의 발전은 곧 사회와 국가의 발전을 가져온다. 이런 점에서 교육 선진국가들은 평생교육을 유아 단계에서 정규학교 교육과 학교 외 교육을 모두 포괄하는 개념으로 규정하고 있다. 특히 높은 질적 수준의 유아교육을 제공하는 것은 가치 있는 공적 투자이므로(Heckman, 2006), 유아들에게 양질의 교육서비스를 제공하는 것은 사회적으로나 경제적으로나 의미 있는 일이다. 유아들에게 양질의 교육서비스를 제공하기 위해서 유아교육기관의 질을 높이는 것은 우선적으로 이루어져야 할 과제이다. 유아교육기관의 질을 향상시키기 위해서는 시장원리에 의존하지 않고 정부가 관리감독 능력을 적절히 발휘하여 공공성을 구축할 필요성이 제기되고 있다. 우리나라는 근시안적인 출산정책과 인구정책으로 급작스럽게 저출산 · 고령화 사회를 맞이하면서 영유아교육에 대한 사회적 책임의식이 크게 부각되기 시작하였고, 사회적 책임을 다하려는 노력이 다각도로 이루어지고 있다. 저소득층을 위한 만 5세 무상교육을 시작으로 가구소득과 상관없이 동일한 비용을 정부로부터 지원받고 있으며, 2011년에는 모든 만 5세 유아에게 양질의 유아교육 · 보육서비스를 제공하기 위하여 공통교육과정인 '5세 누리과정'이 제정되었고, 2012년에는 연령을 확대하여 '3~5세 연령별 누리과정'이 제정되었다. 재정 지원과 더불어 어린이집과 유치원 평가 등을 통한 질 관리와 유아교육과 보육의 일원화를 위한 지속적인 노력이 이루어지고 있다. 이러한 다양한 시도와 노력은 유아교육의 무상 공교육화를 지향하는 공공성의 가시적 결과라고 할 수 있다.

유아교육의 공영화는 사립유치원과 민간어린이집이 주도적인 역할을 해 왔던 민간 주도로부터 벗어날 뿐만 아니라 유아교육을 시장원리에만 맡기지 않고 공적 자금의 투여와 관리체제 확립으로 수렴되는 공공성에 포함되는 개념이라고 할 수 있다. 이러한 공영화와 공공성의 관계는 이 두 개념의 사전적 정의에서 찾을 수 있다. 공영화는 '영리를 목적으로 하지 아니하고 공공의 이익을 도모하는 기관으로 됨 또는 그렇게 함'(네이버 국어사전)이라고 정의하고 있으며, 공공성은 '한 개인이나 단체가 아닌 일반 사회 구성원 전체에 두루 관련되는 성질'로 정의하고 있어 공공성은 공영화보다는 광의의 개념이라는 것을 알 수 있다. 즉, 공공성은 공적 영역 대 사적 영역이라는 이분법적 구도에 국한되어 있는 공영화를 포함하여 공적 주체에만 국한되지 않고 사적 영역의 주체(개인 또는 기관)라도 사적 이익이 아닌 공공의 이익 실현을 최우선적인 목표를 추구한다면 공공성을 갖는다고 할 수 있다. 공영화가 공공의 이익을 도모하는 비영리 기관에 국한된 개념이라고 본다면 공공성은 영리 또는 비영리 기관으로 구분하기보다는 기관이 공공의 이익을 추구하고 그 기관이 공공성을 보장하는 구조적 요건을 갖추었는지의 의미로 해석할 수 있다. 따라서 이 장에서는 유아교육 · 보육 공공성의 개념체계를 살펴보고 공공성의 구조적 여건 중 핵심적요소 중 하나인 유아교육과 보육의 통합의 의미와 필요성, 합리적 통합 방안 등을 다룬다.

Ⅰ. 유아교육과 보육의 공공성

1. 교육에서의 공공성의 의미

이미 앞에서 언급한 공공성의 국어사전적 의미보다 좀 더 다양하게 정의한 웹스터 사전(2013)에 의하면 공공성은 특정 개인에 속하거나 독점적이지 않고 여러 사람과 관련된 공적인 상태로 '모든 사람에게 공개되는 것, 공동체나 정부에 관련되거나 그들에게 영향을 받는 것, 사회와 관련된 것, 다수와 관계되어 있는 것, 일반적인 복지나 국가의 복지에 기여하는 것, 공동체 구성원에 공유되는 것, 상업적인 이익보다 공적 재원이나 개인 기부금으로 지원하는 것'으로 정의되고 있다. 이러한 개념을 교육 분야에 적용하여 교육의 공공성 개념을 살펴보면, 교육이 특정한 개인에 속하거나 독점되는 것이 아니라 여러 교육 관련 구성원에게 관계되는 것으로 공적 성질을 지닌 상태로 정의된다(성병창, 2007: 231). 그리고 나병현(2002)은 공적인 특성을 가지면서, 사실 차원에서는 국가 사무로서의 특성을 드러내지만 규범적으로는 모든 사람에게 이익이 되고 공정하게 적용되는 것이라고 정의하였다. 이 외에도 교육 공공성을 국가의 책무성, 교육기회의 평등, 공공재로서의 교육, 공동체 의식의 함양, 정의와 사랑, 차이를 인정한 자율적 주체들의 연대 등의 개념으로 정의하고 있다(고길섶, 2001; 나병현, 2002; 박정원, 2001; 서덕희, 2001; 엄기호, 2001; 한숭희, 2001). 반면에, 이종태(2006)는 교육의 공공성을 국가와 시장, 공적 영역과 사적 영역의 구분을 넘어서는 제3의 개념으로 보았다. 교육의 특성상 공과 사의 영역이 상호 혼재되어 있고 공과 사의 영역이 분리된다 하더라도 기능이나 내용 등에서는 공적 측면과 사적 측면이 혼합되어 나타날 수 있기 때문에 공공성에 대한 이분법적 판단은 교육의 공공성을 파악하는 데 한계가 있다고 지적하고 있다. 예컨대, 공적 영역을 사적 영역과 분명하게 분리되는 것으로 간주할 때 시장 실패와 같은 사적 이익 추구에 문제가 생기게 되면 최소한의 범위 내에서 공적 영역 개입과 역할이 불가피하기 때문이다.

한편, 성병창(2007)은 교육 공공성의 핵심 속성을 분석하기 위한 기준인 목표, 대상, 내용, 비용을 가지고 분석한 결과, 교육 공공성은 공익과 공의를 추구하는 목표를 가져야 하며, 그 비용은 교육받을 권리을 보장하는 비용의 확충과 공정 배분이 따라야 하고 가르치고 배우는 내용은 공적 지식 생산을 함양할 수 있는 교육내용이 되어야 하며, 교육대상은 보편적 일반 대중으로 차이를 인정하고 차별하지 않아야 한다는 것이다. 이러한 개념 정의와 더불어 공공성의 정립원리로 평등성의 원리, 보편성의 원리, 자율성의 원리 및 전문성의 원리를 제시한 바 있다. 조한상(2009)은 공공성의 핵심요소로 시민, 공공복리, 의사소통의 세 가지 개념을 제시한 바 있으며, 조대엽(2012)은 공공성의 다차원성을 언급하면서 핵심요소로 주체와 가치의 차원으로서의 공민성, 제도와 규범의 차원으로서의 공익성 그리고 행위의 차원으로서의 공개성을 제시하고 있다.

공공성에 대한 이와 같은 다양한 개념에도 불구하고 우리나라에서의 교육의 공공성은 국가에 의해 관리되고 통제되며, 시장원리와 반대되는 개념으로서의 공공성이 특히 강조되어 공공성의 의미가 왜곡되고 있는 점도 있다. 따라서 교육 공공성에 대한 올바른 이해와 실현을 위해서는 '공공성 강화가 교육 문제 해결의 만능 열쇠인가?' '시장경제의 원리가 교육의 공공성을 훼손하는가?' '교육의 공공성 확대가 국가 간섭과 규제 강화를 불러오고 그것이 비효율성을 초래함으로써 오히려 성장을 저해하지는 않는가?' 등의 질문들을 통해 교육 공공성에 대한 합의된 정의가 필요하다.

2. 유아교육과 보육에서의 공공성의 의미

공공성의 개념을 살펴본 결과, 사전적 의미로는 '한개인이나 단체가 아닌 일반 사회 구성원 전체에 두루 관련되는 성질'(국립국어원 표준국어대사전 홈페이지), 법적으로는 '공동으로 사회생활을 영위하는 사회 구성원 전체를 위한 공공적 이익, 즉 국가 공동의 행복과 이익을 의미하며, 헌법재판소는 공익 또는 공공복리 개념과 동일시하고 있음을 알 수 있다(김철수, 2006). 또한 행정학에서는 공공성을 사회 구성원들이 일반적으로 그 정당성을 인정하는 구성원 전체의 이익으로 정의하고 공공성을 행정이 추구해야 하는 본질적 가치로 보았다(오석홍, 2011). 경제학적 관점에서는 공공성의 영역이란 시장 실패, 즉 자원배분이나 소득분배의 왜곡 불공정 등 시장에서 부정적 현상이 발생하여 사회 전체적으로 나쁜 결과를 초래하기 때문에 기본적으로 시장에 맡기면 안 되는 영역(조순, 정운찬, 전성인, 김영식, 2009), 즉 탈시장 영역(오건호 외, 2013)을 일컫는데 국가가 소유나 규제 또는 계약 등으로 책임을 부담하는 것으로 보았다. 이러한 공공성의 개념을 유아교육과 보육에서는 어떠한 의미로 해석되고 있는가? 일반적으로 유아교육과 보육에서의 공공성이라 함은 무상교육과 공교육화, 기관에 대한 재정 지원 등 단순히 가시적인 측면에서 이해되고 있다. 그러나 유아교육과 보육의 공공성의 의미를 파악하는 것은 공공성의 다양한 개념에서 살펴보았듯이 단순하지만은 않다.

유아교육과 보육에서 공공성의 개념 정의가 중요한 이유는 유아교육과 보육에서의 공공성의 의미가 다르게 실현되고 있기 때문이다. 김희연(2013)은 유아교육에서의 공공성은 무상 공교육화 실현이라는 목표하에 유치원 재정에의 공적 자금 투여를 공공성의 실현이라 보았고, 공적 자금의 투여는 곧 공적 재원을 확보하여 무상교육을 실시함으로써 유아들에게 평등한 교육기회를 제공할 수 있는 유아교육의 지상 최대 과제인 '공교육화'를 실현하는 것이라는 의미에서 공공성이 이해되고 있으며 이를 위해 재정 투명성의 확보, 질 관리체제의 확립을 방안으로 제시하는 것이라고 언급하고 있다. 반면, 보육계에서는 민간 의존적인 보육에서의 탈피와 전문성 향상을 지향하는 것이 공공성이고 질 높은 보육서비스의 실현이 바로 공공성 확보라고 보고 있다. 물론 유아교육과 보육이 공공성을 지향하기 위한 방안 중의 일부는 상호관련성이 있으나 많은 측면에서 유아교육계와 보육계의 간극을 간접적으로 드러내고 있다.

현재 유아교육과 보육이 제도적으로 이원화되어 있으나 전 계층의 교육비 및 보육비 지원이 현실화되고, 국가 수준의 공통 교육과정인 누리과정이 유치원과 어린이집에서 운영되고 있으며, 교육의 질 향상을 위한 유치원 평가와 보육시설 평가인증의 실시는 유아교육계와 보육계 모두의 공공성 증진을 위한 노력이라고 볼 수 있다. 따라서 각 이해 당사자 측면에서 공공성의 개념을 이해하기보다는 유아교육과 보육의 통합 관점에서 공공성의 의미와 공공성을 판단하는 준거는 무엇인지, 그러한 준거에 의하여 유아교육과 보육에서의 공공성 수준을 살펴보고 공공성 확보를 위해 어떠한 노력을 해야 하는지 고민해 볼 필요가 있다.

유아교육과 보육의 공공성을 '가구소득이나 계층 등에 관계없이 모든 아동이 질 높은 보육교육 서비스를 이용할 수 있도록 재정과 공급 측면에서 국가의 역할을 강화하는 것'이라고 정의한 바 있다(이미화, 유해미, 최효미, 조아라, 2015). 최은영(2016) 등은 제공자, 비용 부담, 대상, 내용 및 목표의 다섯 가지 측면에서 설명한 나병현(2004)의 교육의 공공성 개념을 유아교육에 적용하여 유아교육의 공공성을 설명하고 있다.

첫째, 제공자 측면에서 국가의 공적 역할과 책임이 강화될 필요가 있다. 둘째, 비용 부담의 측면에서 학부모의 비용 부담이 유아교육 이용의 장애가 되어서는 안 된다는 것이다. 셋째, 대상의 측면에서 유아교육은 모든 유아가 이용할 수 있어야 한다. 넷째, 내용 측면에서 유아교육은 보편교육이어야 한다. 이는 규범적인 측면에서 유아교육은 사유재가 아닌 공공재 또는 준공공재로 간주되어야 한다는 것을 의미한다. 마지막으로, 목표 측면에서는 유아기가 이미 다양한 연구를 통해 유아교육이 생애 출발선 평등을 보장하기 위한 중요한 시기임이 강조되고 있는데, 이로써 유아교육의 목표가 공익을 위한 교육의 선상에 있음을 보여 주는 것이라고 볼 수 있다. 이와 같은 유아교육의 공공성이 가지는 구체적인 내용을 통해 공공성의 차원을 책무성, 투명성, 보편성 및 공개성으로 구분하고 정부가 유아교육에 대한 사회적 책임을 가지고 학부모의 교육비 부담을 최소화하기 위하여 재정 지원을 확대하여 접근성을 높일 수 있도록 국공립 기관을 확대하는 것이라고 유아교육의 공공성을 개념화하였다.

한편, 백선희(2011)는 공공성을 '가구소득이나 계층 등에 상관없이 모든 아동이 질 높은 보육서비스를 이용할 수 있도록 보육재정과 보육공급 측면에서의 국가의 역할을 강화하는 것'을 보육의 공공성으로 보았다. 즉, 보육의 공공성은 '아동의 발달과 일-가정 양립을 지원하기 위하여 보육서비스를 필요로 하는 모든 아동과 가족에게 국가와

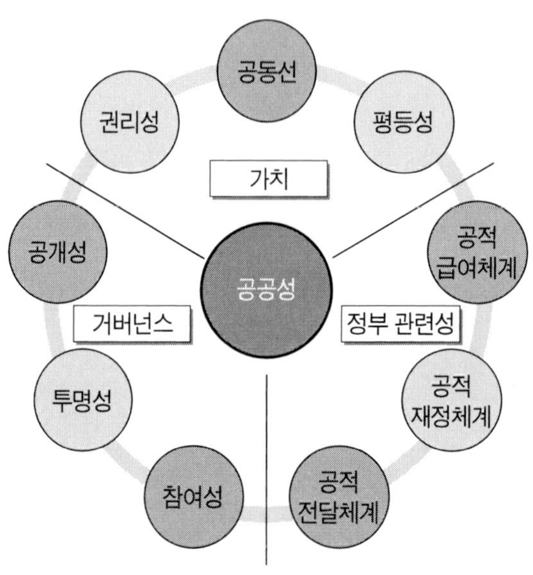

[그림 13-1] 보육 공공성의 영역과 구성요소

사회의 공동 노력으로 그것을 권리로서 보장하고 공공의 이익을 도모하는 것'으로 정의하고 있다. 이와 같은 정의에 따라 공공성을 [그림 13-1]과 같이 가치, 정부 관련성 및 거버넌스의 3개 영역으로 구분하고 권리성, 공동선, 평등성, 공개성, 투명성, 참여성, 공적 급여체계, 공정 재정체계 그리고 공적 전달체계의 9개 요소를 갖추어야 하는 것으로 보았다.

한편, 최윤경(2017)은 유아교육 및 보육 선진국의 공공성이 어떤 양상으로 나타나는가와 관련해 UNESCO의 교육목표와 OECD의 유아교육보육의 정책 수단을 살펴보고 유아교육과 보육의 공공성을 확보할 수 있는 구성요소들을 제시한 바 있다. UNESCO가 제시하고 있는 교육목표는 접근성(accessibility), 비용지불 능력(affordability), 형평성(equality)와 질(quality)이고, OECD가 정책 수단으로 제시하는 요소들은 양질의 목표와 최소기준(quality goals and regulations), 커리큘럼과 학습기준(curriculum and standard), 교직원의 질(training and working condition), 가족 및 지역사회 연계(collaboration with families and communities), 그리고 데이터와 연구(data, research, and monitoring)이다. 이러한 외국의 교육목표와 정책 수단의 내용을 바탕으로 유아교육과 보육의 공공성 확보를 위해 일원화된 거버넌스로서의 유보통합과 공·사립기관의 비중, 부모의 비용부담 그리고 서비스 접근성과 이용률을 중요한 지표로 제시하였다(최윤경, 2017).

지금까지 유아교육과 보육의 다양한 공공성 의미를 살펴본 결과, 단순히 영유아교육기관 재정 투명성 확보를 전제로 한 국가 재원 투여를 통해 무상교육비 지원과 그에 따른 국가의 관리와 통제, 국가에 의한 기관의 질 관리체계를 확립함으로써 기관의 책무성을 강조하는 것을 의미하는 것이라고 볼 수 있다. 그러나 이와 같은 의미로 유아교육과 보육의 공공성을 개념화하는 것은 국가 대 시장이라는 이분법적 논리에서 비롯된 것으로, 이종태(2006)에 따르면 국가의 관리와 통제를 담보하여 공적 자금의 지원을 받기 위한 공공성 수준에서 볼 때 낮은 단계의 공공성에 머무르고 있는 것이다. 이와 같이 유아교육과 보육의 공공성을 이분법적 개념으로 파악하는 것은 공공성의 외제적 조건 구비 차원에 머물게 되는 한계(김희연, 2013)를 가지고 있으므로 국가-시장이라는 이분법과 국가 통제 패러다임에서 벗어나 유아교육과 보육의 본질적인 가치로서의 공공성을 실현할 필요가 있다. 이러한 관점에서 보면 보편성에 기초하되 다양성과 선택의 가치가 중시되는 평등지향 자율성(양옥승, 2009)이라는 측면에서 유아교육과 보육에서의 공공성을 이해하는 것이 바람직할 것이다.

Ⅱ. 유아교육과 보육의 공공성 기준

유아교육과 보육은 궁극적으로 공공성 증진을 목표로 해야 한다. 그러나 유아교육 및 보육을 공교육 내지 공보육과 구분하는 이분법적 구도로는 공공성 증진이 효율적으로 이루어지기 어렵다. 국가 재원이 무한정 투여될 수도 없을뿐더러 그렇게 된다 하더라도 공공성은 또 다른 측면에서 문제를 야기할 가능성을 초・중등학교의 무상 급식 실시에서 볼 수 있다. 따라서 유아교육과 보육의 공공성을 일차원적으로 증진시키기보다는 유아교육과 보육의 본질에 입각해서 둘을 아우를 수 있는 공공성의 개념을 이해하고 그에 따라 공공성을 증진하는 방안을 모색할 필요가 있다. 이런 관점에서 최윤경(2017)은 유아교육 선진국에서의 유아교육과 보육의 공공성을 구성하는 요건이 곧 유아교육과 보육을 통합하기 위해 필요한 요건과 일치한다고 보았다. 최윤경(2017)은 [그림 13-2]와 같이 유아교육과 보육의 공공성 기준을 제시하고 있으며, 특히 해외 육아 선진국의 공공성 지표로 일원화된 거버넌스로서의 유보통합, 공・사립기관의 비중, 부모의 비용 부담 수준 및 서비스 접근성과 이용률을 유아교육과 보육의 공공성 기준으로 제시하고 있다.

유아교육과 보육의 공공성 수준을 가늠하는 기준으로서의 유보통합은 공교육의 원칙과 가치를 기반으로 하는 서비스 체계를 정립할 수 있다. OECD 국가의 절반 이상이 유아교육과 보육 통합 시스템을 운영하고 있으며, 생애 초기 영유아에 대한 교육의 효과와 부모의 노동시장 참여를 위해 필요한 보육서비스를 강조하는 추세의 반영으로 통합 시스템을 추진하려는 국가들이 늘어 가고 있다. 유아교육과 보육의 통합이 관련 부처 및 행정체계의 통합을 반드시 의미하는 것도 아니고 일원화된 거버넌스가 효율성을 보장하는 것도 아니다. 다만 연구 결과(나정, 2003; Pascal, 2009), 일원화된 체제에서 높은 수준의 교육이 이루어질 수 있으며, 합리적 자원의 사용이 가능해지고, 목표와 정책 및 예산이 뚜렷해진다는 것은 유아교육과 보육의 통합에 시사하는 바가 크다. 유아교육과 보육의 공공성을 판단하는 두 번째 기준인 공・사립기관 비율은 공공성을 논의하는 데 필요한 중요한 요소이다. 외국의 경우 덴마크, 영국, 노르웨이, 스웨덴 등은 국・공립기관으로 운영되는 비율이 높은 반면, 뉴질랜드, 미국, 일본, 캐나다 등은 사립기관의 비중이 높다(최윤경, 2017; 최은영, 2016). 다만, 사립기관의 비중이 클수록 정부의 관리감독 기능이 강화되는 경향을 보이고 있다.

유아교육계와 보육계에서 목표로 하고 있는 무상 공교육화와 민간 주도에서의 탈피는 학부모의 비용 부담 수준이 공공성 수준의 일부임을 잘 나타내는 것이라고 할 수 있다. 스트롱 스타트 IV(Strong Start IV, 2015)에 따르면 많은 OECD 국가는 유아교육과 보육 비용의 상당 부분을 중앙정부, 지방정부 및 기초지자체에서 부담하고 있는데, 이러한 교육비의 국가 부담은 교육기회의 형평성을 보장하는 데 중요하며, 국가의 공적 자금 투여로 인한 낮은 부모의 비용 부담은 유아교육과 보육의 공공성을 증진시킬 수 있는 중요한 요소이다.

UNESCO의 교육목표	OECD의 ECEC 정책 수단	유보통합의 7요소
접근성 (Accessibility)	양질의 목표와 최소기준 (Quality Goals and Regulations)	행정 (Administration)
비용지불 능력 (Affordability)	커리큘럼과 학습기준 (Curriculum and Standard)	커리큘럼 (Curriculum)
형평성 (Equality)	교직원의 질 (Training and Working Condition)	접근성 (Accessibility)
질 (quality)	가족 및 지역사회 연계 (Collaboration with Families and Communities)	인력 (Workforces)
	데이터와 연구 (Data, Research, and Monitoring)	재정지원 (Funding)
		서비스 유형의 다양성 (Provision)
		유아교육 보육에 대한 인식 (Concept)

[그림 13-2] 유아교육 · 보육 공공성 논의 기준

Ⅲ. 공공성 증진을 위한 유아교육과 보육의 통합

유보통합이 유아교육과 보육의 공공성 구성요건 또는 공공성 기준이 된다는 것을 앞에서 밝힌 바 있다. 우리나라에서의 유아교육과 보육은 그 역할과 기능상 큰 차이가 없음에도 불구하고 출발부터 각기 다른 법적 근거와 행정체계를 통해 이원적 형태를 유지하면서 발전되어 왔다. 1949년에 공포된「교육법」에 유치원 관련 조항이 포함되면서 유아교육은「교육법」에 근간을 두게 되었고, 1961년「아동복리법」이 제정되어 보육사업에 대한 법률적 근거를 형성하게 됨에 따라 영유아보육은「아동복리법」의 적용을 받게 된 것이 이원화의 시작이라고 할 수 있다.

유아교육은 문교부로 시작하여 현재의 교육부에 이르는 일관된 부처의 관할하에 유아교육 관련 정책들을 수립하였으나, 보육은 내무부에서 출발하여 상황에 따라 여러 부처로 이관되어 운영되다가 현재 보건복지부에서 관장하고 있다. 이와 같은 흐름 속에서 현재 교육기능 중심의 유치원과 보호기능 중심의 어린이집으로 이원체계가 확립되었고, 유아교육 관련 법령 또한「유아교육법」과「영유아보육법」으로 이원화되어 동일 연령 유아들에게 각기 다른 법체제를 적용함으로써 정책의 비일관성, 비형평성, 비효율성이 야기되고 있다. 이와 같은 유아교육과 보육의 이원화는 유아교육계와 보육계의 소모적인 갈등의 원인이 되고 있으며 국가 차원에서의 유아교육 및 보육 정책을 수립하고 추진하는 데 걸림돌이 되고 있다.

우리나라에서 유아교육과 보육 통합(이하 유보통합)에 관한 논의는 유아교육과 보육 분야에서는 결코 새로운 논의의 시작이 아니라 아직도 풀지 못한 숙제로 남아 있는 과제이다. 유보통합은 그 필요성이 제기되고 요구가 높아짐에도 불구하고 학계와 교육현장, 담당 행정부처 간의 이해가 달라 20여 년간이나 지속되어 온 성과 없는 논쟁거리였다. 그러나 시대 상황적 변화에 따라 사회적 요구, 특히 부모들의 자녀 양육에 대한 사회적 요구가 변화하면서 교육적 기능을 강조하는 유치원에 보호기능을, 보육에는 교육기능을 요구하게 되면서 기능적 특성의 공통점이 확대됨에 따라 유보통합의 필요성이 다시 부각되었다. 뿐만 아니라 미래 인적 자원 육성이라는 국가정책의 효율성과 영유아기의 양질의 경험 제공 가능성이라는 측면에서 유아교육과 보육 간의 유사성에 기초한 통합의 노력이 유아교육 선진국에서 이미 이루어지고 있으며, 유네스코와 OECD에서 표기하고 있는 유아교육과 보호(early childhood education and care)라는 용어는 유아교육과 보육이 이분법적으로 분류될 수 있는 개념이 아니라는 것을 시사하고 있다.

영유아기 교육에 대한 국가적인 관심과 행·재정적인 지원이 확대되고 있는 가운데 유보통합의 단초를 제공하는 교육과정의 통합을 의미하는 '5세 누리과정'이 도입되어 2012년 시행된 바 있으며, 2013년에는 만 3~4세로까지 그 대상이 확대되어 시행되고 있다. 3~5세 연령별 누리과정의 확대 실시와 더불어 예산 또한 지방교육재정교부금으로 일원화한 것은 유아교육과 보육계에서 20여 년간 지속되어 온 유아교육과 보육의 통합이라는 아직도 풀지 못한 숙제를 좀 더 적극적이고 본격적으로 해결하기 위한 첫 시도라는 점에서 큰 의의가 있다. 그러나 여전히 정책부처, 전달체계, 교사양성체제 등 관리체제의 이원화로 인해 교육과 보육이 동일한 수준이라고 보기 어렵다. 이에 유아교육과 보육의 필요성을 구체적으로 살펴보는 것은 유보통합의 효율적인 방안을 모색해 보는 데 도움이 될 수 있다.

1. 유보통합의 필요성

유보통합은 이원화되어 있는 유아교육과 보육 간의 격차를 해소하고 효율적으로 통합·관리함으로써 0~5세 영유아의 발달에 적합한 양질의 서비스를 제공하고 부모의 기관 이용 편의성과 선택권을 보장하는 것을 목적으로 하고 있다.

OECD는 교육 선진국으로의 도약을 위해 만 3~5세 유아기 연령을 대상으로 하는 무상교육체제 구축과 90% 이상의 취원율 확보를 적극 권고하고 있으며, 많은 국가에서 유아교육과 보육 정책을 통합하여 운영하고 있는 추세이다. OECD 보고서(2001, 2006)에서 권고하고 있는 영유아교육·보육(Early Childhood Education and Care: ECEC) 정책의 체계적이고 통합적인 접근은 다음과 같다.

- 중앙정부와 지방정부 수준에서 협력적인 정책구조를 수립하기
- 다른 부처와 영역 간 협력을 추진할 수 있는 주무부처 지정하기
- 개혁을 위한 협력적이고 참여적인 접근방식 채택하기
- 지역사회 차원에서 현장, 전문가, 부모를 연계하기

연령에 따라 다소 비중의 차이는 있으나, 영유아기는 교육과 보호가 모두 제공되어

야 하는 시기이며, 영유아기 경험의 연속성을 증진시키고 자원을 최대한 효율적으로 사용하는 방향으로 정책을 추구할 필요가 있다. 이에 ECEC 통합정책을 채택함으로써 정부부처는 합의된 정책을 조직화하고, 영유아 서비스를 위해 여러 자원을 결합시킬 수 있을 뿐만 아니라 규제 · 재정 · 인사제도, 학부모 부담 비용, 운영시간 면에서 일관성을 갖게 되고 접근성과 질의 격차를 감소시킬 수 있으며, 연령 및 시설별 서비스 수준 간의 연계가 보다 수월해짐을 강조하고 있다(OECD, 2006). 좀 더 구체적으로 유보통합의 필요성을 수혜자인 영유아, 그들의 학부모, 교원, 기관 운영자 및 행 · 재정적 측면에서 살펴보면 다음과 같다.

1) 영유아 측면

국가 수준의 교육과정인 누리과정 도입이 유치원과 어린이집 교육의 질 균등을 강조하고 있으나, 동일한 교육과정을 운영하는 교사의 자격이나 교육여건 등의 격차로 인하여 여전히 질적 차이가 존재하고 있다. 「교육기본법」 제4조(교육의 기회균등) 제2항에서는 "국가와 지방자치단체는 학습자가 평등하게 교육을 받을 수 있도록 지역 간의 교원 수급 등 교육 여건 격차를 최소화하는 시책을 마련하여 시행하여야 한다."라고 명시되어 있다. 그러나 유치원과 어린이집은 교사자격 및 처우 등 교육여건의 차이가 큰 것이 현 실정이다. 따라서 유아의 '교육받을 권리'를 균등하게 보장한다는 취지에서 2013년부터 만 3~5세 유아에게 공통과정인 누리과정이 제공되지만, 동일한 수준의 서비스 제공을 담보할 수 있는 관리체제가 마련되지 않을 경우 누리과정의 도입 취지는 물론 교육의 기회균등에도 어긋난다. 이와 더불어 전 생애 기초교육으로 영유아의 교육과 보육이 초등학교와의 연속성 및 연계성을 확보하기 위해서는 유보통합이 필요하다.

2) 학부모 측면

최근 여성 취업의 확대, 핵가족화 등으로 자녀 양육이 가정의 문제를 넘어 사회적 문제로 부각되면서 영유아 교육과 보육에 대한 일차적인 책임과 역할은 가정에서 담당하지만, 가족구조의 변화와 여성의 사회 · 경제적 역할이 확대됨에 따라 유아교육기관의 기능과 역할이 중요하게 부각되었다. 이와 같은 사회적 요구에 부응하고자 영유아의 보호 및 복지 차원에서 출발하였던 어린이집에서는 교육과정을 보완하는 등 교육적 부분을 강조하게 되고, 교육에 초점을 두던 유치원에서는 돌봄서비스를 함께 제공함으로써 결과적으로 어린이집과 유치원이 동일한 방향으로 발전되어 왔다. 뿐만 아니라 유아기의 중요성에 대한 인식에 따라 수준 높은 교육과정 운영, 전문적인 지식과 자격을 갖춘 교사, 유아의 건강과 위생을 고려한 시설 · 설비 등 유아교육기관의 질 확보에 대한 수요자의 요구가 증대되었다. 그러나 유치원과 어린이집 기능이 유사함에도 불구하고 누리과정의 운영 및 관리감독이 이원화되어 있음으로 인해 유아와 학부모의 입장에서 동일한 교육서비스를 유치원과 어린이집에서 다르게 운영하는 것에 대한 혼란과 불만이 야기되었다. 유치원과 어린이집의 누리과정 운영 시간이 상이하고, 교육 · 보육서비스의 격차가 발생하게 되며, 각 지역에 따라서는 실질적인 교육적 혜택을 보장할 수 있는 기관이 부족한 실정이다. 모든 유아에게 수준 높은 교육서비스를 제공하고 학부모의 부담을 완화한다는 누리과정의 도입 취지를 살리기 위해서는 학부모들이 일원화된 관리체제 내에서 양질의 교육서비스를 받을 수 있다는 믿음과 확신을 가질 수 있도록 하는 것이 중요하다. 즉, 학부모가 편리하게 이용할 수 있는 영유아교육기관의 접근성이 보장되어야 할 뿐만 아니라 유아교육기관 프로그램의 다양성을 허용하여 부모에게 선택권을 제공하는 것이 필요하다.

3) 교원 측면

유치원 교사와 어린이집 교사의 법적 자격 기준의 차이로 학력과 경력 및 처우 간의 격차가 큰데, 이는 서비스의 질적 차이를 초래한다(김은영, 김길숙, 이연주, 2016; 이미화 외, 2013). 따라서 유치원 교사와 어린이집 교사의 자질과 전문성의 균질성을 확보하기 위해 교사 자격과 자격을 부여하는 교사양성 과정의 일원화가 요구된다. 뿐만 아니라 유치원 교사와 어린이집 교사의 보수와 처우 또한 유형별로 격차가 있으므로 보수와 처우 체계를 일원화하고 이에 대한 국가의 재정적 지원 방안이 필요하다. 더불어 교사의 전문성 증진을 위해 필요한 지속적인 교육적 지원도 유치원과 어린이집 교사 간에 존재하는 차이를 해소하기 위해서 일원화된 교육지원체계가 요구된다.

4) 영유아교육기관 운영자 측면

영유아를 동일하게 교육대상으로 하고 있으면서도 유치원과 어린이집이 각기 다른 행정부처에서 설치 · 인가되고 있어 지역 내 수요에 따른 효과적인 분포나 배치가 어려울 뿐만 아니라 유치원과 어린이집 설치기준, 운영일수, 운영시간, 운영여건, 규제환경 등의 차이로 인하여 운영의 어려움이 있고 증가되고 있는 공적 재원의 투입에 대한 책무성과 공공성의 문제가 있는 것이 현실이다. 따라서 유치원과 어린이집의 인허가를 관리할 수 있고 재정지원의 효율성과 형평성을 증대시키기 위해서는 관련 행정부처가 일원화될 필요가 있다.

5) 행 · 재정적 측면

누리과정 운영의 효율적 관리 및 지방교육재정교부금 사용의 법률적 정당성 확보와 행 · 재정적인 업무의 효율성 및 관련 기관의 책무성 제고를 위해서 유아교육과 보육 업무를 체계적으로 관장하는 정부부처가 일원화될 필요가 있다. 유아기 교육에 대한 국가적인 관심과 행 · 재정적인 지원이 확대되고 있는 가운데 2012년 5세 누리과정을 도입하여 시행한 바 있으며, 2013년부터는 만 3~4세로 확대 시행하고 있다. 유치원 교육과정과 어린이집 표준보육과정을 공통과정(누리과정)으로 통합하여 3~5세 연령별 누리과정을 도입하고 교육비와 보육료의 지원에 있어 지원대상을 소득하위 70%에서 전 계층으로 확대하며, 재원은 지방교육재정교부금으로 일원화하여 지원하고 있다. 어린이집 유아에 대하여 지방교육재정교부금을 지원하는 것이 법률적으로 합당한가에 대한 논란이 국회 차원에서 제기되기도 하였다.

누리과정의 도입으로 교육과정 및 교육비 지원을 위한 재원은 통합되었으나, 동일한 수준의 서비스를 확보할 수 있는 관리체제는 여전히 교육부와 보건복지부로 이원화되어 있어 여러 가지 비효율적인 상황이 발생하고 있다. 유아교육과 보육의 지원 인력 구조에서 볼 때, 유아교육 관련 전문직 공무원은 유치원 교사 출신의 고경력자 집단으로, 유치원에 대한 장학지도 등 교육의 질적 수준을 높여 가는 역할을 하고 있다. 그러나 보육에서 이에 상응하는 역할을 하는 보육전문요원은 유아교육의 전문직 공무원 자격조건에 미치지 못하고 있다. 따라서 누리과정의 효율적 운영을 위한 장학지도 등 실질적인 지원 측면에서 동일한 수준을 확보하기가 어려운 실정이다.

0~5세 영유아라는 동일한 대상을 두고 교육부, 보건복지부, 고용노동부, 여성가족부 등 관련 정부부처들이 제각기 다양한 지원정책을 추진해 오고 있다. 그 결과로 각 행정기관들이 지원 업무를 경쟁적으로 추진하거나 유사 사업을 시행함으로써 행정 인력이 낭비되고 예산 사용에 있어 비효율성이 발생하게 된다. 따라서 영유아의 교육과 보육에 대한 예산의 편성 및 사용에 있어 효율성과 실효성을 확보하기 위해서는 합리적인 사업 계획 및 시행, 주관 업무를 담당하는 행정 인력을 선정하여 업무에 대한 책임을 기할 수 있도록 하는 것이 필요하다.

2. 유보통합의 추진 현황

우리나라에서 유보통합에 대한 논의는 끊임없이 지속되어 왔고 정권이 바뀔 때마다 선거 공약에 포함되어 국정과제로 채택되는 등 가시적인 효과가 나타나기도 하였다. 그럼에도 불구하고 학제와 법적 문제, 정부부처 간의 이견과 대립, 이해관계자들 간의 대립, 전문가 집단의 입장 차이 등 여러 요인이 복합적으로 얽혀 있어서 해결의 실마리를 찾기 어려워 희망고문의 늪에서 빠져나오기가 쉽지 않다. 그러나 영유아기 교육에 대한 국가적인 관심과 행·재정적인 지원이 확대되고 있는 가운데 교육과정의 통합을 의미하는 '5세 누리과정'이 도입되어 2012년 시행된 바 있으며, 2013년에는 만 3~4세로까지 그 대상이 확대되어 시행되고 있어 유보통합의 단초를 제공하였다. 3~5세 연령별 누리과정의 확대 실시와 더불어 예산 또한 지방교육재정교부금으로 일원화한 것은 유아교육과 보육계의 20여 년간 지속되어 온 유아교육과 보육의 통합이라는 아직도 풀지 못한 숙제를 좀 더 적극적이고 본격적으로 해결하기 위한 첫 시도라는 점에서 큰 의의가 있다. 그러나 여전히 정책부처, 전달체계, 교사양성체제 등 관리체제의 이원화로 인해 교육과 보육이 동일한 수준이라고 보기 어렵다.

'누리과정'은 2011년 '만 5세 어린이 교육·보육, 국가가 책임진다.'라는 정책적 선언을 통해 만 5세 공통과정으로 도입·시행할 것을 정부가 발표한 바 있다. 이에 2012년부터 유치원과 어린이집으로 이원화되어 있는 유아교육과 보육 과정을 통합하여 유치원과 어린이집에 다니는 모든 만 5세아는 새로운 공통 교육과정으로 일원화된 누리과정을 배울 수 있게 되었고, 만 5세아의 교육·보육비를 지방교육재정교부금에서 지원하도록 하였다. 이에 따라 어린이집과 유치원에 다니는 모든 만 5세 유아는 1일 3~5시간의 공통과정과 공통과정 이후의 방과후 교육과정(종일제)을 이수할 수 있게 되었다. 이후 2013년부터는 3~4세를 위한 누리과정을 도입하여 실시하고 있어 만 3~5세 유아는 국가수준 공통과정으로 '3~5세 연령별 누리과정'을 동일하게 제공받고 있다. 교육과정의 통합에 이어 누리과정에 의해 교육·보육을 받은 모든 3~5세 유아에게 월 22만 원(2015년 기준)의 교육비와 보육비를 지원하는 예산을 지방교육재정교부금으로 일원화함으로써 재정의 통합을 실시하였다.

2013년 3~5세 연령별 누리과정의 확대 실시와 더불어 박근혜 정부 출범 이후 유보통합추진위원회가 구성되면서 국가수준 교육과정 통합의 실효를 거두기 위하여 교사자격과 행정체제 통합이 적극적으로 검토된 바 있다. 유보통합을 실현하고 있는 많은 국가의 통합과정을 살펴보면 교사자격과 교사양성 과정의 통합을 유보통합의 가장 중요한 과제로 보았으며(Cleveland & Colley, 2013; Kaga, Bennett, & Moss, 2010; Moss, 2015; OECD, 2015), 유보통합을 추진하고 관리하는 거버넌스의 중요성을 고려하여 행정관리체계의 일원화를 시도한 바 있다. 이와 더불어 유보통합에서의 국가의 재정지원 또는 부담 정도 또한 유보통합의 실현 가능성을 높이는 요인이다.

유보통합추진위원회의 '유보통합추진방안'(국무조정실 보도자료, 2013. 12. 3.)을 구체적으로 살펴보면, 유보통합은 단계적으로 실시하되 1단계에서는 통합 전에 즉시 할 수 있는 것을 우선적으로 추진하기 위하여 정보공시 내용 확대·연계 및 통합, 유치원과 어린이집의 평가 인증을 연계하고 공통 평가항목과 평가기준을 마련하며 재무회계 규칙 적용 확대와 공통적용 항목 개발을 골자로 하고 있다. 통합추진의 2단계에서는 규제환경 정비를 목적으로 결재 카드 통일, 시설기준 정비 및 통합, 이용시간, 교육과정 등을 통합하고 2단계의 중점 내용인 교사 자격과 양성 체계 정비 및 연계를 추진하는 것으로 되어 있다. 마지막 3단계에서는 관리부처와 재원 등의 통합을 마무리하는 단계로서, 유치원과 어린이집 교사의 처우 격차 해소를 위한 단계적 지원, 관리부처 및 재원 통합의 실시를 계획하였다.

유보통합추진단의 단계별 통합 방안은 어떠한 유아교육기관을 가더라도 일정 수준 이상의 교육·보육서비스를 이용할 수 있도록 서비스 질을 개선하는 과정이며, 학부모의 선택권 보장을 위해 유치원과 어린이집의 다양한 기관 형태는 유지하면서 학부모가 이용과정에서 양 기관의 차이로 인해 겪는 불편과 불합리를 해소하는 과정이라고 국무조정실은 밝힌 바 있다. 유보통합추진단의 통합 방안은 서비스 질 개선과 학부모 불만 해소에 그 초점이 있다는 것을 보여 주고 있고, 유아교육과 보육의 이해관계자들의 이해가 심각하게 충돌하지 않는 사안들에 한하여 시행되어 왔다. 그러나

UNESCO 보고서에서 제시하고 있는 유보통합의 8개 요소인 통합의 개념, 행정조직, 접근성, 서비스 기관 유형, 재정, 교육과정, 법규, 교사 중 기관 이용시간, 교사 자격과 양성 체제 정비, 유치원과 어린이집 교사 처우 격차 해소, 관리부처 및 재원의 통합은 서비스 질 개선이나 학부모의 불편 해소보다는 훨씬 더 큰 저항과 이해당사자들의 갈등이 있을 것이 너무나 자명하다. 이러한 과도한 이해관계로 인한 저항과 갈등 때문에 모든 영유아에게 양질의 교육과 돌봄을 제공하여 출발점 평등을 보장하려는 유보통합의 가치가 훼손되어서는 안 될 뿐만 아니라 재원 미확보로 인하여 교사 자격 및 양성 체제, 처우 등의 격차가 하향 평준화로 해소되는 것을 지극히 경계하여야 한다.

영유아를 위한 국가수준 공통 교육과정 운영, 교육과정 운영의 주체인 교사의 자격 통합, 유보통합의 거버넌스인 행정관리체제의 통합, 부모와 교사를 위한 국가의 재정 부담 정도 등은 갈등과 반목을 완화시켜 유보통합이 안정되게 운영되기 위한 요인이다. 뿐만 아니라 이들 요인은 서로 맞물려 있어 순차적으로 특정한 요소를 우선적으로 해결할 수는 있으나 통합의 가능성을 극대화하고 통합의 속도를 내기 위해서는 관련 요소들이 전체적인 틀 속에서 개선의 노력을 해야 할 것이다. 실제로 2013년부터 3~5세의 경우 어린이집과 유치원에서 누리과정이라는 동일한 교육과정을 운영하고 부모 및 교사에 대한 국가의 지원이 통합되는 과정에서 교사의 자격에 대한 문제가 제기되고 있으며, 교사 자격에 대한 문제는 교사양성 과정의 부적절성과 관련되어 있고 이러한 문제들은 소관부처 이원화의 비효율성에서 비롯되는 것이라고 할 수 있다.

유아교육과 보육의 통합을 논의하는 많은 연구도 통합의 의미를 유아교육과 보육을 담당하는 중앙부처와 법적 근거 등 정책 수립 및 집행과 관련된 제도적 측면에서의 통합으로 보고 있으며(김은설, 조혜주, 이보라, 2011; 김은설, 신나리, 최혜선, 2007; 문미옥, 2006; 이옥, 김은설, 신나리, 문무경, 최혜선, 2006), 통합을 위한 선결 과제는 교사 양성 및 자격의 통합이라고 보고 있다(김은설 외, 2006; 박은혜, 2007; 최윤경, 문무경, 원종욱, 김재원, 2011). 이에 이 절에서는 유보통합의 최우선 선결 과제로 유아교육과 보육의 재개념화, 교육 · 보육과정, 행 · 재정체계와 교원 측면에서 통합의 문제를 논의해 보고자 한다.

3. 유보통합의 선결 과제

1) 유아교육과 보육의 의미

유보통합이 궁극적으로 추구하는 목표는 모든 영유아에게 양질의 교육과 돌봄을 제공하여 출발선 평등을 보장하고 영유아와 부모, 교사 등 관련자 모두가 행복한 삶을 영위할 수 있다는 것을 전제로 해야 한다. 논의만 무성했던 유보통합이 획기적인 진전을 이루지 못하고 있는 것은 유아교육과 보육의 통합 방향성에 대한 합의가 이루어지지 않은 것에 기인하는데, 이는 유아교육과 보육의 개념적 관계가 명확하지 않았기 때문이다. 따라서 유보통합의 가장 큰 전제는 유아교육과 보육의 개념을 재정의하는 것이라고 할 수 있다. 유아교육과 보육은 지금까지 시대 변화에 따라 그 기능이 변화되어 왔기 때문에 이 둘의 개념을 명확히 하는 것은 쉽지 않은 일이다. 역사적으로 유아교육과 보육은 서로 다른 배경에서 출발하였기 때문에 목적과 기능에 차이가 있고 관할 행정부처와 근거가 되는 법령도 달랐으나, 최근 여성의 사회참여 확대와 영유아에 대한 부모의 교육 요구가 증가하여 유치원과 어린이집 간의 기능적 차이가 좁아져 그 경계가 모호해지고 있다. 이런 점에서 보육은 교육의 보조적 · 추가적 개념으로 이해되어서는 안 되며, 보육 없이는 교육이 완성될 수 없다는 UNESCO(2012)의 선언은 유아교육과 보육이 개념상 불가분의 관계에 있다는 것을 시사하고 있다. 실제로 유아교육과 보육은 「유아교육법」과 「영유아보육법」의 테두리 안에 있고 소관부처가 다르며 반일중심과 종일중심, 교육서비스와 보육이라는 점에서 차이는 있을 수 있다. 그러나 대상이 만 3~5세 유아이고 유아의 교육이 되었든 영유아의 보육이 되었든 사회적으로 영유아에 대한 교육과 보호라는 점에서 유사한 목표를 가지고 운영되고 있다는 점에서 교육과 보육의 단순한 개념적 차이를 넘어서 영유아의 발달에 적합한 보호, 양육, 교육의 조화를 이루는 확장된 개념으로 유아교육과 보육을 정의할 필요가 있다.

2) 교육 · 보육과정: 누리과정의 내실화

2011년 교육 · 보육에 대한 국가 책임을 강화하는 동시에 유아교육과 보육의 통합의 단초로서 만 5세를 대상으로 시행되는 공통과정을 누리과정이라고 칭하고 있는데, 현재는 '누리과정'이라는 용어가 유아에게 제공되는 무상교육 · 무상보육정책인 동시에 교육 · 보육과정을 의미하는 것으로 사용된다. 누리과정의 도입은 가시적인 결실 없이 논의와 난항을 거듭해 오던 유보통합이 교육과 보육의 질적 수준의 격차를 해소하는 데 의의를 둔다는 점에서 양측 이해당사자들이 쉽게 수용할 수 있던 유보통합의 한 방편이었다. 이윤진(2014)의 연구에 따르면 누리과정 시행 이후 교육 · 보육 프로그램의 질적 수준이 향상되었으며 취약계층 유아에게 보다 긍정적인 효과가 있었다(이정림, 최효미, 정주영, 오유정, 이정아, 2014). 이것은 누리과정의 취지인 생애 출발선 평등보장에 부합되는 것이라고 할 수 있다. 누리과정이 유아가 동일한 교육과정을 통해 성장할 수 있는 방법인 동시에 유보통합의 실질적인 실행의 계기로만 머물러서는 곤란하다. 유아교육과정이 7차에 걸친 개정으로 유아교육의 질적 수준 변화와 발전을 가져왔듯이, 누리과정 또한 부분적 성과에 그치지 않고 다음 단계로 도약하기 위해서는 지속적인 개정 작업이 필요하다.

누리과정이 명실상부한 국가수준 교육과정으로 자리매김하기 위해서는 누리과정의 정체성 확립, 연령별 내용 구성의 적절성, 0~2세 표준보육과정과 초등교육과정의 연계, 취약계층 및 특수 유아에게 적절한 교육과정 개발 등이 누리과정 개정 시 고려해야 할 내용들이다. 뿐만 아니라 누리과정의 목적이 생애 초기 출발선 평등과 기회보장을 위한 교육의 질 관리라는 점을 잊지 않고 누리과정을 통해 이루고자 하는 방향성을 분명히 설정해야 할 것이다.

3) 행 · 재정체계

현재 우리나라의 유아교육과 보육은 기능의 유사성에도 불구하고 제도적으로 교육부와 보건복지부로 이원화되어 있는 행정관리체제에서 관련법도 「유아교육법」과 「영유아보육법」으로 분리되어 적용되고 있다. 행정관리체제의 이원화는 유아교육과 보육 통합의 최대 걸림돌이기도 하거니와 유아교육과 보육 갈등의 원인을 제공하고 있기 때문에 반드시 넘어야 할 산이지만 그만큼 해결하기 어려운 과제이기도 하다. 행정관리체제의 이원화는 조직적으로 정부부처 간의 관할권, 조직의 목표, 부처 간 입장 차이, 예산 확보 등에서 충돌하고 있으며, 정책적으로 교육과 보육 프로그램과 서비스 평가와 교사 관리 등에서 경쟁적으로 사업을 추진하거나 유사 사업을 시행함으로써 여러 측면에서 효율성을 발휘하지 못하고 있다. 또한 동일 연령의 영유아들이 「영유아보육법」과 「유아교육법」 사이에서 다른 법률의 보호와 규제를 받으며 설립 근거와 이념을 달리하는 유치원과 어린이집에서 서로 다른 자격요건을 가진 교사들로부터 서로 다른 보육 · 교육서비스를 받고 있다는 것은 '모든 영유아가 양질의 교육여건에서 평등하게 교육받을 수 있다.'는 「교육기본법」 제4조 제2항에 저촉되는 것이며, 양질의 자격수준을 갖춘 교사와 교육과정 및 교육기반 시설을 통해 질 높은 서비스를 제공받기를 기대하는 학부모의 요구를 충족시키지 못하고 있다. 즉, 행정관리체제의 이원화가 교사 자격부여 기준과 교사양성 교육과정에 차이를 가져오고 있으며, 이는 교사의 전문성 신장과 교육의 수월성을 저해하는 중요한 요인으로 작용하고 있다.

누리과정의 시행으로 유치원과 어린이집의 교육과정이 일원화되고 지방교육교부금에 의한 재정지원 또한 일원화되면서 교육 및 보육의 국가완전책임제 구현과 행·재정적인 업무의 효율성 및 관련 기관의 책무성 제고를 위해 행정관리 부처의 일원화는 유보통합의 시급한 과제라 할 수 있다. 유보통합과 관련하여 지금까지 수행된 연구들의 대부분(김은설 외, 2011; 나정, 유희정, 문무경, 2002; 문미옥, 2006; 조부경, 박재윤, 임승렬, 정선아, 우명숙, 2013)이 유치원과 어린이집을 동일 행정부처 관할로 통합해야 할 필요성을 언급하고 있고 관할 행정부처로 교육부가 적합하다는 결과를 제시하고 있다.

유보통합을 추진하고 있거나 통합을 이룬 국가들은 관할 행정부처를 교육부로 일원화한 것을 알 수 있다(박은혜, 장민영, 2013). 다른 국가보다 일찍 유보통합을 실시한 뉴질랜드를 비롯하여 스웨덴, 영국, 노르웨이, 덴마크, 핀란드가 부처를 통합하였는데, 이들 국가는 유아교육과 보육을 관리 · 감독하는 행정체제의 일원화를 이루었으며 교육부가 관장하고 있다. 반면, 유아교육과 보육의 부분통합을 한 일본은 후생노동성과 문부과학성으로 이원체제를 유지하고 있다. 그리고 통합을 하지 않은 프랑스는 보육은 사회복지 건강부가, 교육은 교육부가 행정관리를 담당하고 있다.

또한 유아교육과 보육에 대한 법령은 행정체제가 일원화된 국가에서는 모두 통합된 법을 가지고 있으며 이원화 체제를 유지하는 국가에서는 관련 법령도 이원화되어 있음을 알 수 있다(조부경 외, 2013).

유보통합을 실시한 여러 국가의 사례와 국내 연구들의 결과는 유아교육과 보육의 행정체계는 일원화되어야 하며 교육부가 관장하는 것이 바람직하다는 점을 시사하고 있다. 영유아기의 중요성과 세계적인 동향을 고려할 때 현재 유 · 초 · 중등교사 등 인적 자원을 육성하는 주무 행정부처인 교육부로의 일원화가 바람직하다고 볼 수 있다. 또한 저출산과 여성의 경제활동 증가 등 현 시대적 특성을 감안하여 영유아기 교육과 보육에 대한 국가의 책무성을 강화하고 0~5세 영유아 전 연령을 대상으로 일관된 정책을 실행할 수 있으며, 평생교육의 일환으로 영유아 전 연령을 학교 제도화하는 것으로 각 연령의 발달 특성을 고려한 교육전문 서비스를 제공할 수 있어 경제적 · 교육적인 측면에서 실효를 거둘 수 있다. 더욱이 0세부터 취학 전까지의 보육과 교육 통합은 유아의 취학 전에서 초등학교로의 원활한 전이를 도와주는 데도 기여하는 것으로 나타나 교육부로의 일원화는 바람직하다고 볼 수 있다.

4) 교원 자격 및 양성 체계

어린이집과 유치원의 교육과정이 동일하고 부모 및 교사에 대한 국가의 지원이 통합되는 과정에서 교육의 질을 담보하는 것은 교사의 자질과 자격일 것이다. 따라서 유보통합의 매우 중요한 논제는 교사 자격체계의 통합이다. 교사 자격체계를 통합하기 위해서는 선결되어야 할 여러 과제가 있는데, 이미 앞에서 언급한 바 있듯이 유아교육과 보육을 관장하는 행정부처의 일원화이다. 현재 교사 자격 부여기관이 교육부와 보건복지부로 이원화되어 있을 뿐만 아니라 각 부처에서 요구하는 자격취득 요건과 교사양성 교육과정에 큰 차이가 있어 양질의 자격 수준을 갖춘 교사와 교육과정을 통해 질 높은 서비스를 받으려는 부모의 기대에 미치지 못하고 있다. 따라서 행정부처의 일원화는 교육과 보육의 질 제고를 위해 요구되는 교사 자격 통합을 위해 우선적으로 이루어져야 한다.

교사 자격 통합 시 선결되어야 할 두 번째 과제는 현재 이원화되어 있는 「영유아보육법」과 「유아교육법」의 개정이다. 양 법은 목적, 행정지원체제, 설립 기준, 운영 및 평가, 교직원과 종사자 양성 및 임용, 재정지원, 지도 · 감독 및 벌칙에 대한 조항 등에서 많은 차이를 보이고 있다. 예를 들면, 교직원 관련 조항의 경우 「유아교육법」에서는 교원의 자격에 관해 원장, 원감, 수석교사, 교사의 자격을 구체적으로 명시하면서 각 자격에 필요한 연수와 경력을 통해 각 명칭에 대한 자격을 엄격히 통제하는 반면, 「영유아보육법」에서는 일정 기간의 경력과 승급교육 등의 보수교육을 받으면 바로 보육교사 2급, 1급, 원장 자격이 부여됨으로써 양 법 간의 교원 자격 부여 등에 있어 수여기간이나 연수기간 등에서 큰 차이가 있다. 특히 교직원과 종사자 양성 및 임용, 지도 · 감독 및 벌칙 조항은 교사 자격의 동질성 확보를 위한 교사 자격체계의 통합을 위해서는 반드시 개정되어야 한다. 이와 더불어 현재 정부조직법 내 교육부와 보건복지부 관련 조항도 개정되어야 하며 더 나아가 유보통합 이후 새로운 형태의 유아교육기관, 예컨대 유아학교와 같은 기관과 거기서 근무할 수 있는 교사의 자격제도를 신설할 경우 이와 관련된 법을 제정할 필요가 있다.

유아교육과 보육의 행정관리체제의 통합을 위해서는 행정관리체제의 개편 및 관련 법령 개정이 선행되어야 하고 이에 따른 정부조직 개편이 불가피하다. 정부조직법 개정에 따라 행정부처의 일원화가 가능하므로 현재 유아교육과 보육 업무를 관장하고 있는 교육부와 보건복지부의 역할 조정뿐만 아니라 관련 주체들의 권한과 책임을 면밀하게 검토하여 조정할 필요가 있다. 또한 행정관리체제의 일원화와 병행되어야 하는 것은 「영유아보육법」과 「유아교육법」의 통합으로 양 법의 동질성을 확보하는 차원에서의 개정이 우선적으로 요구된다. 「영유아보육법」과 「유아교육법」의 동질성이 확보되면 더 이상 양 법이 따로 효력을 발생시킬 필요없이 새로운 명칭의 유보통합법이 제정되어야 할 것이다.

마지막으로, 행정부처의 일원화, 관련 법령의 통합과 동시에 유보통합을 위한 재정체제 정비 방안을 모색하여야 한다. 예컨대, 행정부처가 교육부로 일원화되면 현재 보건보지부와 시 · 도의 재원으로 일부 예산을 충당해 왔던 보육비까지 모두 지방교육재정교부금으로 지원해야 하기 때문에 예산 확보와 더불어 교부율을 높이는 등 재정체제를 정비해야 한다. 한편으로는 통합교사의 최저 학력이 높아짐에 따라 동일한 보수 수준이 마련되어야 한다. 교육비와 보육비의 가장 큰 비율을 차지하는 교원인건비를 비교할 때 유치원 교사의 인건비가 보육교사보다 높으며 공립과 사립 간 교원 인건비의 차이가 큰 것으로 나타났다. 향후 교사 자격의 통합에 따른 인건비 증가에 따른 예산 확보는 유보통합의 핵심인 교사 자격 통합 성공의 관건이 될 수 있다. 따라서 국가 수준의 지원 예산 중 중복 투자되는 예산 어부를 검토하고 이러한 예산을 교사인건비와 운영비 등 표준교육비 지원에 집중시킴으로써 재정투자의 효율성을 제고할 필요가 있다.

유치원과 어린이집 교원의 자격 통합을 위한 전제조건들이 충족된다면 교사 자격 통합의 기본 방향은, 첫째, 교사 자격의 동질성 확보와 동시에 교사의 전문성과 수월성 제고이다. 이를 위해 교사 자격 취득을 위해 요구되는 최저 학력은 초 · 중등교사와 동일하게 4년제 학사 학위로 해야 한다. 즉, 통합교사의 최소학력 기준은 4년제 대졸이며 기존의 유치원 교사, 보육교사 자격과는 별도의 새로운 통합기준이 마련되어야 한다.

외국의 교사양성 과정을 살펴보면 〈표 13-1〉에서 보는 바와 같이 많은 국가에서 교

〈표 13-1〉 외국의 유아교사 양성과정

국가	주 교직원 유형	양성과정	대상연령	주근무지	현직교육
호주	교사	3~4년제 대학	0~6	유아학교, 유치원	교사-연중
	보육교사	2~3년제 대학 (일부 4년제)	0~5	종일제 보육시설	보육-일부 서비스에 제한됨.
캐나다	교사	4년제 대학	0~5/ 5~10	유치원, 유아학교/ 초등학교	유치원 교사들에게 제공
	영유아 교육자	2년제 대학 유아교육 전공 혹은 유아교육 관련 1년 과정	0~12	보육시설, 탁아소, 유아학교	
프랑스	유아교사	4년제 대학+2년 교사 양성기관	2~6	유아학교	
	보육전문가	보육전문가 양성학교 3년과정이나 간호사/ 사회복지사 자격+ 보육전문가 양성학교 1년과정	0~6	영유아 보육시설	
	영유아 보육사	2년 교육과정(전문양성 학교)+15개월 실습	0~6	영유아 보육시설	
독일	유치원 교사	입학 전 1년 사전실습 +3년 교육과정 (2년 전문교육+1년 현장실습)	3~6	유치원, Hort	
	보육교사	2년제 중등학교 (직업전문학교)+1년간 수련과정	0~6	Krippe(영아 보육시설), Hort, 유치원	
스웨덴	유아학교 교사, 여가 학교 교사 및 초등학교 교사	3, 5년간 대학교육, 전문교육	1~7	유아학교, 개방형 유아 학교, 취학전 학급 및 초등 학교 다학제팀	
	보조인력	2년제 중등직업학교			

영국	자격교사-유사한 자격을 가진 보육교사 포함	4년제 대학	3~11	3~5세 아동을 위한 유아학급과 초등예비학교	교사들에 대한 정기 교육
	보조교사	3수준 (직업훈련과정에 해당)	0~5	아동보육시설, 유아학급, 초등예비학급	정기교육이 제한적임.
미국	공립학교 교사	4년제 대학	4~8	공립학교	대부분의 주가 연간 일정 시간의 교육을 요구함.
	헤드스타드 교사	2013년까지 모든 헤드스타트 교사는 2년제 대학(이 중 50% 이상은 4년제 대학)	0~5	헤드스타트	
	보육인력	각 주마다 다름. 대학/훈련기관에서 과목 이수	0~5	보육시설	
일본	유치원 교사	대학	3~5	유치원	
	보육사	대학, 단기대학, 전수학교 등에서 보육사 양성과정	0~5	보육소	

출처: 김은영, 도남희, 조은경, 조혜주(2011).

사양성 과정이 교사 자격요건과 연계되며, 보육교사와 유아학교/유치원 교사, 초등교사에 대해 요구하는 교육 연한과 양성과정이 다르게 제공되고 있다. 공통 양성과정을 적용하는 국가에서는 보육교사와 유치원 교사에게 동일한 양성과정을 제공하되, 프로그램 내에서 보육 전공, 유아교육 전공을 선택할 수 있도록 한다는 것을 알 수 있다. 유아교육 현장에서 근무하는 교사의 명칭과 양성과정 및 근무기관에서는 이원화 현상을 보이는 국가도 있으나, 미국의 경우 유아교육기관에서 근무하는 교사들은 최소 2년제 대졸 이상의 학력을 갖추도록 요구하고 있고, 스웨덴, 프랑스, 영국, 일본 등에서도 유아교사에게 적어도 4년제 대학 졸업 이상의 학력을 요구하고 있다.

둘째, 원활한 교사 수급과 다양한 경로를 통해 배출된 교사의 규모를 조절하는 수급계획이 전제되어야 한다. 따라서 교사 자격 일원화를 실행하기 위해서는 유아교육기관의 수요에 맞춘 유아교사 배출에 대한 수급계획이 마련되어야 한다. 0~5세 인구통계와 연령별 보육 현황, 유치원 교사와 보육교사 자격 취득 가능 학과 현황에 의해 교사의 수요를 예측해 볼 수 있으나, 과학적인 유아교사 수급 모델을 개발할 필요가 있다.

셋째, 유치원 교사와 보육교사 양성체계 일원화의 토대가 자격기준 통합에 있다면 양성체계 일원화의 성공적인 정착과 목표 달성은 기존 교사의 자격 전환 방안에 달려 있다고 해도 과언이 아니다. 유치원 교사와 보육교사의 질적 차이를 동일한 양성과정과 자격체계로 바꾼다 하더라도 기존 교사의 수용과정에서 실질적 통합을 저해하는 문제들이 드러날 수 있으므로 양적 차이를 점진적으로 해소해 나가는 방안과 함께 기존 교사의 자격 취득 및 전환 방안이 모색되어야 한다. 기존의 유치원 교사와 보육교사를 안정적으로 수용하되 통합교사의 역량과 전문성을 향상시키는 기준에 따라 기존 교사가 통합교사의 자격을 취득하거나 전환할 수 있는 기회가 주어져야 한다. 통합교사의 최저 학력이 상향 조정되고 학점 중심의 개방형에서 교사양성 표준교육과정에 의한 학과 중심의 자격제도로 일원화되면 기존 유치원 교사와 보육교사의 자격을 소지한 교사들에게 학사 학위 취득을 통해 교사 자격을 취득하거나 통합정책에 소요되는 기간에 한시적으로 현재 보유한 자격 구분에 따라 특별교육과 연수의 기회를 제공하여 자격을 부여할 필요가 있다. 이는 교사 수급계획과 맞물려 있으며 기존 자격 소지 교사들의 고용기회에 관한 문제의 소지가 있다.

유보통합을 위한 교사 자격 통합은, 첫째, 자격제도의 효율성, 교사의 전문성 제고 및 유아교육의 질적 고양, 둘째, 학과 중심의 양성 교육과정 운영, 셋째, 양성과정과 자격체계의 내용과 형식의 일원화, 마지막으로 교사수급 조절 및 기존 자격 소지 교사들의 수용을 고려해야 한다. 이러한 전제하에 세 가지 교사 자격 통합 방안을 제기하면 다음과 같다.

첫 번째 방안은 통합교사의 명칭으로 현재의 유치원 교사라는 명칭을 그대로 사용하고 자격취득 과정은 신규 유치원 교사 자격은 4년제 대학 유아교육과 또는 유아교육 관련학과 학사 취득자로 교사 자격의 최저 학력을 초·중등교사 자격 기준과 동일한 수준을 유지한다. 2~3년제 전공심화 과정을 통해 학사 학위 취득을 원칙으로 하며 2~3년제 전문대학 유아교육과는 점진적으로 4년제로 전환하는 방안이다. 두 번째 방안은 통합교사 자격인 유아교사(가칭)를 신설하는 것으로 자격취득 과정으로는 신규

유아교사 자격은 기존의 유치원 교사와 보육교사 자격을 통합 · 일원화한 자격으로 학과 중심이며 자격취득 학과는 유아교육과(가칭)로 한다. 따라서 유아교육 관련학과는 학과명을 유아교육과로 바꾸어야 한다. 마지막으로, 통합교사 자격인 영유아교사(가칭)를 신설하는 방안으로 신규 영유아교사의 자격은 기존의 유치원 교사와 보육교사 자격을 통합 · 일원화한 자격으로 학과 중심이며 자격취득 학과는 영유아교육과(가칭)로 한다. 영유아학과에서는 영아교사와 유아교사의 자격을 구분하여 영아교사와 유아교사의 자격을 선택하여 취득할 수 있다. 두 가지 자격을 동시에 취득하기 위해서는 각 자격에서 요구하는 필수 교과목을 이수해야 한다.

세 가지 교사 자격 통합 방안은 신규교사와 기존 교사의 자격취득 경로, 교사양성 교육과정 측면에서 다른 성격을 가지고 있으나 유보통합을 위한 자격 통합에 소요되는 기간, 자격 일원화에 따른 국가 재정 지원, 기존 자격 교사들의 자격 전환을 위한 특별 연수과정 운영기관 등이 다음과 같이 고려되어야 한다.

첫째, 서로 다른 자격취득 과정을 가진 유치원 교사와 보육교사의 자격을 단기간에 동일한 수준으로 맞추어 나가기 어렵고 갈등을 초래하기 쉽다. 따라서 유보통합 관점에서 교사 자격 통합 방안이 안정적으로 시행되기 위해서는 신규교사의 자격취득과 기존 교사의 상당수가 통합교사로 자격 전환이 되는 기간을 고려하여 단계적으로 실시해야 한다. 신규교사의 최저 학력이 4년제 대학 학사이므로 적어도 입학하여 졸업까지의 교육 연한이 4년임을 감안하면 적어도 교사 자격 통합에 소요되는 기간은 4~5년으로 보는 것이 적절하다. 교사 자격 통합기간은 방안 2와 3에도 적용된다.

둘째, 자격 일원화에 따른 국가 재정 지원은 두 가지 측면에서 고려할 필요가 있다. 먼저, 교사 자격의 일원화에 따라 학사 학위 취득에 적합하게 국 · 공립 유치원 교사 급여체계 및 처우와 동일하게 조정되어야 하고, 더 나아가 자격 통합체계가 안정적으로 운영되면 초 · 중등교사와 동일한 보수 수준으로 가기 위해서는 국가 재정 지원이 증가해야 한다. 이와 더불어 기존 교사의 자격 전환에 따른 특별 자격 연수과정을 운영하기 위한 연수과정 운영기관에 대한 재정적 지원을 한시적이기는 하나 국가가 지원해야 한다.

셋째, 기존 유치원 교사 자격이 아닌 새로운 형태의 교사 자격(가칭 유아교사 또는 영유아교사)을 취득하기 위해서는 표준화된 교육과정이 마련되어야 한다. 이를 위해 영유아교사가 갖추어야 하는 지식의 기초에 대한 합의가 필요하며 현재 전공, 교양 및 교직과목의 범주로 운영되고 있는 교사양성 교육과정에 대한 검토가 필요하다.

학습과제

1. 유아교육과 보육에서 공공성이 지니는 의미를 논의해 보자.
2. 유아교육과 보육의 공공성 강화가 유아교육과 보육의 질적 고양을 담보할 수 있는지 논의해 보자.
3. 유보통합을 실현시킬 수 있는 현실적이고 합리적 방안을 모색해 보자.

참고문헌

권미경, 김문정(2012). 2012 유아교육정책의 성과와 과제. 서울: 육아정책연구소.

고길섶(2001). 주어진 공공성에서 만드는 공공성으로. 중등우리교육, 4월호, 70-73.

국무조정실 보도자료(2013. 12.3). '유보통합' 2016년까지 단계적 추진.

김은설, 신나리, 최혜선(2007). 유아교육과 보육의 통합에 관한 의견 분석: 유치원, 어린이집 원장과 교사를 중심으로. 아동학회지, 28(4), 197-208.

김은설, 안재진, 최윤경, 김의향, 양선은, 김문정(2009). 보육종사자의 전문성 제고 방안 연구. 보건복지부보육정책관실 보육사업기획과 · 육아정책연구소.

김은설, 조혜주, 이보라(2011). 육아지원기관 행 · 재정 체계 통합 추진을 위한 단 · 중기 전략. 육아정책연구소 연구보고.

김은영, 김길숙, 이연주(2013). 유치원과 어린이집 교사 자격 및 양성 관련체제 분석. 서울: 육아정책연구소.

김은영, 김길숙, 이연주(2016). 유치원과 어린이집 통합에 대비한 교사자격제도 개선 방안: 교사양성기관 교수 인식을 중심으로. 한국교원교육연구, 33(1), 141-160.

김은영, 권미경, 조혜주(2012). 교사양성 과정 내실화를 위한 유치원과 어린이집 일과운영 및 교사의 직무분석. 육아정책연구소 연구보고 2012-07.

김은영, 도남희, 조은경, 조혜주(2011). 육아지원서비스 질 제고를 위한 인력 운영 개선 방안. 육아정책연구소 연구보고 2011-11.

김철수(2006). 헌법학 개론. 서울: 박영사.

김희연(2013). 유아교육에서의 통합교육과정에 대한 비판적 담론분석. 유아교육학논집, 17(2), 521-544.

나병현(2004). 공교육의 의미. 황원철, 김성열, 고창규(편), 공교육: 이념, 제도, 개혁. 서울: 원미사.

나정(2003). 영유아 교육과 보육의 발전 방안. 충북: 한국교육개발원.

나정, 유희정, 문무경(2002). 한국유아교육과 보육정책. OECD 유아교육과 보육정책 검토사업 보고서. 교육인적자원부.

문무경, 서문희, 김문정(2011). 유아교육과 보육 정책 조정을 위한 국제비교 기초연구. 교육과학기술부 · 육아정책연구소.

문미옥(2006). 쟁점연구: 한국 미래를 위한 유아교육 관련 학제 개편방향. 유아교육연구, 26(3), 5-34.

박은혜(2007). 교사양성, 현직 교육 측면에서의 유아교육 · 보육의 통합방안 모색. 한국열린유아교육학회학술대회.

박은혜, 장민영(2013). 통합요소별로 살펴본 8개국의 유아교육과 보육 통합 현황. 교육과학연구, 45(1), 149-180.

박정원(2001). 교육시장화와 공공성. 교육비평, 제6호, 32-42.

백선희(2011). 보육의 공공성 강화를 위한 정책 방안. 세종: 한국보건사회연구원.

서덕희(2001). 또 다시 묻는 질문, 교육의 공공성이란 무엇인가? 중등우리교육, 10월호, 118-125.

성병창(2007). 교육 공공성 개념 체계와 정립 원리. 초등교육연구, 20(3), 229-249.

이종태(2006). 학교 교육의 공공성, 공교육 그리고 학생의 이익 고려. 교육논총, 26(2), 67-93.

엄기호(2001). 국가와 시장을 엄어: 교육의 공공성 개념을 재구성하기 위하여. 중등우리교육, 4월호, 48-55.

양옥승(2009). 유아교육의 다양한 목소리: 다면적 고찰의 필요성. 한국유아교육학회 2009년 정기학술대회, 17-30.

오건호(2013). 내가 만드는 복지 국가. 서울: 피어니.

오석홍(2011). 행정학. 서울: 박영사.

이경화(2017). 현 정부의 육아정책에 대한 비판적 고찰: 공공성에서 공동선으로의 전환. 생태유아교육연구, 16(1), 237-256.

이미화, 유해미, 최효미, 조아라(2015). 무상보육 이후 보육정책방향 연구. 2015 보육정책포럼. 보건복지부 · 육아정책연구소.

이미화, 장명림, 문무경, 서문희, 김은영, 김은설, 최윤경, 유해미, 최은영, 양미선, 이혜민(2013). 한국형 유아교육 · 보육발전 로드맵 연구. 서울: 육아정책연구소.

이미화, 임승렬, 조형숙, 유은영, 송신영(2007). 육아지원인력 양성 교육과정 모형 개발 연구. 서울: 육아정책연구소.

이옥, 김은설, 신나리, 문무경, 최혜선(2006). 육아정책의 효율성 제고를 위한 유아교육 · 보육의 협력과 통합 방안. 육아정책개발센터 연구보고 2006-01.

이윤미(2006). 교육정책의 공공성과 자율성-공공성 강화 관점에서. 한국교육학회 2006 춘계학술대회.

이윤진(2014). 누리과정 운영 실태 및 내실화 방안. 서울: 육아정책연구소.

이정림, 최효미, 정주영, 오유정, 이정아(2014). 3-5세 누리과정 유아관찰척도를 활용한 누리과정 효과분석 연구. 육아정책연구소.

이종태(2006). 교육의 공공성 개념의 재검토. 한국교육, 33(3), 3-29.

임승렬(2013). 누리과정의 효율적 시행과 유아교사 자격제도 개선 및 수급정책. 제5회 교원정책포럼. 한국교원교육학회, 육아정책연구소, 한국교원대학교 유아교육원.

임승렬(2013). 유아교육 · 보육 통합을 위한 교원 정책 방안: 오래된 우리의 숙제. 한국유아교육학회 2013년 정기총회 및 정기학술대회 자료집.

조대엽(2012). 현대성의 전환과 사회 구성적 공공성의 재구성: 사회 구성적 공공성의 논리와 미시 공공성의 구조. 한국사회, 13(1), 3-62.

조부경, 박재윤, 임승렬, 정선아, 우명숙(2013). 유아교육 · 보육통합 법제화 정책연구. 교육과학기술부.

조순, 정운찬, 전성인, 김영식(2009). 경제학 원론. 서울: 율곡출판사.

조한상(2009). 공공성이란 무엇인가? 서울: 책세상.

최윤경(2017). 유아교육보육의 공공성 강화를 위한 인프라 구축 방안. 제3차 KEDI 미래교육정책포럼, 3-19.

최윤경, 문무경, 원종욱, 김재원(2011). 육아지원인력체계의 통합 추진을 위한 단 · 중기 전략. 서울: 육아정책연구소.

최은영(2016). 한국 유아교육의 최근 동향과 정책 과제. 육아정책연구, 10(1), 221-240.

최은영, 박창현, 송신영(2016). 공공형 사립유치원 제도 도입 방안. 서울: 육아정책연구소.

한숭희(2003). 시장인가 공적영역인가?: 참여정부의 평생교육정책의 핵심논제. 평생교육연구, 9(3), 1-26.

Cleveland, G., & Colley, S. (2013). Integration of child care and education in Canada: A comparison with Sweden, New Zealand, England. *International Journal of Early Childhood, 45*(2), 167-189.

Heckman, J. J. (2006). Skill formation and the economics of investing in disadvantaged children. *Science, 312*(5782), 1900-1902.

Kaga, Y., Bennett, J., & Moss, P. (2010). *Caring and learning together:A cross-national study of the integration of early childhood education and care into education*. Paris: UNESCO.

Moss, P. (2015). *A fully integrated system of early childhood edcuation and care: A long but worthwhile journey.* 한-OECD 유아교육 · 보육 정책 국제세미나자료집, 72-93. 교육부 · 육아정책연구소.

OECD. (2006). *Start strong II: Early childhood education and care.* Paris: OECD Publishing.

OECD. (2012). *Sart strong III: A quality toolbox for early childhood education and care.* Paris: OECD Publishing.

OECD. (2015). *Start strong IV: Monitoring quality in early childhood education and care.* Paris: OECD Publishing.

Pascal, C. (2009). *With our best future in mind. Government of Ontario.* Queen's Printer for Ontario.

UNESCO. (2012). *Caring and learning together.* Paris: UNESCO.

국립국어원 표준국어대사전 http://stdweb2.Korean.go.kr/main.ksp

제3부

교직과 교사 미래 전망

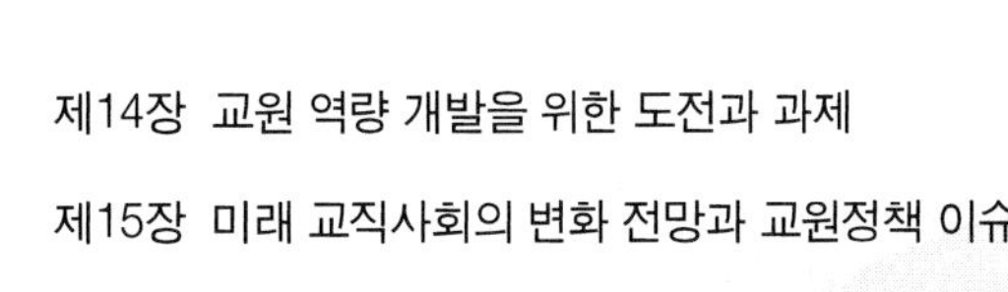

제14장

교원 역량 개발을 위한 도전과 과제

박영숙(한국교육개발원 선임연구위원)

개요

교직환경의 변화에 부응하여 교원의 역량 개발을 위한 국가 수준의 체계적인 지원이 중요하다. 이 장에서는 교원 역량 개발에 관한 선행 연구 동향을 제시하고, 교원의 역량 개발에 관한 문제와 도전 과제를 다룬다. 그 내용은 교원 역량 개발의 이론적 기초, 역량 모델 운영 사례 및 시사점, 교원 역량 개발을 위한 도전 과제의 세 절로 구성된다.

교원 역량 개발의 이론적 기초에서는 역량 개발 관련 선행 연구 동향과 역량 개념의 변천 과정, 역량의 유형과 역량 모델, 역량 모델의 개발 절차 등을 제시한다. 역량 모델 운영 사례에서는 공무원직과 국립대학 행정직의 사례를 제시하고 교원직의 역량 개발에 주는 시사점을 제시한다. 교원의 역량 개발을 위한 도전 과제에서는 국가 수준에서 우선적으로 추진해야 할 과제를 제시한다.

Ⅰ. 교원 역량 개발의 이론적 기초

1. 역량의 개념과 구성 요소

역량은 조직이 추구하는 바람직한 목표와 성과를 지향하며 조직의 환경이나 업무에서의 변화(상황)에 대응하여 새로운 지식과 기술을 전이하는 등의 개인의 능력과 행동 특성 등이 반영되어 있고, 바람직한 조직의 변화와 성과 창출을 지향하기 위해 인적 자원 개발 계획과 연계하여 활용되는 개념이다. 교원의 역량은 교직에서 직무를 수행함에 있어 개인과 조직의 성과 제고를 위하여 측정 가능하고, 직무 변화 상황에 대응하여 지속적인 교육·훈련과 학습을 통해 지속적으로 개발할 수 있는 지식과 기술, 태도 및 자치의 집합체로 정의된다(박영숙, 박균열, 정광희, 김갑성, 전제상, 2015: 32).

역량의 개념은 시대별로 변천해 오면서 확장되어 왔다(〈표 14-1〉 참조). 역량 개념은 처음 도입된 1970년대에서 1980년대와 1990년대를 거치면서 모범적인 수행자의 직무 역량을 실증하는 방식에서 개인의 직무 역량과 조직환경 간의 상호작용 관계가 추가되면서 조직적 역량으로 확장되는 특징을 발견할 수 있다(박영숙 외, 2015: 30).

〈표 14-1〉 역량 개념의 시대별 변천 및 내용

구분	대표 연구자	역량의 개념 정의
1970년대	McClelland (1973)	• 업무성과와 관련된 광범위한 심리적 또는 행동적 특성이다. • 특정 조직이나 환경에서 필요로 하는 것을 이룰 수 있는 능력이다(광범한 성과를 내는 직무 수행자와 우수한 성과를 내는 직무 수행자를 구분 짓는 행동의 특성에 초점을 맞춤).
1980년대	Klemp (1980)	• 직무 역량은 업무에서 우수한 수행을 하거나 뛰어난 결과를 내는 사람의 특성에 기초하고 있다.
	Boyatzis (1982)	• 역량은 어떤 개인이 어떤 역할을 수행함에 있어 성공적인 결과를 가져오는 개인 고유의 내재적 특성(동기, 특성, 스킬, 사회적 역할, 지식 체계)이다(개인의 직무수행과 조직환경 간의 상호작용에서의 역량 탐색).

1990년대	Corbin (1993)	• 바람직한 목표나 성과를 달성하기 위하여 개인이 알아야 할 것과 할 수 있어야 하는 것을 포함하는 능력이다.
	Spencer & Spencer (1993)	• 역량은 삶에서의 역할을 성공적으로 수행하도록 사용되거나 소유하고 있는 개인의 특성에 기초한다(조직의 인적 자원 개발에 기반을 둔 역량 모델 개발 탐색).
	Strebler & Bevans(1996)	• 업무 영역의 새로운 상황에서 지식과 기술을 전이하는 능력을 포함하는 광범위한 개념이다.
	Parry (1996)	• 개인이 수행하는 업무의 중요한 부분들에 영향을 주고, 업무의 성과와 관련성이 높고, 조직에서 널리 받아들여지는 성과 기준과대비하여 측정될 수 있으며, 교육 · 훈련과 개발을 통하여 개선될 수 있는 지식과 기술, 태도의 집합체이다.
	Mirabile (1997)	• 역량은 문제해결, 분석적 사고, 리더십과 같이 직무에서 고성과자와 관련 있는 지식, 스킬, 능력 혹은 특성으로 때로는 동기, 신뢰, 가치를 포함하는 것이다.
	Dow (1998)	• 조직과 구성원의 성공에 매우 중요한 지식, 스킬, 행동의 결합체이다.
	Schippmann (1999)	• 역량은 측정 가능하고, 업무와 관련되며, 개인 행동적 특징에 기초한 특성 또는 능력이다.

출처: 주인중 외(2010: 311-312)의 내용을 재구성한 박영숙 외(2015: 31)에서 재인용.

역량의 개념은 행동주의적 심리학의 관점에서 White를 통해 도입되었고, 1970년대에는 White의 영향을 받은 하버드 대학교 심리학과 교수 McClelland가 역량의 개념을 도입하여 모범적인 수행자의 역량을 실증하는 직무 역량으로 정의하였다(주인중, 김덕기, 정종태, 김호현, 최선아, 2010: 311). 1980년대에는 역량 모델을 인적 자원 개발계획 전반에 적용하기 위한 통합적인 접근을 추진하면서 개인의 직무수행과 조직환경 간의 상호작용을 고려한 역량 목록화를 추진하였고, 1990년대에는 조직의 인적 자원에 기반을 둔 역량 모델의 구체적인 개발로 발전되어 왔다(주인중, 김덕기, 김영생, 2009: 28). 시대별로 역량의 개념을 정의하는 접근 방식은 다양하지만, 공통점으로는 역량에서 개인의 성공적인 직무수행과 조직의 성과가 전략적으로 연계된다는 점이 확인된다.

2. 역량의 유형과 역량 모델

인적 자원 관리에 적용되는 일반적인 역량의 유형은 공통 핵심 역량, 관리적 역량, 직무 역량의 세 가지로 구분된다(〈표 14-2〉 참조). 공통 핵심 역량은 조직의 목표에 따라 전체 직원이 공통으로 갖추어야 할 역량을 의미하며, 관리 역량은 개인과 조직을 효과적으로 연결해 주는 역량을 의미한다. 그리고 직무 역량은 개인이 직무를 성공적으로 수행하는 데 필요한 역량을 의미한다(남순란, 나민주, 2014: 291). 공통 핵심 역량은 단기간에 개발 또는 향상되기 어려운 특성이 있으나, 직무 역량은 담당자의 수행 역할에 따라 다르게 나타나게 되어 단기간에 개발 또는 향상이 가능하게 설정되는 특징이 있다(이홍민, 김종인, 2005: 78).

역량 모델은 기업에서 제일 먼저 도입하였는데, 기업에 적용된 역량 모델에서는 각 전문 분야, 역할별로 갖추어야 할 역량(분석적 의사결정, 계획 및 조직화, 비즈니스 마인드, 전문성)이 제시되고, 구성원 개인의 직무 역할 및 책임의 크기와 연계하여 행동 수준을 단계별로 정의하여 단기간에 이를 개발할 수 있게 지원된다(이홍민, 김종인, 2005: 80-82).

역량 모델을 개발하는 절차는 〈표 14-3〉과 같이 8단계로 제시된다. 8단계에는 ① 사전 준비 단계, ② 전략적 비전 및 미션 검토, ③ 조직 구성원의 수행 업무 분석, ④ 성공 행동 사례 추출 및 성과 판단 기준 마련의 단계를 거치고, ⑤ 역량의 규명, ⑥ 역량 진단 도구의 개발, ⑦ 역량 모델 확인 검증, ⑧ 역량 모델 패키지 개발이 포함된다. 역량 목록

〈표 14-2〉 인적자원 관리에 적용되는 역량 유형

구분	적용 취지	적용 범위	근거(특징)
공통 핵심 역량	전 직원이 공통적으로 갖추어야 할 역량	조직/사업부 전체 직원	조직의 미션, 가치, 전략과 연계하여 도출
관리적 역량 (리더십/프로세스 역량)	개인의 역량이 조직 차원에서 원활히 수행되고 변화를 촉진하는 역량	관리자 및 구성원	부서 업무의 효과적 수행 및 부서 간 협조에 관건
직무 역량 (개인역량, 전문역량)	구성원 각자가 업무를 효과적으로 수행하기 위한 역량	업무 유형별 담당자	개인 단위 업무의 내역 및 성과 요인

출처: 남순란, 나민주(2014: 292).

〈표 14-3〉 역량 모델의 개발 절차

구분		중점 내용
1단계	사전 준비 단계	• 역량 모델이 필요한 이유와 요구 명시 • 역량 모델이 필요한 직무 대상 명시
2단계	전략적 비전 및 미션 검토	• 최고 경영 환경 및 동향 검토 • 조직 전략과 목표 도출 • 사업 환경, 시장 환경, 비전, 전략, SWOT 분석
3단계	수행 업무 분석	• 핵심 과제와 수행 업무 분석 • 성공 행동 사례 분석
4단계	성공 행동 사례 추출 및 성과 판단 기준 마련	• 역량 목록, 전문가 패널, 설문조사, 과업 기능 분석 등의 조사기법 적용 • 우수 성과자 정의
5단계	역량 규명	• 현재 및 향후 2~3년 내 가장 요구되는 주요 활동에 대한 지식 규명 • 우수 집단에는 발견되지만 평균 집단에는 발견되지 않는 특성 파악 • 핵심 행동별 핵심 역량을 규명하고 핵심 지식과 스킬 규명
6단계	역량 진단 도구 개발	• 역량 측정을 위한 수준을 구분하고 행동 특성 규명 • 역량 수준의 평가를 위한 준거 설정
7단계	역량 모델 확인 검증	• 역량이 해당 직무수행에 반드시 필요한 것인지의 여부, 역량을 구체적 측정 지표로 나타내는 행동 요인들이 해당 조직의 일상 문화를 반영하는지 여부 검증 • 신뢰성 확보를 위해 교차 타당화, 구성 타당화, 예측타당도 확인
8단계	역량 모델 패키지 개발	• 역량 진단 도구와 행동 지표 사례, 지식, 역량 기반 교육 체계, 자기계발 지원 등을 통하여 역량 육성

출처: 이홍민, 김종인(2005: 68-70)의 내용을 재구성하여 작성한 박영숙 외(2015: 34)에서 재인용.

작성을 통해 핵심 역량을 규명한 후에 역량을 측정 가능하게 행동 지표로 개발하고 역량 진단 도구를 비롯하여 교육 · 훈련과 자기계발이 가능한 패키지로 개발하는데, 역량 모델을 개발하고 나면 직무 프로파일, 역량군 설정, 역량 진단 도구, 행동 지표와 행동 사례, 역량 개발계획에 관련된 결과물이 산출된다(박영숙 외, 2015: 34).

역량 모델은 인적 자원 관리와 인적 자원 개발 측면에 활용된다. 인적 자원 관리 측면에서는 모집과 선발, 배치, 직무 설계, 승진, 평가 보상 등에 활용되고, 인적 자원 개발 측면에서는 경력 개발과 교육 · 훈련 교육과정 개발, 후계자 양성 등에 활용된다(이홍민, 김종인, 2005: 108). 선발 측면에서는 직무수행 자격 요건에 대한 이해를 제공하여 우수한 인력을 채용하고, 평가 측면에서는 핵심 역량과 역량군별 행동 지표와 우수 행동 사례 등을 통하여 성과를 평가할 수 있으며, 경력 개발이 지속적으로 이루어지도록 역량 진단과 교육 · 훈련 과정을 연계하여 지원하는 방향으로 활용된다.

교원직에는 학교급이 있고, 학급교사 외에 전문상담교사, 사서교사, 보건교사, 영양교사와 같이 자격증을 가진 전문 집단이 있으나 이들 전문 집단의 핵심 직무와 역량 내용이 규명되지 않은 채 직무가 수행되고 있다. 교원직을 구성하는 다양한 전문 집단 간에 공통적으로 수행하는 핵심 역량과 직무 특성에 맞게 역량군과 행동지표를 개발하여 적용할 필요가 높다. 교원직의 경우 학교급과 교사 자격증을 기준으로 하여 7개 부문 역량군(① 초등학교 교사, ② 중학교 교사, ③ 고등학교 교사, ④ 전문상담교사, ⑤ 사서교사, ⑥ 보건교사, ⑦ 영양교사)을 개발할 수 있고, 이들 부문 역량군별로 교사들이 수행해야 할 역할과 전문 기능(직무)별로 요구되는 역량의 수준을 설정하고 역량 내용과 수준을 개발할 수 있을 것으로 본다. 아울러 교사직과 수석교사직, 교감직, 교장직의 역량군과 역량체계를 개발할 수 있을 것으로 본다(박영숙 외, 2015: 36).

3. 교원의 역량 개발 관련 선행 연구 동향

기업체와 공무원직에 관한 선행 연구 동향에서는 핵심 역량 탐색과 역량 모델 도입이 2000년대 초기에 이루어졌고, 2010년 이후에는 역량 모델의 활용 실태 분석을 토대로 역량 모델의 활용 효과를 제고하는 지향성이 확인된다. 특히 고위공무원의 역량 평가 모델 개발은 2001년부터 비교적 일찍 시작되었고, 2004년 무렵에는 고위공무원단 교육 · 훈련 프로그램 모델이 개발되었으며, 2010년 전후에는 교육 · 훈련 프로그램을 검증하고 효과를 분석하는 연구들이 추진되고 있음을 확인할 수 있다(박영숙 외, 2015: 45). 반면, 교원직의 역량 개발에 관련된 연구 동향을 살펴보면, 2000년대 후반부터 핵심 역량을 탐색하기 시작하였고, 교원의 역량 진단과 역량 개발을 위한 모델링에 관한 연구들은 2010년 이후에 추진되어 기업체와 공무원직에 비해 약 10여 년 늦게 추진된 동향이 파악된다.

〈표 14-4〉는 교원직의 역량 개발에 관한 연구의 주제와 내용을 정리하여 제시한 것

이다. 2010년 이후에는 교원직의 핵심 역량군을 개발하고 역량 모델에 근거하여 핵심 역량 지표를 개발하는 연구들이 이루어졌는데, 대표적인 연구로는 박용호, 조대연, 배현경, 이해정(2012)의 「중등교사 직무역량 요구 분석」, 김동원과 이일용(2012)의 「중등학교장의 핵심 역량 지표 개발과 역량 수준 분석 연구」 그리고 홍원표와 정하나(2012)의 「초등 수석교사의 역량 요소 탐색」 등이 포함된다. 이 시기에는 교육과정 운영과 학생과의 소통, 성취평가제, 스마트 교육 측면에서 교사의 역량 강화를 위한 지원 방안이 함께 탐색되기도 하였다.

〈표 14-4〉 교원의 역량 개발 관련 연구 주제

연도	연구자	연구 제목	주요 연구 내용
핵심 역량 및 역량군, 역량 요소 관련			
2008	조대연 외 2인	미래의 평생학습사회에서 요구하는 핵심 역량 연구	• 평생학습사회에서 요구되는 생애 역량
2008	임언 외 2인	미래 사회의 직업세계에서 요구하는 핵심 역량 연구	• 기업에서 요구하는 인재상 • 직업세계에서 요구하는 핵심 역량 추출 • 직업기초능력 제고를 위한 교육 방안
2008	황은희, 백순근	중등교사의 실천적 교수 역량에 대한 자기평가와 전문평가의 비교연구	• 중등교사의 직무역량을 이론적 교수역량과 실천적 교수역량으로 구분하여 역량별로 5개 역량요소 제시
2009	이경진 외 2인	초등교사의 핵심 역량 수준 및 교직경력별 핵심 역량 수준 차이 분석	• 핵심 역량을 교수역량, 평가역량, 생활지도 역량, 학급경영 역량, 전문성 개발 역량으로 구분하여 구성 요소 추출
2010	조대연 외 3인	학교장의 직무 역량에 대한 요구 분석	• 학교장의 직무 역량 설정 • 직무역량 요구 조사
2010	정미경 외 4인	교원양성 교육과정 개선 방안 연구	• 교사의 직무와 교사 역량 • 미래교사의 역할 및 요구되는 전문성
2011	최영진 외 2인	수업 컨설턴트의 역량 분석	• 수업 컨설턴트의 역량군과 역량 의미
2012	정미재, 정제영	교육실습이 예비교사의 역량 변화에 미치는 영향 분석	• 예비교사의 핵심 역량
2012	박용호 외 3인	중등교사의 직무역량 요구 분석	• 중등교사의 역량군과 역량 요소 개발 • 역량 요소별 정의 기술

2012	홍원표, 정하나	초임교사 멘토링에 필요한 초등 수석교사의 역량요소 탐색: 중요도와 실행 준비도를 중심으로	• 수석교사의 역량 요소 선정 • 역량 실행 준비도 조사
2012	김동원, 이일용	중등학교장의 핵심 역량 지표 개발과 역량 수준 분석 연구	• 학교장 핵심 역량 지표 개발
2013	윤소희 외 6인	스마트교육 구현을 위한 학교 관리자 역량 요구 분석	• 학교 관리자의 역량군과 역량 요소 추출
2013	이근호 외 3인	핵심 역량 중심의 교육과정 재구조화 방안 연구	• 핵심 역량 중심의 교육과정 재구조화 방안
2014	정연수, 최은수	중등학교 교감의 퍼실리테이션 역량이 교사 리더십, 학교조직 문화, 조직 몰입 및 학교조직 효과성에 미치는 영향	• 퍼실리테이션 역량, 교사 리더십, 학교조직 문화, 조직 몰입 및 학교조직 효과성의 구성 요소
역량 강화 방안 관련			
2011	김정원 외 3인	교사 생애단계별 역량 강화 방안	• 교사 생애 단계별 요구 역량 • 생애 단계별 역량 개발 프로그램
2013	김정원 외 4인	교사의 학생 이해 및 소통 역량 강화 방안 연구	• 교사의 학생 이해 및 소통 수준 조사 • 학생 이해 및 소통 역량 중심 교사 양성 및 연수 방안
2014	정미경 외 3인	교사 선발방식 개선 방안 연구	• 신규교사의 핵심 역량 규명 • 교사 선발 방식 개선 방안
2014	곽영순 외 2인	교사의 교육과정 편성·운영 역량 강화를 위한 학습공동체 중심의 교사 연수 개선 방안	• 교육과정 편성·운영 관련 교사 연수 현황 분석 및 쟁점 진단 • 학습공동체를 중심으로 한 교원 연수 개선 방향 탐색
2014	박은아 외 4인	성취평가제 내실화를 위한 교사 역량 강화 지원 방안	• 교사 역량 지표 개발 • 교사 평가 역량 강화 지원 프로그램 개발
역량 진단/역량 모델 관련			
2010	이홍민 외 4인	수석교사 역량평가 기준 및 평가방법 개발 연구	• 수석교사 역량 모델 설계 • 수석교사 선발 전형 매뉴얼·안내서 작성

2012	박영호	학교장의 리더십 역량 모델 연구	• 학교장의 리더십 역량 규명, 역량 모델 개발(8개 역량군, 25개 역량, 184개 행동 지표 설정)
2012	한승연, 임유연	사이버대학 교수자의 교수 역량 모델링	• 사이버 대학 교수 역량 도출
2012	김혜영, 이숙정	역량교육모델의 진단과 방향: 역량 교육과정과 교육효과를 중심으로	• 대학교에서의 역량 교육 진단 • 대학교원의 역량교육 과정 효과 진단 • 대학교원의 역량 교육 방향 제시
2013	허희옥 외 3인	스마트교육을 위한 교원 역량 진단 도구 개발	• 스마트교육 관련 교사의 역량 규명 • 역량 진단 도구 개발
2014	남순란, 나민주	대학 행정조직에서의 역량 모델 도입 사례 연구	• 역량 모델 도입 사례 비교 분석 • 역량 모델 도입 후 효과 분석
2014	전미연 외 2인	국가직무능력표준 기반 교육과정 운영을 위한 고교 전문교과 교사의 역량 모델 탐색	• NCS 기반 전문교과 교사의 역량 요소
2014	최상덕 외 5인	미래 인재 양성을 위한 핵심 역량 교육 및 혁신적 학습 생태계 구축(II)	• 핵심 역량 교육 및 학습 생태계 사례 분석 • 핵심 역량 교육 및 학습 생태계 구축 방안
역량 개발 정책 과제 관련			
2015	박영숙 외 4인	교직환경 변화에 따른 교원 정책의 진단과 과제: 교원의 역량 개발을 중심으로	• 교원 직무수행 변화 경험 사례 분석 • 교원의 역량 개발 요구 조사 • 역량 개발에 취약한 교원정책 분야 진단 • 교원 역량 개발을 위한 교원 정책 과제

출처: 박영숙 외(2015: 46-47) 내용 및 추가 · 보완.

역량 모델에 관하여 처음 정책 과제로 수행된 연구는 이홍민, 박양규, 시춘근, 황민영(2010)의 「수석교사 역량평가기준 및 평가방법 개발 연구」였다. 이 연구에서는 수석교사 역량 모델을 설계하고, 수석교사 선발 전형에 필요한 매뉴얼과 안내서를 제공하였다. 가장 최근에 이루어진 역량 모델 관련 연구로는 전미연, 이지현, 송해덕(2014)의 「국가직무능력표준 기반 교육과정 운영을 위한 고교 전문교과교사의 역량 모델 탐색」이 있다. 그리고 역량 개발의 관점에서 교원정책을 종합적으로 진단하고 과제를 제시한 연구로는 박영숙, 박균열, 정광희, 감갑성, 전제상(2015)의 「교직환경 변화에 따른 교원정책의 진단과 과제: 교원의 역량 개발을 중심으로」가 있다. 이 연구에서는 교직 환경 변화로 인하여 현장 교원의 직무수행 변화 경험 사례를 분석하고 교원의 역량 개발 요구 조사를 토대로 역량 개발 관련 문제를 진단하여 과제를 제시하였다.

Ⅱ. 역량 모델 운영 사례 및 시사점

1. 역량 모델 운영 사례

1) 정부 역량 모델 운영 사례

정부 역량 모델은 정부의 생산성을 제고하기 위해 적재 적소 인사 배치의 구체적인 틀을 마련하고, 능력주의, 성과주의 인사 관리의 정착을 위해 개발되었다. 국가공무원인재개발원 역량개발센터 홈페이지에는 역량 모델의 활용과 관련하여 '역량 모델을 기반으로 한 인적 자원 관리는 조직과 개인으로 하여금 전략적으로 육성과 자기개발을 하도록 돕는다.'라고 제시되어 있어 역량 모델의 활용이 강조되어 있다(국가공무원인재개발원 홈페이지, 2017).

역량 모델에 제시된 고위공무원과 과장급의 역량을 살펴보면, 역량군은 3개(사고, 업무, 관계)로 동일하게 적용되고, 역량명은 고위공무원은 6개(① 문제 인식, ② 전략적 사고, ③ 성과 지향, ④ 변화 관리, ⑤ 고객 만족, ⑥ 조정·통합), 과장급은 6개(① 정책 기획, ② 성과 관리, ③ 조직 관리, ④ 의사소통, ⑤ 이해관계 조정, ⑥ 동기 부여)로 제시된다(〈표 14-5〉 〈표 14-6〉 참조). 고위공무원의 역량은 고위공무원에 대한 역할 기대를 기초로 설정되어 있는데, 고위공무원의 기대 역할은 ① 공익 대변자, ② 국정목표 구현자, ③ 변화혁신 주도자, ④ 조직 관리자, ⑤ 부하 육성자, ⑥ 성과 책임자의 여섯 가지로 제시된 점이 부각된다.

역량 모델에서의 역량교육은 역량 진단을 기초로 맞춤형 교육과정과 참여형 사례교육으로 실시된다. 교육과정 영역은 ① 고위공무원으로서 역량을 체계적으로 발전시키고 정책 현안 해결 능력과 조직 관리 능력을 배양, ② 국정 기조 및 개혁 과정 재인식을 통한 변화 관리, ③ 개인별 역량 교육 결과에 대한 성과 측정 및 효과성 분석의 세 가지로 구성된다([그림 14-1] 참조). 역량 개발 교육과정의 운영에서는 토론과 실습 중심의

〈표 14-5〉 고위공무원의 역량군과 공통 역량

역량군	역량명	역량 정의
사고	문제 인식	정확한 정보를 통해 문제의 내용을 파악하고 핵심을 규명함.
	전략적 사고	목표와 방향을 설정하고 이를 근거하고 실행 계획을 세우고 의사결정을 함.
업무	성과 지향	업무를 성공적으로 수행하기 위한 방안을 검토·제시하고 적극적으로 지원함.
	변화 관리	환경 변화의 내용과 흐름을 이해하고, 개인과 조직이 올바르게 대응하도록 함.
관계	고객 만족	업무와 관련된 상대방을 고객으로 인식하고 고객이 원하는 바를 이해하고 그들의 요구를 충족시키려 노력함.
	조정·통합	이해 관계를 균형적 시각에서 판단하여 합리적인 해결책을 제시함.

출처: 국가공무원인재개발원 역량진단센터 홈페이지(2017).

〈표 14-6〉 과장급 공무원의 역량군과 공통 역량

역량군	역량명	역량 정의
사고	정책 기획	다양한 분석을 통해 현안을 파악하고 개발하고자 하는 정책의 타당성을 검토하여 최적의 대한을 제시하는 역량
	성과 관리	조직의 미션과 전략에 부합하는 성과목표를 수립하고, 이를 달성하기 위해 업무 집행과정을 점검하고 관리하는 역량
업무	조직 관리	전체 조직 및 각 부서 간의 관계를 고려하여 목표 달성을 위한 실행계획을 수립하고 필요한 자원을 확보하며, 업무를 배분하고 조직화하는 역량
	의사소통	상대방의 의견을 경청하여 그 의미를 정확히 이해하고 자신의 의견을 명확하고 효과적으로 전달하는 역량
관계	이해관계 조정	공동의 목적을 위해 다양한 이해관계자들 간의 갈등을 해결하고 협력적인 업무관계를 구축·유지하는 역량
	동기 부여	부하직원들이 같은 조직의 구성원으로서 자발적인 노력과 적극적인 자세로 업무를 잘 수행할 수 있도록 유도하고 지원하는 역량

출처: 국가공무원인재개발원 역량진단센터 홈페이지(2017).

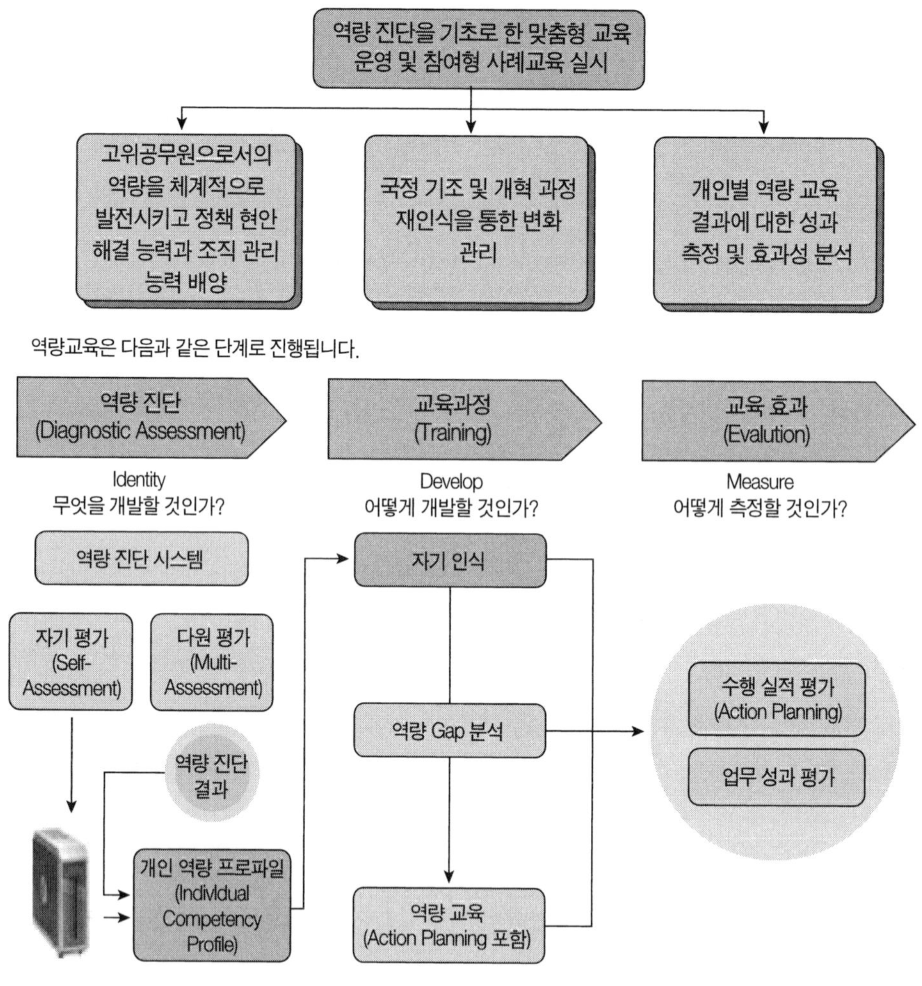

[그림 14-1] 고위공무원 역량교육 프로세스

출처: 국가공무원인재개발원 역량진단센터 홈페이지(2017).

다양한 전략적 방법이 적용된다. 전략적 방법으로는 집단 토론 등 정책 실습, 동료 및 FT(Feedback of Facilitator), 역량이론 교육 실시, 자기 개발 계획서 작성이 포함된다.

2) 국립대학 행정직의 역량 모델 사례

국립대학 행정지원 인력의 역량 강화를 위해 교육부는 '국립대학 선진화 방안'(2012년 5월)의 일환으로 역량 모델을 도입하여 운영하고 있다. 역량 모델 도입 후 국립대학의 사무국장직과 일부 과장급은 개방형 공모직으로 전환되었고, 역량평가 심사를 거쳐 임용하고 있다. 이하에서는 2013년도 교육부 국립대학 인사제도 평가에서 수상한 4개 대학 중 3개 대학의 사례를 분석 · 보고한 남순란과 나민주(2014)의 연구 결과 중 J 국립대학의 사례에 관하여 제시한다. J 대학의 사례를 선정한 이유는 역량 모델이 승진제도와 보직 관리, 교육 · 훈련 분야 등에 적용되지만 그중에서도 교육 훈련 분야에서 가장 많이 활용된 특징 때문이다(박영숙 외, 2015: 40). J 국립대학의 역량 모델은 2011년도에 도입되었고, 대학의 인재상 및 고성과자의 행동 특성을 토대로 개발되었다. 역량 도출과정을 보면, 성과와 능력의 인과관계를 분석하고 핵심 역량 선정과 역량 사전 작성의 절차를 거쳤다. 역량군은 3개의 역량군(리더십 역량, 직무 역량, 공통 역량)으로 구성되었고 역량군별로 3~5개의 하위 역량이 세분화되어 있다. 공통 역량은 전문가 의식과 의사소통, 혁신적 사고로 구성되고, 팀장급의 직무 역량은 기획력과 자원 관리, 갈등 관리로 구성된다(남순란, 나민주, 2014: 296).

팀원급의 직무 역량에 '법규 이해/적용' 'IT/PC 활용 역량'과 '경영 마인드' '변화 관리' 등의 역량 요소가 포함되어 있어 주목된다. 교원직의 경우에도 수업 역량 외에 변화 관리와 경영 마인드가 필요하고 교육정책 도입에 따른 법령 제 · 개정 등에 대한 이해력이 필요하므로 역량 요소로 검토할 만하다. 보직 관리에서 주목할 만한 특징이 있다. 경력개발 프로그램(career development program)과 연계하여 경력 개발을 촉진하는 형태로 운영되는데, 개인별 전문 분야의 경우 개인 역량과 교육 경력, 보직과 연계하여 지정된다. 즉, 개인이 직무 분야를 선택한 후 해당 분야의 경력 개발계획을 작성하여 제출하면 인사 부서에서는 개인 역량, 근무 이력, 교육 경력 및 계획의 연관성을 판단하여 승인하며, 경력 개발계획이 승인된 직원은 해당 분야로 보직 관리하여 전문성을 높이는 방식으로 운영된다(박영숙 외, 2015: 41).

J 대학의 역량 모델은 6급 이하의 전체 직원을 대상으로 '직원역량진단위원회'에서 개별 직원의 역량 수준을 평가하여 교육 · 훈련 프로그램과 연계하여 운영되고 있다. 역량 진단 및 교육 대상자 선정을 위해서 몇 단계의 절차를 거치는데, 우선 전산 프로그램을 이용하여 동료 평가(30%), 상사 평가(70%)로 직원역량진단위원회에서 성과 실적 등과 대조하여 구체적 성과를 수반한 역량 수준을 확인한다. 이어 면접이 필요한 직원은 대면 진단한 후 역량별로 저조하게 평가된 직원을 역량 강화 교육대상자로 선정한다. 역량 모델 도입의 가장 큰 변화는 직원들이 자신의 역량 수준을 인지하고 역량 개발의 필요성을 인식하며, 역량 진단 및 평가 결과에 따라 맞춤식 수준별 교육 · 훈

련 프로그램 개설에 대한 요구가 증가하였다는 점이다(남순란, 나민주, 2014: 298). 이와 같이 대학 조직에 도입된 역량 모델을 살펴보면, 대학 조직의 목표 달성을 위해 역량군을 중심으로 구성원의 역량을 연계하여 역량 진단 절차와 교육 · 훈련 등의 개발 절차와 연계하여 효과적으로 관리하고 있음이 확인된다(박영숙 외, 2015: 42).

3) 고등학교 전문교과 교사직의 역량 모델 운영 사례

교육부에선 특성화고등학교와 마이스터고등학교에서 전문교과를 담당하는 교사에게 적용할 수 있는 국가직무능력표준(National Competency Standards: 이하 NCS)에 근거한 학습 모듈을 개발하면서 역량 모델이 2014년부터 시범적으로 도입되어 2014년 기준 3개 고등학교에서 시범 운영 중에 있다. NCS는 「자격기본법」(법률 제11722호, 2013년 4월 5일 시행)에서 "산업 현장에서 직무를 수행하기 위해 요구되는 지식 · 기술 · 소양 등의 내용을 국가가 산업 부문별 · 수준별로 체계화한 것"으로 정의하고 있고, 산업 현장의 직무를 성공적으로 수행하기 위해 필요한 능력(지식, 기술, 태도)을 국가적 차원에서 표준화한 것'을 의미한다(한국산업인력공단, 2013).

전문교사 교사직의 역량 모델의 특징을 살펴보면, 기존의 공통적인 역량을 종합하여 다섯 가지, 즉 ① 교육 관련 역량, ② 연구 관련 역량, ③ 산학협동 관련 역량, ④ 행정 관련 역량, ⑤ 생활지도 관련 역량으로 정리한 점, 기존의 교육 역량과 연구 역량이 직업 교육훈련 역량군으로 포괄적으로 통합된 점, 그리고 NCS 이해 역량군이 추가된 점이 부각된다(전미연 외, 2014: 71). 특히 전문교과 교사의 역량이 역량군별로 역량에 관한 정의와 행동 지표로 구성된 특징이 부각되는데, 〈표 14-7〉은 NCS 기반 교육과정에서 요구되는 전문교과 교사의 역량과 행동 지표 가운데 '직업 교육 훈련'의 역량군만을 분리하여 제시한 것이다.

〈표 14-7〉 NCS 기반 교육과정에서 요구되는 전문교과 교사의 역량 요소와 행동 지표(직업교육 훈련 역량군 사례)

구분	역량의 행동 지표
역량군명	① 수업 계획 및 준비 역량, ② 수업 진행 역량, ③ 수업 평가 역량, ④ 실험 · 실습 수업 역량, ⑤ 수업 연구 역량
역량의 정의 및 행동지표 (예시)	① 수업 계획 및 준비 역량의 경우 • 정의: 수업 전 파악하고 있어야 할 내용에 대해 미리 준비하는 시간을 가짐. • 행동 지표: 담당 교과의 전공 지식을 정확히 안다, 학습자 수준을 정확히 분석한다, 지식, 기능, 태도를 고려하여 학습 목표를 설정한다, 학습 내용과 관련하여 산업체와 관련된 수업 매체를 준비한다, 수업 내용과 일치하는 과제 및 평가 방법에 대해 미리 계획한다. ② 실험 · 실습 수업 역량 • 정의: 현장에서와 비슷한 수업 환경 조성으로 현장의 관리 및 기술을 습득하도록 지도함. • 행동 지표: 실험 · 실습 기자재의 관리 및 활용에 대한 교육을 한다, 실험 · 실습 수업에서 지켜야 하는 안전 교육을 한다, 실험 · 실습 수업 준비 및 사전 교육을 한다, 산업체 현장과 같은 수업 분위기 조성을 한다, 산업체 현장기술을 습득할수 있도록 지도한다.

출처: 전미연 외(2014: 69-70)를 인용한 박영숙 외(2015: 43)에서 재인용.

2. 교원직의 역량 개발에 주는 시사점

역량 개발의 관점에서 역량 모델을 도입한 다른 직종과 비교해 보면, 역량 모델 도입 필요와 역량 개발의 필요는 다른 조직의 출발 동기와 다를 바 없지만, 역량 모델을 구성하는 역량군과 역량 요소 등에 관하여는 국가 수준에서의 개발 지원이 부진하다. 교직에 임용되어 부장교사, 교감, 교장으로 승진하기까지 자격연수를 거쳐 임용되고는 있으나, 승진 임용 후 공무원직처럼 역량 진단은 이루어지지 않고 체계적인 교육훈련 과정도 지원되지 않고 있다. 최고 직급인 교장직의 경우도 학교조직 경영 책임자로서 교직환경 변화를 비롯하여 위기 관리, 변화 전략 등에 관한 역량 개발이 중요하지만, 교장에 임용된 후 학교 경영의 변화로 인한 변화 전략 및 위기 관리 등에 관한 체계적인 교육 · 훈련과정은 지원되지 않고 있다(박영숙 외, 2015: 44).

역량 개발의 관점에서 보면 교원의 양성과 자격, 임용, 연수에 이르는 교원정책 간의 연계는 매우 중요한 요건이다. 또한 교원의 역량을 개발한 뒤에는 역량의 활용과 관리 측면에서 모니터링하고, 역량의 수준을 지속적으로 진단하고 개발해 가는 관리 체계도 중요해진다. 따라서 교원정책 측면에서는 이러한 역량 개발과 활용, 관리를 체계적으로 종합 지원하는 국가 수준의 종합계획을 수립하는 것이 요구된다.

교직환경의 변화로 인하여 교육 현장에서의 역량 개발의 요구는 높으나 교사직 가운데 전문교과 관련 교사직의 경우만 NCS 기반의 역량 모델로 접근하여 시범 운영하고 있는 것 외에는 대다수 교원직을 위한 국가 수준의 종합적인 교원정책이 수립되어 있지 않다. 현행 교원정책의 취약점을 간략히 기술하면 다음과 같다(박영숙 외, 2015: 171-179).

첫째, 교직에서는 학교 구성원 변화와 창의 인성 중심의 교육정책 추진, 교육과정 개정 변화 등으로 교원의 직무수행 여건에 변화가 이루어지고 있고, 변화로부터 요구되는 소통 역량과 이해 역량을 비롯한 다양한 역량 개발에 대한 요구가 높으나 국가 수준의 역량 개발 지원정책이 부재하다는 문제가 확인된다. 또한 21세기 교육 시스템은 학생이 갖추어야 할 핵심 역량을 중심으로 교육체제 전반에서의 변화가 이루어지고 있고, 교사교육에서의 재구조화를 요구하고 있다.

둘째, 교원은 교육공무원의 신분과 위상을 갖고 있으나 아직까지 역량 모델이 개발되어 있지 않다. 역량 모델을 도입하여 활용하는 기업과 국가공무원직에서는 환경 변화와 연계하여 역량 모델의 활용 효과를 점검하며 주기적으로 갱신하고 있으나 교원직은 역량 모델 부재로 환경 변화에 대한 적응력을 제고할 연수 기회가 제한되어 있다.

셋째, 교원 모두가 공통적으로 갖추어야 할 핵심 역량군과 직급별, 자격종별, 경력 발달 단계별로 요구되는 직무 역량군에 대한 역량 개발체계가 확립되어 있지 않다. 교장직과 교사직의 핵심 역량을 개발하려는 학계의 연구 노력이 2010년 이후 지속되고는 있으나 초·중등학교 전체 교원의 역량 개발을 위한 국가 수준의 설계는 이루어지지 않고 있다.

넷째, 학교경영을 위해 교직환경 변화, 교육정책 변화, 위기 관리 등에 관한 전략을 개발하고 현장에 적용하는 변화 전략 및 위기 관리과정이 교감과 교장직 등 경영진에게 필요하나 공무원에 비해 연수과정이 극히 제한적으로 이루어지고 있다.

Ⅲ. 교원 역량 개발을 위한 도전과 과제

교원직의 역량 개발을 위한 국가 수준의 지원체계 구축이 시급하다. 가장 우선적으로 추진해야 할 과제는 역량 모델을 개발하는 것이다. 교원 모두에게 적용하는 핵심 역량군과 직급별, 자격종별, 경력 발달 단계별로 요구되는 직무 역량군을 개발하는 것은 쉽지 않은 절차가 되겠지만, 국가 수준에서는 시급히 도전해야만 한다. 교직 변화와 구성원 특성을 반영한 국가 수준의 교원의 역량 모델을 정립하고 이를 체계적으로 지원하고 관리하는 역량 개발 및 전담 지원체계를 구축해야 한다.

교원의 역량 모델은 교원에게 기대하는 핵심 역할을 중심으로 공통 역량군을 설정하고, 자격종별 및 직급별 특성을 반영하는 '직무 역량군'과 교직에서의 생애 발달 단계별로 요구되는 전문 역량군의 개발이 시급하다. 이하에서는 국가 수준에서 도전적으로 추진해야 할 정책 과제로 교원의 역량 모델 개발 및 도입, 국가 수준의 교원 역량 개발 전담 관리체계 구축, 역량 진단 도구 개발 및 자기진단 지원, 역량 진단 결과와 연계한 주기적인 맞춤형 연수 지원, 교사 학습공동체 활성화 지원의 다섯 가지를 제시하고 과제별로 추진 방향과 내용 등에 관하여 기술한다.

1. 교원의 역량 모델 개발 및 도입

전국 초·중·고등학교 교원에 적용될 교원 역량 모델을 조속히 개발하고 도입한다. 역량 모델을 도입해야 하는 이유는 21세기 교육 모델 도입, 교직환경 변화와 새로운 교육정책 도입 등으로 인한 직무수행 변화, 국가직무능력표준 도입 등의 변화로 인하여 교직 구성원에게 요구되는 역량을 도출하여 현장 중심의 역량체계를 구축할 필요가 있기 때문이다. 역량 모델의 구성 요소는 ① 역량 모델의 도입 필요와 목적, ② 역량 구성 및 요소, ③ 역량 개발 절차, ④ 역량 개발 주체, ⑤ 역량 활용, ⑥ 역량 개발 및 관리체계이다(박영숙 외, 2015: 73).

다음의 〈표 14-8〉은 역량 모델을 구성하는 요소별로 정리하여 제시한 것이다. 역량 유형은 역량군과 역량 정의, 역량 지표 등으로 구성되는 역량체계로 구축한다. 역량 유형은 공통 역량군과 직무 역량군, 전문 역량군의 세 유형으로 구분하여 개발한다. 공통 역량군은 모든 교원에게 적용되는 핵심 역량이고, 직무 역량군은 자격종별 및 직

〈표 14-8〉 교원의 역량 모델 요소 및 내용(안)

구분	주요 내용
역량 모델 도입 필요 및 목적	• 도입 필요: 21세기 교육모델 도입, 교직환경 변화, 새로운 교육정책 도입 등으로 인한 직무수행 변화, 국가직무능력표준 도입 등 • 도입 목적: 교직 구성원에게 요구되는 역량을 도출하여 현장 중심의 역량 개발 지원
역량 구성 및 요소	• 역량군의 구성: 공통 역량군과 직무 역량군, 전문 역량군의 세 개 군으로 구성 • 역량군의 특징 및 내용 - 공통역량군: 모든 교원에게 공통적으로 적용되는 핵심 역량 - 직무역량군: 자격종별 및 직급별로 요구되는 직무 요건과 특성(직무 난이도, 직무 부담 등)을 반영한 직무수행 역량 - 전문역량군: 교원직의 생애 발달 단계별로 요구되는 경력 단계별 전문성 심화 역량
역량 개발 절차	• 역량 개발 정책 계획 수립 후 정책 연구 수행 • 잠정 역량 추출 및 교원 설문조사로 타당화 작업 추진 • 전문가 및 관련 집단 의견 수렴 후 역량 도출 • 역량 사전 작성
역량 개발 주체	• 교원 참여에 의한 자체 개발
역량 활용	• 우수 교원 확보: 양성, 자격, 정원 및 수급, 선발 · 채용 등 • 적재적소 배치: 임용, 승진, 평가, 전직, 전보 • 역량 유지 개발: 자격, 연수, 평가, 승진, 후생, 복지, 처우, 보상 등 • 인재 활용: 전직, 전보, 승진, 파견, 보상 등
역량 개발 및 관리체계	• 역량 모델 운영 실태 점검 및 활용 관리 • 역량 자기진단 시스템 구축 및 자가진단 실시 • 교육 훈련 수요 조사 및 맞춤형 교육 · 훈련 프로그램 지원 • 교원 역량개발지원센터 설치 · 운영 • 역량 개발 지원 인프라 구축 - 수업시수 격차 해소, 교사 1인당 학생 수 감소 - 근무환경 개선 등

출처: 박영숙 외(2015: 75).

급별로 요구되는 직무 요건과 특성(직무 부담과 난이도 등)을 반영한 직무수행 역량을 의미한다. 전문 역량군은 교직에서의 생애 발달 단계별로 요구되는 경력 단계별 전문성 심화 수준의 역량을 의미한다. 직무 역량군은 직급별(교사, 부장교사, 수석교사, 교감,

교장)로 세분화하여 개발할 수도 있고, 자격종별(사서교사, 상담교사, 보건교사, 영양교사)로 세분화하여 개발할 수도 있다(박영숙 외, 2015: 74-75).

역량 개발과정에서는 역량 도출을 위해 정책 연구를 수행할 필요가 있다. 잠정 도출된 역량에 관하여 설문조사 및 전문가 워크숍 등의 절차를 거쳐 역량의 타당화 작업을 한 후 역량 요소별로 역량 사전을 작성한다. 역량 모델은 채용, 선발, 평가, 승진 등에 제한적으로 활용하는 것보다는 우수 교원 확보 및 전문성 유지 · 개발, 인재 활용이란 지향성과 연계하여 교원정책 전체 분야와 연계하여 활용함이 바람직하다. 특히 전문성 유지 · 개발을 위한 학습 연구년 등의 복지정책이 강화될 필요가 높고, 교사 1인당 학생 수 개선, 수업시수 등의 교육 인프라 개선 등의 정책도 지원될 필요가 높다(박영숙 외, 2015: 76).

2. 국가 수준의 교원 역량 개발 전담 관리체계 구축

교원의 역량 개발을 지속적으로 지원하기 위해서는 국가 수준의 전담 지원체계를 구축하는 것이 중요하다. 이는 교직환경 변화에 부응하여 역량 모델의 지속적인 갱신이 요구되기 때문이며, 교원의 생애 발달 단계별로 요구되는 역량과도 연계하여 지원할 필요가 있기 때문이다. 전담 지원체계 구축에서 중요한 요건은 공무원에게 적용되어 운영되는 체계와 마찬가지로 교원의 역량 자기진단 시스템을 구축하여 자기진단을 실시할 필요가 있다는 점이다. 진단 결과를 토대로 맞춤형 교육 · 훈련 프로그램을 개발 · 지원해야 한다. 교육 · 훈련 수요를 정기적으로 조사하여 지원하는 것도 과제 중의 하나이다.

또한 역량 개발을 위해 양성-자격-연수를 연계하고, 역량 활용과 관리를 위해서는 교원정책에서 종합적인 지원이 이루어져야 한다. 제4차 산업혁명 시대에서 지향하는 핵심 가치를 중심으로 교육체제와 교원정책을 연계하여 추진하는 중 장기 발전 방안을 수립하여 지원하는 것이 시급하다(박영숙 외, 2015: 190).

3. 역량 진단 도구 개발 및 자기진단 지원

역량 모델을 도입한 후 운영과정에서는 구성원의 지속적인 역량 개발을 위해 구성원 개인의 역량 개발계획을 수립 · 활용할 필요가 있다. 역량 개발계획 수립 단계에서는 역량 유형별로 진단하고 진단 결과를 반영하여 필요한 연수과정을 이수하여 역량을 강화하는 연수 계획이 반영되어야 하는데, 이때 역량 진단 도구가 활용될 수 있어야 한다. 특히 구성원 스스로 역량을 진단하고 필요로 하는 연수과정이 무엇인지 진단 결과에 따라 선택할 수 있게 지원하는 역량 진단 시스템 구축은 역량 모델 운영상 매우 필요한 요건으로 보인다.

공무원직의 경우, 국가인재개발원에 '역량진단센터'가 설치되어 각 부처에 소속된 공무원의 역량에 대한 자기진단을 실시하고 진단 결과를 토대로 필요한 연수과정을 지원하는 시스템을 갖추고 있다. 역량 진단의 목적은 공무원들의 능력 배양을 위해 역량 진단은 필수적이고, 공무원 개인의 역량 개발 계획 수립과 필요한 교육기회 제공을 위해 실시하는 것으로 제시되어 있다.

진단 시스템의 운영 측면에서는 진단 결과를 토대로 진단대상자들이 희망하는 교육과정을 시스템에서 탐색하여 교육과정을 신청할 수 있게 시스템상으로 역량 개발을 촉진하는 기능을 갖고 있음이 부각된다. 즉, 진단 결과 점수가 낮은 역량은 시스템에서 자동으로 진단되고 해당 수준에서 선택 가능한 교육과정들이 지원되기 때문에 진단대상자들은 진단 결과와 더불어 선택할 수 있는 교육과정 목록을 제공받고 선택할 수 있게 운영된다. 교육 대상자는 각 부처에서 신청한 교육 과정별 대상자를 조회하여 최종 확정되고, 관련 연수를 지원한다(국가인재개발원 역량진단센터 홈페이지, 2017).

4. 역량 진단 결과와 연계한 주기적인 맞춤형 연수 지원

이 과제는 앞서 제시한 역량 진단 도구 개발 및 자기진단 지원체제 구축과 연계하여 동시에 추진되어야 할 과제이다. 정책 목표는 교사의 역량 수준을 진단한 후 역량 수준을 유지·개발하기 위해서 주기적으로 연수를 지원한다는 데 있다. 역량 자기진단 지원체제를 구축하는 동안 한편에서는 역량 진단 결과와 연계한 맞춤 연수 지원체제를 구안하는 정책 연구를 비롯한 준비 작업을 추진해야 한다.

역량 진단 결과를 토대로 역량 수준별로 연수 이수증을 수여하고, 일정한 절차를 거쳐 교사자격증을 인증하는 절차로 개선할 필요가 있다. 자격증 관리에 관하여는 자격증 갱신제도와 유효 기간제와 같은 정책 방안이 제안된 바 있으나, 갱신 절차에 대한 부담과 연수제도의 미비로 적극 추진되지 못하였다. 교사 자격은 임용 전 양성기관에서 취득한 이후 교직에 들어와 퇴직할 때까지 갱신 절차나 국가 수준의 인증 절차 없이 그대로 사용하게 됨으로써 교사 자격의 질 관리가 제대로 이루어지지 않는 취약점이 지속되어 왔다. 역량 자기진단 체계가 확립되면, 진단 결과에 따라 맞춤형 연수를 지원하게 될 것이므로 교원의 자격 인증과 연계하여 추진할 수 있는 기반을 갖추게 될 것으로 기대된다. 이를 좀 더 발전시키면, 교원의 역량을 중심으로 한 양성과 자격, 연수, 평가가 함께 연계되어 추진되는 교사 역량의 유지-개발-관리의 시스템적 체계 확립이 촉진될 수 있을 것이다(박영숙 외, 2015: 200-201).

5. 교사 학습공동체 활성화 지원

교원의 역량 개발을 위해서는 단위학교에서 교사들이 함께 전문적인 학습 활동이 이루어지도록 보다 조직적으로 학습공동체 구축을 지원해야 한다. 이를 위해서는 구성원들로 하여금 학습하고 실행으로 옮기는 학습환경 조성이 중요하다. 학습환경 조성 측면에서는 교직환경 변화에 대응하여 구성원이 함께 공유하고 지향해 가야 할 핵심 가치와 변화 지향성을 공유할 수 있게 지원하는 절차가 필요하다. 이러한 학습을 위한 지원 절차는 대체로 단위학교조직부터 학습 조직화하는 것으로 이루어진다.

교원의 생애 발달을 통해 지속적으로 학습해 나갈 수 있도록 국가 수준의 체계적인 지원도 중요하지만, 단위학교가 외부 환경 변화에 부응하여 변화의 내용을 파악하고 변화의 지향성을 중심으로 변화에 적응할 수 있는 기제와 전략을 스스로 마련해 나갈 수 있도록 학습 조직망을 형성해 주는 것이 더욱 중요하다(박영숙 외, 2012). 학습 조직화를 지향하는 과정에서는 ① 개인 숙련, ② 정신 모델, ③ 비전 공유, ④ 팀 학습, ⑤ 시스템 사고와 같은 기본 원리를 적용하게 된다(박영숙, 전제상, 2003: 93).

교육환경 및 학생 특성 변화 등으로 학교에서 발생할 수 있는 다양한 현안에 대응하여 교원의 집단 토론과 우수 사례 견학 등을 통해서 현안을 공유하고 공동으로 해결해 가는 학습공동체 기반 구축이 중요한 시점이다. 단위학교에서 전문적 학습공동체를 구축하는 것을 정책 지향성으로 삼고 지원할 경우, 학교의 변화 내용을 구성원이 함께 학습함과 아울러 "공동의 노력을 통해 교육과정을 재구성하고 수업 방법을 개선하며 학교 개선 전략을 함께 모색하는 방향으로 교원에게 주어진 시간을 보다 효율적으로 활용할 수 있게 되는" 성과를 기대할 수 있다(정바울 외, 2014: 188). 따라서 학습공동체 구축을 위해서는 단위학교의 학습 조직화를 기본 전략으로 정하고, 구성원의 소통과 협력을 통해 학교의 바람직한 변화를 촉진하는 학습 경로와 환경 네트워크를 분석하는 연구를 추진할 필요가 있다(박영숙 외, 2015: 78-79).

학습과제

1. 교사직의 역량 모델 개발과 관련하여 논문 주제를 탐색할 경우, 선행 연구와 차별적으로 접근할 수 있는 주제에 관하여 논의하시오.
2. 공무원직의 역량 모델(역량군, 공통 역량)을 참조하여 교사직과 학교 행정가직의 역량 모델에 관하여 논의하시오.
3. 교원 역량 개발을 위해 국가 수준에서 우선적으로 지원해야 할 과제에 관하여 논의하시오.

참고문헌

곽영순, 임수연, 민재원(2014). 교사의 교육과정 편성 · 운영 역량 강화를 위한 학습공동체 중심의 교사 연수 개선 방안. 2014 KICE 이슈페이퍼. 연구자료 ORM2014-27-6. 서울: 한국교육과정평가원.

국가공무원인재개발원 역량진단센터(2017). http://cad.nhi.go.kr

김동원, 이일용(2012). 중등학교장의 핵심 역량 지표 개발과 역량 수준 분석 연구. 한국교원교육연구, 29(4), 347-368. 한국교원교육학회.

김정원, 박소영, 김기수, 정미경(2011). 교사 생애단계별 역량 강화 방안 연구. 연구보고 RR 2011-06. 충북: 한국교육개발원.

김정원, 신철균, 강인구, 김성수, 윤태호(2013). 교사의 학생 이해 및 소통 역량 강화 방안 연구. 연구보고 RR 2013-08. 충북: 한국교육개발원.

김혜영, 이숙정(2012). 역량교육모델의 진단과 방향: 역량교육과정과 교육효과를 중심으로. 교양교육연구, 66(4), 11-40. 한국교원교육학회.

남순란, 나민주(2014). 대학 행정조직에서의 역량모델 도입 사례 연구. 교원교육, 30(3), 285-315. 한국교원대학교 교육연구원.

박영숙, 박균열, 정광희, 김갑성, 전제상(2015). 교직환경 변화에 따른 교원정책의 진단과 과제: 교원의 역량 개발을 중심으로. 연구보고 RR 2015-03. 충북: 한국교육개발원.

박영숙, 전제상(2003). 교직 활성화를 위한 교직문화 변화 전략 개발 연구. RR 2003-9 연구보고. 충북: 한국교육개발원.

박영숙, 전제상, 황은희(2012). 한국 교사의 학교생활 · 문화 개선 연구. 연구보고 RR 2012-04. 충북:

한국교육개발원.

박영호(2012). 학교장의 리더십 역량모델 연구. 교육행정학연구, 30(1), 417-443. 한국교육행정학회.

박용호, 조대연, 배현경, 이해정(2012). 중등교사의 직무역량 요구분석. 한국교원교육연구, 29(2), 299-320. 한국교원교육학회.

박은아, 서민희, 김지영, 강민경, 안유민(2014). 성취평가제 내실화를 위한 교사 역량 강화 지원 방안. 연구보고 RRE 2014-1. 서울: 한국교육과정평가원.

윤소희, 권순형, 강성주, 김인희, 김현진, 정순원, 계보경(2013). 스마트교육 구현을 위한 학교 관리자 역량 요구 분석. 교원교육, 29(2), 67-94. 한국교원대학교 교육연구원.

이경진, 최진영, 장신호(2009). 초등교사의 핵심역량 수준 및 교직경력별 핵심 역량 수준 차이 분석. 한국교원교육연구, 26(3), 219-240. 한국교원교육학회.

이근호, 이광우, 박지만, 박민정(2013). 핵심역량 중심의 교육과정 재구조화 방안 연구. 연구보고 CRC 2013-17. 서울: 한국교육과정평가원.

이홍민, 김종인(2005). 핵심역량 핵심인재: 인적자원 핵심역량 모델의 개발과 역량 평가. 한국능률협회.

이홍민, 박양규, 시춘근, 황민영(2010). 수석교사 역량평가기준 및 평가방법 개발 연구. 교육부정책과제. 교육과학기술부.

임언, 최동선, 박민정(2008). 미래 사회의 직업세계에서 요구하는 핵심 역량 연구. 경제・인문사회연구회 협동연구총서 08-31-02. 연구보고 RRC 2008-7-2. 서울: 한국교육과정평가원.

전미연, 이지현, 송해덕(2014). 국가직무능력표준 기반 교육과정 운영을 위한 고교 전문교과교사의 역량모델 탐색. 직업교육연구, 33(4), 51-76. 한국직업교육학회.

정미경, 김갑성, 류성창, 김병찬, 박상완(2010). 교원양성 교육과정 개선 방안 연구. 연구보고 RR 2010-11. 충북: 한국교육개발원.

정미경, 김정원, 류성창, 박인심(2011). 교사 선발 방식 개선 방안 연구. 연구보고 RR2011-05. 충북: 한국교육개발원.

정미재, 정제영(2012). 교육실습이 예비교사의 역량 변화에 미치는 영향 분석. 한국교원교육연구, 29(4), 63-83. 한국교원교육학회.

정바울, 이성회, 양승실, 김병찬, 김종민, 김효정, 서용선(2014). 교원의 업무시간 실태 분석 및 개선 방안 연구. 연구보고 RR 2014-04. 충북: 한국교육개발원.

정연수, 최은수(2014). 중등학교 교감의 퍼실리테이션 역량이 교사리더십, 학교조직문화, 조직몰입 및 학교조직효과성에 미치는 영향. 한국교원교육연구, 31(3), 151-173. 한국교원교육학회.

조대연, 김희규, 김한별(2008). 미래의 평생학습사회에서 요구하는 핵심 역량 연구. 경제・인문사회연구회 협동연구총서 08-31-03. 연구보고 RRC 2008-7-3. 서울: 한국교육과정평가원.

조대연, 박용호, 김벼리, 김희영(2010). 학교장의 직무역량에 대한 요구분석. 한국교원교육연구, 27(4), 293-315. 한국교원교육학회.

주인중, 김덕기, 김영생(2009). 기업체 근로자 역량 진단 운영 실태 분석. 세종: 한국직업능력개발원.

주인중, 김덕기, 정종태, 김호현, 최선아(2010). 기업체에서의 역량모델 개발과 활용실태 분석. 직업교육연구, 29(3), 309-334. 한국직업교육학회.

주현준(2007). 학교장 리더십 역량의 상대적 중요도 분석. 교육행정학연구, 25(3), 85-105. 한국교육행정학회.

청소년폭력예방재단(각 연도). 학교폭력 실태조사 보고서.

최상덕, 서영인, 이상은, 김기헌, 이옥화, 최영섭(2014). 미래 인재 양성을 위한 핵심 역량 교육 및 혁신적 학습생태계 구축(III). 연구보고 RR2014-16. 충북: 한국교육개발원.

최상덕, 서영인, 황은희, 최영섭, 장상현, 김영철(2013). 미래 인재 양성을 위한 핵심 역량 교육 및 혁신적 학습생태계 구축(I). 연구보고 RR2013-20. 충북: 한국교육개발원.

최영진, 김도기, 주현준(2011). 수업컨설턴트의 역량 분석. 한국교원교육연구, 28(4), 1-21. 한국교원교육학회.

한국산업인력공단(2015). 국가직무능력표준이란? 국가직무능력표준 사이트.

한승연, 임규연(2012). 사이버대학 교수자의 교수역량 모델링. 교육방법연구, 24(4), 837-862.

허희옥, 임규연, 김현진, 이현우(2013). 스마트교육을 위한 교원역량 진단 도구 개발. 교육정보미디어연구, 19(2), 151-173. 교육정보미디어학회.

홍원표, 정하나(2012). 초임교사 멘토링에 필요한 초등 수석교사의 역량요소 탐색: 중요도와 실행 준비도를 중심으로. 한국교원교육연구, 29(4), 295-319. 한국교원교육학회.

황은희, 백순근(2008). 중등교사의 실천적 교수역량에 대한 자기평가와 전문가 평가의 비교연구. 교육평가연구, 21(2), 53-74. 한국교육평가학회.

제15장
미래 교직사회의 변화 전망과 교원정책 이슈

박남기(광주교육대학교 교수)

개요

눈앞에 펼쳐질 미래가 지금까지와는 전혀 다른 새로운 시대가 될 것이라는 기대감과 불안감이 교차하면서 미래에 대한 관심이 더욱 커지고 있다. 이 장은 교직에 영향을 미칠 미래 사회 변화를 전망하고, 이를 토대로 교직사회 변화를 전망하며 동시에 미래 사회에 대두될 교원정책 이슈를 분석하는 것을 목적으로 하고 있다. 미래 사회 변화는 학교와 교육의 역할에 영향을 미치고, 나아가 교직에도 영향을 미치게 될 것이다. 교직에 영향을 미칠 미래 사회 변화를 사회·경제적 측면, 정치적 측면으로 나누어 살펴본 후 이러한 변화가 교육과 교직에 미칠 영향을 간략히 정리하여 제시한다. 미래 예측과 관련하여 기억해야 할 것은 미래는 거기에서 우리를 기다리는 것이 아니라 오늘의 우리가 만들어 가는 것이라는 점이다. 다가올 미래가 가져올 그림자를 미리 예측하여 그것을 옅게 하는 데 필요한 사회 시스템을 제시하고 필요한 역량을 길러 주는 것, 아름다운 미래 사회에 대한 비전을 만들고 공유하는 것, 그러한 비전에 적합한 역량을 갖춘 사회 구성원이 되도록 학생들을 교육시키는 것이 학교와 교육의 역할이 되어야 한다. 이러한 학교가 되도록 하기 위해서는 교사들이 필요한 자질과 역량을 갖추어야 한다. 미래 학교가 필요로 하는 교사의 자질과 역량은 우리가 직면하고 있는 현실과 미래 교사에게 요구되는 역량을 토대로 분석·제시한다. 마지막으로, 교사가 필요한 자질과 역량을 갖추도록 유도하기 위한 교원정책 이슈를 분석한다. 특히 교사 양성 관련 이슈에 초점을 맞추어 나아갈 방향을 제시하고, 그 외 관련 이슈도 간략히 다룬다. 독자들이 이 장이 제시하는 교육과 교직사회 미래에 대한 전망을 접할 때 이를 그대로 받아들이기보다는 자신의 관점에서 그것을 재해석하고 미래 예측을 위한 토대로 활용하는 자세를 견지하기를 기대한다.

Ⅰ. 미래 전망 시 유의점

미래는 아직 오지 않은, 그러나 다가오고 있는 내일이다. 2017년 기준으로 미래란 일반적으로 제4차 산업혁명 시기를 의미한다. 그러나 미래를 대변하는 용어로 이 개념을 사용할 경우 경제와 과학기술 측면에만 초점을 맞추게 되어 미래 사회의 정치, 사회, 문화 등 우리 삶에 영향을 미치고 우리 삶의 한 부분이 될 다양한 측면을 소홀히 하게 될 수 있음을 유념해야 한다. 교육과 관련된 미래를 전망할 때에는 어느 한 분야가 아니라 인간 삶에 영향을 미치는 다양한 측면을 동시에 고려해야 한다.

미래를 전망할 때 유념해야 할 것 중의 하나는 인간 삶의 관점에서 볼 때 미래가 긍정적인 면과 부정적인 면을 동시에 가지고 있다는 점이다. 너무 낙관적이거나 비관적으로 미래를 전망하면 미래 모습과 동떨어진 모습이 될 가능성이 높다. 또 하나 기억할 것은 미래 가변성이다. 미래는 고정된 모습으로 거기에서 우리를 기다리고 있는 것이 아니라 지속적으로 변한다. 도도한 해류처럼 우리의 의지와 무관하게 흘러가는 부분도 있지만 상당 부분은 오늘의 우리가 만들어 가고 우리가 예상치 못한 변수로 인해 계속 바뀌어 간다. 미래 예측이 계속 바뀌는 이유 그리고 맞는 경우보다 틀린 경우가 더 많은 이유는 미래 가변성 때문이다. 초기에는 제4차 산업혁명 시기에 가장 먼저 없어질 직업에 교사가 포함되었다가 최근에는 가장 오래 살아남을 직업으로 교사가 거론되고 있는 것이 하나의 예이다.

미래를 예측하는 사람들이 취하는 입장 중의 하나는 과장이다. 누구도 가 보지 못한 세계이기 때문에 과장되게 이야기해도 비판을 받지 않을뿐더러, 그렇게 해야 오히려 더 주목을 받기까지 한다. 학교와 관련해서는 대학뿐만 아니라 일반 학교도 사라지게 될 것이라는 예측은 오래전부터 있었지만 학교는 아직도 건재하다. 20세기 말 21세기 초 사이에 19세기 교사가 20세기 교실에서 21세기 학생들을 가르친다는 말이 회자되었다. 이 말은 학교의 시설이 낙후되어 있고 교사가 시대에 뒤떨어진다는 의미로 사용되었지만, 달리 생각해 보면 교사는 그만큼 변하기 어렵다는 의미이기도 하다. 제도상 한번 임용된 교사는 30년 이상의 세월 동안 정년을 보장받으며 근무하게 된다. 따라서 스스로 변화하기 위해 노력하지 않는 한 급변하는 시대에 늘 뒤진 사람으로 치부되기 십상이다. 그리고 사람들이 만들어 가는 문화는 형성과 변화에 오랜 시간이 걸린다. 학교조직은 사회의 문화 전수를 중요한 목적으로 하는 조직의 특성으로 인해 사회의 다른 조직에 비해 자체의 문화 변화도 상대적으로 더디다. 이러한 여러 이유로 인해 학교는 기대만큼 잘 변하지 않게 된다. 학교라는 제도가 사회의 요구에 부응하지 못하면 새로운 제도가 이를 대체하겠지만 이러한 혁명적 변화는 그리 쉽게 일어나지 않는다. 따라서 미래에 대한 다양한 전망을 접할 때 이를 그대로 받아들이기보다는 자신의 관점에서 이를 재해석하고 미래 예측을 위한 토대로 활용하는 자세가 바람직하다.

이 장에서는 먼저 교육과 관련한 미래를 전망한다는 의미가 무엇인지를 밝힌다. 이어서 교직에 영향을 미칠 미래 사회 변화를 전망하고, 이를 토대로 교직사회 변화를 전망한다. 마지막으로 미래 사회에 대두될 교원정책 이슈를 분석한다.

Ⅱ. 교육과 미래 전망의 관계[1)]

2016년 다보스포럼 회장인 클라우스 Schwab의 제4차 산업혁명이 소개되면서 이 용어가 세상에 회자되고 있다. 제4차 산업혁명은 사물 인터넷, 로봇, 인공지능, 빅데이터 등의 기술이 나노기술, 바이오기술, 정보기술, 인지과학의 융합기술로 발전하여 사이버 물리 시스템(Cyber Physical System)이 생산을 주도하게 될 것이라고 한다(김진숙, 2016; 이혜정, 2016). 제4차 산업혁명은 생산 수단과 양식만이 아니라 궁극적으로 인간사회 전체에 커다란 변화를 가져올 것이다. 우리 인류는 희망과 우려 속에서 제4차 산업혁명이라는 거대한 해류에 몸을 맡기고 있다. 제4차 산업혁명기로 대표되는 다가오는 미래에 인공지능과 로봇, 생명과학 등의 급속한 발전이 가져올 사회 · 정치 · 경제 · 문화 구조의 변화가 교직사회에는 어떠한 영향을 미치고, 이로 인해 교원정책의 이슈로 떠오를 것은 무엇일까?

이 화두에 답하기 위해서는 이러한 기술 발전과 사회 변화가 교육의 내용과 방법,

1) 이 내용은 박남기(2017)의 「제4차 산업혁명기의 교육개혁 새패러다임 탐색」을 토대로 한 것임.

교육 제도와 정책에 미칠 영향을 예측해 보는 것이 필요하다. 이어서 미래 사회에 적합한 사회 구성원(인재)으로 만들기 위해 교육을 어떻게 변화시켜야 할 것인가에 대한 방향 탐색이 필요하다. 그리고 외부의 변화를 예측하고 거기에 맞추어 교육을 변화시키는 데에서 한발 더 나아가 우리가 꿈꾸는 아름다운 미래를 만들기 위해 교육은 어떤 역할을 해야 할 것인가를 전망한 후, 이러한 변화가 교직사회에 미칠 영향은 무엇이고, 교원정책과 관련하여 부각될 이슈는 무엇인지를 전망할 필요가 있다.[2)]

전망을 위한 하나의 시도는 제4차 산업혁명을 비롯한 미래 사회 변화를 교육에 영향을 미치는 하나의 환경으로 간주하여 환경 변화가 교육에 미칠 영향을 예측해 보는 것이다. 제4차 산업혁명이라는 환경 변화가 교육에 미칠 영향은 직접적인 영향과 간접적인 영향으로 나누어 볼 수 있다. 직접적인 영향은 그 변화가 교육내용과 교수법 변화에 직접적으로 영향력을 행사하는 것을 의미한다. 제4차 산업혁명과 관련된 사항이 교육내용에 포함되고(예: 2015 개정 교육과정에 포함된 소프트웨어 교육), 교수법이 변화되는 것(예: 스마트 교육, 학습자중심 교육 등)이 그 예이다.

간접적인 영향은 제4차 산업혁명으로 인해 인간과 사회(정치 · 경제 · 문화 등)의 제반 영역이 바뀌게 되고, 이러한 변화가 학교교육에 미치는 영향을 의미한다. 2016년 7월 구글의 인공지능 개발 이사이자 미래학자인 Ray Kurzweil은 "2030년대에는 나노봇을 뇌의 모세혈관에 이식해 인간의 신피질[3)]을 클라우드 속 인공 신피질에 연결, 사고를 확장할 수 있을 것"이라고 주장했다. 클라우드를 통해 신피질을 확장한다면 1~2초 안에 1만 개의 컴퓨터 데이터에 접근할 수 있다는 것이 그의 주장이다(노자운, 2016). 만일 그의 주장이 현실이 된다면 '신피질은 향후 수십 년간 무한대로 확장'되어 문화와 기술 등 다양한 분야에서 인류는 완전히 새로운 차원으로 도약하게 될 것이다. 이러한 신인류에 적합한 교육은 지금까지의 교육과는 상당히 다른 모습일 것임을 예측해 볼 수 있다.

새로운 기술의 발달은 경제(직업구조, 부의 분배)에 가장 큰 영향을 미칠 것이다. 기존의 많은 직업이 사라지고, 새로운 직업이 생기며, 궁극적으로 일자리 자체가 줄어들 것이라는 예측이 지배적이다. 그리고 신기술의 발달은 부의 집중을 더욱 심화시킬 것이다. 이러한 상황은 학교교육에 커다란 영향을 미치게 될 것이다. 경제 이외에도 정치

2) 교육부는 2016년 12월 '지능정보사회에 대응한 중장기 교육정책의 방향과 전략' 시안을 발표하였다. 유연화, 자율화, 개별화, 전문화, 인간화라는 핵심 교육 방향을 수립하고 이를 구현하기 위한 중점 추진 전략을 각각 3~5개씩 제시하였다.

3) 포유류는 뇌에 신피질(neocortex)을 갖고 있는데, 이것이 고차원의 사고가 필요한 행위를 담당한다.

와 문화, 가족관계 등 사회 전반이 커다란 변화를 겪게 될 것이다. 이러한 변화는 당연히 학교교육에 영향을 미칠 수밖에 없다.

또 다른 시도는 교육의 핵심 역할인 개인 역량 강화 및 사회가 필요로 하는 인재(사회 구성원, 인적 자원) 육성이라는 차원에서 교육이 변화에 보다 적극적으로 대응하여 스스로를 어떻게 변화시켜야 할 것인가에 대한 답을 찾는 것이다. 이 시도는 환경 변화가 미칠 영향에 대한 예측에서 한발 더 나아가 학교가 보다 적극적으로 어떠한 변화를 이루어야 하는가에 초점을 맞춘 것이다. 이 시도를 사회가 필요로 하는 '인적 자원' 배출에 초점을 둔 사회투자적론적 관점(양재진 외, 2008)에서 교육이 어떻게 바뀌어야 할 것인가로 해석하는 것은 학교가 하는 기능을 너무 좁게 해석하는 것이다. 잘 알고 있듯이 학교는 미래 시민이 경제활동에 필요한 인적 자원으로서의 역량만을 길러 주는 곳은 아니다. 사회 구성원으로 살아가는 데 필요한 역량, 그리고 보다 근원적으로는 개인의 잠재력을 최대한 계발하고, 새로운 사회에 생존 · 적응하며, 나아가 행복한 삶을 영위할 수 있는 역량을 길러 주는 역할을 한다. 학교는 미래 사회의 변화를 예측하여 학생들에게 필요한 역량을 길러 줄 수 있도록 적극적으로 교육과정, 교수법, 생활지도를 포함한 학급경영 방법, 진로지도 등 교육의 모습을 바꾸어 가야 할 것이다. 이와 함께 그러한 역량을 기르는 데 적합한 교육 내용과 방법, 학교체제, 교원 역량, 교육정책 등도 모두 중요 관심사가 될 것이다.

마지막 시도는 아름다운 미래 사회 창조기관으로서의 학교와 교육의 역할을 탐색하는 것이다. 학교는 사회 변화에 적응할 인재를 육성하는 기관으로서의 역할에서 한발 더 나아가 우리가 꿈꾸는 아름다운 사회를 만드는 데 적합한 사회 구성원을 교육시키는 기관이다. 미래는 거기에서 우리를 기다리는 것이 아니라 오늘의 우리가 만들어 간다. 다가올 미래가 가져올 그림자를 미리 예측하여 그것을 옅게 하는 데 필요한 사회 시스템을 제시하고 필요한 역량을 길러 주는 것, 아름다운 미래 사회에 대한 비전을 만들고 공유하는 것, 그러한 비전에 적합한 역량을 갖춘 사회 구성원이 되도록 학생들을 교육시키는 것이 학교와 교육의 역할이다.

Ⅲ. 교직에 영향을 미칠 미래 사회 변화[4)]

미래 사회 변화는 학교와 교육의 역할에 영향을 미치고, 나아가 교직에도 영향을 미치게 될 것이다. 교직에 영향을 미칠 미래 사회 변화를 사회 · 경제적 측면, 정치적 측면으로 나누어 살펴본 후 이러한 변화가 교육과 교직에 미칠 영향을 간략히 정리하면 다음과 같다.

1. 우리나라의 사회·경제 미래 변화와 교육

1) 한국 경제 수준의 변화

카이스트 미래전략대학원(2015)은 글로벌 경제통합 현상 가속화, 저성장 시대, 제4차 산업혁명으로 인한 일자리 부족 현상, 기술혁신과 신산업 창출, 남북의 통일경제 등을 우리 경제의 미래이자 전망으로 제시하고 있다. 이처럼 우리의 앞에 많은 난관이 기다리고 있지만 제4차 산업혁명 시대에 OECD 국가 중에서 일자리가 많이 없어질 확률이 가장 낮은 나라(이대희, 2017. 3. 9.)라는 연구 결과를 비롯하여 우리 경제 수준의 미래를 긍정적으로 보는 견해도 상당수 있다.

Schwab(2016)은 제4차 산업혁명이 몰고 올 변화를 산업, 국가, 세계, 사회, 개인 차원에서 기술하고 있는데, 저성장, 노동시장 양극화, 전자정부 확대로 인해 권력이 비국가 세력으로 이동, 안보 위협 증가, 불평등 심화, 개인의 행동양식과 정체성 변화 등이 그것이다. 이러한 변화에 대처하기 위해 우리의 산업계뿐만 아니라 교육계도 나름의 준비를 하고 있다. 제4차 산업혁명의 도래가 한국의 사회 · 경제적 흐름에 미칠 특징 중에서 교육과 직간접적으로 연관되는 것으로는 경제 수준의 변화, 빈부 격차 심화, 인구 도시집중 심화, 혼인율 저하 및 저출산과 고령화, 비전통적 가정 비율 급증, 노동력 여성화, 사회적 갈등 심화, 다문화 증가, 국제적 이동성 증가, 남북관계 변화 등을 들 수 있다. 그중 몇 가지만 간단히 살펴본다.

먼저, 국내 교육 분야에서 실시한 미래 사회 예측을 살펴보면, 한국교육개발원이 실

4) 이하의 내용은 박남기(2017)의「제4차 산업혁명기 교육개혁의 새패러다임 탐색」을 토대로 함.

시한「미래 교육비전 연구」(박재윤 외, 2010), 한국교총이 실시한「한국교육의 진단과 미래교육 트랜드」(김희규 외, 2009), 박남기(2011)의「초등교육비전」, 카이스트 미래전략대학원의「대한민국 국가미래전략 2016」, 경기도교육연구원(2016)의「제4차 산업혁명시대, 한국교육 쟁점과 해법」, 한국교육학회의 교육정책포럼(2016), 교육부(2016)의「인재강국 실현을 위한 대한민국 미래교육 청사진」 등을 들 수 있다.

한국교총의 연구(김희규 외, 2009: 25-26)는 미래 사회의 주요 특징을 정보 · 지식사회, 다문화사회, 자동화사회, 그리고 포스트휴먼사회의 네 가지로 분류하고 각각의 주요 특징을 제시하고 있다. 한국교육학회가 주최한 '지능정보사회에 대비한 미래 교육정책 방향과 과제'라는 포럼에서 정제영(2016)은 우리 교육환경의 미래 특성을 저출산 및 고령화에 따른 생산가능인구 감소, 세계화와 다문화 진전, 지능정보사회 도래 등으로 정리하고 있다. 경기도교육연구원은 2016년 10월 13일 '제4차 산업혁명 시대, 한국교육 쟁점과 해법'이라는 주제로 심포지엄을 개최하였다. 이 심포지엄은 제4차 산업혁명에만 초점을 맞춘 것이 아니라 그 시대의 흐름에 대한 예측을 토대로 교육의 방향을 탐색하는 시도를 하였다.

박남기(2011)는 교육에 영향을 미칠 미래 사회 변화로 학부모의 교육 수요 고급화, 학생 수 급감에 따른 개인 특기 적성 발굴 강조, 이를 위한 초등학교의 개별화교육 강화(개인 맞춤형 학습방법 지도, 건강 및 사회성 발달 지도 등), 사이버 교육 및 가상현실 보편화(그러나 초등학교에서는 기본학습 능력 제고, 생활지도 등을 위해 소규모 학급이 운영되게 될 것임), 뇌의학 발달에 따른 학습이론 및 훈련과 뇌의학 접맥 강화, 초등학교의 교담교사 확대(교육의 교과 전문성 강화 및 초등학교 교사 부담 적정화를 위한 조치) 등을 들고 있다. 박재윤 등(2010)은 특히 학령인구 감소가 교육 미래에 미칠 영향에 초점을 맞추어 분석하고 있다. 카이스트 미래전략대학원(2015)은 교육의 장을 떠나는 아이들, 공교육 무력화, 인터넷, 멀티미디어 환경 변화에 대한 부적응 등의 문제를 제시하면서 이를 극복하기 위해 교육력 회복, 창의성 교육을 조장할 사회 · 문화적 환경 조성, 교육방식 변화, 다양한 진로 세계 인정, 학생 · 교사 · 학부모 협업을 통한 맞춤형 교육 등의 방향을 제시하고 있다.

경제 여건 변화가 교육에 미치는 영향은 아주 크다. 미국 부시 대통령 때의「아동낙오방지법(No Child Left Behind: NCLB)」은 Hargreaves와 Shirley의 구분에 따르면 학교 혁신 제2의 길의 대표적인 예이다. 그런데 그들이 밝힌 것처럼「아동낙오방지법」 자체가 문제가 되었다기보다는 경제 상황 악화로 국가가 이 정책 구현에 필요한 재원을 제대로 확보하지 못했고, 재원 부족으로 인해 여러 교육구에서 읽기 코치를 비롯한 중요 교직원의 자리를 없애게 되어 결과적으로 성과를 나타내지 못하게 되었다(Hargreaves & Shirley, 2012: 62). 우리나라의 경우에도 5 · 31 교육개혁을 실시할 때 1998년까지 교육재정을 GNP 대비 5% 수준까지 확보한다는 목표를 수립했으나, 1997년 말 국가가 IMF 외환관리체제에 들어가게 됨에 따라 이 목표를 달성할 수 없게 되었다. 오히려 지방교육채 발행을 통한 재원 조정의 관행만 고착시켰다(송기창, 2015: 98). 이처럼 교육개혁안을 제안할 때 가장 중요한 것 중의 하나는 재원 확보 가능성이다. 너무 당연한 이야기이지만 교육개혁의 성과는 사회문화적 특성뿐만 아니라 국가의 경제적 상황에 따라 크게 바뀐다. 정책 우선순위를 매길 때 예산 확보 가능성에 따라 최상의 시나리오와 최악의 시나리오를 제시하면 최악의 경우에 조금이나마 대비가 될 것이다.

경제 수준 향상의 효과는 긍정적인 측면과 부정적인 측면으로 나누어 볼 수 있다. 긍정적인 면에서는 경제력을 바탕으로 학교와 교실의 교육 환경과 여건이 더욱 개선될 수 있을 것이다. 많은 예산을 필요로 할 첨단 장비를 갖춘 뇌기반 학습 등이 가능하게 될 것이다. 하지만 경제적 풍요는 학생들의 목표의식 부재에 따른 무기력감 증가, 이기심 증가, 분노조절장애 등의 정신질환 비율 증가 등의 부작용을 가져올 수도 있다. 학교교육은 이러한 부작용을 줄이는 데에도 초점을 맞추어야 할 것이다. 이는 개별화교육 등 교육 수요의 고급화로 이어질 것으로 예상된다. 이와 함께 교사들의 무기력증도 증가하게 될 것이다. 교원정책에서는 이에 대한 부분도 고려해야 할 것이다.

만일 향후 한국 경제가 급속도로 쇠락한다면 제4차 산업혁명이 가져올 미래 변화의 긍정적 측면은 일부 사람만 향유하게 되고, 나머지 사람은 더욱 비참한 상황에 처하게 될 것이다. 경제가 쇠락할 경우 많은 사회에서 가장 큰 타격을 입는 것이 교육이다. 교육예산 감축과 그에 따른 공교육의 질 저하, 계층 간 교육 격차 심화 등 더욱 암담한 미래가 우리를 기다리게 될 것이다. 그리고 이는 교직의 미래 또한 더욱 어둡게 할 것이다.

2) 국내 빈부 격차 심화

2050년, 전 지구적인 빈부 격차는 훨씬 감소할 것이라고 한다. 그러나 세계경제포럼(World Economic Forum)의 2011년 조사에 따르면, 많은 회원이 향후 10년간 전 지구적 위협을 가져올 두 가지 문제로 글로벌 지배구조의 실패와 소득 불평등을 꼽아 빈부 격차 심화가 국가 간 그리고 한 국가 내에서도 큰 문제가 될 것으로 예상되고 있다(The

Economist, 2012: 262). OECD 국가 중에서 빈부 격차가 두 번째로 심한 우리나라는 범사회적 합의 속에서 특별한 조치가 취해지지 않는 한 갈수록 격차가 커질 것으로 예상된다.

사회의 빈부 격차 문제를 교육이 어찌할 수는 없다. 국가와 학교가 할 수 있고 또 해야 하는 것은 먼저 학교 간 격차 해소이다. 빈부 격차 심화는 학교를 포기하는 아이의 증가, 학력 부진아 증가 등으로 이어지게 될 것이다. 따라서 소외된 지역에 단순히 평등한 여건을 갖추어 주는 데에서 더 나아가 소외된 지역에 대해서는 가정이 제 역할을 하지 못하는 만큼의 추가 지원을 해 주어야 한다. 소외 지역에서는 학교의 돌봄 기능이 더욱 강화돼야 할 것이다.

미국의 경우 교육자치가 강화된 결과로 지역 간 교육 격차가 심각한 상황이지만 해결을 하지 못하고 있다. 우리는 아직까지는 상당히 성공적으로 교육 여건과 시설 차원에서의 기회균등을 이룩하고 있다. 교원 지방공무원화, 학교단위 교원채용, 학생 수 기준 예산 배정 등은 기회 불균등을 초래할 정책들이므로 정책 의제로 삼을 때 각별히 유의해야 한다. 가장 근본적인 것은 그러한 사회 속으로 들어갈 아이들에게 이 사회가 보다 살 만한 행복한 세상이 되도록 하기 위해 그들이 해야 할 역할이 무엇인지를 가르치고, 그것을 실천에 옮길 수 있도록 마음을 열고, 더불어 살아갈 수 있는 마음의 근육을 길러 주는 것이다. 이는 민주시민교육, 인성교육으로 구현될 수 있을 것이다.

3) 실력주의 사회 그림자 심화

박남기(2016)는 「실력주의사회에 대한 신화 해체」라는 논문에서 우리 사회가 가지고 있는 ① 실력주의 사회는 공정하고 바람직한 사회라는 믿음, ② 우리 사회는 실력주의 사회가 아니라는 믿음, ③ 학벌을 타파하면 실력주의 사회가 구현될 것이라는 믿음, 그리고 ④ 실력주의 사회가 구현되면 사교육, 과도한 경쟁 등의 문제가 해결되고 궁극적으로 인성교육이 꽃을 피워 바람직한 세계시민이 길러질 것이라는 믿음은 신화(잘못된 믿음)임을 밝히고 있다. 그는 Young(1994)이 주장한 실력주의 사회의 그림자를 바탕으로 보다 완벽한 실력주의 사회를 구현하려고 애를 쓸수록 빈부 격차, 사회 갈등, 계층 간 교육 격차 등이 더욱 커질 것임을 입증하고 있다. 심지어 학벌을 타파하면 실력주의 사회가 올 것이라는 믿음과 달리 학벌 또한 실력주의 사회의 그림자여서 완벽한 실력주의 사회 구축을 위해 노력할수록 학벌은 심화될 것임도 보여 주고 있다.

사회가 실력주의를 포기하지 않는 한 그림자를 없앨 수 없다. 하지만 애석하게도 제4차 산업혁명이 진행되면 실력주의 사회의 그림자는 더욱 짙어지게 될 가능성이 높다. 그래서 교육은 실력주의 사회의 그림자를 옅게 할 신실력주의 사회 구축에 적합한 인재를 기르는 데 초점을 맞추어야 한다는 것이 박남기(2016)의 주장이다. 교육이 그 역할을 제대로 수행할 수 없을 때 제4차 산업혁명은 오히려 사회 파괴의 원동력으로 작용할 수도 있다.

4) 혼인율 저하와 저출산에 따른 인구 감소와 고령화

우리의 미래를 가장 위협하는 요인으로는 혼인율 저하와 저출산에 따른 인구 감소 및 고령화가 꼽히고 있다(이철현, 2012). 2010년에 5,000만 명을 넘어선 우리 인구는 2020년 4,933만 명으로 줄어들었다가 2050년 4,234만 명까지 감소한다. 이에 반해 세계 인구는 2010년 68억 9,600만 명에서 2050년 93억 명으로 폭증할 것이라고 한다. 한국교육개발원(박재윤 외, 2010)은 학령인구의 급속한 감소를 염두에 두며 미래 교육이 나아갈 방향을 제시하고 있다. 이 자료에 따르면 2030년까지의 전체 학령인구 추계 결과, 2011년 1,287만여 명에서 2030년 853만여 명으로 33.7%가 감소할 것으로 예측되고 있다. 특히 2015~2025년 기간에 282만여 명이 집중적으로 감소할 것으로 예측되고 있다.

이에 반해 기대수명은 크게 늘어난다. 한국보건사회연구원이 2012년 9월에 발표한 바에 따르면 우리나라 사람들의 기대수명은 2050년에 87.4년까지 늘어난다. 그러나 지금의 추세대로라면 그보다 더 늘어날 것으로 예상된다. 그 결과, 노인인구의 비중이 빠르게 높아지면서 2017년에 고령사회(65세 이상 인구가 총인구에서 차지하는 비율 14% 이상), 2026년에 초고령사회(20% 이상)에 진입할 것으로 예상된다. 이런 추세대로 가면 한국은 2040년 세계에서 가장 늙은 나라가 될 것이라고 한다(이철현, 2012). 이러한 변화 결과, 전통적 가정은 빠른 속도로 해체될 것으로 예상되고 있다. 그리고 세대 간 갈등도 커질 것으로 보인다. 이러한 변화가 교육개혁에 던지는 화두는 고독한 개인을 공동체의 일원으로 성장시키는 것, 고급인력 부족을 대비하여 모든 아이에게 적합한 개별화교육을 시키는 것, 100세 시대에 대비할 수 있도록 경제교육과 건강교육을 시키는 것 등이다.

5) 도시집중

한때 경제가 발전하면 전원주택의 선호가 늘어날 것이라고 예상하기도 했으나 그러한 예상보다는 도시생활 여건 개선에 따라 생활의 편리함과 질을 동시에 추구할 수 있는 도시화가 더욱 진행될 것이라는 예측이 더 설득력을 얻고 있다. 이코노미스트(The Economist, 2012: 21)는 늘어나는 세계 인구가 대부분 도시로 모일 것이라고 보고 있다. 2010년 기준 세계 인구의 절반이 도시에 거주하고 있는데, 2050년까지 도시 거주자 비율은 70%에 근접할 것이라고 한다. 우리의 경우에도 도시 거주자 비율은 세계적인 추세와 비슷할 것으로 보인다. 도시 인구 비율이 증가하면 좁은 공간에서 더 많은 사람이 함께 살아가야 하므로 충돌 가능성이 증가하고, 불안 요인도 증가하며, 갈등도 증가하게 될 것이다. 미래 학교는 이러한 사회적 문제를 염두에 두면서 미래 시민을 교육시켜야 할 것이다.

2. 정치적 흐름

1) 민주주의 위협 증가

에드워드 루카스는 『메가 체인지 2050(Megachange: The world in 2050)』에서 현재의 민주주의는 정신을 좀먹는 돈의 힘, 유권자들의 무관심, 끝없이 이어지는 의사결정 과정(예: 처리해야 할 법안을 제때에 처리하지 못한 채 세월을 보내고 있는 우리나라 국회), 특별한 이해집단들의 승리 등의 한계를 보이고 있다고 분석한다. 정당이나 권력자들은 제4부인 미디어만 자기들 편에 있다면 선거에서 이기기는 쉽기 때문에 미디어를 장악하기 위해 애를 쓰는 것과 같은 다양한 민주주의 위협 상황이 심화되어 가겠지만 이를 극복하게 하는 것이 바로 '시민정신'이라는 것이 그의 주장이다. 이러한 '민주주의의 피로'가 더 심해질 것이라고 예견하면서 이를 극복할 수 있는 대안으로 시민정신을 강조한다.

> 선거를 크게 앞서는 또 다른 정치활동의 기본은 시민사회, 시민정신이다. 선거가 무의미할 때, 법원이 비싸고, 느리고, 편견으로 가득 차 있고, 미디어가 짖거나 물 수 없도록 변질된 상황에서 외부인들이 보기에 희망 없는 싸움처럼 보이는 이 투쟁을 이어나갈 동기를 사람들에게 주는 것은 바로 시민정신이다(The Economist, 2012: 197).

에드워드 루카스는 '참견쟁이들과 공상적 사회 개량주의자들이 모여 압력을 행사하는 집단이나 자선단체를 조직하는 일 등'을 시민운동의 예로 들고 있다. 이러한 관점에서 보면 현재 우리나라는 피상적이기는 하지만 시민운동이 점차 뿌리를 내려가고 있다고 볼 수 있다. 다만, 일부 특정 집단의 이익만을 쟁취하고자 하는 이익단체, 혹은 특정 이념만을 주장하며 상대를 적대시하는 편협한 이념단체가 그 한계를 넘어선다면 우리의 민주주의의 미래 또한 밝다 하겠다. 향후 우리나라 민주주의의 향방은 학교교육에서 시민정신 함양을 중요한 목표의 하나로 설정하고 학생들을 잘 훈련시켜 훌륭한 시민정신을 가진 민주시민으로 길러 낼 수 있는지에 달려 있을 것이다.

2) 남북통일 혹은 교류 활성화

정치적 변화와 관련하여 교육에 가장 큰 영향을 미칠 요소로는 남북통일이나 북한과의 교류 활성화를 들 수 있다. 이는 초・중등학교뿐만 아니라 고등교육 수요에 커다란 영향을 미치게 될 것이다. 2017년 현재 남북관계가 얼어붙어 있는데, 이는 봄이 다가오는 신호이거나 파멸을 알리는 경고일 수도 있다. 1990년대 말 IMF 사태가 갑자기 터져 많은 미래 전망이 빗나갔듯이, 남북관계 변수는 교육과 학교 그리고 교직의 미래에 커다란 영향을 미치게 될 것이다.

3. 제4차 산업혁명과 교육

제4차 산업혁명 시대는 지능정보사회라는 말로 대표되고 있다. 디지털(스마트) 교육으로 인해 이제 교사는 다양한 실험을 할 수 있게 되었고 기존의 방법을 넘어서는 다양한 교수법을 활용하는 것이 가능해졌다. 정보통신 기술의 발달은 교육의 양적 확대뿐만 아니라 맞춤형 교육까지도 동시에 가능하게 할 것이다(Brynjolfsson & McAfee, 2013: 125). 학생들의 학습 과정과 결과에 대한 빅 데이터 활용은 교사의 역할을 크게 변화시킬 것이다. 디지털 시대의 교육, 즉 넓은 의미의 스마트 시대의 교육의 개혁은 이러한 기술의 변화를 염두에 두고 적응 및 극복이라는 관점에서 진행되어야 한다.

이처럼 향후 교육 변화에 가장 큰 영향을 미칠 분야는 과학과 기술의 발전이다. 특히 뇌과학의 발달은 교수방법뿐만 아니라 교육 개념 자체를 변화시킬 것이다. 전자책을 비롯한 각종 첨단 기자재가 교육에 활용되고 ICT 활용 스마트 교육, 초・중등교육

단계의 MOOC도 발달할 것으로 예상된다. 물론 이러한 흐름을 따라가기 위해서는 예산이 뒷받침되어야 한다.

그다음으로는 과학과 기술 발전에 따라 학생들이 갖추어야 할 역량과 태도, 기술 등이 바뀌게 될 것이다. 이는 학교의 역할, 교사의 역할, 교육과정 및 교육방법뿐만 아니라 교육 주체의 변화로 이어지게 되고, 나아가 교육혁신의 주체와 절차 그리고 방법에도 영향을 미치게 될 것이다.

과학적인 관점에서 볼 때 미래는 생물학에 달려 있다. 생물학이 정보과학과 나노과학과 연결되게 될 것이다. 이러한 상황을 염두에 둘 때 초 · 중 · 고 교육과정에서 학생들이 생물학과 정보과학 등에 대한 기초 지식을 쌓도록 배려할 필요가 있다.

매틀 리들리(The Economist, 2012: 387)가 이야기한 것처럼 인터넷은 혁신 속도를 가속화시키고 더 저렴한 해결책을 찾도록 도울 것이다. 과학과 기술의 발전, 이에 기초한 경제 성장은 사람들이 필요로 하는 것을 보다 싸게 제공함으로써 사람들이 필요와 욕구를 채우는 데 필요한 시간을 줄여 줄 것이다. 그러나 다른 한편으로는 새로운 고급 욕구를 창출하여 소비의 덫에 가둬 놓을 수도 있다.[5] 과잉 속에서 결핍을 창출하는 전략으로 다양한 광고를 통해 소비자로 하여금 시기심을 불러일으키는 소비사회 경제 전략(롤프 하우블, 2002)의 덫에 걸린 현대인들은 이러한 유행의 물결에서 벗어나지 못하고 있다. 이러한 시대 흐름에서 교육은 아이들이 소비의 덫에 갇히지 않도록 이끌어야 할 것이다.[6]

루드비히 지젤(The Economist, 2012: 372)은 SNS 등의 발달이 청소년에게 미칠 부정적 영향의 하나로 청소년들이 친구들과 시간을 보내는 대신 페이스북 등으로 온라인상의 다른 사람들과의 관계를 관리하는 데 더 많은 시간을 보내게 될 것임을 들고 있다. 이러한 활동 유형이 사람들을 장기적인 관계보다 짧은 교류에 집중하게 만들어 우리의 뇌를 변화시킨다는 주장이 힘을 얻어 가고 있다. 디지털 기술이 사실상 진정한

5) 시간을 절약해 주고 우리를 편리하게 해 주는 많은 것이 나오면 나올수록 오히려 더욱 바빠지는 이유 중의 하나는 필요 이상으로 편리하게 하는 값비싼 물품을 구입하기 위해 더 많은 시간 동안 일을 해야 하기 때문이다. 자동차가 이동시간을 절약해 주지만, 앞으로 무인자동차가 나오면 그것을 구입하기 위해 더 많은 시간을 일해야 한다.

6) 페르난도 트리아스 데 베스(Fernando Trias De Bes)의 소설『시간을 파는 남자(The time seller)』(2006: 24)의 주인공 TC는 잠 못 이루던 어느 날 저녁 자기 인생의 대차대조표를 만들어 자산과 부채를 따져 보았다. 그랬더니 은행 융자로 산 집을 포함하여 지고 있는 빚을 갚기 위해서는 35년을 노력해야 한다는 사실, 즉 자신이 가지고 있는 35년 분의 '시간'을 이미 모두 팔아 버렸다는 사실을 깨닫게 된다. 이 소설은 "'시간'이라는 중요한 요소를 소재로 삼아 '내 시간의 주인은 바로 나'라는 메시지를 전달하고 있을 뿐 아니라, 현대인을 노예화하는 체제를 날카로운 시선으로 비판하고 있다"(Trias De Bes, 2006: 195). 이러한 체제 속에서 현대인들은 결국 시간을 저당 잡힌 노예가 되어 매일매일을 시간에 쫓기며 살아가고 있는 것이다.

지성의 토대가 되는 장기기억의 정착에 손상을 입히게 될 것이라고 한다.[7] 이러한 변화에 대응하기 위해 학교교육에서는 학생들의 장기기억 능력 재향상, 논리적이고 체계적이면서도 심도 깊게 사고하는 사고력 배양에 초점을 맞추어야 할 것이다.

과학기술의 발달로 기계가 많은 부분에서 인간 노동을 대체해 가겠지만, 감정 근로자라고 일컬어지는 사람을 상대로 하는 일자리는 증가할 것으로 예상된다. 따라서 학교에서는 기계성에 대비되는 인성(기계로 대체하기 어려운 인간의 능력)을 기르는 교육에도 초점을 맞추어야 할 것이다.

Ⅳ. 교직사회 변화 전망

앞서 언급한 사회 · 경제 · 정치 · 문화의 변화로 인해 학교가 변하고, 교사의 역할과 사회적 지위 등도 변하게 될 것이다. 교직사회의 미래 전망은 우리가 살고 있는 세상의 변화가 교직에 미칠 영향에 대한 우려(부정적인 변화)와 희망(긍정적인 변화)을 바탕으로 하고 있다. 여기서는 먼저 1994년에 초등교사를 대상으로 실시했던 21세기 교직사회 변화 전망을 분석한다. 이는 향후 교직사회의 변화를 예측하는 데에 보탬이 될 것이다. 이어서 교사가 갖추어야 할 자질을 살펴본 후 이를 토대로 교직사회 변화를 간략히 제시하고자 한다.

1. 과거의 미래 교직사회 전망 분석: 1994년에 바라본 21세기 학교 구성원 특성[8]

광주교대 계절제 4학년에 등록한 총 61명의 교사를 대상으로 1994년 7월에 21세기 학급 전망 조사를 실시하였다. 주어진 질문은 "21세기에는 학급의 심리적 환경이 어떻게 변화될지 예견해 보시오(학급의 심리적 환경을 이루는 요소인 학생, 학부모, 선생님, 학교장의 가치관, 태도 등의 변화를 사회 변화 추이와의 관계 속에서 예견하시기 바랍니다)."였

7) '하이퍼미디어'(* 하이퍼텍스트 구조와 멀티미디어 표현을 갖고 있는 정보 이용 환경을 말한다. 하이퍼미디어 시스템에서 멀티미디어 사용 시 특징은 직접적으로 노드를 링크시킴으로써 키워드를 부여할 필요를 없애고, 링크가 되어 있는 경우 직감적으로 데이터를 검색해갈 수 있다는 점이다) 사용이 사고방식, 특히 일을 하거나 장기기억에 미칠 영향에 대한 우려가 커지고 있다(The Economist, 2012: 372).

8) 이하 글은 박남기의 '21세기 학급경영'(http://ngpark60.blog.me/140209675913)을 토대로 함.

다. 교사들은 우리의 미래 학급의 환경이 상당히 낙관적 · 긍정적으로 변화되리라고 기대하고 있었다. 교사들의 답변과 그들이 바라보는 미래 학급의 환경 변화를 미래학자 하인호(1993)의 『21세기를 잡아라: 한국 2000-2035』를 토대로 분석한 결과(박남기, 2002)를 학생, 학부모, 학교장, 교사 특성으로 나누어 간략히 소개한다.

교사들에 따르면 학생들의 협동 작업에 대한 관심이 떨어지고 있고, 나약하며 의존적인 아이들이 급증하고 있다. "지난날의 아동들보다 자기통제 능력이 부족하고 무절제하여 비행, 폭력, 약물 등에 빠질 가능성이 있다고 내다보고 있다. 미래의 아동은 인스턴트 문화의 영향으로 순간적인 선택, 만족, 쾌락에 함몰될 가능성도 있다. 한마디로 '신체적 · 정서적 · 도덕적 약골 현상'이 초래될 가능성이 있다."는 것이 교사들의 의견이었다. 또한 학생들의 교사에 대한 존경심이 저하될 것이므로 21세기 교사는 학생들로부터 존경과 신뢰를 얻는 작업부터 해야 할 것이라고 예측하였다. 하지만 '물질적 풍요를 토대로 심한 경쟁의식이 약화됨에 따라 타인과의 경쟁을 통해서보다는 자기 자신의 문제를 해결해 가는 속에서 만족을 추구하는 미래 아동이 보다 많아질 것이다. 또한 물질적 풍요를 누리는 아이들은 비록 끈기나 인내심은 부족하지만 창의성과 교육적 상상력이 더 풍부해질 가능성을 가지고 있다."라고 전망하였다. 아울러 "21세기의 아동은 과거와 같은 수동적인 학습자의 입장에서 벗어나 스스로 계획을 세우고, 자신에게 유익할 것이라고 생각되는 공부를 선택적으로 하고자 할 것이다. 또한 지금과 같이 단순히 교사의 입장에 맹종하기보다는 과감히 이의를 제기하는 적극적인 아동이 될 것이다."라고 전망하고 있다. 학생과 관련한 예측 중에서 부정적인 부분은 거의 맞고 긍정적인 부분은 아직 잘 나타나지 않고 있음을 알 수 있다. 오늘에 대한 과거의 예측을 토대로 볼 때 부정적인 예측에 대한 보다 철저한 대비가 필요함을 알 수 있다.

학부모와 관련해서는 다음과 같은 전망을 하고 있다. "자녀를 주로 하나나 둘만 가지고 있어서 두 아이 모두를 성공적으로 키우고자 한다. 많은 학부모가 자기 자녀를 보통 아이가 아닌 영재라고 생각하며 선생님께 자문을 구하거나 이를 확인하고자 하는 사례가 늘고 있다. 이러한 현상은 한둘의 자녀를 갖고 있는 부모가 자기 자녀에게 유별난 관심을 기울인 결과 발생한다고 볼 수 있다. 그런데 상당한 경우에 부부 둘 다 직업을 가지고 있기 때문에 아이들과 함께할 시간이 부족한 형편이다. 따라서 유아원과 유치원을 보내고 체벌을 거의 하지 않으며 돈으로 자신의 사랑을 표현하고자 한다. 학교에서 자기의 아이가 조금이라도 차별대우를 받았다는 말을 듣거나 체벌을 받은 흔적을 보면 과거의 부모와 달리 쉽사리 흥분을 해서 항의를 한다. 물론 자기 자녀에게 돌아갈 불이익을 생각해서 아직까지는 참고 있는 학부모가 많으나 앞으로는 항의하는 학부모가 점차 증가할 것이다. 학부모가 학교교육에 참가하는 방식은 그와 같이 문제가 발생했을 때 개별적으로 항의하는 방식 외에 조직을 결성하거나 기존 조직에 참여함으로써 영향력을 행사하는 방식이 있는데, 21세기 학부모의 경우는 이러한 조직을 보다 적극적으로 활용하리라고 짐작된다." 질문에 답한 대부분의 교사도 미래의 학부모는 수동적이고 소극적인 입장을 벗어나 적극적이고 능동적인 입장에서 교육의 모든 활동에 개입하리라고 내다보고 있다. 학부모가 더욱 이기적이 되고 자녀를 지금보다 더 과잉 보호할 것으로 내다보고 있다. 그리고 학부모의 교육관도 상당히 현실적으로 변해 교육을 지식과 기술 습득의 측면에서 바라볼 것이며 학교를 현존하고 있는 학원과 크게 달리 보지 않을 것이라고 예측한다. 교사들은 다가오는 21세기에도 학부모의 교육열이 지금과 같이 대단할 것이라고 예견하고 있었지만, 박남기(2002)는 "자녀 교육에 관심을 갖고 숙제도 도와주는 학부모가 줄어들어 자녀 교육에 무관심한 학부모 문제가 학급 경영의 해결 과제로 등장할 가능성이 있다."라고 예측하고 있다. 학부모에 관한 대부분의 예측은 오늘의 현실과 거의 일치함을 알 수 있다.

21세기 학교장에 대한 예측에서 교사들은 1994년 현재의 학교장 역할과 행태에 대해 불만이 극도로 높은 반면, 21세기의 교장에 대해서는 아주 낙관적이었다. "21세기에는 교장이 비권위적 · 민주적이 될 것이다. 그리고 교사와 아동을 위할 것이며 즐거운 학교, 신뢰하는 학교로의 회복 운동을 펴 갈 것이다. 지금 추진되고 있는 교원 승진제도 이원화 방안과 젊고 유능한 교장 임용 방안은 이러한 예견을 현실로 나타나게 할 것이다. 그리고 교장 재임용 결정에 교육청뿐만 아니라 교사와 학부모 등도 참여하게 된다면 교육 현장의 민주화가 더욱 진행되고 교장의 교사관이 긍정적인 방향으로 바뀌게 될 것이다. 오는 21세기에는 교육청을 만족시키기 위해 교사와 학생을 이용하는 인상을 주는 교장이 아니라 학생들을 최우선으로 삼으며 장학 지도력을 갖추고 교사의 발전에 관심을 기울이는 교장이 주를 이루게 될 것이다." 희망을 바탕으로 한 교사들의 예측 중에서 일부는 현실로 나타나고 있지만 아직도 희망과는 거리가 먼 경우도 있다. 하지만 교사들이 희망하는 방향으로 나아가고 있음을 볼 수 있다. 즉, 미래는 오늘의 우리가 만들어 가는 측면이 있음을 확인할 수 있다.

교사와 관련해서는 "사회 전반에 걸쳐 남녀평등이 더 진행되면 교직을 선호한 우수한 여성 인력이 다른 직종으로 옮겨 갈 가능성이 있다. 그러면 남자 선생님의 비율이 조금 증가할 것이나 교직이 상대적으로 지금보다 나은 처우와 근무 여건을 갖추지 않는 한 우리나라 초등학교 선생님의 질은 지금보다 낮아질 것이다."라고 예측하였으나 이는 잘못된 것임을 알 수 있다. 이러한 오류는 아직 남녀평등이 기대한 만큼 진행되지 않은 탓이기도 하지만 전혀 예상하지 못했던 IMF를 거치면서 안정적이고 여유로운 직업에 대한 선호도가 높아진 결과로 나타났다. 그렇다면 앞으로 20년 뒤는 어떨까? 지금의 속도로 직장에서의 성평등이 진행되고 유리천장이 더 얇아진다면, 그리고 교직에 대한 상대적 처우 수준이 지금보다 낮아진다면 우수한 여학생이 다른 직종으로 빠져나가면서 초등교사의 질은 지금보다 낮아지게 될 것이다.

교사 관련의 다른 예측을 보면 "가정에서 여성의 입지가 강화되면서 남편과의 공동 육아가 시도되고, 직장을 통한 자아실현을 시도하는 여교사가 증가할 것이다. 그래서 많은 여선생님이 수동적이고 소극적인 자세가 아닌 능동적이고 적극적인 자세를 갖고 교장 승진 대열에도 적극 나설 것이다. 초·중등·유치원 교사에 대한 차등 인식이 없으며, 정규학교 교사와 학원 교사에 대한 차등 인식도 없다. 따라서 21세기에는 초등학교 선생님을 다른 선생님보다 낮게 보는 잘못된 의식이 사라질 것이다. 그러나 선생님을 학원 강사보다는 더 나은 존재로 보던 의식이 사라지고 선생님에 대한 존경심이 약화되며 선생님을 하나의 직업인으로 보는 상황이 전개될 것이다." 20여 년이 지난 지금 여교장의 비율이 급증하고 있고, 초등교직을 낮게 보던 인식도 사라졌으며, 교사를 학원 강사보다 더 나은 존재로 보던 의식과 존경심이 약화되고 교사를 하나의 직업인으로 보는 상황도 펼쳐지고 있어서 예상과 거의 일치함을 알 수 있다.

교사의 역할과 관련해서는 "21세기의 선생님은 학생 중심의 자발적인 학습 분위기를 조성하면서 조언·지도할 것이다. 여지껏 견지되어 오던 아동에 대한 교사의 권위주의가 사라지고 선생님은 아동의 개성과 자유와 인격을 존중할 것이다. 그리고 선생님의 역할이 학습 조언자로 변화될 것이다. 자기성장과 관련해서는 자기의 성장을 위해 지속적으로 노력하는 교사가 증가할 것이다. 그런데 동료들 간의 관계에 있어서는 지금보다 개인적이고 이기적인 교사가 많아질 것이다. 가르치는 내용에 있어서는 지금에 비해 교사는 자신의 주관을 거의 버리고 학부모가 요구하는 그리고 아동이 바라는 실생활 위주의 교육내용에 더 초점을 둘 수밖에 없을 것이다. 21세기에는 성직이니 천직이니 하는 개념이 사라지고 다른 직업에서와 마찬가지로 선생님도 하나의 직업인이 될 것이다."라던 교사들의 예측 중에서 아직은 구현되지 않은 부분도 있지만 상당 부분은 예측과 유사해졌음을 알 수 있다.

2017년 시점에서 23년 전인 1994년 당시의 예측을 검토해 본 결과, 상당 부분 과거의 예상이 현실로 나타났음을 확인할 수 있다. 주로 낙관적인 예측은 불일치하는 부분이 더 많고, 비관적인 예측은 일치하는 부분이 더 많은 것도 알 수 있다. 그렇다면 앞으로 20년 뒤의 학교와 교직사회는 어떻게 변하게 될까? 이를 알 수 있는 가장 좋은 방법의 하나는 20여 년 전에 시도한 것처럼 오늘의 신규교사들에게 물어보는 것이다. 이들은 20여 년 후에도 교단에 남아 있을 것이므로 오늘의 그들이 가지고 있는 우려와 희망이 그들을 통해 미래에 그대로 구현될 가능성이 높다. 이는 별도의 연구 과제로 돌리고 이하에서는 미래 학교가 필요로 하는 교사의 자질에 초점을 맞추어 제시하고 이를 토대로 교직사회의 변화를 전망해 본다.

2. 미래 학교가 필요로 하는 교사의 자질과 역량[9)]

미래 교사는 오늘의 교육자가 갖추어야 할 역량과 더불어 미래 인재 육성에 적합한 역량까지 함께 갖추어야 할 것이다. 미래 교사의 역량과 자질을 도출하기 위해서는 직면하고 있는 현실, 교사의 업무, 2015 개정 교육과정이 추구하는 인간상과 핵심 역량 그리고 미래 인재 육성에 필요한 역량 등에 대한 고찰이 필요하다.

1) 우리의 현실

어떤 역량을 길러 줄 것인가를 논할 때 필요한 것 중의 하나는 최근에 배출된 초·중·등교사들의 역량에 대한 기존 교사, 학생 그리고 신규교사의 인식 조사이다. 만일 가능하다면 이들의 학생지도를 포함한 학급경영과 수업 역량 등을 직접 관찰하여 파악하는 것이다. 대학원 강의실에서 만난 교사들(대학원생들)과의 면담에 따르면 신규교사들의 문제는 교직 수행에 필요한 기능과 지식 역량을 갖추지 못한 것이 아니라 오히려 소명의식의 결여이다. 과거 교사들과 달리 아예 출퇴근 시간이 확실하고 여유가 많아서 교직을 택했다면서 주어진 최소한의 역할만 수행하고 삶을 즐기겠다는 의식을 가진 교사들이 늘어나고 있다고 한다.

체력도 문제로 지적한다. 교직뿐만 아니라 어느 직종, 나아가 삶에서 가장 기초는 체력이다. 교대 신입생들의 체격은 커지고 있지만 체력은 급속히 떨어지고 있다는 것

9) 이하의 내용은 박남기(2017. 4. 28.)의 '미래 사회를 대비한 교원양성체제 개혁 방향'을 토대로 함.

이 체육과 교수들의 공통된 의견이다. 이는 우리나라 초·중·고생들의 체력이 전반적으로 저하되고 있는 것과 관련이 있다(신수정, 2006; 허승, 2014). 교직은 다른 화이트칼라 직종에 비해 훨씬 더 강인한 체력을 필요로 한다. 특히 출근해서 퇴근할 때까지 하루 종일 다양한 특성을 가진 많은 학생과 함께 생활해야 하는 초등교직은 더욱 그러하다. 교원양성교육에서 체력강화 프로그램을 충분히 가동하지 않으면 발령받은 지 얼마 되지 않아 체력 고갈 상태를 경험하게 될 것이다. 체력은 학생지도와 교육에서 중요한 인내력과 포용력이라는 소중한 자원의 바탕이 되기도 한다. 몸이 건강해야 학생들의 다양한 도전을 기쁜 마음으로 바라보며 참고 지도할 수 있다. 자기 몸이 힘들면 신경이 예민해져서 학생들의 행동 하나하나가 눈에 거슬리게 된다.

신규교사들의 또다른 문제로 지적되는 것은 업무 스트레스 인내력이다. 과거 교사들과 달리 물리적·환경적인 어려움에 노출될 기회가 적었던 신규교사들은 발령받아서 쏟아지는 업무 앞에 쉽게 무너진다. 제주도의 경우 신규교사들 중에 우울증을 앓거나 심지어 자살 충동을 느끼는 교사가 과거에 비해 크게 늘고 있다고 한다. 이에 대한 대책으로 교사들이 전화 한 통화만 하면 시간과 장소를 가리지 않고 전문가가 직접 찾아가서 도움을 주는 원스톱 서비스를 제공하고 있다.

의대보다는 약할지 모르지만 교대도 상당히 힘든 프로그램을 운영하고 있다. 이는 과거에도 그러했고 지금도 마찬가지이다. 이러한 상황에서 학생들의 불만은 힘든 교육과정 자체보다는 강의 중에 배우는 지식과 기능이 정말 훌륭한 교사가 되는 데 반드시 필요하고 유용한 것인가에 대해 스스로 공감하지 못한다는 것이다(박남기, 1997).

제4차 산업혁명기가 인간의 뇌와 몸을 신의 수준으로 완전히 바꾸어 놓거나 아니면 원격 제어를 통해 인간의 생각과 몸을 완전히 제어할 수 있는 때가 오기 전까지는 몸과 뇌를 가진 인간이 인간의 한계 속에서 인간적으로 느끼고 고뇌하고 사랑하며 살아가게 될 것이다. 그러한 인간을 염두에 둔 교원교육의 방향을 탐색하는 것을 잊지 않아야 한다. 과거에 비해 기능과 지식 위주로 프로그램이 운영되면서 그러한 정서적 역량 육성에는 소홀해지고 있다는 것이 교대를 졸업하고 교대에서 근무하고 있는 교수들의 보편적인 생각이다.

지난 20여 년간을 돌이켜 볼 때 우수한 학생들이 입학하는 우리나라 교원양성교육에서 길러 주어야 할 핵심은 소명의식과 지속적으로 학습하는 자세이다. 교직은 헌신하는 마음이 없으면 수행하기가 어려운 직업이다. 따라서 교원양성 단계에서 헌신하는 마음, 가르침에 대한 사랑만이 아니라 영원한 학생으로서 지속적으로 공부하는 자세 등을 반드시 길러 주어야 한다. 이를 위해서는 양성기간이 5~6년으로 늘어날 경우 2년간은 교양과 함께 예비교사들의 기본 심성과 가능성을 파악하여 필요한 정서 역량을 강화해 주는 프로그램을 가동해야 한다. 가능하다면 기숙사에서 생활하며 예비교사로서의 소명의식과 자긍심 그리고 역량을 길러 주어야 한다.

2) 미래 교사에게 요구되는 역량[10)]

김병찬(2017)은 지능정보사회에 대비하기 위해 교원양성기관에서 예비교사들에게 갖추어 주어야 할 역량을 지능정보 역량, 감성 역량, 융합지식 역량, 인간사회에 대한 종합적 통찰 역량, 공동체 역량, 사회정의 역량, 세계시민 역량 등으로 나누어 제시하고 있다. 이들 역량 중에서 '인공지능, 로봇, 가상현실 등을 다루고 과학기술발달로 발생할 수 있는 윤리적 문제에 대해 고민하고 결정할 수 있는 지능정보 역량'을 제외하고는 지금까지의 교사들이 갖추어야 할 일반 역량과 큰 차이는 없다. 융합지식 역량이나 세계시민 역량 등도 이미 그동안 강조되어 왔던 역량이다. 여러 논의를 바탕으로 교사의 업무, 2015 개정 교육과정이 추구하는 인간상과 핵심 역량 그리고 미래 사회의 특성에 비추어 교사가 갖추어야 할 역량을 추출하면 다음과 같다.

(1) 교사의 업무

역량은 어떤 일을 해 나갈 수 있는 힘과 능력을 의미한다. 교사에게 어떠한 역량이 필요할지는 교사 업무에 달려 있다. 대학교사(교수)의 역할은 교육, 연구, 봉사라는 세 가지로 구분된다. 초 · 중등학교 교사의 역할도 크게 세 가지로 나눌 수 있다. 하나는 생산활동인 교육 및 학급경영자(수업과 학급경영 업무)로서의 역할이고, 다른 하나는 학교경영(지원)자로서의 역할이며, 마지막은 자기계발 및 연구자로서의 역할이다. 일부 교사는 학교경영자와 경영지원자로서의 역할을 잡무로 생각하는 경향이 있으나 지금보다 행정직원 수가 크게 늘어나지 않는 한 교사들이 학교경영(지원) 활동에서 완전히 자유로울 수는 없을 것이다. 마지막 자기계발 및 연구자로서의 역할도 교사들에게 주어진 중요한 역할이다. 교수와는 달리 지금까지는 봉사라는 역할이 중시되지 않았으나 미래에는 점차 중요시될 것으로 예상된다. 하지만 지금처럼 과중한 업무를 수행해

10) 이 내용은 박남기(2015b), 박남기(2015c)를 수정 · 보완한 것임.

야 하는 상황에서는 봉사가 별도의 중요한 역할로 독립되기는 어려울 것이다.

각 업무를 수행하기 위해 필요한 역량(예)을 간략히 정리하여 제시하면 〈표 15-1〉과 같다. 이 표에서 제시한 다양한 역할과 그에 따른 역량은 교사가 꼭 갖추어야 할 것들이다. 이 모든 것을 한마디로 축약한다면 '스승으로서의 역량'이라고 할 수 있을 것이다. 스승에 대해 정의해 놓은 가장 오래된 글 중의 하나인 한유의 사설(師說)에 보면 스승은 도를 전하고, 도를 익히는 데 필요한 공부를 시키며, 의혹을 풀어 주는(傳道授業解惑) 사람이라고 정리되어 있다. 즉, 스승은 어느 특정 분야의 지식이나 기능만을 가르치는 사람이 아니라 한 사람이 살아가는 데 필요한 삶의 자세와 함께 필요한 제반 능력을 길러 주고 이를 몸으로 실천하는 사람이다. 이는 오늘날 우리 마음속에 살아 있는 스승의 모습과 크게 다르지 않다. 요새 유행하는 멘토(mentor)라는 말을 포함하고 있으며 더 넓고 깊은 뜻을 가진 우리말이 바로 스승임을 알 수 있다. 자신이 담당한 교과나 기능만을 전달하는 것이 아니라, 제자에 대한 진한 사랑을 가지고 제자가 꿈을 이루어 가도록 도우며, 진실한 삶을 살아가도록 이끌고 또 스스로도 그러한 삶을 살아가는 사람이 스승이다. 교사를 지식전달자가 아닌 스승으로 정의하는 것, 그것이 교원 역량을 제대로 이해하는 바른 접근이다(박남기, 2011. 5. 9.).

〈표 15-1〉 교사 역할(업무)과 필요한 역량

역할 구분	업무	내용	필요한 역량(예)
수업담당자 및 학급경영자	수업	담당 교과 지도	교과전문성, 학습자 이해, 교수법, 수업경영능력, 평가 등
	학급 경영	학급경영 목표 및 연간 계획수립, 규칙과 수칙경영, 행동경영, 조직화, 교실환경, 수업경영, 행사활동을 포함한 시기별 학급경영, 학부모경영, 사무경영, 경영평가 등	통합적 교육관, 학급경영 제반 영역 경영 역량(예: 배움 공동체 형성, 교실환경 조성, 행동경영, 학부모 경영, 사무경영 역량 등)
학교경영 및 경영지원자	담당 업무	부장 업무, 담당 사무	담당 업무 처리능력, 동료 교사와의 협력 및 소통
자기계발 및 연구자	자기 계발	연수, 자기연찬(대학원 진학 등)	학습열(學習悅) 유지력, 건강 및 시간관리를 포함한 자기관리 능력
	연구	현장연구를 포함한 연구 수행	연구역량

출처: 박남기(2008)의 '초등학급경영의 개념과 범위 그리고 영역 분석' 내용을 토대로 재구성.

(2) 2015 개정 교육과정이 추구하는 인간상과 핵심 역량

미래교육에서 교사에게 요구되는 역량을 파악하기 위한 하나의 방법은 교사가 기를 학생들에게 요구되는 역량이 무엇인지를 알아보는 것이다. 2015 개정 교육과정이 추구하는 인간상은 자주적인 사람, 창의적인 사람, 교양 있는 사람, 더불어 사는 사람의 네 가지이다. 핵심 역량은 자기관리 역량, 지식정보처리 역량, 창의적 사고 역량, 심미적 감성 역량, 의사소통 역량 그리고 공동체 역량의 여섯 가지로 제시되었다. 인간상과 핵심 역량 간의 관계를 정리하여 제시하면 〈표 15-2〉와 같다. 정권이 바뀌어 다시 교육과정이 바뀐다고 하더라도 추구하는 인간상 자체가 근본적으로 바뀌지는 않을 것으로 보인다.

교사는 학생들이 학교교육을 통해 갖추어야 할 역량이 무엇인지를 알아야 할 뿐만 아니라 자신들도 그러한 역량을 당연히 가지고 있어야 한다. 그래야만 학생들에게 그러한 인간상과 역량을 길러 줄 수 있을 것이다.

〈표 15-2〉 2015 개정 교육과정이 추구하는 인간상과 핵심 역량

추구하는 인간상	인간상별 의미	핵심역량
자주적인 사람	전인적 성장을 바탕으로 자아정체성을 확립하고 자신의 진로와 삶을 개척하는 자주적인 사람	자기관리 역량, 지식정보처리 역량, 생활조직 역량 *
창의적인 사람	기초 능력의 바탕 위에 다양한 발상과 도전으로 새로운 것을 창출하는 창의적인 사람	창의적 사고 역량, 지식정보처리 역량
교양 있는 사람	문화적 소양과 다원적 가치에 대한 이해를 바탕으로 인류문화를 향유하고 발전시키는 소양 있는 사람	심리적 감성 역량, 의사소통 역량
더불어 사는 사람	공동체 의식을 가지고 세계와 소통하는 민주 시민으로서 배려와 나눔을 실천하는 더불어 사는 사람	공동체 역량, 의사소통 역량

* Toffler(1994: 528).

출처: 김경자(2015: 11)를 토대로 재구성.

3. 교직사회 변화 전망

학교는 한동안은 지금보다는 약간 변화된 모습으로 지속되게 될 것이다. 사회는 학교와 교사가 사회의 기대를 충족시킬 수 있도록 다양한 정책 변화를 시도할 것이다. 만일 기존의 제도와 조직을 통해 그러한 목적을 달성하기 어렵다는 판단이 서면 현재의 학교제도를 포기하고 새로운 제도를 만들어 낼 것이다. 하지만 이는 20여 년 이후의 미래에나 가능할 것이다.

특정 직업인에 대한 막연한 존경심은 점차 사라지고 있다. 사회의 이러한 흐름이 교직에도 반영되어 학생과 학부모 그리고 사회 일반인들의 교사에 대한 존경심은 지금보다 더 낮아질 것이다. 교직 종사자에 대한 전반적인 존경심에 기대어 교육하기보다는 노력을 통해 학생과 학부모 그리고 사회의 감사와 존경을 이끌어 낼 수 있는 교육을 해야 할 것이다.

교직사회의 변화 가운데 가장 두드러지는 것은 교사의 역할 변화에 따라 교사가 갖추어야 할 역량이 바뀌게 될 것이라는 점이다. 지금까지의 흐름을 볼 때 기존의 교사들이 이러한 기대를 모두 충족시키기는 어려울 것이지만 자기연찬을 통해 변화를 시도해야 할 것으로 보인다. 그리고 예비교사들이 미래 학교가 필요로 하는 역량을 기를 수 있도록 교원양성체제를 개혁할 필요가 있다. 아울러 미래 변화를 염두에 두며 교원정책도 변화시켜 가야 할 것이다.

앞에서 언급한 역량 이외에 미래 사회에 적합한 미래 교육을 위해 교사가 갖추어야 할 역량을 추가로 생각해 볼 필요가 있다(박남기, 2015a; 카이스트 미래전략대학원, 2015). 향후 우리 교사들이 직면하게 될 가장 큰 문제는 경제 수준 향상 및 빈부 격차 심화에 따른 학생들의 무기력감 및 학습 의욕 급감, 이기심 증가, 분노조절장애 등의 정신질환 비율 증가 등이 될 것이다. 그리고 도시집중, 도시 인구 비율 증가로 인해 좁은 공간에서 더 많은 사람이 함께 살아가야 하므로 충돌 가능성이 증가하고, 불안 요인도 증가하며, 갈등도 증가하게 될 것이다. 교사는 학생들이 이러한 문제를 극복하면서 미래 인재가 되도록 이끌기 위해 학습동기 부여 역량, 갈등해결 역량, 상담 등의 학생지도 역량 등을 갖추어야 할 것이다.

혼인율 저하와 저출산에 따른 인구 감소 및 고령화 시대에 대비하기 위해서 교사는 고독한 개인을 공동체의 일원으로 성장시키는 역량, 고급 인력 부족을 대비하여 모든 아이에게 적합한 개별화교육을 시키는 역량, 100세 시대에 대비할 수 있도록 경제교육과 건강교육을 시키는 역량 등을 갖추어야 한다.

미래 사회의 특징 중의 하나는 민주주의 위협 및 피로감 증가이다. 이러한 상황에서 향후 우리나라 민주주의의 향방은 학교교육에서 시민정신 함양을 중요한 목표의 하나로 설정하고 학생들을 잘 훈련시켜 훌륭한 시민정신을 가진 민주시민으로 길러 낼 수 있는지에 달려 있게 될 것이다.

정치적 변화와 관련하여 교육에 가장 큰 영향을 미칠 요소로는 남북통일이나 북한과의 교류 활성화, 국제교류 활성화 및 다문화 인구 증가를 들 수 있다. 이러한 상황에서는 차이를 인내하고 다양성을 존중하는 인재를 길러 낼 수 있는 역량을 갖춘 교사가 필요하다.

과학기술의 발달로 기계가 많은 부분에서 인간 노동을 대체해 가겠지만, 감정근로자라고 일컬어지는 사람을 상대로 하는 일자리는 증가할 것으로 예상된다. 따라서 학교에서는 기계성에 대비되는 인성(기계로 대체하기 어려운 인간의 능력)을 기르는 교육에도 초점을 맞추어야 할 것이다. 아울러 스마트 시대에 부응하는 스마로그(smarlogue, smart+analogue) 교육과 학급경영 역량(박남기, 임수진, 2015), 뇌기반 학습이론 활용 역량도 갖추어야 할 것이다.

미래 사회에서의 교육은 교실에서만 이루어지는 것이 아니라 지역사회의 다양한 센터를 통해 이루어지게 된다. 이 상황에서 교사에게 필요한 역량은 지역사회의 다양한 기관 및 자원인사와 네트워킹을 만들고 유지하는 능력이 될 것이다.

V. 교원정책 이슈[11)]

교원정책과 관련된 이슈는 양성, 임용시험, 자질, 인사(승진, 전보), 평가, 사기 및 처우, 연수, 업무 적정화 등으로 나누어 볼 수 있다. 이하에서는 문재인 정부에서 큰 관심을 보이고 있는 교원양성 이슈를 상세히 다루고 그 외의 이슈에 대해서는 간략히 나아갈 방향만 제시하고자 한다.

11) 이하의 내용은 박남기(2017. 4. 28.)의 '미래 사회를 대비한 교원양성체제 개혁 방향'을 토대로 함.

1. 교원양성 이슈

미래 사회의 요구에 부응하는 학교가 되도록 하기 위해 가장 중요한 것은 교원양성이다. 그러나 오랜 노력에도 불구하고 교원양성기관 프로그램의 질에 대한 문제 제기가 지속되고 있다. 중등의 경우에는 프로그램 운영을 법조인이 아니라 법학자를 기르던 법대형으로 하면서 임용시험 합격자에게 사법연수원 프로그램과 같은 충분한 양성과정을 제공하지 않고 곧바로 현직에 투입하고 있다. 현행 임용제도는 중등교원 양성 프로그램 졸업자가 법학 전문대학원생이나 의대생처럼 전문직 수행에 필요한 충분한 역량을 갖춘 것으로 가정하고 있어서 신규교사뿐만 아니라 학생들도 어려움을 겪는다. 이처럼 앞뒤가 맞지 않는 양성과 임용 제도를 운영하게 된 이유는 과잉공급 상황 때문이다. 더 근본적으로는 공급과잉 상태임에도 불구하고 평가인증제를 제대로 시행하지 못한 탓이다. 공급과잉 상황일 때에는 질 높은 전문직 종사자를 양성할 수 있는 프로그램과 교수 요원 구비, 실제 교육 상황, 실습 여건 구비와 충분한 실습 여부 등을 평가인증을 통해 검증하는 것이 용이함에도 불구하고 교육부는 그리하지 못했다. 교육대학교의 경우에는 의대형처럼 운영하면서도 짧은 교육기간, 부실한 실습, 현장과 동떨어진 교육 프로그램, 낮은 투자, 교수 요원들의 헌신도 부족 등의 문제를 보이고 있다.

그동안 우리 사회는 교원양성에 대한 문제는 지적했지만 그것의 해결에 필요한 투자에는 무관심했다. 교원교육의 질, 배출되는 교사의 질에 대한 사회와 국가의 관심 수준은 교원교육에 대한 직접적인 투자, 프로그램 설계 및 운영에 대한 투자 정도로 평가할 수 있다. 단순한 정원 감축을 위한 구조개혁이 아니라 미래 사회에 부응하는 교원을 양성할 수 있는 프로그램이 되도록 투자를 늘리고 세심한 프로그램 설계와 운영에도 관심을 갖기를 기대한다. 이하에서는 양성체제, 평가인증제, 자격제도, 양성 교육과정, 양성기관 교수 등과 관련된 문제와 나아갈 방향을 간략히 다룬다.

1) 교원양성체제

(1) 교원양성기관 연계 강화

유 · 초 · 중등교원 양성 기관과 프로그램을 연계시키는 것이 필요하다는 것에 대해서는 반대하는 사람은 별로 없을 것이다. 연계를 강화하거나 통합하는 데 있어서 가장 큰 장애 요인은 특수목적형인 교대와 임용률이 아주 낮아 일반 대학화의 길을 걷고 있는 국립사범대를 어떻게 연계시켜야 교대가 가지고 있는 강점과 문화를 유지시켜 줄 것인가 하는 것이다.

(2) 양성기간 연장 및 전문대학원 체제 도입

앞에서 검토한 것처럼 현행 교육기간으로는 국가와 사회가 원하는 준비된 교사를 배출할 수 없다. 전통적인 전문직인 의사, 변호사, 신부가 되기 위해서는 최소한 6년 이상의 교육을 받아야 한다. 이 기간에 실습기회도 상당 기간 포함되어 있어서 졸업을 하면 실무를 담당할 역량을 갖추게 된다. 그러나 교사의 경우에는 4년이라는 기간 안에 이론과 실습을 동시에 하려다 보니 역량의 기본이 되는 지식 습득에도 벅찬 것이 현실이다. 교대를 6년제 혹은 최소한 5년제로 하자는 안을 오래전부터 제시하였지만 과거에는 중등교원 양성기관이 반대하여 그리하지 못했다. 그런데 2017년 4월에 국회교육희망포럼이 주최하고 국 · 공립대학교 사범대학장 및 교육대학원장 협의회가 공동으로 주관한 토론회의 발표와 토론 내용에 따르면 중등교원 양성기관도 이제는 5년제 혹은 6년제로 가자는 주장을 강하게 펴고 있다(김희백, 2017: 87; 박철웅, 2017: 101; 이병기, 2017: 12). 일차적으로는 인턴교사 과정을 필수로 하는 5년제 도입을 실시할 필요가 있다. 또 하나는 미국이 초기에 했듯이 모두 6년제로 바꾸기보다는 기존의 4년제 양성 과정을 그대로 두고 6년제 양성 과정 시범대학을 선정하여 실시해 보는 것도 하나의 방안이다. 이때 늘어나는 학년을 실습학년제(홍섭근, 2017. 3. 13: 10)로 운영하는 것이 바람직할 것으로 보인다.

우선 전환 준비가 되어 있는 교육대학교를 5년제 혹은 6년제 전문대학원 연계 과정으로 전환하여 시범 운영할 필요가 있다. 중등교원 양성기관은 법학 전문대학원 도입과 유사한 방식으로 수요를 감안하여 5~6년제 전문대학원을 신설하고 여기에서 필요한 인력의 1/3~1/2 정도를 배출하게 하는 방안이 있다. 나머지는 기존의 교사자격 프로그램 이수자(이들에게는 가산점 부여) 및 일반 대학 졸업생들을 대상으로 시험을 통해 전문대학원 신입생으로 선발한 후 이 과정에 입학시켜 추가 2년 교육을 받게 한다. 이 기간에 학생들이 프로세스 폴리오를 작성하게 하고 교원, 교수 등 외부 전문가 평가 점수에 임용시험 점수를 더해 최종 합격을 결정하는 방식을 취한다. 형식적인 과정이 되지 않도록 시스템을 보완하지 않으면 2년 후 모두 합격하는 상황이 되어 별 의미가 없을 수 있을 것이다.이 중등교원 전문대학원 과정을 인가받은 국립대학 사범대는 교대와 연계를 강화시켜 종합대학 시스템 내의 독립된 교원대학으로 통합하는 것이 가능할 것이다.

현재의 교직 과정이나 교육대학원에서 운영하고 있는 특수 교과목을 비롯한 일반 교과목 자격증 프로그램의 질에 대한 우려가 크다. 그렇다면 아예 파격적인 교원양성 제도를 시범적으로 시도해 볼 필요도 있다. 현재 교원자격증 프로그램 중에서 2급 정교사 프로그램을 제외한 1급 정교사, 교감, 교장 자격증제도는 교육청이 주관하여 운영하고 있다. 시범적으로 특수교과목 교사의 경우 해당 분야 학사학위 소지 전공자를 대상으로 교육청과 사범대학이 공동 운영하는 2급 정교사 자격증 과정(교육전문대학원 과정)을 개설해 볼 필요가 있다. 교육청은 연수원을 가지고 있고, 많은 실습학교 확보가 용이하므로 충분히 공동 운영이 가능할 것이다.

(3) 지능형 네트워크 구축

교사양성을 위한 주체들 간의 협력이 필요하다. 그러나 생존이 위협받는 상황에서는 협력이 아닌 경쟁과 힘겨루기만이 난무하게 된다. 박영숙(2017)은 주체들 간의 현안 진단과 혁신 요구를 공유하고 스스로 진화해 가는 '지능형 네트워크 구축'이 필요함을 역설한다. 이를 위해 논의내용이 공유될 수 있도록 시계열적인 지능형 정책 데이터베이스 구축이 필요하다는 것이 그의 주장이다. 이는 미래형 교원양성체제 구축을 위한 협치 기구를 만들고 운영할 때 참고할 만한 제안으로 판단된다. 이 기구가 주도하여 현재의 여건을 고려하지 않은 상황에서 미래 사회 변화에 대한 예측을 기반으로 이상적인 미래형 교원양성체제를 구안해 볼 필요도 있을 것이다.

2) 평가인증제 개선 방향

사회가 생각하는 수준의 교원을 양성하는 데 부합하는 평가인증 기준을 마련하여 양성기관의 변화를 유도하는 것이 필요하다. 홍창남(2017)이 교원양성기관 평가 발전 방향으로 제시한 것은 수업실연 지표 폐지, 중복 지표의 단일화, 대학구조 개혁 평가와의 '이중평가' 문제 보완 등이다. 아울러 평가 지표 및 평가척도의 사전 공개, 평가위원 자격 요건 강화 및 전문성 기준 강화 등도 제시하고 있다.

평가 관련 문제의 핵심 중 하나는 평가자(위원)와 피평가자가 동일하다는 것이다. 돌려가면서 한 해는 평가 준비자 역할을 하고 다음 해에는 평가자가 된다. 평가기준 마련에서도 해당 프로그램 교수들이 참여하여 자기 대학에 불리한 부분은 제외하거나 축소하는 노력을 기울이기도 하여 평가 지표의 왜곡 현상이 나타나기도 한다. 이러한 왜곡을 막기 위한 보완책도 필요하다. 유럽의 소규모 국가와 대만이 하고 있는 방안은 피평가 대학의 교수들과 맥이 닿지 않는 외국 교수나 전문가를 참여시키는 것이다. 이러한 방안이 도입되어야 과잉공급 상태에 있는 중등교원 양성기관의 질을 높이는 데 크게 기여할 수 있을 것이다.

중등교원 양성기관의 경우 기관별로 문제가 되는 것이 다르므로 그에 맞추어 필요한 제도 개선책을 마련하고 강력히 실시하여야 한다. 제도개선위원회를 만들어 해당 기관 대표만이 아니라 교직단체, 해당 교사단체, 정부, 국회, 교육청, 그리고 학부모단체 등의 대표가 추천한 전문가로 위원회를 구성하고, 이 위원회에서 문제를 분석하고 미래 사회에 적합한 양성 프로그램의 대안을 모색하도록 한다. 그리고 위원회에서 결정한 사항은 입법을 통해 실행에 옮길 필요가 있다. 수급 균형을 이룰 때까지 교육개발원이나 대학평가인증원 산하에 교원양성기관 평가인증센터를 한시적으로 운영하고 거기서 교사자격증 수여 프로그램에 대한 평가인증을 강도 높게 실시할 필요가 있다.

3) 자격제도 개혁

(1) 통합자격증제도

초 · 중등 통합학교가 증가하는 현실을 반영하여 그에 필요한 통합자격증제도를 신설할 필요가 있다. 이를 위한 프로그램을 어느 기관에 따로 개설할지, 아니면 기존 교사들을 대상으로 추가 교육을 하여 자격을 따도록 할지 등에 대한 논의가 필요하다.

현행 중등교원 양성 프로그램의 교육과정은 주로 고등학교 교사양성에 초점이 맞추어져 있다. 여러 학문 영역을 통합한 통합교육과정이 편성 · 운영되고 있는 중학교의 교육과정에 적합한 양성 프로그램과 자격증제도를 신설할 필요가 있다. 그 모습은 현행 초등교원 양성 프로그램에 가까운 것이 될 것이다. 고등학교 교원양성에 적합하게 프로그램을 운영하고 있는 기관은 스스로 중학교 교원양성에 적합한 프로그램을 만들도록 유도하든지, 아니면 고등학교 교사자격증만 주도록 제한할 필요가 있다. 현행 시스템을 유지하면서 수요에 부응하는 바람직한 방향은 통합교육과정 운영에 필요한 자격증과 함께 개별 과목 자격증을 받을 수 있도록 시스템을 재설계하는 것이다.

(2) 통합교과 자격증제도

통합사회와 통합과학 과목이 신설되어 자격을 갖춘 교사가 필요하게 되었다. 양성을 위한 하나의 방안은 1+1 체제이다. 이 방안은 학생들이 기존의 사대 학과(일반사회, 역사, 지리 등)에 적을 두면서도 통합사회나 통합과학 교사자격증을 필수로 취득하게 한다. 이를 바탕으로 자신이 속한 사회과와 과학과의 한 과목을 심화하여 그 과목의 교사 자격을 이수하는 1+1 체제를 도입하는 것이다. 통합사회, 통합과학 교사 자격 과정에서 학급경영을 중시하여 학급담임으로서의 역할을 제대로 수행할 수 있도록 준비시키는 것도 필요하다.

다른 방안은 현 사범대학에 '통합과학교육과' '통합사회교육과'를 별도 신설하는 안이다. 제3안으로 통합사회, 통합과학을 부전공 또는 복수전공으로 하는 방안을 검토할 수 있다. 이는 기존 대학의 체체 개편 부담을 크게 줄여 줄 것이다. 그러나 이는 미래사회에 대비하여 학과의 벽을 허물어야 한다는 사회적 요구와 동떨어진 방안이 될 수 있다. 제4안은 중학교 교사자격증과 고등학교 교사자격증을 분리하는 방안이다. 기존의 사범대학에서는 중학교 사회 과목 교사와 과학 과목 교사만을 배출하도록 한다. 고등학교에서 세분화된 사회 과목이나 과학 과목을 가르칠 교사는 해당 분야의 중등교사 자격증 소지자 중에서 교원양성 기능을 제대로 수행하는 교육 전문대학원에 진학하여 해당 분야의 학위를 취득한 자로 국한시킬 필요가 있다.

필요한 교원 공급과 관련하여 가장 바람직한 방향에 대해 그 과목을 담당해야 할 교사 집단들의 네트워크를 만들고, 이 네트워크와 관련 학과 교수, 담당공무원, 교직단체 등을 참여시켜 네트워크를 가동할 필요가 있다. 이 네트워크는 신설 과목을 성공적으로 교육시키고자 할 때 예상되는 어려움과 해결해야 할 과제, 교육부가 도와주기를 바라는 점 등을 추출하는 역할을 한다. 거기서 제시된 방향을 토대로 교육부가 지원책을 마련할 필요가 있다. 이 과정은 신설 과목을 담당해야 할 교사들의 현실을 바라보는 인식을 바꾸어 주고, 나아가 그들이 제시하는 대안의 타당성을 높여 주는 역할도 하게 될 것이다.

4) 교원양성 교육과정 초점 변화

(1) 역량중심 교육과정 개념 반영

초·중등학교 현장에 역량중심 교육과정이 도입되고 있다. 교원양성 프로그램에도 이러한 변화가 반영될 뿐만 아니라 나아가 미래 교사가 필요로 하는 기본 역량을 제고할 수 있도록 교원양성기관도 역량중심 교육과정의 도입을 서둘러야 할 것으로 보인다. 역량중심 교육과정에서 역량은 지식을 아는 상태에서 더 나아가 이를 적용하여 사회에서 성공적으로 살아 나가기 위한 능력을 의미한다(백남진, 온정덕, 2014). 역량중심 교육과정 개념을 교원양성에 적용해 보면 교사가 '학교 현장에서 살아 나가기 위한 능력'을 길러 주는 데에 더 초점을 맞추는 교육과정이 되어야 한다.

(2) 현장 밀착형 교원양성

또 하나 중요한 것은 현장밀착형 교원양성이다. 역량중심 교육과정을 운영하기 위해서는 법학 전문대학원에 법관과 검찰을 파견하듯이 박사학위를 가진 현장 교원을 교원양성기관(우선 교육대학교 시범 적용)에 파견하여 교육을 담당하게 해야 한다. 그리고 실습학교 혹은 협력학교를 크게 늘려 양성교육 기간 내내 실습학교와 대학을 오가며 동시에 학습할 수 있게 해야 한다. 또한 실습학교 교사들이 미래 교사들의 멘토가 되게 해야 한다. 그렇게 하여 미래 교사가 지도교수와 멘토교사로부터 동시에 지도를 받게 될 때 미래 교육에 필요한 역량과 현장에서의 생존에 필요한 역량을 두루 갖추게 될 것이다.

(3) 실습제도 개선

이혁규(2017)가 미국 산타바바라 대학교의 사례를 토대로 제시하고 있는 포트폴리오 평가제, 예비교사교육관리자제도는 우리나라 교원양성교육 개혁 방안에 시사하는 바가 크다. 포트폴리오 제도는 교원양성교육 과정에서 학습한 내용에 대한 포트폴리오를 평가하여 교사 자격을 부여하는 제도이다. 광주교대에서는 2009년부터 학생들의 대학생활의 모든 것(심지어 과외교습 경험까지)을 인터넷 프로그램에 입력하도록 하는 '프로세스 폴리오' 제도를 도입하였다. 입력한 모든 것을 교원임용시험 중에 면접시험 때 지참하도록 하여 면접의 한계를 보완하고자 하였다. 하지만 교육청이 면접 시 제출을 허용하지 않아 결국 중단하게 되었다.

실습 현장을 방문하고 필요한 조언을 하며 전문성 발달을 돕는 역할 등 현장실습을 지원하는 예비교사교육관리자는 실습기간이 길어지면 꼭 필요하게 될 것이다. 산타바바라 대학교의 경우 교육관리자 한 사람이 4~5명의 예비교사를 책임지고 12개월 동안 밀착지도를 한다. 우리의 경우에도 질 높은 교원교육을 위해 도입함 직하다. 이들은 현장교사로도 보임이 가능할 것이다. 이를 위해서 교원양성 교육기관 교수 2원화도 필요하다. 실습지도나 단순한 실기역량 지도는 실기 강사로 대체하는 것도 가능할 것이다. 광주교대에서는 2009년부터 학생과 현직교사 일대일 멘토교사제를 도입하여 실시하였다. 이를 위해 교원양성에 기여하고자 하는 현직교사 희망자와 교대생 중에서 멘토를 희망하는 학생을 모집하였다. 대학이 프로그램을 운영하면서 최소한의 필요 예산을 지원하였다. 방법은 최소 월 1회 이상 교대생이 현직교사의 학급을 방문하여 학급경영을 포함한 다양한 노하우도 전수를 받고 실습기회도 가지며 교사를 돕는 역할을 하도록 하였다. 그러나 정식 교육과정으로 채택되지 못해 학생들의 참여가 줄어들면서 결국 폐지되었다.

(4) 소명의식 제고

지난 20여 년간을 돌이켜 볼 때 우수한 학생들이 입학하는 우리나라 교원양성교육에서 길러 주어야 할 핵심은 소명의식과 지속적으로 학습하는 자세이다. 박수정, 박상완, 이인회, 이길재, 박용한(2015: 191)은 교원양성에서의 인성 제고 방안을 다음과 같이 제시하고 있다. 이는 인성 제고에 필요한 세심한 설계를 하는 데 좋은 지침이 될 것이다.

- 교사 인성 및 교직 적성을 반영한 예비교사 선발 및 교육
- 교과 프로그램에서 교사 인성 및 교직 적성 요소 반영
- 비교과 프로그램을 통한 교사 인성 및 교직 적성 함양
- 협력적인 학습 경험 및 동아리활동 활성화
- 교원양성에서 인성교육의 필요성과 가능성에 대한 홍보 강화

5) 교원양성기관 교수

교사와 달리 교수는 연수를 받지 않고 있다. 따라서 교대와 사대 교수는 제4차 산업

혁명기의 예비교사들이 갖추어야 할 역량교육에 필요한 지식과 기능 그리고 교수법과 학생지도법 등에 대해 희망 시 연수를 받을 수 있도록 연수 예산과 지원 시스템을 갖출 필요가 있다.

교대와 사대 교수들의 교사를 기르는 교사라는 의식과 실천이 부족한 것이 우리의 현실이다. 교수업적 평가에서 일반 대학들처럼 연구 실적과 강의 그리고 학생지도 등을 평가할 뿐, 나머지는 철저히 개인 교수들의 자율에 맡겨져 있다. 사관학교의 특징은 교수 요원들이 교관으로서 소명의식을 가지고 있고, 그에 필요한 역량을 갖추고 있다는 것이다. 그러나 현재 교대와 사대는 교수 요원들의 이러한 역량을 측정하지 않는다. 또한 교대의 경우에는 강의의 절반가량을 외부 강사에게 맡기고 있으면서도 강사 요원의 강의에 대한 관리는 단순히 강의평가 하나에만 의존하고 있는 실정이다. 교대의 교수 충원율을 대폭 높이지 않는다면 기존 교수들의 역량 강화는 반쪽자리 강화로 끝날 수도 있다.

우리나라 교원양성기관 교수들에게 필요한 것은 자신들이 교사를 기르는 교사라는 것을 깨닫고 그에 필요한 역량을 갖추는 것이다. 국가와 대학은 이에 필요한 지원을 하고, 그러한 교수들의 노력을 측정할 지표도 개발할 필요가 있다. "통일된 목표를 함께 도출하는 힘도 약하고 프로그램을 지속적으로 모니터링하고 개선하려는 노력도 잘 눈에 띄지 않는다."라는 이혁규(2017: 19)의 주장은 눈여겨볼 만하다. 자기 강좌 이외의 다른 강좌에서 서로 무엇을 가르치는지, 어떻게 가르치는지에 대해 함께 경험을 나누려는 노력을 유도하는 시스템을 만들고 적용할 때 새로운 교수 문화가 형성될 것이다.

산타바바라 대학교의 과제 캘린더(assignment calender) 제도도 도입함 직하다(이혁규, 2017: 22-23). 이 제도는 '교수들이 모여서 대학의 전체 프로그램에 비추어서 어떤 과제를 낼지를 협의하고 과제내용을 조정하여 캘린더 형식으로 정리하여 학습자에게 배부'하는 제도이다. 광주교대 학생들은 1학년 때에는 너무 한가하여 시간을 허송하다가 2학년이 되면 너무 많은 과제로 학생들이 정신을 차릴 수 없을 지경이라고 한다. 과제 캘린더를 제작하기 위해서는 교수들이 긴밀히 협력해야 한다. 우리나라 교대에서 교수들끼리 모여 가르치는 내용에 대한 협의나 과제 조정을 하는 사례는 별로 없을 것으로 짐작된다. 그러다 보니 교육학에서 배운 내용을 각과교육에서 다시 배우는(한 번도 아니고 여러 번) 일이 매년 반복되고 있다. 교육과정 및 평가 전공 교수와 각과교육학을 가르치는 교수들이 모여 주기적으로 워크숍을 한다면 이러한 문제는 완화될 수 있을 것이다.

6) 임용시험제도 개선을 통한 교원양성체제 변화 유도

교원임용시험제도 개선을 통해 교원양성체제(프로그램)의 변화를 유도하는 방안도 효과적일 것이다. 가령, 교원임용시험에서 교과내용학의 경우 교과내용 지식을 묻더라도 실제 중등 교육과정과 연계된 것으로 하고, 교육과정과 학습자 이해, 수업 설계능력을 평가하는 쪽으로 임용시험을 바꾸어야 한다(김기현, 2017). 그렇게 하면 사대 교육과정이 조금은 바뀔 것이다. 물론 현재처럼 임용 비율이 낮은 상황에서는 임용을 준비하는 학생들과 그냥 자격증만 따려고 하는 학생들을 위한 과정으로 이원화될지도 모른다. 따라서 적정 인원이 배출되도록 법대처럼 법학 전문대학원제도를 파격적으로 도입하는 것이 병행되어야 할 것이다.

2. 교원정책 이슈

교원정책 관련 이슈는 교원 개인 특성의 변화 대처 관련 이슈, 학교조직 및 인사(승진, 전보), 사기 및 처우(업무 적정화 포함), 평가, 연수 등으로 나누어 간략히 살펴본다. 교사의 개인적 특성 변화가 교원정책의 이슈로 부상할 것이다. 그중의 하나는 교사들의 개인주의적 성향 강화이다. 하지만 학교교육은 교사 간의 협력이 필수적이므로 교원양성 단계에서 그리고 교원정책을 통해 서로 협력하여 교육을 실시하는 교사가 되도록 유도해야 할 것이다. 또 다른 이슈는 교사들의 교직 부적응과 정신질환 증가 및 사기 저하 등이다. 이러한 교사가 증가하면 양성대학의 신입생 선발, 교사 채용 단계에서 심리검사를 통해 사전에 부적응 가능자를 걸러 내려는 시도를 하게 될 것이다. 그리고 양성과 연수를 통해 부적응 문제 완화를 위한 프로그램을 강화하게 될 것이다. 사기 저하에 대한 대응책 마련도 중요한 이슈로 부각될 것이다.

교사 집단의 여성 비율은 더 높아질 것이다. 2015년 4월 1일 기준, 공립 초·중·고교에 재직 중인 교사(교장과 교감 제외) 중 여교사 비율은 74.3%이다. 지역에 따라서는 여교사 비율이 90%가 넘는 지역도 있다. 대전 지역은 초등학교 교사 5,641명 중 90.1%인 5,080명이 여교사이다. 2016학년도 임용시험 합격자 9,864명 중 여성은 6,375명으로 64.6%(초등학교 65.4%, 중등학교 63.6%)에 달한다.[12] 2016년 기준, 초등학

12) 뉴스 1(http://news1.kr/articles/?2684571).

교 여교원은 전체 18만 3,452명 중 14만 1,245명으로 77.0%에 달한다. 중학교 여교원은 전체 10만 9,525명 중에서 7만 5,375명으로 68.8%를 차지한다. 일반계 고등학교 여교원은 전체 9만 1,474명 중에서 4만 8,085명으로 52.6%를 차지하고 있다(교육부, 2016). 여성의 적극성이 증가하면서 과거와 달리 남교사를 확보할 필요성의 주장은 줄어들겠지만, 일부 학부모의 요구에 따라 양성기관 신입생 성비 통제, 임용시험 합격자 남교사 비율 확보 등이 바람직한지에 대한 논쟁은 지속될 것으로 예상된다.

이와 함께 학교경영자 중에서 여성이 차지하는 비율도 더욱 높아질 것이다. 2015년 기준 초등학교 59.3%, 중학교 23.2%, 고등학교 9.5%를 차지하고 있다. 곧 교장이 될 교감의 비율에서 보듯이 여교장의 비율은 더욱 높아지게 될 것이다.

학교의 민주화 요구가 더욱 강화되면서 교사회의 법제화가 이루어질 것으로 보인다. 이 경우 학부모와 사회로부터의 교사의 책무성 확보 요구도 더욱 커지게 될 것이다. 이와 함께 학부모회, 학생회의 법제화도 이루어지면서 학교의 민주적인 문화는 더욱 강해지겠지만 의사결정의 지연, 집단 간의 갈등, 학교장의 리더십 약화 등의 부작용

〈표 15-3〉 학교급별 여교원 비율

단위 : %

연도	여교원 비율	초등학교*			중학교*			고등학교*			대학(원)**
			교장	교감		교장	교감		교장	교감	
2000	47.5	66.4	7.0	8.9	57.6	8.7	8.9	29.7	4.5	2.7	15.9
2005	52.8	71.0	8.7	14.6	62.3	9.9	17.7	38.1	6.5	4.7	18.3
2010	56.7	75.1	14.3	26.9	65.7	17.6	25.6	44.3	6.4	7.6	21.1
2011	57.6	75.8	15.3	32.7	66.8	18.4	25.7	46.2	7.0	8.5	21.7
2012	58.0	76.2	16.7	39.3	67.3	19.4	26.2	47.3	7.8	8.9	22.4
2013	58.3	76.6	18.6	45.1	67.5	20.0	26.6	48.1	8.7	9.7	23.0
2014	58.7	76.7	22.0	49.2	67.9	21.3	28.1	48.9	8.9	10.3	23.6
2015	59.3	76.9	28.7	54.3	68.6	23.2	30.1	50.1	9.5	11.3	24.4

출처: 교육부, 한국교육개발원(각 연도).

* 초등학교, 중학교, 고등학교 교원에는 교장, 교감, 수석교사, 교사(보직교사, 교사, 특수교사, 전문상담교사, 사서교사, 실기교사, 보건교사, 영양교사, 기간제교원)이 포함됨(휴직교원 포함). 강사 및 퇴직교원은 제외.

** 전문대학, 일반대학, 교육대학, 대학부설대학원(전임교원만 포함하며, 시간강사 및 조교는 미포함)

출처: 통계청(2016: 24).

이 커져 학교의 비효율성이 높아질 것이다.

교원 인사와 관련해서는 전보제도 및 승진제도가 지속적인 이슈로 부각될 것이다. 우리나라의 순환근무제는 근무 여건이 열악한 지역의 교육기회 균등권 보장에 기여하고 있지만 학교별 채용 요구가 커지면서 지속적인 이슈로 부각될 것이다. 교장 승진제도는 우리의 문화 풍토에 비추어 볼 때 변화를 거듭하면서 지속될 것으로 예상된다. 다만, 교장에게 주어진 여러 가지 혜택이 줄어들고 여유로운 삶을 추구하는 교사가 증가하면서 교장 승진 경쟁은 지금보다 줄어들 것이다. 승진 경쟁 완화는 학교경영 및 관리 업무 담당 희망자 감소로 이어지게 되어 학교 행정 업무 처리 방안이 이슈가 될 것이다. 해결책으로는 대학만큼의 행정직원 증원, 교사들의 행정 역량 강화, 불필요한 행정 업무 감소 등이 있는데, 이는 모두 장단점이 있다. 최근 혁신학교에서는 일부 보직교사가 행정 업무를 전담하고 담임들은 학생교육만 전담하는 '행정업무 제로' 제도를 도입하고 있다. 그러나 이는 일부 교사의 희생을 전제로 하고 있는 것이어서 정착하기는 어려울 것이다.

행정 업무와 함께 처우 부분도 지속적으로 이슈가 될 것이다. 교사 처우 수준이 지금보다 좋아지는 것이 아니라 오히려 상대적으로 나빠질 가능성이 더 높다. 지금까지 우리나라 교사들의 급여와 근무 조건이 다른 나라에 비해 상대적으로 좋았던 이유는 국가 차원의 특별 배려도 있었지만 과밀학급에서의 교육, 많은 행정 업무 등 업무량이 많았기 때문이다. 향후 교사들의 행정 업무 거부 성향이 더 커지면 행정 인력이 늘어나게 될 것이고, 이는 교육 인건비 상승으로 이어져 교사 급여 인상에 부정적으로 작용하게 될 것이다. 아울러 학교 차원의 교원정책 결정 및 집행권을 교사와 분리된 행정직들이 갖게 되면서 교사의 조직 소외 현상이 더 커질 수도 있다.

교원 책무성 확보를 위한 평가는 교사들의 반발에도 불구하고 지속될 가능성이 크다. 현재의 만족도 조사 형태의 능력개발 평가가 아니라 전문성 개발을 지원하기 위한 수업 및 학급 경영 컨설팅 형태의 평가가 강화될 것이다. 앞서 이야기한 것처럼 교사의 역할이 크게 바뀌고 필요한 역량 또한 더 다양해짐에 따라 교원연수는 더욱 강화될 것이다.

학습과제

1. 미래 사회와 학교 그리고 교직사회의 모습을 전망할 때 유의할 점은 무엇인가?
2. 미래 학교와 교사가 직면할 어려움을 전망해 보고, 그에 대비하기 위해 교사가 갖추어야 할 역량과 자질은 무엇일지에 대해 토론해 보시오.
3. 미래 사회에 적합한 교원을 양성하는 데 바람직한 교원양성체제(양성기관, 양성교육과정 등)의 모습을 그려 보고, 그러한 체제가 만들어지도록 하는 데 있어서 예비교사와 교사들이 할 수 있는 역할을 찾아보시오.

참고문헌

교육부(2016). 2016 간추린 교육통계연보. 세종: 교육부.

경기도교육연구원(2016). 4차 산업혁명 시대, 한국교육 쟁점과 해법. 경기도교육연구원 개원 3주년 기념 심포지엄 자료집, 54-68.

김경자(2015). 2015 개정 초등교육과정의 방향과 과제. 2015 개정 초등교육과정의 전망과 과제. 2015 한국초등교육학회 추계학술대회 자료집, 1-18. 한국초등교육학회.

김기현(2017. 4. 14.). 예비교사 및 현직교사의 눈으로 본 미래 교원양성 발전 방향. 국회 교육희망포럼. EduNext2 미래 한국을 위한 교원 양성 방향. 국회 교육희망포럼 자료집, 89-96.

김병찬(2017. 3. 31). 지능정보사회의 도래에 따른 교원양성교육의 전망과 과제. 교원교육소식, 82, 5-17.

김세균 편(2015). 다윈과 함께: 인간과 사회에 관한 통합학문적 접근. 서울: 사이언스북스.

김희규 외(2009). 한국교육의 진단과 미래교육 트랜드. 서울: 한국교원단체총연합회.

김희백(2017. 4. 14.). 미래 한국을 위한 교원양성 방향 지향적 교원 양성 방향에 관한 토론. 국회 교육희망포럼. EduNext2 미래 한국을 위한 교원 양성 방향. 국회 교육희망포럼 자료집, 83-88.

노자운(2016. 7. 24.). '세계적 미래학자' 레이 커즈와일 "2030년대, 뇌에 나노봇 넣어 컴퓨터에 연결하는 시대 온다." http://biz.chosun.com/site/data/html_dir/2016/07/24/2016072400256.html

박남기(1997). 미래교사가 바라본 초등교원양성 교육의 현주소. 서울: 교육과학사.

박남기(2002). 21세기 학급경영 이론과 실제. 광주: 광주교육대학교 출판부.

박남기(2008). 초등학급경영의 개념과 범위 그리고 영역 분석: 단행본, 승진규정, 학급교육과정 운영부를 중심으로. 초등교육연구, 21(1), 1-32.

박남기(2010. 2.). 교사 양성 체제의 제도적 변화의 방향. 꿈나래 21, 제331호, 11-13.

박남기(2011). 초등교육 미래 비전에 비추어본 초등교원 양성 교육 개편 방향. 초등교육연구, 24(3), 325-348.

박남기(2011. 5. 9.). 〈시론〉 스승의 부활을 꿈꾸며. 한국교육신문, 5면.

박남기(2015a). 학교혁신의 방향과 과제: 교육개혁을 위한 새패러다임 탐색. 5.31교육개혁과 학교교육의 혁신. 5 · 31 교육개혁 20주년 연속 세미나(2) 자료집, 69-115. 한국교총 · 한국교육행정학회.

박남기(2015b) 미래교육에서 교사에게 요구되는 역량. 행복한교육, 56-57. 세종: 교육부.

박남기(2015c). 미래교육을 위한 교사 역량제고 방안. 행복한교육, 58-59. 세종: 교육부.

박남기(2016). 실력주의사회에 대한 신화 해체. 교육학연구, 54(3), 63-95.

박남기(2017). 제4차 산업혁명기의 교육개혁 새패러다임 탐색. 교육학연구, 55(1), 213-242.

박남기(2017. 4. 28.). 미래 사회를 대비한 교원양성체제 개혁 방향. 교원양성제도의 문제점과 개선 방향. 대전 평생교육진흥원 식장산홀. 2017 한국교육학회 교육정책포럼 자료집, 3-37. 한국교육학회.

박남기, 임수진(2015). 스마트 학급경영의 개념과 방향 탐색. 한국교원교육연구, 32(1), 371-394.

박수정, 박상완, 이인회, 이길재, 박용한(2015). 교원양성체제 개편방안 연구. 교육부정책연구보고서. 대전: 충남대학교.

박영숙(2017. 4. 14.). 미래 지향적 교원양성 방향에 관한 토론. 국회 교육희망포럼, EduNext2 미래 한국을 위한 교원양성 방향. 국회 교육희망 포럼 자료집, 73-82.

박영숙, 박균열, 정광희, 김갑성, 전제상(2015). 교직환경 변화에 따른 교원정책의 진단과 과제: 교원의 역량 개발을 중심으로. 연구보고 RR 2015-03. 충북: 한국교육개발원.

박재윤, 이정미, 노석준, 박남기, 박찬주, 신현석, 염지숙, 이연승, 이진희, 채재은(2010). 미래 교육비전 연구. 연구보고 RR 2010-08. 충북: 한국교육개발원.

박철웅(2017. 4. 14.). 교육의 질은 교사의 질을 넘어설 수 없다. 국회 교육희망포럼, EduNext2 미래 한국을 위한 교원양성 방향. 국회 교육희망포럼 자료집, 97-102.

백남진, 온정덕(2014). 역량 기반 교과 교육과정에서 기준과 수행의 의미. 교육과정연구, 32(4), 17-46.

송기창(2015). 학교재정에 대한 5 · 31 교육개혁의 성과와 과제. 5.31 교육개혁과 단위학교 자율경영. 2015년 한국교육행정학회 춘계학술대회 자료집, 65-104. 한국교육행정학회.

신수정(2006. 5. 18.). 우리나라 초중고교생, 체격은 커졌는데 체력은 약해져. 동아일보. https://goo.gl/UO4yhl

양재진, 정형선, 김혜원, 이종태(2008). 사회정책의 제3의 길. 서울: 백산서당.

이대희(2017. 3. 9.). 4차 산업혁명시대 일자리 사라질 확률, 한국 OECD 내 최하위 수준. 연합뉴스. http://www.yonhapnews.co.kr/bulletin/2017/03/08/0200000000AKR20170308194000002.HTML?input=1195m

이병기(2017. 4. 14.). 미래 지향적 교원 양성 방향. 국회 교육희망포럼. EduNext2 미래 한국을 위한 교원 양성 방향. 국회 교육희망포럼 자료집, 1-30.

이철현(2012. 11. 8.). 38년 후 한국, 경제 대국 오른다. 시사저널.

이혁규(2017. 3. 13.). 현장 중심 미국 교사교육 프로그램에 대한 관찰 연구. 좋은 교사운동, 교원양성과 승진구조, 어떻게 바꿀까? 교육대통령을 위한 대토론회(10차) 자료집, 14-31.

정제영(2016). 지능정보사회에 대비한 미래 교육정책 방향과 과제. 지능정보사회 대비 미래 교육정책 방향과 과제. 한국교육학회 교육정책포럼 자료집, 10-33. 한국교육학회.

조상식, 박현주, 안홍선(2015). 중등학교 교원의 적정 양성규모 산정 및 양성기관별 특성화 방향 연구. 교육부 정책연구보고서.

카이스트 미래전략대학원(2015). 대한민국 국가미래전략 2016. 서울: 이콘.

통계청(2016). 2016 통계로 보는 여성의 삶(배포용). 통계청 보도자료.

하인호(1993). 21세기를 잡아라: 한국 2000-2035. 서울: 고도컨설팅그룹.

허승(2014. 10. 24.). 한 · 중 · 일 3개국 중 가장 '저질 체력'은 어느 나라? 한겨레. https://goo.gl/PeObdf

홍섭근(2017. 3. 13.). 교원양성-교원임용-교원연수-교원승진 연계 시스템의 문제. 좋은 교사운동, 교원양성과 승진구조, 어떻게 바꿀까? 교육대통령을 위한 대토론회(10차) 자료집, 1-10.

홍창남(2017. 4. 14.). 교원양성기관 평가의 발전 방향. 국회 교육희망포럼, EduNext2 미래 한국을 위한 교원양성 방향. 국회 교육희망포럼 자료집, 31-65.

Brynjolfsson, E. & McAfee, A. (2013). 기계와의 경쟁(*Race against the machine*). (정지훈, 류현정 역). 서울: 틔움출판. (원저는 2011년에 출판).

Hargreaves, A., & Shirley, D. L. (2012). *The global fourth way: The quest for educational excellence*. Corwin Press.

Schwab, K. (2016). *The fourth industrial revolution*. Geneva: World Economic Forum.

The Economist. (2012). 메가체인지 2050(*Megachange: The world in 2050*). (김소연, 김인항 역). 서울: 한스미디어. (원저는 2012년에 출판).

Trias De Bes, F. (2007). 시간을 파는 남자(*The time seller*). (권상미 역). 서울: 21세기북스. (원저는 2006년에 출판).

Toffler, E. (1994). 제3의 물결(*The third wave*). (원창엽 역). 서울: 홍신문화사. (원저는 1980년에 출판).

Young, M.(1994). *The rise of the meritocracy*. London: Transaction Publishers.

찾아보기

인명

내용

저자 소개

박영숙(Park, Youngsook)
이화여자대학교 대학원 교육학과 교육행정전공 박사
전 한국교원교육학회 회장, 대통령실 교육비서관실 정책자문위원, 글로벌미래교육연구본부장
한국교육개발원 기획처장, 교원정책연구실장
현 한국교육개발원 선임연구위원

고전(Ko, Jeon)
연세대학교 대학원 교육학과 교육학박사
전 대한교육법학회 회장
일본 동경대학 연구조교수, 대구교육대학교 교수
현 제주대학교 교육대학 교수

김병찬(Kim, Byeongchan)
서울대학교 대학원 교육학과 교육행정전공 박사
전 서울 남서울중학교 교사
대통령자문 교육혁신위원회 전문위원
현 경희대학교 교육대학원 교수

김이경(Kim, Eegyeong)
미국 아이오와 대학교 교육정책행정전공 박사
전 한국교육개발원 연구위원
충남대학교 교수
현 중앙대학교 교육학과 교수

박남기(Park, Namgi)
미국 피츠버그 대학교 교육행정정책학 박사
전 광주교육대학교 총장
(사)한국교육정책연구소 소장
현 광주교육대학교 교육학과 교수
한국교원교육학회 회장

박상완(Park, Sangwan)
서울대학교 대학원 교육학과 교육행정전공 박사
전 한국교육개발원 부연구위원
　대통령자문 교육혁신위원회 상근전문위원
현 부산교육대학교 교육학과 교수

신현기(Shin, Hyunki)
단국대학교 대학원 특수교육학과 특수교육전공 박사
전 단국대학교 교무처장, 단국대학교 사범대학장
　한국특수교육학회 회장
현 단국대학교 특수교육과 교수

신현석(Shin, Hyunseok)
위스콘신 대학교 교육행정학과 박사
전 한국교원교육학회 회장
　한국교육행정학회 회장
현 고려대학교 사범대학장 및 교육대학원장

유형근(Yu, Hyeongkeun)
한국교원대학교 대학원 상담심리전공 박사
전 대전성남초등학교 교사
　한국청소년상담원 상담교수
현 한국교원대학교 교육학과 교수

이윤식(Lee, Yunsik)
위스콘신 대학교 교육행정학과 박사
전 한국교원교육학회 회장, 한국교육행정학회 회장, 한국교육자선교회 회장
　인천대학교 교무처장, 교육대학원장, 도서관장
현 인천대학교 창의인재개발학과 교수

이차영(Lee, Chayoung)
서울대학교 대학원 교육학과 교육행정전공 박사
전 한서대학교 부총장
현 한서대학교 교양학부 교수

임승렬(Lim, Seungryoul)
일리노이 대학교 철학박사
현 덕성여자대학교 유아교육과 교수

전제상(Jeon, Jesang)
홍익대학교 대학원 교육학과 교육행정전공 박사
전 대통령자문 교육과학기술자문회의 전문위원
경주대학교 교수
현 공주교육대학교 교육학과 교수

정바울(Chung, Baul)
보스턴 칼리지 교육행정전공 박사
전 서울강덕초등학교 교사
한국교육개발원 연구위원
현 서울교육대학교 초등교육과 교수

진동섭(Jin, Dongseop)
미국 시카고 대학교 교육학과 교육행정전공 박사
전 한국교육학회 회장
한국교육개발원 원장
현 서울대학교 명예교수

한국의 교직과 교사 탐구

Studies on Teaching Profession and Teachers of Korea

2018년 8월 30일 1판 1쇄 발행
2023년 6월 20일 1판 2쇄 발행

지은이 • 박영숙 · 고전 · 김병찬 · 김이경 · 박남기 · 박상완 · 신현기 · 신현석
유형근 · 이윤식 · 이차영 · 임승렬 · 전제상 · 정바울 · 진동섭

펴낸이 • 김 진 환

펴낸곳 • (주) 학지사
04031 서울특별시 마포구 양화로 15길 20 마인드월드빌딩 5층

대표전화 • 02) 330-5114 팩스 • 02) 324-2345

등록번호 • 제313-2006-000265호

홈페이지 • http://www.hakjisa.co.kr
페이스북 • https://www.facebook.com/hakjisabook

ISBN 978-89-997-1596-9 93370

정가 22,000원